ACCOUNTING & SOCIETY

회계와 사회

제10판

이종은 · 백태영 · 안민관 · 유준욱 · 정문기
조현권 · 최 관 · 최아름 · 최영수

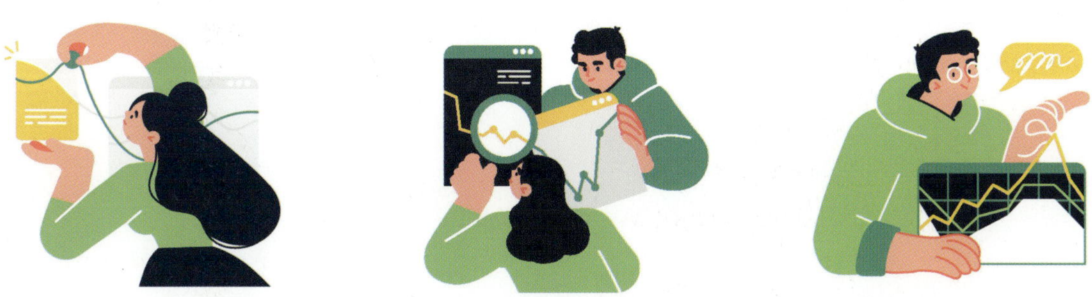

신영사

머리말

『회계와 사회』는 회계학을 처음 접하는 학생들이나 일반인들이 회계를 쉽게 이해할 수 있도록 저술한 입문용 서적입니다. 그래서 학생들이 앞으로 다른 회계학을 깊이 있게 공부하는 데 도움을 주고, 회계학의 여러 분야가 어떻게 관련되는지를 알 수 있도록 서술했습니다. 회계학은 일상생활이나 기업에서도 광범위하게 사용됩니다. 이 교재는 복잡하고 어려운 개념 설명 없이도 회계가 사회에 널리 사용되는 현상에 대해서도 설명하고 있습니다.

기존의 회계학 서적, 특히 재무회계 분야의 책들은 회계정보를 재무제표 작성 방법과 계정과목 중심으로 기술했습니다만, 이 책은 일반 독자들이 친숙하게 느끼는 기업의 경영활동을 중심으로 회계를 설명하였습니다. 물건을 사거나 생산하여 판매하는 영업활동, 이를 뒷받침하기 위한 기업의 투자활동, 그리고 이런 영업 및 투자 활동에 필요한 자금을 조달하고 상환하는 재무활동으로 구분하여 각 활동과 관련된 회계정보들을 차근차근 이해하고 활용하는 방법을 소개하고 있습니다.

『회계와 사회』에서는 위의 각 활동영역별 재무회계정보의 내용뿐만 아니라, 재무제표의 종합분석, 원가 및 경영의사결정과 관련한 관리회계, 기업 및 개인의 세금 유형과 관련 세무정보, 그리고 회계투명성 확보를 위한 회계감사와 윤리문제를 포괄하여 이 한 권의 책에서 모든 회계문제를 폭넓게 다루고 있다는 점이 큰 특징입니다.

제10판은 제9판의 큰 틀은 유지했지만 많은 내용을 수정·보완했습니다. 먼저 거의 모든 장(chapters)에서 연습문제와 사례연구를 새로 추가하고 기존의 문제들을 수정·정리했습니다. 시사성 있는 정보와 추가적인 지식을 전달하기 위해서 마련한 '산책로'의 내용들도 최근의 자료로 갱신하고 수정했습니다. 본문의 내용도 독자들이 쉽고 충분하게 이해할 수 있도록 많은 부분에서 편집상의 수정을 했습니다.

중요하게 수정된 부분의 예는 다음과 같습니다.

- 재무회계 부분 : ESG 설명과 공시(제1장), 수정후시산표와 재무제표(제3장), 현금흐름표 작성(제7장), 유형자산과 부채의 회계선택방법(제8장)
- 세무회계 부분 : 개정된 세법내용 반영

이번 제10판에서 가장 큰 변화는 필진의 변화입니다. 제9판은 저자의 수가 여섯 분이었는데 그중에서 오랫동안 공헌해 오신 백원선 교수께서 빠지시고, 새로 네 분(안민관, 유준욱, 조현권, 최아름 교수)이 추가되었습니다. 새로 저자군에 합류하신 분들은 한 분 한 분 모두 성균관대학교에서 회계학 강의를 하시는 분들이고, 전공 분야에서 우수한 논문들을 수준 높은 학술지에 왕성하게 발표하고 계신 분들입니다. 앞으로 『회계와 사회』가 한 단계 더 나아가기 위한 튼튼한 초석이 마련된 것 같습니다.

하지만 아무리 좋은 책이라도 수요자가 외면한다면 무용지물일 수밖에 없습니다. 본서를 교재로 채택해 주시는 많은 교수님들과 학생, 그리고 기업의 실무담당자분들께 깊은 감사를 드립니다. 그리고 저자의 수가 많은데도 불구하고 좋은 책을 출간하기 위하여 수고해 주신 신영사 사장님과 박지영 편집국장님 및 편집부 여러 분께도 감사드립니다.

2023년 2월

명륜동 연구실에서 저자들 씀

차 례

제 1 장 회계정보는 왜 필요하며, 어떤 역할을 하는가?

제 1 절 회계의 필요성 ······ 16

1. 회계보고를 하는 이유 / 16
2. 회계정보는 유용한가? / 18

제 2 절 회계의 역할 ······ 21

제 3 절 회계정보의 이해관계자 ······ 24

1. 투자 및 신용의사결정에 필요한 회계정보 / 24
2. 경영의사결정에 필요한 회계정보 / 25
3. 세금계산에 필요한 회계정보 / 26
4. 정부활동을 이해하는 데 필요한 회계정보 / 27
5. 종교단체, 학교, 사회복지법인 등 비영리기관의 활동에 필요한 회계정보 / 28
6. 일반 이해관계자에게 도움을 주는 회계정보 / 29

제 4 절 국제화와 회계 ······ 30

제 5 절 재무보고의 확장 : ESG 공시 ······ 32

〈보론〉 사회발전과 회계 ······ 34

제 2 장 재무제표는 어떤 회계정보를 담고 있는가?

제 1 절 회계의 목적과 재무제표 ······ 46

제 2 절 재무상태표 ······ 48

1. 재무상태표는 어떻게 구성되어 있는가? / 48
2. 재무상태표 정보는 어떻게 활용할 수 있는가? / 51

제 3 절 손익계산서 ······ 52

1. 손익계산서는 어떻게 구성되어 있는가? / 52
2. 손익계산서 정보는 어떻게 활용할 수 있는가? / 53

제 4 절 자본변동표 ······ 55

1. 자본변동표는 어떻게 구성되어 있는가? / 55
2. 자본변동표 정보는 어떻게 활용할 수 있는가? / 56

제 5 절 현금흐름표 ······ 57

1. 현금흐름표는 어떻게 구성되어 있는가? / 58
2. 현금흐름 정보는 어떻게 활용할 수 있는가? / 59
3. 재무제표간에는 어떤 관계가 있는가? / 61

제 6 절 회계기준과 공시제도 ······ 63

1. 재무제표 작성을 위한 회계기준 / 63
2. 회계정보와 관련되는 법규와 공시제도 / 64

제 3 장 회계기록부터 재무제표 작성까지의 과정

제 1 절 회계기록의 대상 ······ 76

1. 회계기록의 대상은 무엇인가? / 76
2. 회계기록은 어떻게 하는가? / 79

제 2 절 회계정보의 산출과정 ······ 87

1. 회계기록은 회계순환과정에 따라서 반복한다 / 87
2. 회계거래의 첫 기록인 분개란 무엇인가? / 89

3. 회계기록의 두 번째 단계인 원장기록은? / 93
4. 원장잔액을 요약해서 시산표를 만든다 / 95
5. 시산표를 정리하면 재무제표가 작성된다 / 96

〈보론〉 수정분개 99

제4장 영업활동과 관련된 회계정보

제 1 절 영업활동과 운전자본 116
1. 기업의 경영활동과 관련된 자원 / 116
2. 기업의 영업활동과 영업주기 / 120
3. 영업활동을 위해서는 운전자본이 필요하다 / 121

제 2 절 영업활동과 관련된 자산과 부채 122
1. 외상으로 판매하면 매출채권이 생긴다 / 122
2. 외상으로 구입하면 매입채무가 생긴다 / 123
3. 판매나 생산을 위해 보유하는 재고자산 / 124

제 3 절 기업성과를 나타내는 회계정보 127
1. 기업성과를 나타내는 이익의 구분 / 128
2. 수익과 비용은 언제 인식하는가? / 134

제5장 투자활동과 관련된 회계정보

제 1 절 기업의 투자활동 148

제 2 절 투자활동과 관련된 자산 150
1. 금융자산 / 150
2. 유형자산 / 155
3. 무형자산 / 157

제 3 절 자산은 공정가치로 평가되어야 하는가? ······ 160
1. 공정가치 평가에 대한 논란 / 160
2. 자산의 공정가치 평가 / 161
제 4 절 유형자산의 감가상각과 무형자산의 상각 ······ 162
1. 감가상각은 원가의 배분이다 / 163
2. 감가상각방법을 알아보자 / 163
제 5 절 산업의 특성과 자산구조 ······ 165

제 6 장 재무활동과 관련된 회계정보

제 1 절 기업의 재무활동 ······ 178
1. 타인으로부터 자금을 조달하다 / 179
2. 기업의 주인인 주주로부터 자금을 조달하다 / 180
3. 부채 또는 자기자본 : 어떤 방법으로 자금을 조달할 것인가? / 181
제 2 절 재무활동과 관련된 부채 ······ 183
1. 1년 이내에 상환해야 하는 부채 / 184
2. 1년 이후에 상환해야 하는 부채 / 184
제 3 절 재무활동과 관련된 자본 ······ 187
1. 주식에는 어떠한 종류가 있는가? / 187
2. 자본금이란 무엇인가? / 189
3. 자본잉여금이란 무엇인가? / 190
4. 이익잉여금이란 무엇인가? / 190
제 4 절 자본과 기업가치 ······ 191
제 5 절 재무상태표의 형식과 내용 ······ 192

제 7 장 현금흐름은 어떻게 보고하는가?

제 1 절 현금흐름 정보의 유용성 204

제 2 절 현금흐름표의 개요 207

제 3 절 현금흐름표의 작성과 이해 208

1. 영업활동으로 인한 현금흐름은 어떻게 보고하는가? / 209
2. 영업활동으로 인한 현금흐름과 당기순이익의 차이 / 212
3. 현금흐름표의 나머지 부분의 구성은 어떻게 되는가? / 217

제 4 절 현금흐름 정보의 활용 218

1. 현금흐름표의 활동별 금액을 해석하여 기업의 상황을 파악한다 / 218
2. 현금흐름표와 손익계산서를 함께 분석한다 / 220
3. 유동성과 안정성을 평가한다 / 220

제 8 장 회계방법의 선택에 따라서 회계정보가 변할 수 있다

제 1 절 재무제표 바로 읽기 232

1. 회계처리방법에 따라서 재무제표에 보고되는 정보가 달라질 수 있을까? / 232
2. 재무제표에 대해 올바로 이해하자 / 233

제 2 절 재무제표가 다르게 표시되는 이유 237

1. 현 금 / 238
2. 매출채권 / 238
3. 재고자산과 매출원가 / 239
4. 비유동자산(유형자산)의 원가 배분-감가상각 / 240
5. 부 채 / 241
6. 종 합 / 242

제 3 절 매출원가의 산정 ······ 243
1. 선입선출법 : 먼저 구입한 재고자산의 원가를 먼저 매출원가로 계상 / 246
2. 평균법 : 재고자산의 평균원가 적용 / 247
제 4 절 저가법에 따른 재고자산평가손실의 기록 ······ 249
제 5 절 감가상각방법의 평가 ······ 250
제 6 절 여러 가지 비용의 검토 ······ 254
제 7 절 회계처리방법과 회계정책 ······ 255
1. 회계의사결정은 경영자의 몫 / 255
2. 부정방지와 회계정보 유용성 향상을 위한 내부점검 / 256

제 9 장 경영을 위한 원가의 이해

제 1 절 원가와 경영 ······ 268
1. 원가를 알고 경영을 하자 / 268
2. 원가와 비용을 구별하자 / 270
3. 관리회계와 재무회계의 차이점을 알자 / 270
제 2 절 기업의 종류와 원가 ······ 272
1. 도소매기업의 원가는 매출원가와 판매관리비이다 / 272
2. 제조기업의 원가는 제조원가가 중요하다 / 275
3. 서비스기업의 원가에는 공통비가 많다 / 277
4. 산업별로 원가구조가 다르다 / 279
제 3 절 원가의 흐름 ······ 280
1. 제조기업의 원가흐름 : 재료구입에서 매출원가까지 / 280
2. 제조원가명세서로 보는 제조원가의 흐름 / 282

제10장 경영의사결정을 위한 회계

제 1 절 계획과 통제를 위한 예산 ········ 296
1. 유비무환-계획과 통제를 하자 / 296
2. 예산으로 경영활동을 위한 계획 및 통제를 한다 / 296
3. 예산의 역할은 다양하다 / 298
4. 예산은 어떻게 편성하나? / 299
5. 비영리단체도 예산이 중요하다 / 301
6. 예산집행 후에는 원가차이 분석을 한다 / 302

제 2 절 원가-조업도-이익 분석 ········ 305
1. 원가-조업도-이익 분석을 이해하자 / 305
2. 원가-조업도-이익 분석을 활용하자 / 308

제 3 절 원가와 경영의사결정 ········ 310
1. 관련원가와 비관련원가를 구분하자 / 310
2. 경영의사결정에 따라 관련원가가 다르다 / 314

제11장 기업이 납부하는 세금

제 1 절 세금의 이해 ········ 332
1. 왜 세금을 내야 할까요? / 332
2. 세금의 종류에는 어떤 것이 있나요? / 333
3. 모든 국민의 납세의무 / 335

제 2 절 부가가치세 ········ 340
1. 음식값에도 포함된 부가가치세 / 340
2. 부가가치세의 과세대상은? / 342
3. 부가가치세가 면제될 수도 있다 / 344
4. 세금계산서의 작성과 교부 / 344
5. 부가가치세는 언제 신고·납부하나요? / 346

제 3 절 법인세 347
1. 법인세란 무엇이고 어떻게 계산하나요? / 347
2. 법인세 계산을 위한 세무조정 / 349
3. 법인세는 언제 어떻게 신고·납부하나요? / 352
〈보론〉 법인세의 계산사례 354

제12장 개인이 납부하는 세금

제 1 절 개인의 소득과 세금 366
1. 소득세란 무엇이고 어떻게 계산하나요? / 366
2. 종합소득에 포함되는 소득의 종류 / 369
3. 종합소득세는 어떻게 계산하고, 언제 신고하나요? / 375
제 2 절 부동산에 관한 세금 379
1. 부동산을 취득할 때 내는 세금 / 379
2. 부동산을 보유하고 있을 때 내는 세금 / 379
3. 부동산을 양도할 때 내는 세금 / 380
제 3 절 상속·증여와 세금 383
1. 상속세는 어떻게 계산하나요? / 384
2. 증여세는 어떻게 계산하나요? / 388
〈보론〉 종합소득세의 계산사례 391

제13장 재무제표를 활용한 기업활동의 분석

제 1 절 재무제표 분석의 필요성과 유의점 404
1. 재무제표 분석이 필요한 이유 / 404
2. 기업 재무정보는 어디서 구할 수 있는가? / 405
3. 재무정보를 해석할 때 유의해야 할 내용들 / 405

제 2 절 재무제표 분석기법 409

1. 변동액과 변동률의 분석 : 재무제표 항목의 변동을 분석하자 / 409
2. 추세 분석 : 재무제표 항목의 성장 추세를 분석하자 / 412
3. 공통형 분석 : 재무제표 항목의 상대적 크기를 분석하자 / 413

제 3 절 재무비율 분석 414

1. 영업활동과 수익성비율 : 영업효율성을 평가하자 / 415
2. 투자활동과 활동성비율 : 투자효율성을 평가하자 / 419
3. 재무활동과 안정성비율 : 재무의사결정을 평가하자 / 420
4. 자기자본이익률의 분해를 통해 기업활동을 분석하자 / 422
5. 재무비율 분석에서는 판단의 기준이 필요하다 / 423
6. 재무비율 분석시 유의해야 할 점 / 425

제14장 회계정보의 투명성과 회계윤리

제 1 절 회계감사와 회계정보의 투명성 438

1. 회계감사는 왜 필요한가? / 438
2. 누가 회계감사업무를 수행하는가? / 440
3. 감사보고서와 감사의견 / 442
4. 회계감사를 받은 재무제표는 완벽한가? / 447

제 2 절 내부통제제도와 회계부정의 예방 448

1. 내부통제제도란 무엇인가? / 449
2. 내부통제의 원칙 / 450
3. 내부회계관리제도의 감사(검토)보고서 / 452

제 3 절 회계부정예방과 회계윤리 454

1. 회계전문가는 회계윤리가 필요하다 / 455
2. 기업경영인의 회계윤리는 무엇인가? / 455
3. 회계감사인의 직업윤리는 무엇인가? / 458

찾아보기 470

CHAPTER 1

회계정보는 왜 필요하며, 어떤 역할을 하는가?

제 1 절 회계의 필요성
제 2 절 회계의 역할
제 3 절 회계정보의 이해관계자
제 4 절 국제화와 회계
제 5 절 재무보고의 확장 : ESG 공시
〈보 론〉 사회발전과 회계

제 1 절 회계의 필요성

1. 회계보고를 하는 이유

회계를 잘 모르는 사람에게 회계가 무엇이냐고 물으면 대부분 자신 없어 하면서도 '돈 계산'이라고 말하거나 말은 못하지만 돈을 떠올리는 것을 종종 경험한다. 동창회 총무가 회비를 받아 저녁식사비도 지급하고 동창회 활동을 위한 여러 가지 경비를 지출한 후 동창회에서 수입과 지출의 내역을 보고하는 것을 회계의 예로 생각하기도 한다.

회계는 보통 사람들이 생각하는 단순한 돈 계산보다 훨씬 더 복잡한 것이지만 일단 돈 계산이 회계의 밑바탕이라는 생각을 가지고 좀더 알아보기로 한다. 회계는 다양한 상황에서 필요하지만, 특히 작든 크든 사업을 할 때 경영성과나 재산상태를 알기 위해서 필요하다.

여러분이 의류가게를 운영한다고 가정해 보자. 최신 유행하는 멋진 옷을 싸게 구입해서 경쟁가게보다 조금 할인된 가격으로 팔기 때문에 사업이 매우 번창하는 가게를 운영하는 것은 생각만으로도 즐거운 일이다.

처음 시작할 때에는 가게규모가 작았기 때문에 혼자서 옷을 사고팔면서 돈 계산을 별도로 하지 않아도 통장에 남은 돈을 보면서 가게를 꾸려 갈 수가 있었다. 그러나 장사가 잘되어 종업원도 몇 명 채용하고 지방의 단골손님에게는 외상으로도 옷을 파는 방식으로 사업규모가 확장되면서 돈의 흐름을 예금통장만 가지고는 알 수 없게 되었다.

구매와 판매, 종업원의 급여 지급, 임차료 지급 등 거래가 다양해지면서 돈의 흐름도 복잡해졌다. 이러한 거래의 결과 이익이 얼마나 되며, 재산상태는 어떻게 변했는지 등을 파악하여 장차 사업을 어떻게 꾸려가야 할 것인지를 알아야 할 필요가 생겼다. 이러한 필요를 채우기 위해서 직원을 채용하여 각종 거래를 기록하도록 하였다.

거래기록을 담당하는 직원은 옷을 사고팔면서 생기는 현금

의 수입과 지출뿐 아니라, 외상구입이나 외상판매 기록, 직원의 급여나 임차료 지급 등 영업과 관련된 현금뿐 아니라 그 밖에 모든 자원의 변동을 장부에 기록, 요약한 후 회계보고서를 작성한다. 주인인 당신은 이 회계보고서를 읽음으로써 영업이 잘되고 있는지, 가게의 총재산은 얼마나 되는지, 앞으로 받을 외상대금은 얼마인지 등을 알 수 있다.

이상의 간단한 예에서 보는 것처럼 회계는 돈, 좀더 정확하게는 자원의 흐름을 기록하여 보고하는 역할을 한다. 회계기록을 담당하는 직원은 자신이 회사자금을 개인적으로 유용하지 않았으며, 다양한 거래를 빠짐없이 잘 기록하여 주인으로 하여금 회사의 경영성과와 재산상태를 정확히 파악할 수 있게 하는 것이 중요하다. 회계직원이 재산을 맡아 관리하고 주인인 사장에게 그 결과를 성실하게 보고해야 하는 책임을 수탁책임(stewardship)이라 한다. 예전 영국의 대저택 주인이 집사(steward)를 고용하여 재산의 관리를 맡기고 재산상태를 주인에게 보고하도록 한 것처럼 회계직원은 집사로서의 책임을 다해야 하는 것이다.

이를 오늘날의 기업에 적용해 보면 기업의 경영자는 기업의 주인인 주주들을 대신하여 기업을 경영하고 그 성과를 성실히 보고해야 하는 수

산책로 **쇼생크 탈출**

"쇼생크 탈출"이라는 영화를 보면 은행원이었던 주인공이 억울한 누명을 쓰고 '쇼생크' 감옥에 갇히면서 겪는 여러 가지 사건들이, 특히 악독한 감옥의 관리장과의 갈등장면이 매우 생생하게 그려져 있다. 주인공은 악독한 관리장에게 세금을 탈세하는 방법과 다른 여러 방법을 통해서 돈을 버는 방법을 알려주고 은행에 다른 사람 이름으로 예금을 시키는 방식을 사용하여 관리장의 충실한 회계 및 재산관리 담당자 역할을 하는 등 본인이 가지고 있는 능력을 최대한 발휘하게 된다. 결국, 주인공은 십수년에 걸친 치밀한 계획과 실행에 따라 거의 불가능시되던 쇼생크 감옥으로부터의 탈옥과 함께 멋진 반전을 보여주는데, 그것은 은행에 맡겨둔 예금자의 신분증과 서명을 주인공이 관리한 덕분으로 유유히 관리장의 막대한 예금을 찾아서 남미에서 자유로운 삶을 누린다는 것이다. 회계의 관점에서 보면 주인공은 회계책임이나 수탁책임 자체로는 아무 문제없이 성실히 직무를 수행했지만 자기의 목적을 위해 시스템 자체를 교묘하게 조정한 점은 영화로는 통쾌하지만 실제 생활에서는 생각할 점이 있지 않을까 생각한다.

〈표 1-1〉 회계보고책임의 예

회계책임자	회계보고를 받는 자
정부기관	국민(국회)
기금관리자	기금의 출연자
회사의 대표	회사의 주인(주주)
회사의 회계부서	회사의 사장, 부문별 관리자
은 행	예금주, 주주

탁책임을 갖는다. 즉 회계의 목적은 수탁책임이며, 회계가 갖는 수탁책임은 우리가 서로 믿고 살 수 있는 신용사회의 밑거름이 되는 것이다.

수탁책임에서 알 수 있듯이 회계의 목적은 단순한 관리 및 기록만을 의미하는 것이 아니라 성실히 보고하는 책임을 포함한다. 이를 회계보고책임(accountability)이라 한다. 즉, 회계는 남의 재산을 맡아 관리하고 재산의 변동에 대한 기록과 보고를 하는 책임을 수행하기 위하여 고안된 사회적 제도라고 할 수 있다.

회계보고책임은 정부와 같이 국민으로부터 세금을 받고 이를 국방이나 교육 등의 공공복리를 위해서 지출한 뒤에 수입과 지출에 대해서 국회에 보고하고 승인을 받는 제도에서 잘 드러나고 있다. 이 외에도 기금을 관리하는 자의 회계보고책임이나 회사의 경영자가 주주에게 재무보고를 하는 책임 등 여러 가지 회계보고책임을 예로 들 수 있다. 이 같은 회계보고책임의 여러 가지 형태를 정리해 보면 〈표 1-1〉과 같다.

2. 회계정보는 유용한가?

회계(accounting)는 재산의 변동을 화폐액으로 측정하여 이를 요약, 보고하는 시스템이라고 할 수 있다. 이 같은 회계는 재산에 대한 보고책임 때문에 우리 사회에 필요하다는 것을 알아보았다.

그러나 회계보고책임만이 회계가 필요한 모든 이유는 아니다. 예를 들어 개인사업을 하는 사업가가 자기 사업에서 얼마만큼의 수입이 있고 지출이 있는가를 스스로 계산하는 경우는 회계보고책임 때문에 하는 것이 아니다. 사업가는 회계를 통해서 자기의 사업이 과연 잘되고 있는지, 또는 앞으로 받을 돈은 얼마이고 줄 돈은 얼마인지에 대한 정보를 얻을 필요가 있기 때문이다.

이처럼 경영자는 자신이 경영하고 있는 사업의 재산이 어떤 상태에 있는지를 알고 싶고 그에 따라 앞으로의 행동이나 전략을 결정하기 위하여 회계정보가 필요하다. 즉 회계는 외부정보이용자뿐 아니라 경영자의 의사결정에도 도움이 되는 정보를 제공할 목적으로 행해지고 있는 것이다. 의사결정과 회계정보의 관련성을 좀 더 살펴보기로 한다.

사람은 일생 동안 수많은 의사결정을 하면서 살아간다. 그중에서도 특히 직업의 선택이나 배우자의 선택, 또는 사업의 변경과 같은 의사결정은 인생의 방향을 결정할 수 있기 때문에 매우 신중하게 해야 한다. 이와 같이 중요한 의사결정을 하는 데 있어서 종종 정보를 필요로 한다. 예를 들어 어떤 사업을 시작하려고 한다면 그 사업이 과연 성공할 가능성이 있는지, 사업에 필요한 자금이나 기술은 어느 정도인지, 사업에 따르는 허가사항이나 위험은 무엇인지 등 여러 가지 종류의 정보를 토대로 분석할 때 계획하는 사업에 대한 정확한 의사결정을 할 수 있는 것이다.

의사결정에 필요한 많은 정보 중에서도 회계정보는 경제적인 의사결정에 없어서는 안 될 정보라고 할 수 있다. 사업을 하는 사람이 자기 사업에 대한 회계정보가 없을 경우, 사업이 잘되는지 그렇지 않은지를 알기 어렵고, 그럴 경우 지금까지 해온 대로 계속할 것인지, 혹은 새로운 방법이나 방향으로 나가야 하는지 등을 결정하기 어렵기 때문에 사업을 제대로 영위할 수 없게 된다. 마찬가지로 여러 개의 사업 중 어느 하나에 투자하려는 경우에 자기가 투자하려는 사업이 얼마나 잘되는지에 대해 각 사업을 비교할 수 있는 회계정보가 없는 경우 그 투자의 성과에 확신을 갖기 어렵다.

가정이나 기업 또는 정부 등 어느 경제주체든지 합리적인 의사결정을 하기 위해서는 회계정보가 필요하다. 따라서 회계의 목적은 성실하게 보고하는 책임으로부터

산책로 회계(會計)라는 언어의 의미

회계는 원래 오늘날의 전문경영인에 해당하는 주인의 대리인을 일컫는 말이었고 중국의 화계(火界)에서 연유한 것이라는 재미있는 글이 있어 소개한다.

"돈의 흐름과 자본의 효율적인 관리를 주로 담당하는 사람을 중국의 상인들은 장계(掌界) 혹은 화계(火界)라고 부르고 있었는데, 이들의 생명은 '근소한 일도 사사로이 이익을 보지 않는' 정직성에 달려 있었다. 이들의 길은 장차 '독립해서 스스로 상인이 되는 것'이었으나 그렇게 하기 위해서는 '뒤에서 큰 이익을 얻는' 자신의 역할에 충실하여야만 하였다. 마침 임상옥은 중국상인들의 독특한 회계제도에 대해 깊은 관심을 가지고 있던 참이었다. 중국의 화계제도는 마침내 우리나라에도 들어와 '회계(會計)'라는 이름으로 바뀌게 되었는데 이들이 주로 하는 일은 나가고 들어오는 돈의 흐름을 따지고 셈하여서 재산과 수입 및 지출의 관리와 운용을 계산하는 경리(經理)를 말함이었던 것이다."

(최인호 작 「상도(商道)」에서)

더 나아가 이해관계자들의 의사결정에 유용한 정보(useful information)를 제공하는 것이다. 이때 유용하다는 것은 그 정보가 의사결정에 쓸모가 있거나 도움이 된다는 뜻이다. 어떤 정보가 의사결정에 도움이 되지 않는다면 처음부터 그 의사결정에는 필요하지 않은 정보일 뿐이다. 예를 들어, 기업들이 이익을 발표하는 기간에 어느 기업이 예상보다 큰 이익을 발표하면 그 기업의 주가가 오른다. 이는 투자자들이 기업의 이익이라는 회계정보가 자신들의 투자의사결정에 유용하다고 생각하기 때문이라고 볼 수 있다. 예전에는 회계의 목적을 주인과 대리인 간의 관계에 초점을 맞춘 수탁책임만으로 한정하였으나 오늘날에는 수탁책임보다 더 광범위한 다양한 이해관계자들에게 유용한 정보의 제공에 더 큰 비중을 두고 있는 이유도 의사결정에 필요한 회계의 역할이 점점 더 커지고 있기 때문이다.

경제적 의사결정과 회계정보의 관계를 살펴보자. 경제적 의사결정(economic decision making)이란 한 개인이나 조직이 보유하고 있는 경제적 자원(economic resources)의 가치를 극대화시키려는 의사결정을 말한다. 예를 들어, 내가 현재 가지고 있는 1백만원을 어떻게 활용할 때 가장 많은 돈을 벌 수 있을 것인가를 결정한다고 하자. 이를 위해서는 수익률은 낮지만 위험이 낮은 자산에 투자할 것인가(예 : 정기예금), 아니면 어느 정도의 위험은 감수하더라도 수익률이 높은 자산에 투자할 것인가를 결정해야 할 것이다. 위험을 감수하는 투자의 경우에도 다른 기업에 빌려줄 것인가(예 : 신용의사결정), 아니면 특정회사의 주식에 투자할 것인가(예 : 투자의사결정)와 같은 의사결정을 해야 한다.

경제적 의사결정을 효과적으로 하기 위해서 우리는 필요한 정보를 사전에 수집하고 이를 분석함으로써 적은 위험을 부담하면서도 가장 높은 수익을 보장해 주는 자산에 투자하려는 노력을 한다. 이때 이용되는 정보에는 크게 양(수치)으로 표

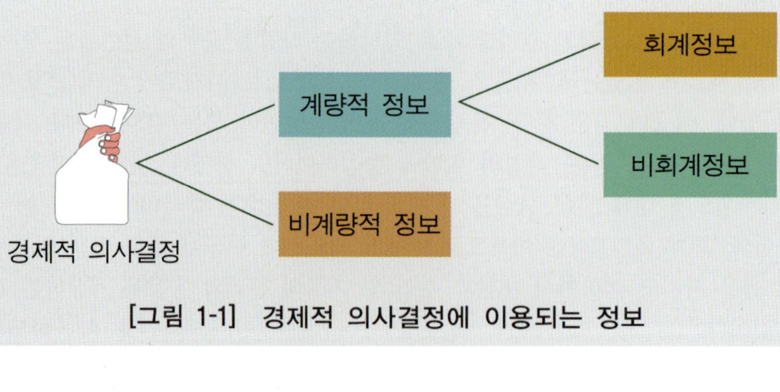

[그림 1-1] 경제적 의사결정에 이용되는 정보

현할 수 있는 계량적 정보와 양으로 나타낼 수 없는 질적 정보인 비계량적 정보가 있다. 또한 계량적 정보에는 기업의 재무상태나 경영성과 등을 나타내는 회계정보와 그 밖의 비회계정보가 있다. [그림 1-1]에 이러한 관계를 나타냈다.

어느 특정기업의 주식을 매입하려고 할 때 그 기업이 속해 있는 업종의 성격, 경제환경, 기업의 경영방침, 조직구조, 기술수준 등과 같은 비계량적 정보를 우선 파악할 필요가 있다. 그러나 가장 직접적이면서 핵심적인 정보는 역시 그 기업의 재무상태나 경영성과 및 현금흐름 상태를 알려주는 회계정보(accounting information)라 할 수 있다. 이는 회계정보를 이용해서 자신이 투자하려는 기업의 재무상태가 어떠한지, 앞으로 그 기업이 꾸준히 이익을 낼 수 있을 것인지 등에 대한 예측을 할 수 있기 때문이다. 물론 잠재적 시장규모, 종업원의 수, 대주주의 지분율 등과 같이 계량적인 비회계정보도 투자의사결정에 영향을 미칠 수는 있다. 그러나 모든 정보 중에서도 가장 기본이 되면서 많은 양의 정보를 요약해서 제공해 주는 것이 회계정보이다.

제2절 회계의 역할

한 나라 경제활동의 주체에는 가계, 기업 및 정부가 있다. 가계와 기업 및 정부 간의 돈의 흐름은 [그림 1-2]와 같다.

가계는 대표적인 소비주체로서 그 구성원이 기업이나 정부에 고용되어 받은

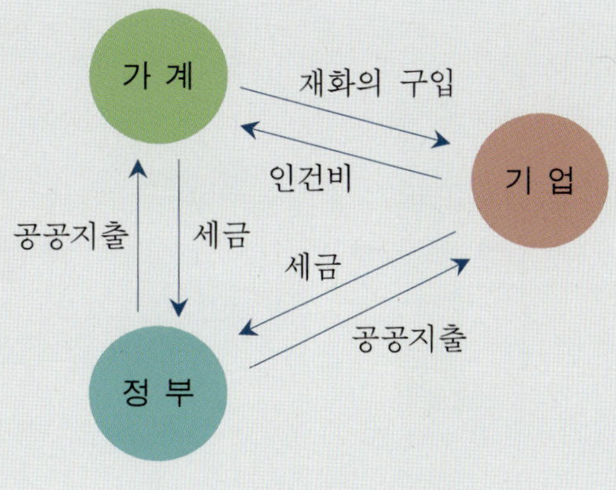

[그림 1-2] 돈의 흐름

수입으로 가정생활에 필요한 재화나 서비스를 구입하면서 앞으로의 생활을 여유 있게 하기 위한 계획을 세우는 데 회계를 활용한다. 기업은 생산과 고용을 담당하는 주체로서 가계의 구성원을 고용하여 재화나 서비스를 생산, 제공하면서 이익을 극대화하려는 목적으로 행해지는 활동을 기록하는 형태로 회계를 활용한다. 정부는 가계의 구성원이나 기업으로부터 거두어들인 세금으로 그들이 자유롭고 원활한 경제활동을 할 수 있도록 국방, 치안, 사회간접자본투자 등 다양한 지출을 하는데, 이러한 수입과 지출을 기록, 요약하는 과정에서 회계를 활용한다.

기업은 자본, 노동, 토지, 기술과 같은 생산요소를 투입하여 우리의 생활에 필요한 제품이나 서비스를 생산하는 경제단위로서 자본주의에서 핵심 역할을 맡고 있다. 기업의 이러한 역할을 그림으로 그려보면 [그림 1-3]과 같다.

기업은 생산 및 판매 활동을 통하여 적은 비용을 들여 많은 이익을 남기려고 한다. 즉 원재료를 구입하고 노동력을 투입하여 제품이나 서비스를 생산한 후 이를 판매, 제공하는 영업활동을 한다. 처음에 투입한 자원(현금)보다 더 많은 자원(현금)을 얻어야만 기업활동의 의미가 있다. 그렇지 않다면 기업을 할 이유가 없을 것이다. 이러한 과정에서 자원의 변동, 즉 돈의 흐름이 뒤따르게 되므로, 기간이 경과함에 따라 자원이 얼마나 증가하고 있는지를 따져봐야 한다. 만일 기업활동으로부터 얻는 수익이 보유 자원을 현금화해서 은행 정기예금에 넣고 이자를 받는 것보다 못하다면 굳이 기업을 할 이유가 없다. 따라서 기업의 경영자는 이제까지의 경영활동을 잘 수행하고 있는지를 정기적으로 평가할 필요가 있다. 그러기 위해서는 자원의 변동을 화폐액으로 기록하여 재산상태(또는 재무상태)의 변동을 계산하는 회계시스템을 갖추고 있어야 한다.

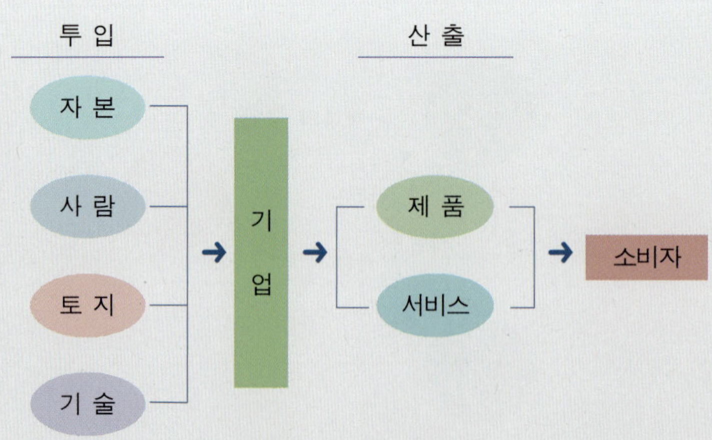

[그림 1-3] 기업의 역할

어느 회계시스템(accounting system)이든 자원의 변동을 기록, 보고하기 위해서 몇 단계의 과정을 거치게 된다. 먼저 재무상태의 변동을 확인해서 화폐액으로 기록해야 하는데, 이러한 기능을 회계의 인식 및 측정 과정이라고 한다. 재산의 변동을 화폐금액으로 인식하고 측정하는 것은 회계만이 갖는 독특한 역할이라고 할 수 있다.

다음으로 회계시스템은 재무상태의 변동으로 인식, 측정된 회계자료를 기업의 다양한 이해관계자의 요구에 맞도록 분류하고 저장하여 처리하게 된다. 이를 회계의 저장 및 처리 과정이라고 한다. 장부기록의 줄임말인 부기(book-keeping)라는 용어가 바로 회계자료를 회계장부에 기록하여 저장 및 처리하는 회계의 과정을 지칭하는 것이다. 또한 회계는 회계장부에 기록되어 있는 회계자료를 다양한 의사결정 목적에 적합하도록 보고서 형태로 요약, 작성해서 정보이용자에게 전달하게 된다. 이를 회계의 보고 과정이라고 한다.

이상의 내용을 정리해 보면 회계는 회계자료를 인식 및 측정하고, 저장 및 처리한 후에 정보이용자에게 보고하는 과정을 회계기간마다 반복적으로 수행하게 된다. 이를 그림으로 정리하면 [그림 1-4]와 같다.

산책로

복식부기

부기란 장부기록(book-keeping)을 줄인 말이다. 초기의 부기는 현금의 입출을 기록하는 단식부기였지만 점점 발달하여 현금의 입출뿐만 아니라 재산의 변동과 그 재산의 소유자에 대한 기록을 함께 하는 복식부기로 발전하였다. 즉, 단식부기는 현금을 기준으로 거래를 기록하는 1차원적 기록방식인 데 비하여 복식부기는 한 거래의 두 측면을 기록하는 2차원적 기록방식이다.

재무상태

재산 또는 재물이 현재 어떻게 되어 있는가 하는 것을 회계에서는 재무상태(financial position)라고 말한다. 예를 들어 甲이라는 사람의 재산이 얼마인가 하고 물으면 총액으로 1억원이라고 할 수도 있지만, 그중에 은행대출금이 2천만원 있을 경우 순재산은 8천만원이라고 하는 것이 더 정확한 표현이 될 것이다. 이를 회계적으로 표현하는 경우에는 총재산 1억원을 자산이 1억원이라고 표시하고, 은행대출금 2천만원은 부채가 2천만원 있다고 하며, 그의 순재산 8천만원은 자본이 8천만원이라고 표현하게 된다. 회계에서는 재산의 상태, 즉 재무상태를 표시하는 보고서를 재무상태표 또는 대차대조표라고 부른다.

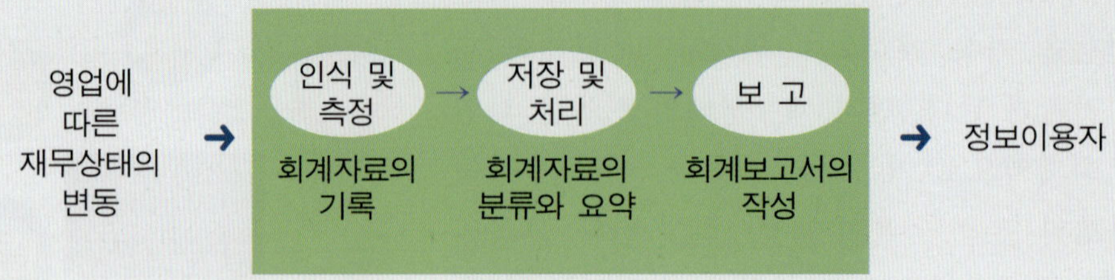

[그림 1-4] 회계시스템의 역할

제 3 절 회계정보의 이해관계자

1. 투자 및 신용의사결정에 필요한 회계정보

기업이 작성하여 제공하는 회계정보는 투자자, 채권자, 거래처, 정부기관 등 매우 다양한 집단에 속한 이해관계자들이 이용하고 있다. [그림 1-5]는 회계정보의 다양한 이용자를 보여준다.

회계정보의 이용자 중 가장 중요한 집단으로는 투자 및 신용의사결정을 해야

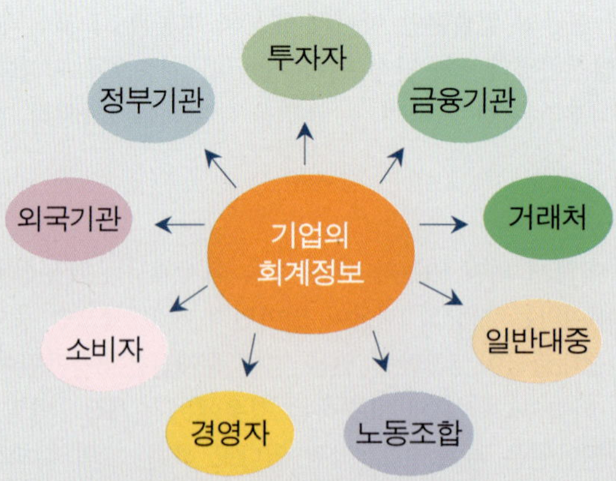

[그림 1-5] 회계정보의 이용자

하는 투자자와 금융기관(채권자)을 들 수 있다. 투자자는 증권시장을 통해서 기업에 자금을 직접 제공하며, 채권자(금융기관)는 대출을 통해서 기업에 자금을 공급하는 역할을 맡고 있다. 투자자와 채권자는 자신이 투자하거나 돈을 빌려주려는 기업의 재무상태와 경영성과 등을 분석하여 의사결정을 하게 되는데, 이러한 의사결정에서 회계정보는 매우 중요한 역할을 하게 된다. 이들은 이익을 꾸준히 내는 기업이나 재무상태가 안정적인 기업에 대해서 긍정적인 평가를 하고, 이러한 기업에 투자하거나 대출하여 자신의 자금의 수익성을 높이려고 할 것이다. 이와 같이 투자자와 채권자의 의사결정에 필요한 회계정보를 산출, 제공하는 것을 중심과제로 하는 회계의 분야를 재무회계(financial accounting)라고 한다.1)

2. 경영의사결정에 필요한 회계정보

회계정보는 기업을 경영하는 경영자에게도 매우 중요한 정보로서 활용된다. 경영자에게는 현금흐름이나 원가에 대한 정보가 무엇보다도 중요하다. 아무리 사업이 잘된다고 하더라도 현금흐름이 원활하지 않으면 부도가 나서 사업이 망할 수 있기 때문이다. 기업이 생산하는 제품 또는 제공하는 서비스의 가격을 결정하기 위해서 또는 신규사업의 진출에 따른 수익성 평가 등을 위해서 원가에 대한 정보와 경영관리를 위한 회계정보가 필요하다. 예를 들어서 기업은 제품을 몇 개 이상 판매해야 이익이 나는지를 알 필요가 있는데, 이때에도 가격과 원가를 이용하게 된다. 또한 회사를 위해 일하는 직원들을 성과에 따라 보상하려는 인센티브 제도를 운영하는 경우에도 각 직원들이 기업성과에 어느 정도 기여했는지를 알아야 한다. 여기에서 원가란 제품이나 서비스를 구입하거나 생산하기 위해서 지출한 금액을 말하며, 원가를 잘 알아야 경영에 관한 바른 의사결정을 할 수 있다. 예를 들어 제품 1단위를 생산할 때 1만원이 드는데, 원가가 5천원이라고 잘못 계산하여 제품을 8천원에 판매한다면 낭패를 볼 수 있다. 이와 같이 기업 내부의 경영관리에 필요한 회계정보를 산출, 제공하는 것을 중심과제로 하는 회계의 분야를 관리회계(managerial accounting)라고 한다.

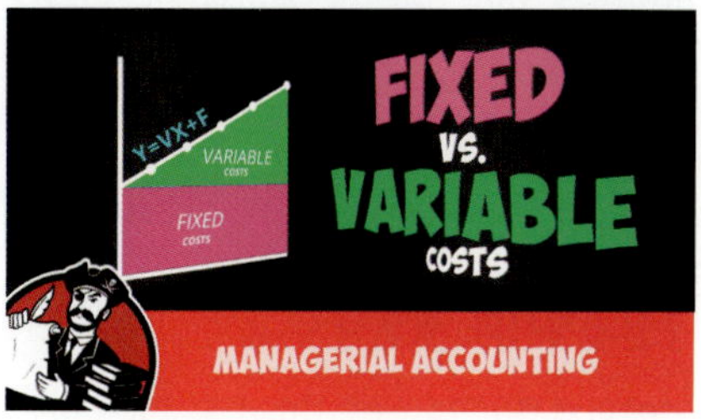

1) 일정규모 이상의 기업이 제공하는 회계정보는 공인회계사의 외부감사를 받도록 되어 있다. 국가기관인 금융위원회와 금융감독원은 공인회계사(회계법인)와 은행, 증권회사, 보험회사와 같은 금융기관 및 관련 단체에 대한 회계감독업무를 담당하고 있다.

3. 세금계산에 필요한 회계정보

개인이든 법인기업이든 사업으로부터 소득이 생기면 세금을 납부해야 한다. 정확하게 말하면 개인은 소득세를 납부해야 하고, 법인기업은 법인세를 납부해야 한다. 대부분의 세금은 소득이 생겨서 세금을 납부할 의무가 있는 납세의무자가 스스로 과세소득과 납부할 세금을 신고하고 납부한다. 이러한 과세소득과 세금은 회계기준과 세법을 적용하여 개인은 소득세법, 법인기업은 법인세법을 적용하여 계산한다.

그런데 회계기준과 세법은 수익과 비용을 인식하는 범위와 기준이 서로 다르기 때문에 회계기준을 적용하여 계산한 이익과 세법을 적용하여 계산한 과세소득은 일반적으로 일치하지 않는다. 즉, 과세소득은 이익보다 많을 수도 있고, 적을 수도 있다. 이처럼 세법에 따라 기업의 과세소득 및 정부에 납부할 세금을 산출하는 데 필요한 정보를 산출, 제공하는 것을 중심과제로 하는 회계의 분야를 세무회계(tax accounting)라고 한다.

세금 계산은 매우 복잡하기 때문에 개인의 사업이나 기업의 규모가 커지면 공인회계사나 세무사에게 수수료를 지급하고 세무자문 혹은 세무대리업무를 맡기기도 한다. 기업규모가 더 커지면 기업 내부에 경리나 재무부서를 두고 세무회계전문가를 별도로 고용해서 복잡한 세무조정 업무나 세무정책을 세우게 된다.

산책로

법인

법인이란 법에 의해서 개인과 마찬가지로 권리와 의무를 가지는 사람의 단체(사단) 또는 재산의 단체(재단)를 말한다. 법인은 영리추구를 목적으로 하는 영리법인과 영리 이외의 특수목적을 가진 비영리법인으로 구분할 수 있다. 영리법인은 상법에 의한 합명 · 합자 · 유한 · 유한책임 · 주식회사가 있으며 비영리법인은 학교법인, 종교법인, 사회복지법인 등이 있다.

공인회계사와 세무사

공인회계사(CPA : Certified Public Accountant)는 기업 등의 의뢰에 따라 회계감사, 세무대리, 기타 경영과 회계 관련 서비스를 제공하는 전문직업인이다.

세무사(CTA : Certified Tax Accountant)는 납세의무가 있는 기업 및 개인에 대하여 세무대리인으로서의 업무와 납세자의 기장을 대리하는 업무를 담당하는 전문직업인이다.

4. 정부활동을 이해하는 데 필요한 회계정보

정부활동에 관한 회계를 정부회계(government accounting)라 한다. 정부회계는 정부기관의 예산집행활동, 자산의 취득 및 처분 활동, 자금의 조달 및 상환 활동에 관한 일상적인 거래를 예산회계 및 재무회계의 틀 안에서 기록하고 보고한다. 정부기관이 예산을 당초 계획한 대로 집행하였는지, 또는 조직의 목표를 달성하기 위하여 수행하는 각종 활동을 효율적이며 효과적으로 수행하고 있는지에 관한 정보를 수집하고 평가하는 회계정보도 산출한다.

정부기관 내에서 감사인 역할을 담당하는 기관으로 감사원이 있다. 감사원은 정부기관 및 관련 산하단체와 정부투자기업 및 공공사업기관의 회계감사는 물론 각 단체의 구성원에 대한 직무감찰도 수행하는 헌법에 규정된 특별기관이다.

산책로

정부회계의 복식부기 도입

예전의 정부예산회계는 단식부기를 채택, 예산을 지출하고 한참 뒤에야 지출결과를 알 수 있었다. 이 때문에 지출시점과 자산의 장부등록시점이 달라 회계처리상 부정의 소지가 적지 않은 것으로 지적돼 왔다. 지방자치단체는 2007년부터, 국가는 2009년부터 복식부기에 의한 회계정보를 산출하여 제공하고 있다.

복식부기는 차변의 합계와 대변의 합계가 반드시 일치해야 하기 때문에 거래에 대한 자기검증 기능을 갖게 된다. 복식부기를 도입하면 정부의 재정활동을 총괄적으로 살펴볼 수 있는 이점이 있다. 한편, 국가자산의 회계처리시 시가평가방식이 도입되고 2011년부터 유형자산에 대한 감가상각도 실시하게 되었다.

'국가회계기준'에 따르면 국가자산에 대한 평가방법으로 기존 취득원가 평가원칙 외에 일정기간마다 공정가액 등으로 재평가할 수 있는 시가평가방식이 도입된다. 최초 평가연도나 평가방법·요건 등 세부사항은 재정부장관이 별도로 규정한다.

감사원

감사원은 헌법 제97조와 감사원법 제20조의 규정에 따라 국가의 세입·세출의 결산을 검사하고, 국가기관과 법률이 정한 단체의 회계를 상시 검사·감독하여 그 집행에 적정을 기하며 행정기관의 사무와 공무원의 직무를 감찰하여 행정운영의 개선·향상을 도모한다.

이러한 감사원의 권한 또는 직무 범위는 함부로 침해하지 않도록 헌법에 그 설치 근거를 두고 있으며, 대통령 소속 기구로 되어 있으나 직무에 관하여는 독립된 지위를 가지고 있다.

5. 종교단체, 학교, 사회복지법인 등 비영리기관의 활동에 필요한 회계정보

회계정보는 영리기업만 산출하는 것이 아니다. 교회나 사찰, 학교, 병원, 사회복지법인 등 영리를 목적으로 하지 않는 기관들 역시 자산과 부채가 얼마인지, 얼마의 수입과 지출이 있었는지, 기관의 목적대로 자금을 사용하였는지와 같은 회계정보를 산출하고 보고한다.

우리 사회에서 비영리기관의 비중과 중요성이 점차 커짐에 따라 비영리회계정보의 중요성도 높아지고 있다. 그러나 비영리법인이 결산서류를 공시해야 하는 의무가 생긴 것은 최근의 일이다. 또한 자산금액 또는 수입금액 및 출연재산을 기준으로 하여 규모가 큰 법인만 공시의무 대상에 포함되었으며 종교단체는 의무공시가 아닌 자율공시제도의 대상이다. 비영리법인의 투명성 문제, 세금문

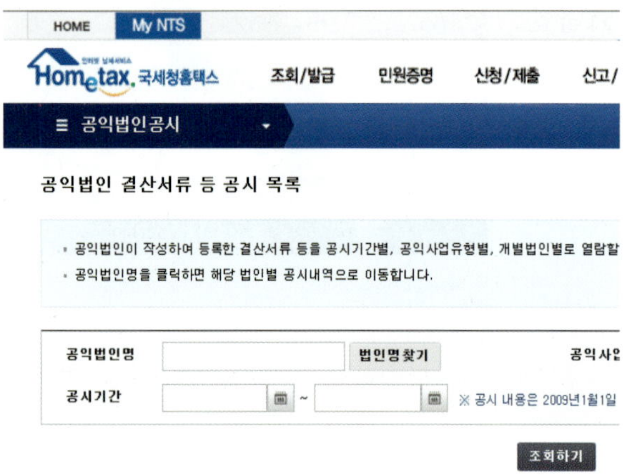

산책로 비영리공익법인회계

투자의 귀재 워런 버핏이 "투자자가 기업정보를 얻는 면에서는 미국보다 한국이 낫다"면서 우리나라 전자공시시스템(일명 DART시스템)을 높게 평가한 일화는 널리 알려져 있다. DART는 금융감독원이 2000년초에 기업의 회계투명성을 높이겠다는 취지로 도입한 시스템이다.

그러나 비영리공익법인의 재무정보 역시 공시된다는 사실을 아는 사람은 많지 않다. 바로 국세청이 운영하는 '공익법인 결산서류 등 공시시스템'이다. 2009년에 도입된 이 시스템을 통해 일정 규모 이상 공익법인은 모두 이곳에 결산서류를 공시해야 한다. 이는 공익법인의 투명성 강화와 기부 활성화를 위해 마련됐다.

일부에서는 공익법인이 재무제표를 공시하도록 했다는 점만 해도 절반 이상의 성공이라고 평가한다. 그런데 도입 후 5년이 지난 지금 그 성과를 돌아보면 아쉬움이 많다. 성실하게 공시하는 법인도 많지만, 필수 공시사항을 누락하는 등 일견 불성실하고 부실한 공시가 만연하기 때문이다.

비영리공익법인의 회계투명성 개선은 비영리법인에 대한 불신을 제거하고 사회적 신뢰를 쌓는 데 매우 중요한 요소다. 이를 통해 공익법인의 회계투명성 문제가 불식되고 그야말로 기부 활성화 시대가 열릴 수 있을 것으로 기대한다.

(헤럴드경제 강성원 한국공인회계사회 회장 칼럼 수정요약)

제 등이 사회적 이슈로 자주 등장하는 만큼 비영리회계(not-for-profit accounting)의 지속적인 정비와 더불어 그 중요성에 대한 일반국민 및 법인의 인식 전환이 필요하다. 일반적으로 비영리기관에 대해서는 다양한 세금혜택을 주고 있기 때문에 비영리기관이 원래의 목적대로 자금을 잘 사용하고 있는지 등을 알아보기 위해 회계정보를 활용할 수 있다. 어느 대학이 자금을 운용함에 있어서 학생들의 등록금을 교육과 관련 없는 용도(예를 들면 부동산 투기)로 사용하면 정부는 제재조치를 취하도록 되어 있는데 이러한 사실을 파악할 때에도 회계정보를 이용한다. 성실한 공시를 통해 비영리법인의 투명성이 강화될 때 기부문화가 활성화되고 사회가 건전하게 발전할 수 있을 것이다.

6. 일반 이해관계자에게 도움을 주는 회계정보

노동조합은 임금협상 등 근로조건 등을 협의하기 위해서 기업의 회계정보를 이용하며, 소비자는 자신이 구매하는 제품이나 서비스의 가격이 적정한지를 알기 위해서 기업의 제품이나 서비스의 원가정보와 기업의 손익정보를 필요로 한다. 기업의 거래처는 자기가 거래하는 기업의 영업활동에 대한 회계정보를 이용하며, 일반대중 역시 기업의 회계정보를 다양하게 이용한다. 예를 들어, 어느 기업에 부품을 납품하고 그 대가를 제때 받으려면 자신과 거래하는 기업의 재무상태나 경영성과를 파악할 필요가 있으므로 해당기업의 회계정보를 살펴보아야 한다. 또는 취업을 앞둔 사람이 자기가 취직하려는 기업이 영업을 잘하고 앞으로 성장가능성이 높은지에 관한 정보를 회계정보를 통해서 알아볼 필요가 있다.

외국의 정부 역시 기업에 관한 정보를 이용한다. 국경 없는 경제활동시대에 다른 나라의 제품이 자국의 제품보다 터무니없이 낮은 가격으로 들어올 경우 자국의 산업에 미치는 피해가 크기 때문에, 이를 방지하기 위해서 덤핑가격을 조사하기도 한다. 이때 제품의 원가에 대한 정보를 조사한다든가 세금회피 등을 방지하기 위해서 외국 정부도 회계정보를 요구할 수 있는 것이다.

이상의 논의 등을 토대로 회계를 주요 영역별로 분류하면 〈표 1-2〉와 같이 정리할 수 있다. 회계감사(auditing)는 회계정보의 신뢰성을 높이기 위해 도입된 외부검증절차로서 상장기업 및 일정규모 이상의 기업들은 의무적으로 회계감사를 받아야 한다. 회계정보시스템(accounting information system)은 정보기술을 활용하여 기업의 모든 회계정보를 하나의 시스템으로 결합하고 처리함으로써 기록, 저장, 보고의 효율성을 높이는 시스템을 의미한다.

〈표 1-2〉 회계의 영역별 분류

분 류	중심과제
재무회계	투자자와 채권자 등 외부의 정보이용자를 위한 일반목적의 회계
관리회계	경영자의 내부의사결정을 위한 회계
세무회계	세금의 계산, 납부 및 계획을 위한 회계
정부회계	정부기관의 경제적 활동을 측정, 기록하고 보고하는 회계
비영리회계	종교단체, 학교, 사회복지법인 등 비영리법인의 회계
회계감사	회계정보의 신뢰성을 높이기 위한 외부검증
회계정보시스템	정보기술을 활용한 회계의 설계구축 및 관리

제4절 국제화와 회계

기업환경이 점점 국제화됨에 따라서 국가간의 자본이동이 많아지고 거래상대방인 다른 나라 기업들의 회계정보도 알아야 할 필요성이 높아졌다. 그리고 나라마다 차이가 있는 회계기준을 조화시켜 통일된 회계기준을 제정할 필요성도 높아졌다. 이를 위한 대표적인 국제기구나 지역회의체로서 '국제회계사연맹(IFAC : International Federation of Accountants)', '국제회계기준위원회(IASB : International Accounting Standards Board)'가 있다. 국제회계사연맹(IFAC)은 전 세계 회계전문가들 사이뿐만 아니라 다른 국제기관과의 협력을 도모하고 전 세계 회계전문가들을 대변하는 기구로서 1977년에 설립되었으며, 현재 130여개국, 175개가 넘는 회원단체가 참여하고 있다. 우리나라의 한국공인회계사회(KICPA : Korean Institute of Certified Public Accountants)도 IFAC의 회원이다.

국제회계기준위원회(IASB)는 범세계적으로 통용될 수 있는 회계기준을 제정하기 위하여 조직되었다. 1973년 IASB의 전신인 IASC(International Accounting Standards Committee)가 설립되고 1974년 국제회계기준 IAS(International Accounting Standard) 1호를 처음 발표한 이후 많은 국제회계기준을 제정하였으나 IAS를 공식적으로 인정하는 국가는 그리 많지 않았다. 그러나 2001년에 이름을 IASB로 바꾸고 체제를 새롭게 정비하면서, 또한 많은 국가들이 단일 국제회계기준의 필요성을 절감하면서 회계기준의 국제화가 가속되었다. 그리고 IASB는 IAS도 그 명칭을 IFRS(International Financial Reporting Standards)로 바꾸고 회계기준의 발전에 노력하고 있다. 한편 2002년 유럽연합은 회원국들의 IFRS 채택을 2005년부터 의무화하도록 규정하였으며, 세계은행은 각국 정부가 국제회계기준을 채택하거나 국제회계기준에 맞추어 각 나라의 회계기준을 제정할 것을 권고하였다. 이러한 전 세계적인 움직임에 따라 현재 160개 이상의 국가들이 IFRS 채택을 의무화 또는 허용하고 있다.

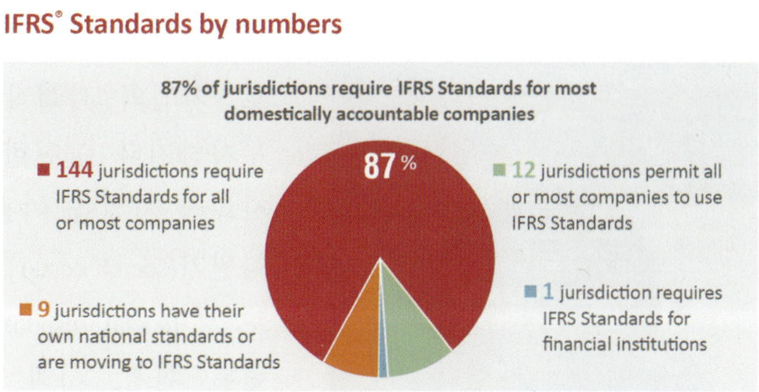

우리나라는 2011년부터 모든 상장법인과 금융회사들이 국제회계기준(IFRS)을 채택하도록 의무화하였다. 한국회계기준원(KAI : Korea Accounting Institute)은 IASB가 제정한 국제회계기준을 번역하여 한국채택국제회계기준(K-IFRS)이라고 부르고 이를 우리나라 기업들에 적용하고 있다. 우리나라의 비상장 감사대상기업들은 K-IFRS를 적용하여 회계처리해도 되지만, 이보다 간단한 일반기업회계기준을 적용할 수 있다. 일반기업회계기준도 한국회계기준원이 제정한다.

국제회계기준의 도입 목적은 각 기업이 생산하는 회계정보의 신뢰성 및 투명성을 향상시키고 기업간 회계정보의 비교가능성을 증가시킴으로써 국제자본의 효율적 배분을 도모하고자 하는 것이다. 특히 우리나라 기업의 경우 회계정보의 불투명성에 따른 코리아 디스카운트(Korea discount)가 오랫동안 문제점으로 지적되어 온 만큼 국제회계기준 도입은 회계정보의 질과 비교가능성을 향상시키고 기업의 가치를 높일 수 있는 좋은 방법이다. 국제회계기준의 도입은 우리 기업들의 회계투명성을 높여 국제사회의 인식을 전환시켜야 한다는 시대적 요구에 따른 것이라 할 수 있다.

제5절 재무보고의 확장 : ESG 공시

재무제표를 중심으로 한 재무보고서와는 별도로, 기업의 사회적 책임과 관련하여 일정기간 투자하거나 공헌한 사회기여액(social benefits)과 사회적 자원을 이용하거나 손실을 부담시킨 사회원가(social costs)를 비교하는 형식의 사회책임보고서(social responsibility report) 또는 기업과 관련된 환경, 사회, 지배구조 이슈를 설명하는 ESG보고서 또는 지속가능보고서(sustainability report)가 작성되고 있다. 최근의 보도에 의하면 지속가능보고서를 공시한 미국 기업이 2011년에는 19%이었다가 2020년에는 90%로 가파르게 증가하였다. 우리나라도 현재 지속가능보고서나 유사한 보고서를 많은 기업이 자율적으로 공시하고 있으나, 2025년부터는 자산규모 2조원 이상의 한국거래소 상장기업들은 의무적으로 공시해야 하며 2030년부터는 모든 한국거래소 상장기업이 공시해야 한다.

ESG/지속가능성 공시는 두 가지 종류가 있다. 첫 번째 유형은 기존의 일반목적 재무보고서와 같이 투자자를 주요 이용자로 보고, 재무적 중요성의 관점에서 환경과 사회의 지속가능성 관련 위험(예 : 기상이변 피해, 탄소배출 규제)과 기회(예 : 저탄소/재생에너지 관련 기술)가 기업에 미치는 영향을 공시하는 지속가능성 공시이다.[2] 2021년에 신설된 ISSB(International Sustainability Standards Board, 국제지속가능성기준위원회)는 지속가능성 관련 일반적 공시요구사항을 2023년 상반기에 발표할 예정이다.

두 번째 공시 유형은 기업이 환경과 사회에 미치는 긍정적 또는 부정적 영향을 보고하는 것으로 임팩트 중요성 관점의 지속가능성 공시라고 한다. 가장 오래되고 많이 사용되었던 관점으로 GRI(Global Reporting Initiative, 국제보고이니셔티브) 기준이나 유엔지속가능성목표가 주로 사용된다. 유럽이 최근에 발표한 ESRS(European

2) 기존의 TCFD(Task Force on Climate-related Financial Disclosures, 기후관련 재무공시 협의체) 가이드라인과 SASB(Sustainability Accounting Standards Board, 지속가능성회계기준위원회)의 기준이 이러한 공시를 위해 사용된다. SASB는 2022년 IFRS재단에 통합되어 ISSB가 관련 업무를 넘겨받았다. 미국의 증권감독기구인 SEC도 투자자를 위한 기후관련 의무공시기준 초안을 발표했고 이를 확정하는 작업을 하고 있다.

Sustainability Reporting Standards, 유럽지속가능성보고기준)는 재무적 중요성과 임팩트 중요성을 다 같이 보는 이중중요성 관점을 채택하였다. ESRS는 유럽에서 활동을 하거나 유럽기업과 거래하는 해외기업들이 의무적으로 공시해야 하는 내용이다.

지속가능성 보고는 기존의 투자자들에게 재무제표로 정보를 제공하는 재무보고의 확장이다. 먼저 재무적 중요성 관점의 지속가능성 공시는, 정보의 내용면에서 환경과 사회 이슈가 장단기에 기업에 재무적으로 미치는 영향을 보고하는 범위로 확장된 것이다. 두 번째 임팩트 중요성 관점의 지속가능성 공시는, 투자자 이외의 이해관계자(직원, 거래처, 고객, 사회공동체, 미래세대)를 주 정보이용자로 보고 이들에게 미치는 기업활동 영향을 보고하는, 보고내용과 보고대상의 확장이다.

산책로 **ESG는 무엇인가요?**

ESG는 환경(Environmental), 사회(Social), 지배구조(Governance)의 영문 첫 글자를 조합한 단어로, 기업경영에서 지속가능성을 달성하기 위한 세 가지 핵심요소입니다. 기업의 지속적인 성장 및 생존과 직결되는 핵심가치들로, ESG를 구성하는 세부요소들은 아래와 같습니다.

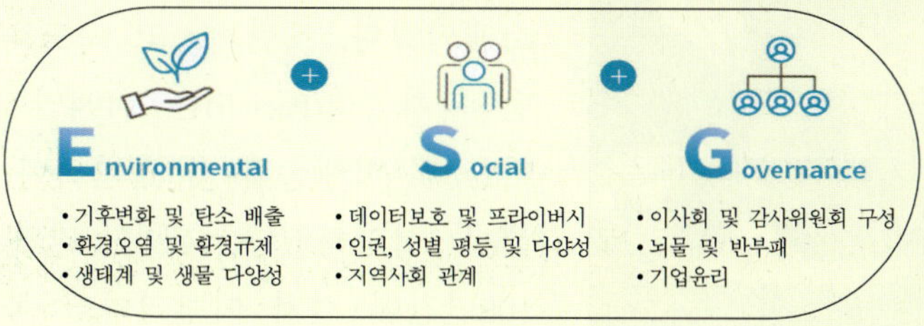

(한국거래소 ESG포털 옮김)

보 론 사회발전과 회계

회계는 각 시대의 사회생활, 특히 경제활동에 따라서 발전해 왔으며 문명의 수준이 올라가면 회계 역시 발전해 온 것을 역사적 자료를 통해 알 수 있다. 사회가 점점 복잡하게 조직화되고 공동체의 살림살이로 발전해 가면서 회계기록의 필요성도 커지게 되었다. 중세시대에 상거래가 특히 활발했던 이탈리아의 한 지역에서 복식부기가 사용되면서 대규모의 기업조직이 출현했다는 역사적인 사실은 회계와 사회가 서로 밀접한 관계를 갖고 발전하였음을 보여주는 예라고 하겠다.

현대에는 기업의 역할과 규모가 커지게 되면서 이해관계자들에게 신뢰성 높은 회계정보의 제공이 점차 중요해지고 있다. 특히 최근의 지구촌 경제시대에는 기업간의 경쟁이 극심해지면서 각 기업이 경영의 합리화를 위한 수단으로서 다양한 정보와 기법을 개발하는 방향으로 회계를 활용하는 노력을 계속하고 있다.

회계는 각 시대별로 필요한 역할을 감당하기 위하여 사회의 변천과 더불어 발전해 왔다. 이러한 사실을 간략히 살펴보기로 한다.

1. 산업혁명 이전 시대의 회계

복식부기가 언제부터 시작되었는지는 정확하게 알 수 없으나 문헌으로 남아 있는 복식부기의 기원은 14~15세기 무렵의 이탈리아 상인으로부터 찾을 수 있다.

이탈리아를 중심으로 한 상업의 비약적 발달로 인해 이전까지의 단순한 장부기록방법으로는 그들의 사업활동을 충분히 기록할 수 없게 되어 대규모사업에 적합한 복식부기가 발달하게 되었다. 이탈리아의 복식부기법은 상인들과 은행가들이 사용하기 시작했는데 파치올리에 의해서 처음으로 소개되었다. 프란체스코 수도회의 수도승이었던 파치올리(Pacioli)는 1494년에 「산술, 기하, 비율 및 비례총람」을 출판하여 복식부기에 대해서 설명하였다. 파치올리의 저술은 이후 100년간에 걸쳐 이탈리아식 복식부기법의 지식을 유럽 전역에 보급시키는 공헌을 하였다.

▸ 파치올리(Pacioli)

15세기 말에 이르자 스페인과 포르투갈은 동양 및 신대륙과의 무역을 통해서 차를 위시한 동양의 산물과 감자, 담배, 설탕, 커피, 금, 은 등의 신대륙 물품을 들여와 교역하였다. 이 과정에서 신흥도시의 상인과 생산업자는 거대한 재력을 축적하게 되었으나, 대지주인 봉건 특권층은 고정수입이 하락하게 되자 양자간에 재산확보를 위한 대립으로 인하여 사회적인 큰 변화가 일게 되었다.

정치권력이 국왕에게 집중된 절대왕정시대에는 국왕이 우호세력을 보호하고 반대세력을 제압하기 위한 군대와 행정조직이 필요했다. 이를 위해 국왕은 많은 돈이 필요했으며 이 경비의 상당액이 시민층의 세금으로 충당되었다. 따라서 절대왕정은 시민층의 경제력을 향상시키기 위한 중상주의 정책을 시행하였다. 이 시대 초기에는 해외무역을 담당한 모험기업의 이익을 어떻게 분배하느냐 하는 것이 회계의 중심과제였다. 일회성에 그쳤던 모험기업의 항해가 반복적으로 진행됨에 따라서 각 항해별로 자본을 모으고 청산을 하는 대신 계속기업의 형태로 변화됨에 따라 이에 적합한 회계처리와 이에 따른 기간손익계산이 중요한 회계문제로 대두되었다.

중상주의 시대 말에는 동인도회사의 역할이 점점 커졌다. 해외무역을 담당하기 위해서 국왕으로부터 칙허장을 받아 설립한 동인도회사의 조직은 처음에는 조합의 형태였지만 점차 유한책임을 지는 주식회사의 형태로 발전되었다. 특히 주식의 양도가 자유로워지면서 주식회사가 크게 발전하였다. 그러나 1710년에 칙허장을 받은 동인도회사의 하나인 남해회사가 투기사업에 실패하여 사회적으로 큰 물의를 일으키는 사건이 발생하였다. 남해회사의 실패는 처음으로 회사의 회계기록을 검사하는 회계감사가 실시되는 계기가 되었다.

▸네덜란드의 동인도회사 본부건물. 암스테르담대학교 건물로 사용중이다.

주식회사제도가 정착되어 경영의 계속성이 이루어지면서 계속기업에 맞는 회계방식이 발전하였다. 재산평가에 있어서 사업을 청산할 때 사용하는 청산가치를 중시하던 입장으로부터 재산을 취득할 때 지불한 금액인 취득원가를 중요시하는 입장으로 바뀌었다. 계속기업의 가치에 영향을 미치는 변화가 없는 한 자산의 재평가가 이루어져서는 안 된다는 생각이 나타나게 되었다. 기업의 계속성에 따라서 기업의 자본을 유지해야 할 필요가 생겼고 이에 따라 자본유지도 법적으로 의무화되었다. 주주에 대한 배당도 당기이익 및 기업 내에 축적되어 있는 이익의 보유액인 잉여금의 범위 안에서만 지급하도록 하는 법률이 제정되었다.

2. 근대 및 세계대전 시대의 회계

근대사회는 산업혁명이 일어나면서 사회적으로 엄청난 변혁을 초래하였다. 인간의 노동력 대신에 증기기관을 사용하면서 생산성이 증가하여 자본가의 재산이 크게 늘었다. 증기기관에 쓰일 석탄의 채굴과 기계를 만들기 위한 철강산업의 발달을 시작으로 도로와 운하 건설 및 철도 보급 등 교통의 발전이 뒤따랐고 우편 및 전보 등 통신의 발달과 함께 산업화가 급격하게 진행되었다.

산업화에 따른 주식회사의 발전으로 많은 사람으로부터 산업자본의 모집이 가능하게 됨에 따라 자본을 공급하는 금융산업 역시 크게 성장하여 자본가 계급은 부를 크게 축적하게 되었다. 공장경영자는 생산하는 제품의 가격을 결정하기 위해서 각 제품의 원가를 파악하는 원가계산을 하게 되었다. 원가계산은 종합적인 회계의 일환으로 이루어지기보다는 독자적으로 원가를 계산하는 표를 사용하여 별도로 이루어졌다.

19세기부터 유럽의 여러 나라는 산업혁명으로 축적한 부를 이용하여 막강한 군사력을 구축하면서 아시아와 아프리카의 여러 국가를 식민지로 만드는 제국주의를 추진하였다. 제국주의의 팽창은 결국 그들 국가간 충돌로 이어져 이후 제1차 세계대전과 제2차 세계대전을 초래하게 되었다.

▸ 1929년 대공황을 보도하는 신문

미국은 제1차 세계대전에 따른 전쟁특수와 기술의 진보 그리고 자동차산업의 발달로 철강, 고무, 석유제품 등의 산업이 활기를 찾았다. 도로망을 개선하고 고속도로를 건설하면서 건설업의 신장을 가져오는 등 1920년대에 번영을 이룩하였다. 미국의 증권시장은 1920년부터 10년간 폭발적인 호황을 누렸다. 그러나 1929년 미연방준비제도이사회에서 투기적 거래에 대한 신용대여를 제한하는 조치 등의 여파로 주가가 폭락하는 사태를 시작으로 세계적인 경제공황을 맞이하게 되었다.

1920년대 산업의 번영은 이전까지의 제품원가를 파악하기 위한 원가계산으로부터 벗어나 원가를 통제하고 경영의사결정을 돕기 위한 관리회계의 비약적인 발전을 가져오게 하였다. 특히 철강공업의 발달과 백화점 같은 큰 유통회사의 발전은 효율성을 측정하기 위한 관리기법과 다양한 관리회계정보의 발전을 이루게 하였다.

증권시장의 주식가격 폭락으로 시작한 세계공황이 경제의 모든 활동을 파괴하는 사건을 경험한 미국 등에서는 이전의 자유방임주의 체제에서 국가가 시장에 대해서 규제 및 간섭을 하는 수정자본주의 체제로 이행되었다. 이에 따라 증권시장에서도 1933년에 증권법을 제정하여 충분한 정보를 공개하도록 하는 정보공개주의가 실시되고, 1934년 증권거래법의 제정으로 주식을 증권시장에서 유통하기 위해서는 기업이 등록을 한 후에야 거래를 하도록 규제를 가하였다.

3. 현대사회의 회계

두 차례에 걸친 세계대전 이후 급격한 과학기술의 발달과 경제발전을 이룬 현대사회를 지칭하는 단어는 여러 가지가 있겠지만 그중에서도 정보화와 세계화가 가장 많이 사용되는 단어라고 본다. 컴퓨터와 통신기술의 발달에 따른 정보화는 이전의 농업혁명 및 산업혁명과 비교될 만큼 우리의 생활, 특히 경제생활을 근본적으로 뒤바꿔 놓고 있다. 산업혁명을 통해서 공장과 도시를 중심으로 하는 산업문명이 발달한 것처럼 정보혁명을 통해서는 지식문명이 개화되고 있다고 학자들은 진단한다. 요즈음은 인터넷을 중심으로 하는 전자상거래의 비중이 커지면서 재화나 용역의 실물흐름에 맞추어 발달되어 온 기존의 회계에도 상당한 변화가 예상된다.

정보화에 버금가는 다른 단어는 글로벌라이제이션(globalization : 세계화, 국제화)이다. 제2차 세계대전 이후 세계무역을 뒷받침하던 일반관세협정(GATT) 체제가 국제무역기구(WTO) 체제로 바뀌었다. 특히 무역상대국간 자유무역협정(FTA : free trade agreement) 체결이 널리 확산되면서 각 나라가 자국의 산업 및 시장을 보호하기 위해 취했던 보호조치를 더 이상 취할 수 없게 되었으며, 경쟁력이 없는 산업이나 기업은 시장에서 밀려날 수밖에 없는 것이 현실이다.

현대사회의 회계가 발전하는 방향을 살펴보면 다음과 같다.

첫째, 재무회계의 분야로서 일반투자자나 신용분석가, 금융업자들의 의사결정을 돕기 위한 회계정보의 필요성이 더욱 증대되고 있다. 특히 새로운 경제환경에 알맞은 회계방법, 예를 들면 자산을 시가로 평가하는 문제 또는 선물거래와 같은 파생금융상품에 대한 회계처리와 같이 경제환경의 변화에 적응하기 위한 회계문제가 계속해서 연구, 발전되고 있다.

둘째, 관리회계 분야에서는 새로운 경영관리를 위한 회계정보의 필요성이 더욱 요청되고 있다. 예를 들어 활동기준 원가회계, 시장의 판매가격을 중심으로 하는 목표원가계산방식 등 새로운 관리회계기법이 개발되고 있다.

셋째, 세무회계 분야에서도 기업회계와 세무회계의 접근을 통하여 불합리한 세금계산방식이 개선되고 있으며 절세 등을 위한 세무계획, 전자상거래 비중확대에 따르는 세금문제 등이 발전하고 있다.

넷째, 회계감사 분야에서는 내부통제를 위한 감사, 컴퓨터를 이용한 감사, 통계적인 감사, 또는 비능률의 예방을 목표로 하는 예방감사 등 새로운 감사기법과 관련해서 많은 발전이 이루어지고 있다. 특히 회계부정으로 인한 거대기업의 몰락이라는 경험을 하게 된 세계는 '회계의 투명성'이 더욱 중요한 사회문제로 대두되고 있다.

다섯째, 정부 및 교육기관과 같은 비영리기관의 회계가 발전하고 있으며 그 중요성이 더욱 커지고 있다. 비영리기관의 회계는 손익계산보다는 기금회계(fund accounting)를 통한 법규의 준수와 업무의 효율성을 측정하기 위한 회계방식과 복식부기의 장점을 동시에 이용할 수 있는 회계기록방법 등에서 앞으로 많은 발전을 기대할 수가 있다.

여섯째, 정보기술을 이용한 회계정보시스템의 발전이 있다. 종전까지는 수작업에 의해서 이루어진 장부기록을 이제는 컴퓨터가 대신해서 처리하는 것이 일반화되고 있다. 또한 장부기록뿐만 아니라 경영자의 의사결정을 위한 회계정보의 산출 및 기업활동 자체에 대한 각 활동별 정보를 산출하기 위한 회계정보시스템의 구축에 중점을 두고 있다. 또한 경영자의 의사결정 자체를 컴퓨터가 알아서 하는 회계의 발전 및 인터넷을 이용한 전자상거래를 위한 회계정보시스템의 활용 등이 빠른 속도로 발전하고 있다.

일곱째, 세계화와 관련하여 각 나라 사이의 회계방식이 서로 다른 경우 국제간의 세금문제나 투자결정문제 등 어려움이 많기 때문에 회계방식을 통일하도록 하는 국제회계기준을 많은 나라에서 채택하고 있다. 이에 따라 각 나라에 고유하게 적용되어 온 특수한 회계방식은 점차 사라질 가능성도 예견된다.

이번 장에서 배운 용어

경제적 의사결정(economic decision making) 개인이나 조직이 보유하고 있는 경제적 자원의 가치를 극대화시키려는 의사결정

관리회계(managerial accounting) 경영관리에 필요한 회계정보를 제공하는 회계

국제회계기준(IFRS : International Financial Accounting Standards) 국제회계기준위원회(IASB)에서 제정한 국제적으로 통용되는 회계기준

국제회계기준위원회(IASB : International Accounting Standards Board) 국제회계기준(IFRS)의 제정기구

부기(book-keeping) 회계자료를 회계장부에 기록하고 처리하는 것 또는 그 과정

비영리회계(not-for-profit accounting) 종교단체, 학교, 사회복지법인 등 비영리기관의 활동을 측정, 기록하고 보고하는 회계

사회책임보고서(social responsibility report) 또는 **지속가능보고서**(sustainability report) 기업뿐만 아니라 기업이 속한 사회가 지속적으로 성장해야 한다는 점에서 기업의 사회적 책임을 강조하고 그와 관련된 비재무적 정보를 공시한 보고서

세무회계(tax accounting) 세금을 산출하는 데 필요한 정보를 제공하는 회계

수탁책임(stewardship) 기업의 주인인 주주들을 대신하여 기업을 책임 있게 경영하고 그 성과를 성실하게 보고해야 하는 책임

유용한 정보(useful information) 기업의 이해관계자들이 기업에 대한 합리적인 의사결정을 하는 데 도움을 주는 회계정보

일반기업회계기준 외부감사 적용대상 기업 중에서 K-IFRS를 적용하지 아니하는 기업이 적용해야 하는 회계기준

재무회계(financial accounting) 외부이용자, 특히 투자자와 채권자의 투자 및 신용의사결정을 위한 회계

정부회계(government accounting) 정부기관의 경제적 활동을 측정, 기록하고 보고하는 회계

한국채택국제회계기준(K-IFRS) 국제회계기준을 원문 그대로 한국어로 번역한 기준. 한국의 모든 상장기업들에 적용되는 국제회계기준

한국회계기준원(KAI : Korea Accounting Institute) 기업의 재무보고를 위한 회계처리기준의 제정을 위하여 설립된 민간기구

회계(accounting) 재산의 변동을 화폐액으로 측정하여 이를 요약, 보고하는 시스템

회계보고책임(accountability) 수탁책임을 잘 수행했다는 사실을 성실하게 보고하는 책임

회계정보(accounting information) 화폐로 측정가능한 기업의 재무상태나 경영성과 및 현금흐름에 관한 정보

ESG Environment, Social, Governance의 머리글자를 조합한 단어로서 경영활동에 친환경, 사회적 책임, 지배구조의 투명성을 고려해야 기업이 지속가능한 발전을 할 수 있음을 의미

연습문제

1. 회계직원이 주인의 재산을 맡아서 관리하고 주인인 사장에게 그 결과를 성실하게 보고해야 하는 책임은 회계분야에서 무슨 책임이라고 하는가?

① 고용계약책임　　② 성실책임
③ 수탁책임　　④ 경영책임

2. 기업의 재무정보를 산출하여 보고하는 재무회계의 기본적인 목적은 무엇인가?

① 기업의 재산상태를 있는 그대로 계산하여 보고하는 것이다.
② 기업 이해관계자들의 경제적 의사결정에 유용한 정보를 주는 것이다.
③ 한 회계기간 동안의 순이익을 계산하고, 법인세를 산출하는 것이다.
④ 주주총회에서 경영자의 경영성과를 평가하고 배당금을 결정하는 것이다.

3. 다음은 모두 회계를 이용하는 기관 또는 분야이다. 이 중에서 순이익을 산출하는 기관 또는 분야는 무엇인가?

① 대학교　　② 정부
③ 기업　　④ 사회복지법인

4. 기업에서 작성한 재무제표가 일반적으로 인정된 회계원칙에 따라서 공정하게 작성되었는지를 검증하는 절차를 무엇이라고 하는가?

① 외부회계감사　　② 내부회계관리감사
③ 내부통제감사　　④ 감사원감사

5. 우리나라의 모든 상장기업과 규모가 큰 금융회사가 재무제표를 작성할 때 준수해야 하는 회계기준은 무엇인가?

① 한국채택국제회계기준　　② 일반기업회계기준
③ 중소기업회계기준　　④ 한국회계기준

6. 우리나라의 모든 기업이 준수해야 할 회계기준을 제정하는 기관은 어느 곳인가?

① 금융감독원 ② 한국공인회계사회
③ 회계법인 ④ 한국회계기준원

7. 지금까지 회계정보는 주로 기업의 재무상태, 경영성과, 원가, 세무 등 계량적인 정보를 생산하여 공시했다. 그런데 최근에는 이 외에도 기업이 사회에 대한 책임을 수행하는 정도에 대한 공시를 하도록 요구하고 있다. 이러한 내용과 관련이 없는 것은?

① 지배구조보고서 ② ESG보고서
③ 지속가능보고서 ④ 연결재무제표

8. 한국은 2011년부터 국제회계기준을 전면 도입하여 모든 상장기업에 적용하도록 하고 있다. 국제회계기준 도입으로 인한 장점이 아닌 것은?

① 회계정보의 신뢰성 및 투명성을 높인다.
② 회계정보의 질과 비교가능성을 높인다.
③ 국가간 자본이동의 효율성을 높이고 외국 증권시장에 대한 접근을 용이하게 한다.
④ 외국 증권시장에서 우리나라 회계기준과 국제회계기준으로 이중의 재무보고를 할 수 있다.

9. 회계의 영역별 설명에 대한 내용으로 틀린 것은?

① 관리회계는 주로 경영자의 내부의사결정을 위한 정보를 산출하는 분야이다.
② 정부회계는 기업이 정부에 납부해야 하는 세금의 계산, 납부 및 계획을 위한 회계이다.
③ 재무회계는 투자자와 채권자 등 외부의 정보이용자를 위한 일반목적의 회계이다.
④ 회계에 정보기술을 활용한 회계시스템의 구축 및 관리를 하는 분야는 회계정보시스템 분야이다.

10. 회계시스템의 역할과 과정에 대한 설명으로 타당한 것은?

① 회계시스템의 과정은 회계정보의 인식 및 측정, 저장 및 처리, 보고의 단계로 요약해 볼 수 있다.

② 회계를 의미하는 다른 용어는 부기(book keeping)이다.

③ 기업은 자본, 노동, 토지, 기술과 같은 생산요소를 투입하여 재화와 용역을 산출하지만 그 과정을 회계로 나타낼 수는 없다.

④ 회계는 기업에 적용하여 회계정보를 산출하기 위하여 사용되므로 정부의 행정, 국방, 치안, 행정 부문에서 사용되지 않는다.

해답

1. ③	2. ②	3. ③	4. ①	5. ①
6. ④	7. ④	8. ④	9. ②	10. ①

사례연구

1. 회계기록의 필요성

명륜회사는 전자제품을 제조회사로부터 구입해서 전국의 대리점에 판매하는 유통전문 회사이다. 전국에 8개의 영업소를 두고 있으며 직원은 200명이다. 1년의 매출은 300억 원이며 거래처 수는 500곳이다.

회사의 회계기록은 본사의 전산부에서 중형 컴퓨터를 이용하여 처리하고 있다. 사장은 최근에 전산부서의 한 직원이 부정에 연루되어 해고를 했는데 이 직원은 주말에 회사에 나와서 컴퓨터 내에 있는 회계기록을 모두 지워버렸다. 이 직원은 회사가 백업용으로 보관중인 테이프 역시 파괴시켜 버렸다. 이 회사의 회계기록은 컴퓨터에만 있고 문서로 있는 것은 지난해말의 회계보고서밖에 없다. 컴퓨터 전문가와 상의해서 자료를 복구시키려 했으나 복구방법이 없다는 결론이 나왔다.

〈요구사항〉

회계기록이 없어짐으로써 명륜회사가 겪을 가장 어려운 문제점은 무엇이 있는지 논의해 보시오.

HINT 회계기록이 재산의 변동에 관한 것임을 참고하시오.

2. 대학교의 회계정보

비영리기관인 대학교도 회계정보를 산출한다. 그래서 재무상태표, 손익계산서, 자금계산서 등의 재무제표를 작성하여 공시한다. 물론 고등학교나 중학교, 초등학교도 회계정보를 산출하여 공시한다. 교육원가란 학생들에 대한 교육을 위하여 투입된 모든 지출액(비용)을 학생수로 나눈 평균적인 금액이다. 만일 여러분이 대학에 일년에 1,000만원을 등록금으로 내고 1인당 교육원가가 1,500만원이면 여러분은 납부한 교육비의 150%만큼 교육서비스를 받는 것이다. 대부분의 대학교 홈페이지 하단에 '대학정보공시'가 있고 그 세부내용 '대학경쟁력' 속에 '학생 1인당 교육원가'가 공시되어 있다.

〈요구사항〉

여러분이 다니는 대학교의 학생 1인당 교육원가가 얼마인지 알아보시오.

3. 비영리기관의 회계공시

회계정보는 기업만 산출하는 것이 아니라 교회나 사찰, 학교, 병원, 사회복지법인 등 영리를 목적으로 하지 않는 기관들 역시 자산과 부채가 얼마인지, 수입과 지출이 얼마인지, 기관의 목적대로 자금을 사용하였는지와 같은 회계정보를 산출하여 보고한다. 아래 글을 읽고 비영리법인의 회계정보와 규제에 대하여 이야기해 보시오.

> 최근에는 공익법인의 공시내용을 분석하여 공개하는 비영리법인이나 언론들이 많아지면서 자율 모니터링 기능이 작동하고 있다. 또 충분한 공시정보의 입력으로 다른 관리감독 주체들이 필요한 정보를 공시자료를 통하여 확보할 수 있게 된다면 정부뿐만 아니라 공익법인 입장에서도 효율성은 상당히 커질 것이다.
>
> 공익법인 관리자로부터 전해들은 이야기이다. '제가 기부한 월 3만원은 아이들에게 전부 지급하고 단체에서 한 푼도 쓰시면 안 됩니다'라고 말하는 기부자가 제법 있다는 것이다. 기부자의 입장이 한편 이해가 되면서도 씁쓸한 기분이다. 사회복지, 인권, 환경, 장학, 교육 등 공익단체의 대부분의 목적사업은 인력이 투입되는 서비스 사업이다. 내가 낸 기부금이 그 단체의 인건비, 관리비, 외부회계감사비용으로 지출될 수밖에 없다는 것을 인정하여야 한다. 또 정부나 지자체 등 보조금 사업에는 외부전문가를 통한 회계감사나 회계검토를 요구하기도 하는데, 이는 사업비 예산에 반영되어야 한다.
>
> (변영선, 공익법인의 투명성 어떻게 확보할 것인가, 월간공인회계사, 2021년 10월호)

4. 국제회계기준 도입의 긍정적 영향

> 한국채택국제회계기준(K-IFRS)의 여러 기준들이 제·개정되었다. 새로운 기준의 공통적인 도입 취지는 재무정보의 기업간 비교가능성 향상이다. 동일한 경제적 사건에 대해 유사한 재무정보를 인식하도록 유도하여, 정보이용자들이 기업의 수익 및 현금흐름 특성을 이해하는 데 보다 유용한 정보를 제공하는 것이 주된 목적이다. 과거 15년간 국내 상장사 자료를 분석한 결과 기업간 비교가능성이 제고되면 회계이익의 지속성과 관련한 투자자들의 평가오류 현상이 상당 부분 개선되는 것으로 나타났다. 이는 비교가능한 정보가 정보이용자들의 재무정보 이해도 향상에 큰 도움이 됨을 시사한다. 증권사 애널리스트의 정보중개 범위가 제한적인 국내 자본시장 특성을 고려할 때, 비교가능성 제고를 목표로 한 일련의 회계기준 개정은 특히 코스닥시장의 정보위험 감소 및 효율적인 자원배분에 의미 있는 기여를 할 것으로 기대한다. 정책당국은 새 기준의 적용으로 발생할 수 있는 업계의 여러 가지 실무적 어려움들을 해소할 수 있도록 신중하면서도 신속한 지원을 이어 나가야 한다.
>
> (이상호, 회계기준 개정을 통한 비교가능성 제고의 필요성, 자본시장포커스, 자본시장연구원, 2019.12.3)

〈요구사항〉

국제회계기준의 도입은 국가와 기업에 여러 가지 도움이 된다. 국제회계기준을 도입함으로 인하여 우리나라와 기업에 미치는 긍정적인 영향은 어떤 것들이 있을까?

CHAPTER 2

재무제표는 어떤 회계정보를 담고 있는가?

제 **1** 절 회계의 목적과 재무제표

제 **2** 절 재무상태표

제 **3** 절 손익계산서

제 **4** 절 자본변동표

제 **5** 절 현금흐름표

제 **6** 절 회계기준과 공시제도

제1절 회계의 목적과 재무제표

회계의 목적은 기업의 이해관계자들이 경제적 의사결정을 할 때 유용하게 사용할 수 있는 회계정보를 제공하는 것이다. 이때 누구에게 어떤 정보를 얼마나 자세히 제공할 것인가가 문제가 된다. 먼저 재무회계(financial accounting)의 핵심이라고 할 수 있는 재무보고(financial reporting)는 기업의 외부이용자를 주 대상으로 하여 회계정보를 제공하는 것을 말한다. 그런데 외부이용자, 즉 투자자, 채권자, 공급자, 정부, 종업원 등이 필요로 하는 정보가 서로 다르기 때문에 개별 정보이용자들이 요구하는 정보를 일일이 제공하는 것은 기업으로서는 지나치게 높은 수준의 비용을 부담하게 되므로 현실적으로 어렵다. 또한 제공될 정보의 양적 측면에서도 모든 회계거래를 낱낱이 제공하는 것 역시 매우 어려운 문제이다.

이러한 문제에 대처하기 위해서 회계기준에서는 기업에 관심이 있는 투자자나 채권자 등의 외부정보이용자 집단이 공통적으로 관심을 가질 수 있는 기본적이면서도 핵심적인 재무정보를 일정한 기준에 따라 요약하여 보고하도록 하고 있다. 이를 일반목적의 재무보고(general purpose financial reporting)라 하며, 이때 작성된 재무보고서를 재무제표(financial statements)라고 한다. 재무제표는 비슷한 성질을 갖는 거래를 요약하고 일정한 양식에 맞춰 작성하여 정기적으로 공시하는 수단인 셈이다. 또한 재무제표는 많은 사람들이 공통적으로 필요로 하는 핵심적인 정보들을 포함하기 때문에 이들 의사결정자의 최소한의 요구를 충족시키는 역할을 하는 것이다. 재무보고서에 포함되는 정보의 주요 내용으로는 다음과 같은 것들을 들 수 있다.

① 재무상태 : 특정시점에 기업이 가지고 있는 재산상태에 대한 정보로서, 예를 들어 기업이 가지고 있는 재산 중에서 현금, 매출채권, 재고자산 등이 얼마나 되는지, 영업활동을 지원하기 위하여 보유하고 있는 토지, 건물, 기계 등은 얼마나 있는지, 또한 단기부채와 장기부채는 얼마나 되며, 자기자본은 얼마나 되는지 등과 같은 정보

② 경영성과 : 일정기간 동안에 기업이 어느 정도의 수익을 올렸으며, 그를 위해 얼마의 비용이 소요되어 결국 순이익 또는 순손실이 얼마나 되는지에 관한 정보

③ 자본변동 : 일정기간 동안에 자본이 어떻게 변동했는지에 관한 정보로서, 예를 들어 증자 또는 감자, 경영활동의 결과에 따른 이익잉여금의 증감, 배

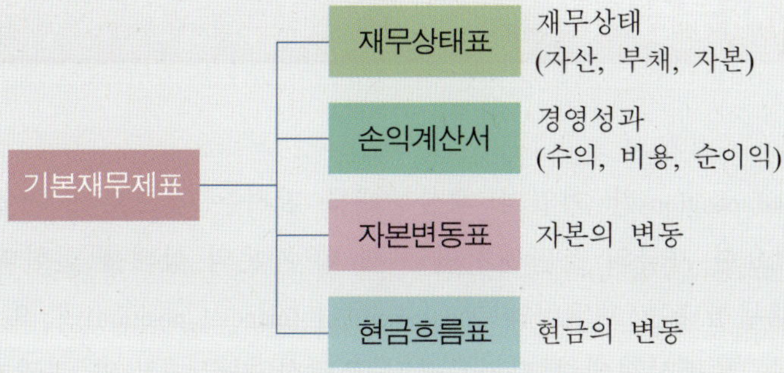

[그림 2-1] 기본재무제표

당금 지급 등에 따라 자본이 어떻게 변화했는지에 관한 정보

④ 현금흐름 : 일정기간 동안에 현금이 어떻게 조달(유입)되었으며 어떻게 사용(유출)되었는지에 관한 정보

현행 회계기준에서는 [그림 2-1]에 나타낸 것처럼 기본재무제표로 네 가지의 재무보고서를 규정하고 있는데, 기업들은 위에 열거된 네 가지 종류의 정보를 순서대로 재무상태표(statement of financial position), 손익계산서(income statement), 자본변동표(statement of changes in equity), 그리고 현금흐름표(statement of cash flows)에 담아서 정보이용자들에게 제공한다.[1)]

한편 기본재무제표의 항목들에 대한 상세한 설명이나 기업의 중요한 회계정책 등은 재무제표의 본문 뒤에 주석(footnotes)으로 보고되는데, 주석은 네 가지 재무제표와 함께 기업의 정보를 담고 있는 중요한 요소로서 기본재무제표에 포함된다. 특히 현행 기업회계기준에서는 주석의 기능을 크게 강조하여 이용자의 정보수요에 목적적합한 정보를 상세하게 제공하도록 하고 있다.

---

1) 최근까지 재무상태표(대차대조표라고도 불린다)와 손익계산서는 영어로 각각 balance sheet, income statement가 주로 쓰여 왔으나 국제회계기준에서는 공식적인 이름을 각각 statement of financial position, statement of comprehensive income으로 변경하였다. 그러나 공식적인 이름을 사용해야 한다는 의무조항이 없으며 아직도 많은 기업에서는 balance sheet, income statement의 이름을 사용하고 있다. 포괄손익계산서(statement of comprehensive income)는 기존의 손익계산서(income statement)와 기타포괄손익(other comprehensive income)을 합친 것으로서 기업은 하나의 포괄손익계산서를 보고할 수도 있고 손익계산서와 기타포괄손익을 각각의 표로 만들어 보고할 수도 있다. 본서에서는 주로 손익계산서에 대해서 논의하고 기타포괄손익 및 포괄손익계산서에 대해서는 제4장에서 간략히 다룬다.

제 2 절 재무상태표

재무상태(financial position)란 기업의 재산상태를 말하는 것으로서 기업이 보유하는 자산과 이에 필요한 자금의 조달원천인 부채 및 자본의 상태를 말한다. 특정시점에서의 기업의 재무상태는 재무상태표(statement of financial position)에 요약 · 보고된다. 즉 재무상태표는 특정시점에 투자자로부터 조달한 자금(자본)과 채권자로부터 조달한 자금(부채)은 얼마이며 조달된 자금을 어떻게 운용하여 현재의 재산(자산)을 보유하고 있는지를 보여주는 재무보고서이다.

1. 재무상태표는 어떻게 구성되어 있는가?

기업은 원재료의 구입, 상품의 구입 · 판매, 제품의 제조 · 판매, 서비스 제공 등의 활동뿐만 아니라 영업활동을 지원하기 위한 공장 · 기계 · 사무실 · 창고 등을 취득하기도 한다. 이러한 활동에 필요한 자금은 투자자 또는 채권자로부터 조달된다. 이같이 기업의 재무상태는 경영활동을 하면서 계속 변하게 되는데, 재무상태표는 특정시점에서의 재무상태를 요약해서 보여준다. 기업의 재무상태는 마치 동전의 앞뒷면과 같이 '자금의 조달' 측면과 '자금의 운용' 측면으로 구분하여 생각할 수 있는데, 이를 요약하면 〈표 2-1〉과 같다.

〈표 2-1〉에서 기업이 경영활동에 사용하기 위해 보유하고 있는 자산 5억원은 채권자로부터 빌린 부채 2억원과 소유주가 출자한 자본 3억원의 합으로 구성되었다는 사실을 알 수 있다. 부채는 장차 갚아야 할 의무인 반면에 자본은 갚을 필요가 없다. 이때 중요한 것은 자산, 부채, 자본을 각각 별개로 생각하는 것이 아니라 동시에 함께 고려해야 한다는 점이다. 즉

〈표 2-1〉 재무상태표의 구조

자금의 운용상태	자금의 조달방법
자 산 (5억원)	부 채 (2억원) 자 본 (3억원)

한편으로는 기업이 현재 갖고 있는 자산이 5억원이지만 다른 한편으로는 그 5억원 중에서 2억원은 부채로 조달한 것이고, 나머지 3억원은 자본으로 조달한 것이다.

이와 같이 자산, 부채, 자본을 동시에 생각할 때 자산·부채·자본간에는 아래와 같은 관계가 항상 성립된다. 이를 회계등식(accounting equation) 또는 재무상태표 등식(balance sheet equation)이라고 한다.

자 산	=	부 채	+	자 본
(5억원)		(2억원)		(3억원)
(기업의 자금)		(채권자가 제공)		(출자자가 제공)

위의 등식을 구성하고 있는 세 가지 요소에 대해서 더 자세히 알아보자. 먼저 자산(assets)은 기업이 영업활동을 수행하기 위하여 소유하고 있는 것으로서 재화나 권리를 포함한 여러 가지 경제적 자원(economic resources)을 나타낸다. 예를 들어, 기업은 현금, 기계, 공장건물 등을 사용하여 상품을 구입하거나 제품을 생산하고, 이를 장차 판매하여 수익을 벌어들이게 될 것이다. 이같이 미래에 수익을 창출하는 데 공헌할 수 있는 능력을 갖고 있는 경우에만 자산으로 인정된다. 그 이유는 기업이 가지고 있는 재산은 어느 것이나 수익을 벌어들이는 데 도움이 된다고 판단하여 구입하였다고 보기 때문이다. 따라서 어느 기업의 자산이 많다는 것은 사업목적을 달성하기 위해 현재 보유하고 있는 경제적 자원이 그만큼 많다는 것을 의미한다. 물론 자산이 많다고 해서 무조건 좋다고 할 수는 없고, 이러한 자산을 효율적으로 운용하는 것이 중요하다.

부채(liabilities)는 상대방으로부터 현금을 빌리거나, 상품·제품과 같은 재화 또는 용역을 제공받았지만 그 대가를 아직 지급하지 않았기 때문에 장차 갚아야 할 경제적 의무(economic obligations)를 말한다. 예를 들면, 채권자로부터 미래에 원금 및 이자를 갚는 조건으로 빌려온 차입금, 또는 후일에 대금을 지급하겠다는 조건으로 매입한 비품의 대금지급의무 등이 여기에 해당한다.

자본(owners' equity)은 기업의 소유주가 투자한 자금 및 영업활동을 통한 자금의 증가분으로서 자산에서 부채를 뺀 후에 남는 몫을 말하며, 이를 순자산 또는 잔여지분이라고 한다. 자본은 부채와 달리 장차 갚을 필요가 없는 것으로 기업의 소유주에게 귀속되어야 할 몫을 나타내기 때문에 소유주지분 또는 주주지분이라고도 한다. 이는 ① 기업의 소유주가 투자한 금액, 즉 자본금 및 자본잉여금과 ② 영업활동 등으로 인하여 증가한 금액, 즉 이익잉여금 등으로 구성된다.

〈표 2-2〉에 간단한 재무상태표를 예시하였다. 〈표 2-2〉에서 볼 수 있듯이 재무상태표라는 보고서 명칭, 기업명, 보고시점 및 금액의 단위 등이 표시된다. 세부내

〈표 2-2〉 재무상태표의 기본형식

재무상태표

회사명 : A기업	20×1년 12월 31일 현재				(단위 : 천원)
자 산			부 채		
Ⅰ. 유동자산		210,000	Ⅰ. 유동부채		155,000
현 금	60,000		매 입 채 무	65,000	
매 출 채 권	70,000		단기차입금	40,000	
재 고 자 산	80,000		선 수 금	15,000	
			미지급비용	35,000	
Ⅱ. 비유동자산		290,000	Ⅱ. 비유동부채		45,000
투 자 자 산	75,000		장기차입금	45,000	
유 형 자 산	190,000		부채총계		200,000
무 형 자 산	25,000		자 본		
			Ⅰ. 자 본 금		210,000
			Ⅱ. 이익잉여금		90,000
			자본총계		300,000
자산총계		500,000	부채와 자본총계		500,000

용으로 자산은 크게 유동자산(current assets)과 비유동자산(non-current assets)으로 나뉘며, 부채는 크게 유동부채(current liabilities)와 비유동부채(non-current liabilities)로 분류된다. 일반적으로 1년을 기준으로 하여 자산은 1년 이내에 현금화되거나 현금흐름이 발생하면 유동자산으로, 그렇지 않으면 비유동자산으로 구분한다. 한편 부채는 1년 이내에 상환해야 하면 유동부채, 그렇지 않으면 비유동부채로 구분한다. 전통적으로 자산과 부채의 세부적인 항목들은 유동성(liquidity) 정도에 따라 배열하는 방법이 널리 이용되어 왔다. 이러한 유동성배열법에 따르면 자산은 현금화 속도가 빠른 순서대로 표시하고, 부채는 상환시기가 빠른 순서대로 표시한다. 그리고 자본을 구성하는 두 개의 중요한 항목에는 자본금과 이익잉여금이 있다. 자본금은 주주들이 납

더 알아봅시다 자본의 구성요소

한국채택국제회계기준(K-IFRS)에서는 자본을 납입자본금, 이익잉여금과 기타자본구성요소로 구분하고 있을 뿐 자본에 대한 구체적인 규정을 제시하고 있지 않으며 각 국가의 상황에 맞게 회계처리하도록 허용하고 있다. 반면에 일반기업회계기준(K-GAAP)과 상법 등의 법규에 따르면 우리나라에서는 자본을 납입자본(자본금과 자본잉여금), 자본조정, 그리고 기타포괄손익누계액과 이익잉여금으로 구분하고 있다. 예를 들어, 유상증자를 통해 주주로부터 납입받은 금액 중 액면금액까지는 자본금으로, 초과금액은 주식발행초과금이라 하여 자본잉여금으로 분류한다.

입한 금액 중 총액면금액(=주당액면금액×발행주식수)으로 회사가 채권자보호를 위해 유지해야 할 최소한의 재산을 나타내는 항목인 반면에 이익잉여금은 기업이 최초 설립 이후 현재까지 영업활동을 수행하면서 벌어들인 이익 중에서 배당으로 지급된 것을 제외한 금액의 누적액을 나타낸다.

2. 재무상태표 정보는 어떻게 활용할 수 있는가?

재무상태표가 기업의 재무상태를 나타내는 보고서로서 자산, 부채 및 자본을 유동성에 따라 보고한다는 것을 알아보았다. 이제 〈표 2-2〉에 제시된 A기업의 재무상태표로부터 얻을 수 있는 정보를 몇 가지 예를 들어 살펴보자.

만약 A기업이 공장확장을 위해 1억원의 시설자금을 빌려줄 것을 한 은행에 요청하였다고 하자. 이때 은행의 대출담당자인 강대출 씨는 A기업이 빌린 차입금을 상환기일이 왔을 때 갚을 가능성이 어느 정도인가를 알아볼 필요가 있을 것이다. 이를 위해 A기업의 부채는 얼마이며, 이를 갚기 위한 자산은 충분한지를 알 필요가 있다. 자산 중에서도 신속하게 현금화할 수 있는, 즉 유동성이 높은 자산이 얼마이며 그렇지 않은 자산은 얼마인가를 살펴보아야 할 텐데 A기업의 재무상태표에는 자산을 유동성에 따라 분류하고 있으므로 이를 쉽게 알 수 있다. 〈표 2-2〉에서 알 수 있는 바와 같이 A기업의 경우 1년 이내에 갚아야 할 유동부채가 1억 5천5백만원인 데 반하여, 1년 이내에 현금화할 수 있는 유동자산은 2억 1천만원이므로 강대출 씨는 현재 상태로는 A기업이 요청한 1억원을 향후 상환하는 데 다소 문제가 있다고 판단할 가능성이 높다.

다른 예로 만약 개인투자자인 정투자 씨가 주식시장에 상장되어 있는 A기업의 주식에 투자할 것인가의 여부를 결정하려 한다고 가정하자. 이때 중요한 것은 현재 기업의 자산에서 부채를 차감한 순자산, 즉 자본의 장부금액이 주식시장에서 거래되는 주식의 시장가격보다 높은지의 여부를 평가하는 것이다. 만약 A기업의 유통주식수가 10,000주라고 한다면, 정투자 씨는 A기업의 자산에서 부채를 제외한 자본의 장부금액은 1주당 30,000원(=자본 3억원/유통주식수 10,000주)임을 알 수 있을 것이다. 이 금액과 현재의 주식가격을 비교하면 A기업의 주식을 매입할지 여부를 결정하는 데 유용한 정보를 얻을 수 있다.

제 3 절 손익계산서

기업의 정보이용자는 기업의 재무상태뿐만 아니라 경영성과에 대한 정보도 알고 싶어 한다. 경영성과를 나타내는 대표적인 지표로서 이익은 기업의 수익성을 보여주는 동시에 기업가치와도 밀접한 관련이 있으므로 올해의 이익이 내년이나 가까운 장래에 더 증가할지 또는 지속될지 등에 정보이용자는 큰 관심이 있을 것이다. 이러한 관심을 충족시켜 주는 정보, 즉 일정기간의 기업의 경영성과를 보여주는 보고서가 바로 손익계산서(income statement)이다.

1. 손익계산서는 어떻게 구성되어 있는가?

손익계산서는 일정기간의 경영성과, 즉 기업이 일정기간 동안 벌어들인 수익과 발생한 비용에 관한 정보를 제공하는 재무보고서이다. 따라서 〈표 2-3〉과 같이 수입원천인 수익과 자원의 사용내역인 비용을 구분하여 표시하는 형식으로 작성된다.

〈표 2-3〉 손익계산서의 구조

수 익 (8억원)
비 용 (7억 6천만원)
이 익 (4천만원)

〈표 2-3〉은 기업이 제품의 판매 및 기타의 활동으로부터 8억원의 수익을 올렸으며, 그러한 수익을 벌기 위해 비용으로 7억 6천만원을 사용한 결과 4천만원의 이익을 남겼다는 것을 보여주고 있다. 수익, 비용 및 이익의 관계는 다음과 같이 표시할 수 있다.

수 익	−	비 용	=	이 익
(8억원)		(7억 6천만원)		(4천만원)

〈표 2-4〉에 간단한 손익계산서의 예를 제시하였다. A기업이 1년 동안 벌어들인 수익은 매출액(sales revenue or service revenue) 7억 9천만원과 금융수익(예를 들어 이자수

〈표 2-4〉 손익계산서의 기본형식

손익계산서	
회사명 : A기업　　20×1년 1월 1일부터 20×1년 12월 31일까지	(단위 : 천원)
Ⅰ. 매 출 액	790,000
Ⅱ. 매 출 원 가	600,000
매출총이익	190,000
Ⅲ. 판매비와 일반관리비	110,000
영 업 이 익	80,000
Ⅳ. 금 융 수 익	10,000
Ⅴ. 금 융 비 용	30,000
법인세비용차감전순이익	60,000
Ⅵ. 법인세비용	20,000
당기순이익	40,000

익) 1천만원으로 총 8억원이다. 매출액은 기업의 중심적인 영업활동인 매출활동, 즉 재화를 판매하거나 용역을 제공하고 그 대가로서 벌어들인 수익을 말한다. 한편 1년 동안 발생한 비용은 매출액을 벌기 위하여 직접적으로 소비된 자원인 매출원가(cost of goods sold), 간접적으로 소비된 자원인 판매비와 관리비(selling, general and administrative expenses), 금융비용(예를 들어 이자비용), 법인세비용 등 총 7억 6천만원이다. 매출원가는 매출된 상품의 구입원가 또는 제품의 제조원가를 말하며, 판매비와 관리비는 제품의 생산과는 직접적인 관련이 없지만 매출과 관련하여 간접적으로 소요되는 모든 비용을 말한다. A기업의 손익계산서 가장 밑에 보고되는 당기순이익(net income) 4천만원은 모든 수익에서 모든 비용을 차감한 금액이다.[2] 뒤에서 다시 설명하겠지만 기업은 당기순이익 중 주주들에게 지급하는 배당금을 뺀 나머지를 사내에 유보시키는데, 유보이익만큼 재무상태표의 이익잉여금이 증가하게 된다. 다시 말해 한 해 동안의 이익잉여금의 증가는 당기순이익에서 당기배당금을 뺀 것과 같다.

2. 손익계산서 정보는 어떻게 활용할 수 있는가?

기업은 영리를 추구하는 조직이기 때문에 얼마만큼의 이익이 발생했는지를 정기적으로 파악할 필요가 있고, 그에 따라 향후 영업활동을 어떻게 할 것인지도 결정하

2) 영어로 당기순이익은 bottom-line income이라고도 한다. 이는 당기순이익이 총수익에서 총비용을 차감한 후 손익계산서상의 가장 아랫줄에 계산되기 때문에 붙여진 이름이다.

게 된다. 손익계산서는 기업의 경영성과를 파악하기 위하여 작성되는 보고서이다. 〈표 2-4〉에서 보는 바와 같이 기업의 이익은 단계에 따라서 매출총이익, 영업이익, 법인세비용차감전순이익, 당기순이익 등으로 분류될 수 있는데, 각각의 이익 개념은 정보이용자의 의사결정목적에 따라 선별적으로 사용될 수 있다.

기업활동의 각 부문 특성에 따라 경영성과를 측정하기 위한 이익 개념이 달라질 수 있다. 일반적으로 특정 사업본부의 부문경영자에 대한 경영성과를 평가하기 위해서는 통제가능한 경제적 자원의 소비와 이에 따른 성과로써 측정하는 것이 바람직하다.

예를 들어 생산직 근로자의 성과급을 생산직 근로자의 성과와 연결시키고자 한다면 매출총이익이 의사결정에 가장 적합한 이익 개념이 될 것이다. 왜냐하면 생산직 근로자의 경영성과는 적정수준의 품질을 갖는 제품을 낮은 원가로 생산하는지로 평가할 수 있기 때문에 판매된 제품의 제조원가인 매출원가가 매출액에 비하여 얼마나 되는지, 즉 매출총이익으로 평가할 수 있다. 마케팅부서 관리자는 매출액 증대를 위하여 마케팅활동을 잘하는지로 평가할 수 있다. 이를 위한 지출항목은 판매비와 관리비로 분류되므로 마케팅부서 관리자는 매출총이익뿐 아니라 판매비와 관리비를 차감한 영업이익으로 평가하는 것이 바람직하다. 자금부서 관리자는 외부로부터 자금을 조달할 때 얼마나 저렴한 비용으로 조달하는지가 중요하다. 이러한 자금조달비용은 영업외비용인 금융비용에 포함되어 있다. 따라서 자금부서 관리자의 평가는 금융비용까지 고려한 법인세비용차감전순이익으로 평가할 수 있을 것이다.

만약 소액투자자인 정주주 씨가 주식투자의 목적으로 A기업의 과거 수 개년의 이익추세를 분석하여 올해 예상되는 이익규모를 추정한다고 가정해 보자. 어떤 이익을 대상으로 추세분석을 하겠는가? 주식투자 측면에서는 매년 주주에게 귀속될 수 있는 당기순이익이 중요한 이익 개념이 된다. 그러나 당기순이익에는 〈표 2-4〉

산책로 소득과 기간

미국의 유명한 석유재벌이었던 Paul Getty가 몇 명의 학생들과 함께 이야기를 나눈 적이 있었다. 한 학생이 Getty 씨에게 돈을 얼마나 버느냐고 묻자, 그는 잠시 생각하더니 "11,000달러"라고 간단히 대답했다. 예상외로 소득금액이 작은 데 대해 학생들이 의아하게 생각하고 있을 때 그는 "1시간에 그 정도 법니다"라고 덧붙였다. 이를 연간소득으로 환산하면 그는 1년에 1억 달러에 가까운 돈을 버는 것이다. 우리는 이 일화를 통해 개인이나 기업의 소득은 그 기간이 정해지지 않으면 의미가 없다는 것을 알 수 있다. 일반적으로 우리는 소득을 1년 단위로 해서 계산한다. 소득과 이익은 유사한 개념이지만 소득이란 용어는 경제학이나 세무회계에서 사용되며 재무회계에서는 이익이라는 용어를 사용한다.

에서 보는 바와 같이 영업외손익(금융수익과 금융비용 등)이 반영되는데, 영업외손익 항목들은 매년 빈번하게 발생하는 것이 아니라 비반복적으로 발생할 수 있기 때문에 당기순이익은 이들의 발생빈도와 크기에 따라서 해마다 변동이 심할 수 있다. 따라서 당기순이익과 함께 영업활동의 결과로 발생하는 영업이익이 정주주 씨의 의사결정 목적에 적합한 이익 개념이 될 수 있을 것이다.

제 4 절 자본변동표

기업에서 소유주 몫인 자본의 변동에 관한 정보는 재무상태 및 경영성과와 더불어 주주들의 관심의 대상이 되는 정보라고 할 수 있다. 자본은 주주들이 자본금을 납입하거나 영업활동으로부터 이익이 발생하는 경우에 증가한다. 자본이 꾸준히 증가한다는 사실은 기업의 활동이 양호하다는 것을 의미한다.

1. 자본변동표는 어떻게 구성되어 있는가?

자본변동표(statement of changes in equity)는 일정기간 자본의 변동에 관한 정보를 제공하는 재무보고서이다. 기업의 자본은 주주들이 납입한 자본에 해당하는 자본금(share capital)과 경영활동으로 벌어들인 이익의 유보분에 해당하는 이익잉여금(retained earnings)으로 구성된다.

자본금은 증자나 감자를 하게 되면 변화하는 데 반하여 이익잉여금은 이익이 생기면 증가하고 손실이 생기거나 배당금을 지급하면 감소한다. 이러한 관계는 다음과 같이 표시할 수 있다.

기초자본	+	유상증자	+	당기순이익	−	배당금	=	기말자본
(2억 3천만원)		(3천만원)		(4천만원)		(0원)		(3억원)

〈표 2-5〉에 A기업의 자본변동표를 예시하였다. 〈표 2-5〉에서 알 수 있듯이 A기

〈표 2-5〉 자본변동표의 기본형식

자본변동표
20×1년 1월 1일부터
20×1년 12월 31일까지

회사명 : A기업 (단위 : 천원)

	자본금	이익잉여금	총 계
20×1.1.1 (보고금액)	180,000	50,000	230,000
유상증자	30,000		30,000
당기순이익		40,000	40,000
20×1.12.31	210,000	90,000	300,000

업의 기초자본금은 1억 8천만원이며 한 해 동안 3천만원의 유상증자를 실시하여 기말자본금이 2억 1천만원으로 증가하였다. 한편 기초이익잉여금은 5천만원이었으며 한 해 동안 영업활동의 결과로 발생한 당기순이익 4천만원을 합하여 기말이익잉여금은 9천만원으로 증가하였다. 주주들에게 배당금을 지급하지 않았으며 당기순이익 4천만원이 모두 이익잉여금에 편성되었으므로, 그에 따라 기말자본은 3억원이 되었다는 것을 알 수 있다.

2. 자본변동표 정보는 어떻게 활용할 수 있는가?

자본변동표는 일정기간 동안 증자, 감자 또는 기타 자본거래로 얼마만큼의 자본금이 변화했는지와 경영활동이 수익성 측면에서 잘 수행되어 이익이 쌓이고 있는지 등 정보이용자에게 매우 중요한 정보를 제공한다. 또한 채권자들에게 이자를 지급하듯이 주주들에게 지금까지 누적된 이익잉여금을 배당할 것인가, 아니면 장래 성장을 위해 생산설비 확충과 같은 투자목적으로 유보할 것인가와 같은 정보는 주주

더 알아봅시다 **증자와 감자**

증자(감자)는 자본금의 증가(감소)를 줄인 말로, 현금의 유입과 유출을 수반하는 유상증자(감자)와 그렇지 않은 무상증자(감자)로 구분된다. 여기서는 유상증자 및 감자에 대해서 설명하고자 한다. 기업은 경영활동을 수행하는 과정에서 추가로 자금이 필요한 경우가 종종 있다. 이때 주식을 발행하여 자금조달을 하면 그만큼 현금이 들어오고 자본금이 증가하게 된다. 이렇게 조달된 현금을 가지고 설비자산에 투자하여 사업을 성장시킬 수 있다. 반면에 감자는 증자만큼 자주 생기는 일은 아니지만 감자는 기업이 주주들로부터 기존에 발행한 주식을 되사들여서 소각하는 것이다. 주식을 되사들이는 만큼 현금이 지출되고 자본금이 감소하게 된다.

들의 관심을 끌기에 충분하다.

자본의 구성요소 중 이익잉여금에 관하여 주의할 점은 이익잉여금은 이익의 유보분이라는 것이다. 흔히 이익잉여금을 '사내유보금'이라고 표현하여 이익잉여금만큼 현금을 보유하고 있는 것으로 혼동하고 있는데 이익잉여금은 기업이 지금까지 벌어들인 이익 중에서 주주들에게 지급한 배당금을 제외한 금액을 의미한다. 즉 기업은 그동안 벌어들인 이익을 여러 가지 형태의 자산으로 보유할 수 있으며, 현금은 그중의 하나에 불과할 뿐이다.

제 5 절 현금흐름표

'현금은 왕이다'(Cash is King)라는 말이 있듯이 기업이 경영활동을 하는 궁극적 목적은 현금을 벌기 위한 것이다. 또한 현금은 기업이 경영활동을 하는 데 있어서 마치 혈액과도 같은 역할을 하기 때문에 원활한 경영활동뿐만 아니라 기업의 생존을 위해서도 그 중요성은 매우 크다고 할 수 있다. 이러한 이유로 기업의 정보이용자는 손익계산서의 당기순이익에 대한 정보 이외에도 기업의 현금흐름에 관하여 자세한 정보를 필요로 한다. 일정기간 동안의 기업의 현금흐름에 대한 정보를 보여주는 보

더 알아봅시다 회계장부

현금흐름표에는 기업의 활동을 영업활동, 투자활동, 재무활동의 세 가지 활동으로 구분하여 표시하고 있다. 이러한 활동을 알아보기 위하여 유통업에 속한 이마트를 예로 들어 보자. 이마트는 상품을 구매하여 판매하는 일을 주로 하는 기업이다. 그런데 이러한 일을 하자면 구매한 상품을 보관하는 시설도 필요하고 사업이 잘되면 다른 지역에 매장을 추가로 오픈하기도 한다. 이 과정에서 갖고 있는 현금이 부족하면 외부에서 자금을 추가로 조달해야 한다.

이마트의 예에서 상품을 구매하고 판매하는 활동을 영업활동이라고 하고, 보관시설이나 매장을 구매하거나 처분하는 활동을 투자활동이라고 하며, 외부에서 자금을 조달하거나 상환하는 활동을 재무활동이라고 한다. 이를 정리하면 다음과 같다.

- 영업활동 : 기업의 주된 수익창출활동인 제품의 생산 및 재화와 용역의 판매와 관련된 활동
- 투자활동 : 현금을 대여하고 이를 회수하는 활동과 유가증권, 투자자산 및 유형자산의 취득 및 처분과 관련된 활동
- 재무활동 : 자금의 유입, 유출에 관련된 활동

고서가 바로 현금흐름표(statement of cash flows)이다.

1. 현금흐름표는 어떻게 구성되어 있는가?

현금흐름표는 기업의 현금이 일정기간에 어떻게 변화했는가를 보여주는 보고서라고 할 수 있다. 다시 말해 현금흐름표는 재무상태표의 기초현금잔액이 기말현금잔액으로 어떻게 변동했는지를 상세하게 나타낸 보고서라고 할 수 있다. 현금흐름표에서는 현금의 유입 및 유출을 발생시키는 기업의 활동을 〈표 2-6〉과 같이 크게 영업활동, 투자활동, 재무활동으로 구분하여 표시한다. 현금흐름표에 제시되는 세 가지 활동 중에서 먼저 영업활동은 가장 본질적인 활동(제품의 생산과 판매 또는 서비스의 제공 등)에서 충분한 현금이 창출되고 있는지를 보여주므로 중요하다. 투자활동은 기업이 미래 성장을 지속하기 위해서 필요한 활동이라는 면에서 역시 중요하다. 정상적인 활동을 하는 기업에서는 영업활동에서 창출된 현금을 투자활동에 사용하는 것이 바람직하다. 물론 영업활동에서 창출된 현금이 투자에 필요한 현금보다 적으면 재무활동을 통하여 부족한 현금을 추가로 조달해야 할 것이다. 이와 같이 영업활동과 투자활동으로부터의 현금유출입이 원활하지 않으면 기업은 장기적으로 존속하기 어려워진다.

〈표 2-6〉 현금흐름표의 구조

기초현금	증감내역		기말현금
4천만원	영업활동으로 인한 현금흐름	4천5백만원	6천만원
	투자활동으로 인한 현금흐름	(8천만원)	
	재무활동으로 인한 현금흐름	5천5백만원	
	당기 현금흐름의 증가(감소)	2천만원	

〈표 2-6〉에서 알 수 있는 바와 같이 현금흐름은 일정기간에 유입된 현금액과 유출된 현금액의 차이로 결정되기 때문에 다음과 같은 관계로 표시할 수 있다.

현금유입액 − 현금유출액 = 현금증감액(현금흐름)
(1억원) (8천만원) (2천만원)

기업의 세 가지 활동에 따른 현금흐름을 좀더 세분화하여 보여준 것이 〈표

〈표 2-7〉 현금흐름표의 기본형식

현금흐름표

20×1년 1월 1일부터
20×1년 12월 31일까지

회사명 : A기업		(단위 : 천원)
Ⅰ. 영업활동으로 인한 현금흐름		45,000
매출로부터의 유입액	600,000	
매입에 대한 유출액	(440,000)	
영업비의 지급	(65,000)	
이자지급	(30,000)	
법인세지급	(20,000)	
Ⅱ. 투자활동으로 인한 현금흐름		(80,000)
유형자산의 취득	(80,000)	
Ⅲ. 재무활동으로 인한 현금흐름		55,000
차 입 금	55,000	
Ⅳ. 현금의 증가		20,000
Ⅴ. 기초의 현금		40,000
Ⅵ. 기말의 현금		60,000

2-7〉이다. A기업은 한 해 동안 총 2천만원의 현금이 증가하였다. 즉, 현금유입액이 현금유출액보다 2천만원이 많은데, 이에 따라서 기초의 현금보유액 4천만원에서 기말의 현금보유액은 6천만원이 되었다. 구체적으로는 영업활동에서 매출로 인한 현금유입, 재고 매입으로 인한 현금유출 및 기타 일상적인 영업활동으로 인한 현금유출을 합하여 4천5백만원의 현금이 증가하였고, 투자활동에서는 유형자산을 구입하는 데 8천만원의 현금을 사용하였다. 한편 재무활동으로 필요한 자금 5천5백만원을 차입했음을 알 수 있다. 세 가지 활동으로부터 조달된 현금증가액은 앞에서 살펴본 것처럼 2천만원이다.

2. 현금흐름 정보는 어떻게 활용할 수 있는가?

이익이 발생했는데도 현금이 부족하여 기업이 망하는 경우가 생길 수 있는데, 이를 흑자도산이라고 한다. 흑자도산이 어째서 일어나는지를 이해하려면 이익과 현금흐름의 차이를 이해해야 한다. 이를 알아보기 위하여 다음의 간단한 거래를 생각해 보자.

> 재고자산을 4천만원에 현금으로 구입하고, 1주일 후에 6천만원에 외상으로 판매하다.

위의 거래에서 4천만원에 구입한 제품을 6천만원에 판매함으로써 1주일 동안에 2천만원의 이익이 발생했다. 하지만 재고자산 구입을 위해 4천만원의 현금이 유출된 반면 판매대금은 현금으로 아직 유입되지 않았기 때문에 2천만원의 이익이 발생했음에도 불구하고 현금흐름은 −4천만원이 된다. 이와 같이 수익과 비용 및 현금유출입이 기록되는 시기가 다르기 때문에 이익과 현금흐름이 일치하지 않는다는 것을 쉽게 알 수 있다. 하지만 현금흐름 정보는 이익 정보 못지않게 중요하기 때문에 기본 재무제표로서 손익계산서 외에 현금흐름표를 함께 제공하도록 하고 있다.

우리는 주변에서 많은 기업들이 도산하는 것을 보고 있다. 기업은 언제, 왜 도산하는가? 기업은 영업활동을 하기 위해서 그때그때 필요한 현금을 가지고 있어야 한다. 원재료의 구입대금이나 종업원의 급여 또는 이자의 지급 등 여러 가지 거래에 현금이 필요하기 때문이다. 극단적으로 이익은 없어도 회사는 얼마간은 견딜 수 있지만, 현금 없이는 견디지 못한다. 다시 말해서 기업이 어느 거래에 대하여 현금을 지급해야 하는데 충분한 현금을 갖고 있지 못할 때 도산하게 되는 것이다. 또한 기업에 이익이 발생했더라도 현금이 있어야 설비투자를 할 수 있고 그에 따라 계속 성장할 때 기업가치가 증가할 것이다. 또한 투자자들은 자신이 제공한 자금의 대가로 배당을 받기를 기대하는데 기업에

산책로 **코스닥 시총상위주 6곳 중 1곳은 '현금부족'**

코스닥 시총상위주 6곳 가운데 1곳이 흑자도산으로 물의를 일으킨 모뉴엘처럼 영업상 현금흐름에서 마이너스(−)를 기록하면서도 이익이나 매출이 늘어나고 있는 것으로 나타났다.

현금흐름은 일시적인 요인으로 마이너스를 나타내기도 하지만 앞으로 원활한 자금회전이 가능할지를 가늠할 수 있는 지표인 만큼 주의해서 봐야 한다. 금융감독원·금융투자업계에 따르면 코스닥 시총상위 50개사 가운데 16.0%에 해당하는 8곳은 상반기 '영업활동으로 인한 현금흐름'이 마이너스를 기록했다. 8개사는 1~6월 영업상 현금흐름이 마이너스 1,042억원으로 집계돼 전년 동기 플러스(+) 8억원 대비 현금흐름이 나란히 악화되는 모습을 보였다. 이에 비해 순이익은 같은 기간 2,009억원에서 2,103억원으로 약 5% 증가했다. 매출이나 영업이익도 각각 4.5%, 24.8%씩 늘었다.

안정적인 기업을 보면 영업활동으로 인한 현금흐름이 영업이익이나 순이익을 웃돈다. 반면 매출채권 회수 지연이나 재고자산 증가, 매입채무 상환이 발생하는 기업은 현금흐름에서 마이너스를 기록할 수 있다. 한 회계사는 "매출이 추세적으로 늘어나는데도 현금흐름이 마이너스라면 문제가 있는 기업"이라며 "대금 회수가 안 된다거나 과도한 차입이 있다는 얘기"라고 말했다.

(아주경제 수정요약)

현금이 없으면 배당을 지급할 수 없게 된다. 따라서 투자자들도 이익 정보 못지않게 현금흐름 정보에 관심이 크다. 물론 채권자도 원금과 이자의 회수를 위해 기업에 유입되는 현금과 유출되는 현금의 정보를 알고자 할 것이다.

어느 투자자가 A기업과 B기업 중 어느 기업에 투자할 것인지 결정하기 위하여 두 회사의 재무제표에 보고된 이익의 질(earnings quality)을 비교하려고 한다. 손익계산서에 보고된 당기순이익과 현금흐름표에 표시된 영업활동으로 인한 현금흐름의 괴리가 크면 클수록 이익의 질이 낮을 가능성이 있다. 가령 두 회사의 당기순이익은 4천만원으로 같지만 영업활동으로 인한 현금흐름이 A기업은 4천5백만원인 반면 B기업은 2천만원이라고 가정해 보자. 이 경우 B기업은 제품을 판매했지만 대금회수를 제때 못하고 있거나, 상대적으로 원재료나 상품을 너무 많이 매입하여 재고자산에 과대투자되어 있다고 볼 수도 있다. 이 경우 B기업에 비하여 A기업의 이익이 질적으로 우수하다고 해석할 수 있다. 기업의 미래전망을 평가할 때 이익의 크기는 동일하더라도 이익의 질은 다를 수 있다는 사실을 알아야 한다.

3. 재무제표간에는 어떤 관계가 있는가?

지금까지의 내용을 요약하면, 재무상태표는 '일정시점'의 재무상태를 나타내는 정태적(stock) 재무제표인 데 비하여, 손익계산서, 자본변동표 및 현금흐름표는 각각 '일정기간'의 경영성과, 자본변동 및 현금변동의 내용을 표시하는 동태적(flow) 재무제표이다. 다시 말해서 재무상태표는 회사가 설립된 이후 지금까지 발생한 경제적 사건의 결과로서 기말시점 현재 자원 조달방법 및 운용상태에 관한 정보를 제공한다. 손익계산서는 일정기간에 발생한 경영성과, 즉 당기순이익의 구성 및 발생원인에 관한 정보를 제공한다. 자본변동표는 기초자본에 손익계산서에서 결정된 당기순이익을 가산하고, 배당금 등으로 처분된 금액은 차감하며, 해당기간 동안 증자 또는 감자로 인하여 변동된 기말자본이 산출된 내용을 표시해 준다. 그리고 현금흐름표는 재무상태표에 표시된 일정기간 동안의 영업활동, 투자활동 및 재무활동으로 인하여 변동된 결과로 기초현금에 비하여 기말현금이 얼마나 증가 또는 감소되었는지를 보여준다.

이처럼 기업의 재무제표는 각각 독립된 것이 아니라 서로 밀접히 연결되어 있다. 회계기간 동안 발생한 재무상태표의 자본변동에 대한 구체적 정보는 자본변동표에 포함되어 있고, 자본변동표의 중요한 요소 중 하나인 당기순이익의 구체적 정보는 손익계산서에 자세히 나타나 있으며, 재무상태표의 자산 중에서 가장 핵심적

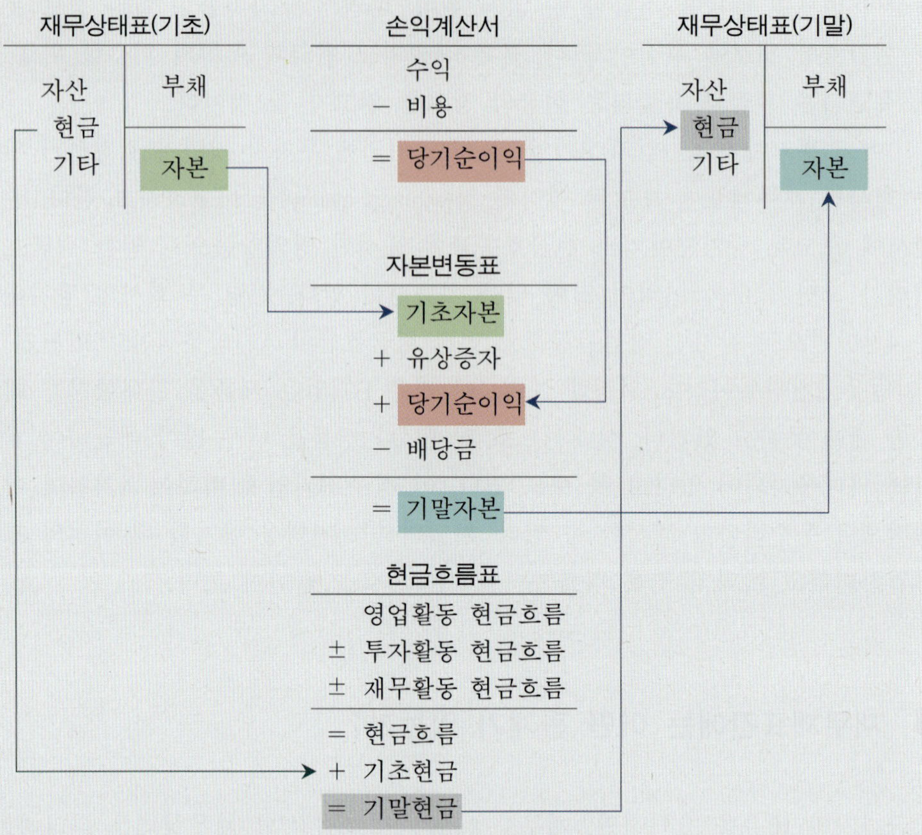

[그림 2-2] 재무제표간의 연관성

인 자산에 해당하는 현금의 상세한 정보는 현금흐름표에 표시되어 있다. [그림 2-2]는 네 가지 재무제표간의 연관성을 보여준다.

제6절 회계기준과 공시제도

1. 재무제표 작성을 위한 회계기준

기업활동과 관련된 회계정보를 일정한 기준 없이 기업의 뜻대로 기록, 보고하도록 하면 정보이용자들이 회계정보를 비교하는 데 어려움을 겪게 될 것이다. 이런 이유로 기업들은 일정한 원칙이나 기준에 의해서 회계정보를 측정하고 보고해야 한다. 한편 재무제표에 담기는 회계정보가 정보이용자의 의사결정에 유용하게 사용되기 위해서는 그 정보가 믿을 만하고, 의사결정 목적에 적합해야 한다. 즉 유용한 정보는 신뢰성 있고 목적적합한 정보이어야 한다. 그러기 위해서는 정보이용자의 다양한 정보요구를 공통적으로 충족시킬 수 있는 회계정보의 산출기준이 필요하다.

회계정보의 산출기준으로서 전문가들의 권위 있는 지지를 받으며 회계실무에서 받아들여지는 내용을 갖춘 기준을 '일반적으로 인정된 회계원칙(GAAP : Generally Accepted Accounting Principles)'이라고 한다. 우리나라는 국제회계기준위원회(IASB)가 제정한 국제회계기준(IFRS : International Financial Reporting Standards)을 기초로 한국회계기준원이 제정한 한국채택국제회계기준(Korean IFRS)이 GAAP의 중심이 된다. 한국회계기준원 내의 회계기준위원회에서는 금융위원회의 위탁에 따라 회계기준의 제정 및 개정을 담당하고 있는데, 제정 및 개정 과정에서 다양한 이해관계자 집단의 의견을 받고 토론과 공청회 등을 거친 후에 기준을 결정함으로써 객관성을 높이도록 하고 있다. 한국채택국제회계기준은 2011년부터 상장회사 및 금융회사에 대하여 적용하고 있다. 상장회사나 금융회사가 아닌 회사도 국제회계기준을 자발적으로 선택할 수 있다. 그 밖의 회사에 대하여는 일반회계기준(외부감사대상인 회사) 또는 중소기업회계기준(외부감사대상이 아닌 회사)을 적용하고 있다.

▸한국회계기준원 홈페이지

2. 회계정보와 관련되는 법규와 공시제도

회계기준에 영향을 주는 법규로는 상법, 주식회사 등의 외부감사에 관한 법률(외감법), 그리고 자본시장과 금융투자업에 관한 법률(자본시장법 또는 자본시장통합법) 등이 있다.

먼저 상법에서는 상행위를 영위하는 모든 개인과 크고 작은 회사들이 결산재무제표를 작성하여 이사회의 승인을 얻도록 의무화하고 있다. 따라서 모든 회사들은 최소한 1년에 한 번씩은 공식적으로 재무정보를 공시해야만 한다. 그러나 상법은 일반법이기 때문에 현실적으로는 회계 및 공시와 관련된 특별법이 제정되면 적용대상회사에 상법보다는 특별법을 우선 적용한다.

외감법은 독립된 외부감사인으로 하여금 주식회사가 작성한 재무제표에 대해 회계감사를 의무적으로 실시하게 함으로써 회계처리의 적정성을 통한 기업 이해관계자의 보호와 기업의 건전한 발전을 위해 제정된 법률이다. 특히 외감법에서는 재무제표의 종류, 준수되어야 할 기업회계기준, 외부감사인의 자격 및 회계감사기준 등을 규정하고 있다. 개정된 외부감사법 및 동시행령에 의하면, 원칙상 모든 주식회사와 유한회사는 반드시 외부감사를 받아야 한다. 그러나 기업의 경제적 부담을 완화시키기 위하여 자산・부채・매출액・종업원수・사원수 등을 고려하여 소규모회사를 외부감사대상에서 제외시키고 있다. 단, 상장법인 및 상장예정법인은 예외가 아니며, 변경된 기준은 2019년 11월 1일부터 시행되고 있다. 법정외부감사대상기준에 관한 상세한 내용은 제14장을 참고해 주기 바란다. 또한 외감법에서는 재무제표를 작성하는 회사경영자와 이를 감사하는 감사인의 부정행위에 대한 엄격한

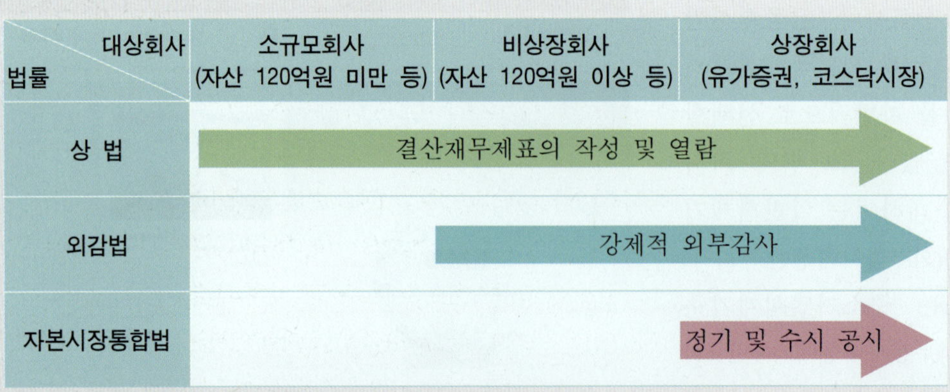

[그림 2-3] 회계기준에 영향을 주는 법규

벌칙조항과 손해배상책임규정을 함께 두고 있다.

마지막으로 자본시장통합법은 유가증권을 거래하고 있는 상장회사를 주요 대상으로 제정된 법률이다. 1962년에 제정된 증권거래법이 2009년부터 자본시장통합법으로 통합되었으며, 주식이나 사채와 같은 유가증권의 발행 및 유통 등 자본시장과 관련된 사항들을 규정하고 있다. 또한 자본시장통합법에서는 재무 및 회계에 관한 엄격한 공시규정을 통하여 일반투자자 및 채권자에게 중요한 기업정보를 신속하고 공정하게 시장에 전달하도록 하고 있다.

공시의 유형에는 크게 정기공시와 수시공시가 있다. 정기공시는 기업의 정보를 정기적으로 공시하는 것으로서 회계기간 종료일 90일 이내에 연차재무제표를 포함

산책로 **'분식회계' 막는다**

2017년 외감법을 전면 개정 후 올해로 도입 4년차에 접어든 신외부감사법(이하 신외감법) 실효성을 두고 회계업계와 재계 의견이 계속 부딪히고 있다. 신외감법 도입 이후 우리나라의 회계투명성이 제고됐다는 평가가 나오지만, 2022년도 연초 이후 오스템임플란트 등 기업횡령 사건이 연이어 발생하면서 근본적으로 감사품질을 개선하는 역할을 했는지에 대해서는 의문이 든다는 지적이 나온다. 금융감독원에 따르면 신외감법이 시행된 2018년 이후 상장법인의 재무제표 심사 및 감리결과 지적률은 3년 연속 비슷한 수준을 유지하고 있다. 이는 상장사가 재무제표를 작성할 때 회계기준을 위반했는지 여부를 파악하는 지표로, 2018년 60%에서 2019년 59.0%, 2020년 63.4%, 2021년 54.6%로 집계됐다. 앞서 정부가 표준감사시간제도, 주기적 감사인 지정제 등을 골자로 한 신외감법을 도입하기 전인 2016년과 2017년 해당비율은 각각 47.5%, 37.4%에 불과했다. 신외감법으로 회계기준 위반에 대한 과징금이 늘어난 가운데, 회계부정신고제도가 개선되면서 내부자들의 제보가 증가한 것이 지적률 증가로 이어졌다는 평가다. 한국공인회계사회를 주축으로 한 회계업계에선 신외감법의 대표성과로 이런 회계투명성 향상을 꼽는다. 실제로 지난해 한국은 스위스 국제경영개발대학원(IMD)이 발표한 64개국의 회계투명성 평가에서 37위를 기록했다. 2017년 63개국 대상 평가에서 63위로 꼴찌를 기록했던 것에 비하면 괄목할 만한 성과다. 그러나 신외감법이 회계투명성을 제고했다는 평가와 별개로 감사품질을 개선했는지에 대해서는 회의적인 시각이 많다. 익명을 요청한 한 회계사는 "주기적 감사인 지정제가 기업과 감사인 간 유착관계를 해소한다는 취지로 도입되긴 했지만, 동시에 감사인의 전문성을 떨어뜨렸다"며 "기본적인 비즈니스를 이해하고, 중요 계정과 그에 따른 리스크를 파악하는 과정을 처음부터 다시 해야 하다 보니 오히려 효율성이 낮아진 것 같다"고 설명했다. 한 금융투자업계 관계자는 "공공기관이나 여의도로 이직했던 회계사 중 다시 감사업계, 회계법인으로 돌아가는 사례가 많아졌다"며 "빅4(삼일PwC・삼정KPMG・EY한영・딜로이트안진)에서 감사업계를 떠났던 회계사를 대상으로 기본보다 더 나은 연봉과 처우를 제시하고 있는 것으로 알고 있다"고 말했다. 금감원 관계자는 "지난해 상장사 심사 및 감리 결과가 일부 개선되긴 했지만 회계위반비율 자체는 여전히 높은 수준"이라며 "기업과 감사인 모두 회계부정이나 감사절차에서 문제가 발생하지 않도록 노력할 필요가 있다"고 했다. 이어 "회사는 재무제표를 작성하고 검증할 때 내부통제절차를 강화하고, 감사인은 감사품질을 높여 재무제표 신뢰성을 제고해야 한다"고 덧붙였다. (조선비즈 수정요약)

한 사업보고서를, 매반기 및 분기에는 기간 종료일 45일 이내에 해당기간의 반기 및 분기 재무제표를 공시하도록 하고 있다. 한편 상장회사는 연차재무보고 및 중간 재무보고 등 정기공시 외에도 회사의 중요한 사항이 발생할 경우에는 수시공시를 통해 그러한 사항을 투자자 등에게 공시한다. 기업의 장래계획, 잠정영업실적 등 기업의 주요 경영사항이 공시될 수 있고, 합병・분할 신고나 자기주식 취득・처분 신고 등을 공시하도록 하고 있다.

이번 장에서 배운 용어

부채(liabilities) 기업이 제3자에게 장차 갚아야 할 경제적 의무

비유동부채(non-current liabilities) 재무상태표일로부터 1년 이후에 갚아야 하는 부채

비유동자산(non-current assets) 유동자산으로 분류되지 않는 자산

손익계산서(income statement) 일정기간 동안 기업의 경영성과에 관한 정보를 제공하는 재무제표

유동부채(current liabilities) 재무상태표일로부터 1년 이내에 갚아야 하는 부채

유동자산(current assets) 재무상태표일로부터 1년 이내의 기간에 현금화할 수 있는 자산

일반적으로 인정된 회계원칙(GAAP : Generally Accepted Accounting Principles) 회계정보의 산출기준으로서 전문가들에 의해서 권위 있는 지지를 받으며 회계실무에서 받아들여지는 내용을 가진 기준으로서 우리나라에서는 '한국채택국제회계기준'이 GAAP의 중심이 되고 있음

자본(owners' equity) 기업의 소유주에게 귀속되어야 할 몫으로, 자산에서 부채를 차감한 잔여지분

자본변동표(statement of changes in equity) 일정기간 동안 기업의 자본의 변동에 관한 정보를 제공하는 재무제표

자산(assets) 기업이 영업활동을 수행하기 위하여 소유하고 있는 경제적 자원

재무상태표(statement of financial position) 특정시점에 있어서 기업의 재무상태, 즉 기업이 필요한 자금을 어떻게 조달했으며, 조달된 자금을 어떻게 운용하고 있는가에 관한 정보를 요약하여 제공해 주는 재무제표

재무제표(financial statements) 주요 재무정보를 일정한 기준에 따라 요약하여 보고하는 재무보고서

현금흐름표(statement of cash flows) 일정기간 동안 기업에 유입되는 현금과 유출되는 현금을 기업의 주요 활동영역별로 세분하여 그 내역을 제공하는 재무제표

회계등식(accounting equation) 또는 **재무상태표 등식** 복식부기방식에 의하여 기록된 기업의 자산은 출자자가 출자한 자금인 자본과 부채로써 조달하는 자금의 합계와 항상 같다는 것

연습문제

다음 ( ) 안에 알맞은 말을 써 넣으시오.

1. 투자자나 채권자 등의 외부정보이용자 집단이 공통적으로 관심을 가질 수 있는 기본적이면서도 핵심적인 재무정보를 일정한 기준에 따라 요약하여 보고하도록 하는 것을 (　　　　　)의 재무보고라고 한다.

2. 현행 회계기준에서 기본재무제표로 규정하고 있는 네 가지의 재무보고서를 열거하시오.

(1) (　　　　　)
(2) (　　　　　)
(3) (　　　　　)
(4) (　　　　　)

3. 기본재무제표의 항목들에 대한 상세한 설명이나 기업의 중요한 회계정책 등은 재무제표의 본문 뒤에 설명하는 것을 (　　　　　)(이)라고 한다.

4. 기업의 재무상태는 자산, 부채 및 자본으로 구성되는데, 이들의 관계를 식으로 표시하시오.

(　　　　　) = (　　　　　) + (　　　　　)

5. 기업이 영업활동을 수행하기 위하여 소유하고 있는 것으로서 재화나 권리를 포함한 여러 가지 경제적 자원을 (　　　　　)(이)라고 한다.

6. 기업이 상대방으로부터 현금을 빌리거나, 상품·제품과 같은 재화 또는 용역을 제공받았지만 그 대가를 아직 지급하지 않았기 때문에 장차 갚아야 할 경제적 의무를 (　　　　　)(이)라고 한다.

7. 매출액을 벌기 위하여 직접적으로 소비된 자원을 뜻하는 비용을 (　　　　　)(이)라고 한다.

8. 생산직 근로자의 경영성과는 손익계산서에 표시된 항목 중에서 (　　　　　)(으)로 평가하는 것이 바람직하다.

9. 자본은 주주들이 납입한 자본에 해당하는 (　　　　　)와(과) 경영활동으로 벌어들인 이익의 유보분에 해당하는 (　　　　　)(으)로 구성된다.

10. 기업이 취득한 유형자산 금액은 현금흐름표의 (　　　　　)활동에 열거된다.

11. 다음 중 현금흐름표에 대한 설명으로 올바르지 않은 것은?

① 현금흐름표는 영업활동에 관한 정보뿐만 아니라 투자활동 및 재무활동에 관한 정보도 제공한다.

② 현금흐름표는 기업의 현금흐름을 나타내는 표로서 현금의 변동내용을 명확하게 보고하기 위하여 당해 회계기간에 속하는 현금의 유입과 유출 내용을 적정하게 표시하는 보고서를 말한다.

③ 현금흐름표상 현금및현금성자산은 보유현금과 요구불예금(이상 '현금') 및 현금성자산을 말한다.

④ 영업활동은 장기성자산 및 현금성자산에 속하지 않는 기타투자자산의 취득과 처분에 관련된 활동을 말한다.

해답

1. 일반목적
2. (1) 재무상태표, (2) 손익계산서, (3) 자본변동표, (4) 현금흐름표
3. 주석
4. 자산 = 부채 + 자본
5. 자산
6. 부채
7. 매출원가
8. 매출총이익
9. 자본금, 이익잉여금
10. 투자
11. ④

사례연구

1. 개인의 재무상태와 재무상태표

때로는 나 자신이 매우 부자인 것처럼 착각할 때도 있고, 이 세상에서 가장 가난한 사람인 것처럼 느껴질 때도 있다. 물론 정신적인 측면과 물리적인 측면이 서로 다르지만 말이다.

〈요구사항〉
오늘 현재 나 자신이 재정적으로는 어느 정도 유복한 상태인지를 자신의 재무상태표를 통하여 확인해 보시오.

HINT (1) 먼저 오늘 현재 가지고 있는 모든 재산을 유동성이 높은 순서대로 나열하고, 다음으로는 갚아야 할 채무를 역시 빨리 갚아야 하는 유동성의 순서대로 기술하시오. 자산에서 부채를 차감하면 자기자본이 결정될 것이다.
(2) 개인의 재산은 현재를 기준으로 시가로 파악하는 것이 바람직할 것이다.

2. 회계등식의 이해 (Ⅰ)

다음은 썸앤쌈(주)의 재무상태에 관한 내용이다.

〈요구사항〉
회계등식을 이용하여 필요한 금액을 계산하시오.

(1) 20×1년 12월 31일 현재 부채와 자본이 각각 ₩10,000,000과 ₩30,000,000이라면 자산은 얼마인가?
(2) 20×2년중 자산과 부채가 각각 ₩8,000,000과 ₩5,000,000씩 증가하였다면 20×2년 12월 31일 현재 자본은 얼마인가?
(3) 20×3년중 자산이 ₩7,000,000 증가하고 자본이 ₩5,000,000 감소하였다면 20×3년 12월 31일 현재 부채는 얼마인가?
(4) 20×4년중 부채가 ₩3,000,000 감소하고 자본이 ₩3,000,000 증가하였다면 20×4년 12월 31일 현재 자산은 얼마인가?

3. 회계등식의 이해 (Ⅱ)

(1) 20×1년초 (주)준수는 이익잉여금계정에 ₩100,000의 대변잔액이 있었다. 20×1년 한 해 동안 (주)준수는 ₩35,000의 순이익을 기록했으며, ₩12,000의 배당금을 지급하였

다. 또한 기중에 주식을 추가로 발행하여 ₩520,000의 현금을 조달했다. 20×1년말 (주)준수의 이익잉여금은 얼마인가?

(2) (주)지수의 기초시점의 부채총계는 ₩60,000, 자본금은 ₩75,000, 이익잉여금은 ₩45,000이었다. 1년이 경과한 기말시점의 재무상태를 파악해본 결과, 자산총계가 ₩240,000, 부채총계가 ₩90,000이었다. 그런데 당기중에 회사는 ₩30,000만큼 자본금을 출자했고, 주주에게 배당금을 ₩30,000 지급하였다. 기초자산총계와 기말이익잉여금을 구하면 얼마인가?

(3) (주)보스톤의 다음 자료를 이용하여 구한 기말자본총계는 얼마인가? (단, 기중에는 자본거래가 없었으며 배당도 하지 않았다)

기초자산	₩500,000	기초부채	₩360,000
기말부채	380,000	총 수 익	400,000
총 비 용	340,000		

4. 친구 사이의 조그마한 속임수는 괜찮지요?

무림청소(주)는 현금흐름의 문제를 겪고 있어 자금차입이 필요한 실정이다. 이 회사의 소유주인 승진 씨에게는 돈을 회수할 확신만 선다면 기꺼이 필요한 돈을 빌려주려는 한 친구가 있다. 승진 씨는 그 친구에게 그의 사업이 계속 잘될 것이라고 장담하였고, 그 친구는 회사의 재무제표를 보여달라고 요구하였다. 승진 씨의 회계담당자는 다음과 같이 재무제표를 작성하였다.

무림청소(주) 재무제표 (단위 : 천원)

손익계산서		재무상태표	
용역수입	73,000	자산	54,000
영업비용	(79,000)	부채	56,000
순 손 실	(6,000)	자본 : 납입자본	4,000
		이익잉여금(이월결손금)	(6,000)
		부채와 자본	54,000

승진 씨는 이 재무제표를 친구에게 보여주기 전에 다음과 같이 약간의 회계조정을 하려고 한다. 먼저 다음 달 주원(주) 본사건물을 청소하기 위해 현재 협상중인 4,000만원의 계약에 대해 미리 수익을 기록한다. 주원(주)와는 다음 주에 이 계약에 서명하기 위한 모임이 계획되어 있으며, 승진 씨는 이 일을 맡을 수 있을 것이라고 믿고 있다. 주원(주)는 신뢰할 수 있는 회사이므로 용역대금 4,000만원을 받을 수 있다고 확신하고 있

다. 또한, 승진 씨는 이 재무제표에서 이달에 발생한 급여 2,000만원과 이에 상응하는 미지급급여 부채를 누락시키려고 한다. 승진 씨는 이에 대하여 아직 이달의 임금을 지급하지 않아 어떠한 비용도 실제로는 발생되지 않았다는 논리에 근거하고 있다.

〈요구사항〉

(1) 승진 씨가 이 재무제표를 조정한 이후의 가상적인 손익계산서와 재무상태표를 작성하시오. 조정된 재무제표의 적정성에 대해 귀하는 어떻게 생각하는지 말하시오.

(2) 승진 씨의 행위와 관련하여 윤리적으로 문제되는 부분이 있는지 말하시오. 귀하는 돈을 빌리기 위해 재무제표를 조정하고, 이로써 회사와 종업원을 구제할 것인지 아니면 파산할 것인지 말하시오. 합리적인 설명을 통하여 당신의 입장을 옹호해 보시오.

HINT 다음의 가상적인 사항을 고려해 보시오.
당신이 승진 씨이고 직원들의 임금 2,000만원을 다음 주에 지급해야 한다고 가정한다. 만약 당신이 임금을 지급할 수 없다면 직원들은 회사를 당장 그만두고, 회사는 파산할 것이다. 당신은 주원(주)로부터 용역대가 4,000만원을 수령하면 당신의 친구에게서 빌린 돈을 갚을 수 있을 것이라고 확신하고 있다. 그러나 당신 친구는 위험회피형이어서 좀처럼 돈을 빌려주려 하지 않을 것이다.

5. 연차재무보고의 이해

귀하는 어느 정도의 돈을 주식시장에 투자할 여유를 갖고 인생을 살아가기를 꿈꾸는 대학 1년생이다. 따라서 미래를 대비하는 마음으로 대학 재학시절에 회사의 재무제표 정도는 읽을 수 있는 기초적인 회계학지식을 갖추고자 한다.

〈요구사항〉

귀하의 부모, 친척 혹은 선배가 다니고 있는 회사 혹은 상장회사에서 공시하는 연차재무제표(혹은 영업보고서)를 구하여 검토한 후 다음의 질문에 답하시오.

(1) 회사의 이름, 업종, 생산 혹은 제공하는 제품이나 서비스를 기술하시오.

(2) 회사의 경영성과를 나타내는 재무제표의 이름은 무엇인가? 그 대상기간과 금액단위를 기술하시오. 매출액은 얼마이며, 당기순이익 또는 당기순손실은 얼마인가?

(3) 귀하가 회사주식 100주를 갖고 있다면, 귀하에게 귀속되는 순이익은 얼마인가? 만약, 연초에 당시 시가에 회사주식을 매입하였다면 매입가 대비 순이익률은 시중의 예금이자율을 상회하는 투자이었는가?

(4) 작년에 비해 인플레이션을 보상할 정도로 매출이 성장했는가? 총매출원가 대비로 이자비용이 차지하는 비율은 작년보다 감소했는가? 매출액에 대한 매출총이익의 비율과 매출액에 대한 당기순이익의 비율은 작년보다 향상되었는가?

(5) 회사의 재무상태를 나타내는 재무제표는 어떤 이름으로 제시되었는가? 대상기간과

금액단위를 기술하시오. 자산은 얼마나 되는가? 회사가 보유하고 있는 가장 큰 자산을 다섯 가지 제시하시오. 부채와 자본은 각각 얼마인가? 그 총계는 자산총계와 일치하는가?

(6) 총발행주식수는 얼마나 되는가? 귀하가 100주를 갖고 있다면 귀하에게 귀속되는 순자산은 얼마인가? 당기에 배당은 얼마나 계획되어 있는가? 귀하에게 배당되는 금액은 얼마나 되는가?

(7) 유동부채에 대한 유동자산의 비율은 얼마나 되는가? 회사의 유동성은 작년보다 향상되었는가?

(8) 회사의 현금흐름을 나타내는 재무제표는 어떤 이름으로 제시되었는가? 대상기간과 금액단위를 기술하시오. 당년도에 현금은 얼마나 증가(감소)하였는가? 현금증감에 영향을 미친 가장 큰 원인을 세 가지 기술하시오.

(9) 영업활동에서 조달된 현금은 당기순이익보다 큰 금액인가? 두 금액에 차이가 나는 이유는 어디에 있는가?

(10) 재무제표 본문에 대한 주석사항에는 어떤 것들이 있는가?

(11) 귀하는 작년 한 해 동안에 회사 경영활동에 대하여 전체적으로 어떠한 결론을 내릴 수 있는가?

HINT 상장회사에서 공시하는 재무제표는 금융감독원, 한국거래소 혹은 증권회사를 방문하여 구할 수도 있고, 회사를 방문하거나 인터넷 또는 학교의 도서관을 이용하는 것도 바람직하다.

6. 회계기준에 영향을 미치는 제도

귀하는 회계학 과목의 강의를 처음 듣는 학생이다. 본 강의를 듣기 시작한 이래 경제신문이나 관련 잡지에서 회계원칙의 제정에 직접 혹은 간접으로 영향을 미칠 수 있는 법률, 규칙, 기준 혹은 제도들을 접하거나 읽은 적이 있을 것이다.

〈요구사항〉

최근에 제정되었거나 개정 혹은 언론에서 언급된 회계관련 혹은 회계에 영향을 미칠 수 있는 법률, 규칙, 규정 혹은 기준에 관한 기사를 1개씩 찾으시오. 그 기사에 관하여 귀하는 어떻게 생각하는지를 기술하되, 최소한 보고서에는 다음의 내용이 포함되어야 한다.

(1) 규정의 이름과 규정의 제정목적은 무엇인지 말하시오.

(2) 본 규정은 회계와 어떠한 관련이 있는지 말하시오.

(3) 규정과 관련된 이해관계자 집단은 누구인지 말하시오.

(4) 관련 이해관계자 집단의 의견 혹은 반응은 어떠한 것인지 말하시오.

(5) 신문기사 등에 상대방 이해관계자 집단에 대한 입장도 충분히 기술되어 있는가? 그렇지 않다면 반대의 입장은 무엇인지 말하시오.

(6) 기사내용에 오류는 없는지 말하시오(예 : 회계용어 혹은 개념 등의 잘못된 사용이나 해설 등).

(7) 기사와 관련하여 귀하의 전체적인 인상은 어떤지 말하시오(기사의 내용을 보고서에 첨부할 것).

HINT 중요한 사회적 이슈였을 경우에는 한 신문만이 아니고 여러 신문이 동시에 관련 기사를 다루었을 가능성이 있다. 따라서 다른 신문들도 참조하여 다양한 이해관계자들의 반응을 알아보는 것도 좋은 방법이다. 인터넷 사이트(예 : kind.krx.co.kr)를 사용할 수도 있다.

CHAPTER 3

회계기록부터 재무제표 작성까지의 과정

제 **1** 절 회계기록의 대상
제 **2** 절 회계정보의 산출과정
〈보 론〉 수정분개

제 1 절 회계기록의 대상

1. 회계기록의 대상은 무엇인가?

회계기록의 대상은 무엇인가? 결론부터 이야기하면 모든 거래나 사건이 회계기록의 대상이 되는 것이 아니라 기업의 재무상태에 영향을 주는 거래나 사건만이 회계기록의 대상이 된다. 그리고 그 영향을 화폐액으로 측정해서 나타낼 수 있어야 한다. 바꾸어 말하면 기업의 자산, 부채 또는 자본 등 재무상태에 영향을 미치는 거래나 사건으로서 객관적으로 화폐액으로 나타낼 수 있는 거래나 사건을 회계거래(accounting transaction)라 하고 이를 회계기록의 대상으로 한다.

본장에서는 기업이 회계자료를 어떻게 기록하고 회계정보로서 산출하는지 그 과정을 살펴보기로 하자. 먼저 알아야 할 것은 특정 거래나 사건이 회계거래인지를 파악해야 한다는 것이다.

회계거래가 무엇인지 알아보기 위해 몇 가지 예를 들어보도록 하자. 신상품 씨는 S마트라는 슈퍼마켓 사업을 위해 총 1억원의 자금을 조달하려고 한다. 현재 신상품 씨가 투자할 수 있는 자기 돈은 4천만원이며 은행

산책로 기업과 회사

우리는 일상생활에서 기업과 회사를 같은 의미로 사용하는 경우가 많다. 그러나 엄밀한 의미에서 기업과 회사는 같은 말이 아니다. 기업은 경제적인 용어로서 재화나 용역을 생산하여 이익을 획득하려는 경제단위를 말하지만, 회사는 회사법에 의해서 인격이 부여된 법인이라는 점에서 차이가 있다. 즉 기업은 개인기업과 회사기업을 포함하는 넓은 의미이고, 회사는 기업 중에서도 특별히 회사 형태를 취한 것을 말한다. 회사 형태는 그 유형에 따라서 합명회사, 합자회사, 유한회사, 유한책임회사, 주식회사가 있는데, 주식회사가 가장 대표적인 회사 형태로서 자리매김하고 있다. 회사는 법인으로서 인격이 부여되어 개인과 마찬가지로 소유권이나 명예권 등의 권리와 의무를 갖는다. 그러나 개인기업은 인격이 없다는 차이가 있다. 사업을 시작하면 기업의 형태와는 관계없이 사업을 시작한 날로부터 20일 이내에 세무서에 사업자등록증을 신청하여 개인의 주민등록증에 해당하는 기업의 사업자등록증을 발급받아야 한다.

에서 나머지 6천만원을 대출받아 사업을 시작하고자 한다.

이때 회계거래의 주체는 S마트라는 슈퍼마켓이다. 신상품 씨는 S마트에 자금을 투자하고 S마트를 경영하는 주인이지만, 우리는 사업주체인 S마트를 기준으로 회계거래를 파악해야 한다. 이는 모든 기업의 회계는 기업을 주체로 행하여지지 기업의 주인이나 경영자가 중심이 아닌 것과 같은 이치이다.

〈S마트의 슈퍼마켓 사업〉

(1) 20×1년 7월 1일, S마트가 사업을 시작하기 위해 신상품 씨는 자기 돈 4천만원을 S마트에 투자하다.
(2) 20×1년 7월 2일, S마트가 사업을 시작하기 위해 은행에서 6천만원을 차입하다.
(3) 20×1년 7월 3일, S마트는 가게 임차보증금으로 2천만원을 지불하다.
(4) 20×1년 7월 4일, S마트는 도매상인 W상회에 상품 3천만원어치를 보내 달라고 주문하다.
(5) 20×1년 7월 5일, S마트는 W상회에서 주문한 상품을 받고 3천만원을 지급하다.
(6) 20×1년 7월 6일, 저녁시간에 일할 아르바이트생 1명을 채용하다.

먼저 각각의 거래 또는 사건일에 S마트의 자산, 부채 또는 자본이 변동하는지를 알아보아야 한다. 첫 번째 거래인 7월 1일의 거래에서 S마트는 주인인 신상품 씨로부터 4천만원을 투자받았다. 이 거래로 인하여 S마트는 현금(자산)이 4천만원 생긴다. 이는 신상품 씨가 출자한 금액(자본)을 나타낸다. 이는 S마트의 자산과 자본에 영향을 미치므로 회계거래로 기록된다. 7월 2일 거래의 경우 S마트는 은행차입으로 현금(자산) 6천만원이 증가하고 미래에 6천만원을 갚아야 할 의무(부채)가 발생하였다. 그리고 7월 3일에는 현금 2천만원을 임차보증금으로 지불하였다. 이는 현금(자산) 2천만원의 감소와 함께 미래에 임차보증금을 돌려받을 권리(자산)가 발생한 것과 같다. 20×1년 7월 1일부터 7월 3일까지의 거래는 모두 S마트의 재무상태에 영향을 준 거래이다. 7월 1일의 거래는 자산과 자본에, 7월 2일의 거래는 자산과 부채에 그리고 7월 3일의 거래는 임차보증금과 현금이라는 자산에 포함되는 항목간의 변화를 가져왔다. 그리고 이들 20×1년 7월 1일부터 7월 3일까지의 거래는 모두 화폐금

산책로 **재산과 자산**

지금까지 우리가 사용해 온 재산이라는 말은 일반적으로 돈 가치가 있는 재화나 채권, 재산권 등을 일컫는 법률상 용어이며, 회계에서는 재산이라는 말 대신에 자산(assets)이라는 말을 사용한다. 재산과 자산은 엄격한 의미에서는 차이가 나지만 우리가 이곳에서 배우는 목적으로는 같다고 보아도 무리가 없다. 즉 자산은 돈 가치가 있는 건물이나 자동차, 제품, 예금 등을 말하기 때문이다.

액으로서 나타낼 수 있는 거래이다. 따라서 이들 거래는 모두 회계기록의 대상이다.

그러나 7월 4일 사건은 단순한 주문접수로서 기업의 자산이나 부채 또는 자본에 어떠한 변동도 가져오지 않는다. 즉 7월 4일 주문접수는 회계거래가 아니다.

하루 지난 7월 5일의 거래에서는 S마트의 재산상의 변동을 발생시킨다. 즉 상품(자산)이 3천만원 증가하고 현금(자산)은 그만큼 감소하게 된다. 7월 5일의 거래는 회계사건이다. 마지막으로 7월 6일 사건은 아르바이트생 1명이 증가하지만 인적자원의 변동 그 자체는 회계기록의 대상이 아니다. 인적자원은 기업의 재무상태인 자산이나 부채 그리고 자본에 영향을 주지 않을 뿐 아니라 화폐액으로 나타낼 수도 없다. 따라서 7월 6일 아르바이트생 채용은 회계장부상에 기록되지 않는다. 물론 향후 아르바이트생이 일을 하여 아르바이트비를 지급하는 시점에서는 재산상의 변동이 발생하므로 회계거래로 기록되어야 한다.

이처럼 회계거래는 우리가 일상적으로 말하는 거래와 반드시 일치하는 것은 아니다. 일반적으로 거래란 기업이 다른 사람이나 기업과 계약을 체결하거나 물건을 교환하는 행위를 의미한다. 이러한 거래 중에서 기업의 재산에 변동을 가져오는 것은 회계거래이지만 기업의 재산에 변동이 없으면 회계거래로 보지 않는다. 단순한 계약의 체결이나 주문의 접수, 또는 신규채용은 그 당시에는 기업의 재산에 변동을 가져오지 않기 때문에 회계거래가 아니다. 기업 경영자의 교체 또는 경쟁기업의 출현과 같은 사건 역시 장래 기업의 재산에 영향을 미치는 사건이지만 현재 그 영향을 화폐금액으로 측정할 수 없기 때문에 회계거래라고 하지 않는다.

반면 기업의 내부에서 발생하는 도난이나 화재로 인한 손실은 외부와의 거래가 아니지만 기업 재산에 변동을 가져오고 화폐금액으로 나타낼 수 있어서 회계거래로 보아야 하고 회계기록을 해야 한다.

[그림 3-1]은 회계거래와 일반거래의 차이점을 그림으로 보여준다. 요약하면 다음과 같다.

① 회계기록의 대상은 회계거래에 한한다.
② 회계거래란 어떤 활동이나 사건이 기업의 재산(재무상태)에 변동을 가져오고, 그 재산의 변동을 화폐금액으로 측정할 수 있어야 한다.

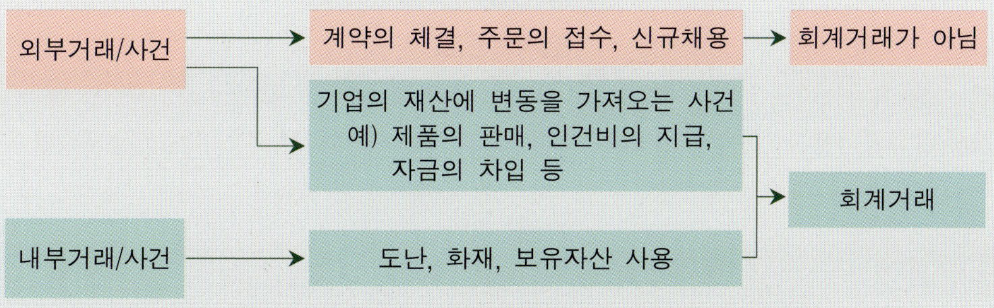

[그림 3-1] 회계거래와 회계거래가 아닌 거래의 차이

2. 회계기록은 어떻게 하는가?

S마트의 예에서 20×1년 7월 1일부터 7월 3일까지 세 개의 거래, 그리고 7월 5일의 거래가 회계기록의 대상이 되는 것을 알았다. 이제는 회계거래를 어떻게, 어디에 기록하느냐 하는 것을 알아보자. 먼저 단순히 현금의 입금과 출금을 계산하기 위한 기록방식을 생각할 수 있다. 이 방법은 소규모 구멍가게에서 매일의 입금과 출금 및 잔액을 계산하기 위해서 이용하는 방법이다.

이같이 현금의 증가와 감소를 기록하는 장부기록방식을 단식부기(single-entry bookkeeping)라고 한다. 〈표 3-1〉은 현금출납부의 예를 보여준다.

현금출납부의 기록방식에서 특이한 점은 입금과 출금을 각각 다른 칸(column)에 기록한다는 것이다. 일반적인 현금의 계산은 증가와 감소를 서로 다른 부호를 사용해서 계산하지만, 〈표 3-1〉에서 보는 것처럼 현금의 회계기록은 서로 다른 칸을 이용하여 증가와 감소를 각각 기록하고, 제일 오른쪽 칸에 잔액을 표시하는 독특한 방식을 사용한다.

현금출납부의 기록방식에서 한 걸음 더 나아간 회계기록방법으로 생각할 수 있는 것이 재산의 종류별로 장부를 따로 만들고 각 자산별로 금액의 증가와 감소

〈표 3-1〉 현금출납부

일 자	적 요	입 금	출 금	잔 액
20×1년 7월 1일	자기자본 출자	4천만원		4천만원
20×1년 7월 2일	은행 차입	6천만원		1억원
20×1년 7월 3일	임차보증금 지급		2천만원	8천만원
20×1년 7월 5일	상품대금 지급		3천만원	5천만원

〈표 3-2〉 임차보증금과 상품의 변동기록

[임차보증금]

일 자	적 요	증 가	감 소	잔 액
20×1년 7월 3일	가게 임차보증금	2천만원		2천만원

[상 품]

일 자	적 요	증 가	감 소	잔 액
20×1년 7월 5일	상품 구입-W상회	3천만원		3천만원

를 기록하는 방법이 있다. 만일 이 방법을 사용한다면 신상품 씨는 노트 한 권에 현금의 증감을 기록하기 위한 쪽, 상품의 증감을 기록하기 위한 쪽 등 재산의 종류별로 쪽을 할당하여 현금출납부와 같은 방식으로 기록할 수 있을 것이다. 예를 들어서 임차보증금(미래에 받을 권리)과 상품의 변동을 기록하는 경우 〈표 3-2〉와 같은 양식이 된다.

이처럼 재산의 종류별로 증가와 감소를 기록하는 방식은 현금출납부만 기록하는 것보다는 일보 발전된 방식이지만 기업의 회계정보를 기록하기 위해서는 부족한 방법이다. 왜냐하면 기업은 재산뿐만 아니라 다른 사람이나 은행에서 빌려온 차입금, 원재료를 구입하면서 외상으로 구입한 내용, 그리고 영업을 위해 사용한 각종 비용과 벌어들인 수익 등을 기록해야 하는데, 이처럼 다양한 회계거래를 재산의 종류별 증감계산만으로는 정리하기가 어렵기 때문이다.

이러한 이유로 르네상스시대에 베니스에서 복식부기(double-entry bookkeeping)라는 방식이 발전되어 오늘날까지 사용되고 있다. 복식부기 방식이란 재산의 증감뿐만 아니라 그 재산이 누구로부터 들어왔는지를 밝히는 회계기록방법이다.

복식부기 방식을 S마트에 적용할 경우 먼저 현금으로 자기자본 출자금 4천만원을 받았다는 것을 표시해야 한다. 즉 '초기 투자금 중 4천만원은 신상품 씨의 자기 돈으로 조달되었음'이라고 기록할 수 있다. 그러나 회계에서는 이같이 기록하는 대신에 더욱 단순하게 표시하는 방법을 고안하였다. 즉, 계정이라는 것을 사용하여 자산, 출자자의 몫, 그리고 남에게 갚아야 할 채무를 각각 기록하도록 한 것이다.

계정(accounts)이라는 것은 기업의 자산이나 출자자의 몫인 자본, 남에게 갚아야 할 채무를 기록하기 위해서 설정한 기록의 항목별 단위를 말한다. 자산, 부채, 자본의 구성항목은 기업이나 산업의 특성에 따라서 여러 개로 구성된다. 예를 들어, 자산 중에는 현금, 임차보증금, 상품뿐만 아니라 매출채권, 투자자산, 유형자산, 무형자산 등이 있는데 각 단위항목이 독립적인 계정이다. 부채와 자본도 각 구성항목들

〈표 3-3〉 현금계정

일 자	적 요	증 가	감 소	잔 액
20×1년 7월 1일	자기자본 출자	4천만원		4천만원
20×1년 7월 2일	은행 차입	6천만원		1억원
20×1년 7월 3일	임차보증금 지급		2천만원	8천만원
20×1년 7월 5일	상품대금 지급		3천만원	5천만원

〈표 3-4〉 T자형 계정

[왼쪽 : 증가]	현 금		[오른쪽 : 감소]
7/1 출 자	4천만원	7/3 임차보증금	2천만원
7/2 차 입	6천만원	7/5 상품 구매	3천만원
잔 액	5천만원		

이 개개의 독립적인 계정이다.

예를 들어 자산 중의 한 항목인 현금의 증감을 기록하기 위한 현금계정은 〈표 3-3〉과 같다. 〈표 3-3〉의 현금계정을 보면 현금출납부와 마찬가지로 현금의 증가와 감소를 각각 다른 칸(column)에 기록한 후 잔액을 계산하도록 되어 있다. 그런데 회계 교과서와 수업시간에는 일반적으로 계정의 약식 형태인 "T"자형을 이용하는데, 그 이유는 계정의 형태가 T자와 비슷하기 때문에 통상적으로 T-계정이라고 한다. 〈표 3-3〉의 현금계정 중 증가와 감소 부분만을 따로 뽑아서 표시하면 〈표 3-4〉와 같은 T자형의 계정을 그릴 수 있다.

현금 T-계정에서는 현금이 증가한 사항을 모두 왼쪽에 기록하고 감소한 사항은 오른쪽에 기록하고 있다. 이는 매우 중요한 법칙으로서 복식부기의 가장 기본적

산책로 복식부기

복식부기(double-entry bookkeeping)는 14~15세기경에 당시의 세계무역 중심지인 이탈리아에서 상인들에 의해서 발전된 회계제도이다. 문헌상으로는 승려이며 수학자인 파치올리(Luca Pacioli)가 책으로 정리하여 소개하고 있다. 저서 이름은 '산수, 기하, 비(比) 및 비례전서'이다. 그는 책머리에 '신의 이름으로' 기록한다는 것을 표시함으로써 진실한 회계기록의 중요성을 강조했다.

복식부기란 기업의 자산과 부채 그리고 자본의 증가와 감소를 각 항목을 나타내는 계정과목의 차변과 대변에 이중으로 기록(복식부기)하는 개념으로 단식부기와 대응되는 개념이다. 재무상태의 증감을 이중으로 기록하면 기록의 정확성에 대하여 일부 자동검증기능을 수행할 수 있는 장점이 있다.

인 논리구조이다. 마치 우리가 수학을 배울 때 +, −, ×, ÷를 어떻게 하는지가 기본이 되는 것과 같이 복식부기에서는 증가와 감소를 왼쪽에 기록하는지 오른쪽에 기록하는지가 중요하다.

이제 복식부기에서 계정의 기록을 어떤 방법으로 하는지 알아보자. 계정의 기록방법은 자산계정의 증가는 계정의 왼쪽에 적도록 하고, 자본이나 부채 계정금액의 증가는 계정의 오른쪽에 적는 방식으로 기록하고 있다. 만일 계정이 감소하면 증가하는 쪽의 반대편에 기록한다. 즉 자산의 감소는 오른쪽, 부채 · 자본의 감소는 왼쪽에 적는다. 이렇게 적는 것은 자금(자산)의 증가는 남으로부터 빌린 부채와 출자자가 출자한 자본으로 조달된다는 사실을 표시하기 위해서 생각해 낸 기록방식이다.

[왼쪽]	[오른쪽]
자산계정의 증가를 기록	자산계정의 감소를 기록
부채계정의 감소를 기록	부채계정의 증가를 기록
자본계정의 감소를 기록	자본계정의 증가를 기록

자산계정		부채계정		자본계정	
증가	감소	감소	증가	감소	증가

제2장의 재무상태표를 배울 때 자산=부채+자본이라는 회계등식이 항상 성립되어야 한다고 설명하였다. 이를 복식부기와 연결해 보자. 모든 회계거래는 재산의 변동을 가져온다고 하였는데 재산의 변동은 자산, 부채 또는 자본의 변동을 의미하며, 복식부기는 항상 장부의 왼쪽과 오른쪽에 똑같은 금액의 계정 변동을 기록함으로써 회계거래가 발생한 후에도 회계등식이 항상 성립될 수 있도록 한다. 예를 들어 자산이 1원 증가하면 부채가 1원 증가하든가, 자산이 1원 증가하면 자본이 1원 증가해야 한다. 또는 어느 자산이 1원 증가하면 다른 자산이 1원 감소해야 한다.

자산의 1원 증가는 왼쪽에 기록되고 부채나 자본의 1원 증가 또는 다른 자산의 1원 감소는 오른쪽에 기록되므로 왼쪽과 오른쪽의 금액의 변동은 1원으로서 항상 같게 된다. 이와 같이 어떤 거래든지 왼쪽과 오른쪽에 동일한 금액으로 기재된다.

이 약속대로 S마트의 7월 1일부터 7월 6일까지의 거래를 기록해 보자. 각 거래가 자산, 부채 또는 자본에 어떠한 변동을 가져오고, 변동의 결과 회계방정식 “자산=부채+자본”이 성립하는지를 보자. 그런 후에 자산, 부채, 자본의 변동을 복식부기시스템에서 어떻게 기록하는지를 설명하도록 한다.

(1) 20×1년 7월 1일, S마트의 사업을 시작하기 위해 신상품 씨는 자기 돈 4천만원을 S마트에 투자하다.

자산	=	부채	+	자본
+현금 4천만원	=	0	+	자본금 4천만원

[왼쪽]		[오른쪽]	
현 금	4천만원	자본금	4천만원

S마트의 자산인 현금이 4천만원 증가하여 왼쪽에 기록하고, 자본인 자본금이 4천만원 증가하여 오른쪽에 기록한다.

(2) 20×1년 7월 2일, S마트가 사업을 시작하기 위해 은행에서 6천만원을 차입하다.

자산	=	부채	+	자본
+현금 6천만원	=	+차입금 6천만원	+	0

[왼쪽]		[오른쪽]	
현 금	6천만원	차입금	6천만원

S마트의 자산인 현금이 6천만원 증가하여 왼쪽에 기록하고, 부채인 차입금이 6천만원 증가하여 오른쪽에 기록한다.

(3) 20×1년 7월 3일, S마트는 가게 임차보증금으로 2천만원을 지불하다.

자산	=	부채	+	자본
+임차보증금 2천만원 −현금 2천만원	=	0	+	0

산책로 **예금통장의 기록**

여러분들이 가지고 있는 예금통장을 보면 보통 다음과 같은 양식으로 되어 있을 것이다.

일 자	내 역	찾으신 금액 (왼쪽)	맡기신 금액 (오른쪽)	잔 액

우리가 배운 예금계정은 자산이기 때문에 증가가 왼쪽이고 감소가 오른쪽인데 왜 예금통장은 반대로 되어 있을까? 이는 은행의 입장에서 보면 우리가 예금한 돈이 부채가 되기 때문에 부채의 증가로서 오른쪽(맡기신 금액)에 기록하고, 인출한 돈은 부채의 감소이므로 왼쪽(찾으신 금액)에 기록한 것이라고 하겠다.

[왼쪽]		[오른쪽]	
임차보증금	2천만원	현 금	2천만원

S마트의 자산인 임차보증금이 2천만원 증가하여 왼쪽에 기록하고, 현금으로 지급하여 감소한 자산 2천만원을 오른쪽에 기록한다.

(4) 20×1년 7월 5일, S마트는 W상회에서 주문한 상품을 받고 3천만원을 지급하다.

자산	=	부채	+	자본
+상품 3천만원				
−현금 3천만원	=	0	+	0

[왼쪽]		[오른쪽]	
상 품	3천만원	현 금	3천만원

S마트의 자산인 상품(재고자산)이 3천만원 증가하여 왼쪽에 기록하고 현금으로 지급하여 감소한 자산 3천만원을 오른쪽에 기록한다.

(1)과 (2)의 기록이 의미하는 바는 S마트의 초기 투자금 1억원은 출자자의 몫인 자본금 4천만원과 은행으로부터의 차입금 6천만원으로 조달되었다는 것이다. 현금이라는 자산이 4천만원 증가했는데, 이는 자본금이라는 자본 4천만원의 증가와 상응하고, 6천만원의 현금 증가는 차입금이라는 부채의 증가와 상응한다. (3)과 (4)는 현금 2천만원은 임차보증금으로, 3천만원은 상품 구입에 지출되었음을 알 수 있다. 현금이라는 자산 2천만원의 감소와 임차보증금이라는 자산 2천만원의 증가가 상응하며, 3천만원의 현금 감소는 상품이라는 자산의 증가와 상응한다.

임차보증금으로 현금이 감소하였지만 임차보증금 자체는 S마트가 향후 임대차 계약이 끝난 후 되돌려받는 금액이기 때문에 S마트의 자산이 된다. 이처럼 복식부기는 왼쪽에 기록되는 계정에 대응하는 계정이 오른쪽에 항상 기록되므로 단식(single)이 아니라 복식(double) 장부기록이라고 불린다. 기억해야 할 것은 복식의 의미가 두 개의 계정만이 변동한다는 것이 아니라는 것이다. 하나의 회계거래는 최소한 두 개 이상의 계정에 변동을 가져올 수 있고 따라서 왼쪽과 오른쪽 모두 두 개 이상의 계정이 기록될 수 있다. 예를 들어 7월 5일 상품구매대금 3천만원 중 1천만원은 현금으로 결제하고 2천만원은 외상으로 하였다면 다음과 같이 기록해야 한다.

자산	=	부채	+	자본
+상품 3천만원				
−현금 1천만원	=	+매입채무 2천만원	+	0

[왼쪽]		[오른쪽]	
상 품	3천만원	현 금	1천만원
		매입채무	2천만원

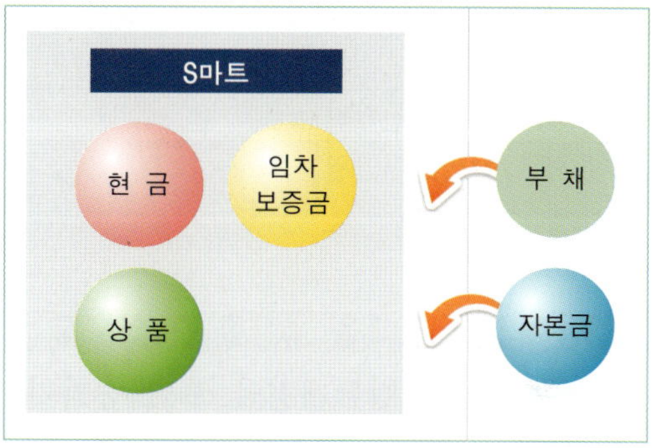

자산인 상품의 증가 3천만원은 왼쪽에 기록하고, 이를 지급하기 위해 감소한 현금 1천만원은 오른쪽에 기록하며 미래에 지급해야 하는 부채인 매입채무(외상매입금)의 증가를 오른쪽에 기록한다.

앞의 기록에서 보는 것처럼 계정을 좀더 세분해서 기록하더라도 왼쪽 계정의 합계금액은 오른쪽 계정의 합계금액과 같다. 이처럼 회계거래의 기록은 항상 왼쪽과 오른쪽 금액이 같도록 되어 있다.

위와 같이 자산, 부채, 자본의 증가와 감소를 왼쪽과 오른쪽으로 나누어 적는 것을 회계에서는 분개라고 한다. 다음에 다시 설명하겠지만 회계거래가 발생하면 먼저 분개를 한다. 이 단계가 사실 제일 중요하다. 분개가 정확하게 되면 그 다음부터 재무제표가 작성되기까지는 기계적으로 행해지기 때문이다.

그 기계적 절차의 다음 단계는 분개기록이 된 각 거래를 계정에 옮겨 적는 일이다. 앞으로 다시 설명하겠지만 자산, 부채, 자본의 각 항목인 계정이 회계거래에 따라서 왼쪽에 기록되었는지 오른쪽에 기록되었는지에 따라서 T-계정의 왼쪽과 오른쪽에 갈라서 적어 보자.

이렇게 거래별로 기록된 회계자료를 각 계정으로 옮겨 적는 작업을 전기(posting)라고 한다. 전기를 하면 왼쪽에 기록된 금액과 오른쪽에 기록된 금액의 차이

더 알아봅시다 **회계장부**

회계장부(books)는 회계기록을 하기 위한 장부로서 크게 분개장(journal)과 원장(ledger)으로 구성된다. 분개장은 회계거래가 발생하면 이를 순서대로 기록하는 장부를 말하며, 원장은 자산, 부채 및 자본의 각각을 구성하는 개별적인 계정이 있는 장부이다.

〈표 3-5〉 계정기록의 예

현 금

왼쪽	금액	오른쪽	금액
7/1 출자	4천만원	7/3 임차보증	2천만원
7/2 차입	6천만원	7/5 상품	3천만원
잔 액	5천만원		

차입금

왼쪽	금액	오른쪽	금액
		7/2 은행차입	6천만원
		잔 액	6천만원

임차보증금

왼쪽	금액	오른쪽	금액
7/3 가게 임차	2천만원		
잔 액	2천만원		

자본금

왼쪽	금액	오른쪽	금액
		7/1 출자	4천만원
		잔 액	4천만원

상 품

왼쪽	금액	오른쪽	금액
7/5 W상회	3천만원		
잔 액	3천만원		

로 각 계정의 잔액을 계산할 수 있도록 한다. 〈표 3-5〉는 계정기록의 예를 보여준다.

예를 들어, 현금계정을 보면 증가가 기록되는 왼쪽에 기록된 증가금액의 합계는 1억원(=출자 4천만원+차입 6천만원)이고, 감소가 기록된 오른쪽의 합계는 5천만원(=임차보증 2천만원+상품 3천만원)으로서, 왼쪽의 합계금액이 5천만원 많다. 이를 잔액(balance)이라고 한다.

〈표 3-5〉를 보면 왼쪽에 잔액이 있는 계정은 현금(5천만원), 임차보증금(2천만원), 상품(3천만원)이고, 오른쪽에 잔액이 있는 계정은 차입금(6천만원)과 자본금(4천만원)이다. 왼쪽에 잔액이 있는 계정들을 한데 모으고, 오른쪽에 잔액이 있는 계정들을 한데 모으면, 잔액표(balance sheet)가 된다. 이를 우리말로는 재무상태표라고 하며 〈표 3-6〉과 같다.

〈표 3-6〉의 재무상태표가 나타내는 것은 다음과 같다. 20×1년 7월 5일 현재 S마트가 보유한 총자산(자금)은 1억원인데, 현금 5천만원, 임차보증금 2천만원, 상품 3천만원으로 구성되어 있다. 그리고 이러한 자산 1억원은 부채와 자본으로부터 자

〈표 3-6〉 재무상태표

S마트 재무상태표

20×1년 7월 5일 현재

[왼쪽]			[오른쪽]
현 금	5천만원	차 입 금	6천만원
임차보증금	2천만원	자 본 금	4천만원
상 품	3천만원		
자산합계	1억원	부채와 자본합계	1억원

금이 조달되었다. 이 중 4천만원은 신상품 씨의 자기자본으로 조달되었고 나머지 6천만원은 은행으로부터의 차입금으로 조달되었다.

물론 실제 기업에서는 좀더 복잡한 회계기록이 있을 것이고 이에 따라 재무상태표에 자산, 부채, 자본의 항목의 수도 많을 것이다.

제 2 절 회계정보의 산출과정

앞절에서 우리는 회계기록의 대상은 회계거래이며, 회계거래란 기업의 자산이나 부채 및 자본에 변동을 가져오는 사건으로서 화폐액으로 측정이 가능한 것임을 배웠다. 회계거래를 기록하는 방법으로는 복식부기의 방법을 사용하는데, 복식부기의 방법은 자산의 변동뿐만 아니라 자금이 누구로부터 조달되었는지, 즉 부채와 자본의 변동내역도 밝힐 수 있는 것임을 살펴보았다. 또한 복식부기의 방법은 계정을 이용하여 회계기록을 한다는 것도 배웠다.

이 같은 기본적인 이해를 바탕으로 하여 회계거래를 처음 기록하는 것부터 시작해서 최종적으로 회계보고서를 작성하기까지의 일련의 과정을 더 자세히 알아보기로 한다.

1. 회계기록은 회계순환과정에 따라서 반복한다

회계순환과정(accounting cycle)이란 회계거래가 발생하면 이를 회계장부에 기록하고, 분류 및 요약하여 최종적으로 회계보고서인 재무제표(financial statements)를 작성하기까지의 일련의 절차를 매 회계기간마다 반복하는 것을 말한다. 회계순환과정은 [그림 3-2]에서 보는 바와 같이 크게 4단계로 구분된다. 이러한 회계순환과정은 산업의 특성이나 기업의 종류에 따라 달라지지 않고, 복식부기를 채택하고 있는 모든 기업에서 동일하게 나타난다. 종업원이 10명 이하인 소기업이나 종업원이 몇 십만 명을 넘는 대기업들도 회계거래의 시작부터 재무제표를 완성하는 과정은 동일하다. 그래서 여러분이 회계를 배우면 모든 종류의 기업이 어떻게 재무제표를 작성하는지 구체적으로 알 수 있다.

제1단계는 경영활동이나 경제적 사건이 발생했을 때 회계담당자가 회계기록의 대상이 되는 사건(회계거래)만을 골라 분개장(journal)에 날짜별로 기록하는 단계이다. 앞서 우리는 거래가 발생하면 회계등식(자산=부채+자본)을 원용하여 왼쪽과 오른쪽에 자산, 부채, 자본의 증가와 감소를 기록하였는데 이를 분개라고 하고 이러한 내용이 기록되는 장부를 분개장이라고 한다.

제2단계는 분개장에 기록된 거래를 동일한 종류의 자산이나 부채 및 자본 계정의 왼쪽과 오른쪽에 옮겨 적는다. 회사는 자산, 부채, 자본의 모든 계정을 서로 모아 계정별(예를 들면 현금, 외상매출금, 상품)로 분류한 원장(ledger)이라는 장부를 갖고 있다. 그래서 분개장에서 원장으로 옮겨 적는다고 해서 전기(posting)라고 한다. 예를 들어 상품계정에는 당 회계기간 동안의 상품의 구입 및 판매와 관련하여 발생한 모든 거래가 함께 모아진다. 이때 상품의 구입총액(왼쪽)에서 상품의 출고총액(오른쪽)을 빼면 상품잔액이 계산된다.

제3단계는 모든 계정의 이름과 기말시점의 잔액을 한 곳에 모아서 표로 만드는 작업이다. 일반적으로 자산과 비용 계정들은 왼쪽에, 부채와 자본 및 수익 계정들은 오른쪽에 잔액이 생긴다. 이렇게 작성된 표를 시산표(trial balance)라고 한다. 따라서 시산표에는 각 계정별 잔액이 요약되어 표시된다.

제4단계는 시산표의 계정과목 중 회계기준 등에서 정하는 방법에 따라 자산, 부채 및 자본을 구분하여 재무상태표를 작성하고, 또한 수익과 비용의 계정과목을 배열하여 손익계산서를 완성하는 단계이다.

정보기술의 발달로 회계순환과정은 대부분이 전산화되었다. 어떠한 과정이 가장 전산화되기 쉬울까? 먼저 [그림 3-2]에서의 1단계인 기록(분개장)은 쉽게 전산화될 수도 있고 그렇지 않을 수도 있다. 자주 반복적으로 발생하는 거래들은 여러 가지 방법으로 전산화되지만 그렇지 않은 거래들은 경영자나 회계담당자의 판단에

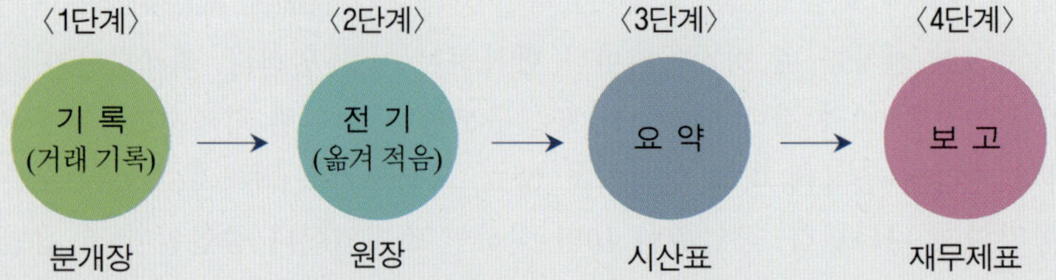

[그림 3-2] 회계순환과정의 요약

따라서 적절하게 왼쪽과 오른쪽으로 거래를 분개하여 기록해야 한다. 그런데 이 〈1단계〉의 과정이 완료되면, 〈2단계〉, 〈3단계〉, 〈4단계〉의 과정은 기계적으로 이루어진다. 따라서 〈1단계〉가 가장 중요하다고 할 수 있다. 여러분도 제3장을 모두 배우면 엑셀(excel) 등과 같은 스프레드시트(spread sheet)를 이용해서 기계적인 과정을 프로그램화할 수 있다.

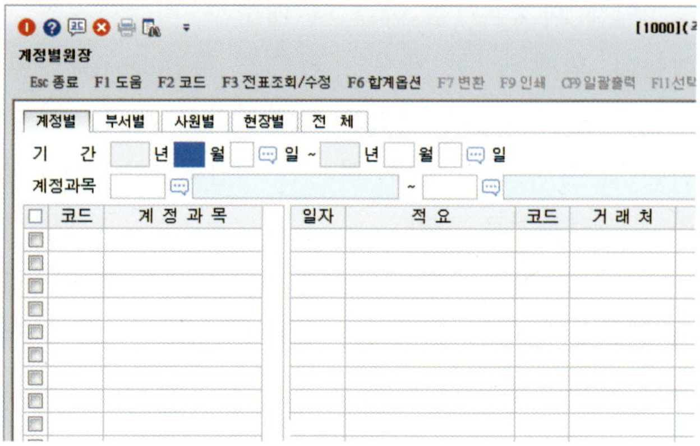

▸ 전산세무회계 교육용 프로그램인 KcLep의 입력화면

회계가 전산화되기 쉽다고 해서 여러분이 회계를 얕보면 안 된다. [그림 3-2]에 따른 회계순환과정 속에는 복잡하고 어려운 과정도 숨어 있다. 그렇지만 어려운 과정이 아닌 전체적인 틀을 배우면 회계가 쉬워지고 회계거래의 기록도 이해할 수 있으며 작성된 재무제표를 분석할 수 있는 능력을 기르게 된다.

2. 회계거래의 첫 기록인 분개란 무엇인가?

회계거래는 이미 설명한 대로 복식부기의 방식을 이용하여 기록한다. 즉 회계거래가 발생하면 이를 바로 해당되는 계정에 기입하지 않고 거래가 일어난 순서대로 일기를 쓰듯이 기록하게 되는데, 이때 회계거래의 발생으로 인해 영향을 받는 계정을 왼쪽과 오른쪽에 나누어 기록하는 것을 분개(journal entry)라고 한다. 분개를 기록하는 장부는 분개장이라고 한다.

우리는 이미 앞에서 분개를 해보았다. 예를 들어서 임차보증금 2천만원을 지급한 경우 다음과 같이 분개를 했다.

[왼쪽]		[오른쪽]	
임차보증금	2천만원	현 금	2천만원

위의 분개는 임차보증금이라는 자산이 증가하였기 때문에 왼쪽에 기록하고 현금이라는 자산이 감소하였기 때문에 오른쪽에 기록하였다.

이제 회계용어를 하나 더 배우자. 지금까지는 계정의 왼쪽, 오른쪽이라고 설명했는데, 회계에서는 계정의 왼쪽을 차변(debit)이라고 하고 오른쪽을 대변(credit)이라고 한다. 왜 계정의 왼쪽을 차변이라고 하고, 오른쪽을 대변이라고 하는지에 대해서는 몇 가지 설이 있다. 하지만 지금은 그냥 계정의 왼쪽은 차변, 오른쪽은 대변이라고 기억하기로 하자.

분개는 거래의 발생순서대로 기록하는데, 이는 기업에서 발생되는 거래를 누락하지 않고 빠짐없이 기록하기 위한 것이다. 이제 7월중 발생한 S마트의 다른 거래들을 분개하도록 하자.

〈S마트의 7월의 추가거래〉

(7) 7월 7일 : 냉장고 8백만원과 에어컨 7백만원을 구입하고 1천5백만원을 현금으로 지급하다.
(8) 7월 8일 : 상품 5백만원을 고객에게 7백50만원에 팔고 현금을 받다.
(9) 7월 9일 : 상품 1천만원을 W상회로부터 외상구매하다.
(10) 7월 10일 : 아르바이트생에게 월급으로 1백만원을 지급하고, 임차료 40만원, 차입금 이자로서 50만원을 지급하다.

(1) 7월 7일의 거래

냉장고라는 자산이 8백만원, 에어컨이라는 자산이 7백만원 증가함과 동시에 현금이라는 자산이 1천5백만원 감소하였다. 따라서 분개는 다음과 같이 한다.

(차변) 냉 장 고	8백만원	(대변) 현 금	1천5백만원
에 어 컨	7백만원		

(2) 7월 8일의 거래

먼저 이 거래는 상품을 팔았기 때문에 매출이라는 수익이 발생한다. 그리고 상품을 팔았기 때문에 상품의 감소가 일어났고 그만큼 매출원가라는 비용이 발생한다. 매출원가는 매출된 상품을 취득한 금액(원가)이다. 앞장에서 [당기순이익=수익−비용]이고 누적된 당기순이익에서 배당금을 뺀 금액만큼 이익잉여금이 증가한다고 하였다. 이익잉여금은 자본을 구성하는 한 항목이다. 따라서 수익은 당기순이익 증가→이익잉여금 증가→자본 증가를 가져오고, 비용은 당기순이익 감소→이익잉여금 감소→자본 감소를 가져온다.

분개를 할 때, 수익의 발생은 오른쪽, 즉 대변에 기록한다. 이는 수익이 발생하면 자본이 증가하므로 대변에 기록해야 한다는 논리이다. 이와 반대로 비용의 발생은 왼쪽, 즉 차변에 기록해야 할 것이다. 비용이 발생하면 자본이 감소하므로 차변에 기록해야 하기 때문이다.

먼저 매출로 인하여 현금 자산이 7백50만원 증가하였으므로 차변에 현금 자산의 증가를 기록하고, 매출이라는 수익이 발생했으므로 매출 7백50만원을 대변에 기록한다. 또한 매출을 위해 매출원가라는 비용이 5백만원 발생하였으므로 차변에, 상품이라는 자산이 5백만원 감소하였으므로 대변에 기록한다.

(차변)	현 금	7백50만원	(대변)	매 출	7백50만원
	매출원가	5백만원		상 품	5백만원

수익과 비용은 이익잉여금을 각각 증가, 감소시키지만, 회계상으로는 일단 별도의 수익계정들과 비용계정들에 기록한 후 재무제표를 작성하는 보고기간말에 수익에서 비용을 차감한 금액을 이익잉여금계정으로 옮기는 방식을 사용한다. 7월 8일 거래의 결과 원가 5백만원의 상품을 7백50만원에 팔아서 판매이익이 2백50만원 생기므로 이익잉여금을 그만큼 증가시킴을 알 수 있다.

더 알아봅시다

분개의 의미

우리말의 분개(分介)는 나눈다는 의미를 지니고 있다. 회계에서의 분개는 회계거래를 그 성격에 따라서 자산, 부채 또는 자본의 계정으로 나누고 각 계정의 어느 쪽에 기록해야 하는지를 결정해서 기록하는 것을 말한다. 분개(分介)라는 말은 고려시대 개성상인들이 사용했던 우리나라 고유의 회계장부기록법인 송도사개치부법(松都四介治簿法)에서 회계거래가 발생하면 사개(四介)의 어느 한 개(介)로 나눈다는 뜻에서 유래하였다. 사개(四介)는 채권자, 채무자, 채권금액, 채무금액을 나타내었다는 설과 자산·부채와 자본·수익·비용을 나타내었다는 설이 있으나 현재 확인되지 않고 있다.

차변과 대변

돈을 빌린 사람을 차주(借主, debtor)라고 하고, 돈을 빌려준 사람을 대주(貸主, creditor)라고 한다. 이에 근거하여 차변(借邊, debit)과 대변(貸邊, credit)이 유래하였다. 그러나 현대에는 이에 관계없이 모든 계정의 왼쪽을 차변, 오른쪽을 대변으로 부르고 있다. 따라서 차변과 대변에 어떤 의미를 부여하려고 하지 말고, 단순히 계정의 왼쪽과 오른쪽을 가리키는 관습적인 용어로 이해하는 것이 좋겠다.

자산, 부채, 자본, 수익, 비용의 증감으로 인한 분개를 정리하면 〈표 3-7〉과 같다. 자산, 부채, 자본, 수익, 비용은 재무제표의 다섯 가지 요소(elements of financial statements)라고 한다. 따라서 회계거래의 분개는 〈표 3-7〉처럼 다섯 가지 요소의 증감에 따라 차변, 대변에 기록한다. 한편 배당금은 자본계정인 이익잉여금을 감소시키므로 배당금이 발생하면 차변에 기록한다.

〈표 3-7〉 자산, 부채, 자본, 수익, 비용의 분개

차 변	대 변
자산 증가	자산 감소
비용 증가	비용 감소
부채 감소	부채 증가
자본 감소	자본 증가
수익 감소	수익 증가

(3) 7월 9일의 거래

W상회로부터 1천만원어치의 상품을 외상으로 구매했으므로 상품이라는 자산이 증가하고 미래에 갚아야 할 의무(부채)인 매입채무가 증가한다.

(차변) 상 품	1천만원	(대변) 매 입 채 무	1천만원

(4) 7월 10일의 거래

인건비라는 비용 1백만원, 임차료라는 비용 40만원, 차입금 이자비용 50만원이 발생하였고 현금이 1백90만원 감소하였으므로 7월 30일 거래의 분개는 다음과 같다.

(차변) 인 건 비	1백만원	(대변) 현 금	1백90만원
임 차 료	40만원		
이 자 비 용	50만원		

3. 회계기록의 두 번째 단계인 원장기록은?

회계순환과정에서는 먼저 1단계로서 분개를 하고 그 다음 2단계는 분개한 회계거래정보를 각각의 계정에 옮겨 적는 작업을 한다. 이처럼 거래를 해당계정에 옮겨 적는 것을 전기(posting)라고 한다고 이미 배웠다. 이때 계정을 모두 모아놓은 장부를 원장(ledger)이라 부른다. 전기는 분개장의 차변에 기록된 거래는 원장의 해당계정 차변에 옮겨 적고, 분개장의 대변에 기록된 거래는 원장의 해당계정 대변에 기계적으로 옮겨 적는다. 분개장에 기록된 분개기록을 원장으로 옮겨 적음으로써 원장에서 자산, 부채, 자본, 그리고 수익 및 비용의 각 계정의 증감 및 잔액을 알 수 있게 된다.

S마트의 7월중 회계거래를 전기하면 〈표 3-8〉과 같다. 이 예에서 현금계정의 차변합계는 1억 7백50만원이고 대변합계는 6천6백90만원으로 차변이 대변보다 4천60만원 많기 때문에 차변에 월말잔액이 표시된다. 매출원가, 인건비, 임차료, 이자비용과 같은 비용계정 역시 차변에 월말잔액이 표시되어 있음을 알 수 있다.

일반적으로 자산계정과 비용계정은 차변에 월말잔액이 표시된다. 따라서 자산계정과 비용계정은 일반적으로 차변잔액(normal debit balance)을 갖는다고 말한다. 한편 차입금, 매입채무와 같은 부채계정, 자본금과 같은 자본계정, 매출과 같은 수익계정은 일반적으로 대변잔액(normal credit balance)을 갖는다.

〈표 3-8〉에서는 금액의 단위를 이제까지와 달리 천원으로 통일해서 아라비아숫자만을 보여주고 있다. 그 이유는 이제까지와 같이 1억원, 4천만원, 1백만원, 40만원 식으로 표기하면 읽기는 편할지 모르나 금액 단위가 서로 달라서 사칙연산이 어렵고 보기에도 좋지 않기 때문이다. 회계에서는 아라비아숫자를 쓰는 것이 매우 편리하고 효율적이다.

산책로 숫자 읽는 법

예를 들어서 376,504,776,892,431원이라고 된 숫자를 읽으라고 하면 대부분의 사람은 자릿수를 찾아가느라고 한참을 헤맬 것이다. 이는 우리나라는 4자리마다 호칭이 바뀌는 데 비해서 서양에서는 3자리마다 호칭이 바뀌기 때문에 생기는 어려움이다. 서양에서는 콤마(,)가 있으면 호칭 단위가 다음처럼 바뀐다. Thousand(천), Million(백만), Billion(십억), Trillion(조)으로 되어 있고 각 단위에는 Hundred(백)부터 시작하면 된다. 따라서 376trillons, 504billions, 776millions, 892thousands, 431원이라고 읽으면 되는 것이다. 우리나라는 4자리 호칭(각 단위는 천부터 시작)이 되어서 어렵지만 처음 콤마부터 천, 백만, 십억, 조로 외운 다음 자리를 짚어서 376조 5천47억 7천689만 2천431원이라고 읽으면 된다.

〈표 3-8〉 원장의 전기의 예 (단위 : 천원)

(차변)	현 금		(대변)
7/1 출자	40,000	7/3 임차보증금	20,000
7/2 차입	60,000	7/5 상품	30,000
7/8 매출	7,500	7/7 냉장고 등	15,000
		7/10 인건비 등	1,900
월말잔액	40,600		

(차변)	매 출		(대변)
		7/8	7,500
		월말잔액	7,500

(차변)	상 품		(대변)
7/5 W상회	30,000	7/8 판매	5,000
7/9 W상회	10,000		
월말잔액	35,000		

(차변)	자본금		(대변)
		7/1 자기자본	40,000
		월말잔액	40,000

(차변)	냉장고		(대변)
7/7	8,000		
월말잔액	8,000		

(차변)	차입금		(대변)
		7/2 은행	60,000
		월말잔액	60,000

(차변)	에어컨		(대변)
7/7	7,000		
월말잔액	7,000		

(차변)	매입채무		(대변)
		7/9 W상회	10,000
		월말잔액	10,000

(차변)	임차보증금		(대변)
7/3 가게	20,000		
월말잔액	20,000		

(차변)	매출원가		(대변)
7/8	5,000		
월말잔액	5,000		

(차변)	인건비		(대변)
7/10 아르바이트생	1,000		
월말잔액	1,000		

(차변)	임차료		(대변)
7/10 가게	400		
월말잔액	400		

(차변)	이자비용		(대변)
7/10 은행차입	500		
월말잔액	500		

4. 원장잔액을 요약해서 시산표를 만든다

모든 회계거래가 분개장에서 원장의 해당되는 계정에 전기되면 각 계정의 잔액(balance)을 계산할 수 있다. 그 다음으로는 각 계정의 잔액을 이용하여 곧바로 회계보고서인 재무제표를 작성할 수 있다.

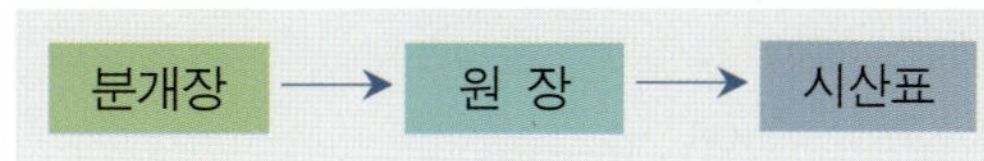

그러나 일반적으로는 재무제표를 작성하기 전에 각 계정의 잔액을 편의상 한 곳에 모아 요약한 표를 작성한 후 이를 활용해서 재무제표를 작성한다. 이렇게 각 계정의 잔액을 모은 요약표를 시산표(trial balance)라고 한다.

S마트의 예에서 각 계정의 잔액을 모은 시산표를 작성하면 〈표 3-9〉와 같다. 시산표에서 차변잔액을 갖는 항목은 일반적으로 자산과 비용이며, 대변잔액을 갖는 항목은 부채와 자본 그리고 수익이다.

시산표를 재무제표보다 먼저 작성하는 이유는 다음과 같다.

① 시산표상의 차변합계와 대변합계가 일치하는지를 확인한다. 모든 거래는 차변과 대변에 같은 금액이 기록되므로 각 계정의 잔액을 모은 합계액도 차변과 대변이 일치해야 하는 것이다. 만일 차변합계액과 대변합계액이 일치하지 않으면 회계기록의 어디엔가에 잘못이 있는 것이므로, 이를 발견해서 수정해야 한다.

산책로 사개치부법(四介治簿法)

고려시대의 수도인 개성(송도)의 상인들을 중심으로 사용되어 송도사개치부법이라고도 한다. 이 부기법은 오늘날 우리가 사용하는 복식부기와 원리가 같지만 서양의 복식부기법보다 약 200년 이상 앞서 개발된 것으로 보여서 주목을 받아오고 있다. 그러나 일본의 자본침략 등으로 서양부기를 사용하게 됨에 따라서 1900년대부터 사용되지 못했다. 사개치부법의 기록은 우리은행의 전신인 대한천일은행의 장부(1899~1905년), 개성상인의 후손인 박영진 씨 가문 등의 회계장부 그리고 여러 학술적 문헌에 나타나 있다.

박영진 씨 가문의 회계장부를 연구한 전문가들은 사개치부법이 세계에서 가장 빠른 복식부기법이라고 주장한다. 복식부기의 발상지로 알려진 이탈리아 베니스에도 13세기부터 복식부기로 작성된 회계기록은 있지만 대부분 파편화된 낱장으로 남아 있어 기업경영을 총체적으로 보여주진 못했다.

이 자료를 연구한 전성호 한국학중앙연구원 교수는 "박씨 가문의 회계장부에 기록된 약 30만 건의 거래기록을 조목조목 살펴보니 현대식 복식부기로 한 치의 오차 없이 투명하게 기록돼 있어 현대 경영의 기준으로 봐도 놀라울 정도"라고 말했다. (동아일보 수정, 2013.10.30)

〈표 3-9〉 시산표

시산표

S마트 20×1년 7월 31일 현재 (단위 : 천원)

	차 변	대 변
현 금	40,600	
임차보증금	20,000	
상 품	35,000	
냉 장 고	8,000	
에 어 컨	7,000	
차 입 금		60,000
매 입 채 무		10,000
자 본 금		40,000
매 출		7,500
매 출 원 가	5,000	
인 건 비	1,000	
임 차 료	400	
이 자 비 용	500	
합 계	117,500	117,500

② 재무제표의 작성을 쉽게 한다. 시산표에는 모든 계정의 잔액이 한 곳에 집합되므로 이를 이용하여 재무제표를 작성하는 것이 편리하고, 계정에서 바로 작성하는 데 비해서 오류를 줄일 수 있다. 시산표의 자산과 부채 및 자본 계정을 이용하면 재무상태표를 작성할 수 있고, 수익과 비용 계정을 이용하면 손익계산서를 작성할 수 있다.

5. 시산표를 정리하면 재무제표가 작성된다

회계순환과정의 마지막 단계는 시산표의 자료를 이용하여 수익 및 비용 계정을 손익계산서의 양식에 따라 정리하여 손익계산서를 작성하고, 자산, 부채 및 자본 계정을 재무상태표의 양식에 따라 정리하여 재무상태표를 작성하는 단계이다.

먼저 시산표에 있는 항목 중 손익계산서계정 항목은 매출, 매출원가, 인건비, 임차료, 이자비용이며 이를 손익계산서에 정리하면 〈표 3-10〉과 같다. S마트는 7월 한 달 동안 7백50만원의 매출과 6백90만원의 총비용으로 60만원의 당기순이익을 달성하였다.

〈표 3-10〉 손익계산서

손익계산서 20×1년 7월 1일부터 S마트 20×1년 7월 31일까지		(단위 : 천원)
수 익		
매 출		7,500
비 용		
매출원가	5,000	
인 건 비	1,000	
임 차 료	400	
이자비용	500	
비용합계		6,900
당기순이익		600

〈표 3-11〉 재무상태표

재무상태표 S마트 20×1년 7월 31일 현재			(단위 : 천원)
자 산		부 채	
현 금	40,600	차 입 금	60,000
임차보증금	20,000	매입채무	10,000
상 품	35,000	부채총계	70,000
냉 장 고	8,000		
에 어 컨	7,000	자 본	
		자 본 금	40,000
		이익잉여금	600
		자본총계	40,600
자산총계	110,600	부채와 자본총계	110,600

다음으로는 시산표 자료를 이용하여 재무상태표를 작성해 보도록 하자. 먼저 시산표 항목 중 어떤 것이 자산계정이고, 어떤 것이 부채계정이며, 어떤 것이 자본계정인지를 분류해야 한다. 현금부터 에어컨까지가 모두 자산계정이고, 차입금과 매입채무는 부채계정, 그리고 신상품 씨의 자기자본 출자금은 자본계정이다. 이를 재무상태표에 정리하면 〈표 3-11〉과 같다. 여기서 시산표에 없는 이익잉여금이 자본계정으로 기록되어 있음을 알 수 있다. 앞에서 설명했듯이 누적된 당기순이익에서 배당금을 차감한 금액이 회계기간 동안 증가한 이익잉여금이 된다. S마트의 예

에서 배당금은 없고 월초의 이익잉여금은 0원이었기 때문에 손익계산서상의 당기순이익 60만원이 월말의 이익잉여금과 같게 된다. S마트의 재무상태표를 요약하면 20×1년 7월 31일 현재 총자산은 1억 1천60만원인데, 이는 차입금 6천만원과 신상품씨가 출자한 자본금 4천만원, 향후 W상회에 지급해야 할 부채 1천만원, 그리고 영업활동에서 벌어들인 이익금의 기업 내 보유액, 즉 이익잉여금 60만원으로 조달된 것이다.

이처럼 재무상태표는 7월 31일 현재의 기업의 재무상태를 나타낸다. 또한 앞에서 배운 회계등식 또는 재무상태표 등식인 [자산=부채+자본]이 그대로 나타나고 있음을 알 수 있다.

더 알아봅시다 **명목계정과 실질계정**

회계의 계정 중 재무상태표 계정, 즉 자산, 부채, 자본의 계정들은 실질계정 또는 영구계정이라고 한다. 그리고 기업이 영업을 통해서 벌어들인 돈은 자본계정에 속해 있는 이익잉여금계정에 기록한다. 이익잉여금이 기업에서 벌어들인 돈이지만 이익잉여금계정에 수익과 비용의 모든 거래를 기록하면 수익항목과 비용항목에 대한 분류와 집계가 매우 불편하게 된다.

따라서 수익과 비용 계정을 이익잉여금에서 별도로 독립시켜서 그 기간중에 발생한 수익과 비용을 기록하도록 한 후 회계기말이 되면 수익과 비용 계정의 결과인 당기순이익(또는 당기순손실)만을 이익잉여금계정에 기록하도록 하고 있다. 수익과 비용을 모아서 체계적으로 작성한 표를 손익계산서라고 부른다. 따라서 수익과 비용은 단순히 이익잉여금계정의 변동원인을 자세히 설명해 주는 기능을 갖고 있으며 실질이 없다고 해서 명목계정이라고 한다. 또한 수익과 비용 계정은 기말이 되면 기말잔액을 원래 속해 있던 이익잉여금으로 옮겨버리기 때문에 기말잔액이 없게 되어('0'이 되어) 임시계정이라고도 한다. 이렇게 손익계정을 이용하는 이유는 손익계산서를 작성하기 쉽고 회계기록이 효율적으로 된다는 장점이 있기 때문이다.

보 론 수정분개

1. 수정분개란 무엇이며 왜 하는가?

S마트가 소모품(예를 들어, 종이쇼핑백)을 7월 1일에 1백만원어치 구입했다고 하자. 그러면 소모품이라는 자산이 1백만원 증가하는 것으로 기록하고 현금이 1백만원 감소하는 회계기록을 하게 된다. 그런데 7월 31일에 보니 소모품이 80만원어치밖에 안 남아 있고 20만원만큼은 써버린 것을 발견하였다.

이 경우 회계장부에는 1백만원의 소모품이 있다고 기록되어 있지만 실제 소모품은 80만원밖에 남아 있지 않으므로 사용한 소모품 20만원을 소모품계정에서 감소시키고 소모품비라는 비용을 기록해야만 실제와 장부가 일치하게 된다.

이러한 상황을 정리할 수 있는 분개는 다음과 같이 한다. 이러한 분개는 소모품비용을 20만원 인식함과 더불어 소모품계정에 이미 1백만원을 인식한 소모품을 대변에 20만원 기록함에 따라서 소모품계정의 잔액을 80만원으로 만들게 된다.

(차변) 소 모 품 비	20만원	(대변) 소 모 품	20만원

이처럼 이미 장부에 기록한 회계기록 중 변동된 사실이 있거나 회계장부에 아직 기록하지 않았지만 현실적으로 자산, 부채, 자본에 변동을 일으킨 사실이 확인되는 사항에 대해서는 회계기말에 장부를 수정하는 분개를 하는데, 이러한 분개를 수정분개(adjusting entry)라고 한다. 수정분개의 특징은 외부와의 교환거래가 일어난 것이 아니지만, 당기의 손익과 재무상태를 올바르게 나타내기 위해서 하는 분개라고 할 수 있다. 즉, 수정분개는 현대 회계가 택하고 있는 발생주의에 따라 기말의 장부를 수정하는 분개인데, 발생주의에 대한 설명은 제4장에서 다루기로 한다.

2. 수정분개의 종류에는 어떤 것이 있는가?

2년분 임차료를 미리 지급하면서 전액을 비용처리하고, 1년이 지난 회계기말 현재 재무제표를 작성해야 하는 시점이라고 하자. 그러면 앞으로 1년분의 임차료만큼은

선지급한 분이 있으므로 이는 차변에 선급비용(자산)으로 계상해야 할 것이다. 만일 2년분 임차료를 한꺼번에 지급할 때 모두 비용으로 회계처리했다면 회계기말에 1년분의 비용은 차감시켜서 1년분만 비용으로 처리해야 할 것이다. 이를 위해서는 대변에 1년분의 비용을 기록해서 차변에 인식한 비용계정의 금액을 감소시킨다.

상대방의 경우에도 만일 2년분 임대료를 미리 받을 때 모두 임대료수익으로 인식하고 1년이 지난 시점에서 재무제표를 작성한다면 1년분의 수익만 인식해야 하므로 수익계정의 대변에 인식한 2년분의 수익에서 차변에 인식한 1년분의 수익을 감소시킬 수 있도록 차변에 임대료수익을 기록하고, 대변에는 미리 받은 수익을 선수수익(부채)이라는 부채로 계상해야 한다.

비용이나 수익이 회계기말 현재 발생했지만 아직 현금으로 지급하지 않았거나 현금으로 받지 않은 사실을 수정하는 분개도 있다. 예를 들어 S마트에서 은행으로부터 돈을 차입하여 차입금이라는 부채가 있는데 이에 대한 이자를 지급하지 않은 경우 이자비용과 미지급이자(부채)를 기록해야 하며, 은행의 경우는 아직 못 받은 이자에 대해서 이자수익과 미수이자(자산)를 기록하게 되는데, 이 같은 수정분개를 미지급비용과 미수수익에 대한 수정분개라고 한다.

수정분개 중에서 선급비용과 미지급비용에 대한 수정절차를 살펴보기 위해, S마트가 7월말 다음과 같은 추가적인 사실을 파악하였다고 가정하자.

〈7월 31일 발견한 수정사항〉

(1) 7월 10일에 임차료 40만원을 지급할 때 모두 비용처리했으나 7월말에 보니 미리 지급한 임차료가 30만원이 남아 있었다.
(2) 7월중 차입금 이자 2만원이 발생하였으나 아직 지급하지 않았다.

우선 수정사항 (1)과 관련하여 7월 10일 거래에 대한 분개를 보면 임차료 비용 40만원이 차변에 기록되어 있고 〈표 3-9〉에 제시된 시산표 역시 이를 반영하고 있다. 따라서 미래에 발생할 비용에 대해 현금을 지급하고 전액을 당기비용으로 처리한 비용에 대한 수정이 필요하다. 7월말 현재 실제로 발생한 임차료는 10만원이므로 30만원의 임차료가 과대계상되었고, 자산계정에 선급비용 30만원은 기록되지 않았다. 그러므로 과대계상된 임차료(비용)를 감소시키고 선급비용(자산)을 증가시키는 다음과 같은 수정분개가 필요하다. 대변에 기록한 임차료 30만원은 이미 차변에 기록되어 인식한 임차료비용 40만원을 임차료계정에서 그 잔액을 10만원으로 만들게 된다.

수정분개 (1)

(차변) 선급임차료	30만원	(대변) 임 차 료	30만원

수정사항 (2)와 관련하여 S마트는 자금을 차입하여 사용했고, 그에 따라 차입일부터 7월말까지 이자 2만원을 지급할 의무(즉, 부채)가 발생하였으나 장부에는 이러한 사실이 반영되지 않았다. 그러므로 이자지급 의무를 반영하기 위하여 과소계상된 이자비용(비용)과 미지급비용(부채)을 증가시키는 다음과 같은 수정분개가 필요하다.

수정분개 (2)

(차변) 이 자 비 용	2만원	(대변) 미지급이자	2만원

이와 같은 수정분개를 하는 이유는 앞서 설명한 바와 같이 보고기말의 재무제표를 작성할 때 발생주의 회계의 적용에 따른 정확한 자산과 부채를 계상하고 또한 정확한 수익과 비용을 기록하기 위함이다. 수정분개도 통상 자주 발생하거나 기계적으로 기록할 수 있는 것은 전산처리가 가능하다. 그러나 비경상적으로 발생하거나 복잡하고 어려운 것들은 회계담당자의 지식과 경험에 따라 회계처리된다.

수정분개도 역시 분개장에 기록한다. 그리고 분개장에 기록된 내용들은 원장으로 전기해야 한다. 그러면 원장의 각 계정 중에는 수정분개의 전기로 잔액에 변화

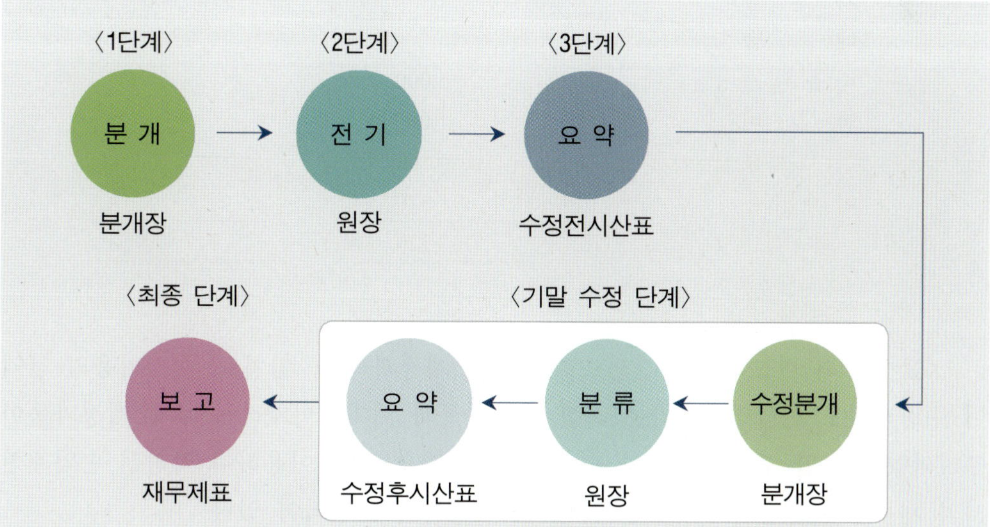

[그림 3-3] 회계순환과정과 수정분개

가 생기는 계정이 있을 것이다. 이렇게 수정된 원장의 각 계정잔액들을 이용하여 수정후시산표를 작성한다. 이는 마치 회계순환과정이 보고기말에 한 번 더 이루어진 것과 같은 과정이다. 수정후시산표에 기록된 수익과 비용은 손익계산서 작성의 자료가 되고 자산과 부채 그리고 자본 계정들은 재무상태표 작성의 자료가 된다. 이러한 과정을 통하여 기업은 최종적으로 이해관계자에게 보고할 보고기말의 재무제표 작성을 완료한다.

전술한 수정분개사항을 반영하여 작성한 수정후시산표는 〈표 3-12〉에 표시되어 있다.

〈표 3-12〉 수정후시산표

시산표

S마트 | 20×1년 7월 31일 현재 | (단위 : 천원)

	차 변	대 변
현 금	40,600	
임차보증금	20,000	
상 품	35,000	
냉 장 고	8,000	
에 어 컨	7,000	
선급임차료	300	
차 입 금		60,000
매 입 채 무		10,000
미지급이자		20
자 본 금		40,000
매 출		7,500
매 출 원 가	5,000	
인 건 비	1,000	
임 차 료	100	
이 자 비 용	520	
합 계	117,520	117,520

〈표 3-9〉와 비교하여 빨간색으로 표시된 계정과목 중 임차료, 이자비용의 잔액이 수정되었고 선급임차료라는 자산 계정과목과 미지급이자라는 부채 계정과목이 추가되었음을 알 수 있다. 위의 수정후시산표의 자료를 이용하여 작성된 손익계산서와 재무상태표는 각각 〈표 3-13〉과 〈표 3-14〉에 표시되어 있다.

〈표 3-13〉 손익계산서

손익계산서
S마트 20×1년 7월 1일부터 20×1년 7월 31일까지 (단위 : 천원)

수 익		
매 출		7,500
비 용		
매출원가	5,000	
인 건 비	1,000	
임 차 료	100	
이자비용	520	
비용합계		6,620
당기순이익		880

〈표 3-14〉 재무상태표

재무상태표
S마트 20×1년 7월 31일 현재 (단위 : 천원)

자 산		부 채	
현 금	40,600	차 입 금	60,000
임차보증금	20,000	매입채무	10,000
상 품	35,000	미지급이자	20
냉 장 고	8,000	부채총계	70,020
에 어 컨	7,000		
선급임차료	300	자 본	
		자 본 금	40,000
		이익잉여금	880
		자본총계	40,880
자산총계	110,900	부채와 자본총계	110,900

수정분개사항을 반영하지 않고 작성된 〈표 3-10〉 손익계산서 및 〈표 3-11〉 재무상태표와 비교하여, 당기순이익은 600천원에서 880천원으로 증가하였으며, 자산총계, 부채총계, 자본총계는 각각 110,600천원에서 110,900천원(300천원 증가), 70,000천원에서 70,020천원(20천원 증가), 40,600천원에서 40,880천원(280천원 증가)으로 변경되었음을 알 수 있다.

이번 장에서 배운 용어

계정(account) 기업의 재산이나 출자자의 몫, 남에게 갚아야 할 채무를 기록하기 위해서 설정한 기록의 단위

대변(credit) 계정의 오른쪽

복식부기(double-entry bookkeeping) 회계거래에 따른 재산의 종류별 증감과 그 재산의 발생 원천을 밝히는 회계기록방법

분개(journal entry) 회계거래를 어느 계정의 어느 편에 기록할 것인지를 먼저 판단하여 기록하는 절차

분개장(journal) 회계거래를 기록(분개)하는 장부

수정분개(adjusting entry) 보고기간말에 당기손익과 재무상태를 정확하게 나타내기 위하여 보고기간중에 기록된 내용을 발생기준 회계원칙에 근거하여 수정하거나 추가로 기록하는 분개

시산표(trial balance) 각 계정의 잔액을 모은 요약표

원장(ledger) 계정을 모두 모아놓은 장부

전기(posting) 분개장에 분개한 회계거래를 원장의 해당계정의 차변이나 대변에 옮겨 적는 작업

차변(debit) 계정의 왼쪽

회계거래(accounting transaction) 기업의 재산(재무상태)에 변동을 가져오는 활동이나 사건으로서 재산의 변동을 화폐금액으로 측정할 수 있는 것

회계순환과정(accounting cycle) 회계거래를 회계장부에 기록하고, 분류 및 요약하여 최종 회계보고서인 재무제표를 작성하기까지의 일련의 절차

연습문제

1. 회계순환과정을 정확하게 표시한 것은?

① 기록 – 분류 – 요약 – 보고
② 기록 – 요약 – 분류 – 보고
③ 분류 – 기록 – 요약 – 보고
④ 분류 – 기록 – 보고 – 요약

※ 혜화세탁의 4월말 계정잔액은 다음과 같다. 계정잔액을 이용하여 시산표를 작성하려 한다. 문제 2~4에 답하시오.

현 금	₩40,000	매입채무	₩20,000
매출원가	5,000	임차보증금	20,000
자 본 금	50,000	인 건 비	1,000
차 입 금	34,000	상 품	36,000
임 차 료	2,000		

2. 시산표상 차변합계에 포함되지 않는 계정은 무엇인가?

① 현금　　② 임차보증금
③ 매출원가　　④ 매입채무

3. 시산표상 대변합계에 포함되지 않는 계정은 무엇인가?

① 차입금　　② 자본금
③ 임차료　　④ 매입채무

4. 시산표상 차변합계는 얼마인가?

① ₩97,000　　② ₩99,000
③ ₩101,000　　④ ₩104,000

5. 다음 중 시산표에 대한 설명으로 옳은 것은?

① 시산표에서 차변잔액은 부채와 자본 그리고 수익이며, 대변잔액은 자산과 비용이다.
② 기업의 재무상태를 개선할 수 있다.
③ 회계기록의 정확성을 일부 재검증할 수 있다.
④ 기업의 수익성을 개선할 수 있다.

6. 다음 중 회계거래로 볼 수 없는 것은?

① 화재로 회사의 공장이 전소되었다.
② 원재료를 이용하여 제품이 완성되었다.
③ 토지를 현금을 받고 취득원가에 매각했다.
④ 우수한 기술을 갖고 있는 중역이 초빙되었다.

7. 다음 중 복식부기에 대한 설명으로 가장 적합한 것은?

① 회계기록의 정확성에 대하여 일부 자동검증기능을 수행할 수 있다.
② 차변과 대변에 각각 한 개의 계정이 나타난다.
③ 자본은 항상 자산과 부채의 합이다.
④ 현금계정과 다른 계정의 관계를 구조적으로 연결시키는 회계기록이다.

8. 다음 중 회계처리에 대한 설명으로 옳은 것은?

① 도난, 화재 등으로 인한 손실은 경영활동의 결과가 아니므로 회계처리를 하지 않는다.
② 종업원에게 급여를 지급할 경우, 내부거래이므로 회계처리의 대상이 아니다.
③ 제품생산을 위한 회사 보유자산 사용은 회계처리의 대상이다.
④ 종업원 고용은 전체 종업원 수의 변화를 가져오므로 회계처리의 대상이 된다.

9. A로펌회사는 은행에서 돈을 빌려 이번달 인건비를 지불하였다. 다음 내용 중 옳은 것은?

① 이 거래로 자산이 감소한다.
② 이 거래로 부채가 감소한다.
③ 이 거래로 자본은 변동이 없다.
④ 이 거래로 부채가 증가한다.

10. 다음 중 서비스제공업을 영위하는 회사의 재무상태표에 나타나지 않는 계정과목은?

① 현금　　② 재고자산
③ 인건비　　④ 선급보험료

11. 용역회사인 (주)윤도는 9월 20일에 10월중 ₩500,000의 용역을 거래처에 제공하기로 계약하였다. 계약체결일인 9월 20일에 선금으로 ₩200,000을 받고, 나머지는 10월 말일에 받기로 약정하였다. 그리고 10월 15일에 계약한 용역서비스를 제공하였으며, 10월 31일에 약정한 나머지 ₩300,000을 현금으로 받았다. (주)윤도는 언제 얼마의 수익을 인식해야 하는가?

① 9월 20일에 ₩500,000을 인식한다.
② 9월 20일에 ₩200,000을 인식한다.
③ 10월 15일에 ₩500,000을 인식한다.
④ 10월 31일에 ₩300,000을 인식한다.

12. 다음 설명 중 옳은 것은?

① 대부분의 기업은 복식부기를 적용하여 회계처리를 한다.
② 현금출납부는 대표적으로 복식부기를 적용하는 장부이다.
③ 종업원에게 급여를 지급할 경우 내부거래이므로 회계처리의 대상이 아니다.
④ 회계순환과정은 산업의 특성이나 기업의 종류에 따라 달라진다.

13. 분개의 원칙으로 맞는 것은?

① 자산의 증가는 대변에 기록한다.
② 자본의 감소는 대변에 기록한다.
③ 비용의 증가는 차변에 기록한다.
④ 부채의 증가는 차변에 기록한다.

14. 회계순환과정에서 전기(posting)란 무엇인가?

① 자산, 부채, 자본 계정의 보고기간말 잔액을 구하는 방법이다.
② 분개장의 차변과 대변 기록을 계정으로 옮겨 적는 과정이다.
③ 재무상태표 계정들을 손익계산서로 옮겨 적는 과정이다.
④ 원장의 계정잔액을 시산표로 옮겨 적는 과정이다.

15. 시산표를 작성하는 목적은 무엇인가?

① 회계기록의 차변과 대변 잔액의 차이를 계산한다.
② 분개장의 기록이 원장에 모두 반영되었는지를 확인한다.
③ 원장의 기록이 분개장에 모두 존재하는지를 확인한다.
④ 손익계산서와 재무상태표를 작성하기에 편리한 과정이다.

해답

1. ①	2. ④	3. ③	4. ④	5. ③
6. ④	7. ①	8. ③	9. ④	10. ③
11. ③	12. ①	13. ③	14. ②	15. ④

사례연구

1. 분개장과 원장

분개장과 원장을 비교하여 설명하시오. 엑셀과 같은 스프레드시트에 분개장에서 원장으로의 전기를 프로그램으로 만들어 보시오.

2. 회계장부의 기능

'나신중' 씨는 기업에서 발생한 거래내용을 원장에 있는 각 계정에 직접 기록할 수 있음에도 불구하고, 분개장을 작성하는 것이 오랜 전통으로 지켜지고 있는 이유는 무엇인가를 골똘히 생각해 보고 있다. 회계순환과정에서 왜 1단계의 과정을 생략하고 2단계의 원장기록과정부터 시작하지 않는지의 이유를 여러분도 생각해 보시오.

HINT 회계순환과정에서 1단계와 2단계의 기능이 서로 어떻게 다른지를 알아보시오.

3. 회계거래의 영향

아래의 회계거래를 기록할 때 자산, 부채, 자본과 수익, 비용 계정의 차변과 대변에 미치는 영향을 〈보기〉에서 골라서 거래 (1)에 대한 해답과 같이 표시하시오.

〈보기〉

① 자산계정의 차변	② 부채계정의 차변	③ 자본계정의 차변
④ 자산계정의 대변	⑤ 부채계정의 대변	⑥ 자본계정의 대변
⑦ 수익계정의 차변	⑧ 비용계정의 차변	⑨ 수익계정의 대변
⑩ 비용계정의 대변		

(1) 은행에서 대출받다.	(①, ⑤)
(2) 상품을 외상으로 구입하다.	(,)
(3) 종업원을 새로 채용하다.	(,)
(4) 화재가 발생하여 재고자산이 소실되다.	(,)
(5) 매출채권을 현금으로 회수하다.	(,)
(6) 상품을 판매하다.	(,) (,)
(7) 직원에게 급여를 지급하다.	(,)
(8) 기계장치를 외상으로 구입하다.	(,)

(9) 배당금을 지급하다. (,)

(10) 주주가 현금으로 출자하다. (,)

4. 회계거래의 분석

다음의 거래들을 각각 (1)과 같은 양식으로 분석하시오. (거래의 차변항목을 먼저 설명하고, 다음에 대변항목을 설명한다)

(1) 3월 8일 : (주)양자강이 설립되었다. 1주당 액면 ₩5,000인 보통주 2,000주를 발행하고, 현금 ₩10,000,000을 납입받았다.

> [해답작성의 예]
> 1) 자산인 현 금의 증가, 자산의 증가는 차변기입 → (차변) 현 금 ₩10,000,000
> 2) 자본인 자본금의 증가, 자본의 증가는 대변기입 → (대변) 자본금 ₩10,000,000

(2) 3월 12일 : 현금 ₩5,800,000을 지급하고 토지를 취득하였다.

(3) 3월 14일 : 유산슬(주)로부터 건물을 ₩7,000,000에 취득하고, 이 중 ₩1,000,000은 현금으로 지급하고, 잔액에 대해서는 어음(미지급금계정)을 발행하였다.

(4) 3월 20일 : 양장피(주)로부터 사무용비품 ₩800,000을 외상으로 구입하였다.

(5) 3월 26일 : 유산슬(주)에 대한 지급어음 중 지급기일이 도래한 ₩330,000을 현금으로 지급하였다.

5. 분개

노랑수리(주)는 컴퓨터수리 대행업체이다. 이 기업은 현금 또는 외상으로 수리업무를 수행한다. 수리업무를 외상으로 수행하였을 경우에는 청구서를 발송하고 이를 장부에 기록하며, 청구금액의 회수는 청구서 발송일로부터 30일 이내에 이루어진다. 이 기업이 사용하는 계정들은 다음과 같다.

> 현금, 매출채권, 기계장치, 매입채무, 광고비, 지급임차료, 용역매출(수수료수익), 미지급비용, 급여, 미지급배당금

6월중의 거래는 다음과 같다.

6월 1일 : 우럭상사에 수리용역을 제공해 주고, 수리대금 ₩1,300,000에 대한 청구서를 발행했다.

2일 : 6월분 임차료 ₩700,000을 현금으로 지급했다.

3일 : 내용연수가 10년으로 추정되는 기계장치를 구입하고, 현금 ₩1,200,000을 지급했다.

10일 : 놀래미상사에 수리업무를 수행해 주고 현금 ₩380,000을 받았다.

15일 : 남해신문사로부터 6월 12일자 신문광고비 ₩250,000을 30일 이내에 지급해 달라는 청구서를 받았다.

20일 : 6월 1일 우럭상사에 청구했던 금액을 전액 현금으로 회수했다.

30일 : 6월분 급여 ₩3,300,000을 현금으로 지급했다.

〈요구사항〉

위의 각 거래를 분개하고, 각 분개의 하단에 간단히 거래내용을 기입하시오.

6. 계정기입과 거래의 추정

다음 각 계정의 기입내용을 보고 발생한 거래를 추정해 보시오.

현 금	
(1) 10,000	(2) 20,000
(4) 15,000	(3) 20,000

토 지	
(3) 50,000	

재고자산	
(2) 60,000	(4) 10,000

미지급금	
	(3) 30,000

매 출	
	(4) 15,000

자본금	
	(1) 10,000

매출원가	
(4) 10,000	

매입채무	
	(2) 40,000

7. 시산표

시산표는 무엇인가? 시산표를 작성하는 이유는 무엇인가? 시산표가 없어도 되는가?

8. 전기 및 시산표의 작성

사활병원(주)는 다음 항목명의 T자형 계정을 설정하고 있다.

> 당좌예금, 매출채권, 의료장비, 사무용비품, 미지급금, 자본금, 배당금, 용역매출(진료수익), 급여, 임차료

위 T자형 계정에 다음의 거래들을 기입하고, 거래를 구별할 수 있도록 각 기록에 번호를 부여하시오. 그리고 시산표를 작성하여 차변과 대변 금액의 총액이 일치함을 보이시오.

(1) 12월 1일자로 병원을 설립하고, 출자된 납입금 ₩10,000,000을 오목은행에 병원명의로 개설된 당좌예금계좌에 입금했다.

(2) 12월분 임차료 ₩500,000을 당좌수표를 발행하여 지급했다.

(3) 흑백상사(주)로부터 사무용비품 ₩3,400,000을 외상으로 구입했다.

(4) 불계상사(주)로부터 의료장비를 구입하고, 구입대금 ₩700,000에 대하여 수표를 발행했다.

(5) 이미생 고객에게 진찰료 ₩4,800,000을 청구하고, 이를 장부에 기록했다.

(6) 직원의 급여 ₩850,000을 수표를 발행하여 지급했다.

(7) 거래 (3)에서 발행한 비품의 외상매입액 중에서 ₩1,200,000을 수표를 발행하여 지급했다.

(8) 거래 (5)의 고객에게 청구한 진찰료 중에서 ₩2,800,000을 현금으로 회수하여 당좌예금계좌에 입금했다.

(9) 배당금으로 ₩1,200,000을 수표를 발행하여 주주에게 지급했다.

9. 재무제표의 작성

다음은 A와 B가 자금을 투자하여 설립한 프런티어(주)의 20×4년 12월 31일 현재 원장의 계정잔액이다. 20×4년 12월 31일 현재 재무상태표와 20×4년 1년간의 손익계산서를 작성하시오.

현금	₩1,000,000	매출	₩60,000,000
예금	19,000,000	매출원가	35,000,000
차입금	40,000,000	인건비	10,000,000
기계	100,000,000	임차료	5,000,000
A-자본금	30,000,000		
B-자본금	70,000,000		
제품	30,000,000		

10. 회계순환과정

회계순환과정(accounting cycle)에 대하여 설명하시오. 회계순환과정 중에서 전산화가 가장 어려운 과정은 어느 단계인가?

11. 수정분개

수정분개를 하는 목적은 무엇인가? 발생기준 회계와 관련해서 답하시오. 수정분개의 예를 다섯 가지만 열거해 보시오.

12. 수정분개의 해석

삼성디자인(주)는 7월 1일에 소모품을 ₩100,000 현금으로 구입했다. 보고기말인 12월 31일에 소모품 재고액을 조사하니 아직 ₩70,000이 남아 있음을 발견했다. 소모품 구입 시에 아래와 같이 회계처리했다면 보고기간말에 삼성디자인(주)가 행해야 할 수정분개를 하시오. 이렇게 분개하는 이유는 무엇인가?

(1) (차) 소 모 품	100,000	(대) 현	금	100,000
(2) (차) 소 모 품 비	100,000	(대) 현	금	100,000

CHAPTER 4

영업활동과 관련된 회계정보

제 1 절 영업활동과 운전자본

제 2 절 영업활동과 관련된 자산과 부채

제 3 절 기업성과를 나타내는 회계정보

제 1 절 영업활동과 운전자본

회사는 사업목적을 달성하기 위해서 영업의 직접 대상이 되는 재화나 용역을 생산 또는 구입하여 소비자에게 제공하는 영업활동을 수행한다. 물론 이런 재화나 용역을 생산하기 위해서는 설비 혹은 투자자산이 필요하며, 이러한 자산의 구입과 유지를 위해 기업은 채권자와 주주로부터 재무적 자원을 조달한다.

1. 기업의 경영활동과 관련된 자원

회계에서는 기업의 경영활동을 [그림 4-1]과 같이 영업활동, 투자활동, 재무활동으로 분류한다.

영업활동(operating activities)이란 기업의 주요 사업목적인 재화나 용역의 생산과 판매를 통한 수익창출활동을 의미한다. 예를 들면, 백화점은 여러 가지 상품들을 판매해서 매출수익을 얻게 되는데, 이러한 영업활동을 위해서 상품을 구입하고 많은 판매종업원을 고용하여 급여를 지급한다. 항공운수업의 경우에는 비행기로 여객과 화물을 수송하여 운임이라는 수익을 얻게 되고, 이러한 수익창출을 위해 사용되는 비행기 연료와 승무원 급여 등의 비용이 지출된다. 자동차 제조 · 판매업의 경우에는 자동차를 판매하여 수익을 얻고, 이 과정에서 자동차의 생산원가가 발생할 것이다. 엔씨소프트는 리니지나 길드워 등의 게임을 제공하여 수익을 얻을 것이고, 수익을 얻기 위해 온라인으로 게임을 운용하는 데 비용이 들어갈 것이다.

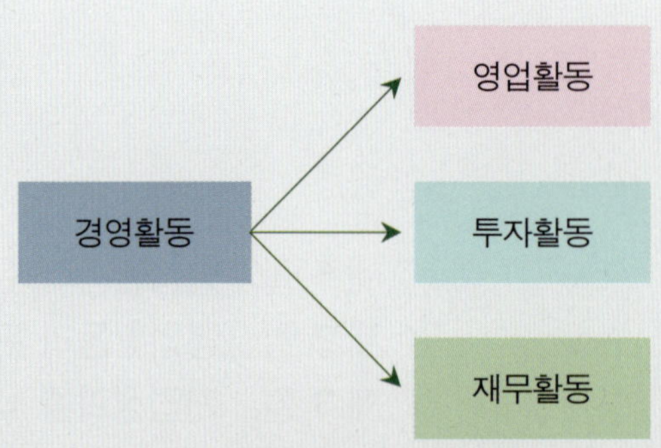

[그림 4-1] 기업의 경영활동

영업활동과 관련된 대표적인 자산으로는 매출채권과 재고자산을 들 수 있다. 매출채권은 기업이 외상으로 재화나 용역을 판매할 때 발생하는 채권이고, 재고자산은 기업이 판매를 목적으로 취득 또는 생산하는 자산을 의미한다.

한편, 투자활동(investing activities)은 영업활동과 관련된 자산을 제외한 나머지 자산의 취득과 처분 활동을 의미한다. 예를 들면, 기계장치나 건물의 취득이나 처분, 여유자금으로 주식이나 사채를 취득하는 활동, 또는 다른 기업을 합병하는 활동들이 투자활동이다.

마지막으로 재무활동(financing activities)이란 영업 및 투자 활동에 필요한 자금을 조달하거나 부채를 상환하는 활동을 말한다. 장단기 차입금과 회사채의 발행과 상환, 자본금의 조달, 그리고 배당금의 지급 등이 기본적인 재무활동이다.

(1) 영업활동과 관련된 자산과 부채

영업활동의 직접 대상이 되는 자산 중에서 대표적인 것이 재고자산인데, 재고자산은 기업이 속한 업종에 따라 그 종류가 다르다.

학교 앞의 문방구는 공책과 필기구를 준비해야 하고, 책방은 책을 사다 두어야 하며, 분식집은 김밥을 만들거나 국수를 만들어야 한다. 통신기기제조회사는 통신기기의 제조에 필요한 부품을 구입하여 제품을 만들어 판매한다. 또한 시내의 큰 백화점은 많은 종류의 상품들을 진열해 놓아야 하고, 가전제품회사는 TV나 냉장고 등을 만들고, 자동차회사는 자동차를 생산해야 한다. 이와 같이 기업이 영업을 하기 위해서는 고객에게 판매할 목적으로 자산을 보유하게 되는데, 이러한 자산을 재고자산(inventory)이라고 한다. 그런데 기업에 따라서는 재고자산이 없을 수도 있다. 예를 들어 은행은 돈을 빌려주고 이자수익을 얻는 영업활동을 하므로 재고자산이 없다. 포털사이트를 운용하는 기업, 온라인 게임회사, 회계법인과 같은 영업을 하는 기업들도 재고자산이 없을 것이다.

영업활동의 대상이 되는 중요한 자산으로서 재고자산 외에 매출채권이 있다. 매출채권(accounts receivable)이란 상품을 외상으로 판매하여 발생하는 '돈을 받을 수

있는 권리'를 말한다. 매출채권으로는 외상매출금과 받을어음이 있다. 외상매출금은 상품을 외상으로 판매하여 발생하는 채권이고, 상품을 판매하고 약속어음을 받거나 외상매출금의 상환일에 거래처가 자금사정이 좋지 못하여 돈 대신 약속어음을 받는 경우에 이를 받을어음이라고 한다. 이러한 매출채권은 재고자산을 판매했지만 아직 돈을 받지 않았으므로 기업의 자금이 영업활동에 묶여 있는 상태의 자산이라고 볼 수 있다. 재고자산이나 매출채권은 대부분 1년 안에 판매되거나 현금으로 회수되므로 유동자산에 속한다.

반대로 상품이나 원재료를 외상으로 매입하면 '돈을 지급해야 할 의무'를 뜻하는 매입채무(accounts payable)라는 부채가 발생하며, 여기에는 위의 외상매출금과 받을어음에 상응하는 외상매입금과 지급어음이 있다. 상품을 외상으로 구입하면 외상매입금이란 부채가 발생한다. 그리고 재고자산을 매입하고 상대방에게 어음을 발행해 주거나 외상매입금 지급기일에 자금사정이 좋지 못해서 어음을 줄 수가 있는데, 이를 지급어음이라고 한다. 외상매입금이나 지급어음 모두 일반적으로 1년 이내에 현금으로 상환해야 하므로 유동부채로 분류한다.

(2) 투자활동과 관련된 자산

제품을 만들어 판매하는 경우 이를 위해 건물과 진열장이 필요하다. 세탁소와 같은 용역업은 세탁소라는 영업장이 필요하고 세탁기와 다리미가 있어야 한다. 자동차 제조기업은 넓은 토지와 건물 그리고 수많은 기계장치가 있어야 자동차를 생산할 수 있다. 이렇게 영업활동을

산책로 양계장의 닭

양계장에는 두 종류의 닭이 있다고 할 수 있다. 암탉과 수탉이 아니라 고기로 파는 닭과 달걀을 낳는 닭의 두 종류이다. 회계적으로 말하면 고기로 파는 닭은 재고자산이나, 달걀을 낳는 닭은 생산설비로 분류되는 유형자산(생물자산)이다. 따라서 고기용 닭을 팔면 매출로 분류하지만 달걀을 낳던 묵은 닭을 팔면 이것은 매출이 아니라 유형자산의 처분이 된다.

재고자산과 유형자산을 단순하게 비교하면, 재고자산은 팔 물건이고 유형자산은 사용하고 있지만 판매목적으로 가지고 있지는 않은 물건이다. 같은 물건이라도 용도에 따라 재고자산이나 유형자산이 될 수 있는 것이다. 가구회사가 판매를 위해 가지고 있는 가구는 재고자산이지만 일반사무실에서 사용하는 가구는 유형자산이다.

지원하기 위해 기본적으로 투자되어야 하는 자산을 투자활동 관련 자산이라 부른다.

이러한 자산은 다시 유형자산과 무형자산으로 나눌 수 있다. 둘 다 영업활동을 지원하기 위한 자산이지만 유형자산(property, plant, and equipment)은 물리적 형태가 있는 자산인 반면에 무형자산(intangible assets)은 물리적 형태가 없는 자산이다. 기업은 그 영업형태에 따라서 여러 종류의 유형자산을 소유하고 있다. 제조회사는 공장과 토지 및 기계시설을, 운송회사는 화물트럭이나 수송기를, 해운회사는 선박을 유형자산으로 보유하고 있다. 무형자산에는 영업권, 특허권이나 상표권과 같은 산업재산권, 개발비 등이 있다.

(3) 재무활동과 관련된 부채와 자본

영업활동의 대상이 되는 자산과 영업활동을 지원하기 위한 자산을 구입 혹은 생산하기 위해서 기업은 현금 혹은 기타의 재무적 자원을 조달해야 한다. 모든 경영자는 기업을 운용하기 위한 현금이 필요하다. 예를 들면, 재고자산을 사거나 급여를 주기 위해서 또는 사무실에 필요한 소모품을 사기 위해서도 현금이 필요하다. 따라서 기업은 조달한 자금을 앞서 설명한 재고자산과 유형자산 이외에도 현금이 필요할 때 언제든지 사용할 수 있도록 하기 위해서 여러 종류의 금융자산 형태로 운용한다. 이와 같이 자금조달 및 상환과 관련된 자원을 재무활동 관련 부채/자본이라 한다.

기업이 자금을 조달하는 방법에는 크게 두 가지가 있다. 하나는 남으로부터 자금을 빌리는 것이고, 다른 하나는 자기 자신(주주)의 자금이나 동업자의 자금을 사용하는 것이다.

첫 번째 방법인 남에게 자금을 조달하는 경우로는 은행으로부터 자금을 빌릴 수 있고, 가까이 아는 사람에게서도 돈을 빌릴 수 있으며, 일반대중으로부터도 돈을 차입할 수 있다. 이렇게 다른 사람들로부터 돈을 빌리는 것을 보통 '빚'이라고 하는데, 회계에서는 이를 부채 또는 타인자본이라고 한다.

두 번째 방법은 기업의 소유주가 자신의 자금을 투자하는 경우인데, 이렇게 마련된 자금을 자본 또는 자기자본이라고 한다. 예를 들면, 기업을 설립하기 위하여 사업을 시작하는 사람이 처음에 10억원을 투자했다고 하면 이 10억원이 바로 자본이다.

2. 기업의 영업활동과 영업주기

회사의 영업활동이란 회사가 보유하고 있는 현금을 주고 원재료를 구입하여 제품을 생산한 후 판매하여 현금을 벌어들이는 활동으로 요약된다. 이와 같이 기업이 현금으로 영업을 시작하여 여러 가지 활동을 통해 다시 현금을 벌어들이기까지의 연속적인 과정을 영업주기(operating cycle)라고 한다.

[그림 4-2]는 도·소매업에 종사하는 기업의 영업주기를 단순하게 그린 것이다. 기업은 현금으로 상품을 구입하여 소비자에게 판매하고 현금을 받는다. 이 과정이 영업주기이다. 만일 외상으로 판매했다고 하면 외상매출금의 회수가 이루어지기까지의 시간이 추가되어 영업주기가 될 것이다. 제조기업의 경우에는 제품의 생산과정이 추가되므로 다소 시간이 더 걸리고 복잡하기는 하지만 현금에서 다시 현금으로 변화하는 과정에는 차이가 없다.

음식업과 건설업의 영업주기를 비교해 보자. 음식업의 경우 아침에 돈을 가지고 시장에 가서 음식재료를 사다가 준비한 뒤에 점심 또는 저녁 때 손님에게 주문을 받아 음식을 제공하고 그 손님이 음식 값을 치르고 가면 영업주기가 완성되기 때문에 그 주기가 매우 짧다. 반면에 건설업은 공사를 수주하여 필요한 자재를 구입하고 오랜 기간에 걸쳐 공사를 완성한 후 최종 대금을 지급받기 때문에 그 영업주기가 비교적 길다. 예를 들어 아파트를 건설하여 입주가 완료되기까지는 3년이 걸리기도 하고, 21년산 위스키는 숙성기간만 하더라도 최소한 21년이 소요된다.

만약 영업주기가 길어지면 이익을 실현시키는 데 오랜 시간이 소요되므로 통상 1년을 주기로 보고되는 재무제표에서는 기업성과를 평가하는 데 여러 가지 회계문제가 생긴다. 재무제표상에 이익을 측정하여 보고하는 문제는 제3절에서 상세히 언급된다.

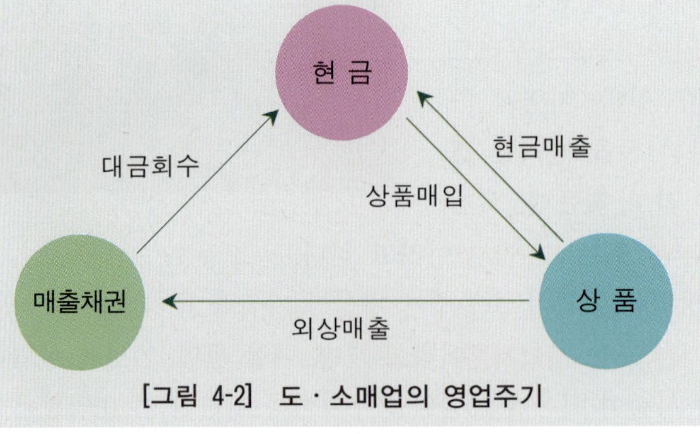

[그림 4-2] 도·소매업의 영업주기

3. 영업활동을 위해서는 운전자본이 필요하다

자산과 부채는 유동성에 따라 유동자산과 비유동자산으로 구분하여 재무상태표에 보고한다. 유동성이란 현금으로 전환되기 쉬운 정도 또는 소요되는 기간을 말한다. 유동자산(current assets)은 1년 이내 혹은 1영업주기 이내의 기간에 현금화할 수 있는 자산이다. 대표적인 유동자산으로는 현금및현금성자산, 단기금융상품, 매출채권, 그리고 재고자산 등이 있다.

영업을 하기 위해서는 운전자본이 필요하다. 운전자본은 일상적인 영업을 위해 재고자산이나 매출채권 등에 묶여 있는 자금이다. 재고자산 등의 유동자산은 외상으로도 구입할 수 있으므로 순운전자본(net working capital)은 유동자산에서 유동부채를 차감하여 계산한다.

기업은 영업활동을 위하여 현금이라는 자산을 보유하지만 현금은 가지고 있어도 그 가치가 증가하지 않는다. 즉 현금은 지갑이나 금고에 넣어 두고 10년, 20년 보관해도 그 가치가 늘어나지 않는다. 오히려 현금을 보유하고 있으면 도난이나 분실 또는 부정의 대상이 되기 십상이다. 따라서 기업으로서는 최소한의 현금을 제외하고는 다른 형태로 보관 또는 운용하는 것이 유리하다. 한 예로 은행에 예금을 할 수 있다. 예금을 하면 현금이 안전하게 보관도 되고 또 맡긴 돈에 대한 이자도 받을 수 있다.

만약 기업에 자금이 여유가 있고 예금이자율이 낮을 때에는 은행에 예금하는 것보다 다른 회사가 발행한 주식이나 사채와 같은 금융자산에 투자하는 것이 유리할 수 있다. 금융자산은 쉽게 팔 수 있어서 언제나 필요할 때 현금으로 바꾸기 쉬운, 즉 유동성이 높은 자산이다. 기업의 자금담당자는 금융자산의 가격이 낮을 때 사고 가격이 높을 때 내다 팔 수 있다. 대체적으로 현금으로 보유하거나 낮은 이자율로 예금했을 때보다 금융자산에 투자함으로써 자금의 수익률은 높일 수 있되, 현금이나 예금보다는 유동성이 상대적으로 떨어지게 된다. 운전자본을 어떤 형태로, 또 얼마나 많이 보유하느냐는 회사의 장단기 자금수요 및 운용수익률을 고려하여 경영자가 결정할 사항이다.

제2절 영업활동과 관련된 자산과 부채

제1절에서는 기업활동과 관련하여 여러 유형의 자산을 알아보았다. 본절에서는 이러한 자산 중 영업활동의 대상이 되는 자산만을 좀더 구체적으로 설명하고자 한다. 투자활동 관련 자산은 제5장에서, 재무활동 관련 자산은 제6장에서 상세히 설명할 것이다.

1. 외상으로 판매하면 매출채권이 생긴다

고객에게 상품이나 제품 또는 서비스를 외상으로 판매하고 아직 받지 못한 외상대금은 매출채권으로 분류된다. 그래서 매출채권(accounts receivable)이란 상품이나 서비스를 제공했으나 현금을 받지 않고 외상으로 거래하여 앞으로 대금을 받을 권리를 나타내는 계정이다.[1)]

재무제표상의 매출채권은 실제 현금으로 받을 수 있는 금액, 즉 순실현가능가치(net realizable value)로 표시해야 한다. 왜냐하면 장부에 기록된 매출채권이 실제로 현금으로 받을 수 있는 금액보다 더 크다면 자산이 과대계상되기 때문이다. 예를 들어 상품 1천만원어치를 외상으로 판매했는데, 이 중 9백만원만 회수가능하다고 판단되면 매출채권은 1천만원이 아닌 9백만원으로 표시해야 한다. 즉 매출채권의

더 알아봅시다 매출채권회전율

$$\text{매출채권회전율} = \frac{\text{매출액}}{\text{평균매출채권}}$$

매출채권회전율(accounts receivable turnover ratio)이란 매출채권에 대한 투자효율성을 나타내는 지표로서, 매출채권이 현금화되는 속도를 나타낸다. 만약 연간 매출액이 360만원인데 매출채권 평균잔액이 60만원이었다면, 연간(360일 기준) 6회전(1회전 회수기일은 60일)이었을 것이다. 만약 매출액은 같은데 매출채권 잔액이 30만원이었다면, 연간 12회전(1회전 회수기일은 30일)으로서 연간 6회전보다 회수기일이 절반으로 단축된다. 매출채권회전율이 높다면 매출채권 관리를 효율적으로 하고 있음을 나타낸다. 일반적으로 분모의 평균매출채권은 보고기간초의 금액과 보고기간말의 금액을 평균한 값을 이용한다.

---

1) 재고자산이 아닌 다른 자산을 처분하고 대금을 받지 않은 경우에는 매출채권이라고 하지 않고 미수금이라고 한다.

금액을 1백만원 하향 조정하고 동시에 이 금액을 비용으로 처리해야 하는데, 이를 대손상각비(bad debts expense)라고 한다.

여기에서 유의할 점은 원칙적으로 대손상각이라는 비용은 실제로 매출채권을 받지 못하는 것으로 확정되는 때 기록하지 않고, 보고기간말에 매출채권 잔액 중 과거의 경험에 비추어 받을 수 없을 것으로 예상되는 금액을 사전에 추정하여 비용으로 기록한다는 것이다. 이는 거래처가 도산하거나 재무상태가 불량해져서 외상대금을 갚을 수가 없는 경우가 발생하기 때문이다. 이는 본장의 제3절에 기술되어 있는 수익 · 비용의 대응원칙(matching principle), 즉 비용은 현금이 지출된 기간에 인식하는 것이 아니고 관련 수익을 창출하는 데 기여했다고 인정되는 기간에 인식되어야 하는 개념과 상관이 있다.

2. 외상으로 구입하면 매입채무가 생긴다

영업활동으로 인하여 발생하는 부채로서 대표적인 것으로는 매입채무, 선수금, 미지급비용 등이 있다. 기업은 종종 판매를 위한 상품을 구입하거나 제품생산에 필요한 원재료를 외상으로 구입하고 그 구입대금을 몇 달 후에 지급한다. 이 경우 아직 지급되지 않은 구입대금을 매입채무라고 한다. 즉 매입채무란 회사의 영업에 사용될 상품이나 원재료를 구입하고 대금을 아직 지급하지 않은 부채를 말한다.[2)]

더 알아봅시다 **코스피 시가총액 상위 5개사의 매출채권회전율은 9.04회**

기업 매출채권의 건전성이 문제시되고 있는 가운데 코스피 시가총액 상위 5개사의 매출채권회전율은 전반적으로 우수한 것으로 나타났다. 그러나 종목별로 회전율의 편차가 큰 경우도 있었다. 코스피 시가총액 상위 5개사(삼성전자 · 현대차 · 현대모비스 · SK하이닉스 · POSCO)와 코스닥 시가총액 상위 5개사(셀트리온 · 서울반도체 · 파라다이스 · CJ오쇼핑 · 쌍용건설)의 매출채권회전율을 분석한 결과 평균 매출채권회전율이 각각 9.04회와 8.7회로 조사됐다. 코스피 시가총액 상위사 중에서는 현대차가 17.85회로 가장 높은 매출채권회전율을 보였다. 삼성전자(8.85회), SK하이닉스(7.06회), 현대모비스(6.59회), POSCO(5.1회)가 뒤를 이었다. 코스닥사의 경우 대장주 셀트리온이 0.75회로 회전율이 가장 저조한 것으로 나타났다. 파라다이스가 27.62회로 가장 높았고, CJ오쇼핑 7.48회, 서울반도체 4.62회, 쌍용건설이 3.05회로 집계됐다. (아시아경제신문 수정요약)

2) 회사에서 주된 영업활동과 관련이 없는 자산을 취득하고 대금을 주지 않은 경우에는 매입채무라고 하지 않고 미지급금이라고 한다. 어떤 자산을 구입하느냐에 따라서 계정과목 용어를 다르게 사용하고 있다.

영업활동 관련 유동부채에는 이 외에도 선수금, 미지급비용 등이 있다. 선수금은 상품이나 제품 등이 판매되기 이전에 대금의 일부를 미리 받은 금액을 말한다. 선수금은 나중에 상품이나 제품 등을 제공해야 할 의무를 발생시키기 때문에 부채로 계상된다. 또한 전기·수도료 등의 비용을 한두 달 후에 납부하는 것을 흔히 보게 되는데, 이 경우 미지급비용의 계정이 사용된다. 즉, 미지급비용은 영업활동에서 발생한 비용 중에서 아직 지급하지 않은 비용으로서 부채에 해당한다.

3. 판매나 생산을 위해 보유하는 재고자산

재고자산(inventory)이란 기업의 정상적인 영업활동과정에서 판매를 목적으로 보유하는 상품이나 제품, 생산활동을 위하여 가지고 있는 원재료, 또는 생산이 진행중인 자산(재공품)을 말한다.

(1) 재고자산의 유형

재고자산은 기업이 어떤 종류의 영업을 하느냐에 따라 다르다. 회계법인, 학원 등의 서비스업은 무형의 용역을 제공하는 회사로서 서비스가 바로 영업의 대상이기 때문에 별도의 재고자산을 보유하고 있지 않다. 그러나 재화를 구입하여 이를 다시

산책로 **약속어음과 전자어음**

약속어음(promissory notes)이란 물건을 사면서 특정기일에 일정한 금액을 지급하기로 약속한 증서를 말한다. 어음은 수표와 함께 대금의 지급수단으로 많이 이용되고 있다. 일반적으로 어음은 그 상환기일이 2개월에서 6개월까지로 정해지는데, 그 사이에 현금화하고 싶으면 금융기관을 통해 액면금액의 일정비율을 할인료로 지급하고 현금으로 전환(할인)할 수 있다. 그러나 어음을 발행한 회사의 신용이 나쁘면 할인받기가 어렵고, 부도도 발생할 수 있기 때문에 어음을 받을 때에는 발행회사의 신용상태를 점검할 필요가 있다.

최근에는 종이 약속어음 대신 전자어음이 많이 사용된다. 전자어음(electronic notes)은 전산시스템 내에서만 유통되고 보관하기 때문에 위조가 원칙적으로 불가능하고 분실의 위험도 없는 데다 모든 거래가 실명으로 이루어져 회계투명성이 확보된다는 장점이 있다. 정부는 최근 (2021년 6월) 발표에서 어음결제기간 장기화와 연쇄부도의 위험을 줄이기 위해 2023년 이후 종이어음을 폐지하고 전자어음 이용을 의무화할 것임을 밝혔다.

판매하는 백화점이나 문방구와 같은 기업은 영업활동의 대상이 되는 재고자산을 가지고 있는데, 이를 상품이라고 한다. 한편, 재화를 제조하여 판매하는 제조업에도 원재료, 재공품, 제품 등의 서로 다른 재고자산이 있다. 〈표 4-1〉에 몇 가지 종류의 기업을 예로 들고 이들 기업의 재고자산을 보여주고 있다.

재고자산은 판매되기 전에는 재무상태표에 유동자산으로 표시되지만 일단 팔리고 나면 손익계산서상에 매출액에 대응하는 매출원가라는 비용으로 표시됨과 동시에 자산으로서의 생명은 다하게 된다.

〈표 4-1〉 기업의 종류와 재고자산

기업의 종류	재고자산
회계법인	감사 및 회계서비스는 보관할 수 없으므로 재고자산이 없다.
학 원	강의서비스라는 용역이 제공되므로 유형의 재고자산은 없다.
은 행	유형의 재고자산은 없다.
백화점	여러 가지 판매용 상품
자동차제조회사	차체, 타이어, 시트, 완성된 자동차

(2) 재고자산과 매출원가

도소매업에서 매출원가(cost of goods sold)란 매출된 상품의 취득원가를 말한다. 예를 들어 어떤 상품을 700원에 매입하여 1,000원에 팔았다면, 그 상품의 매출원가는 700원이 될 것이다. 매출원가는 당기의 수익(1,000원)에 대응시켜 손익계산서에 당기비용(700원)으로 보고한다. 그런데 대량의 재고자산이 매입되고 판매되는 경우에는 매출원가를 개별적으로 파악하기 어렵다. 따라서 많은 기업은 매출원가를 개별적으로 파악하는 대신 다음과 같은 방법으로 보고기말에 일시에 매출원가를 산정할 수 있다.[3]

3) 하지만 정보기술과 컴퓨터의 발달로 웬만한 기업들은 대부분 매출과 동시에 해당상품의 매출원가가 얼마인지 자동으로 파악되고 기록된다. 이 경우에는 보고기말까지 기다리지 않아도 매출시점에 바로바로 매출원가를 알 수 있다.

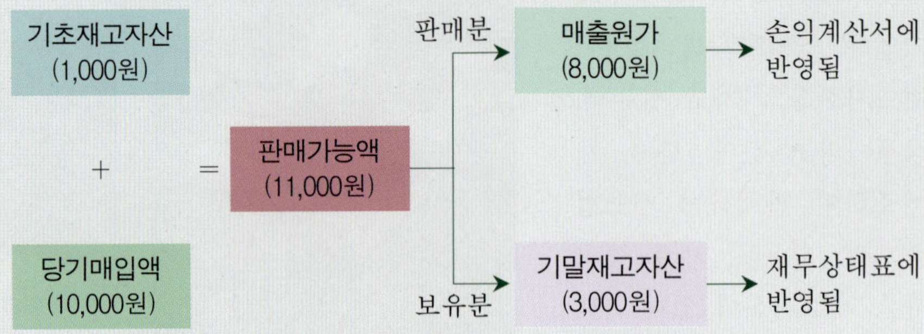

[그림 4-3] 재고자산과 매출원가의 관계

매출원가 = 기초재고자산 + 당기매입액 − 기말재고자산
= 판매가능액 − 기말재고자산

기업은 재고자산의 취득금액에 적절한 이윤을 더하여 판매함으로써 이익을 얻을 수 있기 때문에 재고자산 취득원가의 정확한 계산은 매우 중요하다. [그림 4-3]은 재고자산과 매출원가의 관계를 나타내고 있다. 이 관계를 이용하여 매출원가를 산정해 보자.

그림에서와 같이 연초에 1,000원의 재고가 있었고, 1년 동안 10,000원의 상품을 매입하였다면 1년간의 판매가능액은 11,000원이다. 이 중 3,000원의 재고가 연말에

더 알아봅시다 재고자산회전율

$$재고자산회전율 = \frac{매출원가}{평균재고자산}$$

재고자산회전율(inventory turnover ratio)이란 1년에 재고자산이 몇 번 회전하느냐를 알려주는 비율로서, 매출원가를 재고자산으로 나누어 계산한다. 경영자는 이 비율을 이용하여 일정액의 매출을 달성하기 위해 어느 정도 효율적인 재고관리를 하고 있는지를 평가한다.

이 비율이 높을수록 재고자산이 효율적으로 관리되고 있음을 나타낸다. 연간 회전율이 4회라 함은 90일분(=360일/4회)의 평균재고를 보유하면서 연간 매출액을 달성했음을 의미한다. 당연히 회전율이 6회(60일분 평균재고 보유)인 기업과 비교하면 동일한 매출을 달성하는 데 30일분의 재고를 더 많이 쌓아 놓으면서 영업을 했다는 의미이다. 그만큼 재고자산에 자금이 더 묶여 있었다는 의미가 된다.

재고자산회전율이 급격히 하락하고 있거나 산업평균에 비하여 현저히 낮을 때에는 재고자산이 비효율적으로 관리되고 있을 가능성이 높다. 예를 들어 판매부진으로 재고가 쌓여 있거나 재고자산이 진부화되어 오랜 기간 동안 판매되지 않고 남아 있을 가능성이 있는 것이다.

남아 있다면 나머지 8,000원의 재고는 당기에 판매되었을 것이기 때문에, 이 금액을 당기판매액에 대응하는 매출원가로 기록한다. 즉, 매출원가는 당기의 판매가능액(=기초재고+당기매입액)에서 기말재고자산을 차감하여 산출한다.

기말재고자산의 결정과 매출원가의 산정은 서로 밀접한 관계를 갖고 있다. 매출원가는 손익계산서에서 계산되는 당기순이익을 결정하는 중요한 비용항목이므로 결국 기말재고자산의 평가는 당기순이익에 큰 영향을 미치게 된다. 한편, 재무상태표에 표시되는 기말재고자산은 다음 식과 같이 재고자산의 수량에 단가를 곱하여 계산한다.[4)]

기말재고자산 = 기말재고수량 × 기말재고단가

기말재고자산의 단가결정방법에는 평균원가법, 선입선출법, 그리고 후입선출법 등 여러 가지 방법이 있다.[5)] 단가결정방법이 여러 가지인 이유는 재고자산의 구입단가가 회계기간 동안 계속 변동하면 이 중에서 어느 것을 기말재고자산의 단가로 사용하느냐를 결정해야 하기 때문이다. 이에 대해서 제8장에서 좀더 상세하게 설명한다.

제 3 절 기업성과를 나타내는 회계정보

기업은 기본적으로 영리를 추구하는 조직이므로 기업의 성과는 궁극적으로 일정기간 동안에 얼마나 많은 이익을 거두었느냐가 중요하다. 이를 회계학적 용어로는 "올 한 해 동안에 벌어들인 이익이 얼마였다"라고 표현한다.

---

4) 기업이 기말까지 기다리지 않고 재고자산을 판매할 때마다 판매한 재고자산의 취득원가(매출원가)를 계속적으로 파악할 수 있으면, 회사에 남아 있는 재고자산 금액도 결정할 수 있을 것이다. 재고자산의 취득원가에서 매출원가를 빼면 남아 있는 재고자산 금액이 산정된다. 그렇지만 판매시에 판매한 재고자산의 원가를 파악하기 어려운 경우에는 회계기말에 기말재고자산의 금액을 결정해야 하는데, 만일 한 회계기간 동안 취득한 재고자산의 금액(예, 단가)이 기간에 따라서 변동했다면 기말재고자산의 단가를 체계적으로 결정해야 한다.

5) 국제회계기준에서는 재고자산평가방법으로 후입선출법의 사용을 허용하지 않고 있다.

1. 기업성과를 나타내는 이익의 구분

회계에서는 기업의 재무적 성과(financial performance)를 당기순이익(net profit)으로 측정한다. 당기순이익이 크면 기업성과가 양호하다고 평가하고 반대로 적거나 손실이 발생하면 기업성과가 좋지 않은 것으로 판단한다.

손익계산서는 기업이 일정기간 동안 얼마를 벌고 얼마를 썼는가, 즉 당기순이익에 관한 정보를 제공한다. 그런데 수익, 비용 및 이익의 관계는 다음과 같이 단순한 등식으로 표시할 수 있다.

수 익 − 비 용 = 이 익

여기에서 수익(revenue)이란 고객에게 재화를 판매하거나 용역을 제공하고 그 대가로 받게 되는 금액인 매출액과 기타의 활동에서 벌어들인 수익액을 합한 금액을 말한다. 비용(expense)이란 이러한 수익을 창출하기 위하여 기업이 소비하거나 희생시킨 경제적 자원의 가치를 총칭한다. 수익창출을 위해 사용한 자원의 예로는 판매된 재화의 취득원가(매출원가), 종업원의 급여, 건물임차료, 금융비용 등이 포함된다.

그런데 여기에서 어떠한 유형의 수익과 비용을 이익계산에 포함시키느냐에 따라 이익의 개념이 달라질 수 있다. 우리가 흔히 얘기하는 이익은 많은 경우 당기순이익을 지칭하지만, 회계에서는 이익의 개념을 [그림 4-4]와 같이 보다 세분화하여 다단계식(multiple-step format)으로 손익계산서에 표시하고 있다. 즉, 수익과 비용을 그 발생원천에 따라 구분한 후 그 발생원천이 서로 비슷한 유형의 수익과 비용을 단계별로 상호 대응시키는 방법으로 몇 가지 개념의 이익을 산출하여 보고한다.

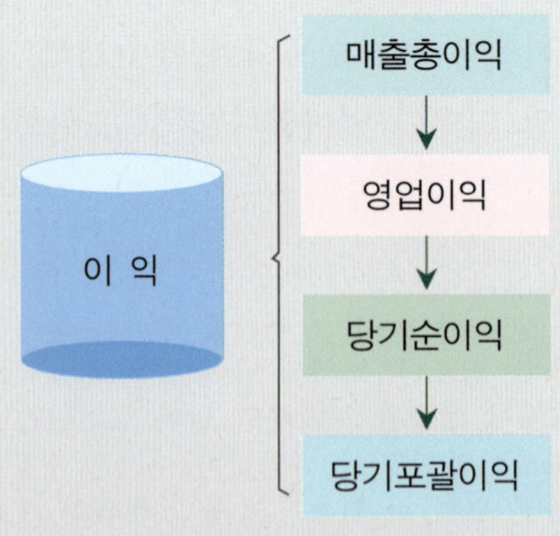

[그림 4-4] 이익의 종류

구체적으로 기업의 가장 중심적인 수익인 매출액에 그 매출액을 벌기 위하여 직접적으로 소비된 매출원가를 대응시켜 매출총이익(gross profit)을 계산하고, 이로부터 다시 매출을 얻기 위해 소비된 판매비와 관리비를 차감함으로써 영업이익(operating profit)을 산출한다.[6] 이렇게 산출한 영업이익에서 영업활동과 직접적인 관련이 없으나 일상적으로 발생하는 금융수익과 금융비용을 각각 가감하고 기타의 수익과 비용을 추가하면 법인세비용차감전순이익이 산출된다. 이 금액에서 최종적으로 법인세비용을 차감하면 당기순이익이 산출된다. 수익과 비용은 아니지만 기업의 순자산(자본)에 변동을 주는 금액 등을 당기순이익에 가감하면 당기포괄이익이 계산된다. 좀더 상세하게 살펴보자.

(1) 매출총이익

매출총이익(gross profit)은 매출액에서 매출원가를 차감하여 계산한다. 수익 중에서 매출액은 기업의 중심적인 영업활동인 매출활동을 통하여 재화를 판매하거나 용역을 제공하고 그 대가로서 받는 수익을 말한다. 통신기기 판매점의 경우 통신기기의 판매액을 매출액으로 보고한다. 자동차의 제조・판매회사는 자동차 판매액을, 백화점은 상품판매액을, 운송회사는 승객 혹은 화물의 운송수입을, 그리고 놀이동산에서는 입장료를 각각 매출액으로 보고할 것이다.

매출원가는 당기에 매출된 제품의 제조원가(상품매매업은 취득원가)를 말하는데, 만약 제품이 판매되어 당기의 매출액으로 보고하였다면 판매된 제품의 제조원가를 당기의 매출원가로 보고한다.

더 알아봅시다 매출총이익률

$$\text{매출총이익률} = \frac{\text{매출총이익}}{\text{매출액}}$$

매출총이익률(gross margin ratio)이란 매출액에서 판매상품의 취득원가(매출원가)를 차감하고 남는 이익의 비율로서, 영업 관련 일반관리비나 판매비를 공제하기 전에 확보된 이익률을 말한다.

매출총이익률은 업종 유형에 따라 크게 다르다. 화장품이나 귀금속의 경우 매출총이익률은 매우 높지만 대량생산이 가능한 저가 공산품의 경우에는 상대적으로 낮다. 같은 제품이라 하더라도 판매유통망이나 소매점의 유형에 따라 매출총이익이 달라지기도 한다. 동일한 음료수 제품을 판매하더라도 편의점의 매출총이익률은 대형할인점의 매출총이익률보다 훨씬 높다.

---

6) 국제회계기준(IFRS)에서는 영업이익의 보고를 강제화하고 있지는 않다. 그러나 한국채택국제회계기준(K-IFRS)에서는 영업이익을 포괄손익계산서 본문에 표시할 것을 의무화하고 영업이익 산정기준을 주석에 보고하도록 하였다.

예를 들어 편의점에서 어떤 음료수를 600원에 구입하여 1,000원을 받고 고객에게 판매하였다면 600원이 매출원가이다. 그리고 매출총이익은 매출액 1,000원에서 매출원가 600원을 차감한 400원이다. 매출총이익을 매출액으로 나눈 재무비율을 매출총이익률이라고 한다. 편의점의 예에서는 매출총이익(400원)÷매출액(1,000원)=40%이다. 이때 매출총이익률 40%(=400/1,000)는 물건의 구입원가(직접비)를 제외하고 난 후 다른 영업비용 및 정상이윤을 보전하는 데 사용될 수 있는 여유(margin)를 나타내는 개념이다. 매출총이익률(즉, 마진)이 크면 클수록 일정 영업비용을 사용하고도 순이익을 많이 확보할 수 있는 여유를 갖는 셈이다.

한편 서비스기업은 별도로 매출원가가 없으므로 매출총이익을 산출할 수 없다. 예를 들어 은행과 같은 경우에는 총수익(매출액)은 이자수익과 금융서비스의 수수료이지만 매출원가는 없을 것이다. 마찬가지로 법률사무소나 회계법인의 경우에도 매출총이익을 구할 수 없다. 이와 같은 서비스업에 종사하는 기업은 총수익에서 다음에 설명하는 판매비와 관리비를 차감하여 영업이익을 공시한다. 즉, 손익계산서에서 매출총이익이 나타나지 않고 영업이익, 당기순이익, 그리고 당기포괄이익이 공시된다.

(2) 영업이익

영업이익(operating profit)은 그 기업의 일상적이면서도 중심적인 영업활동과정에서 발생하는 이익을 말한다. 통상적으로 매출총이익에서 판매비와 관리비 같은 영업비용을 차감하여 계산한다.

더 알아봅시다 영업이익을 재무분석가들이 자주 쓰는 이유

$$영업이익률 = \frac{영업이익}{매출액}$$

영업이익률(operating profit ratio)이란 영업이익을 매출액으로 나눈 비율이다. 재무분석가들은 미래에 그 기업의 이익창출능력을 예측하는 데 있어서 당기순이익이나 포괄이익보다도 영업이익을 더 선호한다. 그 이유는 다음과 같다.

첫째, 그 기업의 가장 중심적인 영업활동과 관련하여 발생하는 이익이기 때문이다. 물론 기업의 최종이익은 주변적이면서도 부수적인 활동(예를 들면 투자자산 매각이익, 금융수익, 환차익 등)까지를 포함하여 결정되지만 재무분석 목적으로는 미래의 가장 핵심적인 이익창출원에 일차적 관심을 둔다.

둘째, 영업이익의 미래 지속성(persistence) 때문이다. 영업이익은 일상적으로 그리고 지속적으로 발생하는 이익이다. 불확실성이 높은 일회성 이익과는 달리 그 기업과 관련하여 계속적으로 발생하는 이익이어서 지속성이 높다.

판매비와 관리비는 매출원가와 같이 매출액의 창출에 직접적으로 소비된 원가는 아니지만 매출 및 영업활동을 수행하기 위해 소요된 원가를 말한다. 예를 들어 영업사원의 급여, 광고선전비나 판매촉진비, 혹은 사무실에서 사용하는 전기료나 사무실 임차료 등은 제품의 생산과는 직접적인 관계가 없지만 매출과 관련하여 간접적으로 소요되는 비용들이다.

영업이익률(operating profit ratio)은 영업이익을 매출액으로 나눈 비율인데, 당연히 영업이익률이 높을수록 기업 혹은 경영자의 경영성과가 양호하다는 것을 의미한다. 영업이익률은 당기순이익률 못지않게 경영자나 재무분석가들이 경영분석 목적으로 중요시하는 비율이다.

(3) 당기순이익

당기순이익(net profit)은 그 기업의 모든 경영활동과 관련하여 일정기간 동안에 발생한 순이익을 말한다. 통상적으로 영업이익에서 금융수익과 금융비용을 가감하고 기타의 모든 수익과 비용을 가감하면 당기순이익이 계산된다.

기업의 중심적인 영업활동과는 관련이 없으나 경영활동의 결과 부수적으로 발생하는 경상적인 수익으로서 가장 대표적인 것은 금융기관에 예금한 금액에 대한 이자수익이나 금융상품투자수익 그리고 외환차익 등의 금융수익이 있다. 반대로 차

더 알아봅시다 주당순이익

$$\text{보통주 주당순이익} = \frac{\text{당기순이익} - \text{우선주배당금}}{\text{보통주 가중평균유통주식수}}$$

주당순이익(EPS : earnings per share)이란 당기순이익을 가중평균유통주식수(outstanding number of shares)로 나누어 계산하는데, 보통주 1주를 가지고 있는 주주에게 당기간중 귀속될 수 있는 이익의 크기를 나타낸다. 따라서 만약 3,000원의 주당순이익이 계산되었다면 1주의 보통주를 보유하고 있는 주주에게 당기의 기업이익으로 3,000원이 귀속될 수 있음을 의미한다.

물론 주당순이익 모두가 당기에 현금으로 주주에게 배당된다는 의미는 아니다. 실제 배당액은 회사의 배당정책에 따라 결정된다. 만약 배당성향이 40%라고 한다면, 1,200원은 주주에게 배당되고 나머지 1,800원은 기업 내부에 유보이익(이익잉여금)으로 남아 있게 될 것이다.

그리고 보통주 주당순이익을 계산하는 분모인 유통주식수는 한 회계기간 동안의 가중평균을 이용한다. 왜냐하면 유통주식수는 회계기간에 변동될 수 있기 때문이다. 예를 들어, 1월 1일 유통주식수가 10,000주였는데 7월 1일에 증자를 하여 유통주식수가 14,000주로 증가했고 회계기말까지 변동이 없다면 평균유통주식수는 12,000주일 것이다.

12,000주＝(10,000주×6개월/12개월)＋(14,000주×6개월/12개월)

입금 등 금융부채의 사용에 대해 지급하는 이자비용이나 외환차손 같은 금융비용이 발생한다.

기타수익은 영업활동과 관련된 매출액 그리고 금융수익을 제외한 기타의 모든 수익으로서, 사용하던 토지, 건물, 비품 등을 처분할 때 발생하는 유형자산처분이익, 보유하고 있던 다른 회사의 주식을 팔았을 때 발생하는 차익인 금융자산처분이익 또는 소유하는 타회사의 주식에서 발생하는 배당금수익, 여유시설을 임대하고 받은 임대료수익 등이 포함된다.

기타비용은 영업활동과 직접 관련이 없으나 정상적으로 발생하는 비용으로서 유형자산처분손실, 금융자산처분손실 등이 있다. 영업활동과 관련이 있는 비용은 당연히 판매비나 관리비에 포함시킴으로써 영업이익에서 차감되어야 할 것이다.

법인의 형태로 영업활동을 영위하는 기업은 한 기간 동안 벌어들인 수익에서 위에서 열거한 비용을 차감한 잔액인 이익을 근거로 국가에 세금을 납부하게 된다.[7)] 법인세법에 따라서 기업의 순이익에 기반하여 산출한 세금을 법인세비용이라고 한다. 이상에서 설명된 특정기간의 모든 수익에서 비용과 법인세비용을 차감하고 난 잔액을 당기의 순이익, 즉 당기순이익이라고 한다. 이 당기순이익은 손익계산서 맨 마지막 줄에 표시되기 때문에 최종숫자(bottom-line number)라고도 불린다.

(4) 당기포괄이익

수익에서 비용을 차감하여 당기순이익을 나타낸 재무보고서는 손익계산서(income statement)이다. 그런데 기업에 기타포괄손익 항목이 있으면 당기순이익에서 기타포괄손익을 가감하면 당기총포괄손익을 계산할 수 있다. 이처럼 당기순이익뿐 아니라 포괄손익까지를 보여주는 손익계산서를 따로 포괄손익계산서(statement of comprehensive income)라고 부른다. 포괄손익계산서는 다음의 정보를 보여준다.

당기순이익 + 기타포괄손익 = 당기총포괄손익

기타포괄손익(other comprehensive income)이란 일반적인 수익이나 비용 항목은 아니지만 자본의 모든 변동액 중 소유주와의 거래를 제외한 항목의 변동액을 말한다.

7) 손익계산서상의 이익과 법인세법상의 과세소득은 다르다. 즉, 기업회계에서 수익 또는 비용으로 보는 거래와 법인세법에서 수익(익금) 또는 비용(손금)으로 보는 거래가 다르기 때문에 법인세를 계산하는 세무조정과정에서 이를 조정해야 한다. 이에 대한 자세한 내용은 제11장에서 다룬다.

예를 들어 유형자산의 재평가잉여금변동액, 기타포괄손익-공정가치측정금융자산평가손익, 외화재무제표환산손익 등이 포함된다. 기타포괄손익 항목들은 대부분 내용이 어려워서 회계원리나 중급재무회계를 공부할 때 자세하게 설명이 된다.

기타포괄손익 항목에는 당기에 실현된(realized) 항목은 아니지만 그 기업의 가치평가에는 중요한 영향을 미치는 가치변동 금액들이 포함된다. 예를 들어 기업이 보유하고 있는 공장의 토지 평가액이 100억원 상승하였다고 한다면, 100억원의 재평가이익은 현금으로 실현된 금액은 아니지만 기업가치를 그만큼 증가시켜 주었기에 동 금액만큼 기타포괄이익(자본의 증가)으로 보고하는 것이다. 기타포괄손익 항목은 전통적인 손익계산서상의 수익과 비용 항목이 아니기 때문에 보고기간말에 그 금액을 따로 항목별로 누적시켜서 재무상태표의 자본항목 중에서 독립항목인 기타포괄손익누계액의 한 항목으로 표시된다.

(5) 손익계산서의 정보

손익계산서는 한 보고기간 동안 기업의 재무성과, 즉 이익을 공시하는 재무보고서이다. 손익계산서는 제2장에서 공부했지만 그 양식을 다시 나타내고자 한다. 〈표 4-2〉는 포괄손익계산서이다. 포괄손익계산서는 손익계산서의 마지막 숫자인 당기순이익에 기타포괄손익을 가감하여 총포괄손익까지 나타낸다.

〈표 4-2〉에서 보면 보고기간 20×1년 1월 1일부터 20×1년 12월 31일까지 A기업

〈표 4-2〉 포괄손익계산서의 기본형식

포괄손익계산서

20×1년 1월 1일부터

20×1년 12월 31일까지

회사명 : A기업	(단위 : 천원)
Ⅰ. 매 출 액	790,000
Ⅱ. 매 출 원 가	(600,000)
매출총이익	190,000
Ⅲ. 판매비와 관리비	(110,000)
영 업 이 익	80,000
Ⅳ. 금융수익(비용)과 기타수익(비용)	(20,000)
법인세비용차감전순이익	60,000
Ⅴ. 법인세비용	(20,000)
당기순이익	40,000
Ⅵ. 기타포괄손익	10,000
당기총포괄손익	50,000

의 매출액은 79만원이고 매출원가는 60만원이다. 따라서 매출총이익은 19만원으로 계상되고 매출총이익률을 계산하면 24%(=19만원/79만원)이다. 판매비와 관리비는 11만원으로서 영업이익은 8만원이다. 여기에서 주된 영업활동이 아닌 여러 가지 부수적인 활동으로 인한 손익인 금융수익과 금융비용, 기타수익과 기타비용 그리고 법인세비용을 가감하면 당기순이익 4만원이 산출된다. 여기까지가 전통적인 손익계산서의 공시내용이다.

포괄손익계산서는 당기순이익에서 기타포괄손익을 가감하여 총포괄손익의 산출과정까지 추가로 공시한다. 〈표 4-2〉에서 기타포괄이익이 1만원이고 당기총포괄이익은 5만원이다.

2. 수익과 비용은 언제 인식하는가?

당기순이익이 계산되는 방법과 원칙을 이해하기 위해서는 그 구성요소인 수익과 비용의 인식방법을 알아야 할 것이다. 여기서 '인식'이란 어느 회계기간에 해당 수익이나 비용을 기록하느냐는 말이다. 수익과 비용은 기본적으로 발생기준(accrual basis)에 따라 인식한다.

(1) 수익의 인식

재화를 판매하는 기업은 원칙적으로 고객에게 해당재화가 인도되었을 때 수익(매출

더 알아봅시다 손익계산서와 포괄손익계산서

손익계산서는 수익에서 비용을 차감하여 당기순이익을 산출하는 과정을 나타내는 재무보고서이다. 그래서 매출액에서 매출원가를 차감하여 매출총이익을 구하고, 여기에서 판매비와 관리비를 차감하여 영업이익을 계산하며, 영업이익에서 기타수익과 기타비용을 가감하여 법인세비용차감전 당기순이익을 산출하고, 여기에서 법인세비용을 빼서 당기순이익을 구하는 과정이 표시된다.

포괄손익계산서는 기업에 기타포괄손익이 있으면 작성하는 재무보고서이다. 만약 기업에 기타포괄손익이 없다면 손익계산서만 작성해도 될 것이다. 기타포괄손익이 있으면 당기순이익에서 기타포괄손익을 가감하여 총포괄손익을 구하는데, 이 재무보고서를 포괄손익계산서라고 부른다.

기업에 따라서는 매출액부터 총포괄손익까지의 과정을 포괄손익계산서 하나로 작성하기도 하고, 매출액부터 당기순이익까지를 손익계산서로 작성하고, 별도로 당기순이익에 기타포괄손익을 가감하여 총포괄손익을 산출하는 포괄손익계산서를 만들기도 한다. 따라서 포괄손익계산서는 두 가지 형태를 갖고 있다.

액)을 인식한다. 재화의 인도시점을 수익창출의 가장 중요한 사건으로 보며, 이때 수익이 "실현되었다(realized)"고 한다. 즉 회계에서는 현금이 회수되는 시점을 수익 인식 시기로 보는 현금기준(cash basis)과는 달리, 실질적으로 수익이 실현되는 시점을 기준으로 인식하는 발생기준(accrual basis)을 채택한다.

또한 용역을 제공하는 세탁소나 항공사도 현금수령 시점과는 무관하게 용역제공이 완료되는 시점에 수익이 실현되는 것으로 본다. 즉, 세탁소는 세탁을 완료하여 소비자에게 세탁물을 전달해 주는 시점에, 항공사는 티켓을 언제 발매하고 돈을 받았느냐에 관계없이 실제 고객이나 화물을 목적지까지 수송하였을 때에 비로소 수익을 인식한다. 그 이유는 수익을 창출하는 가장 중요한 활동은 영업대상이 되는 서비스를 특정 소비자에게 제공하는 행위라 보고 이 과정이 완료되어야만 수익이 실현된다고 보기 때문이다.

실현주의에 의하면 현금을 실제로 수령했는지 여부는 수익인식에 중요하지 않다. 예를 들면, 상품을 10만원에 판매하고 5만원만 현금으로 받았다고 하더라도 10만원 전액을 판매기간의 수익으로 보고한다. 현금으로 받지 못한 5만원에 대해서는 받을 권리에 해당하는 매출채권을 자산으로 계상하고 차후에 현금을 받으면 매출채권이 현금으로 바뀐 것으로만 회계처리한다.

더 알아봅시다 진행기준에 따른 수익인식

큰해양조선(주)는 20×1년 7월 1일부터 2년간 대형 해양플랜트를 건조하는 계약을 체결하고 공사를 진행하고 있다. 총계약수익은 100억원, 해양플랜트 건조를 위한 예상원가는 70억원이다. 건설원가는 20×1년에 14억원, 20×2년에 35억원, 20×3년에 21억원 지출될 것으로 예상되었고 실제로 같은 금액이 소요되었다. 진행기준에 따른 수익과 비용 그리고 이익은 다음과 같다.

	누적건설 계약원가	누적건설 계약진행률	수 익	비 용	이 익
20×1년	14억원	20%[1]	20억원[2]	14억원	6억원
20×2년	49억원	70%	50억원	35억원	15억원
20×3년	70억원	100%	30억원	21억원	9억원

1) 20×1년도 발생원가 14억원÷총예상원가 70억원=20%

2) 총계약수익 100억원×누적건설계약진행률 20%=20억원

한편 고객에게 재화가 판매 혹은 이전되기 전에 수익을 인식하는 예외가 몇 가지 존재한다. 재화나 용역을 공정가치(fair value)로 측정하도록 회계기준이 요구하는 경우이다.[8] 예를 들어, 농수산업에 종사하는 기업에서는 농산물이나 생물자원은 판매되기 이전이라도 생산원가가 아닌 공정가치로 평가한다. 쌀, 포도나무 및 포도열매, 어류 양식 등이 그 예이다. 또한 장기간이 소요되는 건설공사계약에서도 공사계약의 진행정도에 따라 그 비율만큼의 계약금액을 수익으로 인식한다.

(2) 비용의 인식

수익의 실현과 비용의 발생 사이에는 밀접한 관계가 존재한다. 왜냐하면 비용이란 수익을 실현시키기 위해서 사용한 자원의 원가를 말하기 때문이다. 비용은 관련 수익이 보고되는 기간에 대응시켜 해당기간의 비용으로 보고한다. 예를 들어 당일에 아이스크림 100개를 구입하여 80개를 판매하고 20개가 재고로 남아 다음에 판매될 예정이라면, 오늘의 수익은 아이스크림 80개의 판매가격이고 오늘의 비용은 판매한 아이스크림 80개의 구입원가이다. 즉 100개를 구입하고 전액 현금으로 구입대금을 지급하였다고 하더라도 오늘의 비용은 80개분이며, 남은 20개는 재고자산으로 처리한 후 다음 날 판매될 때 비로소 비용으로 보고되어야 한다. 따라서 비용은 현금지급액과 관계없이 관련 수익(판매액)에 대응시켜 보고한다.

이와 같이 인과관계(cause-and-effect relationship)에 근거한 비용의 인식기준을 수익·비용의 대응원칙(matching principle)이라 부른다.

산책로 현금기준이 아닌 발생기준을 채택하는 이유

회계에서는 수익과 비용의 인식기준으로서 실무적으로 적용하기 쉬운 현금기준을 이용하지 않고 왜 발생기준을 사용하는 것일까?

손익계산서는 일정기간의 기업성과에 관한 정보를 제공해 주는 재무제표이다. 기업의 성과를 제대로 측정하려면 현금기준보다는 발생기준을 적용해야 한다. 예를 들어 4월에 상품판매액이 1,000,000원이었고 현금회수액은 600,000원이었다고 하자. 그리고 5월에는 상품판매액이 800,000원이었으나 현금회수액은 4월 미수금을 포함하여 1,200,000원이었다. 어느 달의 경영성과가 더 나은 것일까? 현금기준으로 보면 5월의 영업성적이 더 나은 것으로 보고될 것이고, 발생기준으로는 4월의 영업성적이 더 양호한 것으로 손익계산서에 표시될 것이다.

언뜻 보기에나 논리적으로 생각해도 800,000원 상당액을 판매한 5월보다는 200,000원이 더 많은 1,000,000원의 상품을 매출한 4월의 영업성적이 좋다고 생각될 것이다.

---

8) 국제회계기준(IFRS)에서는 많은 경우 공정가치 측정을 허용하거나 요구하고 있다. 이는 기업의 가치가 공정가치(fair value)로 평가되도록 유도하기 위한 조치이다.

대응원칙의 다른 예를 들면, 판매원에게 8월분 급여 1백만원을 8월에 지급하지 않고 9월에 지급하였다 하더라도 8월말까지의 기간으로 손익계산서를 작성하는 경우 1백만원을 급여비용에 포함하여 보고해야 한다. 왜냐하면 판매원은 8월분의 매출을 실현시키기 위해서 8월에 근로용역을 제공한 것이므로 8월의 수익이 보고되는 기간에 대응시켜 8월의 비용으로 급여를 보고해야 하는 것이다. 즉, 회계상의 비용인식 시점과 현금지급의 시기가 반드시 일치하는 것은 아니다.

이번 장에서 배운 용어

기타포괄손익(other comprehensive income) 일반적인 수익이나 비용 항목은 아니지만 자본의 모든 변동액 중 소유주와의 거래를 제외한 항목의 변동액을 말함. 예를 들어 유형자산의 재평가잉여금변동액, 기타포괄손익-공정가치측정금융자산평가손익, 외화재무제표환산손익 등이 포함됨

매입채무(accounts payable) 상품이나 원재료를 외상매입하고 아직 갚지 않은 금액

매출원가(cost of goods sold) 매출된 상품의 취득원가로서, 당기의 매출액에 직접 대응되는 비용

매출채권(accounts receivable) 상품을 외상으로 매출하고 아직 회수되지 않은 금액으로, 받을 권리

발생기준(accrual basis) 수익은 실현주의에 의해, 비용은 대응원칙에 의해 보고하는 방법

손익계산서(income statement) 일정기간 동안 기업성과에 관한 정보를 제공하는 재무제표

수익 · 비용의 대응원칙(matching principle) 관련되는 수익이 실현되었을 때 비용을 인식하는 원칙

실현주의 원칙(realization principle) 현금을 실제로 수취했는가 여부에 관계없이 수익의 창출 과정에서 가장 중요한 업무를 사실상 완료한 시점에 수익을 인식하는 원칙

영업주기(operating cycle) 현금을 사용하여 원료나 상품을 구입하여 생산 및 판매 활동을 거쳐 다시 현금으로 회수되기까지의 기간

영업활동(operating activities) 기업의 중심적인 영업활동, 즉 사업목적에서 정한 재화나 용역의 생산 및 판매 활동과 이를 지원하는 일상적 업무활동

운전자본(working capital) 기업이 일상적인 영업활동을 수행하기 위하여 필요로 하는 자산으로, 일반적으로 유동자산을 지칭함. 순운전자본(net working capital)은 유동자산에서 유동부채를 차감하여 계산함

재고자산(inventory) 일상적인 영업과정에서 제조 혹은 판매를 목적으로 보유하는 자산

재무활동(financing activities) 재무적 자원, 즉 자금의 조달 및 상환 활동

투자활동(investment activities) 영업활동을 지원하기 위해 경제적 자원을 투자관리하는 활동으로서, 자산의 취득 및 처분을 총칭하는 활동

포괄손익(comprehensive income) 당기순이익에 기타포괄이익, 즉 수익/비용 이외의 기타 자본 변동(가치 변동)항목을 가감한 금액으로서 포괄손익계산서의 맨 하단에 표시됨

연습문제

1. 기업의 경영활동을 크게 세 가지로 분류할 수 있다. 각 활동에 대한 설명 중 틀린 것은?

① 영업활동과 관련된 대표적인 자산으로는 매출채권과 유형자산이 있다.
② 투자활동은 영업활동과 관련된 자산을 제외한 나머지 자산의 취득과 처분 활동을 의미한다.
③ 재무활동이란 영업 및 투자 활동에 필요한 자금을 조달하거나 부채를 상환하는 활동을 말한다.
④ 사옥건설에 필요한 토지를 구입하는 것은 투자활동에 속한다.

2. 영업활동과 투자활동은 구분하기가 쉽지 않다. 다음 활동 중에서 투자활동은 무엇인가?

① 자동차 판매회사에서 자동차를 판매하다.
② 과수원에서 사과를 판매하다.
③ 타이어 제조회사에서 타이어를 제조하다.
④ 사옥건설에 필요한 토지를 취득하다.

3. 다음은 상품매매업을 영위하는 성균(주)의 영업활동과 관련된 계정잔액이다. 재고자산 매입금액(cost of goods purchased)은 얼마인가?

기초재고자산	₩500,000	기말재고자산	₩600,000
매 출 원 가	400,000		

① ₩300,000　　② ₩400,000
③ ₩500,000　　④ ₩600,000

4. (주)삼선은 5월 1일에 발생한 화재로 공장건물과 재고를 모두 잃었다. 보험회사에 보상을 청구하며 정리한 자료는 다음과 같다.

- 1월 1일 재고액은 ₩3,000,000이다.
- 1월부터 4월말까지 매출액은 ₩13,000,000이다.
- 구매액은 ₩8,750,000이다.
- (주)삼선은 꾸준히 40% 매출총이익률을 기록하였다.

5월 1일 화재로 소실된 재고액은?

① ₩3,020,000　② ₩3,600,000
③ ₩3,950,000　④ ₩4,550,000

5. 다음과 같은 정보가 있다. 매출총이익률은? (단, 소수점 둘째자리에서 반올림한다)

기초재고자산	₩100,000	기말재고자산	₩200,000
당기매출액	500,000	당기매입액	400,000

① 40%　② 45%
③ 50%　④ 60%

6. 수익·비용의 인식에 관한 올바른 내용을 〈보기〉에서 모두 고른 것은?

ㄱ. 수익과 비용은 기본적으로 현금기준에 따라 인식한다.
ㄴ. 비용은 수익·비용의 대응원칙에 따라 인식한다.
ㄷ. 현금을 실제로 수령했을 때 수익을 인식한다.
ㄹ. 수익이란 재화나 용역을 제공하고 그 대가로 얻는 자산의 증가 금액을 일컫는다.

① ㄱ, ㄴ　② ㄱ, ㄹ
③ ㄴ, ㄷ　④ ㄴ, ㄹ

7. 매출채권과 매입채무에 대한 설명으로 적절한 것은?

① 매출채권이란 상품을 판매 또는 서비스를 제공하였으나 현금을 받지 않고 대신에 외상으로 거래하여 앞으로 대금을 받을 권리를 나타내는 계정이다.
② 재무제표상의 매출채권은 거래처의 신용상태와 무관하게 미래에 받을 총금액으로 표시한다.
③ 매출채권에는 외상매입금과 지급어음이 있으며, 매입채무에는 외상매출금과

받을어음이 있다.

④ 받을어음과 달리 외상매출금을 이용하여 대출을 받는 것은 불가능하다.

8. 재무상태표에서 재고자산으로 표시되지 않는 항목은?

① 부동산매매업을 하는 기업이 개발 후 분양목적으로 구입한 토지
② 금융기관이 투자자에게 판매할 목적으로 보유하는 유가증권
③ 휴대폰 판매업체가 갖고 있는 삼성전자가 최근 출시한 갤럭시노트 휴대전화
④ 청정농장에서 유정란을 생산하기 위해 기르고 있는 닭

9. 다음 중 재고자산의 비중이 가장 큰 산업은?

① 은행 ② 회계법인
③ 이동통신업 ④ 백화점

10. 다음 중 상품매매업을 영위하는 회사의 재무상태표상 유동자산에 해당하지 않는 계정과목은?

① 현금 ② 재고자산
③ 건물 ④ 외상매출금

11. 다음 중 순운전자본의 요소가 아닌 것은?

① 매출채권 ② 특허 · 상표권
③ 재고 ④ 단기투자액(주식 및 국채)

12. 강동(주)에 투자를 하고 있는 김투자 씨는 강동(주)의 주당이익을 구하고 싶다. 다음 정보를 이용하여 주당이익을 구하면 얼마인가?

- 강동(주)는 이번 회계기간에 ₩600,000의 순이익을 올렸다.
- 강동(주)의 주당 액면금액은 ₩100이다.
- 1월 1일의 자본금은 ₩1,000,000인데 7월 1일에 증자하여 자본금이 ₩1,400,000이 되었다. 회계기간은 1월 1일~12월 31일이다.

① ₩43 ② ₩50
③ ₩55 ④ ₩60

13. 포괄손익계산서에 공시되지 않는 이익은?

① 매출총이익　　② 영업이익
③ 경상이익　　④ 당기포괄이익

14. 수익의 인식에 대한 설명으로 틀린 것은?

① 일반적으로 재화나 용역의 인도시점에서 수익을 인식한다.
② 관련되는 비용이 인식되는 시점에 수익을 인식한다.
③ 상기업은 매출이 가장 대표적인 수익창출활동이다.
④ 현금이 회수되는 시기와 수익이 인식되는 시기가 반드시 일치하지는 않다.

15. 다음과 같은 정보를 이용하여 당기순이익을 구하면 얼마인가?

당기매출액	₩790,000	매 출 원 가	₩600,000
판매비와 관리비	100,000	금 융 수 익	50,000
금 융 비 용	60,000	법인세비용	10,000

① ₩50,000　　② ₩60,000
③ ₩70,000　　④ ₩80,000

해답

1. ①	2. ④	3. ③	4. ③	5. ①
6. ④	7. ①	8. ④	9. ④	10. ③
11. ②	12. ②	13. ③	14. ②	15. ③

사례연구

1. 재고자산의 구입원가

이망설 씨는 수입자동차를 취급하는 나이스 자동차회사의 사장이다. 이 회사는 최근 2대의 멋진 스포츠카를 1,500만원과 1,700만원에 수입하였다. 이 두 스포츠카는 동일한 차인데 수입가격이 다른 것은 수입시점에 따라서 환율이 달랐기 때문이다. 이망설 씨는 오늘 고객으로부터 이 스포츠카를 2,100만원에 구입하겠다는 제안을 받고 이를 팔아야 할지, 말아야 할지 고민을 하고 있다. 왜냐하면 나이스 자동차회사는 모든 수입차를 수입가격에 40%의 이윤을 붙여서 판매하는 정책을 세우고 있는데, 만약 이 스포츠카의 수입가격을 1,500만원이라고 생각하면 수입가격의 40%를 덧붙여 판매가격이 2,100만원 이상이면 판매해도 좋지만 수입가격을 1,700만원이라고 생각하면 판매가격이 최소한 2,380만원이 되어야 하기 때문이다. 지금까지의 경험에 의하면 수입가격에 40%의 이윤을 붙여서 팔지 않으면 손해가 난다고 알고 있다.

〈요구사항〉
당신이 이망설 씨라면 스포츠카를 2,100만원에 판매할 것인지 아니면 판매하지 않을 것인지 이야기해 보시오. 또 그 이유는 무엇입니까?

2. 수익은 조기에, 비용은 나중에 인식하라

순건성 씨는 굴지의 글로벌 농약회사에 재무책임자(CFO)로 근무하고 있다. 올해 국회에서는 회사가 판매하고 있는 몇 가지 품종의 제초제를 환경상의 이유로 판매금지하는 법안을 통과시켰고, 그 여파로 당년도의 회사매출이 급격히 감소하게 되었다. 이에 대응하여 회사의 연구개발팀은 기존 금지제품을 대체할 수 있는 새로운 물질의 제초제를 개발하는 데 성공하였고, 내년부터는 이를 상품화하여 판매할 준비를 갖추고 있다. 따라서 내년도 매출은 제품의 경쟁력이 더욱 보강됨으로써 과거 어느 해보다 큰 금액을 시현하리라 확신하고 있다. 즉 올해 매출과 이익 감소는 일시적임이 분명하다.

그럼에도 불구하고 사장은 올해의 이익감소는 주가를 떨어지게 하는 요인이 될 것이고 이는 회사합병(M&A)의 타깃이 될 위험을 자초할 수도 있다고 판단하고 있다. 따라서 이러한 가능성을 사전에 차단하기 위해 사장은 순건성 씨에게 연말에 결산조정을 통하여, 수익은 가능한 한 조기에 인식하고 비용은 최대한 뒤로 미루어 인식하는 회계정책을 채택하도록 요구하였다. 사장은 "우리는 올해 수익이 필요한 것이고, 이연된 비용은 내년에 이익증가로 흡수가능하다. 어떻게든 올해 주가 하락만 막으면 내년에는 정상으로 되돌아올 것이다"라고 말한다.

순건성 씨는 한동안 고민하다 사장의 이러한 회계지침을 수용하기로 결정하고 다음해 1월 중순이 지나서 전년도 12월말 결산정리 사항의 일부로서 수정분개를 통해 1월초의 수익을 장부에 반영하였다. 따라서 회사의 기업성과는 전년에 비해 크게 나빠지지 않은 것으로 보고되었다.

〈요구사항〉

(1) 재무보고에 대한 이해당사자는 누구누구인가?

(2) 사장의 요구에 대하여 회계적 관점에서 고려되어야 할 사항은 무엇인가?

(3) 순건성 씨의 결산정리 수정사항 반영은 회계기준 위반인가? 또한 비윤리적인 결정인가?

3. 신용의사결정과 재무정보

귀하는 한양은행에 근무하는 대출담당 행원이다. 인천지역에 소재하고 있는 비슷한 두 회사인 갑과 을은 전자제품 판매대리점으로서, 은행에 만기자금의 대출을 요청해왔다. 두 회사의 자산, 부채 및 자본은 모두 동일하다. 작년 한 해의 매출은 각각 4억원이었고 당기순이익은 1억원이었다. 이는 산업평균과 비슷한 수준이다.

두 회사 모두 올해의 사업전망이 꽤 좋을 것으로 낙관하고 있다. 그동안의 경기위축으로 가전제품 수요가 떨어졌으나, 올해는 전반적인 경기가 회복기로 들어섰으며 소비자 구매력도 증가할 것으로 예상하고 있다. 갑회사는 약 5개월 판매분의 재고자산을 보유하고 있으며, 현금은 약 6주간의 운영비를 지불할 정도의 수준을 보유하고 있다. 한편 을회사는 약 6주 판매분의 재고자산을 보유하고 있는 반면 현금은 앞으로 1년간의 운영비를 지불할 정도의 수준을 보유하고 있다. 두 회사 모두 앞으로 예상되는 판매에 대비하기 위하여 재고량을 확보하는 데 추가적인 자금을 사용할 예정으로 대출신청을 한 바 있다.

〈요구사항〉

귀하는 두 회사 모두에 자금대출을 허용할 예정이다. 대출이자율은 대출위험에 따라 구분하여 서로 다르게 적용할 수 있다. 이자율을 과연 다르게 적용할 필요가 있는가? 있다면 어느 회사에 높은 이자율을 적용하겠는가?

HINT (1) 대출이자율은 대출금의 회수에 따른 위험부담률에 따라 결정된다.
(2) 두 회사의 사정은 대부분 동일하다. 다른 점이 있는가? 다른 점이 있다면 이는 대출금 회수위험과 관련이 있는 부분인가?

4. 기업의 재무보고를 어떻게 이해할 것인가?

기업이 정기적으로 공시하는 사업보고서에는 감사받은 재무제표와 관련 주석이 포함되어 있다. 주석사항들은 재무제표이용자들이 재무제표상 숫자들을 좀더 잘 이해할 수 있도록 유용한 정보를 제공한다. 최근 회계연도 삼성전자의 연결재무제표와 주석이 포함되어 있는 사업보고서를 입수하여 아래 물음에 답하시오.

〈요구사항〉

(1) 삼성전자의 전년도 말과 전전년도 말로 종료되는 회계연도에 보고한 연결재무제표상 재고자산 금액은 얼마인가?

(2) 양 회계연도 사이에 재고자산의 증감을 금액과 비율로 계산하시오. 추가적으로 유동자산에서 재고자산이 차지하는 비율을 계산하시오.

(3) 삼성전자는 어떤 종류의 재고자산을 보유하고 있는가?

(4) 삼성전자의 재고자산평가방법은 무엇인가?

(5) 양 회계연도 사이에 매출액에서 매출원가가 차지하는 비율을 계산하시오.

HINT 삼성전자의 사업보고서는 삼성전자 웹사이트(www.samsung.com) 또는 금융감독원이 제공하는 전자공시시스템(http://dart.fss.or.kr)에서 구할 수 있다.

5. 발생기준과 수익인식

프로 골프선수인 김소라 씨와 유백만 씨는 현금 1,000만원을 투자하여 20×3년 3월 1일에 골프연습장인 마스터(주)를 설립하였다. 연습장시설에 350만원이 소요되었고, 연습골프공을 사는 데 80만원을 투자하였다. 마스터(주)는 500평의 토지를 월 100만원씩의 임차료 지급조건으로 임차하였고, 첫 달분의 임차료를 지급하였다. 첫 달에 광고비용으로 60만원이 발생하였으나, 이 중에서 15만원은 3월 31일 현재까지 아직 현금으로 지급되지 않았다. 또한, 연습골프공을 회수하기 위해 인건비로 40만원을 지급하였다. 고객으로부터 받은 연습사용료는 모두 은행에 입금되었다. 3월 31일에 3월중의 전기료청구서 10만원을 받았으나 아직 지급하지 않았다. 3월 31일 현재 은행잔고는 815만원이다. 김소라 씨와 유백만 씨는 3월의 영업성과로서 최저 185만원의 손실, 최고 220만원의 이익이 발생한 것으로 추정하고 있다.

〈요구사항〉

(1) 마스터(주)의 손실이 185만원이라고 추정하였다면, 이렇게 추정한 근거는 무엇인가? 이러한 추정이 타당하다고 생각하는지 말하시오.

HINT 현금기준에 의하여 손익계산을 해보시오.

(2) 마스터(주)의 이익을 220만원이라고 추정하였다면, 이렇게 추정한 근거는 무엇인지 말하시오.

HINT 3월 31일 현재의 재무상태표를 작성해 보시오.

(3) 마스터(주)의 발생주의에 의한 실제 이익은 얼마인지 말하시오.

(4) 3월의 수익은 얼마인지 말하시오.

HINT 수익과 이익의 개념은 서로 다름에 유의하시오.

6. 상품매매업의 손익계산서 항목간의 관계

(1) 다음은 상품매매업을 영위하는 경인실업(주)의 손익계산서이다. 빈칸을 알맞은 금액으로 채우시오.

	매출액	매출원가	매출총이익	영업비용	순이익
①	175,000	?	90,000	?	15,000
②	110,000	56,000	?	?	20,000
③	?	85,000	75,000	39,000	?

(2) 다음은 상품매매업을 영위하는 목도(주)의 회계자료이다.

총 매 출 액	₩495,000	영업비용(판매관리비)	₩100,000
매 출 원 가	350,000		

다음 사항을 계산하시오(단, 소수점 둘째자리에서 반올림한다).

① 매출총이익 ② 영업이익 ③ 매출총이익률

(3) 다음은 상품매매업을 영위하는 이담(주)의 계정잔액이다.

당기매입액	₩450,000	매입운임비용	₩17,000

순매입액(net purchases)을 계산하시오.

(4) 위의 (3)에 다음과 같은 추가정보가 있다.

기초재고자산	₩60,000	기말재고자산	₩90,000
순 매 출 액	700,000		

매출원가와 매출총이익률을 계산하시오(단, 소수점 둘째자리에서 반올림한다).

(5) 다음은 괴산(주)의 20×4년 3월 회계자료이다. 포괄손익계산서를 작성하시오.

매 출 원 가	₩250,000	임 차 료	₩35,000
판 매 비	10,000	이 자 비 용	6,900
기타포괄이익	6,500	이 자 수 익	14,000
급 여	59,000	매 출 액	400,000
법인세비용	10,000		

CHAPTER 5

투자활동과 관련된 회계정보

제 **1** 절 기업의 투자활동
제 **2** 절 투자활동과 관련된 자산
제 **3** 절 자산은 공정가치로 평가되어야 하는가?
제 **4** 절 유형자산의 감가상각과 무형자산의 상각
제 **5** 절 산업의 특성과 자산구조

제 1 절 기업의 투자활동

투자활동은 건물이나 토지, 다른 회사가 발행하려는 또는 발행한 주식이나 사채 등을 취득하거나 처분하는 활동을 포함한다. 더 정확하게 회계학에서는 투자활동을 현금과 주된 영업활동의 대상이 되는 자산을 제외한 다른 자산들의 취득과 처분 활동으로 정의하고 있다. 따라서 영업활동의 대상인 매출채권이나 재고자산과 같은 자산이 아닌 금융자산, 유형자산 또는 무형자산의 취득과 처분 활동을 투자활동이라고 하며 주로 비유동자산과 관련되어 있다.

대표적인 투자활동으로서 금융자산의 취득과 처분을 살펴보자. 기업은 영업활동을 하며 벌어들인 현금을 은행에 예금만 하는 것이 아니라 시세차익을 목적으로 수익성 있는 주식이나 사채에 투자하기도 한다. 예를 들어, 취득시에 1,000,000원이었던 주식의 가격이 1,200,000원으로 올랐을 경우 기업은 이 주식을 처분하여 200,000원의 자본이득을 실현시킬 수도 있으며, 향후 주가의 추가적 상승이나 배당을 기대하며 계속 보유할 수도 있다. 한편, 사채에 투자하면 일정기간마다 이자를 받을 수 있고 만기에는 원금을 찾는다. 기업이 이자율이 낮은 은행예금을 하지 않고 좀더 이자율이 높은 사채를 취득하여 보유하고 있으면 현금운용의 수익성이 향상될 것이다. 그러나 사채는 은행예금보다 이자와 원금이 사채기간 동안과 만기시에 각각 지급되지 않을 위험이 다소 높아 투자의사결정시 좀더 신중해야 할 필요가 있다. 금융자산에 대한 장기투자는 재무제표상 투자자산으로 분류된다.

기업을 운영하기 위해서는 유형자산도 취득해야 한다. 대한항공이나 아시아나항공처럼 항공운송업을 영위하는 기업은 항공기와 항공기를 수선할 수 있는 여러 가지 첨단기계설비를 구입해야 할 뿐만 아니라 항공노선의 조정과 항공권의 발매를 위하여 잘 발달된 컴퓨터시스템을 가지고 있어야 한다. 구입 이후 영업활동이 차질 없이 수행될 수 있도록 노후화된 항공기는 폐기 또는 처분하고 새로운 항공기를 구입해야 할 것이다. 항공기뿐만 아니라 운항정보와 여객운송을 관리하는 컴퓨터와 정보시스템도 계속 수선하고 유지·발전시켜야 한다. 만약 자동차를 생산하는

기업이라면 자동차 제조를 위하여 복잡하고 규모가 큰 기계장치뿐만 아니라 공장건물과 토지 그리고 자동차 판매를 위한 영업소가 있어야 할 것이고, 이들 자산 중에서 일부는 사용중에 처분할 것이고 새로운 자산도 계속 취득할 것이다. 뿐만 아니라 기존 자산들도 잘 유지관리하기 위하여 계속적으로 지출이 발생할 것이다. 이와 같이 기업의 운영에 필요한 유형자산을 취득하고 처분하는 활동이 대표적인 투자활동이다. 또한, 기업은 장기적으로 임대수익이나 시세차익을 얻기 위한 투자목적으로 토지, 건물 등의 자산을 취득하고 처분할 수도 있는데, 이 또한 투자활동의 일부이며 재무제표상 투자자산으로 분류된다.

최근에는 많은 소프트웨어 개발업체들이 무형자산에 투자하고 있다. 대표적인 무형자산은 개발비, 특허권, 실용신안권 등이다. 이들 기업들은 매출액의 상당한 비중을 연구개발에 투자하여 기술력을 높이고자 한다. 이러한 연구개발에 투자한 금액 중 회계기준에서 명시하고 있는 일정요건을 충족한 부분에 대해서는 무형자산에 포함되는 개발비로 인정될 수 있다. 또한, 많은 기업들은 연구개발의 성과를 특허로 등록하여 특허권으로 보유하고 있다.

한편, 일부 기업은 기술수준이 높고 무형자산이 많은 기업을 합병하기도 한다. 예를 들어, 2011년 8월에 구글(Google)은 모토로라 모빌리티(Motorola Mobility)를 합병했다. 구글은 스마트폰 운영체제인 안드로이드 OS를 개발하였는데, 갈수록 치열해지는 경쟁기업간의 특허전쟁을 이유로 모바일 제조업체인 모토로라를 합병한 것이다. 모토로라는 1만7천여개의 통신관련 특허를 갖고 있다. 모토로라뿐만 아니라 구글은 2001년 2월부터 2014년 9월까지 약 173개의 기술집약적 기업들을 인수 · 합병했다. 최근에는 애플(Apple), MS, 그리고 다른 거대 IT기업들이 손잡고 캐나다의 노텔을 45억달러에 인수하기도 했다. 노텔은 세계적으로 6천여개의 모바일관련 특허를 보유한 업체이다. 이와 같이 기술력이 우수한 다른 기업들을 합병하는 것도 중요한 투자활동이다.

금융자산, 유형자산, 그리고 무형자산의 취득과 처분 후 각 자산의 잔액은 재무상태표에 표시된다. 앞서 설명한 바와 같이 기업의 영업활동을 장기적으로 지원할 목적이 아닌 투자목적으로 취득한 금융자산 등은 모두 재무상태표상 투자자산으로 분류된다. 재무상태표에는 투자활동으로 인한 자산뿐만 아니라 영업활동으로 인한 자산도 표시되므로 이를 구분해서 이해하는 것이 필요하다.

재무상태표
20×1년 12월 31일

영업활동으로 인한 자산 (예 : 매출채권, 재고자산)	부채
투자활동으로 인한 자산 (예 : 투자자산, 유형자산, 무형자산)	자본

제2절 투자활동과 관련된 자산

기업의 투자활동은 주로 금융자산, 유형자산, 그리고 무형자산에 대해 이루어지며, 재무제표상에는 그 투자목적에 따라 투자자산, 유형자산, 그리고 무형자산으로 분류 · 표시된다.

1. 금융자산

(1) 현금및현금성자산

금융자산 중에서 가장 대표적인 것은 현금이다. 현금은 바로 개인의 지갑이나 주머니 속에 있는 돈을 말하지만 회계에서는 이보다 좀더 넓은 의미로 사용되고 있다. 즉 현금은 통화뿐만 아니라 은행이 발행한 자기앞수표 등 타인발행수표와 당좌예금, 보통예금과 같이 수시입출금이 가능한 예금까지 모두 포함하고 있다. 이는 개인과 달리 기업은 이러한 수표와 예금을 보유하는 용도나 목적이 현금과 동일하기 때문이다.

현금과 유사한 성격을 지닌 자산으로 현금성자산이 있다. 현금성자산이란 일반적으로 취득 당시 3개월 이내에 만기가 도래하는 현금화하기 쉬운 채권 혹은 단기금융상품을 말한다.

그런데 현금및현금성자산은 일반적으로 투자활동과 관련된 자산으로 분류하지 않고 영업활동과 관련된 자산으로 분류한다. 여기서 현금및현금성자산을 언급하는 이유는 금융자산 중에서 가장 대표적인 자산이기 때문이지만, 회계학에서는 투자활동에 속하는 자산이 아님을 기억하도록 하자. 투자활동과 관련된 가장 대표적인 금융자산은 아래의 증권형 금융자산이다.

(2) 증권형 금융자산

기업은 여유자금을 효율적으로 운용하기 위해서 증권형 금융자산을 취득할 수 있다. 증권형 금융자산은 대부분 현금화하기 쉽고 유동성이 높다.

① 증권형 금융자산의 종류

증권형 금융자산은 주식이나 사채와 같은 증권을 말한다. 제2장에서 기업에 자금을 제공하는 주체로는 채권자(타인자본 제공자)와 주주(자기자본 제공자)가 있는데, 채권자로부터는 부채가 조달되고, 주주로부터는 자본이 조달된다고 하였다. 그런데 다른 회사가 발행하는 이러한 채무증권(부채)이나 주식을 취득하면 취득자는 이를 금융자산으로 기록하며, 발행자는 그 형태에 따라서 부채 또는 자본으로 기록한다. 증권형 금융자산을 발행자와 취득자의 입장에서 회계기록을 비교하면 〈표 5-1〉과 같다.

〈표 5-1〉 사채와 주식의 회계기록

증권형 금융자산의 종류	발행자	취득자
사 채	부 채	금융자산(채무형)
주 식	자 본	금융자산(지분형)

증권형 금융자산은 크게 채무형 금융자산, 지분형 금융자산, 그리고 파생상품으로 구분할 수 있는데, 본절에서는 채무형과 지분형 금융자산을 중심으로 설명한다. 채무형 금융자산은 국채, 공채, 사채 등을 의미하고, 지분형 금융자산은 주식을 말한다.

이러한 금융자산은 기업에 여유자금이 있을 때 금융자산으로부터 수익을 얻기 위해서 취득한다. 즉, 금융자산의 가격이 쌀 때 구입하고 비쌀 때 팔아서 그 차익을 얻을 수 있다. 추가적으로 사채로부터는 이자수익을 얻을 수 있고, 주식으로부터는 배당수익을 얻을 수 있다.

② 증권형 금융자산의 평가

증권형 금융자산은 최초 취득시점에 공정가치로 측정한다. 취득 후에는 채무형 금융자산은 보유자의 사업모형에 따라 상각후원가(amortized cost) 또는 공정가치(fair value)로, 지분형 금융자산은 공정가치로 측정한다. 여기서 사업모형이란 금융자산 보유자가 현금흐름을 창출하기 위해 금융자산을 관리하는 방식을 의미한다. 예를 들어, 기업은 사채와 같은 채무형 금융자산을 취득하고 원리금 회수를 꾀할 수도 있고, 시장이자율의 변화에 따라서 사채의 가치가 상승하면 이를 매매하여 차익을 얻을 수 있다.

아래 〈표 5-2〉에서 보는 바와 같이 채무형 금융자산 보유자의 사업모형목적이 원리금 회수라면 상각후원가로 측정하고 상각후원가측정금융자산으로 분류한다. 만약, 차익을 얻기 위하여 빈번한 매도를 한다면 이 금융자산을 공정가치로 측정하고 평가손익은 당기손익에 반영하며 당기손익-공정가치측정금융자산으로 분류한다. 그러나 사업모형을 명확히 판단하기 어려운 경우에는 공정가치로 측정하나 평가손익은 기타포괄손익에 반영하며 기타포괄손익-공정가치측정금융자산으로 분류한다.

예를 들어, 액면금액 50만원인 삼성전자의 사채를 취득 당시에는 사채의 공정가치인 47만원에 취득하였고, 3년 후 만기일에 원금 50만원을 돌려받는다고 하면 재무상태표에 어떻게 보고해야 할까? 사채의 취득목적이 만기에 원금을 받고, 일정기간마다 이자를 받기 위한 경우에는 보유기간중에 사채의 공정가치가 변해도 이를 중도에

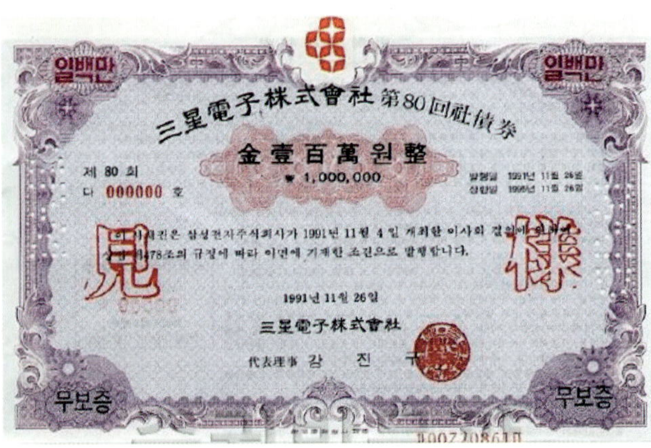

〈표 5-2〉 채무형 금융자산의 분류

구분	분류	목적
채무형 금융자산	상각후원가측정금융자산	: 원리금 회수목적
	당기손익-공정가치측정금융자산	: 빈번한 매매를 통한 현금흐름관리목적
	기타포괄손익-공정가치측정금융자산	: 사업모형을 명확하게 판단하기 어려운 경우

처분하지 않으므로 공정가치로 평가하지 않는다. 대신에 사채는 상각후원가(amortized cost)로 평가해야 한다.

사채의 경우, 최초 취득시점에서는 공정가치가 47만원이므로 취득금액이 47만원으로 기록된다. 그런데 해당사채를 보유하여 만기까지 가지고 있으면 만기에는 사채의 액면금액인 50만원을 받게 되므로 만기에는 사채의 장부금액이 50만원이 되어야 한다. 이 3만원만큼의 차액을 단순하게 매년 1만원씩 조정한다고 하면 이 사채의 첫째 연도말 장부금액은 48만원, 둘째 연도말 장부금액은 49만원, 그리고 마지막 연도말 장부금액은 액면금액인 50만원이 된다. 이와 같이 연도말에 조정한 장부금액을 사채의 상각후원가라고 한다.

그러나 사채의 장부금액을 상각후원가로 계산하는 방법은 복잡한 과정을 거쳐야 하므로 회계원리나 중급회계에서 배우기로 하자. 사채를 취득하여 만기일까지 보유하고 일정한 기간마다 이자를 받을 목적으로 취득하면 회계에서는 이를 상각후원가측정금융자산이라고 부른다. 그러나 채무형 금융자산은 앞서 설명한 바와 같이 사채보유자의 사업모형에 따라 당기손익-공정가치측정금융자산 혹은 기타포괄손익-공정가치측정금융자산으로 분류될 수도 있다.

지분형 금융자산은 취득시에 공정가치(fair value)로 측정하며, 원칙적으로 당기손익-공정가치측정금융자산으로 분류된다. 그러나 평가손익이 당기손익의 변동성에 미치는 영향이 클 경우를 대비해서 금융자산 최초 인식시에 기타포괄손익-공정가치측정금융자산으로 분류할 수 있는 기회를 기업에게 제공하고 있다. 하지만 기타포괄손익-공정가치측정금융자산으로 분류하면 이는 당기손익-공정가치측정금융자산으로의 분류변경이 불가능하다. 위의 내용은 아래 〈표 5-3〉과 같이 요약될 수 있다.

예를 들어, 삼성전자의 주식을 1주당 100만원에 취득하였는데 현재는 1주당 130만원으로 그 가격이 상승했다면, 이 주식을 취득한 기업의 현재 재무상태표에는 어떻게 보고해야 할까? 주식은 만기가 없고 정기적으로 이자를 받는 것도 아니며, 객관적인 공정가치가 있으므로 현재의 재무상태표에는 130만원으로 측정해야 한다. 만약 주식의 금액을 취득 당시의 원가로 평가한다면 100만원으로 표시되어 당

〈표 5-3〉 지분형 금융자산의 분류

지분형 금융자산	당기손익-공정가치측정금융자산	: 원칙적으로 모든 지분형 금융자산이 해당
	기타포괄손익-공정가치측정금융자산	: 단기매매항목이 아니라면 최초 인식시점에 기타포괄손익-공정가치측정자산으로 분류할 수 있음.

해주식의 현재 시점의 공정가치를 제대로 반영하지 못하게 된다. 이러한 이유로 지분형 금융자산은 공정가치를 기준으로 평가하도록 하고 있다. 즉, 금융자산을 취득할 때에는 지출한 대가로 기록하지만 회계연도말에 당해 금융자산의 가격이 변동하면 당시의 시가를 기준으로 평가해야 한다.

또 다른 형태의 지분형 금융자산으로는 관계기업투자주식이 있다. 이는 특정회사(투자회사)가 타회사(피투자회사)에 중대한 영향력을 행사할 목적으로 보유하는 금융자산을 말한다. 여기서 피투자회사를 관계기업(affiliated company)이라 칭한다. 그리고 유의적인 영향력은 일반적으로 투자회사가 피투자회사의 영업 및 재무정책 등의 의사결정에 실질적인 영향을 미칠 수 있는 능력으로서, 통상 피투자기업의 의결권 있는 주식의 20% 이상 50% 미만을 소유하는 경우이다.[1]

산책로 **금감원 "종속 · 관계기업투자주식 손상처리 등 중점 점검"**

금감원은 2021년 회계연도 결산 재무제표에 대해 내년에 심사하는 과정에서 종속 · 관계기업투자주식 손상처리를 중점 점검할 회계이슈로 선정, 사전 예고했다.

2021년 재무제표가 확정되는 대로 내년중 대상회사 선정 및 재무제표 심사 등의 절차로 진행될 예정이다. 지난해부터는 중점심사 대상업종을 제시하므로, 해당업종 회사 및 감사인은 특히 유의할 필요가 있다고 금감원 측은 전했다.

금감원은 종속 · 관계기업투자주식에 대한 손상처리를 중점 점검한다. 석유정제, 철강, 자동차 등 제조업과 유통, 항공운송, 영상 제작 및 배급, 여행 등 관련 업종이 대상이다. 자산 대비 종속 · 관계기업투자주식 비중 및 관련손익 변동 등을 감안해 대상회사를 선정할 예정이다.

이들 업종은 실적 악화가 우려되는 상황에서 종속 · 관계기업의 손상징후가 존재함에도 손상검토를 합리적 근거 없이 자의적으로 하여 손실을 과소계상하려는 유인이 존재한다. 특히, 무자본 인수 · 합병(M&A) 등 불공정거래의 수단으로 취득한 종속 · 관계기업투자주식의 부실평가로 인한 자산 과대계상 사례가 빈번한 실정이다.

회계처리시 종속 · 관계 · 공동기업투자주식에 대해 손상징후를 검토하고, 합리적인 가정에 근거해 손상평가를 수행해야 한다. (서울파이낸스 수정요약)

---

1) 그러나 지분율이 20% 미만을 소유하여도 중대한 영향력이 있는 경우에는 지분법을 적용하고, 지분율이 50%를 초과해도 피투자기업에 대한 실질적인 지배력이 없이 중대한 영향력만 있으면 연결재무제표를 작성하지 않고 지분법을 적용한다.

관계기업투자주식의 회계처리는 피투자회사 순자산가치의 변동을 관계기업투자주식의 장부금액에 연계시켜 반영한다. 이러한 방법을 지분법(equity method)이라고 한다. 지분법 회계처리는 피투자회사, 즉 관계기업이 당기순이익(손실)을 보고하면 동 금액의 투자지분율만큼 투자회사가 투자수익(손실)을 인식하고 관계기업투자주식의 장부금액을 증가(감소)시킨다. 관계기업이 배당금을 지급하는 경우에는 관계기업의 순자산이 감소하므로 투자회사가 수령한 배당금만큼 관계기업투자주식의 장부금액을 감소시킨다.

2. 유형자산

유형자산(property, plant and equipment)은 기업 고유의 영업활동을 달성하기 위해 장기간 사용할 목적으로 보유중인 물리적 형체가 있는 자산이다. 유형자산의 예로는 토지, 건물, 기계장치, 차량운반구, 공구나 기구, 비품 등이 있다.

(1) 유형자산의 취득원가

유형자산은 최초 취득시점에 취득원가로 기록한다. 취득원가는 당해 유형자산의 구입원가와 동 자산을 취득목적에 맞게 사용할 수 있도록 만들기 위해 소요된 모든 지출의 합이다. 예를 들어, 외국에서 생산에 사용할 기계를 수입하였다면 기계판매자에게 지급한 기계구입금액에 관세, 운송비, 운송보험료, 중개수수료, 설치비, 시운전비 등 모든 부대원가를 합해서 취득원가를 구성하게 된다. 기계장치의 구입

산책로 유형자산 등 허위계상을 통한 분식회계

2022년도 금감원 회계심사·감리결과 주요 지적 사례 및 유의사항에 의하면 자동차 부품을 생산·판매하는 비상장회사 A회사에서 금융위기 직후에 저마진 자동차 부품 매출에 따른 손실로 약 3억원의 적자가 발생하자, 당시 회계팀장 甲은 손익을 약간만 조작하면 흑자전환이 가능하다 판단하여 당기비용으로 회계처리해야 하는 외주가공비 등 5억원을 유형자산 취득으로 회계처리하여 2억원 흑자로 손익을 조작하였다. 甲은 실제 흑자가 발생하는 연도에 허위계상한 유형자산을 정리하면 될 것으로 생각하였으나, 甲의 예상과 달리 매년 계속 적자가 발생하였고, 그룹 차원의 내부감사로 적발될 때까지 손익 조작은 계속되었다. 분식회계 초기에는 유형자산 취득으로 허위회계처리하는 방법을 사용하였으나 허위계상 유형자산에서 발생하는 감가상각비가 점점 증가하자 채권·채무 잔액을 조정하는 방식도 사용하였으며, 분식회계 마지막 해인 2014년에는 가공 유형자산 등의 규모가 수백억원에 달하였다.

금액이 100,000원이고 운송비 등 부대비용이 20,000원이면 이 기계장치의 취득원가는 120,000원이다. 그러나 기계장치 사용에 따른 사고나 고장 등을 대비한 보험료나 차량운반구 사용에 따른 자동차세 등은 취득원가에 포함시키지 않는다.

(2) 취득 후의 지출

유형자산은 취득 후에도 그 자산에 대하여 추가적인 지출을 할 수 있다. 예를 들면, 4층 건물을 취득한 이후에 이 건물 위로 한 층을 더 올려서 5층으로 증축하든지 취득 당시에는 없었던 엘리베이터를 설치할 수가 있다. 이렇게 일단 취득원가로 기록한 유형자산에 추가적인 지출이 발생하면, 지출의 성격에 따라서 해당 유형자산의 원가에 가산하는 경우와 이를 단순히 비용으로 처리하는 경우가 있다.

해당 유형자산의 원가에 가산하는 지출을 자본적 지출(capital expenditure)이라고 하는데, 이는 추가적 지출로 인하여 자산의 내용연수가 증가하거나 해당자산의 미래 경제적 효익이 실질적으로 증가하는 경우의 지출이다. 자본적 지출은 해당 유형자산의 원가에 산입되어 잔존 내용연수 동안 감가상각된다. 단순히 비용으로 처리하는 지출을 수익적 지출(revenue expenditure)이라고 하며, 일반적으로 일상적인 수선·유지를 위한 지출이나 금액이 적고 사소한 지출인 경우이다. 위의 내용을 요약하면 다음과 같다.

〈표 5-4〉 자본적 지출 vs. 수익적 지출

취득 후 지출	자본적 지출(미소멸원가) : 해당자산의 원가에 가산(즉 자산화)
	수익적 지출(소멸원가) : 당기비용으로 인식(즉 비용처리)

(3) 가치의 감소

유형자산의 가장 큰 특성은 토지를 제외하고는 시간이 경과하거나 사용을 하면 점차 가치가 감소한다는 것이다. 예를 들어, 기계장치는 사용하거나 시간이 갈수록 가치가 감소한다. 이를 일반적으로 감가상각이라고 한다. 그러나 회계학 측면에서 볼 때, 감가상각은 자산의 가치평가문제라기보다는 유형자산의 원가를 인위적으로 배분하여 비용으로 인식하는 과정이다. 감가상각에 대하여는 제4절에서 상세히 설명하기로 한다.

3. 무형자산

무형자산(intangible assets)이란 유형자산과 그 보유목적은 같으나 물리적 형체가 없는 자산이다. 무형자산에는 개발비, 영업권, 특허권, 저작권, 상호와 상표, 프랜차이즈 등의 각종 권리가 있다. 무형자산도 유형자산과 같이 최초 취득시에는 구입가격에 부대원가를 합한 취득원가로 표시한다. 유형자산과 마찬가지로 무형자산의 원가도 내용연수 동안 상각을 통해 비용화된다. 그러나 영업권과 같이 비한정내용연수를 가진 무형자산은 상각하지 아니한다. 유형자산의 상각은 감가상각(depreciation)이라는 용어를 사용하고, 무형자산의 상각은 무형자산상각 또는 단순히 상각(amortization)이라고 한다.[2] 무형자산 중에서 가장 대표적인 것으로는 개발비와 영업권, 특허권이 있다.

(1) 개발비

기업은 국내 및 국제 경쟁에서 유리한 위치를 확보하기 위해 끊임없는 연구개발활동을 수행한다. 그런데 연구개발활동을 위하여 지출한 금액을 자산으로 계상할 수 있는지는 의문이다. 왜냐하면 동 지출에 따른 경제적 효익이 있을 것인지, 금액상으로는 얼마나 될지를 결정하기가 매우 어렵기 때문이다.

이와 같은 어려움을 최소화하기 위하여 연구개발활동을 연구단계와 개발단계로 구분하여 이 중에서 구체적인 제품과 관련하여 개발단계에서 발생한 지출에 한하여 일정요건을 충족하면 무형자산으로 계상하는 것을 허용하고 있다. 그러나 연구단계의 지출 및 일정요건을 충족하지 못하는 개발단계의 지출은 무형자산으로 인식하지 않고 당기비용으로 처리한다. 한편 미국회계기준에서는 모든 연구개발활동에 지출된 금액을 비용처리하며 무형자산으로 계상하는 것을 전혀 허용하지 않는다.

(2) 영업권

영업권(goodwill)은 한 기업이 동종산업의 다른 기업에 비하여 정상수익률 이상의 이

2) 천연자원과 같은 고갈성 또는 소모성 자산의 상각은 감모상각(depletion)이라고 한다.

윤을 얻을 수 있는 초과이윤 창출능력, 즉 초과수익력(earning power of excess return)을 화폐가치로 표시한 것이다. 영업권을 발생시키는 요인은 고정 단골고객의 확보, 유리한 점포위치, 안정된 자금조달원, 독과점의 지위, 우수한 인력확보 등 여러 가지가 있을 수 있다.

그런데 기업이 스스로 창출한 영업권은 다소 추상적이고 주관적인 개념이기 때문에 이를 실무적으로 측정하기는 어렵다. 따라서 회계에서는 기업 스스로 자가 창출한 영업권은 인식하지 않고 있다. 그러나 합병이나 영업양수 등으로 기업이 실제 그 대가를 지급하고 유상으로 취득한 부분은 무형자산으로 인정한다. 즉 취득한 영업권은 피인수기업 취득가액에서 피인수기업의 순자산 공정가치를 차감한 것이다. 피인수기업의 순자산 공정가치보다 더 높은 인수금액을 지급했다는 것은 그만큼 피인수기업의 여러 가지 무형적 속성에 가치가 있다는 의미이기 때문이다.

산책로 **바이오 상장사 연구개발비 자산화 비율↓… "회계처리 신중"**

금융감독원은 2018년 제약·바이오 업종 상장사 185곳을 대상으로 연구개발비 실태를 점검한 결과 자산화 비율은 평균 16.4%로 전년보다 3.2%포인트 줄어들었으며 연도별 비율은 2014년 22.9%에서 2015년 23.8%, 2016년 24.3%로 증가세를 보이다가 2017년 19.6%로 줄었고 2018년에는 더 감소했다는 것을 토대로 제약·바이오 기업이 연구개발비(R&D)를 자산으로 회계처리하는 비율이 줄어들고 있는 것으로 나타났다고 밝혔다. 이는 제약·바이오 기업이 연구개발비를 과도하게 자산으로 인식한다는 지적이 제기됨에 따라 연구개발비 회계처리에 한층 더 신중해졌기 때문으로 풀이된다.

금감원은 "이는 회사들이 연구개발지출에 대한 자산인식 요건 적용을 예전과 달리 한층 더 신중하게 처리하는 데서 기인한 것으로 보인다"고 설명했다.

제약·바이오 기업들은 재무실적을 양호하게 보이게 하거나 막연한 미래 성공가능성만을 고려해 연구개발비를 비용이 아닌 자산으로 과도하게 처리한다는 지적이 있었고 이에 따라 2018년에는 금융당국이 관련 회계처리 감독지침을 마련하기도 했다.

2018년에는 제약·바이오 기업의 연구개발비 관련 공시 수준도 향상된 것으로 조사됐다. 2018년 연구개발비의 자산인식 기준을 구체적으로 공시한 회사는 64.7%로 전년보다 14.7%포인트 상승했다. 연구개발비 잔액이 있는 상장사 79곳 기준으로는 51.9%로 16.0%포인트 올랐다. 또 제약·바이오 상장사 34곳은 과거 재무제표를 재작성해 연구개발비의 자산인식 관련 오류를 수정했고 이로 인해 2017년 기준 연구개발비는 종전보다 3천866억원 줄어들었다. 금감원은 "제약·바이오 기업의 연구개발비 회계처리와 관련된 우려가 대체로 완화됐다"며 "일부 우려와는 달리 올바른 연구개발비 회계처리 관행 형성이 연구개발 투자의 저해를 초래하지는 않는 것으로 나타났다"고 강조했다.

(연합뉴스 수정요약)

(3) 특허권

특허권이란 발명품을 제조·운용할 수 있는 권리로서, 특허청에 출원해서 등록한다. 특허권은 소유한 기업이 일정기간 동안 독점적·배타적으로 이용할 수 있는 권리로서 재무상태표에 무형자산으로 기록할 수 있다. 특히, 특허권은 IT산업에 속한 기업들에게 중요한 무형자산이며 그 기업들은 다수의 특허권을 소유하고 있다. 〈표 5-5〉에서 보는 바와 같이 우리나라 기업 중 삼성전자와 LG전자가 2021년 미국 특허등록 순위에서 2위와 8위를 기록했다.

특허권의 취득원가는 해당권리를 얻을 수 있기까지 직접적으로 지출한 모든 금액을 합해서 결정한다. 그리고 특허 침해 소송이 제기될 때 분쟁에서 승소하면 그 소송비용까지 특허권의 원가에 포함한다. 물론 소송에서 져서 특허권이 소멸되면 특허권을 즉시 재무상태표에서 제거하고 손실로 인식해야 한다. 특허권은 법률상의 권리이므로 법률이 보장하는 기간을 내용연수로 정할 수 있으나 최근에는 기술발전의 가속화로 상각에 사용되는 내용연수가 법률상의 보장기간보다 짧은 것이 일반적이다.

〈표 5-5〉 2021년 미국 특허취득 순위

순 위	기 업	건 수
1	IBM	8,682
2	삼성전자	6,366
3	캐논	3,021
4	TSMC	2,798
5	화웨이	2,770
6	인텔	2,615
7	애플	2,541
8	LG전자	2,487

(자료 : 미국의 특허정보 전문업체 IFI클레임스(IFI CLAIMS))

제3절 자산은 공정가치로 평가되어야 하는가?

1. 공정가치 평가에 대한 논란

유형자산과 무형자산은 취득시점에 취득원가로 기록한다. 이는 취득시점에는 이들 자산의 취득원가가 공정가치를 잘 나타내고 있기 때문이다. 그러나 취득 이후 자산의 공정가치가 취득원가와 달라지면 취득원가로 그대로 기록해 두어야 하는지 공정가치로 이를 수정해야 하는지 논란이 될 수 있다.

예를 들어, 금융자산 중의 주식을 생각하면, 증권거래소에서 거래되는 주식의 주가는 하루에도 여러 번 변할 뿐 아니라 1년 정도의 기간에 주가가 2배나 3배로 오를 수도 있고 1/2 이하로 하락할 수도 있다. 유형자산 중에서 부동산 가격도 우리나라에서는 꾸준히 변화해왔다. 그래서 10년 전에 취득한 부동산의 취득원가와 현재의 공정가치는 상당히 차이가 있을 수 있다. 따라서 재무상태표에 기록될 자산의 금액을 취득원가로 해야 하는지 공정가치로 해야 하는지가 논란이 되는 것이다.

일부 학자들은 재무상태표에 기록되는 자산을 취득원가로 기록하고 공정가치가 변해도 이를 반영해서는 안 된다고 주장한다. 왜냐하면 자산의 공정가치가 변한다고 해도 이 가치가 실제 거래에서 발생한 것이 아니므로 신뢰성이나 검증가능성이 낮다고 보기 때문이다. 지금까지 전통적인 회계에서는 이런 입장이 지지되었다.

그러나 최근에는 자산의 취득원가에 집착하지 않고 공정가치로 재평가하여 재무상태표에 표시하자는 주장이 더욱 지지되고 있다. 왜냐하면 많은 자산의 공정가치가 객관성 있게 측정가능하기 때문이다. 예를 들면, 주식이나 사채는 자본시장(예 : 증권거래소나 은행)에서 공정가치를 알 수 있고, 유형자산도 여러 자료를

통해서 공시가격이나 감정가격을 알 수 있다. 그러므로 자산의 경제적 가치를 보다 잘 반영하여 이해관계자들의 경제적 의사결정에 유용하게 사용될 수 있도록 자산을 공정가치로 평가해야 한다고 한다.

2. 자산의 공정가치 평가

제2절에서 설명한 바와 같이 재무상태표에 표시되는 금융자산은 금융자산의 종류와 자산보유자의 사업모형에 따라 취득 이후 상각후원가 또는 공정가치로 평가하고 있다. 그런데 유형자산과 무형자산은 취득시점에는 취득원가로 평가하지만, 취득 이후에는 기업의 선택에 따라서 원가로 평가하든지 공정가치로 평가할 수 있다. 위의 내용을 요약하면 〈표 5-6〉과 같다.

〈표 5-6〉 자산의 평가

금융자산	: 상각후원가 혹은 공정가치로 평가
유형자산, 무형자산	원가모형 : 원가로 평가
	재평가모형 : 공정가치로 평가

산책로 자산재평가로 자본 87억원 증가

유유제약이 보유토지에 대한 자산재평가로 유형자산 및 자기자본이 약 87억원 증가했다고 14일 공시했다. 유유제약은 K-IFRS(한국채택국제회계기준)에 따라 2020년 12월말 자산재평가를 실시했다.

그 결과 서울사옥 소재지 등 보유토지의 재평가금액이 장부금액에 비해 약 87억원 증가했다.

이는 2019년 순자산총액 약 905억원 대비 9.6% 증가한 것이다. 자산재평가는 배당 · 액면분할 등과 함께 대표적인 주주친화정책으로, 기업이 갖고 있는 토지, 건물 등 유형자산을 구매 당시 가격이 아니라 현재의 공정가치(예를 들어, 시장가격)로 평가하는 것을 말한다. 자산재평가차익은 기타포괄이익으로 회계처리돼 자기자본을 늘리는 효과를 낸다. 유유제약 CFO는 "이번 자산재평가로 증가한 유유제약의 자산은 전일 시가총액 약 1,117억원 대비 7.7%에 달해 기업가치 증대가 예상된다"며 "앞으로도 다양한 주주친화정책을 시행하겠다"고 말했다. (메디컬업저버 수정요약)

금융자산의 경우에는 자산의 거래가 빈번하게 발생하는 활성화된 시장을 통해 자산의 공정가치를 비교적 객관적으로 쉽게 파악할 수 있어서 보고기간말의 공정가치로 평가하는 것이 상대적으로 용이하다.

유형자산과 무형자산은 취득시점에는 취득원가로 측정하지만 취득시점 이후에는 원가모형이나 재평가모형 중 하나를 선택해서 각 자산의 분류별로 동일하게 적용할 수 있다. 자산의 분류는 기업에 따라서 다르지만, 예를 들어 토지, 건물, 기계장치, 선박, 차량운반구 등으로 분류할 수 있다. 어느 기업이 본사건물과 공장건물을 소유하고 있을 경우 두 건물 모두에게 동일한 평가모형을 적용해야 한다. 물론, 기업이 소유하고 있는 건물과 토지에 대해서는 각각 다른 평가모형을 적용할 수 있다. 원가모형이란 자산을 최초의 취득시점에 취득원가로 인식한 이후에는 공정가치가 변해도 재평가를 허용하지 않는 방법이다. 반면, 재평가모형이란 취득시점 이후에 자산을 공정가치로 재평가하고 재평가된 금액으로 장부금액을 수정하는 방법이다. 재평가는 당해자산의 가치변동성에 비례해서 주기적으로 수행되어야 하며 보통 3년이나 5년 주기로 실시된다. 일단, 재평가모형을 선택하면 원가모형으로의 회귀를 허용하지 않고 계속적으로 재평가해야 한다. 한편 미국회계기준에서는 재평가모형을 허용하지 않는다.

제4절 유형자산의 감가상각과 무형자산의 상각

토지를 제외한 모든 유형자산과 한정된 내용연수를 가진 무형자산은 시간이 경과하거나 사용하면 가치가 감소한다. 이를 회계처리 측면에서 보면, 유형/무형자산을 수익창출에 사용함에 따라서 당해자산의 수익창출능력이 감소되었고, 그 감소한 부분을 비용으로 처리해야 일정기간 동안의 수익과 비용이 대응되어 정확한 이익이 계산될 수 있다. 그러나 정확한 수익창출능력감소분을 파악하는 것이 어렵다. 그래서 인위적으로 체계적인 방법에 따라서 수익창출능력감소분을 계산하여 동 금액을 원가감소분으로 기록하는데, 이를 유형자산에 대해서는 감가상각, 무형자산에 대해서는 무형자산상각이라고 한다. 아래에서는 유형자산의 감가상각에 대해 주로 설명하고 있으나 원칙적으로는 무형자산의 상각에도 그대로 적용된다.

1. 감가상각은 원가의 배분이다

감가상각(depreciation)이란 유형자산의 취득원가에서 잔존가치를 뺀 감가상각대상금액을 해당자산의 내용연수 동안 체계적이고 합리적인 방법으로 배분하는 과정이다. 여기서 잔존가치(residual value)란 내용연수말에 기업이 자산을 폐기하거나 처분할 때 그 대가로 받을 수 있는 금액을 말하며, 내용연수(useful life)란 자산이 실제 사용될 수 있을 것으로 기대되는 기간을 의미한다. 기업은 위의 두 감가상각요소를 합리적으로 추정해야 한다.

예를 들어, 나래기업이 소유하고 있는 운반용 차량의 취득원가가 2,000만원이고, 잔존가치가 200만원이며, 내용연수는 4년이라고 하자. 이는 2,000만원을 지출하고 차량을 취득했지만 내용연수가 끝나는 4년말에 가서 차량을 처분하면 200만원을 받을 것으로 예상되므로 실제로는 1,800만원의 원가가 4년 동안 소멸하게 된다. 이때 1,800만원을 차량이 수익창출에 기여하는 4년의 기간 동안에 배분하여 감가상각비라는 비용으로 인식하는 과정이 바로 감가상각이다. 이러한 관계를 표시한 것이 [그림 5-1]에 제시되어 있다.

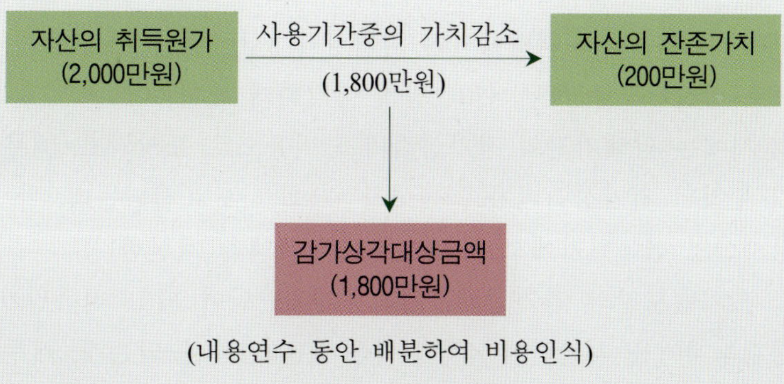

[그림 5-1] 감가상각

2. 감가상각방법을 알아보자

앞의 예에서 1,800만원을 4년 동안 어떠한 방법으로 배분하는가를 결정해야 한다. 이는 바로 감가상각방법에 따라 결정되는데, 가장 흔히 사용하는 방법은 정액법이다.[3] 정액법(straight-line depreciation method)은 매기간 같은 금액을 상각하는 방법으로,

계산이 매우 단순하여 사용하기 편리한 방법이다. 그리고 유형자산의 가치가 시간의 경과에 따라서 일정하게 감소하고 기능적 진부화의 정도가 거의 무시되는 경우에는 좋은 방법이라 할 수 있다.

정액법에서의 매기 감가상각액은 다음 공식에 의해서 결정된다.

감가상각액 = (취득원가 - 잔존가치) × 상각률
상각률 = 1/내용연수

〈표 5-7〉 **정액법에 의한 감가상각** (단위 : 천원)

연 도	계 산	감가상각비	감가상각누계액	장부금액
				20,000
1	18,000/4	4,500	4,500	15,500
2	18,000/4	4,500	9,000	11,000
3	18,000/4	4,500	13,500	6,500
4	18,000/4	4,500	18,000	2,000
총 계		18,000		

〈표 5-7〉에서 보듯이 정액법에서는 감가상각대상금액인 1,800만원을 4년 동안 같은 금액으로 상각하므로 매년 450만원씩 상각하게 된다.

손익계산서에는 당해기간의 감가상각비가 비용으로 표시되고, 재무상태표에는 그 시점까지 누적된 감가상각비가 감가상각누계액으로 표시되는데, 이 감가상각누계액을 해당자산의 취득원가에서 차감하여 장부금액을 계산한다.

따라서 제2차년도말의 감가상각누계액은 900만원이 되고 취득원가 2,000만원에서 감가상각누계액을 차감하여 장부금액은 1,100만원이 되는데, 재무상태표에는 다음과 같이 표시한다.

[유형자산] - 2차년도말		
차량운반구	20,000,000	
감가상각누계액	(9,000,000)	11,000,000

3) 또 다른 감가상각방법으로 많이 사용되는 것은 정률법이다. 정률법(fixed-percentage-of-declining-balance depreciation method)은 취득원가에서 감가상각누계액을 차감한 장부금액에 매기간 동일한 상각률을 적용하는 방법이다. 정률법에서는 장부금액이 매년 감가상각액만큼 감소하게 되므로 초기에 많은 금액이 상각되고 기간이 경과함에 따라서 상각액이 점차 감소하게 된다.

최종연도인 제4차년도에는 감가상각누계액이 감가상각대상금액과 동일한 1,800만원이 되며, 장부금액은 잔존가치와 동일한 200만원이 남게 되는 것을 알 수 있다. 유형자산의 감가상각은 제8장에서 상세하게 설명한다.

제 5 절 산업의 특성과 자산구조

기업의 자산구성은 기업의 특성에 따라, 기업이 종사하는 산업에 따라서 커다란 차이가 있다. 예를 들면, 어떤 기업이 현금판매보다 신용판매에 주력하면 매출채권과 같은 자산의 비중이 크고, 성수기를 대비하여 재고자산을 많이 확보하면 재고자산의 비중이 크다. 또한 기업의 경영자가 신용이 아주 좋은 경우에는 모든 거래를 신용거래에 의존하여 현금의 보유를 최소화할 수 있다.

기업의 자산은 그 기업이 어떠한 산업에 종사하느냐에 따라서도 그 구성이 크게 달라진다. 예를 들면, 서비스업의 경우에는 재고자산이 거의 없지만, 계절

〈표 5-8〉 2021년 회계연도말 기업별 자산항목 (단위 : 백만원)

구 분	삼성전자		이마트		SK텔레콤		NAVER	
현금및현금성자산	3,918,872	1.56%	10,611	0.06%	158,823	0.60%	964,418	7.44%
매출채권	33,088,247	13.18%	321,157	1.68%	1,514,260	5.74%	388,663	3.00%
재고자산	15,973,053	6.36%	991,493	5.18%	8,962	0.03%	1,658	0.01%
유형자산	103,667,025	41.28%	7,239,019	37.82%	9,318,408	35.31%	1,429,366	11.03%
무형자산	8,657,456	3.45%	58,176	0.30%	3,203,330	12.14%	52,992	0.41%
총자산	251,112,184		19,141,751		26,389,065		12,962,421	

(주) 퍼센트는 총자산 대비 개별자산항목의 비중을 나타낸다. (금융감독원 DART)

성이 큰 에어컨과 같은 제품을 생산하는 경우에는 비수기에 재고자산이 매우 많다. 그리고 화학산업인 경우에는 설비자산이 매우 크고, 부동산 및 장비임대업인 경우에는 토지, 건물의 보유비중이 크다. 〈표 5-8〉에 상이한 산업에 종사하고 있는 몇몇 기업의 자산구성을 비교표시하였다.

이와 같이 기업의 자산구성은 그 기업의 특성이나 종사하는 산업에 따라 큰 차이가 있기 때문에 일률적으로 어떤 자산구성이 바람직하다는 결론을 내리기는 어렵다.

더 알아봅시다 자산효율성비율-총자산회전율과 자기자본회전율

자산이 효율적으로 운용되고 있는지의 여부를 측정하고자 할 때 사용하는 재무비율로 자산효율성비율(또는 자산회전율)이 있다. 총자산의 효율성을 측정하는 비율은 총자산회전율이라고 하는데, 매출액을 평균총자산(=(기초총자산+기말총자산)/2)으로 나누어 측정하며 기업이 보유하고 있는 총자산이 수익을 창출하는 데 얼마나 효율적으로 이용되고 있는지를 평가할 수 있다. 총자산회전율이 높을수록 자산을 효율적으로 사용하고 있다고 판단한다.

$$\text{총자산회전율} = \frac{\text{매출액}}{\text{평균총자산}}$$

총자산회전율과 유사하게 자기자본의 효율성을 평가하기 위하여 자기자본회전율을 이용한다. 이 비율은 매출액을 평균자기자본으로 나누어 계산한다.

$$\text{자기자본회전율} = \frac{\text{매출액}}{\text{평균자기자본}}$$

이번 장에서 배운 용어

감가상각(depreciation) 유형자산의 감가상각대상금액(취득원가에서 잔존가치를 뺀 금액)을 해당자산의 내용연수 동안 체계적이고 합리적인 방법으로 배분하는 과정. 무형자산의 경우는 무형자산상각 또는 단순히 상각(amortization)이라고 함

공정가치(fair value) 거래가 활발하게 이루어지는 시장에서 형성된 공시가격이나 시장가격

관계기업(affiliated company) 투자회사가 당해기업에 대하여 유의적인 영향력을 행사하는 기업

무형자산(intangible assets) 기업 고유의 영업활동을 달성하기 위하여 장기간 사용할 목적으로 보유하고 있는 자산으로서 물리적 형체가 없는 것

수익적 지출(revenue expenditure) 일상적인 수선·유지를 위한 지출이나 금액이 적고 사소한 지출로서, 지출한 연도의 비용으로 처리함

영업권(goodwill) 한 기업이 동종산업의 다른 기업에 비하여 정상수익률 이상의 이윤을 얻을 수 있는 초과이익 창출능력으로서 입지조건, 우수한 경영진, 고객 충성도, 기술, 우수한 종업원 등 개별적으로는 식별가능하지 않으나 전체로서 미래 경제적 효익을 창출할 수 있는 무형의 가치. 회계에서는 자가창출 영업권은 인식하지 않고 유상으로 취득한 영업권만 인식하며, 취득한 영업권(purchased goodwill)은 피인수기업의 취득가액에서 순자산의 공정가치를 차감한 금액

유형자산(property, plant and equipment) 기업 고유의 영업활동을 달성하기 위하여 장기간 사용할 목적으로 보유하고 있는 자산으로서 물리적 형체가 있는 것

자본적 지출(capital expenditure) 자산의 가치를 실질적으로 증가시키는 경우의 지출로서 해당자산의 원가에 가산함

자산재평가(asset revaluation) 재무제표의 보고기간말에 자산을 공정가치로 평가하는 과정

정액법(straight-line depreciation method) 매기간 같은 금액을 감가상각하는 방법

증권형 금융자산 주식이나 사채와 같이 증권상에 권리가 부여된 금융자산. 보유자의 사업모형에 따라 상각후원가측정금융자산, 당기손익-공정가치측정금융자산, 기타포괄손익-공정가치측정금융자산으로 분류함

지분법(equity method) 피투자회사 순자산가치의 변동을 관계기업투자주식의 장부금액에 연계시켜 반영하는 회계처리방법

투자활동(investment activities) 현금과 영업활동의 대상이 되는 자산을 제외한 다른 자산들의 취득과 처분 활동. 예를 들어, 투자자산이나 유형자산 및 무형자산의 취득과 처분 활동

연습문제

1. 다음 중 투자활동으로 분류되지 않는 것은?

① 외상매출금의 회수　　② 금융자산의 취득
③ 유형자산의 처분　　④ 무형자산의 매각

2. 다음 중 유형자산의 취득에 관한 설명으로 타당하지 않은 것은?

① 유형자산의 취득 후, 내용연수를 증가시키는 추가적인 지출은 원가에 포함시킨다.
② 유형자산은 취득시에 공정가치로 기록한다.
③ 설비자산의 취득시에 소요된 시운전비, 설치비도 취득원가에 산입한다.
④ 토지는 감가상각하지 않는다.

3. 증권형 금융자산은 최초 취득시 어떻게 평가하는가?

① 취득원가　　② 공정가치
③ 순실현가능가치　　④ 상각후원가

4. 기타포괄손익-공정가치측정금융자산의 평가손익은 포괄손익계산서의 어디에 반영되는가?

① 매출총이익　　② 영업이익
③ 당기순이익　　④ 총포괄이익

5. 다음 중 투자활동과 관련된 자산에 해당하지 않는 것은?

① 지분형 금융자산　　② 채무형 금융자산
③ 유형자산　　④ 현금및현금성자산

6. 유형자산의 가치가 시간의 경과에 따라서 일정하게 감소하고 기능적 진부화의 정도가 거의 무시되는 경우에 유형자산의 감가상각방법으로 적절한 것은?

① 정액법　　② 정률법
③ 이중체감법　　④ 생산량비례법

7. 자산의 평가와 관련된 설명으로 타당하지 않은 것은?

① 유형자산의 취득원가는 구입원가와 동 자산을 취득목적에 맞게 사용할 수 있도록 만들기 위해 소요된 모든 지출의 합이다.

② 유형자산은 취득 후에 재평가모형을 선택할 수 있으며, 그 후 원가모형으로의 회귀가 불가능하다.

③ 원칙적으로 모든 채무형 또는 증권형 금융자산은 취득 후에 공정가치로 기록되어야 한다.

④ 무형자산의 재평가이익은 기타포괄손익에 포함시켜야 한다.

8. 다음 중 무형자산이 아닌 것은?

① 특허권　　② 영업권

③ 광고선전비　　④ 개발비

9. 20×1년 1월 1일 나래기업은 운반용 차량을 6,000만원에 취득했다. 이 차량의 잔존가치는 1,000만원이며 내용연수는 4년이다. 이 차량을 정액법으로 감가상각한다면 20×2년 12월 31일의 장부금액은 얼마인가?

① 2,700만원　　② 3,500만원

③ 4,750만원　　④ 5,000만원

10. 채무형 금융자산 보유자의 사업모형목적이 원리금 회수라면 재무제표상에 무슨 자산으로 분류해야 하는가?

① 당기손익-공정가치측정금융자산　　② 기타포괄손익-공정가치측정금융자산

③ 상각후원가측정금융자산　　④ 장부가치측정금융자산

11. 다음 중 무형자산에 대한 설명으로 옳은 것은?

① 내부적으로 창출한 상표가치는 경제적 가치가 크기 때문에 무형자산으로 인식한다.

② 합병시의 영업권은 취득금액에서 피인수기업의 식별가능한 순자산의 취득원가를 차감하여 결정한다.

③ 연구 및 개발단계에서 발생한 지출은 기업 내부에서 자가창출한 것이므로 모두 비용처리된다.

④ 영업권은 상각하지 않고 매 보고기간말 손상검사를 실시하여 손상된 경우 손

상차손을 인식한다.

12. 다음은 (주)한양의 주가 변화를 나타낸 것이다.

일 자	공정가치
20×1년 7월 20일	₩300,000
20×1년 12월 31일	340,000
20×2년 12월 31일	355,000

(주)성균관은 20×1년 7월 20일 단기운용 목적으로 (주)한양의 주식을 취득하였으며, 취득수수료 ₩3,000을 지급하였다. 20×2년 12월 31일에 인식할 당기손익-공정가치측정금융자산평가손익은 얼마인가?

① 평가손익 없음　　② 평가이익 ₩12,000
③ 평가이익 ₩15,000　　④ 평가이익 ₩52,000

13. 현금및현금성자산에 대한 다음의 설명 중 적절하지 않은 것은 무엇인가?

① 현금성자산은 단기적인 운용을 목적으로 취득한 유동성이 가장 높은 단기금융자산이다.
② 타인발행수표, 배당증권 등의 통화대용증권은 현금및현금성자산에 포함된다.
③ 결산일 현재 1년 내에 만기가 도래하는 정기예금 또는 사용이 제한되어 있는 단기예금은 유동자산으로서 현금및현금성자산에 포함된다.
④ 취득 당시 만기가 3개월 이내에 도래하는 채권은 현금및현금성자산으로 분류한다.

14. 다음 중 맞는 것에는 ○, 틀린 것에는 ×표를 하시오.

(1) 주식은 기타포괄손익-공정가치측정금융자산으로 분류할 수 없다. ( )
(2) 기타포괄손익-공정가치측정금융자산의 기말평가손익은 당기손익에 반영한다. ( )
(3) 상각후원가측정금융자산의 장부금액은 만기까지 변하지 않는다. ( )
(4) 관계기업투자주식은 기말에 공정가치 평가에 따른 평가손익을 인식하지 않는다. ( )

해답

1. ①	2. ②	3. ②	4. ④	5. ④
6. ①	7. ③	8. ③	9. ②	10. ③
11. ④	12. ③	13. ③	14. (1) ×, (2) ×, (3) ×, (4) ○	

사례연구

1. 투자활동이란 무엇인가?

기업의 영업활동과 투자활동은 구분하기가 쉽지 않다. 여러분이 많이 들어본 기업의 활동 중에서 영업활동과 투자활동을 각각 10개씩 들어보시오.

2. 자산의 공정가치 평가

미래기업(주)는 보고기간말에 회계기준에 어긋나지 않은 한 자산을 공정가치로 평가하고자 한다. 미래기업(주)는 다른 회사가 발행한 주식과 사채를 가지고 있다. 주식 중에서 일부는 비상장주식이 포함되어 있다. 그리고 미래기업(주)는 전국에 상당한 토지를 보유하고 있는데, 강원도 산간지방의 산도 포함되어 있다. 또한 미래기업(주)는 최근에 다른 기업을 합병하면서 프리미엄으로 준 금액을 영업권으로 평가하여 무형자산의 일부로 보유하고 있다. 미래기업(주)의 자산을 공정가치로 평가함에 있어서 어려움은 무엇인가?

3. 토지의 재평가

서초(주)는 펄프를 원료로 종이를 생산하는 제조기업이다. 펄프의 안정적인 공급을 위해서 나무가 심어진 많은 토지를 소유하고 있다. 그런데 최근 몇 년 사이에 토지가격이 상승하여 재무상태표에 공시된 토지의 장부금액이 토지의 공정가치보다 매우 낮다. 서초(주)의 CFO는 토지를 공정가치로 평가할 것을 검토중이다. 만일 공정가치로 평가하면 공정가치가 변동할 때마다 재평가를 해야 하기 때문에 번거로운 절차를 거쳐야 하는 단점이 있다.

〈요구사항〉

(1) 재무상태표상의 토지의 장부금액이 4,000,000원인데 공정가치는 6,000,000원이다. 토지를 원가로 평가할 때와 공정가치로 평가할 때 그 금액은 각각 얼마인가?

(2) 토지의 재평가 전 서초(주)의 총자산은 10,000,000원이고 총부채는 6,000,000원이다. 부채비율은 몇 %인가? 부채비율은 총부채를 자기자본으로 나누어 계산한다. 만일 서초(주)가 토지를 공정가치로 재평가한다면 부채비율은 어떻게 변하는가?

(3) 토지의 재평가로 인해 총자산회전율과 자기자본회전율은 어떤 변화가 있는가?

4. 지분법회계처리

이담주식회사는 20×1년초에 목도주식회사 발행주식의 30%인 200주를 주당 7,000원에 매입하였다. 20×1년말에 목도주식회사는 당기순이익 500,000원을 보고하였다. 한편 동 일자에 목도주식회사는 주주에게 배당금 150,000원을 지급하였다. 관계기업투자주식과 관련된 거래들을 지분법에 따라 회계처리하시오.

5. 무형자산의 평가

소프트웨어 개발산업에 종사하는 기업들의 가치는 그 기업의 기술력과 전문인력의 능력에 따라 큰 차이가 있다. 엔씨소프트나 네이버, 다음(daum)과 같은 기업들의 무형자산은 어떻게 평가하여 재무상태표에 인식하는 것이 좋은가?

6. 연구개발활동과 무형자산

연구개발활동에 관한 지출의 회계처리를 요약하면 다음 그림과 같다. 이 그림을 설명하시오.

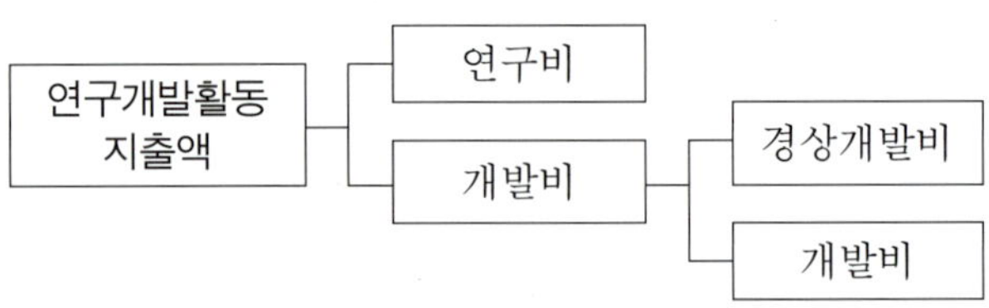

7. 영업권의 현금화

귀하는 재무회계수업을 수강하면서 기업의 투자활동과 관련된 사례연구를 수행중이다. 해당 사례연구에서 당사는 자금조달의사결정의 일환으로 어느 자산을 매각하여 필요한 자금을 확보할지 고민중에 있다. 이때 재무관리를 전공하는 친구가 찾아와서 해당회사의 재무제표를 검토하더니 이 회사는 상당한 금액의 영업권을 보유하고 있다며 그 무형자산을 처분하여 자금을 확보할 것을 권하였다. 그 친구가 제시한 의견의 타당성에 대하여 평가하시오.

8. 영업권의 측정

감물(주)는 불정(주)를 매입하여 합병하고자 한다. 불정(주)의 20×1년말 현재 재무상태는 다음과 같다.

(단위 : 원)

자　　산		부채 · 자본	
현　　금	100,000	유동부채	250,000
매출채권	150,000	자 본 금	400,000
재고자산	170,000	이익잉여금	470,000
유형자산	700,000		
총계	1,120,000	총계	1,120,000

불정(주)의 각 자산과 부채의 공정가치는 다음과 같다.

공정가치	
현　　금	100,000
매출채권	190,000
재고자산	300,000
유형자산	950,000
유동부채	250,000

감물(주)는 합병대가로 1,895,000원을 현금지급하였다.

〈요구사항〉

위의 자료를 토대로 감물(주)가 불정(주)를 매입하여 합병할 때 인식해야 할 영업권의 가치를 계산하시오.

9. 자산이란 무엇인가? (I)

당신은 '21세기 여우' 영화제작사의 회계담당자이다. 회사는 최근 두 종류의 영화를 제작하고 영화를 배급하기 전에 TV와 라디오, 신문 등에서 광고선전을 시작하고 있다. 두 영화 중의 하나는 제목이 '30세기의 우주전쟁'이라는 공상과학영화로서 요즘 가장 뜨고 있는 배우들이 주연과 조연을 맡고 있다. 영화의 줄거리는 지구인이 100만 광년 떨어진 위성을 정복하는 이야기이다. 이 영화를 위해서 제작비를 엄청나게 투자했는데, 모든 관계자들이 영화가 히트할 것으로 예상하고 있다. 영화배급 전의 광고선전을 위한 예산도 20억원을 책정해 놓고 있다.

다른 하나의 영화는 '뜨거운 열정과 차가운 윤리'라는 로맨스 영화인데 신인배우를 등장시켰다. 회사에서는 이 영화는 크게 히트하지 못할 것으로 기대하지만 예술적인 가치가 있는 영화로 인정하고 있다. 영화의 줄거리는 뜨거운 열정을 가진 여인과 차가운 윤리를 가진 남자가 운명적으로 만나 이루지 못할 사랑으로 갈등을 한다는 이야기이다. 영화관계자들은 영화배급 전의 광고선전은 관객을 동원하는 데 도움이 될 것으로 생각하여 광고선전 예산으로 2억원을 책정하고 있다. 광고선전 예산을 영화제작비와 비교한다면 '뜨거운 열정과 차가운 윤리'가 '30세기의 우주전쟁'보다 훨씬 크다.

회사의 최고경영자는 영화배급 전의 광고선전은 관객동원에 큰 영향을 주게 되므로 비용이 아니고 자산으로 처리할 것을 지시하였다. 이 지시에 대하여 회사의 경영자들은 많은 토론을 벌였다.

〈요구사항〉
회계담당자인 당신의 의견으로는 영화배급 전에 광고선전을 위한 지출이 자산으로 처리되어야 하는지 결정하시오. 단, 반드시 합리적인 이유를 밝히시오.

10. 자산이란 무엇인가? (Ⅱ)

당신은 Korean Oil(주)의 회계담당자이다. 이 회사는 원유의 탐사로부터 정유에 이르기까지 기름에 관련된 모든 업무를 하고 있다. 원유의 탐사는 상당히 모험적인 성격이 강한 사업으로 볼 수 있다. 이는 지질학자들이 원유가 매장되어 있을 가능성이 큰 지역은 이야기할 수 있지만 상업적으로 가치가 있는 원유가 있는지의 여부는 실지로 시추를 해 보고 확인을 해야 알 수 있기 때문이다. 일반적으로 상업적 가치가 큰 시추공을 발견할 확률은 크지 않다.

Korean Oil(주)는 최근 석유가 매장되어 있으리라고 예상되는 서해안 두 지역을 매입하여 시추를 시작하였다. 두 지역 모두에 여러 개의 시추공을 뚫었는데, 한 지역에서는 상업적으로 가치가 있는 원유를 발견할 수 없었고 다른 지역에서는 질이 좋은 원유를 발견하였다. 발견된 지역에 매장된 석유의 양은 두 지역의 시추에 들어간 돈을 충분히 보상하고 남는다고 판단된다.

Korean Oil(주)의 사장은 석유시추에 들어간 지출액은 모두 자산으로 기록해야 한다고 지시하였다. 왜냐하면 석유발견을 실패한 지역도 성공한 지역을 발견하기 위한 과정이기 때문이다. 사장의 이러한 결정에 대하여 경영자들은 여러 가지 논란을 하다가 회계담당자인 당신을 초청하여 의견을 듣기로 하였다.

〈요구사항〉
시추를 하였지만 상업적으로 가치 있는 원유를 발견하지 못한 경우에 그 지출액을 자산으로 처리할 것인지 비용으로 처리할 것인지를 결정하시오. 단, 논리적 근거를 제시하시오.

11. 자산의 취득원가

대전(주)는 새로운 기계장치를 구입하였다. 그런데 기계의 구입에는 많은 부대비용이 들어서 이 부대비용을 기계의 취득원가에 포함해야 하는지 고민에 빠졌다. 기계의 구입가격과 부대비용은 다음과 같다.

기계의 송장가격	₩100,000
취득세	2,000
매입에누리	3,000
운송비	1,000
운송중의 보험료	2,000
설치비	4,000
시험가동비	3,000
설치 후의 기계수선유지비	5,000
구입기간 동안 정규직 종업원급여	4,000

〈요구사항〉

(1) 기계장치의 취득원가는 어떻게 산정하는가?

(2) 대전(주)가 계상할 기계의 취득원가는 얼마인가?

(3) 취득원가를 어떻게 산정하느냐에 따라서 향후 기업의 손익이 영향을 받는가?

12. 감가상각

수유(주)는 자동차부품제조회사이다. 20×1년 7월 1일 새 기계장치를 취득원가 1,000,000원에 구입했다. 이 기계장치의 잔존가치는 200,000원이고, 내용연수는 4년이며, 감가상각방법은 정액법이다.

〈요구사항〉

20×1년과 20×2년의 감가상각비와 20×1년말과 20×2년말의 장부금액을 계산하시오. 단, 감가상각비는 월할계산한다.

13. 분식회계

다음은 어느 재벌기업의 비자금 조성에 관한 일간지 기사(일부 수정)이다.

20×1년 6월 은행대출금 2억달러(2,235억원)를 모처에 비밀제공한 갑(주)가 당시 비자금을 '공기구 비품' 구입비로 분식회계처리했음이 밝혀졌다. 금융감독원은 또 당시 2억달러 제공사실을 감춘 갑(주)를 불성실공시법인으로 지정하는 방안을 검토중이다. 불성실공시법인으로 지정된 기업은 증권거래소가 주식매매거래를 하루 정지시킬 수 있으

며, 3번 불성실공시법인으로 지정될 경우 증권거래소가 상장을 취소시킬 수 있다.

갑(주)의 20×1년 분·반기 회계보고서와 연말 사업보고서를 검토한 결과에 따르면, 당시 갑(주)는 2억달러를 '투자' 자금이 아니라, 사무기기·소모품 등의 '공기구 구입비' 용도로 회계처리했던 것으로 밝혀졌다. 갑(주)가 금융감독원에 제출한 20×1년 사업보고서상의 재무상태표를 보면, 갑(주)의 '공기구 비품'의 장부금액은 20×0년말 279.3억원이었다가, 20×1년말에는 2,833.5억원으로 10배 이상 급증했다. 즉, 갑(주)는 20×1년에만 무려 2,554억원의 공기구 비품을 신규구입한 셈이다.[4] 한편 갑(주)의 20×2년 사업보고서를 보면 20×2년의 '공기구 비품' 신규구입비는 285억원으로 평년 수준으로 다시 돌아와 결국 2억달러를 갑(주)의 소모품 자산으로 둔갑시킨 것이 아니냐는 의혹을 받게 되었다.

특히 갑(주)의 20×1년 반기보고서(1~6월)와 그해 3분기보고서(7~9월)의 '공기구 비품' 항목은 누계 기준으로 각각 315억원과 306억원으로 이상 징후가 없었다. 결국 갑(주)는 비자금 2,235억원을 20×1년 9월까지 회계처리하지 않고 있다가, 20×1년 4분기에 부랴부랴 '공기구 비품' 비용으로 장부상 둔갑시킨 것으로 보인다. 또 당시 갑(주)의 '기계 및 장비' 항목도 20×1년 3분기까지는 1,049억원이었다가, 그해 4분기에는 2,514억원으로 급증하는 이상 흐름을 보였다.

분식회계는 오랜 역사를 가지고 있다. 불행히도 분식회계가 즉시 적발되는 경우는 드물다. 하지만 회계는 기업활동을 기록하는 역할을 담당하기 때문에 회계정보를 주목하여 추적하면 웬만한 분식회계를 사후적으로나마 발견할 수 있다. 주식회사 형태로 운영되는 현대사회의 기업은 많은 이해관계자로 둘러싸여 있다. 기업이 잘못될 때 이들 이해관계자들은 직간접적으로 큰 피해를 입을 수 있다.

〈요구사항〉

갑(주)의 분식회계(자산의 가공계상)가 향후 경영성과 혹은 재무상태 등에 미치게 될 영향을 생각해 보시오. 또한 최근에 발생한 국내외 대표적인 분식회계의 유형을 각 재무제표 항목에 초점을 맞추어 요약해 보고, 그것이 이해관계자에게 미치는 사회적 파장에 관하여 논의해 보시오.

---

4) 갑(주)가 20×1년 9월말과 12월말에 각각 금융감독원에 제출한 재무제표. '공기구 비품' 항목이 20×0년 12월말의 279.3억원과 20×1년 9월말의 306.7억원에서 20×1년 12월말에는 갑자기 2,833.5억원으로 10배 가까이 뛴 것을 알 수 있다.

CHAPTER 6

재무활동과 관련된 회계정보

제 1 절 기업의 재무활동
제 2 절 재무활동과 관련된 부채
제 3 절 재무활동과 관련된 자본
제 4 절 자본과 기업가치
제 5 절 재무상태표의 형식과 내용

제1절 기업의 재무활동

기업의 재무활동은 영업 및 투자 활동에 필요한 자금을 조달하거나 이를 상환하는 활동을 의미한다. 자금을 외부로부터 조달하는 방법은 다음과 같이 크게 두 가지로 나누어진다.

첫 번째 방법은 타인으로부터 자금을 빌리는 방법이다. 즉, 은행, 지인, 또는 일반대중으로부터 돈을 빌리는 것이다. 이렇게 다른 사람들(채권자)로부터 돈을 빌리면 미래에 갚아야 할 금전상의 의무가 생기기 때문에 이를 보통 '빚' 또는 차입부채(debt)라고 하며, 타인으로부터 조달한 자본이기 때문에 타인자본이라고도 한다.[1] 이렇게 타인에게 빌린 돈은 약속한 기한 내에 갚아야 하고, 빌린 돈에 대한 대가인 이자도 지급해야 한다.

두 번째 방법은 기업의 소유주가 자신의 자금을 투자하거나 다른 사람들에게 주식을 발행하여 자금을 조달하는 방법이다. 주식을 소유하게 되면 기업에 대한 소유지분을 갖게 되어 주주가 되므로 이렇게 마련된 자금을 자본 또는 자기자본이라고 한다.[2] 예를 들어, 창업하기 위하여 사업을 시작하는 사람이 10억원의 자기 자금을 사업에 투자하거나, 주식발행으로 10억원을 조달하였다고 하면 이 10억원이 바로 자본이 된다. 소유주 또는 주주가 출자한 자금 이외에 기업을 운영하여 벌어들인 이익을 재투자 등의 목적으로 유보한 자금도 자기자본의 일부가 된다.

재무상태표 오른쪽에는 기업이 자금을 누구(즉, 채권자 또는 주주)로부터 얼마를 조달했는지 표시되며, 이를 통해 기업의 재무구조(capital structure)를 알 수 있다. 한편, 왼쪽에는 조달된 자금을 어떠한 형태(즉, 현금, 재고자산, 또는 토지 등)로 얼마를 보유하고 있는지가 표시된다. 제2장에서 설명한 회계등식(자산=부채+자본)은 바로 자금을 어떻게 조달했으며, 이 자금이 어디에 투자되어 있는지를 나타낸다.

---

1) Debt와 liability는 모두 부채로 번역되는 경우가 많으나 혼란을 방지하기 위해 재무활동을 통한 부채, 즉 debt에는 차입부채라는 용어를 쓰기로 한다. liability(부채)에는 차입부채와 영업활동을 통한 부채(예, 매입채무)가 모두 포함된다.
2) 회계에서 주로 사용하는 부채와 자본이라는 용어는 재무관리에서 주로 타인자본과 자기자본이라는 용어로 각각 사용된다.

ABC 기업	재무상태표 20×3년 12월 31일
자금의 운용 (자산)	남에게서 빌린 자금 (부채) 기업주가 투자한 자금 (자본)

1. 타인으로부터 자금을 조달하다

타인자본이란 회계용어로는 부채이다. 부채(liabilities)는 기업이 타인으로부터 자금을 빌리고 미래에 갚아야 될 현재의 경제적 의무를 의미한다.

타인으로부터 자금을 빌리는 방법 중 대표적인 것은 차입금과 사채이다. 차입금(borrowings)은 소유주가 아닌 다른 사람이나 금융기관 또는 다른 기업으로부터 자금을 빌리는 것이다. 자금을 빌리게 되면 만기에는 원금을 상환해야 하고, 빌린 기간 동안 원금에 대한 이자를 지급해야 한다. 기업은 신용으로 자금을 조달하기도 하고, 자신이 보유하고 있는 자산을 담보로 제공하고 자금을 조달하기도 한다.

사채(bonds payable)는 기업이 장기적으로 사용할 자금을 조달하기 위하여 사채증권을 발행하여 다수의 일반대중으로부터 자금을 차입하는 것이다.[3] 기업(채무자)의 입장에서는 사채의 발행을 통해서 불특정 다수의 대중으로부터 큰 규모의 자금을 조달할 수 있다. 사채에 대해서는 제2절에서 자세히 설명하기로 한다.

기업은 장기적인 영업성과 등을 정확히 예측하여 차입금이나 사채를 무리 없이 빌려야 한다. 만약 불경기가 계속되어 기업의 영업성과가 좋지 않으면 차입금이나 사채에서 발생하는 이자비용을 부담하기 어렵게 되고, 만기에 원금을 상환하기 어렵기 때문에 지급불능상태, 즉 부도가 발생할 위험마저 있다.

차입금이나 사채 이외에 타인으로부터 자금을 조달하는 중요한 방법으로 리스가 있다. 리스(lease)란 특정자산을 소유하고 있는 리스회사가 해당자산을 사용하고자 하는 리스이용자에게 리스자산을 대여하고 리스이용자는 이에 대한 대가로 정기적으로 일정금액(리스료)을 리스회사에 지급하는 거래형태를 의미한다. 예를 들어, 대한항공이나 아시아나항공과 같은 항공사는 비행기를 직접 구입하여 운행하기도 하지만, 비행기를 빌려 쓰는 형태로 운행하기도 한다. 즉, 비행기를 소유하고

3) 여기서 사채(社債)는 회사가 발행하는 회사채(會社債)의 줄임말로서, 개인 또는 사채업자에게서 빌린 돈을 의미하는 사채(私債)와는 다른 개념이다.

있는 리스회사에 약속된 기간 동안 일정금액의 리스료를 정기적으로 지급하면서 비행기를 운행하는 것이다. 이는 마치 리스이용자가 리스회사로부터 자금을 빌려 해당자산을 구입하고, 빌린 자금에 대한 원금과 이자를 정기적으로 상환하는 것과 비슷한 구조이기 때문에 리스는 차입과 비슷한 자금조달방법의 하나로 여겨진다. 리스의 대상이 되는 자산은 다양하여 자동차, 컴퓨터, 복사기 등과 같은 작은 물건부터 항공기나 선박 또는 공장의 설비자산과 같은 큰 자산까지 포함된다.

2. 기업의 주인인 주주로부터 자금을 조달하다

자기자본의 조달에 앞서 기업의 형태를 두 가지로 나누어 보면, 기업은 자연인기업(개인기업)과 법인기업으로 크게 구분할 수 있다.

자연인기업이란 기업과 소유주가 서로 분리되지 않은 형태의 기업을 말한다. 이는 가장 초보적인 기업형태이다. 기업과 소유주가 분리되어 있지 않기 때문에 기업의 자산이 바로 소유주의 자산이고 기업의 부채가 소유주의 부채이다. 자연인기업에서는 기업과 소유주가 완전히 동일시된다.

다른 기업형태는 법인기업이다. 법인기업은 기업 자체가 하나의 독립된 법인격을 가짐으로써 기업과 소유주가 엄격히 분리된다. 즉 기업의 자산은 법인인 기업의 자산이지 기업 소유주의 자산이 아니고, 부채도 기업의 부채이지 기업 소유주의 부채가 아니다.

한문으로 인(人)은 사람을 가리킨다. 개인은 일상생활에서 권리와 의무의 주체이다. 즉 자신의 이름으로 물건을 사고 은행에 저금을 하고 기업에 취업을 하는 주체이다. 한편 법인(法人)은 사람은 아니나 법으로 인정하는 '人'이다. 즉 법으로 법인을 권리와 의무의 주체로 인정하여 소유주와 독립적으로 자산과 부채를 보유할 수 있게 하는 것이다.

법인기업 중에서 가장 대표적인 기업유형은 주식회사이다. 주식회사는 회사의 주인(주주)이 출자하는 자본만큼 주식을 발행하여 운영되는 회사의 형태이다. 주식회사의 주주는 자신이 출자한 자본금의 한도 내에서만 간접·유한 책임을 지며, 기타의 모든 책임은 법인기업 그 자체에 귀속된다. 예를 들어, 법인이 영업부진이나 자금상황 악화로 큰 금액의 부채를 상환하지 못하여 부도가 발생한 경우, 주주는 자신이 투자한 금액 한도에서만 책임을 진다. 즉, 주주는 자기가 투자한 금액을 모두 잃을 수는 있으나 채권자가 받지 못한 부채 등을 추가적으로 더 갚을 의무가 없는 것이다. 또한 주식회사의 소유주인 주주는 다른 사람에게 자신의 지분을 사고팔 수 있다는 장점이 있다. 회사의 주식이 유가증권시장이나 코스닥 등 공개된 주식거래소에 상장되어 있는 경우에는 온라인 거래 등을 통해서 주식을 쉽게 사고팔 수 있다. 비상장된 회사의 주식은 장외주식거래 사이트를 통하거나 개인끼리 매매가 가능하다.

주식회사는 많은 주주를 대상으로 주식을 발행할 수 있기 때문에 대규모의 자본을 조달할 수 있다. 즉, 한 사람으로부터 조달할 수 있는 자금은 제한되어 있으나, 수백 명 또는 수천 명이 기업에 투자한다면 대규모의 자금을 조달할 수 있는 것이다. 이때 주주는 자기가 투자한 지분율만큼의 소유권을 갖게 된다. 즉, 회사가 1,000주를 발행하였는데 이 중 20주를 소유하고 있다면 이 주주는 이 회사의 2%만큼을 소유하는 것이다. 주식은 자본의 일부분인 지분(持分)을 나타내므로 기업이 존속하는 한 상환할 필요가 없으며, 기업의 경영성과가 좋아서 이익이 나면 배당금의 형태로 주주에게 보상을 하면 된다.

3. 부채 또는 자기자본 : 어떤 방법으로 자금을 조달할 것인가?

기업의 운영이나 투자를 위해서는 끊임없이 자금이 필요하다. 영업을 통해서 충분한 현금을 창출하고 있다면 내부적으로 창출된 자금으로 영업 및 투자 활동을 수행할 수 있겠으나, 많은 경우 외부로부터 추가적으로 자금을 조달해야 한다. 특히, 회사가 사업 초기에 있거나 대규모의 투자를 수행하기 위해서는 외부자금 조달이 절대적으로 필요하다. 이때 경영자는 외부자금을 자본이나 부채 중 어떤 형태로 조달할 것인가를 고려하여 적절한 자본조달 형태를 선택하거나 또는 두 방법을 적절히 섞어서 사용해야 한다. 이때 경영자의 입장에서 고려해야 할 각 자금조달방법의 장·단점을 살펴보도록 하자.

(1) 자기자본을 통한 자금조달의 장·단점

주식을 발행하여 자본으로 자금을 조달하는 방법은 기존의 주주 또는 새로운 주주로부터 추가적인 투자를 받는 것이다. 주식은 정해진 만기와 이자가 없기 때문에 회사는 투자받은 금액을 상환할 의무가 없다. 따라서 자기자본으로 자금을 조달한다면 부채를 상환하지 못할 경우 발생하는 부도나 파산의 위험이 적으며, 회사의 성과에 따라서 유연하게 배당금 지급액을 결정할 수 있다.

그러나 기존 주주가 추가적으로 투자할 자금이 부족할 수도 있다. 또한 새로운 주주에게 주식을 발행하여 자금을 조달하는 경우에는 기존 주주들의 소유권이 낮아지게 되며 회사의 소유구조와 의사결정과정에 변화가 생길 수 있다. 예를 들어, 한 명의 창업자가 모든 지분을 가지고 있다면 창업자가 원하는 방향으로 경영을 할 수 있지만, 외부 투자자로부터 투자를 받았다면 창업자의 지분율이 낮아지고 외부투자자들도 경영의사결정에 참여하게 된다. 주주들은 의결권 행사를 통해 회사의 경영진을 교체할 수도 있기 때문에 창업자가 경영진에서 밀려날 수도 있다. 또한 주주들에게 일정한 금액의 배당을 지급할 의무는 없지만, 주주들이 배당을 지급할 것을 요구할 수도 있다.

(2) 부채를 통한 자금조달의 장 · 단점

부채의 가장 큰 특징은 만기에 원금을 상환해야 하고 일정한 이자를 자금의 사용대가로 지급해야 한다는 것이다. 만약 회사의 영업상황이 악화되는 등의 이유로 이자나 원금을 지급하지 못하는 경우에는 회사가 파산할 수도 있다. 회사가 파산절차에 들어가게 되면 기업이 소유하고 있는 자산 등을 처분하여 우선적으로 부채를 먼저 갚고, 남는 부분이 있으면 주주들에게 나누어주게 된다. 특히 경제 전체적으로 불황이 발생하는 경우 기업의 성과나 자금상황이 악화되는 경우가 많은데, 이때 부채의 원금이나 이자를 상환하지 못하여 기업이 파산하는 경우가 흔히 발생한다. 즉, 부채상환능력을 고려하지 않고 지나치게 많은 자금을 빌리는 경우, 기업의 생존에 중요한 불확실성이 발생하게 되는 것이다.

그렇다면 부채를 사용하지 않고 모두 자본으로 조달하는 것이 좋은 방법일까? 꼭 그렇지는 않다. 부채를 사용하게 되면 이자를 지급하는데, 이것이 비용으로 처리되어 법인세를 절감하는 효과가 있다. 즉, 정부에 지급하는 법인세를 계산할 때에는 이자비용을 차감한 금액을 바탕으로 하기 때문에, 이자비용에 법인세율을 곱한 금액만큼 법인세 납부금액을 절감할 수 있다. 반면, 자기자본으로 자금을 조달하는 경우 발생하는 배당금은 손익계산서상 비용이 아니며, 세금 계산시에도 역시 비용으로 처리되지 않기 때문에 법인세 절감효과가 없다.

제 2 절 재무활동과 관련된 부채

부채는 재무상태표에 유동부채와 비유동부채를 구분하여 표시한다. 유동부채는 재무상태표일로부터 1년 이내의 기간에 상환기일이 도래하는 부채를 말하고, 비유동부채는 상환기일이 1년 이후에 도래하는 부채이다.[4] 부채를 이렇게 구분하는 이유는 '언제 부채를 지급해야 하는가'가 매우 중요한 정보이기 때문이다. 예를 들어, 유동부채가 많다면 그 기업은 1년 이내에 많은 돈을 갚아야 하기 때문에 자금사정이 어렵고 영업이 위축될 가능성이 높게 된다. 비유동부채는 대부분 장기설비투자를 위해 조달되는 경우가 많은데, 만기가 1년 이후에 도래하지만 금액이 큰 경우가 많아서 원금과 이자의 상환계획을 잘 세워야 한다.

재무상태표상 부채는 영업활동을 통해서 발생하는 경우도 있고 재무활동을 통해서 발생하는 경우도 있다. 예를 들어, 상품을 외상으로 구매한 경우 발생하는 부채인 매입채무는 영업활동과 관련된 부채이고, 은행으로부터 빌린 부채인 차입금은 재무활동과 관련된 부채이다. 본장에서는 재무활동과 관련된 부채, 즉 차입부채(debt)를 좀더 구체적으로 살펴보기로 하자.

부 채

- **유동부채** : 1년 이내에 상환해야 하는 부채
  - 영업활동 관련 부채 : 매입채무, 선수금, 미지급비용 등
  - 재무활동 관련 부채 : 단기차입금 등
- **비유동부채** : 1년 이후에 상환해야 하는 부채
  - 영업활동 관련 부채 : 장기매입채무 등
  - 재무활동 관련 부채 : 장기차입금, 사채 등

4) 보다 구체적으로, 유동부채란 재무상태표일로부터 1년 또는 1영업주기(제4장 제1절 참조) 중 긴 기간 이내에 상환기일이 도래하는 부채를 말하고, 비유동부채는 유동부채에 포함되지 않는 부채로 정의된다. 본장에서는 편의상 1년을 기준으로 유동부채와 비유동부채로 구분한다.

1. 1년 이내에 상환해야 하는 부채

유동부채는 재무상태표일 현재 1년 이내에 상환해야 하는 부채이다. 대표적인 유동부채는 기업에서 자금이 필요해서 빌린 단기차입금이다. 상환기일이 1년 이후에 도래하는 차입금은 비유동부채로서 장기차입금으로 분류한다.

기업에서는 영업활동인 상품의 구매나 외상매입금의 지급 이외에도 재무활동인 자금 차입 목적으로 약속어음을 발행하기도 한다. 이러한 경우에는 지급어음계정이 아닌 단기차입금이라는 계정으로 회계처리한다.[5)]

2. 1년 이후에 상환해야 하는 부채

(1) 장기차입금

장기차입금은 금융기관 등 제3자로부터 자금을 차입하고 그 원금을 재무상태표일로부터 1년 이후의 일정시점에 상환하게 되어 있는 채무를 말한다. 만약 장기차입금 중에서 그 상환일이 1년 이내로 도래했을 경우에는 유동성장기부채로 재분류하여 이를 유동부채에 포함시켜서 보고한다. 예를 들어, 3년 만기로 빌린 차입금이

더 알아봅시다 **단기부채 상환능력–유동비율**

기업의 단기부채 상환능력을 나타내는 재무비율로서 유동비율이 있다. 유동비율은 유동자산을 유동부채로 나누어 구한다. 즉, 1년 내 상환해야 하는 유동부채를 갚기 위해서는 1년 내에 현금으로 전환되는 유동자산이 사용되는 것이 보통일 것이므로, 갚아야 하는 금액 대비 보유하고 있는 재원을 비교하는 것이다.

$$\text{유동비율} = \frac{\text{유동자산}}{\text{유동부채}}$$

유동비율이 높다면 갚아야 하는 부채에 비해서 충분한 수준의 재원을 보유하고 있다는 것이므로 유동성에 문제가 없다고 해석할 수 있고, 반대로 이 비율이 낮다면 현재 보유하고 있는 재원이 충분하지 않을 수도 있다고 해석할 수 있다. 이 비율은 기업의 유동성을 평가하는 데 가장 보편적으로 이용되는 재무비율이다.

---

5) 회계상 '지급어음'계정은 상품 구매와 같은 영업활동과 관련하여 약속어음을 발행할 때 사용한다. 투자활동인 설비자산의 구입에 대하여 약속어음을 발행할 경우에는 '미지급금'계정을 사용한다.

있다면 최초에는 장기차입금으로 분류하지만, 시간이 지나서 재무상태표일 현재(예 : 12월 31일)로부터 1년 이내에 상환해야 한다면 이를 재분류하여 유동성장기부채(유동부채)로 보고해야 한다.

(2) 사 채

기업은 다수의 일반대중으로부터 거액의 장기적인 자금을 조달하기 위하여 사채를 발행할 수 있다. 일반적인 차입금은 특정 금융기관이나 개인으로부터 빌리는 돈인

[그림 6-1] 사 채

더 알아봅시다 **장기부채 상환능력－부채비율**

기업의 장기부채 상환능력을 나타내는 재무비율로는 부채비율이 있다. 이는 기업이 장기적으로 채무의 원금과 이자를 원만하게 지급할 수 있는지를 평가하는 데 사용된다. 부채비율은 총부채를 자기자본으로 나누어 계산하는 것이 일반적이다.

$$\text{부채비율} = \frac{\text{총부채}}{\text{자기자본}}$$

부채비율이 높으면 자기자본에 비해서 부채가 상대적으로 많으므로 장기부채 상환능력이 낮다고 평가한다. 예를 들어, 부채비율이 200%이면 타인자본인 부채총계가 자기자본인 자본총계의 2배임을 나타내는 것이다. 부채비율은 기업의 장기부채 상환능력뿐만 아니라 기업의 자금조달방법의 상대적 비중을 나타낸다. 즉 자기자본에 대한 타인자본의 비중을 표시하고 있다. 따라서 부채비율은 기업의 재무구조를 나타내는 재무비율이라고도 한다. 부채비율은 다른 방식으로 정의되기도 한다. 예를 들어 총부채를 총자산으로 나눈 비율을 부채비율로 사용하거나, 영업부채를 포함하는 총부채 대신 이자지급부 차입부채만 이용하여 부채비율을 산출하기도 한다.

데 반해, 사채는 다수의 일반대중이나 금융기관으로부터 자금을 차입하는 형태이다. 사채를 구입한 투자자인 사채권자는 해당사채를 만기까지 보유하면서 정기적인 이자를 받을 수도 있고, 만기 이전에 다른 투자자에게 사채를 매도할 수도 있다.

사채를 발행할 때에는 사채권자의 권리를 표명하는 증서인 사채증서를 작성하여 사채를 취득하는 투자자에게 교부하게 된다. 사채증서에는 사채의 액면금액, 이자율, 이자지급일 및 만기일이 표시되어 있다. 액면금액(face value)은 사채를 발행한 기업이 사채의 만기시에 지급하게 되는 금액이다. 사채권면에 표시된 이자율은 액면이자율이라고 하는데, 발행회사가 지급하게 될 액면금액을 기준으로 하는 연간이자율을 말한다. 이자지급일은 연 1회 혹은 2회나 4회 등으로 구분하여 표시한다. 만기일은 사채의 액면금액을 지급하는 날짜를 말하는데, 장기사채인 경우 10년 이상이 될 수도 있지만 우리나라에서는 주로 3~5년 만기의 사채가 많이 발행된다.

산책로 **쿠팡의 자금조달**

2021년 3월 11일 뉴욕 증시에 상장하면서 5조원을 공모한 쿠팡은 상장 이후에도 물류센터 확충과 운영자금을 위해 담보대출, 유상증자 등으로 대규모 자금조달에 속도를 내고 있다. 먼저 상장 이후 2021년에만 네 차례 주주배정 방식의 유상증자로 약 1조 4,000억원을 조달하였고 2022년에도 같은 방식의 유상증자로 두 차례에 걸쳐 약 8,700억원을 조달하였다. 한편 상장 당시 최대 12억 5,000만달러(1조 4,000억원)까지 3년간 이용할 수 있는 무담보 리볼빙 한도 대출 계약을 했음에도 불구하고 무담보 리볼빙을 사용하지 않고 담보대출을 이용하여 추가자금을 조달하고 있다. 무담보 리볼빙은 정해진 한도 내에서 일정기간 대출과 상환을 자유롭게 할 수 있는 일종의 마이너스 통장이고, 사용한 대출금에 대해서만 이자를 내고 자금 이용이 유동적이라 금융비용을 낮출 수 있는 이점이 있다. 쿠팡은 무담보 리볼빙을 언제든지 사용할 수 있는 비상금 같은 것으로 생각하고, 담보대출이 순조롭게 이루어지고 있어 담보대출을 먼저 활용하고 있는 것으로 보인다. 쿠팡은 상장 이후 2021년에만 총 5차례의 고정금리(3.155~3.87%) 담보대출로 총 6,500억원(5억 3,000만달러)을 조달받았다. (조선비즈, 2022.3.8, 한경닷컴, 2022.8.2 수정요약)

제 3 절 재무활동과 관련된 자본

주식을 새로 발행하여 필요한 자금을 조달하는 것은 중요한 재무활동이다. 기업의 주주에게 배당금을 지급하는 것도 재무활동이다. 재무활동과 관련된 자본은 주주가 출자한 자금인 자본금과 자본잉여금, 그리고 배당 후의 이익을 합한 이익잉여금으로 크게 구분한다([그림 6-2] 참조).

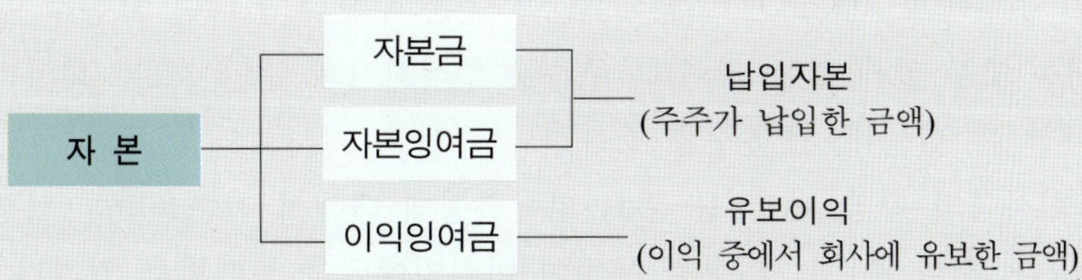

[그림 6-2] 자본의 구성

1. 주식에는 어떠한 종류가 있는가?

주식회사에서 발행하는 주식이 한 종류인 경우에는 이를 보통주라고 부른다. 회사는 두 종류 이상의 주식을 발행할 수 있으며, 이때 기준이 되는 보통주보다 배당 등 다른 조건이 우선하는 주식이 있으면 이를 우선주라고 한다. 회사가 여러 종류

[그림 6-3] 주 식

의 주식을 발행하는 이유는 투자자의 기호에 따라서 적합한 주식을 선택할 수 있도록 하여 자금조달을 쉽게 하기 위한 목적이다.

(1) 보통주

보통주(ordinary share 또는 common stock)는 주식회사의 가장 일반적인 주식이다. 보통주는 기업이 사업운영에 실패하면 최종적인 위험을 부담하게 되고, 성공하면 이익을 분배받는 잔여지분의 성격을 갖는다. 즉, 기업이 도산하게 되면 회사의 자산 등을 처분하여 부채를 우선 상환하고 우선주 주주에게 지급한 후 남는 부분이 있으면 보통주 주주에게 지급하게 되는데, 만약 남는 부분이 없다면 보통주 주주는 투자한 금액을 모두 잃게 되는 것이다. 주주는 주식회사의 주인이므로 회사의 의사결정에 참여할 수 있는데, 보통주를 소유한 주주들은 이사회의 이사의 선임이나 해임, 다른 회사와의 합병, 배당 등 주요 의사결정에 대해서 지분율만큼 의결권을 행사할 수 있다. 또한 주주는 배당을 통하여 이익잉여금을 분배받을 권리가 있고, 회사가 신주를 발행할 때에는 이를 우선적으로 인수할 수 있는 권리가 있다.

(2) 우선주

우선주(preference share 또는 preferred stock)는 보통주에 비하여 특정한 권리가 우선하여 적용되는 주식으로서, 일반적으로 보통주에 우선하여 일정률의 배당금을 지급받을 권리가 보장된다. 또한 회사가 청산하는 경우 보통주보다 우선권을 갖는다. 그러나 우선주는 일반적으로 의결권이 없기 때문에 주주로서 경영에 참여할 수는 없다. 이러한 이유로 우선주는 주식시장에서 보통주보다 낮은 가격에 거래되는 경우가 일반적이다. 예를 들어, 삼성전자는 보통주와 우선주를 모두 발행하고 있는데, 삼성전자의 우선주는 보통주보다 액면금액을 기준으로 1%의 배당을 더 받을 수 있는 대신 의결권이 없다. 결과적으로 삼성전자의 우선주는 주식시장에서 보통주보다 낮은 가격에 거래되고 있다. 우선주는 일정률의 배당금을 우선 지급받고 의결권이 없다는 점에서 부채와 비슷한 성격을 갖는다.

주 식
- 보통주 : 주식회사가 발행한 주식 중에서 표준이 되는 주식
- 우선주 : 일반적으로 보통주보다 높은 배당을 우선적으로 받을 권리가 부여되나 경영참여권이 없는 주식

2. 자본금이란 무엇인가?

주식에는 주당 5,000원 또는 1,000원 등 액면금액이 정해져 있는데, 보통주의 주당 액면금액에 발행주식수를 곱한 금액을 자본금이라고 하고, 이를 재무상태표의 자본부분에 기록한다.[6] 만약 한 회사가 보통주 및 우선주와 같이 서로 다른 종류의 주식을 발행하는 경우에는 이를 별도로 구분하여 표시한다. 즉, 보통주의 주당 액면금액에 발행주식수를 곱한 금액을 보통주자본금으로, 우선주의 주당 액면금액에 발행주식수를 곱한 금액을 우선주자본금으로 기록한다.

기업이 주식을 발행하는 경우는 회사를 설립할 때와 설립 후 자금이 추가로 필요한 때이다. 주식을 발행할 때에는 주권에 정해진 액면금액으로 발행되는 경우도 있으며 이를 액면발행이라고 한다. 그러나 주식의 발행가격은 액면금액과 다를 수 있다. 특히 증권거래소에 상장되어 있는 회사의 주식을 발행하는 경우에는 최근 거래가격 등을 반영하여 발행가격이 정해지므로 대부분 액면금액과 다른 금액으로 주식이 발행된다.

만약 액면금액보다 높은 금액으로 주식을 발행하면 이를 할증발행이라고 한다. 이때 주식의 액면금액만큼은 자본금으로 기재되고 액면금액을 초과하는 금액은 주식발행초과금으로 기록하게 되며, 주식발행초과금은 자본잉여금에 속한다. 주식의 액면금액 이하로 주식이 발행되기도 하며 이를 주식의 할인발행이라고 하는데, 주식의 할인발행은 매우 예외적인 경우에만 발생한다.

발행금액 > 액면금액 : 할증발행
발행금액 = 액면금액 : 액면발행
발행금액 < 액면금액 : 할인발행

더 알아봅시다 **자본의 구성요소**

자본은 자본금, 자본잉여금, 이익잉여금으로 크게 나누어지지만 이 외에도 자본조정과 기타포괄손익누계액이 있다. 자본조정에 속하는 항목에는 여러 가지가 있지만 그중에서 자기주식(treasury stock)의 비중이 가장 크다. 자기주식은 기업이 이미 발행한 주식을 다시 취득하여 보유하고 있는 것이다. 예를 들어, LG전자가 발행했던 LG전자 주식을 주식시장을 통해 다시 사들여서 소각하지 않고 보유할 때 이를 자기주식이라 한다. 기업은 종업원이나 경영진에게 스톡옵션을 지급하기 위해서나 합병의 방지 등을 이유로 자기주식을 취득한다. 기타포괄손익누계액은 대부분 미실현손익 항목들인데 자산재평가이익, 금융자산평가손익, 확정급여부채의 재측정요소 등으로서 중급회계나 고급회계에서 다루고 있다.

---

6) 주식의 최저액면금액은 100원이고, 200원, 500원, 1,000원, 2,500원, 5,000원의 여섯 가지 액면으로 발행할 수 있다. 상법에 따라 액면금액이 없는 무액면주식도 2012년부터 발행가능하다.

3. 자본잉여금이란 무엇인가?

자본잉여금은 주주가 납입한 금액 중에서 액면금액의 합(자본금)을 초과하는 금액이다. 예를 들어, 어떤 주식회사가 액면 5,000원의 주식 1,000주를 주당 7,000원에 발행하면, 자본금은 액면금액의 합인 5,000,000원으로 기록되고 초과분 2,000,000원은 주식발행초과금이라는 자본잉여금 항목에 기록된다.7)

4. 이익잉여금이란 무엇인가?

이익잉여금이란 기업 밖으로 유출되지 않고 기업 내부에 유보되어 있는 이익의 누적금액이다. 예를 들어, 기업이 지난 1년간 1억원의 이익을 벌었으며, 이 중 3천만원을 주주들에게 배당으로 주고 나머지는 회사에 남겨 두었다고 가정하자. 이때 회사에 유보된 7천만원이 이익잉여금으로 누적되어 재무상태표에 보고된다. 이익잉여금을 영어로는 "retained earnings"라고 하는데, 이를 직역하면 유보이익이다.8)

이익잉여금을 증감시키는 항목들은 여러 가지가 있지만 두 가지 주요 원인은 당기순이익과 배당금이다.

(1) 당기순이익

한 회계기간 동안 순이익이 발생하면 그만큼 이익잉여금이 늘어나고 순손실이 발생하면 이익잉여금이 줄어든다. 이익잉여금은 자본의 한 구성요소이므로 순이익이 발생하면 자본이 증가하고 순손실이 발생하면 자본이 감소한다.

(2) 배당금

배당금(dividends)이란 주주가 회사에 투자한 자본에 대한 보상으로 주주에게 지급되

---

7) 자본잉여금에는 주식발행초과금 이외에도 감자로 인한 감자차익, 합병으로 생기는 합병차익 등이 있는데, 이는 중급회계에서 다루고 있다.

8) 실무에서 사용되는 '사내유보금'이라는 용어는 (약간의 차이가 있기는 하지만) 대략적으로 회계상 이익잉여금에 해당한다. 사내유보금이라는 표현으로 인해 마치 사내에 남아 있는 현금으로 오해되기도 하지만, 유보이익(즉, 이익잉여금)은 현금과는 분명히 다른 개념이다. 즉, 10억원만큼의 이익잉여금이 있다면, 이 금액만큼 자산에 투자되어 있다는 것을 의미한다. 따라서 동 금액이 재고자산, 유형자산, 현금 등 다양한 항목으로 존재할 수 있다.

는 이익의 일부인데, 주로 현금으로 지급된다. 주주에게 배당금이 지급되면 그 금액만큼 이익잉여금이 줄어든다.

기업이 어느 정도의 배당금을 지급할 것인지는 배당가능한 이익과 현금의 지급능력에 따라서 결정된다. 만약 곧 지급해야 할 부채가 있는 경우에는 높은 수준의 배당을 지급하지 못할 것이다. 반면에 당기순이익이 작다고 해도 과거에 높은 이익을 올렸고 이를 배당하지 않고 기업에 이익잉여금으로 남겨 놓았거나 현금사정이 매우 좋은 경우에는 높은 수준의 배당이 가능할 것이다.

제 4 절 자본과 기업가치

기업의 가치는 어떻게 측정할까? 기업은 수많은 자산과 사람과 기술력으로 이루어진 조직이다. 이러한 자산, 사람, 기술력을 하나하나 평가해서 더하면 기업의 가치를 알 수 있을까? 아니면, 재무상태표의 차변에 표시된 자산총계가 기업의 가치를 나타낼 수 있을까?

기업의 가치는 일반적으로 기업 소유주인 주주의 입장에서 측정하고 있다. 그 이유는 만약 기업을 산다면 그 대가를 주주에게 주고 기업의 자산과 부채를 인수하게 되는데, 그 주주에게 지급하는 대가를 바로 기업의 가치라고 볼 수 있기 때문이다. 그러면 그 대가의 금액은 어떻게 측정할까?

기업의 가치는 개별 주식가치에 주식수를 곱한 금액으로 측정한다. 예를 들어, 주식가치가 한 주당 10,000원이고 발행한 주식수가 1,000주이면 기업의 가치는 10,000,000원이 되는 것이다. 즉, 이 회사의 주식 100%를 취득하여 기업의 주인이 되기 위해서는 10,000,000원이 필요하므로 이 금액이 기업의 가치가 된다.

오늘날 대부분의 대기업은 증권거래소에 상장되어 주권이 투자자간에 자유롭게 거래되고 있다. 주식의 가격은 해당주식에 대한 수요와 공급에 따라서 결정된다. 수요가 많으면 주가가 상승하고 공급이 많으면 주가가 하락한다. 어떠한 경우에 투자자들이 해당주식을 사려고 할까? 투자자들이 기업이 미래에 많은 순이익을 올릴 것으로 예상하면 그 기업의 가치가 상승할 것으로 예측하고 주식을 사려고 하므로 주식의 수요가 증가하여 주식가격이 상승한다. 반면에 앞으로 기업의 전망이 밝지 않을 것으로 예측된다면 기업가치가 내려갈 것이므로 투자자들은 해당주식을 내다 팔려고 할 것이다. 이 경우 주식시장에서는 주식의 수요보다 공급이 많아져서 주가가 하락한다.

기업의 가치를 나타내는 (주가×주식수)는 재무상태표에 기록되어 있는 자본과 차이가 있다. 재무상태표의 자본도 주주의 몫을 나타내지만 기업가치와 일치하는 경우는 매우 드물다. 그 이유는 기업은 자산뿐만 아니라 인적 구성원과 기술력 등이 종합적으로 어우러진 조직이기 때문이다. 예를 들어, 구글(Google)이나 마이크로소프트(Microsoft)와 같은 기업들은 자기자본의 장부금액은 낮지만 우수한 인재들과 높은 기술력으로 앞으로 높은 순이익을 벌어들일 것으로 예측되어 주가가 매우 높게 형성되어 있다. 반면에 기업의 규모가 커도 생산성이 낮고 기술력이 뒤쳐져서 앞으로 전망이 밝지 않은 경우에는 주가가 하락하여 기업가치가 자기자본의 장부금액보다 더 낮게 형성되기도 한다.

제 5 절 재무상태표의 형식과 내용

우리는 앞서 재무상태표의 차변에는 자산이, 대변에는 부채와 자본이 표시된다는 것을 공부했다. 제2장에서 재무상태표의 형식에 대해서 알아보았지만, 제3, 4, 5장에서 배운 내용을 바탕으로 다시 한 번 재무상태표의 내용과 형식에 대하여 좀더 공부해 보자.

재무상태표는 특정시점에서 기업의 재무상태를 나타낸다. 마치 사진을 찍는 것과 같이 어느 일정시점에서 기업의 자산, 부채, 자본의 구성내역을 나타내는 것이다. 이는 일정기간 동안 기업의 수익과 비용을 표시하는 손익계산서와는 다른 특성이다. 그래서 흔히 재무상태표는 정태적 재무보고서, 손익계산서는 동태적 재무보고서라고 한다.

재무상태표는 먼저 그 이름인 '재무상태표'를 제일 위의 중앙에 적고, 재무상태표의 주체인 기업의 이름을 왼쪽 위에 적으며 재무상태표가 나타내는 특정시점(날짜)을 중앙에 표시한다. 재무상태표의 구성요소인 자산, 부채, 자본의 금액은 원, 천원, 백만원 등 단위로 나타낼 수 있으며 이를 표시하기 위해서 금액의 단위를 오른쪽 위에 표시한다.

〈표 6-1〉의 재무상태표를 계정식 재무상태표라고 한다. 왜냐하면 재무상태표를

〈표 6-1〉 계정식 재무상태표의 기본형식

재무상태표

회사명 : 서울(주) 20×1년 12월 31일 현재 (단위 : 천원)

자 산			부 채		
Ⅰ. 유동자산		179,000	Ⅰ. 유동부채		140,000
현금및현금성자산	40,000		매 입 채 무	80,000	
매 출 채 권	49,000		단기차입금	50,000	
재 고 자 산	90,000		미지급광고비	10,000	
Ⅱ. 비유동자산		230,000	Ⅱ. 비유동부채		50,000
투 자 자 산	70,000		장기차입금	10,000	
유 형 자 산	150,000		사 채	40,000	
무 형 자 산	10,000		부채총계		190,000
			자 본		
			Ⅰ. 자 본 금		100,000
			Ⅱ. 자본잉여금		35,000
			Ⅲ. 이익잉여금		84,000
			자본총계		219,000
자산총계		409,000	부채와 자본총계		409,000

왼쪽(차변)과 오른쪽(대변)으로 나누어, 왼쪽에는 자산을, 오른쪽에는 부채와 자본을 기록하여 그 모양이 계정(account)의 형식과 같기 때문이다. 일반적으로 실무에서 작성되는 재무상태표는 계정식으로 나타내지 않고 자산, 부채, 자본을 순서대로 표시하고 있다. 이러한 형식의 재무상태표를 보고식 재무상태표라고 한다. 〈표 6-2〉에는 현대자동차(주)의 보고식 재무상태표의 일부가 예시로 제시되어 있다.

재무상태표의 차변에 표시되는 자산은 기업이 영업활동과 투자활동을 수행하기 위하여 소유하고 있는 것으로서 재화나 권리를 포함한 여러 가지 경제적 자원을 나타낸다. 예를 들어, 기업은 현금, 기계, 공장건물 등을 사용하여 제품을 생산하고, 이를 통하여 앞으로 수익을 벌어들일 것이다. 이와 같이 미래의 수익을 창출하는 데 공헌할 수 있는 능력을 갖고 있는 경우 자산으로 인정된다.

자산은 유동자산과 비유동자산으로 구분해서 표시한다. 유동자산이란 재무제표 보고기간말을 기준으로 하여 1년 이내에 사용하거나 현금화할 자산, 그리고 비유동자산은 1년 이상 장기적인 목적으로 기업이 소유하고 있는 자산이다. 비유동자산은 일반적으로 투자자산(금융자산), 유형자산, 그리고 무형자산으로 나누어 표시한다.

〈표 6-2〉 보고식 재무상태표의 예 : 현대자동차(주)의 재무상태표 일부

연결재무상태표

제54기 2021.12.31 현재

현대자동차(주)와 그 종속기업 제53기 2020.12.31 현재 (단위 : 백만원)

	주 석	제54기		제53기	
자 산					
Ⅰ. 유동자산			88,565,366		83,686,357
1. 현금및현금성자산	20	12,795,554		9,862,136	
2. 단기금융상품	20	6,949,333		7,219,695	
3. 기타금융자산	5, 20	12,396,646		12,897,108	
4. 매 출 채 권	3, 20	3,147,296		3,283,972	
5. 기 타 채 권	4, 20	4,220,970		4,016,972	
6. 재 고 자 산	6	11,645,641		11,333,734	
7. 기 타 자 산	7, 20	2,081,853		2,033,371	
8. 당기법인세자산		47,346		138,848	
9. 금융업채권	14, 20	35,252,606		32,596,052	
10. 매각예정비유동자산	8	28,121		304,469	
Ⅱ. 비유동자산			145,381,049		125,657,855
1. 장기금융상품	20	306,410		61,859	
2. 기타금융자산	5, 20	3,539,286		2,779,227	
3. 장기성매출채권	3, 20	137,157		124,269	
⋮	⋮	⋮	⋮	⋮	⋮

재무상태표의 대변에 표시되는 부채는 상대방으로부터 현금을 빌리거나, 상품·제품과 같은 재화 또는 용역을 제공받았지만 그 대가를 아직 지급하지 않아서 장차 갚아야 할 경제적 의무를 말한다. 예를 들면, 채권자로부터 미래에 원금 및 이자를 갚는 조건으로 빌려온 차입금과 사채, 또는 후일에 대금을 지급하겠다는 조건의 광고선전비용(즉, 미지급광고비) 등이 여기에 해당한다. 부채도 자산과 마찬가지로 유동부채와 비유동부채로 나누어 표시한다.

자본은 기업의 소유주에게 귀속되어야 할 몫을 나타내기 때문에 소유주지분 또는 주주지분이라고도 한다. 앞에서 설명한 바와 같이, 자본은 자본금, 자본잉여금 및 이익잉여금으로 크게 구분된다.

이번 장에서 배운 용어

배당금 (dividends) 주주가 회사에 투자한 자본에 대한 보상으로 주주에게 지급되는 이익의 일부

법인기업 기업 자체가 독립된 법인격을 가짐으로써 기업과 소유주가 분리된 기업

비유동부채 (non-current liabilities) 재무상태표일로부터 1년 이후에 상환하는 부채

사채 (bonds) 기업이 장기적인 자금의 조달목적으로 일반대중으로부터 자금을 차입하기 위하여 발행하는 것으로, 이자지급과 원금상환 등의 조건이 기재된 증권

유동부채 (current liabilities) 재무상태표일로부터 1년 이내에 갚아야 하는 부채

이익잉여금 (retained earnings) 기업 밖으로 유출되지 않고 기업내부에 유보되어 있는 이익

자본금 (capital stock) 주식발행의 대가로 주주가 납입한 금액 중에서 액면금액에 해당하는 부분

자본잉여금 주주가 납입한 금액 중에서 액면금액을 초과하는 부분이나 기타의 자본거래로부터 발생한 잉여금

자연인기업 기업과 소유주가 분리되지 않은 형태의 기업

재무구조 (capital structure) 자본구조라고도 함. 기업의 자금이 어떠한 방법으로 조달되었는지를 나타내는 것으로 재무상태표의 부채와 자본의 구성 및 비중 상태

재무상태표 (statement of financial position) 특정시점의 기업의 재무상태를 나타내는 재무보고서. 재무상태는 자산, 부채, 그리고 자본으로 표시함

재무활동 (financing activities) 주식을 발행하여 자금을 조달하거나 제3자로부터 자금을 빌리는 일. 투자한 자금의 대가로 주주에게 배당을 지급하거나 제3자에게 빌린 자금에 대한 원리금을 상환하는 것도 포함

차입부채 (debt) 타인으로부터 돈을 빌려 자금을 조달할 때 발생하는 부채. 더 넓은 의미의 부채(liability)에 포함되며 차입금, 사채, 리스부채 등이 해당됨

연습문제

1. 사채증서의 권면에 표시되는 내용이 아닌 것은?

① 발행회사의 이름　　② 액면금액
③ 만기일　　④ 시장이자율

※ 다음 재무제표를 보고 문제 2~4에 답하시오(정답이 없으면 가장 근사한 값을 고르시오).

재무상태표

회사명 : 서울(주)　　20×1년 12월 31일 현재　　(단위 : 천원)

자 산			부 채		
Ⅰ. 유동자산		179,000	Ⅰ. 유동부채		140,000
현　　금	40,000		매 입 채 무	80,000	
매 출 채 권	49,000		단기차입금	50,000	
재 고 자 산	90,000		미지급광고비	10,000	
Ⅱ. 비유동자산		230,000	Ⅱ. 비유동부채		50,000
투 자 자 산	70,000		장기차입금	10,000	
유 형 자 산	150,000		사　　채	40,000	
무 형 자 산	10,000		부채총계		190,000
			자 본		
			Ⅰ. 자 본 금		100,000
			Ⅱ. 주식발행초과금		35,000
			Ⅲ. 이익잉여금		84,000
			자본총계		219,000
자산총계		409,000	부채와 자본총계		409,000

2. 유동비율은 얼마인가?

① 94%　　② 100%
③ 121%　　④ 128%

3. 부채비율은 얼마인가?

① 87%
② 105%
③ 121%
④ 125%

4. 기업의 1주당 주식 액면금액은 ₩5,000이다. 20×1년 12월 31일 현재 발행주식수는 얼마인가?

① 7,000주
② 16,800주
③ 20,000주
④ 27,000주

5. 자본에 관한 설명으로 타당하지 않은 것은?

① 보통주를 소유한 주주는 주주총회에 참가하여 의안에 대한 의결권을 행사할 수 있다.
② 우선주를 소유한 주주는 주주총회에 참가하여 의안에 대한 우선적인 의결권을 행사할 수 있다.
③ 주식은 액면금액과 다르게 발행될 수 있다.
④ 액면금액을 초과하여 발행한 금액은 자본잉여금에 속한다.

6. 다음 중 이익잉여금에 대한 설명으로 옳지 않은 것은?

① 다른 요소의 영향이 없을 때, 당기순이익이 증가하면 이익잉여금도 증가한다.
② 이익잉여금의 증감은 회사가 보유한 현금의 증감과 대체로 일치한다.
③ 배당은 이익잉여금을 감소시킨다.
④ 기업이 순이익만큼의 현금을 새로운 공장에 모두 투자하더라도 이익잉여금에의 영향은 없다.

7. 기업의 자본조달방법에 관한 설명으로 타당한 것은?

① 사채란 기업이 다수의 일반대중으로부터 자금을 차입하는 방법이다.
② 타인자본으로 조달한 자금은 자본으로 분류한다.
③ 사채권자는 주주와 같이 주주총회에 참석하여 경영에 참여할 수 있는 권리가 있다.
④ 회사는 경영성과에 관계없이 주주에게 매년마다 반드시 배당금을 지급해야 한다.

8. 팩토리(주)는 액면 ₩5,000인 보통주 100주를 주당 ₩15,000에 발행하였다. 이때 자본의 각 항목에 미치는 영향은?

① 자본금 ₩1,500,000 증가
② 자본금 ₩5,000 증가, 자본잉여금 ₩15,000 증가
③ 자본금 ₩500,000 증가, 자본잉여금 ₩1,000,000 증가
④ 자본금 ₩500,000 증가, 이익잉여금 ₩1,000,000 증가

9. 사채(社債)에 대한 설명으로 옳지 않은 것은?

① 사채는 회사가 일반 대중에게 증권을 발행하여 자금을 조달하는 것이다.
② 사채는 보통 만기와 이자율이 정해져 있다.
③ 사채를 보유하고 있는 투자자는 주주총회에서 주주와 동등한 권리를 가진다.
④ 발행된 사채는 투자자간에 서로 거래가 가능하기도 하다.

10. 다음 중 기업의 재무활동에 속하지 않는 것은?

① 은행으로부터의 차입
② 주주로부터의 유상증자
③ 타 회사 주식투자로부터의 배당금 수취
④ 사채에 대한 원금 상환

해답

1. ④	2. ④	3. ①	4. ③	5. ②
6. ②	7. ①	8. ③	9. ③	10. ③

사례연구

1. 재무구조와 이자부담

개인적으로 관심이 있는 기업 3개를 골라 최근 재무상태표를 보고 유동비율과 부채비율을 비교해 보시오. 어느 기업의 유동비율이 가장 높은가? 부채비율이 가장 높은 기업은 재무구조가 나쁘다고 할 수 있는가?

2. 사채와 자본

기업의 자금조달방법으로 사채를 발행하거나 주식을 발행하는 방법이 있다. 기업의 입장에서 사채와 주식 발행의 장단점을 생각해 보시오. 그리고 투자자의 입장에서 사채와 주식을 취득했을 때 장단점은 어떤 것이 있는가?

3. 부채와 자본의 구성

〈표 6-1〉은 재무상태표의 기본형식이다. 표를 참고하여 다음 물음에 답하시오.

〈요구사항〉

(1) 타인자본과 자기자본은 각각 얼마인가?

(2) 기업의 단기부채 상환능력을 측정하는 재무비율인 유동비율을 계산하시오.

(3) 기업의 장기부채 상환능력을 측정하는 재무비율인 부채비율을 계산하시오.

4. 기업가치와 자기자본

삼성전자의 주가와 총발행주식수를 알아보고 삼성전자의 기업가치를 측정해 보시오. 재무상태표의 자기자본과 비교하면 기업가치와 자기자본 중에서 어떤 금액이 더 큰가? 그 차이는 무엇인가?

5. 적정한 재무구조

재무관리에서는 오래전부터 기업의 재무구조에 대한 많은 연구가 수행되었다. 가장 대표적인 연구는 부채와 자본의 적정비율에 관한 연구이다. 즉 기업에서 타인자본과 자기자본의 최적의 구성비율에 대하여 연구하였다.

〈요구사항〉

(1) 최적의 부채비율이 존재하는가?

(2) 경기가 악화되면 부채비율이 높은 기업들의 재무사정이 급격히 악화된다. 그 이유는 무엇인가?

6. 재무상태표에 표시된 자본의 해석

20×1년말 현재 구정(주)의 재무상태표상에 표시된 자본계정은 다음과 같다.

〈자 본〉

Ⅰ. 자 본 금		
보통주 자본금	₩1,230,000	
우선주 자본금	1,080,000	₩2,310,000
Ⅱ. 주식발행초과금		
보 통 주	₩762,600	
우 선 주	81,000	843,600
Ⅲ. 이익잉여금		60,000
자 본 총 계		₩3,213,600

〈요구사항〉

위의 자료를 기초로 하여 아래의 물음에 대하여 간략하게 답하고, 각각의 계산의 근거를 밝히시오. 단, 보통주와 우선주의 1주당 액면금액은 각각 500원과 2,500원이다.

(1) 20×1년 12월 31일 현재 보통주와 우선주의 발행주식수는 각각 얼마인가?

(2) 보통주의 주당 평균발행가격은 얼마인가?

(3) 우선주의 주당 평균발행가격은 얼마인가?

7. 차입을 통한 기업매수

1980~1990년대에 미국에서는 주가가 낮은 기업을 대상으로 차입을 통한 기업매수(leveraged buyout)가 크게 유행하였다. 매수대상 기업의 주가가 낮기 때문에 해당기업의 경영권을 매수하는 데 드는 자금이 크게 소요되지 않는다는 점을 이용하여 필요한 자금의 대부분을 차입을 통하여 조달하고, 그 자금으로 기업을 인수하는 것이다.

하나의 예로서 미국의 Nixon 행정부에서 재무부장관을 지낸 William Simon은 1982년에 Gibson Greeting Card사를 8,000만달러에 매수하였는데 자신의 자금은 겨우 100만달러에 불과하였다. 그리고 1984년에 Gibson Greeting Card사를 기업공개하면서 무려 2,000만달러의 이익을 챙겼다.

차입을 통한 기업매수는 기업의 경영진에 의해서 종종 시도되었다. 경영진은 주주들로부터 경영권을 위임받아 주주들의 이익을 위하여 최선을 다해 일해야 함에도 불구하고, 차입을 통한 기업매수를 위하여 주주들의 이익에 반하는 행위를 서슴지 않았던 것으로 알려지고 있다. 이러한 수단은 특히 차입금에 대한 이자비용은 세금납부 전 비용으로 차감되는 반면에 자기자본에 대한 배당금은 세금납부 후 이익처분으로 처리되는 현행 제도를 교묘히 이용한 것이라고 할 수 있다.

〈요구사항〉
이와 같이 주주들의 이익에 반하는 경영진의 행위에는 어떠한 것이 있는지 생각해 보고 그러한 행위를 방지할 수 있는 제도적 장치에 관해 논의해 보시오.

8. 부채의 인식

당신은 회계학 공부를 열심히 한 학생인데, 졸업 후에 의과대학을 졸업한 친구 및 화학공학을 전공한 친구와 더불어 머리카락(주)라는 벤처기업을 만들었다. 지금은 20×1년 10월이다. 최근에 머리카락(주)는 인조머리피부를 개발하는 데 성공하여 이에 대한 특허를 취득하였다. 대머리 치료사업은 폭발적인 인기를 얻고 성공하여 머리카락(주)는 급속히 성장하고 있다. 새로운 인조머리피부는 머리카락이 보기 좋게 자랄 때까지 성장한 후 성장을 멈출 뿐 아니라 탈모가 거의 발생하지 않고 자연피부와 거의 같아서 전혀 거부감을 느끼지 않는다. 뿐만 아니라 인조피부의 DNA 변환도 가능한데, DNA를 변환시키면 머리카락 색깔도 256색까지 바꿀 수 있고 머리스타일도 펑크, 상고머리, 꽁지머리까지 얼마든지 만들 수 있다. 회사는 제품의 우수성에 자신을 가지고 인조머리피부 이식을 받은 사람이 3년 내에 인조머리피부에 불만족하면 치료비 전액을 환불해 주는 보증서를 발급하고 있다. 그런데 인조머리피부의 한 가지 단점은 비용이 많이 든다는 것이다. 제조과정의 복잡성과 높은 원재료비용 때문에 머리면적 $1cm^2$당 10만원이 든다. 대머리의 면적에 따라서 다르지만 완전 대머리의 경우에는 치료비가 최소 약 1,500만원이 든다. 머리카락(주)의 연구진은 원가를 절감시키기 위한 연구를 시작하여 새로운 재료를 사용한 인조머리피부를 재개발하였다. 새로운 머리피부로 치료를 하는 경우에는 치료비가 $1cm^2$당 6만원이 든다. 새로운 피부는 연구소에서 여러 번의 실험을 거쳐서 합격이 되었는데, 원래의 인조머리피부보다는 머리카락이 조금 윤기가 없고 색깔을 16색까지밖에 낼 수 없다는 점을 제외하고는 나머지 모든 점이 이전의 제품과 동일하다. 지금까지 머리카락(주)는 새로운 인조머리피부로 10,000명을 치료해 주었다.

당신은 머리카락(주)의 재무회계 총책임자다. 오늘은 출근을 하는데 사무실 문 앞에서 회사의 연구소장이 초조한 표정으로 당신을 기다리고 있었다. 연구소장은 새로 개발한 인조머리피부의 결점을 발견하였다고 하며 기분이 몹시 상해 있었다. 그는 우연히 새로 개발한 인조머리피부의 샘플을 냉장고에 넣어서 보관하다가, 온도가 −5℃ 이하로 떨어지면 인조머리피부의 샘플 중 절반가량의 모근(毛根)이 파괴되면서 머리카락이 떨어져 나가는 현상을 발견하였다. 연구소장은 새로운 인조머리피부로 치료를 받은 사람 중 절반가량은 이러한 결점 때문에 인조머리피부를 다시 이식받아야 할 것이라고 예측했다.

〈요구사항〉

(1) 머리카락(주)가 대머리를 치료하면서 보증한 내용은 부채로 기록되어야 하는가?

(2) 머리카락(주)의 재무제표 주석에 새로운 인조머리피부의 결점에 대한 내용을 공시할 필요가 있는가? 공시한다면 어떻게 공시해야 하는가? 공시할 필요가 없다면 기업의 윤리 측면에서 어떠한 문제가 있을 수 있는가?

CHAPTER 7

현금흐름은 어떻게 보고하는가?

제 **1** 절　현금흐름 정보의 유용성

제 **2** 절　현금흐름표의 개요

제 **3** 절　현금흐름표의 작성과 이해

제 **4** 절　현금흐름 정보의 활용

제 1 절 현금흐름 정보의 유용성

경영자는 영업을 통해 이익을 창출하는 것을 목표로 하지만, 이 목표를 달성하기 위해서는 기업을 지속적으로 유지해야 하며, 기업의 유지를 위해서는 현금이 절대적으로 필요하다. 현금은 많은 거래의 매개가 되며, 채권자에게 이자와 원금을 지급하고, 주주에게 배당금을 지급하는 원천이 된다. 이처럼 현금은 기업이 경영활동을 하는 과정에서 마치 우리 몸의 혈액과 비슷한 역할을 수행하며, 따라서 현금을 창출하고 이를 적절히 사용하는 것은 기업에게 매우 중요한 일이다. 현금이 부족하여 부채를 상환하지 못한다면 부도가 발생할 수도 있고, 현금이 부족하여 필요한 투자를 하지 못하거나 필요한 비용을 지출하지 못하면 장기적으로 기업의 가치에 부정적인 영향을 미친다.

따라서 투자자나 채권자 등 재무제표이용자들은 기업이 현금을 잘 창출할 수 있는지 또는 현금을 잘 사용하고 있는지에 관해 알고 싶어 한다. 주식투자자의 경우에 기업이 적절히 투자를 수행하고 기업가치를 증가시키고 있는지 또는 주주에게 배당을 지급할 수 있는지 등을 평가하기 위해 회계이익에 대한 정보뿐 아니라 현금흐름 정보를 분석한다. 기업의 가치를 평가하는 경우 기업이 미래에 창출하는 현금흐름에 대한 예측이 꼭 필요한데, 과거의 현금흐름을 분석하여 미래 현금흐름을 예측하는 데 이용할 수 있다. 또한 채권자는 회사에게 빌려준 자금의 원금과 이자를 회수할 수 있는지를 평가하기 위해 현금흐름 정보를 분석할 것이다.

지금까지 공부한 손익계산서와 재무상태표에 나타난 정보를 바탕으로 이러한 현금흐름에 대한 정보를 얻을 수 있을까? 일단, 회사가 재무상태표일 현재 보유하고 있는 "현금잔액"이 재무상태표에 표시되며, 이를 전년도 금액과 비교하면 기중 현금의 변동액을 파악할 수 있다. 〈표 7-1〉의 재무제표를 보면 사이버나라(주)의 20×2년초와 20×2년말의 현금잔액은 각각 2,275백만원과 2,165백만원으로, 이를 비교하면 현금이 20×2년 동안 110백만원만큼 감소한 것을 알 수 있다. 그러나 이러한 정보를 통해서는 "현금흐름"에 대한 구체적인 정보를 얻을 수 없다. 즉, 전년 대비 현금이 110백만원이 감소한 이유나 원천이 무엇인지 알 수 없는 것이다. 이러한 현금감소의 원천을 알기 위해서는 현금감소가 영업부진에 의해 발생한 것인지, 또는 단순히 부채를 상환한 것인지, 아니면 유형자산을 구매한 결과인지 등 현금감소의 원인을 직접적으로 파악하는 방법이 있을 수 있다. 다른 방법으로는 손익계산서의 수익, 비용, 이익을 통해 보고되는 기업의 성과를 바탕으로 당기 현금흐름에 대하여

〈표 7-1〉 재무상태표와 손익계산서

재무상태표

사이버나라(주)		(단위 : 백만원)
	20×1년	20×2년
(자산)		
현 금	2,275	2,165
매 출 채 권	2,150	2,600
재 고 자 산	2,725	3,450
선 급 비 용	525	600
유 동 자 산	7,675	8,815
유 형 자 산	11,175	12,450
감가상각누계액	(5,640)	(6,415)
순유형자산	5,535	6,035
자산총계	13,210	14,850
(부채와 자본)		
매 입 채 무	640	765
미지급비용	550	675
미지급이자	200	225
미지급법인세	90	115
단기차입금	2,150	2,250
유 동 부 채	3,630	4,030
장기차입금	3,850	4,000
부채총계	7,480	8,030
자본 :		
납 입 자 본	3,100	3,250
이익잉여금	2,630	3,570
자본총계	5,730	6,820
부채와 자본총계	13,210	14,850

손익계산서

사이버나라(주) 20×2년 1년간	(단위 : 백만원)
매 출	26,000
매 출 원 가	(14,300)
매출총이익	11,700
판매관리비 (감가상각비 775백만원 포함)	(8,700)
영 업 이 익	3,000
이 자 비 용	(400)
법인세차감전순이익	2,600
법인세비용	(910)
당기순이익	1,690

유추해 볼 수도 있다. 손익계산서의 정보는 현금 유입이나 유출이 없는 거래도 수익과 비용으로 인식한 결과이기 때문에, 실제 현금흐름과는 큰 차이를 보인다. 예를 들어, 현금을 아직 받지 않은 외상매출액은 회계상 수익으로 인식되므로 손익계산서상 수익금액과 매출로 인한 현금유입금액은 서로 다를 것이다. 또한 아직 현금으로 지급하지 않았으나 이미 발생한 급여나 전기료 등은 회계상 비용으로 인식되기 때문에 손익계산서상 비용금액과 현금유출금액은 차이가 발생한다. 즉, 발생주의 회계하에서 손익계산서상의 이익과 현금흐름은 다른 개념이다. 어떤 회사가 이익은 큰 양(+)의 값을 보고하면서 동시에 현금흐름은 음(−)의 값을 보고하는 경우도 있고, 그 반대의 경우도 흔히 존재한다. 이와 같이 재무상태표와 손익계산서를 통해서는 현금흐름에 대한 정보를 쉽게 파악하기 어렵기 때문에, 추가적인 재무제표인 현금흐름표를 작성하여 기업의 현금흐름에 대한 정보를 보고한다. 본장에서는 〈표

산책로 **[위기의 車 부품사] 10곳 중 4곳 "번 돈으로 이자도 못 갚아"**

28일 한국자동차연구원이 국내 자동차 부품기업 1,296개를 대상으로 지난해 경영성과를 분석한 결과 이자보상배율(영업이익/이자비용)이 1 미만인 자동차 부품기업의 비중은 36.6%였다.

이자보상배율이 1 미만이면 영업활동으로 번 돈보다 이자로 내는 비용이 더 크다는 의미다. 빚 원금은커녕 이자도 못 내 흑자도산 위험이 높다는 뜻으로도 읽힌다. 2020년 코로나19로 이 비중은 43.1%로 뛰었다. 지난해는 전년 대비 감소했지만 코로나19로 비상사태였음을 고려하면 10년 이래 가장 높은 수준이라는 게 한자연의 분석이다. 2011년~2016년까지 이자보상비율은 19~27% 선을 유지해 왔다.

차 부품사들은 매출이 늘었지만 수익률은 크게 악화된 것으로 조사됐다. 이들 부품기업의 지난해 매출액은 전년 동기 대비 12.6% 증가했다. 지난해 같은 기간 −2.8%보다는 늘었지만 영업이익률은 2.4%로 전년 동기(2.2%)와 비슷했다. 2012년 5.5%였던 것을 감안하면 10년 만에 영업이익률이 절반으로 쪼그라든 셈이다.

특히 중소·중견 부품사들의 상황은 더욱 심각하다. 영업이익률의 경우 대기업은 3.6%로 평균을 넘었다. 하지만 중견기업은 2.1%, 중소기업은 1.6%로 악화일로를 걷고 있다.

맹지은 한자연 모빌리티산업정책실 선임연구원은 "국내 자동차산업은 수요독점적 완성차와 부품기업 간 수직계열 및 통합적 구조로 인해 중소부품기업들의 협상력이 부족하다"며 "원가상승분에 대해 납품가 조정이 쉽지 않다"고 진단했다.

부품기업들이 생존에 위협을 받으면서 미래차 전환도 빨간불이 들어온 상황이다. 지난해 부품사의 설비투자액은 3조 7,840억원으로 전년보다 9% 감소했다. 특히 중소기업의 경우 인건비 비중이 늘어난 가운데 전동화·지능화로 고도화되는 미래차 연구인력은 구하기 점점 어려워지고 있는 실정이다.

이항구 한자연 연구전략본부 연구위원은 "산업 생태계 유지를 위해 부품사가 미래차 대비를 위한 신규투자에 대한 부담을 덜어줘야 한다"며 "산업인력 수요 대응책 마련과 인력구조 개편을 통해 안정적인 고용 생태계 구축에 나서야 한다"고 조언했다. (아시아경제, 2022.7.28)

7-1〉에 나타나 있는 당기와 전기의 재무상태표와 당기의 손익계산서를 바탕으로 현금흐름표가 어떤 형식으로 작성되는지, 각 정보를 어떻게 해석하고 활용할 수 있는지에 대해서 논의한다.

제2절 현금흐름표의 개요

현금흐름표(statement of cash flows)는 특정기간 동안의 현금의 유입과 유출에 관한 정보를 제공한다.[1] 현금흐름표는 현금흐름 정보를 영업, 투자 및 재무의 세 가지 활동으로 구분하여 보고하여 정보이용자에게 보다 구체적이고 유용한 정보를 제공하도록 한다. 여기서 영업활동은 기업의 주요 사업인 재화를 판매하거나 서비스를 제공하는 활동을 포함하고, 투자활동은 유형자산의 취득 및 처분과 같은 활동, 재무활동은 주식을 발행하거나 배당금을 지급하고 부채를 차입·상환하는 활동을 포함한다.

현금흐름표는 직접법 또는 간접법에 따라 작성할 수 있으나(다음 절의 설명 참조), 실무적으로 대부분의 기업들이 간접법을 사용하고 있다. 다음 〈표 7-2〉는 간접법으로 작성된 현금흐름표의 개괄적인 구성을 보여준다.

〈표 7-2〉에서 영업, 투자, 재무 활동에서 창출된 현금(+의 값) 또는 사용된 현금(−의 값)을 모두 합산하면 당기중 현금의 변동액이 산출된다. 당기중 현금의 변동액을 기초의 현금잔액에 합산하면 기말의 현금잔액과 일치할 것이다. 즉, 현금흐름표는 재무상태표에 보고되는 기초와 기말의 현금잔액과 그 변동액의 원천을 영업, 투자, 재무 활동으로 나누어 구체적으로 보고하는 것이다.

1) 현금흐름표의 작성기준인 현금의 범위는 '현금및현금성자산'이며 이는 보유현금, 요구불예금, 유동성이 매우 높은 단기 투자자산 등을 포함한다.

〈표 7-2〉 현금흐름표의 구성-간접법

현금흐름표 20×2년 1월 1일부터 사이버나라(주) 20×2년 12월 31일까지		(단위 : 백만원)
Ⅰ. 영업활동으로 인한 현금흐름		
당기순이익	×××	
조정항목	×××	×××
Ⅱ. 투자활동으로 인한 현금흐름		
투자활동으로 인한 현금유입액	×××	
투자활동으로 인한 현금유출액	×××	×××
Ⅲ. 재무활동으로 인한 현금흐름		
재무활동으로 인한 현금유입액	×××	
재무활동으로 인한 현금유출액	×××	×××
Ⅳ. 현금의 증가(감소)		×××
Ⅴ. 기초현금잔액		×××
Ⅵ. 기말현금잔액		×××

제3절 현금흐름표의 작성과 이해

현금흐름표의 작성과정은 특정기간 동안 현금의 변동액을 (현금을 제외한) 재무상태표의 다른 항목들의 변동과 손익계산서 항목들로 설명하는 것으로 요약될 수 있다. 이러한 개념을 제2장에서 소개된 회계등식과 연결시키면 좀더 명확하게 이해할 수 있을 것이다. 자산, 부채, 자본 간에는 아래와 같은 관계가 항상 성립한다.

자산 = 부채 + 자본

위의 등식을 전기말과 당기말의 변동(△)으로 나타내면 다음과 같은 식도 항상 성립할 것이다.

$$\triangle 자산 = \triangle 부채 + \triangle 자본$$

이제 자산을 현금과 비현금자산으로 구분하고 식을 다시 나타내 보면 다음과 같다.

$$\triangle 현금 + \triangle 비현금자산 = \triangle 부채 + \triangle 자본$$
$$\triangle 현금 = \triangle 부채 + \triangle 자본 - \triangle 비현금자산$$

위의 식이 나타내는 것처럼, 현금의 변동(△현금)은 부채, 자본, 비현금자산의 변동으로 모두 설명될 수 있다. 예를 들어 자산 구입 등의 변화가 전혀 없이 외부에서 돈을 빌려 부채가 늘어난다면, 빌린 만큼 현금이 증가해야 할 것이다. 자본조달의 경우도 마찬가지로 볼 수 있다. 비현금자산 증감의 경우도 유사하다. 예를 들어 새로운 컴퓨터를 구입(비현금자산의 증가)하였는데, 돈을 빌려서 구입(부채의 증가)하거나 혹은 주식과 교환(자본의 증가)하지 않은 경우는 현금이 감소해야 할 것이다.

본절에서는 〈표 7-1〉에 제시된 비교재무상태표(즉, 이번 회계연도말과 직전 회계연도말 시점 각각에 대한 재무상태표)와 당기의 손익계산서를 바탕으로 현금흐름표의 영업활동, 투자활동, 재무활동 부분을 작성하는 방법을 차례대로 논의한다. 손익계산서상 이익과 영업현금흐름액의 차이가 발생하는 원인들을 이해하고 나면, 현금흐름표와 손익계산서, 재무상태표를 종합적으로 연결시켜 분석할 수 있기 때문에, 각 재무제표를 별도로 분석했을 때에는 얻을 수 없는 추가적인 정보를 얻을 수 있게 될 것이다.

1. 영업활동으로 인한 현금흐름은 어떻게 보고하는가?

현금흐름표에 첫 번째로 보고되는 항목은 영업활동으로 인한 현금흐름이다. 영업활동으로 인한 현금흐름은 기업이 당기중 이익을 창출하기 위해 수행한 판매 및 구매와 생산 활동 등과 같은 영업활동에서 창출된(또는 사용된) 현금이다. 즉, 영업활동으로 벌어들인 현금에서 영업활동을 위해 지출한 현금을 차감한 금액이다. 영업활동으로 인한 현금흐름은 기업이 자신의 주된 사업에서 지속적으로 현금을 창출할 수 있는지 여부를 나타내기 때문에 현금흐름표에서 가장 중요한 정보라고도 할 수 있다.

영업활동으로 인한 현금흐름은 직접법과 간접법 두 가지 중 한 가지 방법으로 작성할 수 있다. 회계기준에서는 두 방법을 모두 허용하되 직접법을 사용하는 것을 권장하고 있으나, 실무적으로 대부분의 기업들이 간접법을 이용해 현금흐름표를 작성한다. 우선 직접법(direct method)에서 '직접'이란 표현은 영업활동에서 발생한 현금의 유입금액과 유출금액을 항목별로 직접 보고한다는 것이다. 〈표 7-3〉은 직접법으로 작성된 현금흐름표의 예를 제시하고 있다. 첫 번째로 나타난 영업활동으로 인한 현금흐름 부분을 보면, 해당기업은 당해연도중에 판매활동의 결과로 고객으로부터 25,550백만원을 받았음을 알 수 있고, 이는 기업의 영업활동으로 인한 현금유입액에 해당한다. 또한 제품을 구입하기 위해서 14,900백만원의 현금을 지출한 것을 쉽게 알 수 있다. 항목별 현금흐름을 합산하면 총영업현금흐름은 1,515백만원으로 산출되는데, 회사가 영업활동을 통해서 동 금액의 현금을 창출하였다는 것이다.

이처럼 직접법은 각 영업활동별로 현금의 유입과 유출의 항목과 금액을 명확히 보여주기 때문에, 정보이용자의 관점에서 상세한 정보를 쉽게 이해할 수 있으며, 이러한 장점으로 인해 회계기준에서 직접법을 권장하고 있다. 반면, 직접법은

〈표 7-3〉 현금흐름표-직접법

현금흐름표

사이버나라(주)	20×2년 1월 1일부터 20×2년 12월 31일까지	(단위 : 백만원)
영업활동으로 인한 현금흐름		
판매에서 회수한 금액		25,550
제품 구매대금의 지급	(14,900)	
판매관리비의 지급	(7,875)	
이자 지급	(375)	
법인세 납부	(885)	(24,035)
영업활동으로 인한 현금흐름		1,515
투자활동으로 인한 현금흐름		
유형자산 구입대금 지급		(1,275)
재무활동으로 인한 현금흐름		
단기부채의 증가	100	
장기부채의 증가	150	
주식의 발행	150	
주주에게 지급한 배당금	(750)	(350)
당기중 현금의 감소		(110)
기초현금잔액		2,275
기말현금잔액		2,165

기존 재무상태표나 손익계산서를 위해 기록된 회계정보를 바탕으로 작성하기가 어렵고, 손익계산서에 보고된 이익금액과의 차이 내역이 명확하게 나타나지 않기 때문에 실무적으로 많이 사용되지 않고 있다.

반면, 간접법(indirect method)을 통해서 영업활동으로 인한 현금흐름을 작성할 때에는 손익계산서에 이미 보고된 이익에서 출발하여 몇 가지 사항을 조정하여 영업현금을 역으로 산출한다. 즉, 발생주의 원칙하에 작성된 이익을 현금주의 금액으로 전환하는 것이라고 할 수 있다. 간접법으로 작성된 현금흐름표의 예시가 〈표 7-4〉에 제시되어 있다. 〈표 7-4〉의 현금흐름표에서는 당기순이익에서 시작하여 이를 영업활동으로 인한 현금흐름으로 조정하고 있다. 이를 통해, 〈표 7-1〉에 제시된 당기순이익

〈표 7-4〉 현금흐름표-간접법

현금흐름표
20×2년 1월 1일부터
20×2년 12월 31일까지

사이버나라(주)		(단위 : 백만원)
영업활동으로 인한 현금흐름		
당기순이익		1,690
조정항목 :		
감가상각비	775	
매출채권의 증가	(450)	
재고자산의 증가	(725)	
선급비용의 증가	(75)	
매입채무의 증가	125	
미지급비용의 증가	125	
미지급이자의 증가	25	
미지급법인세의 증가	25	(175)
영업활동으로 인한 현금흐름		1,515
투자활동으로 인한 현금흐름		
유형자산 구입대금 지급		(1,275)
재무활동으로 인한 현금흐름		
단기부채의 증가	100	
장기부채의 증가	150	
주식의 발행	150	
주주에게 지급한 배당금	(750)	(350)
당기중 현금의 감소		(110)
기초현금잔액		2,275
기말현금잔액		2,165

이 1,690백만원인 데 반해, 영업활동으로 인한 현금흐름은 1,515백만원으로, 이익이 영업현금흐름보다 175백만원만큼 크다는 것이 분명하게 나타나고 있다.

직접법이나 간접법 사용과 상관없이 결과적으로 영업활동으로 인한 현금흐름 금액은 동일하다. 예를 들어 〈표 7-3〉에 제시된 직접법과 〈표 7-4〉에 제시된 간접법 현금흐름표 모두 1,515백만원의 영업현금흐름을 보고하고 있다.

2. 영업활동으로 인한 현금흐름과 당기순이익의 차이

본절에서는 간접법을 사용하여 현금흐름표의 영업활동으로 인한 현금흐름을 작성하는 방법을 설명한다. 즉, 손익계산서의 이익을 현금흐름으로 변환하는 과정인데, 이는 이익을 결정하는 발생주의와 현금의 유입과 유출에 초점을 맞추는 현금주의의 차이를 생각하면 쉽게 접근할 수 있다. 이제부터는 당기순이익이라는 용어 대신 편의상 '순이익'이라는 용어를 사용하며, 영업활동으로 인한 현금흐름이라는 긴 용어 대신에 '영업현금흐름'이라는 간략한 용어를 사용하도록 한다.

다음 [그림 7-1]에 요약된 바와 같이, 간접법에서는 순이익에 다음 항목들을 조정하여 영업현금흐름을 산출한다.[2)]

당기순이익 (발생주의 영업성과)

(+) 비현금성 비용
(−) 비현금성 수익
(+) 영업활동 관련 자산의 감소 또는 부채의 증가
(−) 영업활동 관련 자산의 증가 또는 부채의 감소

= 영업활동으로 인한 현금흐름 (현금주의 영업성과)

[그림 7-1] 영업활동으로 인한 현금흐름의 산출–간접법

각 범주에 속하는 항목들을 보다 상세히 설명하면 다음과 같다.

2) 이 밖에도 영업현금흐름 산출과정에서 투자활동이나 재무활동으로부터 발생한 손실과 이익(예 : 유형자산처분손실)을 조정해 주어 그 효과를 제거해 준다.

(1) 비현금성 비용

회계이익을 계산하기 위해서는 수익에서 여러 가지 비용들을 차감하는데, 이들 비용 중에는 현금이 유출되지 않는 비용들이 존재하며, 이들을 "비현금성 비용"이라고 부른다. 비현금성 비용의 대표적인 예로는 감가상각비가 있다.[3] 당기에 기록된 감가상각비 금액은 대부분 수년 전에 구입한 유형자산의 취득원가를 사용하는 기간에 배분한 금액이다(감가상각에 대해서는 제5장을 참조). 즉, 관련 유형자산을 구입하는 데에는 현금유출이 발생하지만, 그 이후 매 기간 감가상각비를 비용으로 인식할 때에는 기간별로 배분된 비용을 기록하는 것이며, 이로 인한 현금의 감소는 없지만 순이익을 감소시킨다. 즉, 현금흐름 측면에서 생각하면, 감가상각비는 현금유출이 없는 "비현금" 비용이다. 따라서 현금의 증감을 계산할 때에는, 순이익에서 차감된 감가상각비를 더하는 조정이 필요하다.

사례에서 기업은 당해연도에 775백만원의 감가상각비를 기록하였는데(손익계산서 참고), 〈표 7-4〉의 조정항목을 보면 동 금액이 순이익에 가산된 것을 확인할 수 있다. 요약하면, 비현금성 비용은 영업현금흐름을 구할 때 순이익에 가산한다. 따라서 조정금액만큼 순이익에 비해 영업현금흐름이 더 커진다.

(2) 영업활동 관련 자산의 변동

자산의 변동이란 재무제표 보고기간의 시작시점 금액과 종료시점 금액의 차이인 변동액을 의미한다. 영업활동과 관련된 자산의 변동은 (A) 현금흐름에 영향을 미치지 않지만 순이익에는 영향을 미치는 경우와, (B) 현금흐름에 영향을 미치지만 순이익에는 영향을 미치지 않는 두 가지의 경우로 나누어 볼 수 있다.

이 중 (A)의 예로 매출채권의 증가를 생각해 보자. 매출채권이 증가했다는 것은 현금의 유입 없이 매출이 발생하고 수익이 인식되었음을 의미한다. 예를 들어, 어떤 기업이 당해연도에 1,000원을 외상으로만 판매하였는데 당기에 회수된 현금은 0원이라고 가정하자. 이 경우 다음과 같은 분개를 할 것이다.

(차변) 매 출 채 권	1,000	(대변) 매 출	1,000

위의 거래로 수익(결과적으로 순이익)은 1,000원 증가했지만 현금흐름에는 영향

---

3) 순이익에는 반영되지만 현금흐름을 수반하지 않는 비현금성 수익도 있으며, 이는 순이익에서 차감한다.

이 없다. 즉, 순이익과 현금흐름 간에 차이가 발생하게 되며, 간접법에서 순이익을 현금흐름으로 전환하기 위해서는 조정이 필요하게 된다. 외상매출로 인한 금액(1,000원)이 이미 매출수익으로 인식되어 순이익에 포함되어 있으므로, 이를 현금흐름 기준(0원)으로 전환하기 위해서는 매출채권 증가액(1,000원)을 순이익에서 차감해야 한다. 이러한 조정을 통해서 결과적으로 현금흐름 금액을 산출할 수 있게 된다.

다음으로 (B)의 예로 매출채권의 감소를 생각해 보자. 매출채권의 감소는 현금이 수취되었지만 순이익에는 영향이 없는 경우이다. 예를 들어, 어떤 기업의 기초 매출채권 잔액이 1,000원이고 이 금액이 당기중 모두 회수되었다면, 다음과 같은 분개가 이루어졌을 것이다.

(차변)	현 금	1,000	(대변) 매 출 채 권	1,000

위의 거래로 현금은 1,000원 증가했지만, 순이익에는 영향이 없다. 즉, 순이익에 미치는 영향보다 영업현금흐름에 미치는 영향이 1,000원만큼 큰 상황이다. 따라서 순이익(0원)에 매출채권 감소액 1,000원을 가산함으로써 동 기간의 영업현금흐름(1,000원)을 구할 수 있다. 요약하면, 매출채권의 증가는 영업현금흐름을 감소시키는 반면, 매출채권의 감소는 영업현금흐름을 증가시킨다.

위의 조정방향을 이해하기 어렵다면 다음과 같이 직관적으로 생각해 볼 수도 있다. 매출채권이 증가하였다는 것은 그만큼 대금의 회수가 늦어진다는 것을 의미하므로 현금흐름에 악영향을 줄 것이다. 반면 매출채권이 감소하였다는 것은 대금이 많이 회수되었다는 것을 의미하므로 현금흐름을 증가시킬 것이다. 또는 본절의 첫 부분에서 회계등식을 이용해 산출해 낸 식을 생각해 보면, 식의 오른편 자산의 증가는 왼편의 현금의 감소를 가져오고, 자산의 감소는 현금의 증가를 가져온다는 것을 확인할 수 있을 것이다. 이러한 관계를 영업활동과 관련된 자산에 대해 일반화시킬 수 있다. 즉, 영업활동 관련 자산의 증가는 영업현금흐름을 감소시키는 반면, 영업활동 관련 자산의 감소는 영업현금흐름을 증가시킨다. 영업활동 관련 자산 항목으로는 매출채권 이외에도 재고자산과 선급비용 등이 있다.

사례기업의 매출채권은 450백만원 증가, 재고자산은 725백만원 증가, 선급비용은 75백만원 증가하였다. 이러한 영업활동 관련 자산의 증가액만큼 영업현금흐름이 각각 차감되었음을 확인할 수 있다. 사례에는 나와 있지 않지만, 영업활동 관련 자산이 감소하였다면 동 감소액을 순이익에 가산해야 할 것이다.

(3) 영업활동 관련 부채의 변동

영업활동에 관련된 부채의 변동에 대해서도 (A) 현금흐름에 영향을 미치지 않지만 순이익에는 영향을 미치는 경우와 (B) 현금흐름에 영향을 미치지만 순이익에는 영향을 미치지 않는 경우로 나누어 볼 수 있다.

우선 (A)의 예로 미지급광고비(미지급비용, 즉 부채)의 증가를 생각해 보자. 미지급광고비가 증가했다는 것은 이미 발생한 광고비(영업비용의 증가)보다 적은 금액의 현금이 지급되었음을 의미한다. 예를 들어, 어떤 기업이 1,000원에 해당하는 광고서비스를 제공받아 동 금액만큼 광고비가 발생하였지만 아직 지급하지 않았다면 다음과 같은 분개를 할 것이다.

(차변) 광고비(영업비용)	1,000	(대변) 미지급광고비(부채)	1,000

위의 거래로 영업비용 1,000원이 증가하여 결과적으로 순이익이 1,000원만큼 감소했지만 현금의 유출은 없다. 즉, 순이익보다 영업현금흐름이 1,000원만큼 큰 상황이다. 따라서 영업현금흐름(0원)은 순이익(−1,000원, 즉 1,000원 순손실)에 미지급광고비(부채) 증가액(1,000원)을 가산하여 산출할 수 있다.

다음으로 (B)의 예로 미지급비용의 감소를 생각해 보자. 미지급비용의 감소는 현금이 지급되었지만 순이익에는 영향이 없는 경우이다. 예를 들어, 어떤 기업의 기초 미지급광고비 잔액이 1,000원이고 이 금액을 당기중 모두 지급하였다면, 다음과 같은 분개를 할 것이다.

(차변) 미지급광고비(부채)	1,000	(대변) 현 금	1,000

위의 거래로 인해 현금은 1,000원 감소했지만, 순이익에는 영향이 없다. 즉, 순이익보다 영업현금흐름이 1,000원만큼 적은 상황이다. 따라서 미지급광고비 감소액 1,000원을 순이익(0원)에서 차감함으로써 동 기간의 영업현금흐름(−1,000원)을 구할 수 있다.

요약하면, 미지급비용의 증가는 영업현금흐름을 증가시키는 반면, 미지급비용의 감소는 영업현금흐름을 감소시킨다. 이러한 관계를 영업활동과 관련된 부채에 대해 일반화시킬 수 있다. 즉, 영업활동 관련 부채의 증가는 영업현금흐름을 증가시키는 반면, 영업활동 관련 부채의 감소는 영업현금흐름을 감소시킨다. 영업활동 관련 부채항목으로는 미지급비용 이외에도 매입채무 등이 있다.

사례에서 기업의 매입채무가 125백만원 증가하였고, 미지급비용이 125백만원, 미지급이자와 미지급법인세가 각각 25백만원만큼 증가하였다.[4] 이러한 영업활동 관련 부채의 증가액만큼 영업현금흐름이 증가했음을 확인할 수 있다. 사례에는 나와 있지 않지만, 영업활동 관련 부채가 감소하였다면 동 감소액을 순이익에서 차감해야 할 것이다.[5]

(4) 영업현금흐름 종합

〈표 7-4〉에서 당기순이익에서 출발하여 조정하는 모든 항목을 반영한 후 산출된 금액을 보면, 당해연도의 영업현금흐름은 1,515백만원으로 손익계산서상 당기순이익 1,690백만원보다 175백만원만큼 낮다. 이렇게 이익보다 현금유입액이 낮은 이유는 무엇인가? 이 질문에 대한 해답은 간접법에서 표시된 조정사항을 보면 알 수 있다. 비현금비용인 감가상각비 775백만원만큼 현금흐름이 순이익보다 더 커졌으나, 그보다 훨씬 더 큰 금액만큼 영업자산(매출채권, 재고자산)이 증가하여 현금흐름에 악영향을 미친 것을 알 수 있다. 그렇다면 이러한 영업자산의 증가는 바람직하지 않은 것인가? 일반적으로 기업이 성장하면서 매출이 증가하면 더 많은 재고자산을 필요로 하고, 또한 더 많은 매출채권을 보유하게 된다. 이렇게 자산을 취득하고 매출채권 회수가 늦어진다는 것은 그만큼 현금이 묶여 있다는 것을 의미하고, 그 결과 이익에 비해 현금유입액이 낮아지는 것이다. 이러한 현상은 높은 성장을 이루는 상황에서 자연스럽게 일어날 것이다. 다만, 매출액은 증가하지 않고 성과가 부진함에도 불구하고 재고자산이나 매출채권 등이 증가하여 현금흐름에 악영향을 미치는 상황이라면 이는 영업활동에 문제가 있음을 의미할 수도 있다.

그럼 이 회사는 당기중 영업활동으로 벌어들인 1,515백만원으로 무엇을 하였는가? 이러한 질문에 답하기 위해서 현금흐름표의 나머지 부분을 검토할 필요가 있다.

---

4) 사례에서는 이자비용의 지급이 영업현금흐름에 포함되며, 실무에서는 이와 같은 분류가 흔히 사용된다. 다만, 이자비용은 성격상 재무활동으로 볼 수도 있다. K-IFRS에서는 이자비용을 영업활동이나 재무활동 중 하나로 분류하도록 하고 있다.

5) K-IFRS에서는 영업현금흐름을 표시할 때 법인세납부액과 이자지급액을 별도로 표시하도록 요구하고 있다. 본절에서는 논의를 간단하게 하기 위해서 이들을 별도로 구분하지 않았다. 법인세납부액을 별도로 표시하기 위해서, 영업현금흐름을 간접법으로 작성시 손익계산서의 당기순이익에서 시작하지 않고, 그 대신 법인세차감전순이익에서 시작하여 법인세(현금)납부액을 현금유출로 보고하는 방법을 사용할 수도 있다.

3. 현금흐름표의 나머지 부분의 구성은 어떻게 되는가?

현금흐름표의 첫 부분인 영업활동으로 인한 현금흐름을 보고할 때에는 직접법과 간접법 간에 분명한 차이가 있지만, 이를 제외한 나머지 부분은 어느 방법을 사용하든지 동일하다. 현금흐름표의 다음 두 부분은 투자활동으로 인한 현금흐름과 재무활동으로 인한 현금흐름이다. 이 외에도 현금의 증감, 기초현금 및 기말현금잔액이 현금흐름표의 나머지 부분을 구성한다.

(1) 투자활동으로 인한 현금흐름

현금흐름표의 두 번째 부분에서는 투자활동으로 인한 현금흐름을 보고한다. 투자활동이란 기업이 자산을 취득하거나 처분하는 등의 활동을 의미하며, 투자활동으로 인한 현금흐름은 이 활동에서 기인한 현금흐름의 변화를 보고한다. 투자활동 현금흐름에 포함되는 거래의 예는 다음과 같다.

- 유형자산 및 무형자산 등의 취득이나 처분
- 장기투자상품의 취득이나 처분
- 다른 회사 등에 대한 대여금의 지급 및 회수

투자활동은 기업의 미래성과를 예측할 수 있는 지표와 같은 역할을 한다. 주요 신규 투자는 생산 또는 유통 시설과 생산능력의 확대 및 현대화에 대한 활동을 반영하기 때문이다. 주요 비유동자산의 처분이나 기업의 주요 부분을 포기하는 것은 기업에 좋은 소식이 될 수도 있고 나쁜 소식이 될 수도 있다. 투자자들은 이러한 정보를 각각 다르게 해석한다. 그러나 현금흐름표에서 이 부분의 정보가 매우 중요하다는 데에는 모두 동의할 것이다.

사례에서 기업은 유형자산의 취득에 1,275백만원을 지출하였다. 이러한 항목을 투자활동으로 인한 현금의 유출로 보고한다.

(2) 재무활동으로 인한 현금흐름

재무활동으로 인한 현금흐름이란 기업의 자본조달활동으로 인한 현금의 변동을 말한다. 재무활동에 포함되는 거래의 예는 다음과 같다.

• 주식의 발행
• 장 · 단기 자금의 차입이나 차입금의 상환
• 배당금의 지급

재무활동은 채권자 및 주주와의 거래로 크게 구분한다. 우선 채권자와의 거래와 관련해서, 차입하는 경우 현금유입으로, 차입금을 상환하는 경우 현금유출로 보고한다. 사례에서 기업은 단기차입금의 순증가액 100백만원과 장기차입금 증가액 150백만원을 각각 현금유입으로 보고하고 있다.

다음으로 주주와의 거래와 관련해서, 주주들로부터 조달한 추가자본이 있다면 이를 현금유입으로 보고하고, 또한 주주들에게 반환한 자본이 있다면 이를 현금유출로 보고한다. 사례의 현금흐름표에는 기업이 추가로 150백만원의 주식을 발행한 것이 현금유입으로, 주주에게 750백만원에 달하는 현금을 배당으로 지급한 것이 현금유출로 보고되어 있다.

(3) 현금의 증감, 기초의 현금 및 기말의 현금

현금흐름표의 마지막 부분은 당기중 현금의 증감액을 나타낸다. 사례에서 20×2년 기간중 현금이 110백만원 감소했음을 확인할 수 있다. 이러한 현금의 변동액을 20×2년 기초현금잔액(2,275백만원)에 더하면 20×2년 기말현금잔액(2,165백만원)이 산출된다. 이러한 금액들은 모두 재무상태표상 현금의 기초 및 기말 잔액과 일치해야 한다.

제 4 절 현금흐름 정보의 활용

1. 현금흐름표의 활동별 금액을 해석하여 기업의 상황을 파악한다

지금까지 현금흐름 정보의 유용성과 개요, 작성방법을 논의하였다. 다음 주제로 현금흐름표 정보를 어떻게 활용할 것인가를 논의한다.

현금흐름표의 각 활동별 금액을 보면 기업의 전반적인 현금의 흐름, 즉 현금이

〈표 7-5〉 현금흐름표 사례

	[사례 1]	[사례 2]
영업현금흐름	(+)	(−)
투자현금흐름	(−)	(−)
재무현금흐름	(−)	(+)
해당기업	삼성전자(주)	컬리(주)

어디로부터 들어와서 어디로 나가는지를 파악할 수 있다. 이를 더 자세히 이해하기 위해 몇 가지 사례를 살펴보기로 하자.

〈표 7-5〉에서 [사례 1]의 경우 영업현금흐름이 양(+)의 값이고, 투자현금흐름과 재무현금흐름이 음(−)의 값으로 나타난다. 즉, 영업활동에서 현금을 창출하고, 이 자금을 바탕으로 신규투자를 실시하여 미래성장동력을 확보하는 동시에, 부채를 상환하거나 주주에게 배당금을 지급하는 등의 재무활동을 하고 있다고 해석할 수 있다. 매우 안정적이고 성공적인 상태의 기업이라고 할 수 있다. 2021년 삼성전자(주)의 현금흐름이 이 경우에 해당한다. 2021년 삼성전자(주)는 영업활동을 통해 약 65조원의 현금을 창출하였고, 투자활동으로 약 33조원의 현금을 사용하였으며, 재무활동으로 약 24조원의 현금을 사용하였다. 그 결과 2021년 기간 동안 9조원만큼의 현금이 감소하였으며 2021년말 현재 약 39조원의 현금을 보유하고 있다.

반면, [사례 2]의 경우 영업현금흐름과 투자현금흐름이 음(−)이고 재무현금흐름이 양(+)으로 나타난다. 즉, 주요 영업에서는 현금을 창출하지 못하고 오히려 현금의 유출이 발생하고 있으며, 외부차입이나 주주로부터 납입금을 통해 조달한 자금으로 투자를 하는 상황이다. 이런 기업이 있다면 어떻게 평가할 것인가? 어떤 상황에서는 이러한 기업들은 더 이상 버텨내지 못하고 부도가 나기도 한다. 그러나 신규 사업을 진행하는 고속성장 기업의 경우도 이러한 패턴의 현금흐름을 보이기도 한다. 예를 들어, 컬리(주)의 2021년 현금흐름표를 보면, 영업활동에서 약 1,384억원의 음(−)의 현금흐름이, 투자활동에서 약 873억원의 음(−)의 현금흐름이 발생하고, 재무활동에서 2,247억원의 양(+)의 현금흐름이 발생하였다. 즉, 사업초기에 영업에서 충분한 성과를 내지는 못하지만 투자를 많이 하고 있으며, 부족한 돈은 부채발행이나 주주의 신규투자로 조달하고 있는 것을 알 수 있다. 이와 같은 현금흐름을 보인다면 궁극적으로 미래에 영업활동에서 얼마만큼의 양(+)의 현금흐름을 만들어낼 수 있는지가 앞으로 기업의 성공과 존폐 여부를 결정할 중요 요소라고 할 수 있다.

2. 현금흐름표와 손익계산서를 함께 분석한다

앞에서 설명한 바와 같이, 손익계산서의 이익과 영업현금흐름은 서로 다른 값을 보이지만 보통의 경우 이익이 높으면(낮으면) 영업현금흐름도 높은(낮은) 경우가 일반적이다. 반면 이익과 영업현금흐름이 매우 큰 차이를 보이는 경우도 있다. 예를 들어, 기업이 이익을 냈음에도 불구하고 영업현금흐름이 음(−)인 경우가 발생하기도 한다. 반대로 기업이 손실을 보고했음에도 불구하고 영업현금흐름은 양(+)인 경우도 있다. 이런 경우 어떻게 해석해야 하는가?

이에 대한 답은 손익계산서 이익결정과정과 영업현금흐름 결정과정을 잘 생각해 보면 알 수 있다. 예를 들어, 기업이 양(+)의 이익을 보고했는데 영업현금흐름이 음(−)인 경우에는 기업의 영업자산이 크게 증가하여 묶여 있는 현금이 많기 때문에 발생한 상황일 수도 있다. 또는, 경영자가 부정한 방법 등을 사용하여 손익계산서의 이익을 실제보다 부풀렸을 가능성도 존재한다. 이익결정과정에는 경영자의 주관적인 판단이나 추정이 반영되므로 이익이 자의적으로 부풀려져 보고될 가능성이 존재하지만, 현금흐름은 객관적인 현금의 유출·입을 반영하기 때문이다. 즉, 영업현금이 좋지 않은데 이익만 높은 경우에는 경영자가 이익조정을 했는지를 의심해 볼 수 있다. 따라서 기업의 성과를 평가하기 위해서는 손익계산서 이익과 함께 영업현금흐름을 종합적으로 분석해 볼 필요가 있다.

반대로 기업이 손실을 보고했음에도 불구하고 영업현금흐름은 양(+)인 경우도 가능한데, 이는 큰 금액의 비현금비용이 이익에 반영되었거나 또는 매출채권이나 재고자산의 감소 등에서 발생하는 현금의 증가가 컸을 때 발생할 수 있다.

3. 유동성과 안정성을 평가한다

(1) 유동성 평가

유동성(liquidity)이란 기업이 단기채무의 지급을 적기에 할 수 있는 능력을 의미한다. 이를 평가하는 수치로 널리 이용되는 것이 유동자산을 유동부채로 나누어 산출한 유동비율(current ratio)이다. 그러나 연말의 수치에 근거하여 계산된 유동비율은 회계기간중의 수치를 대변하지 못한다.

이러한 문제를 부분적으로 해결하는 비율이 바로 현금-유동부채 보상비율(current cash debt coverage ratio)이다. 이는 다음과 같이 영업현금흐름을 당기의 평균유동부채로 나누어 산출한다.

현금-유동부채 보상비율 = 영업현금흐름 / 평균유동부채
= 1,515백만원 / [(3,630백만원+4,030백만원) / 2]
= 39.5%

이때 영업현금흐름은 특정시점이 아니라 회계기간 동안에 발생한 금액을 나타내므로 평균적인 유동성을 나타내는 좋은 지표가 된다.

(2) 안정성 평가

안정성이란 기업이 오랜 기간 존속할 수 있는 능력을 의미한다. 현금수치를 이용한 안정성의 평가는 현금-부채 보상비율(cash debt coverage ratio)이다. 이는 다음과 같이 영업현금흐름을 당기의 평균총부채로 나누어 산출한다.

현금-부채 보상비율 = 영업현금흐름 / 평균총부채
= 1,515백만원 / [(7,480백만원+8,030백만원) / 2]
= 19.5%

이 비율은 기업이 비유동자산과 같은 생산용 자산을 처분할 필요 없이 영업현금흐름으로 부채를 상환할 수 있는 능력을 나타낸다.

산책로 **연이어 터진 상장사 '횡령' 공포… 금감원 '현금흐름' 꼼꼼히 살핀다**

금융감독원이 내년 재무제표 심사시 현금및현금성자산의 실재성과 현금흐름표 등 재무제표를 꼼꼼히 살펴보겠다고 예고했다. 최근 상장사 임직원의 횡령사고가 빈번히 발생하면서 내부통제 미흡, 회계감사 부실 우려가 제기되자 이 같은 사항을 중점적으로 점검할 필요성이 커졌다.

금융감독원은 26일 내년 상장회사 재무제표 심사시 중점적으로 점검할 회계이슈와 대상업종을 사전 예고했다. 금감원은 올해 재무제표가 확정되는 2023년중 회계오류 취약분야별로 선정한 회사를 대상으로 재무제표 심사를 실시할 예정이다. 금감원은 현금및현금성자산의 실재성 확인과 활동별 현금흐름 표시가 적정하게 이뤄졌는지 점검하겠다고 밝혔다.

올해 연이어 터진 상장사 횡령사고 이슈뿐 아니라 회사가 현금흐름표를 작성할 때 영업·투자·재무활동을 잘못 분류해 지적받는 사례가 자주 있었다. 이에 금감원은 전 업종을 대상으로 현금및현금성자산에 대한 내부통제 실효성을 점검하고 잔액 검증 절차를 통해 실재성을 확인할 계획이다. 또 사업 특성을 고려해 현금흐름 정보를 영업·투자·재무활동별로 구분 표시하고, 비현금거래 등을 충실하게 주석 공시했는지도 살핀다. (머니투데이, 2022.6.26)

이번 장에서 배운 용어

간접법 손익계산서상 당기순이익에 조정항목을 가감하여 영업현금흐름을 표시하는 방법

영업활동으로 인한 현금흐름(영업현금흐름) 투자나 재무 활동이 아닌 기업의 수익창출활동에서 발생한 현금흐름

재무활동으로 인한 현금흐름 부채의 차입 및 상환, 주식의 발행, 배당금 지급과 같은 재무활동에서 발생한 현금흐름

직접법 영업현금흐름을 각 영업활동에 관련된 항목별로 이에 직접 관련된 현금흐름을 표시하는 방법

투자활동으로 인한 현금흐름 자금의 대여 및 회수, 금융상품(현금성자산은 제외)의 취득 및 처분, 유형자산의 취득 및 처분과 같은 투자활동에서 발생한 현금흐름

현금-부채 보상비율 기업의 부채상환능력(안전성)을 평가하는 지표로 영업현금흐름을 당기평균총부채로 나누어 산출함

현금-유동부채 보상비율 기업의 단기채무지급능력(유동성)을 평가하는 지표로 영업현금흐름을 당기평균유동부채로 나누어 산출함

현금흐름표 기업의 현금 유입과 유출을 영업활동, 투자활동 및 재무활동으로 구분하여 보여주는 재무보고서

연습문제

1. S사는 20×2년에 제품을 판매한 수익으로 ₩1,000,000의 현금을 창출하였고 주주에게 배당으로 ₩100,000의 현금을 지급하였다. 또한 은행에서 ₩300,000의 현금을 부채차입하였다. 당기의 자본적 지출이 ₩700,000이라면 S사의 당기 현금흐름은 어떻게 되는가? (자본적 지출이란 설비투자 등 유형자산과 관련된 현금의 지출을 말한다)

① 현금 ₩2,100,000 증가
② 현금 ₩500,000 증가
③ 현금 ₩100,000 증가
④ 현금 ₩100,000 감소

2. 다음 중 현금흐름표에 대한 설명으로 잘못된 것은?

① 단기차입금의 상환은 재무활동으로 인한 현금흐름으로 분류한다.
② 간접법은 발생주의로 계산된 이익에서 현금주의로 계산된 현금흐름으로 조정하는 과정을 보여준다.
③ 현금흐름표상 기말현금잔액은 재무상태표 기말현금잔액과 일치한다.
④ 영업활동으로 인한 현금흐름을 작성하는 방법 중 직접법이 실무에서 널리 사용된다.

3. 기초매출채권은 ₩300이었고, 기말매출채권이 ₩600일 때, 간접법을 이용한 현금흐름표에서 위 사항이 어떻게 조정되어야 하는가?

① ₩300만큼 당기순이익에 가산한다.
② ₩300만큼 당기순이익에서 차감한다.
③ 현금흐름에 영향이 없으므로 조정이 필요 없다.
④ ₩600만큼 당기순이익에서 차감한다.

4. A사는 통조림을 제조하여 판매하는 기업이다. 당 기업은 20×1년에 참치통조림을 판매한 수익으로 ₩200,000의 현금을 창출하였고, 주주에게 배당으로 ₩20,000의 현금을 지급하였다. 또한 은행에서 ₩50,000의 현금을 차입하고, 당기에 건물을 구입하면서 현금 ₩100,000을 지급하였다. 다른 요소의 영향이 없을 때, 당 기업의 20×1년의 현금흐름은 어떻게 되는가?

① 현금 ₩210,000 증가 ② 현금 ₩130,000 증가
③ 현금 ₩10,000 증가 ④ 현금 ₩10,000 감소

5. 다음 중 현금이 증가할 때 같이 일어날 수 없는 변화는? 다른 변화는 존재하지 않는다고 가정한다.

① 비현금성 자산이 감소한다.
② 부채가 증가한다.
③ 자본이 증가한다.
④ 비현금성 자산이 증가한다.

6. 당기중 감가상각비 ₩500이 발생했을 때, 직접법을 이용한 현금흐름표에서 이를 어떻게 조정/표시해야 하는가?

① ₩500만큼 법인세차감전순이익에서 차감한다.
② ₩500만큼 법인세차감전순이익에 가산한다.
③ 현금흐름에 영향이 없으므로 조정이 필요하지 않다.
④ ₩500만큼 투자활동으로 인한 현금흐름에 현금유출을 가산한다.

7. 다음 중 현금 또는 현금흐름과 관련된 설명으로 틀린 것은?

① 현금은 기업이 지속적으로 살아 움직이도록 하는 데 중요한 자산이다.
② 기업에 이익이 발생했다고 해서 기업의 현금상태가 반드시 좋은 것은 아니다.
③ 기업은 현금을 증가시키기 위해 부채를 차입하거나 주주로부터 추가적인 출자를 받을 수 있다.
④ 채권자는 배당에 관한 정보를 받기 위해 현금흐름 정보에 대한 관심이 크다.

8. 영업활동으로 인한 현금흐름의 표시방법 중 틀린 것은?

① 영업활동으로 인한 현금흐름은 직접법과 간접법으로 표시할 수 있다.
② 직접법은 매출과 비용에 직접 관련된 현금흐름을 계산한다.
③ 간접법은 영업활동으로 인한 현금흐름을 당기순이익과 조정하기 위한 수정항목을 제시한다.
④ 직접법과 간접법은 영업활동, 투자활동, 그리고 재무활동으로 인한 현금흐름에 모두 영향을 미친다.

9. 현금흐름표를 별도로 보고해야 하는 이유 중 가장 적절한 것은?

① 재무상태표상의 현금은 회사가 보유한 정확한 현금의 양을 보여주지 않기 때문이다.
② 현금의 증가 없이는 이익이 증가하지 않기 때문이다.
③ 기업의 영업은 이익창출보다는 현금창출에 집중해야 하기 때문이다.
④ 이익이 발생하더라도 반드시 현금흐름이 좋은 것은 아니기 때문이다.

10. 현금흐름표 작성에 있어, 미지급광고비를 고려해야 하는 이유는?

① 미지급광고비의 증가는 순이익을 감소시키지만 현금흐름은 변화가 없기 때문이다.
② 미지급광고비의 감소는 순이익을 감소시키지만 현금흐름은 변화가 없기 때문이다.
③ 미지급광고비의 증가는 순이익과 현금흐름을 증가시키기 때문이다.
④ 미지급광고비는 현금흐름을 감소시키지만 순이익에는 영향이 없기 때문이다.

해답

1. ②	2. ④	3. ②	4. ②	5. ④
6. ③	7. ④	8. ④	9. ④	10. ①

사례연구

1. 현금흐름 분석

청주(주)의 김몰라 사장은 손익계산서를 보고 순이익에는 만족하지만 부채를 상환할 현금이 부족함에 당황하고 있다. 김몰라 사장은 당신에게 다음과 같이 이야기하였다.

"나는 재무제표를 믿지 못하겠소. 당신이 보듯이 20×2년도의 당기순이익은 240,000원인데 나는 지금 현금이 48,000원밖에 없소. 도대체 어떻게 된 일이오?"

당신은 김몰라 사장의 질문에 답하기 위하여 손익계산서가 아닌 다른 형태의 재무제표를 만들어서 재무상태표와 함께 김몰라 사장의 물음에 답하려고 한다.

재무상태표

청주(주) (단위 : 원)

	20×1년말	20×2년말
(자산)		
현금	80,000	48,000
매출채권	292,000	356,000
선급비용	28,000	20,000
재고자산	360,000	480,000
건물	–	800,000
감가상각누계액	–	(40,000)
자산총계	760,000	1,664,000
(부채와 자본)		
매입채무	192,000	148,000
미지급법인세	8,000	12,000
장기차입금	–	800,000
자본금	400,000	400,000
이익잉여금	160,000	304,000
부채와 자본총계	760,000	1,664,000

손익계산서

청주(주)	20×2년 1월 1일부터 20×2년 12월 31일까지	(단위 : 원)
매 출		1,768,000
매 출 원 가		1,016,000
매출총이익		752,000
판매비와관리비		408,000
영 업 이 익		344,000
이 자 비 용		48,000
법인세비용차감전순이익		296,000
법인세비용		56,000
당기순이익		240,000

〈요구사항〉

(1) 당신이 만든 재무제표는 무엇인가? 그 재무제표를 간접법에 의해 작성하시오.

(2) 청주(주)는 순이익이 만족스러운 상태인데도 불구하고 왜 현금이 부족한가?

2. 현금흐름표 이해하기

당신이 관심이 있는 기업의 재무제표를 입수하시오. 금융감독원의 홈페이지를 방문하면 쉽게 찾을 수 있다.

〈요구사항〉

(1) 가장 최근 연도 두 해 동안 이 기업의 영업활동으로 인한 순현금흐름은 얼마인가? 두 해 동안 영업활동으로 인한 현금흐름의 변동을 초래했던 주요 원인은 무엇인가?

(2) 최근 연도의 현금의 증감액은 얼마인가?

(3) 이 기업은 영업활동으로 인한 현금흐름을 산출하기 위해서 어떤 방법을 사용했는가?

(4) 현금흐름표를 분석하고, 이 기업의 매출채권, 재고자산 그리고 매입채무가 얼마나 증가 또는 감소했는지를 알 수 있는가?

(5) 최근 연도에 투자활동에 사용된 순현금은 얼마인가?

(6) 최근 연도에 지급한 이자비용은 얼마인가? 또한 법인세로 지출한 금액은 얼마인가?

3. 영업활동으로 인한 순현금흐름

호선(주)의 현금을 제외한 유동자산 및 유동부채 계정의 증감은 다음과 같다.

매출채권 감소	₩800,000	선급비용 증가	₩18,000
재고자산 증가	30,000	매입채무 감소	28,000

〈요구사항〉

당기순이익이 ₩200,000, 그리고 감가상각비가 ₩60,000이라고 가정하고 간접법을 사용해 영업활동으로 인한 순현금흐름을 계산하시오.

4. 영업활동 현금흐름과 윤리적 판단

MA(주)는 설립한 지 4년 된 건설회사이다. MA(주)의 경영자인 최관리 씨는 다음 달에 있는 이사회에 참석하여 회사의 운영상태와 앞으로의 전망을 설명할 예정이다. 최관리 씨는 이사회의 결정 여부에 따라서 잘못하면 회사를 그만둘 수도 있고 승진을 할 수도 있다. MA(주)는 설립 첫해에는 여러 가지 현금지출액이 많아서 영업활동 현금흐름이 (−)였다. 둘째 해와 셋째 해에서는 영업성과가 좋아서 영업활동 현금흐름이 (+)가 되었고, 특히 셋째 해는 둘째 해보다 약 20%나 성과가 좋았다. 그러나 4년째인 올해는 전반적인 경기침체와 더불어 강력한 경쟁기업이 나타나서 영업활동 현금흐름이 대폭 하락하여 (−)가 될 것이 예상된다. 만약 이러한 사정을 최관리 씨가 이사회에 그대로 보고하면 회사에서 해고될 가능성이 높다.

〈요구사항〉

(1) 4년째 회계기말이 두어 달 남았다고 하면 영업활동 현금흐름을 증가시킬 수 있는 방법에는 어떤 것들이 있는가?

(2) 이러한 방법은 기업의 순이익에 장·단기적으로 어떠한 영향을 주게 되는가?

(3) 위 사례 이외에도 경영자 및 기업 입장에서 영업활동 현금흐름을 부풀릴 유인에는 어떤 것들이 있는가?

5. 재무활동으로 인한 현금흐름

다음은 은영(주)의 현금계정을 요약한 것이다.

현금(요약형)

20×4. 1. 1	₩8,000		
상품판매	364,000	매입대금	200,000
배당금 수령	6,000	운영경비	140,000
장비매각대금	6,000	이자비용	10,000
사채발행대금	200,000	세금납부	8,000
		배당금 지급	50,000
20×4.12.31	₩176,000		

〈요구사항〉

현금흐름표에 재무활동으로 인한 순현금흐름으로 기록되는 금액은 얼마인가?

CHAPTER 8

회계방법의 선택에 따라서 회계정보가 변할 수 있다

제 1 절 재무제표 바로 읽기
제 2 절 재무제표가 다르게 표시되는 이유
제 3 절 매출원가의 산정
제 4 절 저가법에 따른 재고자산평가손실의 기록
제 5 절 감가상각방법의 평가
제 6 절 여러 가지 비용의 검토
제 7 절 회계처리방법과 회계정책

제 1 절 재무제표 바로 읽기

1. 회계처리방법에 따라서 재무제표에 보고되는 정보가 달라질 수 있을까?

본장에서는 기업이 영업성과와 재무상태를 보고하는 재무제표, 특히 손익계산서와 재무상태표가 기업이 선택하는 회계처리방법에 따라 어떻게 달라질 수 있는지, 그리고 재무제표를 왜곡표시하기 위해서 어떤 방법이 사용되는지를 논의해 보고자 한다.

특정기업의 재무제표에 보고되는 항목이나 금액은 경영자의 이익조정(earnings management) 혹은 이익조작(earnings manipulation)에 의해 기업의 경제적 실질을 제대로 반영하지 못하고 다르게 보고될 수 있다. 이익조정과 이익조작은 모두 경영자가 사적인 이익을 취하기 위해서 행한다는 점에서 동일하나 다음과 같은 면에서 다르다고 할 수 있다. 이익조정은 기업이 회계기준이 허용하는 범위 안에서 영업, 투자, 또는 재무 활동에 대한 의사결정을 조정하거나 회계처리나 회계추정 방법의 선택을

산책로 **대우조선, 감가상각 내용연수 조정으로 7,200억원 이익 늘렸다**

대우조선해양이 감가상각 내용연수를 늘려 최근 6년간 7,200억원 이상의 비용을 줄여 이익을 높인 것으로 나타났다.

감가상각 내용연수 조정(회계정보를 공정하고 신뢰성 있게 보고하기 위한 목적이라면)은 회계조작이나 분식회계는 아니지만 동종 업종의 다른 업체들과는 다른 내용연수를 사용할 경우 일반투자자들에게 혼란을 줄 수 있다. 대우조선해양은 현대중공업이나 삼성중공업과 달리 유형자산의 감가상각 내용연수를 최근 잇따라 늘려 비용을 줄여왔다. 2010년부터 2015년까지 6년간 조선 3사의 유형자산 대비 감가상각비율을 조사한 결과 현대중공업과 삼성중공업은 각각 연평균 5.4%와 5.3%인 데 반해 대우조선해양은 3.7%로 낮았다. 대우조선해양은 3.7%의 감가상각비율로 2010년부터 6년간 총 1조4,267억원을 감가상각비로 계상했다. 이는 업계 평균인 5.35%의 감가상각비율로 계산한 감가상각비 2조1,471억원보다 7,200억원이 적은 규모다. 7,200억원만큼 영업이익이 늘어났고 비용은 뒤로 미뤄졌다는 이야기이다.

(머니투데이 수정요약)

통해 재무보고 이익을 조정하는 것을 말한다. 반면에 이익조작은 회계기준을 위반하여 의도적으로 재무보고 이익을 왜곡표시하는 행위로서 분식회계(window dressing) 또는 재무보고부정(financial reporting fraud)이라고도 한다.

이익조정이나 이익조작이 발생가능한 이유는 회계처리과정에서 자의성이 개입될 수 있기 때문인데, 세부적으로는 다음과 같은 예를 들 수 있다.

- 기업은 수익과 비용, 그리고 자산이나 부채의 금액을 기록하는 데 있어서 다양한 회계처리방법을 선택할 수 있다(예 : 감가상각방법으로 정액법 또는 정률법 사용).
- 기업은 수익과 비용, 그리고 자산이나 부채를 기록하는 데 필요한 추정과 예측에서 낙관적일 수도 있고, 비관적일 수도 있다(예 : 대손상각비 추정에서 낙관적 또는 비관적 대손상각률 적용).
- 기업은 회계처리방법을 실행할 때, 특히 수익과 비용을 기록하는 시점에서 자의성을 발휘할 수 있는 여지가 상당히 있다(예 : 제품과 더불어 미래 서비스를 판매할 경우 제품가격과 서비스가격을 구분하는 데 있어서의 자의성 존재).
- 기업은 회계기말에 재무제표를 왜곡표시하기 위해서 다양한 이익조작 수단을 동원할 수 있다(예 : 기말재고 과대계상으로 이익 과대계상).

위와 같은 것들이 재무제표를 이용해 의사결정을 할 때 이해해야 하는 중요한 사항이다. 다음 항에서는 재무제표를 올바르게 이해하는 방법에 대해서 설명하고자 한다.

2. 재무제표에 대해 올바로 이해하자

시장에 매물로 나와 있는 기업을 취득할 것을 심각히 고려하고 있다고 하자. 물론 이에 필요한 자금을 충분히 가지고 있다고 가정한다. 이때 취득대가를 결정하는 데 있어서 다양한 요인을 고려해야 한다. 이 중에서도 취득 대상 기업의 재무제표는 기업의 경영성과와 재무상태에 대한 정보를 포함하고 있기 때문에 그 기업의 시장가치를 평가하는 데 가장 중요한 정보의 원천 중 하나이다.

그러나 여러 가지 요인에 의해 기업의 재무제표가 기업의 실질을 잘 반영하지 못할 가능성이 있다. 이 경우 회계정보의 질이 적정한지에 대한 분석을 행할 필요가 있다. 당해기업의 회계기록과 회계시스템 그리고 그 기업의 계정들이 완전하고,

정확하며, 회계기준에 따라 공정하게 작성되었는지를 판단하기 위해서 능력 있고 독립성이 있는 공인회계사에게 의뢰할 수 있다. 공인회계사는 재무제표의 면밀한 분석을 통해 회계정보의 질을 평가하고 회계 왜곡이나 조작 또는 사기행위를 밝혀낼 수도 있을 것이다.

(1) 회계 수치의 진실에 대한 이해

많은 사람들은 회계 수치를 정확한 정보의 기록이라고 생각한다. 재무제표 끝자리까지 상세히 보고된 금액을 보면, 그것이 매우 정확하고 틀림없을 것이라는 인상을 받게 된다. 물론 회계는 과정상에서의 정확성을 추구한다. 그러나 그것이 재무제표에 최종적으로 보고되는 숫자의 완벽성을 의미하는 것은 아니다. 특정 경제적 사건의 결과는 그 사건의 측정방법이나 추정에 따라 달라질 수 있기 때문이다. 예를 들어 "2+4=6"과 "3+4=7"은 모두 정확히 계산되었지만 다른 측정방법이나 추정에 따라 최초의 숫자(2와 3)가 달라지면 최종적으로 보고되는 숫자(6과 7)가 달라질 수밖에 없는 것과 마찬가지 이치이다. 감가상각방법의 선택, 재고자산 평가방법의 선택, 매출채권의 대손충당금 추정, 판매보증충당금 추정 등 회계에는 우리가 통상적으로 생각하는 것보다 훨씬 더 주관적인 판단과 자의적인 선택이 자주 그리고 많이 개입된다. 이러한 이유로 회계는 정해진 법칙과 공식에 의해서 답이 딱 떨어지는 것(science)이 아니라 고도의 판단과 기술을 요하는 것(art)에 더 가깝다고 말하기도 한다(Accounting is not a science, but an art).

기업의 주관적 판단과 자의적인 선택은 회계기준이 허용하는 범위 안에서 이루어지는 것이 일반적이다. 즉 회계기준의 범위 안에서 합리적 이유에 근거하여 측정방법을 달리하거나 다른 추정치를 사용하는 것은 회계 왜곡이나 조작이라고 할 수 없다. 그러나 비합리적, 비상식적, 비일관적인 회계처리방법이나 추정치의 변경은 기회주의적 유인에 의해 발생할 가능성이 많다. 대우조선해양의 회계분식과 같이 왜곡이나 조작의 정도가 매우 커서 사회문제화되는 경우도 종종 접할 수 있다. 현실적으로 재무제표이용자들이 의사결정과정에서 기업의 실질을 잘 반영하지 못하는 회계정보 또는 왜곡된 회계정보를 찾아내고 이를 수정하는 것은 매우 어려운 일이다. 그러나 기업의 모든 이해관계자들은 그들이 보는 재무제표가 경제적 실질을 완벽하게 대변하는 것이 아니며, 회계처리방법 선택 및 추정 과정에 내재되어 있는 회계처리 담당자나 경영자의 주관성 및 의도적인 왜곡이나 편의를 내재하고 있을 가능성이 있음을 명심해야 한다.

(2) 보수적 회계처리에 대한 개념

회계학에서 보수주의(conservatism)란 불확실성하에서 회계적 판단을 할 때 자산과 수익은 과대평가되지 않게, 부채와 비용은 과소평가되지 않게 하는 것이다. 또는 회계정보를 인식하고 측정할 때 나쁜 뉴스는 빨리 반영하고 좋은 뉴스는 확실성의 정도가 커질 때 반영하는 것을 보수주의라 한다. 야구를 생각해 보면 우리가 보는 재무제표는 왼쪽 필드나 오른쪽 필드 또는 중앙 필드에 있을 수 있다. 이 모든 형태의 재무제표는 회계기준의 범위 안에 있다. 회계기준은 타자가 친 공이 아웃되지 않는 지역을 지정하고 있을 뿐 반드시 어느 특정한 곳으로 공을 쳐야 한다고 지정하지는 않는다. 다시 말해 기업의 회계정책은 공격적일 수도 있고 보수적일 수도 있다. 그러나 많은 회계기준이나 회계처리방법이 보수적 회계처리에 입각하고 있고, 관습적으로도 보수적 회계처리가 일반화되어 있는 것은 사실이다. 이는 기업의 이해관계자들이 기업에 대한 신중한 의사결정을 위해 보수적 재무제표를 선호하기 때문이다.

〈표 8-1〉은 기업의 회계정책 또는 경영자의 유인에 따라 재무제표가 달라질 수 있음을 보여주는 가상의 재무제표를 비교하여 제시하고 있다. 〈표 8-1〉의 "공격형

산책로 **대우건설 등 보수적 회계처리**

수주산업의 회계투명성에 대한 의심이 커지면서 주요 건설사들의 회계처리가 보수적으로 바뀌고 있다. 잠재적 부실가능성을 줄이지 않고서는 시장의 신뢰를 회복할 수 없다는 판단이 깔린 것으로 보인다.

최근 지난해 경영실적을 발표한 대우건설은 이른바 빅배스(big bath)를 단행했다. 빅배스는 누적된 잠재부실을 한꺼번에 떨어버리는 회계처리기법이다. 대우건설은 지난해 5,030억원의 영업손실을 기록했다고 발표했다. 지난해 3분기 안진회계법인으로부터 감사의견 거절을 받은 대우건설은 연말 사업보고서까지 감사의견이 거절로 나오면 관리종목 지정이나 상장폐지 등으로 이어질 수 있기 때문이다. 감사의견 거절 이후 대우건설은 안진 측과 40여개 현장을 조사했고 잠재부실로 지적된 해외사업장은 전수 조사를 하는 등 회계투명성 회복을 위해 사활을 걸었다. 결국 대우건설은 지난해 실적에 알제리 RDPP 플랜트 등 잠재부실 현장을 모두 손실처리하는 강수를 뒀다. 해외부문 매출손실이 1조원을 넘었다. 회계처리를 보수적으로 진행한 것은 대우건설뿐만은 아니다. GS건설을 비롯 다른 주요 건설사들도 손익 반영을 최대한 보수적으로 하고 있는 것으로 알려졌다.

다만 선제적인 부실 정리가 반드시 회사 손실로 이어지지 않을 수 있다는 점도 일부 확인됐다. 대우건설이 대규모 부실을 회계에 반영하면서 주가는 오히려 급등했다. 잠재부실이 모두 사라졌다는 점에서 앞으로 수익성이 크게 개선될 수 있다는 투자자들의 기대감이 반영된 것으로 풀이된다.

(건설경제 수정요약)

〈표 8-1〉 공격형과 보수형 재무제표 사례

재무상태표

사이버나라(주)	20×2년말		(단위 : 백만원)
	공격형(갑돌)	보수형(갑순)	차 이
(자산)			
현 금	2,165	2,045	(120)
매 출 채 권	2,600	2,570	(30)
재 고 자 산	3,450	2,750	(700)
선 급 비 용	600	550	(50)
유 동 자 산	8,815	7,915	(900)
유 형 자 산	12,450	12,225	(225)
(감가상각누계액)	(6,415)	(6,840)	(425)
순 액	6,035	5,385	(650)
자산총계	14,850	13,300	(1,550)
(부채와 자본)			
매 입 채 무	765	765	0
충 당 부 채	900	965	65
미지급법인세	115	115	0
단기차입금	2,250	2,250	0
유 동 부 채	4,030	4,095	65
장기차입금	4,000	4,000	0
부채총계	8,030	8,095	65
납 입 자 본	3,250	3,250	0
이익잉여금	3,570	1,955	(1,615)
자본총계	6,820	5,205	(1,615)
부채와 자본 총계	14,850	13,300	(1,550)

손익계산서

사이버나라(주)	20×2년말로 끝나는 1년간		(단위 : 백만원)
	공격형(갑돌)	보수형(갑순)	차 이
매 출	26,000	25,775	(225)
매 출 원 가	(14,300)	(14,580)	(280)
매출총이익	11,700	11,195	(505)
판매관리비	(8,700)	(8,830)	(130)
영 업 이 익	3,000	2,365	(635)
이 자 비 용	(400)	(400)	0
법인세비용차감전순이익	2,600	1,965	(635)
법인세비용	(910)	(615)	295
당기순이익	1,690	1,350	(340)

(aggressive)" 재무제표는 기업이 그들의 당기순이익을 최대로 높이기 위한 회계처리 방법을 사용하고 연말의 재무상태를 가능한 한 좋게 보이기 위해 특정수단을 동원했음을 의미한다. 반면, 어떤 기업은 그 반대의 입장을 취하는 경우도 있다. 그러한 기업은 경영성과를 보수적인 방법을 사용하여 회계처리하고 기업에 대한 좋지 못한 소식은 재무제표에 가능한 한 신속히 반영한다. 이것이 〈표 8-1〉의 "보수형(conservative)" 재무제표이다.

결과적으로 기업의 재무적 성과를 보여주는 당기순이익의 경우, 공격적인 회계처리에서는 1,690백만원인 데 반해 보수적인 회계처리에서는 1,350백만원으로서 340백만원의 차이가 발생하였다. 자산총계 역시 공격적인 회계처리를 했을 때에는 보수적인 회계처리를 했을 때보다 1,550백만원만큼 과대계상되고 부채총계는 65백만원만큼 과소계상되었다. 이처럼 기업의 회계정책이 공격적이냐 보수적이냐에 따라 재무상태표에 나타나는 경영성과와 재무상태가 다르게 나타날 수 있음을 알 수 있다.

제 2 절 재무제표가 다르게 표시되는 이유

앞에서 보았듯이, 재무제표가 다르게 표시될 수 있는 것은 첫째, 회계처리방법의 선택이나 회계추정의 자의성, 둘째, 회계정보의 의도적인 왜곡 때문이다. 〈표 8-1〉의 세 번째 칸에 두 재무제표의 차이가 나타나 있다. 보수형 재무제표에 나타난 자산은 현금, 매출채권, 재고자산 등 다양한 자산항목들이 과소계상되어 총 1,550백만원이 낮고, 부채는 충당부채의 과대계상으로 65백만원이 높다. 이러한 차이는 보수형의 경우에 매출액을 낮게 기록하였거나 비용을 높게 책정한 결과이다.

다음을 주목해 보라.

- 매출액을 과대하게 기록하면 자산이 증가한다(어떤 경우에는 부채가 감소하기도 한다).
- 비용을 과대하게 기록하면 자산이 감소하거나 부채가 증가한다.

보수형의 경우 이익잉여금은 공격형의 경우보다 1,615백만원이 적다. 그 차이는 지난 기간 동안 자산의 과소계상(1,550백만원)과 부채의 과대계상(65백만원)으로 설명될 수 있다. 다음에서는 〈표 8-1〉에 나타난 두 형태간의 차이에 대해서 간략히 설명할 것이다(지금부터 공격형과 보수형 대신 갑돌(주)와 갑순(주)라는 용어를 사용한다. 갑돌(주)는 보고되는 이익을 부풀리기 위해서 공격적인 회계처리방법을 사용한 기업이고, 갑순(주)는 보고되는 이익을 줄이기 위해서 보수적인 회계처리방법을 사용한 기업임을 기억하라).

1. 현 금

공격적인 회계처리가 반드시 회계조작을 의미하는 것은 아니지만, 갑돌(주)는 현금계정의 회계조작을 하였다고 가정하자. 갑돌(주)는 연말에 당기의 장부를 바로 마감하지 않고 며칠을 더 열어두어서 고객에게서 추가로 수취한 현금을 기록하였다. 즉 실제로는 현금이 다음 연도초에 은행계좌에 입금되었음에도 불구하고 회계장부에는 이를 연말에 수취한 것으로 기록하는 것이다. 이는 의도적으로 현금잔고를 부풀리려는 행위이므로 분명 거짓이고 충실하지 못한 재무보고라 할 수 있다. 이와 같이 의도적으로 자산이나 이익을 부풀려 계상하는 결산을 분식결산(window dressing settlement)이라 한다.

기업은 채권자나 주주들이 기말재무제표를 볼 때 기업 부채에 대비할 수 있는 현금잔고에 특별히 주의를 기울이는 것을 알고 있다. 따라서 기말에 보고되는 현금잔고를 부풀릴 유인이 있다. 또한 장부를 며칠간 더 열어 놓아서 매출채권을 현금으로 수취한다면, 기업의 매출채권 잔액이 당기의 매출수익에 비해 적으므로 매출채권이 통제가능한 범위에 있는 것처럼 보인다. 매출채권의 잔액이 크면 기업의 고객이 기업에 대한 채권을 적시에 상환하고 있지 않다고 생각할 수 있다. 그러나 매출채권 잔액이 작으면 기업이 고객에게 허용한 신용조건이 잘 관리되고 있으며 기말매출채권의 잔액이 그렇게 문제가 되지 않을 것이라는 인상을 주게 된다.

2. 매출채권

기말의 매출채권 잔고에 영향을 줄 수 있는 한 가지 이유는 앞에서 설명하였다. 즉 갑돌(주)는 다음 기의 매출채권 회수를 당기에 기록하는 분식결산을 하였다. 그러나

이 외에도 매출채권의 잔고에 영향을 줄 수 있는 여러 가지 가능성이 있다.

- 갑순(주)와 갑돌(주)는 매출수익 기록시점에 차이가 있을 수 있다. 갑순(주)는 갑돌(주)보다 신용으로 판매한 매출을 좀 늦게 기록하였다. 왜냐하면 제품이 고객에게 제대로 배송되고 이를 고객이 완전히 인정하여 반송될 가능성이 없는지를 확인하는 데까지 시간이 걸렸기 때문이다. 특히 매출이 성능검사나 반드시 충족되어야 하는 다른 조건에 의해 확정될 경우 매출인식시점에 차이가 나타날 가능성이 더 크다. 갑순(주)처럼 매출을 늦게 기록하면 매출채권의 잔고는 약간 적어진다. 왜냐하면 20×2년 회계기간말까지 고객이 완전히 인정하지 않은 일부 신용매출을 당기분으로 기록하지 않았기 때문이다.
- 갑돌(주)는 매출을 늘리기 위해 고객에게 그들이 필요한 것보다 더 많은 제품을 구매하도록 강요하였다. 이를 유통경로 채우기(channel stuffing)라고 한다.
- 갑순(주)는 매출채권을 회수 불가능한 것으로 분류하는 데 더 엄격하다. 매출채권 추심에 적절한 노력을 했음에도 불구하고 고객이 지급하지 않을 것 같으면 그 금액을 매출채권에서 제거하고 이를 대손상각비로 처리한다. 반대로 갑돌(주)는 매출채권이 일정기간 회수되지 않았음에도 불구하고 마지막 순간까지 대손회계처리를 늦추고 있다.

3. 재고자산과 매출원가

상품을 제조 혹은 구매하여 판매하는 기업(회계에서는 기업이 물건을 제조하여 판매하는 경우에는 '제품', 물건을 구매하여 판매하는 경우에는 '상품'이라는 계정을 사용한다)은 매출원가를 어떻게 결정하느냐에 따라 재무제표의 수치가 달라질 수 있다. 제품이나 상품의 원가는 인플레이션이나 기타 요인으로 인해 시간이 지남에 따라 지속적으로 변화하는데, 대부분의 경우 실제로 판매된 제품의 원가가 정확하게 얼마인지는 파악하기가 힘들다. 예를 들어 자동차 와이퍼를 제조하는 기업은 제조원가가 다른 수많은 동일 와이퍼 중에서 실제로 납품된 와이퍼의 원가를 일일이 파악하기가 힘들 수 있다. 이처럼 제품원가에 변동이 있을 경우 매출원가 및 기말재고자산은 재고자산의 평가방법에 따라 달라질 수 있다.

제품원가가 지속적으로 상승한다는 가정하에서 두 가지 상반된 재고자산 평가방법은 다음과 같다.

• 더 높은 최근의 원가가 매출원가에 가능한 한 먼저 반영되도록 한다(이 경우 더 낮은 제품원가가 기말재고자산에 남겨질 것이다).
• 더 낮은 예전 원가가 매출원가에 먼저 반영되도록 한다(이 경우 더 높은 제품원가가 기말재고자산에 남겨질 것이다).

갑돌(주)는 매출원가(이를 산출하는 방법은 본장의 제3절에서 상세히 설명된다)를 최소로 하고 기말재고를 최대로 하는 방법(두 번째 방법)을 사용한 반면, 갑순(주)는 매출원가를 최대로 높이고 기말재고를 최소로 줄이는 방법(첫 번째 방법)을 사용한다. 〈표 8-1〉에서 보듯이 갑순(주)의 기말재고는 700백만원이 낮은데, 이는 갑순(주)가 지난 기간에 걸쳐 제품원가를 기말재고자산과 매출원가로 안분함에 있어 갑돌(주)에 비해 700백만원만큼 더 매출원가로 기록해 왔음을 의미한다. 갑순(주)의 20×2년도 매출원가는 갑돌(주)보다 280백만원만큼 높다. 재고자산에 나타난 700백만원의 누적차이 중 나머지 금액(700백만원－280백만원)은 이전 연도에 발생하였음을 보여준다.

재고자산에 나타난 700백만원의 누적차이라든지 매출원가에 나타난 280백만원의 차이 모두가 기업이 사용한 재고자산이나 매출원가의 회계처리방법에 기인하지는 않을 수도 있다. 각각의 차이 중 일부는 각 회사가 저가법(LCM : lower of cost or market)을 어떻게 적용하는가에 기인할 수도 있다(저가법은 본장의 제4절에서 상세히 설명된다). 갑순(주)는 LCM을 적용하는 데 보다 엄격했을 수도 있다. 즉 갑순(주)는 기말에 더 많은 금액을 재고자산평가손실로 기록했기 때문에 재고자산이 감소하고 매출원가가 증가할 수도 있다.

4. 비유동자산(유형자산)의 원가 배분 – 감가상각

회계기준에 따르면 내용연수가 한정된 비유동자산의 취득원가는 취득연도에 일시에 비용으로 기록하는 것이 아니라 당해자산의 예상내용연수에 걸쳐 배분해야 한다. 토지는 내용연수가 한정되어 있지 않기 때문에 토지의 취득원가를 배분할 필요가 없다. 그러나 토지 이외의 유형자산은 내용연수가 한정된 경우가 많다. 예를 들어 건물, 기계장치, 차량운반구 등은 기업이 사용가능할 것으로 예상되는 기간이 한정되어 있다. 이처럼 내용연수가 한정된 유형자산의 취득원가를 기업에게 예상되는 당해 유형자산의 내용연수에 걸쳐 배분하는 것을 감가상각(depreciation)이라고 한다. 이때 매년 감가상각되는 부분은 감가상각비라는 계정으로 손익계산서에 보고되고, 누적된 감가상각비는 감가상각누계액이라는 계정으로 재무상태표에 보고된다.

감가상각은 비용을 사용기간에 따라 합리적으로 배분한다는 측면에서는 매우 타당하지만, 이를 실무상에 적용하는 과정에서는 복잡한 점이 많다. 우선 감가상각을 적용하기 위해서는 취득원가를 결정해야 하는데, 취득원가 결정과정에서 자의성이 개입될 수 있다. 일반적으로 유형자산의 최초 취득원가는 매입이나 건설을 위해 지출된 모든 추가비용을 포함한다. 그러나 실제로는 이러한 추가비용이 항상 취득원가에 가산되지는 않는다. 예를 들면, 대형 유형자산을 자리에 배치하고 필요한 전력을 연결하는 등의 설치비를 취득원가에 포함하는 것이 이론상으로는 맞다. 배달용 차량의 측면에 기업의 로고를 그려 넣는 데 사용된 원가도 취득원가에 포함하는 것이 맞다. 또한 오래된 건물을 취득했을 때 취득원가로 수리비용이라든지 안전점검비용 등이 발생한다. 그러나 기업은 이러한 추가비용을 모두 취득원가에 포함시키지 않을 수도 있다. 갑돌(주)는 대부분의 추가원가를 유형자산의 취득원가에 포함시킴으로써 유형자산 금액을 높게 보고하였다. 이 추가원가는 즉시 비용처리되지 않고 미래 기간에 걸쳐 감가상각된다. 반면, 갑순(주)는 유형자산계정에 취득 또는 건설 원가 이외의 원가는 포함시키지 않았다. 이는 추가원가를 모두 당기에 즉시 비용으로 회계처리하였다는 것이다.

한편, 어떤 감가상각방법을 사용하느냐에 따라 재무제표에 보고되는 금액에 차이가 난다. 갑돌(주)는 감가상각방법으로 정액법을 사용하는데, 이는 유형자산의 취득원가를 내용연수에 걸쳐 동일액만큼씩 배분하는 것이다. 반면, 갑순(주)는 자산의 취득원가를 비용처리하는 데 체감잔액법을 사용하였다. 체감잔액법이란 많은 원가가 초기 내용연수에 배분되고 후반기에는 적은 금액이 배분되도록 하는 것이다. 물론 감가상각과정은 취득원가를 서로 다른 기간에 배분하는 것을 의미하기 때문에 유형자산의 전체 사용기간으로 보면 감가상각되는 금액은 동일하다. 하지만 체감잔액법을 사용하면 정액법에 비해 내용연수 초기에 많은 금액이 감가상각된다는 차이점이 있다. 〈표 8-1〉을 살펴보면 갑순(주)의 유형자산 취득원가가 갑돌(주)에 비해 225백만원이 낮으며, 감가상각누계액은 425백만원이나 높다.

5. 부 채

대부분의 제품은 명시적 또는 묵시적인 보증이나 애프터서비스의 조건하에 판매된다. 제품에 대한 품질통제가 잘되었다 하더라도 기업이 판매한 제품의 일부는 약속한 만큼의 성능을 발휘할 수 없는 경우가 발생하고, 이에 고객이 기업에게 해당문제를 해결해 주도록 요구하기도 한다. 기업은 제품을 판매한 시점에 이러한 미래의무의 원가를 추정하고 이를 제품이 판매된 기간의 비용과 부채 의무로 기록해야 한다. 즉 기업은 고객이 실제로 수리나 교환을 해달라고 요구할 때까지 회계처리를 기다려서는 안 된다. 일정기간 동안 사업을 하다보면 기업은 보증이나 애프터서비스 약정하에 판매한 제품이 수리나 교환을 위해 반환되는 비율을 어느 정도 합리적으로 추정할 수 있게 된다. 그러나 경험이 없는 새로운 제품의 경우에는 이러한 추정이 매우 어렵다.

제품보증기간이 1년이어서 제품보증과 관련된 부채는 유동부채로 분류된다고 가정하자. 갑돌(주)는 실제로 관련 원가를 지출할 때 비용으로 기록할 생각을 가지고, 제품을 판매한 시점에서는 미래 제품보증의 원가를 추정하려는 시도를 하지 않았다. 이로 인해 낮게 평가되는 부채금액을 그렇게 중요하지 않다고 결정하였다. 반면, 갑순(주)는 이미 판매한 제품에 관련하여 미래에 발생할 보증비용을 추정하는 데 최선을 다했다. 이에 따라 그들의 충당부채는 갑돌(주)의 경우보다 65백만원이나 높았다.

〈표 8-1〉에서 매입채무는 두 기업간에 차이가 없다. 단기차입금이나 장기차입금 역시 두 기업간에 차이가 없는데, 이는 차입금의 경우 이자율이나 만기일이 확정되어 있기 때문에 이를 재무제표에 기록하는 데 회계선택의 문제가 거의 발생하지 않기 때문이다. 또한 〈표 8-1〉에서 두 기업간에 미지급법인세도 동일하다. 만일 기업이 과세소득을 결정하는 데 상이한 회계처리방법을 사용한다면 법인세비용이 달라지고 연말 미지급법인세도 약간 다를 것이다. 다만 여기에서는 이를 깊이 있게 다루지 않았다.

6. 종 합

〈표 8-1〉은 상이한 회계처리방법이 기업의 재무제표에 어떠한 차이를 초래하는지를 보여주고 있다. 〈표 8-1〉의 차이가 비현실적이라고 생각되지는 않는다. 그러나 솔직히 말하면, 상이한 수치는 "경험에서 우러난 추측(educated guess)" 이상은 아니다. 재무보고서를 이용할 때 기업이 사용하는 회계처리방법이 공격적인지 아니면 보수적

인지 알아보기 위해서 주석을 검토할 수 있다.

〈표 8-1〉에서 현금흐름표의 차이는 제시하지 않았다. 회계기간의 현금흐름을 요약하는 현금흐름표는 기업이 어떤 회계처리방법을 사용하더라도 일반적으로 큰 차이가 나지 않는다. 회계처리방법이나 추정치가 다르다 하더라도 실제로 수취하거나 지급한 현금이 변하지는 않기 때문이다. 그러나 기업이 기말에 분식결산(window dressing)을 한다면 영업활동으로 인한 현금흐름이 많게 나타날 수 있음에 유의해야 한다. 분식결산을 통해 기업이 기말까지 실제로 수취하지 않은 것을 현금잔고에 포함시킬 수 있기 때문이다.

기업을 운영하는 경영자들은 당기순이익을 측정하는 회계처리방법의 결정과 이를 실제로 운영하는 과정에도 관여해야 한다. 경영자는 그들의 재무제표에 관한 질문에 답해야 하는 경우가 많기 때문에 재무제표를 작성하는 데 사용된 회계처리방법을 알아야 한다. 그러나 재무제표 작성에 관여해야 한다는 것이 특정연도의 당기순이익을 높이거나 연도별로 당기순이익이 크게 변동하는 것을 방지하기 위해서 또는 기말 현재의 자산이나 부채의 금액을 좋게 보이도록 하기 위해서 당기중에 기록하는 수익이나 비용을 조작하라는 의미는 아니다. 이러한 것은 시도할 생각조차 해서는 안 된다(적지 않은 기업이 회계기준의 범위 내에서 이익조정을 행하고 있는 것은 사실이다). 어떤 사람이 술에 취해 운전한다고 해서 당신도 그렇게 해야만 한다는 것을 의미하지 않는다.

제 3 절 매출원가의 산정

기업의 주요 회계의사결정 중의 하나는 특정기간의 매출원가를 기록하기 위해 보유했던 재고자산에서 당기에 어느 제품이 판매되었고 어느 제품이 기말 현재 판매되지 않고 재고자산으로 남아 있는가를 결정하는 것이다. 재고자산과 매출원가의 관계는 [그림 8-1]에서 자세히 설명되어 있다. 매출원가를 매출액에서 차감하면 매출총이익이 결정된다. 이 매출총이익이 손익계산서의 첫 번째 손익항목이다. 매출원가는 매우 중요한 항목이다. 왜냐하면 금액이 상대적으로 큰 비용항목이고, 이에 따라 당기순이익이 크게 영향을 받기 때문이다.

기업은 판매용 물품을 구매하거나 제조한다. 판매용 물품을 구매하여 판매할

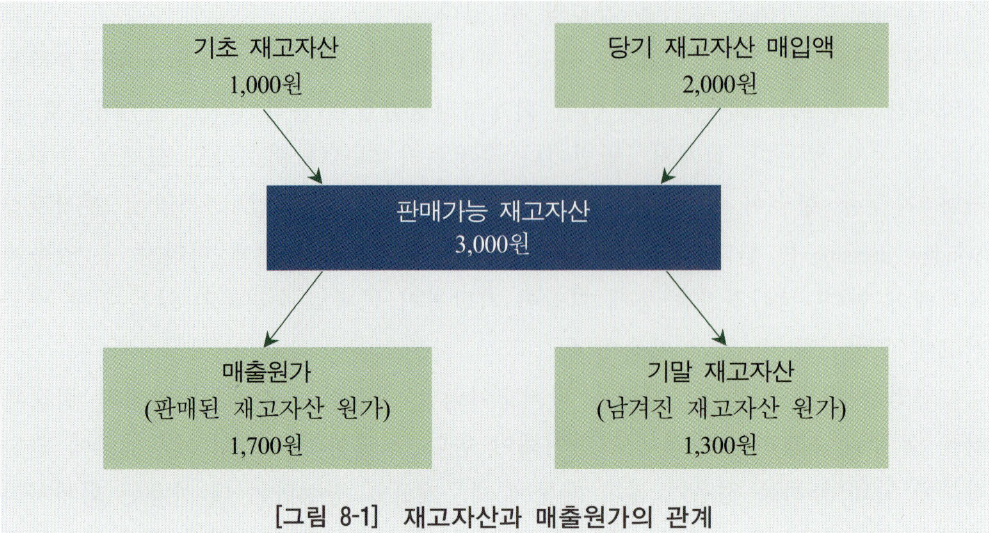

[그림 8-1] 재고자산과 매출원가의 관계

경우에는 '상품'이라고 하고, 제조하여 판매할 경우에는 '제품'이라고 한다. 제9장에서는 제품을 제조하는 기업이 제조원가를 결정하는 방법을 설명하고 있다. 여기에서는 물품을 구매한 후 재판매하는 상품매매회사의 회계처리를 살펴보자.

상품매매회사의 경우 상품의 구매원가는 당해상품이 판매될 때까지 재고자산 계정에 남아 있게 된다. 상품이 판매되면 상품의 원가가 재고자산에서 제거되고 매출원가라는 비용으로 기록된다. 이 점에 대해서는 이해하기 어렵지 않다. 예를 들어, 이번 달의 월급으로 200만원을 받았다고 하자. 이를 사용하기 전까지는 당신의 자산이다. 그러나 이를 사용한 후에는 비용이 된다. 이와 같이 기업이 상품을 판매하기 전까지는 매출원가라는 비용이 발생하지 않는다.

매출원가 산정을 위해 다음의 예를 들어보자. [그림 8-2]에서 보는 바와 같이 자동차딜러인 (주)맥스스포츠는 스포츠카인 포르쉐 911을 2월에 7천만원, 5월에 8천만원, 7월에 9천만원에 구매하여 11월에 2대를 각각 1억5천만원에 팔았다고 하자. 팔린 상품은 2대이고 남아 있는 재고자산은 1대이다. 그렇다면 매출원가는 얼마이고 기말재고자산은 얼마인가? 팔린 2대의 스포츠카가 2월과 7월에 구매한 상품이라면 매출원가는 1억6천만원이 되고 기말재고자산은 8천만원이 될 것이다. 반면 팔린 2대의 스포츠카가 5월과 7월에 구매한 상품이라면 매출원가는 1억7천만원이 되고 기말재고자산은 7천만원이 될 것이다. 즉 실제로 판매된 상품의 취득원가를 모두 정확히 알고 있다면 그것의 합이 매출원가가 되고 판매되지 않고 남아 있는 상품의 취득원가 합이 기말재고자산이 된다. 이처럼 개별 상품의 실제 흐름에 기초하여 매출원가 및 기말재고자산을 결정하는 방법을 개별법(specific identification

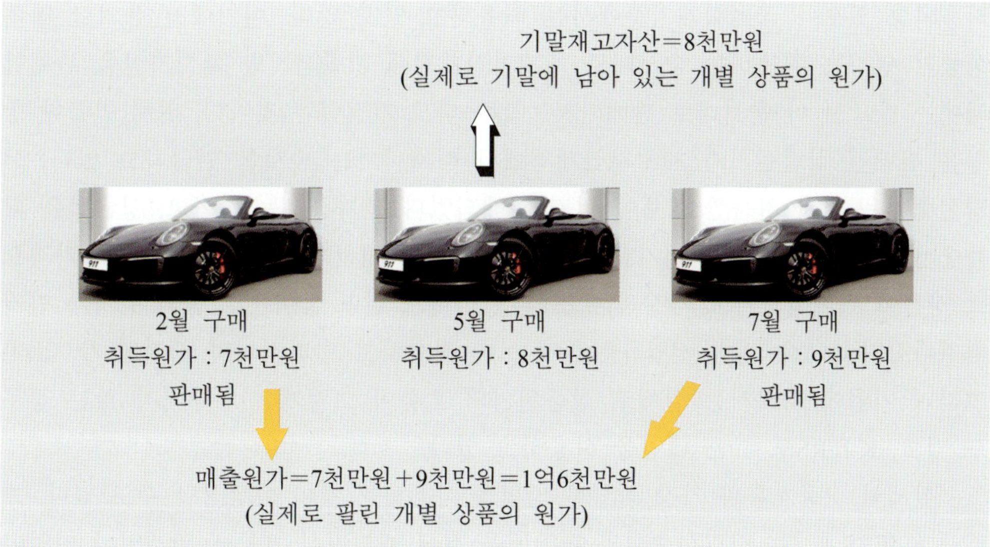

[그림 8-2] 개별법 사용에 따른 매출원가와 기말재고자산

method)이라 한다. 개별법은 팔린 상품과 남아 있는 상품의 취득원가를 매출원가와 기말재고자산에 정확히 반영한다는 점에서 가장 우수한 방법이다. 그러나 상품의 종류와 수량이 많고 매입·매출거래가 빈번한 대부분의 기업에 있어서 개별법을 실무에 적용하는 것은 거의 불가능하다. 왜냐하면 수많은 상품을 구매하여 파는 경우 실제로 팔린 상품이 언제 얼마에 구매된 것인지를 일일이 파악하는 것이 어려울 수 있기 때문이다. 따라서 개별법은 주로 보석류와 같은 고가의 상품을 취급하는 회사에서만 사용된다.

그렇다면 상품의 종류와 수량이 많고 매입·매출거래가 빈번한 대부분의 기업에서는 매출원가와 기말재고자산을 어떻게 결정할까? 이 경우 기업은 판매된 상품의 매출원가를 기록하고 남아 있는 재고자산의 금액을 결정하기 위해 재고자산의 흐름에 대한 가정을 한다. 즉 실제 어떤 개별 상품이 판매되었는지를 파악하는 것이 아니라 상품의 흐름에 대해 가정을 하는 것이다. 각 가정에 따라 기말재고자산과 매출원가를 결정하는 회계처리방법이 달라진다. 재고자산의 흐름에 대한 가정으로 가장 보편적으로 사용되는 방법에는 다음 두 가지가 있다.

- 선입선출법(FIFO : first-in, first-out method)
- 평균법(average method)

다른 방법, 특히 후입선출법(LIFO : last-in, first-out method)은 미국회계기준에서는 허용되고 있으나 국제회계기준에서는 허용되고 있지 않다. 여기에서 유의할 점은 상품의 원가는 취득하는 순서대로 재고자산계정에 기록되지만 재고자산을 판매할 때에는 반드시 이 순서대로 판매되지는 않는다고 가정하는 것이다. 위에 언급한 방법은 판매된 상품원가가 재고자산계정에서 빠져나가는 순서를 언급하고 있다. 선입선출법은 먼저 취득한 상품이 먼저 판매되었다고 가정하는 것이고, 평균법은 취득순서와 관계없이 한 회계기간 동안 재고자산의 평균가격을 계산하여 그 가격으로 상품이 판매되었다고 가정하는 것이다. 아마도 먼저 들어온 상품의 원가가 먼저 빠져나갔다고 보는 방법(선입선출법)이 보다 적합하고 합리적이라 생각할 수 있다. 그러나 기업에 따라서는 실제로 상품원가의 흐름이 그렇게 이루어지지 않는 경우도 있고, K-IFRS도 다른 대안을 허용하고 있다.

실제의 상품흐름과 가장 적합한 방법을 사용하는 것이 이상적일 수도 있다. 그러나 K-IFRS에서는 선입선출법과 평균법을 실제 재고자산 흐름에 관계없이 기업이 임의로 선택하는 것을 허용하고 있다. 일반적으로 기업은 상품을 구매하거나 제품을 제조한 순서대로 고객에게 판매하려고 한다. 오래된 재고자산을 보유하게 되면 품질이 나빠지거나 유행에 뒤떨어지기 때문이다. 그러나 이러한 경우에도 선입선출법이 아닌 평균법을 사용하는 기업이 매우 많다.

1. 선입선출법 : 먼저 구입한 재고자산의 원가를 먼저 매출원가로 계상

선입선출법(FIFO)에서는 상품의 취득순서대로 판매된 재고자산의 취득원가를 매출원가 비용으로 기록한다. 이의 회계처리절차는 매우 간단하다. 야구경기 입장열에 먼저 들어온 사람이 야구장에 먼저 입장하는 것과 같다. 예를 들어, 당기중 네 개의 동일 상품을 각각 다른 시점에 다른 가격으로 취득하였다고 하자. 순서대로 보면 1,000원, 1,020원, 1,040원과 1,060원이다. 이 중 당해기간에 세 개를 판매하였다고 가정하면, FIFO를 따르는 경우 매출원가는 다음과 같다.

1,000원 + 1,020원 + 1,040원 = 3,060원

요약하면 먼저 취득한 세 상품이 팔렸다고 가정하고 그 세 상품의 원가를 매출원가로 기록한다. 이에 따라 기말재고는 1,060원이다. 이는 마지막에 취득한 재고자산의 원가이다. 4,120원의 총재고자산 구매비용이 판매된 세 상품의 매출원가로 3,060원, 그리고 보유하고 있는 한 상품의 재고자산원가 1,060원으로 나누어졌다.

앞의 스포츠카 예에서 선입선출법을 적용한다면 실제로 판매된 2대의 스포츠카가 언제 얼마에 구입된 것인지에 상관없이 매출원가는 1억5천만원, 기말재고자산은 9천만원이 된다.

선입선출법(FIFO)은 다음과 같은 장단점을 가지고 있다.

- 상품은 일반적으로 선입선출(first-in, first-out)의 순서대로 입고되고 출고된다. 따라서 먼저 취득한 상품을 나중에 취득한 상품보다 먼저 고객에게 판매한다고 가정하는 선입선출법은 대부분의 기업에 있어 실제 재고자산의 흐름과 일치한다.
- 선입선출법을 사용하면 가장 최근에 취득한 상품의 취득원가가 재무상태표의 기말재고자산이 된다. 따라서 기말재고자산은 현행원가에 가장 근접한 것으로서 재고자산 평가 측면에서 가장 적절하다.
- 반면 손익계산서의 매출액은 현행 판매가인 데 비해 매출원가는 과거의 구입가격으로 표시되므로 수익과 비용이 적절하게 대응하지 않는다는 문제점이 있다. 특히 인플레이션이 심할 때 이러한 문제는 더욱 커진다. 또한 취득원가가 지속적으로 상승하는 경우, 선입선출법은 다른 재고자산 평가방법보다 매출총이익이 높게 보고되기 때문에 법인세비용이 증가하게 된다. 물론 법인세차감후이익(당기순이익)도 증가하여 기업의 성과를 최대화한다는 점에서 가장 공격적인 회계처리방법이라 할 수 있다.

2. 평균법 : 재고자산의 평균원가 적용

우리나라 기업의 재고자산 회계처리를 조사해 보면 평균법(average method)이 널리 사용되고 있음을 보게 된다. 앞의 예에서 평균법의 매출원가는 다음과 같이 산출된다.

(1,000원 + 1,020원 + 1,040원 + 1,060원) / 4개 = 1,030원/개

- 매출원가 : 1,030원 × 3개(판매수량) = 3,090원
- 재고자산 : 1,030원 × 1개(보유수량) = 1,030원

선입선출법과 비교해 볼 때 평균법은 다음과 같은 장점을 가지고 있다. 기업에서 상품의 원가는 수시로 변동한다. 따라서 기업의 경영자는 계속해서 변화하는 원

가 하나하나에 신경을 쓰기보다는 특정기간의 평균원가에 초점을 맞추는 경향이 있다. 또한 특정기간의 평균원가는 그 기간중에 발생하는 한두 번의 상품취득에서 발생하는 취득원가의 큰 변동을 평탄하게 하는 바람직한 효과를 가진다. 또한 평균법은 선입선출법이 가지는 재무상태표와 손익계산서상의 상반된 장단점을 완화하는 효과가 있다. 즉 재고자산은 적절히 평가되지만 수익과 비용은 잘 대응되지 않는 선입선출법과 비교했을 때, 평균법은 재고자산 평가는 덜 적절할 수 있지만 수익과 비용의 대응은 더 적절하게 하는 방법이 된다. 평균법은 원유를 수입하여 탱크에 저장한 후 판매하는 정유사와 같이 구매원가가 다른 동일 상품이 혼합되는 경우 가장 적합한 방법이라 할 수 있다.

그러나 앞에서 언급했듯이 대부분의 기업에서는 실제 재고자산의 흐름이 선입선출법에 일치하는 경우가 더 많다. 그럼에도 불구하고 K-IFRS에서는 평균법을 선입선출법과 함께 기업이 임의로 선택하는 것을 허용하고 있으며, 세법에서도 용인하는 방법이다.

더 알아봅시다 후입선출법

후입선출법(LIFO : last-in, first-out method)은 가장 최근에 매입한 상품이 가장 먼저 판매된다고 가정하여 재고자산과 매출원가를 기록하는 방법이다. 국제회계기준에서는 후입선출법을 허용하지 않는데, 그 이유는 실제 재고자산의 흐름이 후입선출과 일치하는 경우가 거의 없으며 재무상태표의 재고자산 평가가 왜곡될 수 있다고 보기 때문이다. 후입선출법에서 기말재고자산은 과거의 취득원가로 기록되므로 재고자산 가치평가 측면에서 적절하지 못하며, 인플레이션이 지속되는 경우 당기순이익 역시 상당히 과소계상될 수 있다.

그러나 미국회계기준은 여전히 후입선출법을 허용하고 있으며 상당히 많은 기업들이 후입선출법을 사용하고 있다. 이처럼 실제 재고자산의 흐름과 후입선출의 가정이 일치하지 않음에도 불구하고 매우 많은 미국기업들이 후입선출법을 사용하는 가장 큰 이유는 후입선출법의 경우 당기순이익이 과소계상되어 법인세를 절감할 수 있기 때문이다.

일부 기업, 예를 들어 석탄을 구매한 후 석탄더미로 쌓아놓고 판매하는 석탄판매업의 경우 후입선출법이 재고흐름을 가장 잘 반영하는 재고자산 평가방법이 될 수 있다.

제 4 절 저가법에 따른 재고자산평가손실의 기록

재고자산을 취득하고 보유함으로 인해 다음과 같은 경제적 위험을 안게 된다.

- 재고자산의 마모, 손상 및 도난 위험 : 어떤 재고자산은 부패하기 쉽거나 시간이 경과하면 품질이 하락한다. 이러한 현상은 기업이 통제할 수 없는 특정 상황에서 진행된다. 대부분의 제품은 운반하거나 저장하는 과정에서 손상을 입을 수 있다. 또한 일부 제품을 도난당하는 경우도 있다.
- 대체원가 위험 : 재고자산을 취득한 후 취득할 수 있는 원가가 기업이 지급했던 금액 이하로 영구적으로 감소할 수도 있다. 이는 기업이 이 제품을 구매하는 고객에게 부담시킬 수 있는 금액, 즉 판매가격에 영향을 미친다.
- 판매수요 위험 : 제품에 대한 수요가 영구적으로 감소하여 기업은 당해제품을 원가 이하로 팔 수밖에 없게 된다.

산책로 **판매부진으로 쌓여 가는 재고에 대한 평가손실 인식**

코로나 엔데믹(Endemic)에 따른 진단업체들의 실적 저하는 이미 예견된 일이다. 씨젠 역시 이에 대한 예상을 재무회계적으로 반영하고 나섰다. 2022년 1분기 판매부진을 예상하고 원재료 및 상품 등 재고자산평가손실로 역대 최대규모인 360억원을 반영했다.

씨젠은 2022년 1분기 매출 4,089억원, 영업이익은 1,968억원, 분기순이익은 1,150억원 등 사상 최대의 실적을 기록했다. 오미크론발 확진자가 늘어나면서 국내를 중심으로 한 매출이 급증했다. 그러나 1분기 영업이익률은 48%로 전년도 1분기 52.9% 대비 낮아졌다. 매출원가가 1,356억원으로 전년 대비 두배가량 늘어난 탓이다. 구체적으로 매출원가에 반영되는 재고자산평가손실이 불어난 영향이다.

재고자산은 회사가 영업활동을 하기 위해 보유한 원재료, 상품, 제품 등을 말한다. 미래의 제품 수요 등을 검토해 과잉, 진부화 및 시장가치의 하락 등이 발생한 경우 재고자산평가충당금을 계상하고 있고 재고자산평가손실은 '매출원가'로 처리한다. 씨젠이 올해 1분기 반영한 재고자산평가손실은 360억원, 전년도 같은 기간 30억원과 비교하면 10배 이상 늘었으며, 이는 설립 후 역대 최대 규모이다. 재고자산평가손실이 이렇게 증가한 것은 외부에서 판매를 목적으로 사온 상품과 제품을 만들기 위해 사온 원재료의 가치가 많이 떨어졌다는 의미다. 재고자산평가손실 및 평가충당금에는 감사인은 물론 경영진이 판단하는 미래의 제품 수요 및 판매가격 등이 반영된다. 씨젠 경영진 역시 재고자산 시장가치가 급격하게 하락했다는 점을 인식하고 있다는 의미다. 해당 재고자산을 통해 벌어들일 수 있는 실적이 줄어들었다는 의미이기도 하다.

(더벨 수정요약, 2022.5.25)

매출원가와 재고자산원가를 기록하는 데 어떤 방법을 사용하든 기업은 재고자산에 대해 저가법(LCM : lower of cost or market)을 적용해야 한다. 기업은 정기적으로 그들의 재고자산에 마모, 손상 및 도난이 발생하였는지를 검사하고, 적어도 매년 한 번—대부분 재무제표 작성시점에 즈음하여—LCM을 적용해야 한다. 이 과정은 재고자산의 원가(이 금액은 선입선출법, 평균법 등에 의해 결정되었음)를 순실현가능가치(net realizable value, 그 제품을 처분하면 받을 수 있는 순금액)와 비교함으로써 수행된다.

만일 특정제품의 순실현가능가치가 장부에 기록된 원가보다 낮다면 그 제품의 원가를 순실현가능가치로 조정해야 한다. 다시 말하면, 제품평가손실을 나중에 판매할 때가 아닌 "지금" 인식해야 한다는 것이다. 이렇듯 LCM은 회계정보를 인식하고 측정할 때 나쁜 소식(재고자산평가손실)은 빨리 반영하여 자산과 수익이 과대계상되지 않도록 하는 보수적 회계처리와 일관된 것이다. LCM을 적용하면 장부에 기록되는 재고자산은 최초의 원가 이하로 보고되므로 더 보수적인 수치가 된다.

그러나 모든 재고자산의 순실현가능가치를 결정하는 것은 쉽지 않다. 따라서 LCM을 적용하는 데는 상당한 해석상의 차이가 있을 수밖에 없다.

제 5 절 감가상각방법의 평가

이론적으로 볼 때 감가상각(depreciation) 회계는 매우 단순하다. 즉 토지를 제외한 유형자산의 원가를 기업이 해당 유형자산을 사용할 것으로 예상하는 기간(내용연수)에 걸쳐 배분하는 것이다. 다시 말하면, 취득연도에 취득원가를 모두 일시에 비용으로 기록하는 것이 아니라 취득원가를 자산의 내용연수에 걸쳐 비용으로 배분하여 기록해 나가는 것이다.

이론을 실무에 적용하는 것은 그렇게 간단하지는 않다. 감가상각비의 경우도 예외는 아니다. 원가를 자산의 내용연수에 걸쳐 동일하게 배분해야 하는가? 아니면 특정연도에 더 많은 금액을 배분하는 것이 타당한가? 더욱이 사용기간이 종료되면 자산은 일정액의 잔존가치를 가질 수 있다. 이론적으로는 원가에서 잔존가치를 차감한 금액인 감가상각대상금액(depreciable amount)을 감가상각해야 한다. 따라서 잔존가치를 사전에 추정해야 한다. 그러나 경우에 따라서는 내용연수말의 잔존가치를 추정하는 것이 어려울 수 있어 많은 기업들이 이러한 잔존가치를 0으로 간주하여 취득원가 전액을 감가상각하기도 한다. 더욱이 자산의 취득시점에서 당해자산을 얼마나 오랫동안 사용할 수 있을지를 추정하는 것도 쉽지 않다. 아마도 회계마법사에게 상의해야 할지 모르겠다.

국세청은 세법이라는 마법의 수정구슬을 통해 어느 정도까지는 마법사의 역할을 하고 있다. 세법은 세무보고 목적으로 몇 년을 내용연수로 할 것인지를 말해주고 있다. 대부분의 기업은 재무보고 목적으로도 세법에서 정해진 내용연수를 따른다. 그들은 재무보고 목적으로 다른 방법을 사용해 두 개의 장부를 유지하는 수고를 감당하지 않으려 한다. 그러나 세무보고 목적의 내용연수와 재무보고 목적의 내용연수가 항상 일치해야 하는 것은 아니다.

세법은 다음 두 가지 감가상각방법을 허용하고 있다(광업권이나 광업용 유형고정자산 등에는 생산량비례법을 사용할 수 있으나 본서에는 논외로 한다). 건물이나 무형고정자산의 경우에는 한 방법만 허용되고 다른 유형고정자산의 경우에는 기업의 선택에 달려 있다.

- 정액법(straight-line method) : 이 방법은 원가를 자산의 추정 내용연수에 걸쳐 균등하게 배분한다. 건물은 이 방법으로 감가상각해야 한다. 예를 들어 건물을 1,000백만원에 취득했는데, 세법에 따르면 그 내용연수가 40년이라고 하자(법인세법에 따라 정액법을 사용할 경우 잔존가치는 무조건 영(0)이다). 이 경우 감가상각비로 40년간 매년 25백만원을 기록한다(이 경우 상각률은 1/40=0.025이다). 다른 자산의 경우에도 정액법을 선택할 수 있다.
- 정률법(fixed percentage of declining balance method) : 이 방법은 기초장부금액에 일정률(취득원가를 매년 감소시켜 내용연수말에 잔존가치와 일치하도록 만드는 일정 감소율)을 곱하여 감가상각비를 산출하는 것이다 기초장부금액은 상각된 만큼 매년 감소하므로 감가상각비가 초기에는 높고 점차 낮아진다. 실무에서는 정률법을 사용할 경우 법인세법의 상각률표에 제시된 상각률을 주로 사용한다. 상각률표에 제시된 상각률은 잔존가치를 취득원가의 5%로 가정하여 산출한 것이다. 내용연수가 40년인 건물의 경우 상각률표에 제시된 상각률은 0.073이다. 따라서 취득원가가 1,000백만원이라면 첫해의 감가상각비는 73백만원(=1,000백만원×0.073), 두 번째 해의 감가상각비는 67.671백만원(=(1,000

백만원 − 73백만원) × 0.073)이다. 내용연수 초기에는 정률법에 따른 감가상각비가 정액법에 따른 감가상각비 25백만원보다 훨씬 높다.

재무보고 목적으로는 다른 방법들을 사용할 수 있지만 정액법과 정률법이 재무보고 목적으로도 가장 보편적인 방법이다. 한편 기초장부금액에 일정률(정률법에

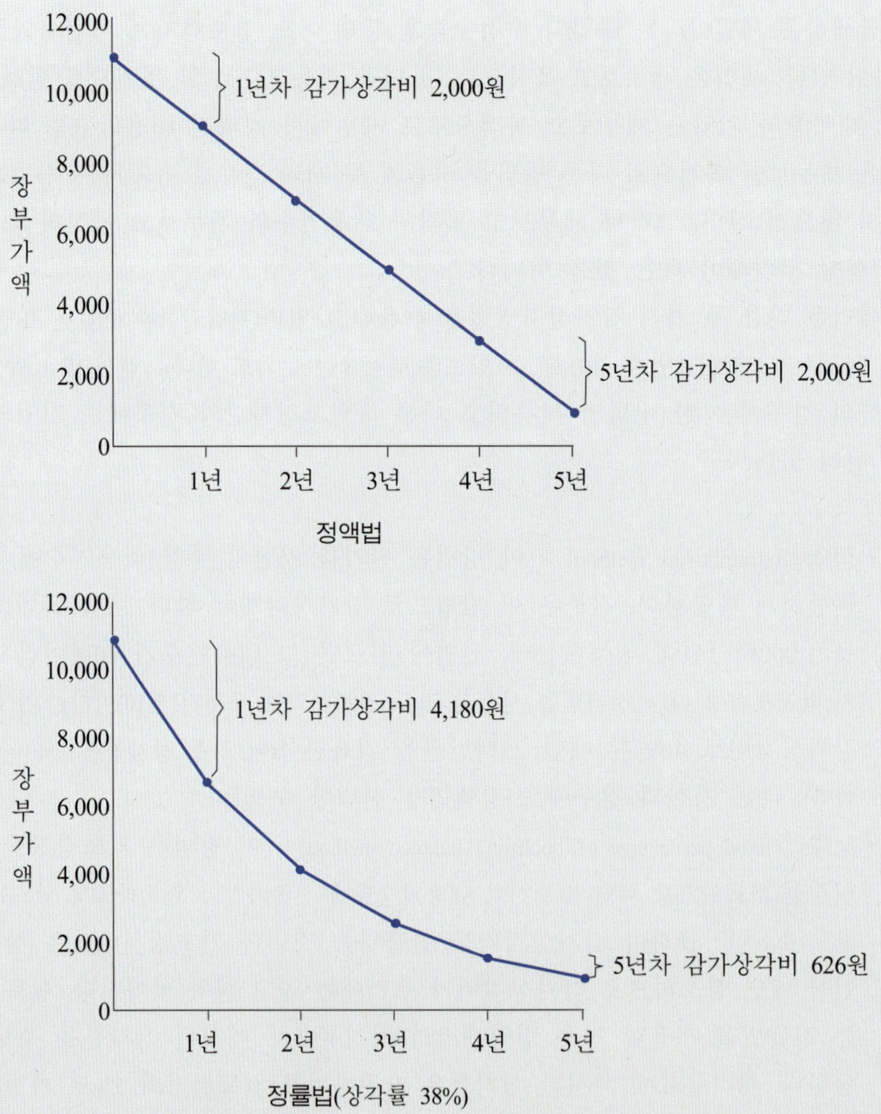

* 취득원가 : 11,000원, 잔존가치 : 1,000원, 내용연수 : 5년

[그림 8-3] 정액법과 정률법

서 사용되는 특정 상각률을 포함하여 일반적으로 정액법 상각률보다 높은 비율)을 곱한 금액을 감가상각하는 방법을 통칭하여 체감잔액법(declining balance method)이라 한다. 모든 체감잔액법은 초기 연도에 많은 감가상각을 하고 나중에는 적은 금액을 감가상각하는 가속상각법(accelerated depreciation method)이라고도 한다.

정액법은 상당한 이점을 가지고 있다. 이해하기 쉽고, 매년의 감가상각비가 안정적이라는 것이다. 그럼에도 불구하고 많은 기업경영자들은 유형자산 사용의 초기 연도에 국세청에 납부하는 법인세를 절약할 수 있는 정률법을 선호한다. 이로써 기업은 이용가능한 현금잔액을 증가시킬 수 있게 된다. 그러나 초기 연도의 손익계산서에 감가상각비가 높게 보고되고, 이로써 이들 기간의 당기순이익이 감소한다. 기업은 초기 연도의 영업성과가 더 보수적으로 보인다는 측면에서 정률법을 선호할 수도 있다. 또한, 유형자산이 초기에 예상했던 것보다 더 일찍 그 경제적 유용성을 잃는다면 사후적으로 볼 때 정률법을 택한 것이 매우 적절했던 것이 될 수도 있다.

새로 사업을 시작한 경우를 제외하고 자산의 취득시기는 다양하다. 이에 따라 어떤 자산은 감가상각 초기에, 어떤 자산은 말기에 그리고 어떤 자산은 그 중간 어디에 있다. 따라서 특정연도의 전체 감가상각비는 모든 유형자산에 정액법을 사용한 경우와 비교해 크게 다르지 않을 수도 있다.

더 알아봅시다 **감가상각비 계산**

감가상각비 계산과 관련하여 주의해야 할 몇몇 사항은 다음과 같다. 첫째, 어떤 감가상각방법을 사용하든 내용연수말의 장부가액은 잔존가치와 같아져야 한다. 정액법을 사용할 경우 감가상각대상금액(취득원가−잔존가치)을 내용연수에 걸쳐 일정금액씩 상각하므로 내용연수말의 장부가액은 반드시 잔존가치와 같게 된다. 그러나 정률법(이중체감법 포함)을 사용하여 마지막 연도의 감가상각비를 계산하면 내용연수말의 장부가액이 잔존가치와 일치하지 않는 경우가 대부분이다. 이 경우 마지막 연도의 감가상각비는 일정률을 곱하여 계산하는 것이 아니라 내용연수말의 장부가액이 잔존가치와 같아지게끔 계상한다. 둘째, 정액법의 감가상각비는 감가상각대상금액에 상각률(=1/내용연수)을 곱하여 계산하지만 정률법(이중체감법 포함)의 감가상각비는 기초장부금액(취득원가−감가상각누계액)에 상각률을 곱하여 계산한다. 셋째, 회계기간중에 구입한 자산의 경우 첫 번째 연도와 마지막 연도의 감가상각비는 연간 감가상각비의 일부가 된다. 따라서 월할기준 또는 일할기준으로 감가상각비를 계산해야 한다. 예를 들어 취득원가가 100백만원, 잔존가치 20백만원, 내용연수 4년인 기계장치를 10월 1일 구입했다면 12월 31일이 회계기말인 첫해의 감가상각비는 $(100-20)\times 1/4\times 3/12=5$백만원이다.

제6절 여러 가지 비용의 검토

매출수익이나 기타 수익을 기록하는 데는 몇 가지 매우 어려운 문제가 있다. 사실상 국제회계기준위원회(IASB)—국제회계기준(IFRS : International Financial Reporting Standards)을 제정하는 국제적 민간기구—는 수익인식을 가장 해결하기 어려운 분야로 인식하고 있다. 즉 수익을 어느 시점에 인식해야 하느냐에 대해서 많은 이견들이 존재하는 것이다. 이와 같이 수익인식에 주의를 기울이는 이유는, 대부분의 주요 회계분식이 경제적 실체가 없는 가짜 매출을 기록하는 것과 관련되어 있기 때문이다. 미국의 증권거래위원회(SEC)는 공격적인 수익인식이 가장 대표적인 이익조정 또는 이익조작의 유형이라고 밝힌 바 있다.

비용도 이에 못지않게 중요한 것이 있다. 연도별로 정확한 비용을 기록하는 것이 매우 어렵다. 비용회계에 대해서 할 말이 많다. 이를 정리한다면 두둑한 책 한 권이 되고도 남을 것이다. 그러나 여기에서는 몇몇 주요 비용에 관련된 회계문제만 간략히 검토하고자 한다.

- 손상으로 인한 자산감액 : 재고자산의 감모손실, 부실채권 및 감가상각은 본질적으로 자산의 감액이다. 또한 자산의 감액은 해당자산이 손상되었을 때, 즉 자산이 기업에 가져올 경제적 효익이 감소했을 때 기록한다. 자산의 감액으로 자산의 장부금액이 감소하고 또 그만큼이 손실로 기록된다. 이때 손상 여부를 판단하고 그 금액을 추정하는 데 자의성이 개입될 수 있다.
- 자유재량적 영업비용 : 수선유지비, 광고비, 연구개발비 등과 같은 비용의 지출은 상당 부분 경영자의 재량에 의해 결정된다. 따라서 경영자는 당해기간에 기록되는 비용을 조작하기 위해 이러한 비용의 지출을 늦추기도 하고 과다하게 지출할 수도 있다. 이러한 이유 때문에 감독기관은 그들이 제출하는 재무보고서에 이러한 비용을 상세히 공시하도록 요구하고 있다.
- 법인세비용 : 기업의 어떤 비용항목에 대해서는 손익계산에 사용되는 회계처리방법이 과세소득의 산출에 사용되는 방법과 다를 수 있다. 손익계산에 사용되었던 방법이 과세소득의 산출에 사용되었다고 가정하고 손익계산서에 보고되는 법인세비용을 계산하는 데 사용한다. 기업은 이 법인세비용과 실제로 지출한 법인세 간의 조정표를 주석에 별도로 보고하고 있다.

위에서 언급한 비용에 관련된 회계문제는 극히 일부분을 보여주고 있다. 기업은 크든 작든 매우 복잡한 경영환경에서 영업하고 있다. 이 결과 비용관련 회계는 점점 복잡해지고 애매한 경우가 증가하고 있다.

제 7 절 회계처리방법과 회계정책

1. 회계의사결정은 경영자의 몫

"전쟁은 너무 중요하기 때문에 장수에게만 맡겨놓을 수 없다"라는 말을 들은 적이 있을 것이다. 마찬가지로 회계를 회계담당자에게만 맡겨놓기에는 너무 중요하다. 특히 어떤 회계처리방법을 사용할 것인지를 결정할 때에는 더욱 그렇다. 좀더 심하게 말하면, 이익측정과 자산 및 부채의 가치평가는 보수적인 회계처리방법을 선택하느냐 아니면 더 공격적인 회계처리방법을 선택하느냐에 의해 결정된다. 보수적인 방법은 이익을 늦추어 기록하고, 공격적인 방법은 이익을 일찍 기록한다.

경영자는 기업의 회계정책을 설정하는 데 적극 관여해야 한다. 경영자는 기업의 마케팅 및 기타 주요 의사결정에 책임을 지는 것과 같이 회계의사결정에 대해서도 책임을 져야 한다. 일부 경영자는 수익과 비용을 측정하는 회계정책을 그들의 회계담당자에게 맡겨둔다. 회계를 단순한 기록으로 여기고 그 중요성을 인식하지 못하기 때문이다. 재무제표는 회계기간의 모든 경제적 활동의 요약물이며 기업의 이해관계자들에게 가장 핵심적인 정보의 원천이다. 따라서 기업 내부의 사정을 가장 잘 아는 경영자들이 회계의사결정에 적극 관여해야 한다. 가장 적절한 회계처리방법은 기업의 운영방식이나 전략에 부합하는 것이어야 한다. 경영자는 회계담당자들보다 기업의 운영방식이나 전략을 더 잘 알고 있다.

많은 기업은 법인세를 늦게 납부하는 보수적인 회계처리방법을 선택한다. 그러나 미리 비용을 계상하면 뒤에는 적은 비용이 계상된다는 것을 명심하라. 또한 보수적인 회계처리방법으로 인해 재무상태표의 재고자산과 유형자산이 빈약해 보일 수 있다. 높은 매출원가를 기록하면 재고자산이 감소하고, 높은 감가상각비를 기록하면 유형자산의 장부금액이 감소한다. 그럼에도 불구하고 경영자는 법인세지급을 늦추는 것이 보다 바람직하다고 판단할 경우 매출원가와 감가상각비를 많이 기록하려고 할 것이다. 이는 기업이 현금을 되도록 오랫동안 보유할 수 있도록 하기 때문이다.

2. 부정방지와 회계정보 유용성 향상을 위한 내부점검

기업은 내부와 외부로부터 사기를 당할 위험에 직면하고 있다. 이에 대해 많은 사람들이 본인의 기업에서는 모든 것이 내 코앞에 있으므로 부정이 발생할 가능성이 낮다고 항변할지 모른다. 그러나 실제로 상당한 부정이 발생했던 기업의 경영자와 얘기해 보라. 그들은 틀림없이 경영자의 이렇게 건방진 태도가 부정이 발생할 좋은 기회를 제공하고 있다고 말할 것이다.

당신이 모르는 사이에 기업의 구매담당자가 리베이트를 받거나 아니면 다른 혜택을 향유하고 있을지도 모른다. 또한 상품의 공급자가 서류에 기재된 것보다 적게 배송할지도 모른다. 그렇다고 이러한 부정을 방지하기 위해 매우 많은 돈과 시간을 투자해야 함을 말하는 것은 아니다. 어떠한

산책로 **회계투명성 제고를 위한 내부통제 및 감사체계 강화**

투명하고 신뢰할 수 있는 재무제표의 공시는 제한된 사회 자본의 효율적 배분을 돕는다. 그 출발점은 기업의 내부회계관리제도에 대한 통제를 강화시키는 것이다. 내부회계관리제도는 기업이 생성하는 재무정보의 신뢰성에 합리적 확신을 제공하는 기업 내부의 내부회계관리 규정과 이를 관리·운영하는 조직을 일컫는다. 이에 신외부감사법에서는 상장법인을 대상으로 내부회계관리제도에 대해 검토가 아닌 감사를 받도록 규정하고 있다. 한편, 신외부감사법의 시행으로 주기적 감사인 지정제 시행, 내부회계관리제도 감사, 주주권 강화 등 제도적 변화까지 맞물려 있어 국내 대형 회계법인을 중심으로 2019년도 재무제표에 대한 회계감사를 실시함에 있어서 인력투입을 10% 늘리고 회계조직·규정까지 따지는 등 현미경감사를 실시하고 있다. 궁극적으로 회계투명성을 높이는 일은 정부 혼자서 할 수 없는 일이다. 기업이 1차적으로 투명한 회계정보의 중요성을 인식하고 제공하려는 노력을 해야 한다. 또한 투자자, 채권자도 충실한 감시자 역할을 해야 한다. 회계감사를 담당하는 회계법인도 엄정한 감사를 수행해야 한다. 이러한 선순환이 이루어진다면 불필요한 사회적 자본의 낭비를 막을 수 있을 것이며, 코리아 디스카운트를 해소하여 국가경쟁력 상승으로 이어질 수 있을 것이다. (매일경제 수정요약)

의사결정에도 비용과 효익의 적절한 균형이 필요하고 아무리 많은 돈과 시간을 투자하더라도 100% 완벽한 통제시스템은 불가능하기 때문이다. 다만 기업의 부정에 대한 통제시스템이 적절한지를 꼼꼼히 점검하고 지속적으로 관리하는 노력이 필요하다.

부정을 예방하고 회계정보의 유용성을 향상시키는 노력은 뒤의 제14장에서 언급되는 내부통제시스템을 적절히 설계하고 운영하는 데서 시작한다. 기업의 재무제표를 감사하는 과정에서 공인회계사는 당해기업의 내부통제를 평가한다. 공인회계사는 기업의 경영자에게 중대한 문제점을 보고한다. 내부통제가 잘되어 있고, 정기적으로 감사를 받더라도 기업이 부정에 노출될 가능성을 평가하고 실제로 부정 징후가 있는지를 전문가에게 점검받는 것도 고려해야 한다.

공인회계사는 비록 부정에 대한 훈련을 받았지만 부정을 점검하는 데 가장 적합한 인물이 아닐지도 모른다. 이런 것을 위해서는 경찰이 더 적합할 수 있다. 왜냐하면 경찰은 사기꾼을 대하는 데 더 많은 경험을 가지고 있고, 공인회계사가 관례적으로 사용하는 이상의 정보원을 파고들 수가 있기 때문이다. 아마도 대부분의 경영자들은 부정을 예방하기 위해 그렇게까지는 하고 싶지 않다고 생각할 것이다. 그러나 기업에 부정을 저지르는 사람은 양심의 가책을 느끼지 않고 있음을 명심하라.

이번 장에서 배운 용어

가속상각법(accelerated depreciation method) 추정 내용연수의 초기기간에 감가상각을 많이 하고 후기기간에 적게 하는 감가상각기법. 정률법을 포함한 모든 체감잔액법은 가속상각법에 속함

개별법(specific identification method) 개별상품의 실제 흐름에 기초하여 매출된 상품의 원가와 기말재고자산의 원가를 결정하는 방법

공격형 재무보고서(aggressive financial statements) 기업이 이익을 최대한 높게 보고하고 자산은 많게, 부채는 적게 하는 방향으로 회계처리한 결과로 나타난 재무보고서

보수주의(conservatism) 기업이 불확실성하에서 회계적 판단을 할 때 자산과 수익은 과대평가되지 않게, 부채와 비용은 과소평가되지 않게 하는 것. 기업의 회계정보를 인식하고 측정할 때 나쁜 뉴스는 빨리 반영하고 좋은 뉴스는 확실성의 정도가 커질 때만 반영하는 것

보수형 재무보고서(conservative financial statements) 기업이 이익을 최대한 낮게 보고하고 자산은 적게, 부채는 많게 하는 방향으로 회계처리한 결과로 나타난 재무보고서

분식(window dressing) 또는 **분식결산**(window dressing settlement) 기업의 재무보고서를 화장시킨다는 의미로 기업의 재무상태나 경영성과를 실제와 다르게 보이도록 조정하는 것

선입선출법(FIFO : first-in, first-out method) 먼저 취득한 재고자산이 먼저 판매된다고 가정하여 재고자산의 취득순서대로 판매된 재고자산의 취득원가를 매출원가로 기록하는 재고자산 평가방법

순실현가능가치(net realizable value) 추정판매가격에서 판매시까지 정상적으로 발생하는 추정판매비용을 차감한 금액. 즉 판매에 따른 자산의 순가치

유통경로 채우기(channel stuffing) 특별할인을 제공하거나 강요하는 방법으로 구매자가 필요 이상으로 구매하도록 하는 것. 이로 인해 유통경로가 채워지기 때문에 차기 회계기간의 매출은 감소하게 됨

이익조작(earnings manipulation) 회계기준을 위반하여 의도적으로 재무보고 이익을 왜곡표시하는 행위

이익조정(earnings management) 회계기준이 허용하는 범위 안에서 재무나 생산에 대한 의사결정을 조정하거나 회계처리나 회계추정 방법의 선택을 통해 재무보고 이익을 조정하는 행위

저가법(LCM : lower of cost or market) 재고자산 평가방법(선입선출법, 평균법)으로 결정된 원가를 순실현가능가치와 비교하여 낮은 금액으로 재고자산을 기록하는 방법

정률법(fixed percentage of declining balance method) 기초장부금액에 일정률(취득원가를 매년 감소시켜 내용연수말에 잔존가치와 일치하도록 만드는 일정 감소율)을 곱한 금액을 감가상각하는 방법

정액법(straight line method) 기초장부금액을 내용연수에 걸쳐 매년 일정한 금액으로 감가상각하는 방법

체감잔액법(declining balance method) 기초장부금액에 일정률(일반적으로 정액법 상각률보다 높은)을 곱한 금액을 감가상각하는 방법을 통칭. 정률법, 이중체감법 모두 체감잔액법에 속함

평균법(average cost method) 일정기간의 평균취득원가를 계산하여 이를 근거로 판매된 재고자산의 매출원가를 기록하는 재고자산 평가방법

후입선출법(LIFO : last-in, first-out method) 가장 최근에 취득한 재고자산이 먼저 판매된다고 가정하여 재고자산이 취득된 역순서대로 판매된 재고자산의 취득원가를 매출원가로 기록하는 재고자산 평가방법

연습문제

1. 재무제표의 내용은 기업의 회계 관련 선택에 따라 달라질 수 있다. 다음의 이유 중 맞지 않은 것은?

① 기업은 수익과 비용, 그리고 자산이나 부채의 금액을 기록하는 데 있어서 다양한 회계처리방법을 선택할 수 있다.

② 기업은 국제회계기준과 일반기업회계기준 중 선택해서 사용할 수 있다.

③ 기업은 회계기말에 재무제표를 보다 잘 보이기 위한 수단을 동원할 수 있다.

④ 기업은 회계처리방법을 실행할 때 자의성을 발휘할 수 있는 여지가 있다.

2. 다음 중 옳지 않은 설명은?

① 기업의 재무제표는 경제적 실질을 완벽하게 대변하지는 못한다.

② 회계에서 보수주의란 불확실성하에서 회계적 판단을 할 때 자산과 수익은 과소평가되지 않게, 부채와 비용은 과대평가되지 않게 하는 것이다.

③ "공격형(aggressive)" 재무제표는 기업의 당기순이익을 최대로 높이기 위한 회계처리방법을 사용한다는 것을 의미한다.

④ 기업의 주관적 판단과 자의적인 선택은 허용된 회계기준의 범위 안에서 이루어질 수도 있지만, 허용된 범위를 벗어날 수도 있다.

3. 상품의 구입가격이 지속적으로 상승하고, 기말재고수량이 기초재고수량보다 많을 때 당기순이익이 크게 계상되는 순서는?

① 후입선출법, 평균법, 선입선출법

② 평균법, 선입선출법, 후입선출법

③ 선입선출법, 평균법, 후입선출법

④ 어떤 방법을 사용하더라도 동일하다.

4. 다음 중 매출원가에 대한 설명으로 틀린 것은?

① 매출원가를 매출액에서 차감하면 매출총이익이 결정된다.
② 기업이 제품을 판매하기 전까지는 매출원가라는 비용이 발생하지 않는다.
③ 선입선출법(FIFO)은 재고의 취득순서대로 재고자산을 매출원가 비용으로 기록하는 방법이다.
④ 기업이 기말재고자산을 가능한 한 현행원가에 가깝도록 보이길 원할 때에는 선입선출법(FIFO)보다 평균법이 더 타당하다.

5. 다음 중 재고자산평가손익의 기록에 대한 설명으로 틀린 것은?

① 매출원가와 재고자산원가를 기록하는 데 어떤 방법을 사용하든 기업은 재고자산에 대해 저가법(LCM)을 적용해야 한다.
② 만일 장부에 기록된 제품의 원가가 순실현가능가치보다 높다면 제품의 원가를 그 둘 중 낮은 것으로 조정해야 한다.
③ LCM은 회계정보를 인식하고 측정할 때 나쁜 소식을 빨리 반영하여 자산과 수익이 과대계상되지 않도록 하는 보수적 회계처리와 일관된 것이다.
④ 재고평가손실은 손실이 발생하였다는 것을 인식한 시점에 인식하는 것이 아니라, 추후에 재고를 판매하는 시점에서 인식해야 한다.

6. (주)명륜은 20×1년 1월 1일에 기계장치를 구입하였다. 기계장치의 구입가격은 ₩5,000,000이고, 이 기계장치는 10년 동안 사용할 수 있을 것으로 추정되며, 잔존가치는 없을 것으로 추정된다. (주)명륜은 감가상각방법 중 정액법을 사용한다. 그렇다면 (주)명륜이 20×1년 12월 31일에 기록할 감가상각비는 얼마인가?

① ₩100,000　　② ₩500,000
③ ₩750,000　　④ ₩1,000,000

7. (주)율전은 선입선출법으로 매출원가를 계산한다. 당기중에 100개의 제품을 구입하였는데 그중 40개는 상반기에 개당 ₩2,000에 구입하였고, 60개는 하반기에 개당 ₩2,500에 구입하였다. 당해기간에 60개를 판매하였다면 매출원가는 얼마인가?

① ₩120,000　　② ₩130,000
③ ₩135,000　　④ ₩150,000

8. 다음 중 감가상각비에 대한 설명으로 틀린 것은?

① 감가상각비의 기록은 비유동자산의 장부금액을 감소시킨다.
② 감가상각비를 기록하면 현금이 지출되어 영업현금흐름을 감소시킨다.
③ 기업은 재무보고 목적의 감가상각방법을 합리적 판단에 따라 선택할 수 있다.
④ 감가상각이란 비유동자산의 원가를 기업이 매출수익을 창출하는 데 사용되는 동안 매 회계기간에 배분하는 것이다.

9. 다음 중 회계처리방법과 관련된 용어설명으로 옳지 않은 것은?

① 저가법 : 재고자산 평가방법으로 재고자산 취득원가를 순실현가능가치와 비교하여 낮은 금액으로 재고자산을 기록하는 방법
② 선입선출법 : 먼저 취득한 재고자산이 먼저 판매된다고 가정하여 재고자산의 취득순서대로 판매된 재고자산의 취득원가를 매출원가로 기록하는 방법
③ 평균법 : 일정기간의 재고자산 평균취득원가를 계산하여 이를 근거로 판매된 재고자산의 매출원가를 기록하는 방법
④ 가속상각법 : 추정 내용연수의 초기기간에 감가상각을 적게 하고 후기기간에 많이 하는 감가상각방법

10. 다음 비용 중 회계처리 성격이 다른 것은?

① 재고자산 감모손실　　② 연구개발비
③ 대손상각비　　④ 감가상각비

해답

1. ②	2. ②	3. ③	4. ④	5. ④
6. ②	7. ②	8. ②	9. ④	10. ②

사례연구

1. 경영자 유인과 재무제표

재무제표에 나타난 최종 수치는 다양한 요인에 의해 달라질 수 있다. 그중에서 특정목적을 달성하기 위해 재무제표 수치를 조정하려는 경영자의 다양한 유인은 기업활동의 실질을 요약하여 외부이해관계자에게 유용한 정보를 제공한다는 재무제표 작성의 목적에 위배될 가능성이 크다. 그럼에도 불구하고 경영자들은 왜 재무제표 수치를 조정하려고 하는가?

〈요구사항〉

경영자들이 재무제표 수치를 조정하려는 여러 가지 이유를 기술하고 논하시오.

2. 저가법과 순실현가능가치

재고자산의 취득원가는 순실현가능가치와 비교하여 순실현가능가치가 취득원가보다 낮을 경우 취득원가를 순실현가능가치로 수정해 주어야 한다. 즉 저가법을 적용하여 재고자산을 기록해야 한다.

〈요구사항〉

(1) 저가법의 근거는 무엇인가?

(2) 순실현가능가치가 취득원가보다 낮아지는 여러 가지 경우에 대해 기술하시오. 기업이 전략적으로 순실현가능가치를 취득원가보다 낮추는 경우에 대해서도 논하시오.

3. 회계방법의 선택과 당기순이익

다음의 회계처리방법의 선택 또는 적용이 당해기간의 당기순이익에 어떤 영향을 주는지 설명하시오. 단, 물가가 지속적으로 상승하고 있다고 가정한다.

(1) 재고자산의 회계처리에 평균법 대신 선입선출법 채택

(2) 기계장치의 감가상각에 9년의 내용연수 대신 6년의 내용연수 채택

(3) 올해 구매한 유형자산의 감가상각에 정률법 대신 정액법 채택

(4) 저가법의 엄격한 적용

4. 감가상각 내용연수의 변경

까비(주)는 20×1년 1월 1일에 차량운반구를 5,500만원에 구입하였다. 차량운반구의 내용연수는 10년, 잔존가치는 500만원으로 추정하였으며, 감가상각방법으로는 정액법을 적용하였다. 차량운반구 구입 후 3년이 지난 20×4년 1월 1일에 까비(주)는 차량운반구의 남아 있는 내용연수를 7년에서 5년으로 수정하였다. 이 경우 20×4년에 기록할 감가상각비는 얼마인가?

5. 기말재고자산과 매출원가의 결정

오렌지(주)는 기초재고자산으로 S-phone 10개(단가 50만원)를 갖고 있었으며, 회계기간 중 3회에 걸쳐 S-phone을 추가로 구입하였다. 기초재고자산과 추가 구입한 재고자산에 대한 개수와 단가는 다음과 같다.

구입월	개 수	단 가
기초재고자산	10	50만원
2월	10	55만원
6월	30	60만원
10월	20	65만원

회계기간중 판매한 S-phone은 모두 50개였으며, 20개는 각각 75만원에, 나머지 30개는 각각 80만원에 판매하였다.

〈요구사항〉
매출원가, 매출총이익, 기말재고자산을 아래 각각의 재고자산 평가방법에 따라 구하시오.
(1) 선입선출법
(2) 평균법
(3) 후입선출법

6. 재고자산의 원가흐름에 대한 가정

바비(주)는 재고자산의 원가흐름으로 평균법을 채택해 회계처리하고 있다. 당해연도의 바비(주)의 당기순이익은 예외적으로 매우 높았다. 또한 당해연도의 법인세율도 매우 높은데, 이는 내년도에는 상당히 하락할 예정으로 되어 있다. 당해연도의 순이익을 낮추고 변경될 법인세의 이점을 최대한 활용하기 위해서 바비(주)의 사장은 회계담당 부사장에게 회계연도 종료 3일 전에 상당한 양의 재고자산을 구매하도록 지시하였다. 올해에는 단위당 구입원가가 두 배로 상승하였고, 마지막 구입은 당기 총구입액의 상당부분을 차지하고 있다.

〈요구사항〉

(1) 이러한 거래가 당해연도의 당기순이익과 법인세비용에 미치는 영향을 기술하시오.
(2) 만일 바비(주)가 선입선출법을 사용하고 있었다면, 바비(주)의 사장은 동일한 지시를 했겠는가?
(3) 회계담당 부사장은 이익을 낮추기 위해 재고자산을 구매하도록 지시해야 하는가? 이러한 지시에 따른 윤리적인 문제는 없는가?

7. 감가상각방법

금선(주)와 은선(주)는 많은 면에서 매우 유사한 기업이다. 20×2년초에 두 기업 모두 다음과 같은 감가상각자산을 구입하였다.

자 산	취득원가	잔존가치	내용연수
건 물	320백만원	20백만원	40년
기계장치	110백만원	10백만원	10년

금선(주)는 감가상각방법으로 정액법을 채택하였고, 은선(주)는 이중체감법을 채택하였다. 은선(주)는 감가상각비로 20×2년에 38백만원, 20×3년에 32.8백만원 그리고 20×4년에 28.52백만원을 기록하였다. 20×2년부터 20×4년까지 3년간의 순이익은 다음과 같다.

	20×2년	20×3년	20×4년	합 계
금선(주)	82백만원	88.4백만원	90백만원	260.4백만원
은선(주)	68백만원	76.0백만원	86백만원	230.0백만원

20×4년말에 두 기업의 재무상태표는 은선(주)가 금선(주)보다 더 많은 현금을 보유하고 있다는 것을 제외하고는 매우 유사하다. 영호는 두 기업 중의 하나에 투자하려고 한다. 이를 위해 당신에게 조언을 청해왔다.

〈요구사항〉

(1) 금선(주)가 3년 동안 기록할 감가상각비를 결정하시오.
(2) 만일 은선(주)가 이중체감법 대신 정액법을 사용했다고 가정하고 3년간을 비교하는 순이익을 제시하시오.
(3) 영호는 어느 회사에 투자해야 하는가? 답에 대한 근거를 제시하시오.

CHAPTER 9

경영을 위한 원가의 이해

제 **1** 절 원가와 경영

제 **2** 절 기업의 종류와 원가

제 **3** 절 원가의 흐름

제 1 절 원가와 경영

원가를 잘 아는 것이 왜 조직의 경영관리에 중요하고, 원가가 비용과 어떻게 다른지 살펴본다. 원가정보를 내부적으로 활용하는 관리회계가 재무회계와 어떻게 다른지도 생각해 본다.

1. 원가를 알고 경영을 하자

한 커피전문점이 판매하는 원두커피의 가격을 얼마로 정해야 할지 고민하고 있다. 경쟁업체의 유사제품보다 비싸면 안 되지만 그렇다고 제품을 만드는 데 들어간 원가 이하로 팔 수도 없다. 영리기업은 이윤을 추구하는 조직인데, 이익을 내려면 제품이나 서비스의 판매가격이 그 원가보다 커야 한다. 아무리 열심히 매출을 올려도 제품이나 서비스를 원가 이하에서 팔고 있다면 판매량이 늘어날수록 기업의 적자는 늘어갈 것이다. 상인이 물건을 밑지고 판다고 말하면 그 말을 믿을 사람이 없겠지만 원가계산이 잘못되면 모르는 사이에 실제로 밑지고 팔 수 있다. 이처럼 원가는 기업의 경영자에게 매우 중요한 정보이다. 소비자로서도 제공받는 물품이나 서비스의 원가를 알아서 가격과 요금의 적정성을 판단하는 것이 좋다. 우리가 살고 있는 아파트에서 관리비를 부과하는데 이 관리비가 어떤 항목으로 구성되어 있는지 세대별로 어떻게 부과되는지를 이해하기 위해서도 원가에 대한 지식이 필요하다.

원가는 흔히 제품과 서비스의 원가를 뜻하는 경우가 많으나 제품이나 서비스 이외에 다른 여러 가지 대상에 대해서도 계산될 수 있다. 즉 구내식당, 공장 등 부문의 총운영원가, 프로젝트나 사업의 실행원가, 공정이나 활동의 원가도 계산될 수 있다.

원가정보는 가격결정 뿐만 아니라 다른 의사결정에도 필수적이다. 영리기업이든 비영리조직이든 발생하는 원가의 종류와 크기를 알아야 원가를 절감하고 조직을 효율적으로 운영할 수 있다. 원가정보는 이러한 내부적인 경영의사결정에 도움이 되고 또한 외부재무보고 목적으로도 필요하다. 제조업의 경우 재료와 부품을 구입하여 사람의 손과 설비에 의해 고객에게 제공되는 제품이 생산되어 판매되므로, 판매된 제품의 원가와 남아 있는 재고자산의 원가를 산정하기 위해서 제품원가를 계산해야 한다. 생산에 투입된 재료비, 노무비, 제조경비 등의 원가를 파악하여 제품의 원가를 산정하는 방법을 연구하는 분야를 원가회계(cost accounting)라 한다.

산책로 '알쏭달쏭' 아파트 관리비, 똑똑히 알아야 호구 면한다

• 아는 만큼 아낄 수 있는 '팁'

아파트 관리비 명세서를 받을 때마다 직장인 고모씨(42)는 부과내역을 찬찬히 들여다본다. 매달 거의 비슷한 금액이 고정적으로 나가는 비용이니 익숙해질 만도 하건만, 관리비가 적정한 수준인지 과도하게 청구된 것은 아닌지 가늠하기 쉽지 않다. 바로 알아볼 수 있는 것이라곤 납부총액뿐, 사용처를 알 듯 모를 듯 빼곡하게 적힌 항목별 금액에는 매번 고개가 갸웃거려진다. 관리비도 아는 만큼 아낄 수 있는 법. 아파트 관리비를 제대로 알고 절약할 수 있는 방법을 소개한다.

• 관리비는 어떻게 구성되나

관리비는 크게 공용관리비와 개별사용료로 나뉜다. 관리사무소 직원의 인건비 등 일반관리비와 청소비, 경비비, 소독비 등 단지 관리를 위해 공동 부담해야 하는 항목이 공용관리비다. 승강기 유지비와 건물 유지·보수에 사용되는 수선유지비, 위탁관리에 따른 수수료 등도 여기에 포함된다. 개별사용료는 전기·난방·수도 등 가구별 사용량을 측정해 부과되는 금액이다. 많이 쓸수록 비용이 많이 청구된다. 장기수선충당금과 수선유지비는 입주자들이 가장 헛갈려 하는 항목이다. 두 항목 모두 각종 공용시설의 교체·보수에 쓰이는 비용이다. 그러나 수선유지비가 전구 교체나 냉난방 시설 청소 등 소모성 지출이라면 장기수선충당금은 외벽 도색과 승강기 교체 등 시설 노후화에 대비해 중장기적으로 쌓아놓는 비용이다. 세입자인 경우 임대기간 만료 후 그간 지불해온 장기수선충당금을 집주인에게 받을 수 있지만, 수선유지비는 실거주자 부담 원칙에 따라 돌려받지 못한다. 통상 가구수가 작거나 준공 연식이 오래된 단지의 관리비가 상대적으로 많이 나온다. 단지에 분수대나 보육시설, 헬스장 등 커뮤니티 시설이 많을수록 관리비 부담이 가중된다.

• 관리비 많이 나온다고 느껴질 땐 '공동주택관리정보시스템' 접속, 유사 단지와 비교 등 확인하길

우리집 관리비가 다른 집보다 많이 나오는 것 같다면 어떻게 해야 할까. 일단 '공동주택관리정보시스템'(www.k-apt.go.kr)에 접속해 사실 관계를 확인해 봐야 한다. 국토교통부 산하 한국감정원이 운영하는 이 사이트는 매달 단지별로 관리비 항목을 47개로 세분화해 공개한다. 별도의 회원 가입 없이도 관심 단지의 관리비 수준을 살펴볼 수 있다. 노후도·가구수·난방방식 등이 비슷한 유사 단지와 항목별 비교도 할 수 있다. (후략)

(경향신문, 2019.8.5)

2. 원가와 비용을 구별하자

이미 앞에서 원가와 비용이라는 용어를 여러 번 사용하였다. 이 개념을 비교해 보자. 자원을 획득하기 위해 치른 대가를 원가(cost)라고 한다. 수익창출활동에 사용되어 소멸되는 원가가 비용(expense)이다. 예를 들어 원재료, 상품, 토지, 건물, 설비 등을 취득하기 위해 지출한 금액이 원가이며, 판매한 물건의 매출원가와 판매비, 관리비, 이자비용 등이 비용이다. 통상적으로 경비 또는 운영비라는 용어도 많이 사용되나 이들은 비용의 종류들이다.

예를 들면, 한 기업이 본사 건물을 50억원에 구입하여 10년간 사용하려 한다면, 구입한 시점에서 50억원의 건물취득원가가 발생하나 아직 비용은 발생하지 않았다. 건물이라는 자산의 사용에 대한 비용은 감가상각비라는 이름으로 건물의 원가를 건물의 사용기간인 10년간 나누어 기록한다.

판매를 위해 구입한 상품의 경우도 생각해 보자. 상품을 구입하기 위해 치른 대가를 상품의 취득원가라고 하며, 이 상품이 실제로 팔려서 매출을 창출하면 매출원가라는 비용이 된다. 한편 지출된 금액이 자산의 원가로 기록되지 않고 지출과 동시에 비용이 되는 경우가 있다. 이는 관련 지출이 수익창출활동에 즉시 사용될 때이다. 예를 들면 광고비를 지출했을 경우에 이는 자산으로 기록하는 과정을 거치지 않고 지출한 기간에 비용으로 기록한다. 이러한 비용을 기간비용이라고 한다. 자금의 지출, 원가 및 비용의 관계를 [그림 9-1]과 같이 나타낼 수 있다.

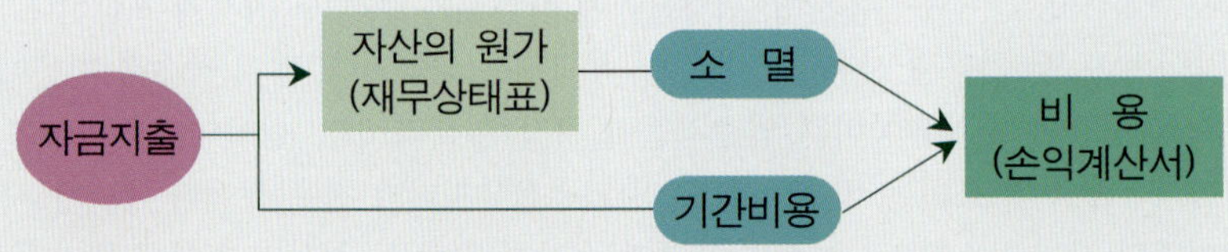

[그림 9-1] 원가와 비용

3. 관리회계와 재무회계의 차이점을 알자

조직의 경영자는 조직의 운영과 성장을 위해 다양한 의사결정을 한다. 제품 또는 서비스의 가격결정, 시설투자의 경제성 평가, 자체생산 또는 외부조달의 결정, 특별주문수락의 결정, 제품라인의 추가 등이 그 예이다. 이러한 여러 가지 의사결정에 원가 및 관련 회계정보가 반드시 필요하다. 이처럼 회계정보가 조직의 내부 의사결정자에게 유용한 정보를 제공하여 경영관리에 도움을 주는 여러 가지 방법을 연구하는 분야를 관리회계(management accounting)라 한다.

관리회계와 재무회계의 가장 큰 차이는 회계정보이용자가 누구냐 하는 점이다. 재무회계의 정보이용자는 회계보고를 하는 조직의 외부자인 투자자, 채권자, 정부기관 등이다. 이에 비해 관리회계의 정보이용자는 조직의 내부경영관리자이다. 최고관리자, 중간관리자, 하부관리자의 모든 계층의 내부임직원에게 의사결정에 유용한 정보를 주고자 하는 것이 관리회계의 목적이다. 재무회계 정보는 외부이용자를 위한 것이므로 신뢰성과 객관성이 중요하나, 관리회계 정보는 객관성이 낮은 주관적 정보라도 의사결정에 도움이 된다면 유용하다. 또한 재무회계 정보는 기업간의 비교나 한 기업의 기간간의 비교를 통해 외부자에게 이용되므로 비교가능성과 일관성이 중요하다. 이를 위해서 회계기준 등의 사회적 규범이 필요하다. 이에 비해 관리회계 정보는 조직 내부의 의사결정을 위한 것이므로 정보의 활용가치가 정보획득의 비용보다 커야 하는 경제성이 요구된다. 따라서 관리회계에 대한 국가적인 규정은 없다. 이상의 재무회계와 관리회계의 비교를 정리하면 〈표 9-1〉과 같다.

한편, 원가를 계산하는 방법을 다루는 원가회계는 내부의사결정 목적의 관리회계 측면과 외부보고 목적의 재무회계 측면을 동시에 지니고 있다. 원가계산은 재무보고에 영향을 미치므로 한국채택국제회계기준과 일반기업회계기준서의 재고자산 부분을 따라야 한다.

〈표 9-1〉 재무회계와 관리회계

	재무회계	관리회계
정보이용자	외부이용자	내부이용자
정보내용	재무상태 및 재무성과	계획 및 통제
필수특성	객관성, 신뢰성, 비교가능성	경제성, 의사결정 관련성
성 격	원칙 중심	필요에 따라 선택

제 2 절 기업의 종류와 원가

도소매기업, 제조기업, 서비스기업의 종류별로 어떠한 유형의 원가가 발생하고 원가계산은 어떻게 이루어지는지 살펴본다.

1. 도소매기업의 원가는 매출원가와 판매관리비이다

물건을 사서 그대로 팔거나 포장 등을 약간 변경한 후 판매하는 것을 주요 영업으로 하는 슈퍼마켓, 백화점 등을 도소매기업(유통업)이라고 한다. 판매를 위해 구입한 물건을 상품이라 부르고, 구입한 시점에서 상품취득원가가 발생한다. 이 상품이 팔리면 매출원가라는 비용으로 기록된다. 매출원가는 '매출된 물품의 취득원가'를 줄인 말이라고 볼 수 있는데, 매출이라는 수익을 창출하기 위하여 구매자에게 제공한 재고자산의 원가를 나타내므로 비용이다.

상품의 취득원가에는 상품의 구입가격 뿐만 아니라 상품을 구입하는 데 소요된 부대비용인 운임, 수수료 등의 부수적인 원가들을 모두 포함시켜야 한다. 온라인 쇼핑을 할 때 운송비를 더하여 취득원가를 계산해야 하는 것이다.

매출원가 이외에 판매와 일반관리활동을 위해 쓰인 판매비와 관리비가 있다. 이들 항목은 원가가 발생한 시점에서 즉각적으로 기업에 혜택을 준다고 보아, 발생한 기간의 비용으로 손익계산서에 보고된다. 이러한 특성 때문에 판매비와 관리비를 기간비용이라고 한다.

수입품의 국내판매가격이 수입원가에 비해 지나치게 높다는 지적이 많다. 국내판매가가 높은 것은 사실이나 유통마진(구입원가와 판매가의 차이) 전부가 판매자의 이익은 아니다. 종업원의 인건비, 매장 임차료(이를 흔히 임대료라고 하나 빌려 쓰는 측에서는 임차료가 더 정확한 용어임), 광고비, 판매시설의 감가상각비 등을 고려해야 한다. 백화점에 있는 매장의 경우는 대개 매출의 1/3 정도를 임차료로 지급한다. 이러한 판매비와 관리비를 매출원가와 함께 부담해야 하므로 이익은 줄어든다.

책을 파는 서점의 예를 들어 원가를 계산해 보자. 가장 중요한 원가항목이 판매할 책을 구입하는 원가이다. 이것이 상품의 취득원가이며, 판매된 도서의 취득원가는 매출원가라는 비용으로 보고된다. 직원의 인건비도 큰 금액일 수 있다. 공간과 관련하여 매장의 임차료가 있다. 전기료, 수도료, 전화요금 등 시설운영비가 필요하고 소모품비도 있다. 광고선전비도 중요하다. 마지막으로 매장의 기계 및 비품의 감가상각비를 고려한다. 이 모든 원가를 정리하면 〈표 9-2〉와 같다.

〈표 9-2〉 서점의 1개월간 비용

	비용항목	세부금액	금액(단위 : 천원)
매출원가	교재 매출원가	20,000원/권×1,000권	20,000
	교양서적 매출원가	10,000원/권×500권	5,000
판매비와 관리비	직원인건비		3,000
	매장 임차료		1,000
	시설운영비/소모품비		700
	광고선전비		500
	기계, 비품 감가상각비		200
합 계			30,400

산책로 **홈쇼핑 송출수수료 10% 안팎 상승 전망**

홈쇼핑이 IPTV 등 유료방송사업자에 내는 송출수수료가 올해도 약 10% 늘어날 것으로 전망된다. 지난해보다 인상률은 낮지만 절대 금액은 비슷한 수준이다. 실적이 급속도로 악화한 TV홈쇼핑 업계에 부담이 가중되는 상황이다.

홈쇼핑사와 IPTV 간 송출수수료 막바지 협상이 진행되고 있는 가운데 TV홈쇼핑·T커머스 12개사는 KT 및 LG유플러스와 송출 수수료 인상 3차 협상을 마치고 추가 협의에 들어갔다. SK브로드밴드와는 2차 협의까지 마치고 3차 협상 마무리 단계다. 인상률은 TV홈쇼핑사의 경우 A급 채널에서 10%대 초·중반, S급 채널은 5~10% 인상이 유력하다. T커머스는 이보다 높은 20%대 인상을 논의하고 있다. (중략)

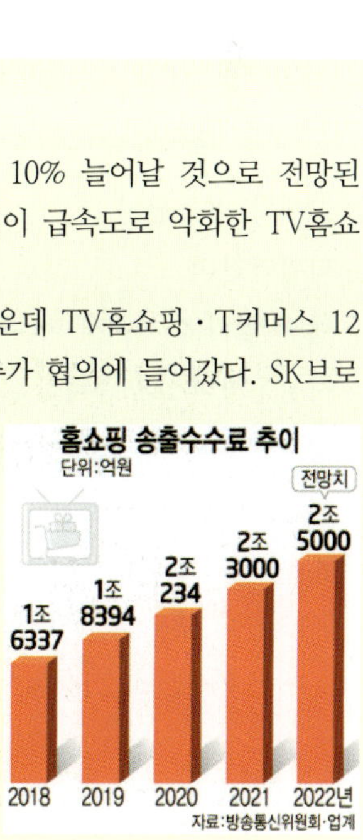

홈쇼핑사의 송출수수료 인상 여력도 한계에 이르렀다. 지난해 국내 홈쇼핑 7개사의 합산 영업이익은 6,109억원으로 전년보다 18% 급감했다. 올해 1분기에도 회사마다 적게는 10%에서 많게는 60%까지 영업이익이 줄었다. 2분기에는 매출과 취급액마저 역성장이 우려된다. (후략) (전자신문, 2022.6.2)

〈표 9-2〉는 서점의 1개월간 총비용을 보여주는데, 이를 취득원가와 판매관리비를 모두 포함한 교재 1권의 총원가(full cost)로 환산하면 〈표 9-3〉과 같다. 〈표 9-3〉의 원가항목을 보면 교재의 취득원가와 다른 원가항목 사이에 차이점이 있는 것을 알 수 있다. 교재의 취득원가는 교재라는 상품에 직접 관련이 있는 원가이나 판매비와 관리비인 나머지 항목들은 교재와 교양서적 모두에 해당되는 공통적인 원가항목이다. 이렇게 취득원가와 같이 상품 등의 특정 원가대상에 추적이 가능한 원가를 직접비라 하고, 여러 원가대상에 공통적으로 발생하여 추적이 어려운 원가를 간접비라고 한다. 간접비는 한 가지 이상의 원가대상에 공통적으로 관련되므로 공통비라고도 한다. 간접비를 상품별 총원가(full cost)에 포함시키려면 정해진 배부방법에 의해 할당한다. 〈표 9-3〉에서는 간접비를 교재와 교양서적의 매출원가를 기준으로 배부한다. 예를 들어 직원인건비가 총 300만원 발생하였는데, 이를 교재와 교양서적의 총매출원가 2,500만원으로 나누어 배부율을 먼저 구한다. 그 다음 이 배부율에 교재 1권의 매출원가 2만원을 곱하면 교재 1권에 배부되는 인건비 2,400원이 계산된다.

〈표 9-3〉 교재 1권의 원가 (단위 : 원)

원가항목	세부금액	금 액
교재의 취득원가		20,000
직원인건비	300만원/2,500만원×2만원	2,400
매장 임차료	100만원/2,500만원×2만원	800
시설운영비/소모품비	70만원/2,500만원×2만원	560
광고선전비	50만원/2,500만원×2만원	400
기계, 비품 감가상각비	20만원/2,500만원×2만원	160
합 계		24,320

2. 제조기업의 원가는 제조원가가 중요하다

물건을 만들어서 판매하는 기업을 제조기업이라 하고, 제조기업에서 생산한 물건을 제품이라 한다. 제조기업의 경우 제품을 만드는 과정이 있으므로 도소매기업보다 원가의 종류가 다양하고 원가계산도 복잡하다.

한 커피전문점의 경우를 생각해 보자. 커피전문점이 만들어 파는 커피의 원가에는 어떤 것들이 포함되어 있을까? 먼저, 커피원두와 크림, 시럽 등의 원가, 즉 재료비가 있다. [산책로] 기사처럼 재료비만을 원가라고 부르는 잘못된 경우도 많다. 제품은 재료만 있다고 저절로 만들어지지 않는다. 원두를 가루로 만들고, 커피를 끓이는 사람의 수고가 있어야 한다. 이러한 수고에 대한 대가도 원가인데, 이것이 노무비이다. 재료비 및 노무비와 더불어 빼놓을 수 없는 것이 제조경비이다. 전기수도료, 주방설비에 대한 감가상각비, 주방공간에 대한 임차료 등이 그 예이다.

일반적으로 제조원가를 요소별로 재료비, 노무비, 제조경비로 3대 구분을 하거

산책로 **"빙수 한 그릇에 8만3,000원"··· '작은 사치'도 끝?**

"제비용 인상으로 원가비율 현실화 불가피"

고급 호텔의 여름 대표 디저트 메뉴인 빙수 가격이 대폭 올랐다. 빙수에 들어가는 과일 가격 및 제반 비용 인상 등으로 불가피한 조치라는 것이 업계의 설명이다.

28일 호텔업계에 따르면 서울신라호텔은 29일부터 라운지&바 더 라이브러리에서 판매하는 애플망고빙수 판매 가격을 8만3,000원으로 책정했다. 작년 판매 가격(6만4,000원) 대비 30% 오른 것이다.

▲ 사진=호텔신라 제공

호텔 측은 빙수 하나에 제주산 애플망고가 1.5~2개 들어가는데 애플망고 원가가 오르며 불가피하게 빙수 가격을 올리게 됐다는 입장이다. 서울신라호텔 관계자는 "신라호텔에서 판매하는 제주산 애플망고빙수는 원가가 판매가의 70% 이상을 차지한다"며 "최근 비용이 인상된 상황에서 지속적으로 상품을 판매하기 위해서는 판매가의 60% 수준으로 원가비율을 현실화하는 것이 불가피했다"고 말했다. (후략)

(한국경제, 2022.4.28)

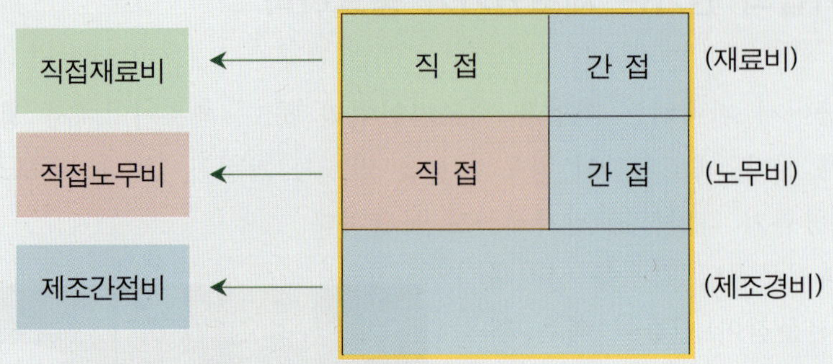

[그림 9-2] 제조원가의 분류

나, 직접재료비, 직접노무비, 제조간접비로 3대 구분을 하기도 한다. 즉 재료비와 노무비를 직접비와 간접비로 나눈 후 간접재료비와 간접노무비를 제조경비와 합쳐서 제조간접비로 분류한다([그림 9-2] 참조).

제조직접비는 제품별로 원가를 분리 또는 추적할 수 있는 제조원가항목이고 제조간접비는 제품 사이에 공통적으로 발생하는 제조원가이기 때문에 제품별로 원가를 추적하기 어려운 항목이다. 간접재료비는 제품에 사용되지만 제품별로 추적하는 것이 기술적으로 불가능하거나, 그 가격이 상대적으로 작아 제품별로 추적하는 것이 비경제적이어서 제조간접비의 일부로 단순하게 집계하는 재료비이다.

커피전문점에서 판매하는 커피의 원가를 계산하는 경우, 커피와 녹차에 같이 사용되는 시럽이나 크림의 원가는 제품별로 분리되지 않는 간접재료비이다. 간접

〈표 9-4〉 커피의 제조원가 (단위 : 원)

원가분류	원가항목	금 액
직접재료비	커피원두원가	200
간접재료비	시럽원가	20
	크림원가	30
직접노무비	커피전문 바리스타 인건비	300
간접노무비	주방보조 인건비	50
제 조 경 비	전기료, 수도료, 가스료	20
	임차료	100
	감가상각비	150
합 계		870

노무비는 여러 제품의 생산에 공통적으로 관여하는 인력의 노무비이다. 직접노무비와 간접노무비의 구분은 생산작업에 직접 참여하느냐 안 하느냐의 문제가 아니다. 커피를 만드는 사람도 커피와 녹차를 같은 기간에 같이 만들면 간접노무비이다. 커피전문점이 판매하는 커피 1잔의 제조원가를 계산하면 〈표 9-4〉와 같다.

3. 서비스기업의 원가에는 공통비가 많다

국가경제에서 많은 부가가치를 창출하고 고수입의 직장으로 인기 있는 업종으로 서비스업이 많다. 회계세무전문가의 회계세무서비스, 변호사와 법무사의 법률서비스, 은행 · 증권회사 · 보험사 등의 금융서비스, 병원 · 보건소 등의 의료서비스, 버스 · 택시 · 철도 · 항공 등의 운송서비스, 방송국 · 우편 · 전화 등의 방송통신서비스, 학교 · 학원 등의 교육서비스, 호텔 · 콘도 등의 숙박서비스, 연극 · 영화 등의 공연서비스 등 수도 없이 많은 종류가 있다. 중앙정부와 지방정부가 제공하는 행정서비스, 청소서비스, 경찰 · 국방서비스도 국민을 위한 서비스이다.

우리 주변에서 흔히 볼 수 있고 점점 경제적으로 중요성을 더해 가는 서비스업의 경우, 원가의 종류는 비교적 단순하다. 서비스업의 주요 특징은, 유형의 재화를 제공하지 않고 무형의 서비스를 사람이나 설비가 제공하는 점이다. 따라서 재료가 거의 필요 없거나, 제공되는 서비스에 비해 경제적 가치가 적은 소모품이 사용된다. 재료비가 적으므로 서비스업의 원가는 설비관련 부분과 인력관련 부분으로 크게 나누어진다.

재료비가 적다고 하여도 서비스 원가계산이 그리 간단하지는 않다. 소규모로 한 종류의 서비스만을 제공한다면 원가계산이 단순하겠지만, 대규모로 여러 가지 비슷비슷한 서비스를 제공하는 기업의 경우에는 서비스별 원가를 계산하는 것이 쉽지 않다. 예를 들면, 서울 종로구에서 부산 해운대까지 보통우편으로 편지 1통을 배달하는 원가를 정확히 계산하는 것은 불가능하다. 이는 수많은 편지와 소포가 동시에 여러 우체국을 거쳐 수집, 운송, 배달되기 때문이다. 또한 우체국에서는 우편업무 이외에 예금 · 보험 등의 금융업무도 수행하고 있는데, 같은 우체국시설을 사용하여 업무를 수행하므로 시설에 대한 경비와 공통 인건비를 어느 업무에 어떻게 할당할지를 정하기가 쉽지 않다.

대학교에서 특정강좌(예를 들어, 관리회계)를 제공하는 원가를 계산하는 것 역시 그리 쉽지는 않다. 그 과목을 담당하는 교수의 인건비만 생각하기 쉬우나, 그 외에 교실 사용의 원가, 학생들이 관련 자료를 찾기 위해 도서관을 이용하는 원가, 과목 편성 및 운영을 위한 행정비용 등 간접적인 원가도 고려해야 한다. 강의제공의 직접적인 원가로 보이는 담당교수 인건비도, 강사의 경우는 강좌별로 강의료가 지급되나 전임교수의 경우 서너 강좌를 강의하면서 월급을 받으므로 강좌별로 계산되지 않는다.

산책로 **우편서비스의 원가**

우체국 우편서비스나 민간 택배서비스는 여러 처리단계를 거쳐 우편물을 수취인에게 배달한다. 우체국의 경우 우편물은 다음 그림과 같이 창구 접수나 우체통을 통한 수집, 발송, 운송, 도착, 배달의 프로세스를 거쳐 처리된다.

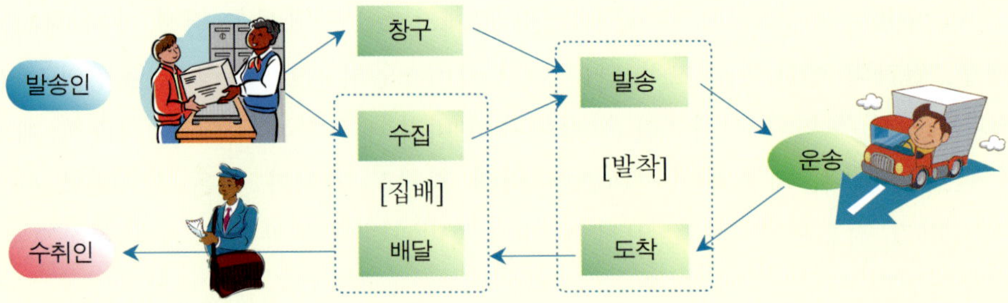

우체통을 통한 우편물 수집과 배달은 집배원에 의해 이루어지므로 수집과 배달 활동은 집배활동으로 분류된다. 발송과 도착 우편물 구분도 같은 부서에서 이루어지므로 발착활동으로 같이 분류된다.

한 연구용역 보고서에 의한 2012년 일반 우편물의 활동별 원가구성은 다음과 같다, 물자비는 소모품비이며 경비는 감가상각비, 대손상각비, 운송비, 일반경비로 구분할 수 있다. 인건비가 많이 발생하는 집배활동의 원가가 전체의 절반 이상(59%)을 차지함을 볼 수 있다.

(단위 : 백만원)

	인건비	물자비	경 비	계
접수활동	42,719	6,845	45,514	95,078
발착활동	21,762	1,573	18,326	41,661
운송활동	232	108	6,092	6,432
집배활동	153,323	10,137	65,542	229,003
계	218,036(59%)	18,665(5%)	135,473(36%)	372,174(100%)

4. 산업별로 원가구조가 다르다

산업의 특성을 재료비, 노무비 및 제조경비의 원가구조를 통해 알아보자. 〈표 9-5〉에는 산업별 원가구조가 나타나 있다.

코크스, 연탄 및 석유정제품의 경우 재료비가 90.7%나 되는데, 노무비는 단지 1.5%이고 경비는 7.8%이다. 이는 원유가격이 제조원가의 대부분을 차지함을 보여준다. 인쇄 및 기록매체 복제업의 경우 노무비가 14.3%로 다른 산업보다 높은데, 이는 업종의 특성상 수작업에 의존하는 부분이 상대적으로 많다는 것을 나타내는 것이다. 제조업 전체의 재료비는 66.3%, 노무비는 8.1%, 제조경비는 25.6%이다. 매출액 대비 매출원가 비율을 보면 대체적으로 70%부터 80% 사이인데 음료는 58.8%이고 코크스, 연탄 및 석유정제품의 경우에는 무려 90.9%나 된다.

〈표 9-5〉 산업별 원가구조 (단위 : %)

	재료비/ 총제조원가	노무비/ 총제조원가	제조경비/ 총제조원가	매출원가/ 매출액	판관비/ 매출액
제조업 전체	66.3	8.1	25.6	80.3	12.9
식료품	74.1	8.0	16.9	79.6	16.9
음료	59.9	11.2	28.9	58.8	31.4
의복, 의복액세서리 및 모피제품	55.2	2.9	41.9	65.5	29.2
가죽, 가방 및 신발	53.9	5.0	41.1	76.5	18.9
인쇄 및 기록매체 복제	51.2	14.3	34.5	78.4	17.5
코크스, 연탄 및 석유정제품	90.7	1.5	7.8	90.9	3.2
반도체, 전자부품	41.0	9.6	49.4	77.0	11.7

(자료 : 한국은행, 2021 기업경영분석)

제3절 원가의 흐름

시냇물이 흘러 강물이 되고 강물이 흘러 바닷물이 되는 것은 어린아이도 잘 아는 사실이다. 그런데 원가 특히 제조원가도 흐름이 있다. 제조원가는 어디에서 어디로 흘러가는가?

1. 제조기업의 원가흐름 : 재료구입에서 매출원가까지

제조기업에서 원가의 흐름은 [그림 9-3]처럼 재료창고, 작업장, 매장의 순서를 거친다. 재료를 구입하여 재료창고에 보관하다가 작업장의 생산공정에 투입한다. 작업장에서 제조인력이 전기, 수도, 제조설비를 사용하면서 재료를 제품으로 가공한다. 제품이 완성되면 매장에서 판매한다.

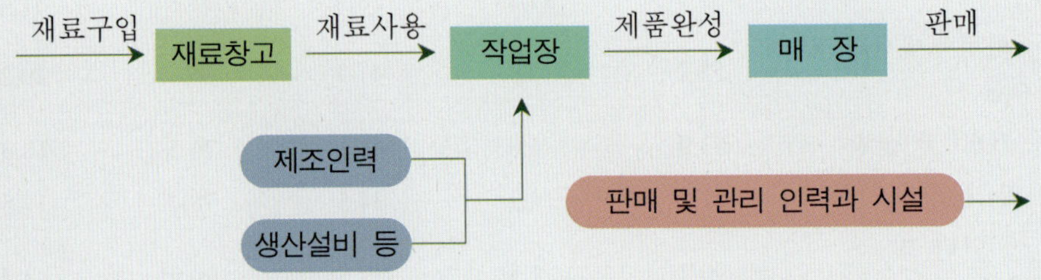

[그림 9-3] 제조기업에서 재료와 제품의 흐름

자원의 물리적 흐름을 회계계정 사이의 원가흐름으로 표시하면 [그림 9-4]와 같다. [그림 9-4]의 재료(material), 재공품(work-in-process) 및 제품(finished goods)은 제조기업의 세 가지 주요 재고자산이다. 재공품계정은 생산작업이 이루어지는 작업장에 비유될 수 있다. 재공품은 제조공정에서 작업되고 있어 아직 완성되지 않은 상태의 물건이다. 예를 들면, 엔진이나 바퀴를 탑재하지 않은 자동차나 제본이 되지 않은 책을 생각할 수 있다.

특정기간에 생산에 투여된 재료비, 노무비, 제조경비의 합을 당기총제조원가(total manufacturing cost)라고 한다. 재공품계정으로부터 제품계정으로의 원가흐름인

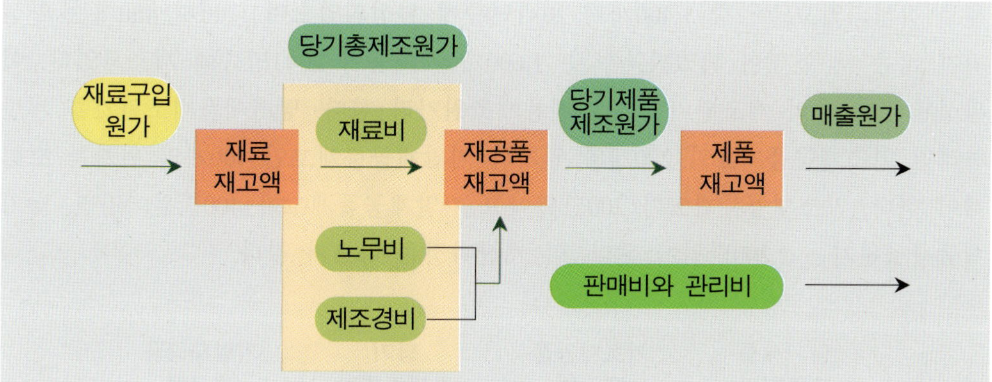

[그림 9-4] 제조원가의 흐름

당기제품제조원가(cost of goods manufactured)는 당해기간에 완성된 제품의 제조원가를 말한다. 당기총제조원가는 투입물원가를, 당기제품제조원가는 산출물원가를 나타내므로 이 두 가지 원가 수치가 다르다.

부품을 구입하여 USB를 조립 판매하는 한 회사의 예를 들어 원가의 흐름을 설명해 보자. 부품이 20×1년초에 100만원어치 기초재고자산으로 남아 있었다. 20×1년 중에 부품을 추가로 1,000만원어치 구입하여 사용하고 연말에 보니, 부품이 200만원어치 남은 것으로 판단되었다. 이 경우, 20×1년의 재료비는 900만원이다. 이 계산을 수식으로 보면 아래와 같다.

재료비	=	기초재료 재고액	+	재료구입 원가	−	기말재료 재고액
900만원	=	100만원	+	1,000만원	−	200만원

USB의 조립작업과 포장작업 인원에 대한 급여 등 총노무비가 500만원이 들고 동력비, 시설 감가상각비 등의 제조경비가 1,000만원이 들었다면 당기총제조원가는 2,400만원이다.

당기 총제조원가	=	재료비	+	노무비	+	제조경비
2,400만원	=	900만원	+	500만원	+	1,000만원

20×1년에 당기총제조원가 2,400만원이 발생하였지만 이 금액이 이 기간에 완성된 제품의 원가는 아니다. 20×0년말에 200개의 제품이 부분적으로 작업되었으나 완성이 안 된 상태로 20×1년으로 넘어와 완성이 되었다. 추가로 1,800개의 제품이

새로 작업되었고, 이 중 1,400개가 20×1년중에 완성되었으며 나머지 400개는 완성되지 않은 채 연말이 되었다. 즉 총 1,600개의 제품이 20×1년중에 제조되었다. 이 완성된 1,600개의 제조원가를 당기제품제조원가라 한다. 당기제품제조원가를 계산하려면 기초재공품재고인 200개의 원가와 기말재공품재고인 400개의 원가를 고려해야 한다. 기초재공품재고가 200만원이고 기말재공품재고가 400만원이라면, 당기제품제조원가는 2,200만원이 된다. 이 계산과정은 다음과 같다.

당기제품 제조원가	=	기초재공품 재고액	+	당기 총제조원가	−	기말재공품 재고액
2,200만원	=	200만원	+	2,400만원	−	400만원

이 같은 재고와 원가의 흐름에 대한 관계는 [그림 9-5]로 설명할 수 있다. 재료재고의 경우를 보면, 기초시점에 존재하는 기초재고액에 기간중에 추가된 재료의 매입액을 더하고 그 기간중에 사용된 재료의 원가액을 빼면 기말시점에 남아 있는 기말재고액이 된다. 재공품재고의 경우, 기초재공품재고에 추가되는 유입액은 당기총제조원가이고, 빠져나가는 유출액에 해당하는 것이 당기제품제조원가이다.

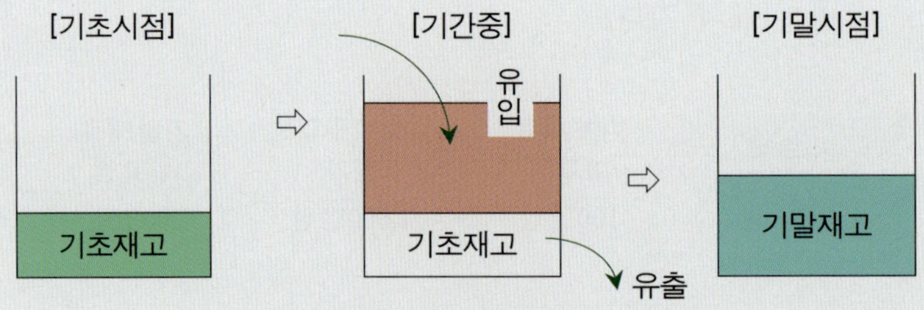

[그림 9-5] 재고와 원가의 흐름

2. 제조원가명세서로 보는 제조원가의 흐름

제조원가의 흐름과 당기제품제조원가가 계산되는 과정을 종합적으로 보여 주는 표가 제조원가명세서(statement of manufacturing costs)이다. 〈표 9-6〉이 그 예인데, 제조원가명세서를 보면 특정회사의 원가구조와 구체적 구성항목을 알 수 있다.

〈표 9-6〉의 제조원가명세서를 보면 재료비가 900만원, 노무비가 500만원, 제조

〈표 9-6〉 제조원가명세서

항 목		금 액(만원)
재 료 비		900
기초재료재고액	100	
당기매입액(+)	1,000	
기말재료재고액(−)	(200)	
노 무 비		500
기 본 급	400	
제 수 당	100	
제 조 경 비		1,000
복리후생비	100	
전 력 비	130	
운 임	70	
수 선 비	200	
감가상각비	500	
당기총제조원가		2,400
기초재공품재고액(+)		200
기말재공품재고액(−)		(400)
당기제품제조원가		2,200

산책로 빵 만들 때 원가를 고려한 회계관리방법

- '장사 잘되는 동네빵집은 따로 있다' 저자 신길만 인터뷰

원가를 계산하고 가격을 결정하는 과정은 매우 중요합니다. 이는 경영의 근간이므로 반드시 제대로 알고 있어야 합니다. 원가계산은 10원 단위까지도 정확히 계산해야 합니다. 필자가 프랜차이즈를 경영했을 때, 프랜차이즈 관련 강연회에 참석한 적이 있습니다. 그때 강연을 들으며 원가계산에 있어 10원의 오차도 간과해서는 안 된다는 것을 새삼 깨달았습니다. 10원을 소홀히 하면 대규모의 가게라도 영향을 받을 수밖에 없습니다. 결론적으로 10원 단위까지 신중하게 다루어야 회계관리에 문제가 생기지 않습니다.

원가계산은 대략적인 이익을 계산하는 토대가 되므로 신중하게 해야 합니다. 원가계산으로 상품의 정가를 산출합니다. 보통 빵 제품의 표준가격은 원가의 2.5~3배입니다. 원가의 3배나 되는 가격을 붙이는 이유는 작업공정에 인건비가 많이 들 뿐만 아니라 단순반복 작업이기에 생산시간이 많이 걸려서 그렇습니다. 따라서 상품가격은 원가계산보다 조금 비싸게 책정하는 게 적합합니다. 그리고 인건비는 30% 범위로 정합니다. 제조업에서는 인건비나 원재료비를 산정해 상품가격을 정하는 편입니다. 원재료비 30%, 인건비 30%, 기타 제조경비 35%, 이익 0.5%로 책정하는 것이 좋습니다. (www.pandora.tv/view/onbooks/52127046/#34568765_new)

경비가 1,000만원으로서 당기총제조원가는 2,400만원이다. 당기제품제조원가는 당기총제조원가에 기초재공품 200만원을 더하고 기말재공품 400만원을 차감한 2,200만원이다.

이제 매출원가에 대해 생각해 보자. 앞에서 1,600개의 제품이 2,200만원의 제조원가에 의해 20×1년에 제조된 것을 알았다. 만약 20×1년 동안 1,900개의 제품이 팔렸다면 매출원가는 어떻게 계산하는가? 제품의 생산량보다 많은 수량을 판매할 수 있는 것은 제품의 기초재고가 있었기 때문이다. 20×1년초에 400개의 제품이 남아 있었고, 1,600개의 제품을 제조하여 총 2,000개의 제품 중 1,900개의 제품을 판매한 경우 100개의 제품이 기말에 남는다. 기초제품재고 400개의 원가가 400만원이고, 기간중에 생산된 1,600개의 제조원가가 2,200만원이므로 판매가능한 제품의 총원가는 2,600만원이 된다. 제품 1개당 평균원가는 2,600만원을 2,000개로 나눈 13,000원이다. 판매된 제품이 1,900개이므로 제품단위당 평균원가 13,000원을 판매된 제품 1,900개에 곱하면 매출원가는 2,470만원이 된다. 기말제품재고액은 기말제품재고수량인 100개에 제품단위당 원가 13,000원을 곱한 130만원으로 계산된다.

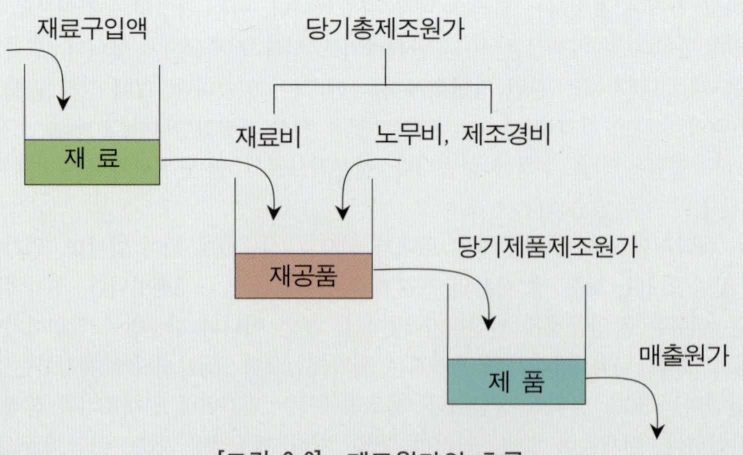

[그림 9-6] 제조원가의 흐름

즉 제품재고의 경우에도 다른 재고와 마찬가지로 [그림 9-5]의 관계를 이룬다. 이 경우 제품재고에의 유입액은 당기제품제조원가이고, 제품재고로부터의 유출액은 매출원가이다. 이제까지의 원가의 흐름을 종합적으로 나타내면 [그림 9-6]과 같다.

산책로 2021년 제조업 제조원가명세서

한국은행이 '기업경영분석'에 집계하여 발표한 2021년 제조업 전체기업 합계의 제조원가명세서는 다음과 같다.

내 역	금액(십억원)	구성비
당기총제조원가	1,531,713	100.00
재 료 비	1,015,025	66.27
노 무 비	124,854	8.15
제 조 경 비	391,833	25.58
복리후생비	16,120	1.05
전 력 비	21,904	1.43
가스수도비	15,906	1.04
감가상각비	78,264	5.11
세금과공과	3,391	0.22
임 차 료	4,792	0.31
보 험 료	3,232	0.21
수 선 비	16,438	1.07
외주가공비	105,810	6.91
운반·하역·보관·포장비	14,545	0.95
경상개발비	7,022	0.46
기 타 경 비	104,404	6.82
기초재공품원가	53,600	3.50
기말재공품원가	58,888	3.84
유형자산(타계정)대체액	30,300	1.98
당기제품제조원가	1,496,124	97.68

이번 장에서 배운 용어

간접비 (indirect cost) 제품, 서비스, 부문 등의 특정 원가대상에 추적이 어려운 원가

관리회계 (management accounting) 회계정보가 조직의 내부의사결정자에게 유용한 정보를 제공하여 경영관리에 도움을 주는 여러 가지 방법을 연구하는 분야

기간비용 (period cost) 지출된 금액이 자산의 원가로 기록되지 않고 지출과 동시에 비용이 되는 금액

노무비 (labor cost) 제품생산에 사용된 인력의 인건비

당기제품제조원가 (cost of goods manufactured) 당해기간에 완성된 제품의 제조원가

당기총제조원가 (total manufacturing cost) 특정기간에 생산에 투여된 재료비, 노무비, 제조경비의 합

비용 (expense) 수익창출활동에 사용되어 소멸되는 원가

원가 (cost) 자원을 취득하기 위해 치른 대가

원가회계 (cost accounting) 생산에 투입된 재료비, 노무비, 제조경비 등의 원가를 파악하여 제품의 원가를 계산하는 방법을 연구하는 분야

재공품 (work-in-process) 제조공정에서 작업되고 있어서 아직 완성되지 않은 상태의 물건

재료비 (material cost) 제품생산에 사용된 재료의 원가

제조간접비 (overhead cost) 제품 사이에 공통으로 발생하는 제조원가

제조경비 (other manufacturing cost) 재료비와 노무비를 제외한 제조원가

제조원가명세서 (statement of manufacturing costs) 제조원가의 흐름과 당기제품제조원가가 계산되는 과정을 종합적으로 보여주는 표

제품 (manufactured good) 판매를 위해 제조한 물건

직접비 (direct cost) 제품, 서비스, 부서 등의 특정 원가대상에 추적이 가능한 원가

연습문제

1. 다음 설명 중 가장 옳지 않은 것은?

① 원가정보는 내부적인 경영의사결정에 도움이 되고 또한 외부재무보고 목적으로도 필요하다.

② 관리회계정보는 내부의사결정을 위한 것이므로 정보의 가치가 정보획득 비용보다 커야 한다.

③ 상품을 구입하기 위해 치른 대가를 매출원가라고 한다.

④ 수익창출활동에 사용되어 소멸되는 원가가 비용이다.

2. 다음 설명 중 가장 옳은 것은?

① 자원을 획득하기 위해 치른 대가를 비용이라고 한다.

② 관리회계정보는 기업간의 비교나 한 기업의 기간간의 비교를 통해 이용되므로 비교가능성과 일관성이 중요하다.

③ 기간비용이란 지출된 금액이 자산의 원가로 기록되지 않고 지출과 동시에 비용이 되는 금액을 의미하는 것으로 대표적으로 매출원가를 들 수 있다.

④ 생산에 투입된 재료비, 노무비, (제조)경비 등의 원가를 파악하여 제품의 원가를 산정하는 방법을 연구하는 분야를 원가회계라 한다.

3. 다음 설명 중 가장 옳지 않은 것은?

① 물건을 만들어서 판매하는 기업을 제조기업이라 하고, 제조기업에서 생산한 물건을 제품이라 한다.

② 일반적으로 제조원가를 요소별로 재료비, 노무비, 제조경비로 구분하거나, 직접재료비, 직접노무비, 제조간접비로 구분하기도 한다.

③ 제조간접비는 제품 사이에 공통적으로 발생하는 제조원가이기 때문에 원가를 제품별로 추적하기가 비교적 쉽다.

④ 상품의 취득원가에는 상품의 구입가격뿐만 아니라 상품을 구입하는 데 소요된 부대비용을 포함시켜야 한다.

4. 다음 중 제조기업의 원가흐름에 대한 설명으로 틀린 것은?

① 제조기업의 재고자산에는 재료, 재공품, 제품 등이 포함된다.

② 특정기간에 생산에 투여된 재료비, 노무비, 제조경비의 합을 당기제품제조원가라고 한다.

③ 당기총제조원가는 투입물원가를, 당기제품제조원가는 산출물원가를 나타낸다.

④ 제조원가명세서는 제조원가의 흐름과 당기제품제조원가가 계산되는 과정을 종합적으로 보여주는 표이다.

5. (주)성균은 20×1년초에 설립되었으며 20×1년 제조원가 및 재고자산과 관련된 자료는 다음과 같다. 20×1년도 매출원가는?

직접재료원가	₩900
직접노무원가	800
제조간접원가	1,000
기말재공품재고액	400
기말제품재고액	600

① ₩1,700 ② ₩1,800

③ ₩1,900 ④ ₩2,000

6. (주)성균의 20×1년도 기초제품재고액과 기말제품재고액은 각각 ₩5,000과 ₩3,000이며, 기초재공품재고액과 기말재공품재고액은 각각 ₩1,000과 ₩2,000이다. 또한 당기중 발생한 재료원가와 노무원가는 각각 ₩1,500과 ₩1,000이다. (주)성균의 20×1년도 매출원가가 ₩7,000일 때, 당기중 발생한 제조경비는?

① ₩2,500 ② ₩3,500

③ ₩4,500 ④ ₩5,500

7. (주)성균의 20×1년 원가자료는 다음과 같다. 제조간접원가가 직접노무원가의 3배로 발생할 때 (주)성균의 당기제품제조원가는 얼마인가?

기초재공품	₩10,000	기말재공품	₩15,000
직접재료비	30,000	제조간접비	45,000

① ₩85,000 ② ₩86,000

③ ₩87,000 ④ ₩88,000

※ 다음 자료를 이용하여 문제 8~10에 답하시오.

당기재료비	₩550,000	기초재공품	₩100,000	기말재공품	₩135,000
당기노무비	250,000	기 초 제 품	70,000	기 말 제 품	15,000
당기제조경비	300,000				

8. 당기총제조원가는 얼마인가?

① ₩1,000,000　② ₩1,100,000
③ ₩1,200,000　④ ₩1,300,000

9. 당기제품제조원가는 얼마인가?

① ₩1,055,000　② ₩1,065,000
③ ₩1,070,000　④ ₩1,080,000

10. 총판매가능제품원가는 얼마인가?

① ₩1,125,000　② ₩1,135,000
③ ₩1,140,000　④ ₩1,150,000

해답

1. ③	2. ④	3. ③	4. ②	5. ①
6. ②	7. ①	8. ②	9. ②	10. ②

사례연구

1. 원가항목과 구성비

서점, 책대여점, 문구점, 분식점 등 우리 주변의 소규모 사업체를 하나 골라, 그 사업을 위해 1달간 어떤 종류의 비용이 어느 정도의 금액으로 발생하는지 조사하시오. 각 종류의 비용이 전체 비용의 몇 %를 차지하는지 계산하시오. 그 사업체가 제공하는 특정제품이나 서비스 하나를 골라 그 제품이나 서비스의 단위당 총원가를 계산하시오.

HINT 제품이나 서비스의 단위당 총원가를 계산할 때에는 제품간 또는 서비스간의 공통원가를 어떠한 방법으로 배분할지 생각하시오.

2. 제조원가흐름

생산부문과 관련된 다음의 자료를 이용하여 여러 원가수치를 계산하시오.

(단위 : 억원)

항 목	금 액	항 목	금 액	항 목	금 액
급 료	100	감가상각비	120	기초재료재고	50
동력용수비	20	특허사용료	2	기말재료재고	40
복리후생비	35	개발비상각	15	기초재공품재고	60
수 선 비	10	임 금	200	기말재공품재고	70
퇴 직 급 여	55	보 험 료	3	기초제품재고	80
통 신 비	4	재료매입액	400	기말제품재고	90

이 기업은 복리후생비를 제조경비로 처리한다.

〈요구사항〉

(1) 당기의 재료비를 구하시오.

(2) 당기의 노무비를 구하시오.

(3) 당기의 제조경비를 구하시오.

(4) 당기총제원가를 구하시오.

(5) 당기제품제조원가를 구하시오.

(6) 당기매출원가를 구하시오.

3. 제조원가의 흐름과 영업이익계산

본사와 생산공장이 동일 건물에 소재하는 (주)명륜의 3월중 발생한 원가와 재고자산 자료는 다음과 같다. 3월중 직접재료매입액은 ₩1,200,000이며, 매출액은 ₩7,400,000이다.

〈3월중 발생원가〉

직접노무원가	₩3,000,000
공장감독자급여	100,000
기타 제조간접원가	200,000
전기료(본사에 40%, 공장에 60% 배부)	200,000
감가상각비(본사에 20%, 공장에 80% 배부)	500,000
본사의 기타 판매관리비	400,000
합 계	₩4,400,000

〈재고자산〉

	3월초	3월말
재공품재고	₩1,000,000	₩800,000
직접재료재고	300,000	100,000
제품재고	700,000	400,000

위의 자료를 토대로 (주)명륜의 3월 1일부터 3월 31일까지의 영업이익을 구하면 얼마인가?

4. 아파트 분양원가와 분양가격

다음 기사와 추가 관련 자료를 사용하여 아파트 분양원가를 고려한 아파트의 적정가격에 대하여 논의하시오.

■ '아파트 분양원가' 어떻게 산정했나

'원가의혹' 약간 해소… 도개공 분양이익이 더 커 '논란'

서울시 도시개발공사가 시공한 상암 7단지 40평형의 분양원가가 공개됨에 따라 분양원가 산정방식에 관심이 쏠리고 있다. 분양원가 공개는 사상초유의 일로, 도개공이 제시한 계산방식이 향후 민간업체가 시공하는 아파트의 분양원가를 산출할 때 근거로 사용될 수 있기 때문이다. 이를 감안해 도개공도 민간회계법인에 용역을 의뢰, 기업회계기준의 순수공사원가에 토지매입이자, 건설자금이자 등을 포함해 분양원가를 계산했다고 밝혔다. 도개공이 공개한 상암 7단지의 분양원가는 736만원. 이는 실제 분양가(1천210만원)보다 474만원가량 낮은 액수다.

▲어떻게 산정됐나

가장 관심이 모아졌던 토지비 산정은 구입가격을 기준으로 삼았다. 상암 7단지 40평형 162가구만을 따질 때, 도개공은 지난 2002년 서울시로부터 7단지 부지 3천764평을 평당 532만원, 총 200억 2천700여만원에 사들였다. 그러나 분양연면적이 6천546평인 점을 감안하면, 평당 순수대지비는 약 305만원이 나온다.

도개공은 여기에 평당 건축비 340만5천원(총 222억 6천여만원)과 토지비 이자 및 건설자금 이자, 판매비 및 일반관리비, 부가가치세 등을 합한 기타비용(평당 90만2천원)을 더해 736만원이라는 분양원가를 도출해냈다.

건축비에는 건축공사비 15억 6천600만원을 비롯 토목, 기계, 전기, 통신, 조경공사비와 설계비, 감리비, 승강기 설치, 기타부대비, 간접공사비, 부가가치세(191억 2천585만원) 등 12가지 항목이 포함됐다. 이에 따라 분양원가보다 474만원가량 분양가를 올려 아파트를 공급한 도개공은 총 310억원의 분양수익을 거둘 수 있었다.

▲건축비, 부풀리기 논란

이번 원가공개에서 논란이 되는 부분은 건축비다. 도개공은 공사비 명목으로 건축공사비, 토목공사비, 전기공사비 등을 합해 총 222억 6천300여만원을 제시했다. 분양면적(6천546평) 기준으로는 평당 340만원, 지하주차장 등을 포함한 건립연면적(8,939평)으로 따지면 평당 253만원에 달한다.

문제는 도개공이 밝힌 공사원가와 7단지 시공을 맡은 진흥기업과의 도급계약 금액이 차이가 난다는 점이다. 도개공은 진흥기업과 아파트 33평형, 40평형 733가구와 상가 등을 건립하는 데 필요한 건축, 토목, 기계, 승강기 등 4개 공사에 대해 총 554억 6천708만원에 계약했다. 그런데 도개공이 162가구에 대해 밝힌 4개 항목 비용은 196억 2천300여만원이다. 이는 건립연면적 기준으로 평당 219만원에 달해, 도급금액과 평당 60만원의 차액이 발생하는 것으로 계산됐다. 이에 대해 김승규 도시개발공사 사장은 "도급계약 금액은 평당 59만원이지만 추가로 설계변경 등의 명목으로 121억 4천여만원이 책정돼 있기 때문에 향후 추가 계약을 맺을 경우 평당 94만원에 달한다"고 말했다.

'소비자문제를 연구하는 시민의 모임' 우윤재 간사는 "건교부에서 공시한 표준건축비 등을 기준으로 따져봤을 때 일반 아파트의 적정 건축비는 평당 250~290만원선"이라고 말했다.

▲분양원가 공개 배경

그동안 주택업계 등은 아파트를 분양하면서 분양원가를 공개하지 않아 '폭리를 취한다'는 의심을 받아왔다. 이에 따라 공공기관이 앞장서 이 같은 의혹을 일정부분이나마 해소하겠다는 취지에서 분양원가 공개가 추진됐다. 그러나 대한주택공사나 민간업체들은 "분양원가 공개는 분양가 규제로 이어지며 주택공급시장의 위축을 초래한다"며 반발해왔다. 이를 의식한 듯 김승규 사장은 "분양원가는 사업지구의 토지시세 등 사업여건에 따라 차이가 난다"면서 "개발방식과 택지확보방법이 서로 다른 민간업체와 분양원가를 단순 비교 분석하는 것은 큰 의미가 없다"고 말했다.

그러나 정작 도개공은 상암 7단지 40평형 분양가를 단순하게 주변 민간업체 시세에 맞춰 공급해 '공공기관이 앞장서 분양가를 높인다'는 비난을 받아왔던 터다.

더구나 시로부터 싼 가격에 토지를 구입, 분양원가를 낮출 수 있다는 점을 감안하면 도개공이 민간업체보다도 훨씬 많은 분양수익을 거둔 셈이어서 비난을 면하기 어려울 것으로 보인다.

도개공은 "분양가격을 시세보다 낮게 책정하면 시세차익을 노린 투기자만 이익을 보게 돼 지난해 마포, 용산 지역의 평균 동시분양가에 맞춰 책정했다"고 말했다. 도개공은 분양수익 310억 가운데 210억원은 임대아파트 건립에, 100억원은 고교생 장학금으로 지원하겠다고 밝혔으나 임대아파트 건립은 도개공의 존립근거인 만큼 200억원은 순이익으로 봐야 된다는 지적도 있다. 김 사장은 "앞으로 전용 32평 혹은 그 이상의 중대형 임대아파트를 공급할 계획"이라며 "필요하면 분양원가를 추가 공개하겠다"며 "오는 7월 분양되는 상암지구 40평형 433가구에 대해서도 분양원가를 참고해 책정하겠다"고 말했다. (연합뉴스 수정요약)

5. 미용실 서비스 원가와 가격의 적정성

다음 기사와 추가 관련 자료를 사용하여 미용실의 서비스 가격이 적절한지 논의하시오.

■ 미용실 '묻지 마 가격', 속상한 '원가'의 진실 "꼼꼼히 따지고 시술받자"

헤어는 스타일의 반 이상을 좌우한다. 그만큼 여성들은 헤어에 시간과 돈을 아낌없이 투자한다. 20대 초반부터 청담동, 압구정동을 비롯해 논현동, 홍대까지 '웬만큼 한다' 하는 미용실은 다 가본 40대 초반 여성은 "아직도 지역별 금액 차이를 이해할 수 없다"고 말한다. 일반적으로 임대료와 디자이너 개인 차이를 고려한다고 해도 수십만원의 차이는 좀 과하다 싶은 생각이 들 수밖에 없다. SBS '좋은 아침'은 오늘(22일) '가격을 말해 봐'에서 파마가격의 비밀을 공개했다.

▲"파마약 · 앰플, 원가가 고작 몇백원?"

대학가 앞의 한 미용실은 기본가격 9만5천원에 앰플 3만원, 커트 3만원을 추가하여 총 15만5천원을 요구했다. 또 다른 미용실은 공지가격 4만원에 클리닉 8만원, 헤어제품 3만원을 포함한 15만원을 최종가격으로 제시해 기본가격에 4배에 가까운 금액을 추가로 요구했다.

또 한 미용실의 경우 시술 전 상담가격을 16만2천원으로 제시한 이후, 최종가격에서는 23만3천원을 요구했다. 헤어디자이너가 머리를 감기면서 "고객님 머릿결이(안 좋아요). 염색을 지속적으로 해오셨죠? 제 생각에는 샴푸를 해봐야 알겠지만, 기본 케어라도 같이 해주면 좋겠어요"라며 모호한 말을 남긴 것이 발단이었다.

계산대에서 해당 미용실 관계자는 "파마하신 것 15% 할인해서 15만3천원이고요. 케어받으신 건 따로 할인이 되지 않아요. 그래서 8만원 추가돼서"라며 총 23만3천원을 청구했다.

그렇다면 파마약과 모발보호를 위해 요구하는 앰풀의 가격은 얼마일까. 파마약은 최저가와 최고가가 각각 650원, 6~7천원으로, 고가라고 해도 1만원을 넘지 않았다. 앰풀은 평균가격이 한 개당 6백원으로, 5, 7, 10만원의 천차만별 시술 가격과 비교할 때 터무니없을 정도로 저렴했다.

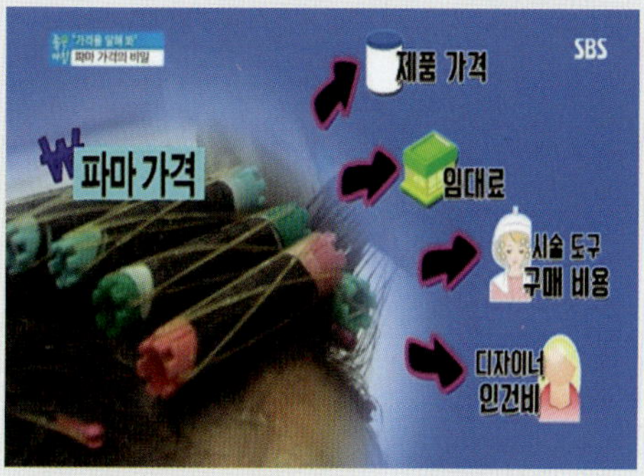

▸ SBS '좋은아침' 방송화면

▲"시술가격 차이만큼 효과도 다를까?"

피부과 전문의는 "단백질 변성을 일으켜서 모양을 바꾸는 거죠. 단백질 변성 때문에 모발에 약간의 손상이 올 수 있습니다. 물론 비싼 파마약이 모발손상이 적을 수 있지만, 가격 대비 손상도는 크게 차이 나지 않습니다"라고 말했다.

이뿐 아니다. '좋은아침'에 출연한 한의사는 "화학물질이 접촉성 피부염을 일으킬 수 있습니다. 두피가 약한 경우 각질층이 두꺼워져서 모공을 막아 염증을 일으키게 됩니다"라며 가격과 무관한 파마약의 유해성을 설명했다.

'좋은아침' 인터뷰에 응한 여성들은 환절기마다 한 번씩, 1년에 3, 4번 파마를 한다고 응답했다. 1년에 최소 3번은 파마를 한다는 전제 아래 1회 15만원이면 1년에 총 45만원을 파마가격으로 내야 한다. 또한, 수시로 하는 염색에, 커트까지 합하면 최소한 100만원을 훨씬 웃도는 가격을 헤어스타일 관리에 지급해야 하는 셈이다.

여기에 유명 헤어숍과 헤어디자이너 프리미엄까지 붙으면 매년 수백만원을 헤어스타일에 쏟아부어야 한다. 조금이라도 헤어스타일에 투자하는 비용을 아끼고 싶다면, 평소 모발관리에 신경 쓰고 헤어시술 전 헤어디자이너에게 시술에 드는 항목별 가격을 조목조목 따져봐야 한다.

(시크뉴스, 2014.9.22)

CHAPTER 10

경영의사결정을 위한 회계

제 **1** 절 계획과 통제를 위한 예산
제 **2** 절 원가-조업도-이익 분석
제 **3** 절 원가와 경영의사결정

제1절 계획과 통제를 위한 예산

인생을 계획 없이 살아간다면 발전이 없고 어려운 일을 당했을 때 이를 해결할 방법을 찾기 어려워진다. 또한 계획을 아무리 잘 세워도 그 실천을 위해 계속 노력하지 않으면 소용이 없다. 즉, 계획달성의 정도를 계속적으로 확인하고 필요한 조치를 취하는 사후조치가 필수적이다. 미래에 대한 준비를 하는 것을 계획(plan)이라 하고, 계획의 실행을 관리하는 것을 통제(control)라고 한다. 본절은 기업의 계획과 통제를 위해 예산을 어떻게 활용하는가를 알아본다.

1. 유비무환-계획과 통제를 하자

우리는 살아가면서 크고 작은 일을 겪는다. 전혀 생각하지 못했던 일이 일어나기도 하지만, 많은 일들은 미리 예상되거나 최소한 그 가능성이 예상된다. 문제는 일어날 일에 대해서 준비를 하는가, 아니면 준비 없이 일이 닥치면 그때 해결을 하고자 하는가이다. 자금을 조달할 때 미리 자금부족을 예상하여 낮은 이자로 자금을 준비하는 것과 갑자기 급하게 높은 이자로 자금을 빌리는 것 중에 무엇이 바람직한가? 유비무환(미리 준비하면 근심이 없다는 뜻)이라는 말이 이러한 경우를 잘 말한다.

준비를 한다는 것은 계획을 세우는 것이다. 일어날 일을 예측하고, 해야 할 일을 미리 정하는 과정이다. 계획을 철저히 세우지 않으면 그만큼 시행착오가 많아 시간, 자원, 노력의 낭비가 심할 것이다.

배낭여행의 경우에 출발 전에 미리 지도를 보고 갈 길을 정하는 것이 계획활동이라면, 길을 가면서 미리 정한 길을 따라 잘 가고 있는지 현재 위치를 확인하는 것이 통제활동이라고 할 수 있다. 혹시 미리 정한 길을 벗어났다면 그 길로 다시 찾아가거나 새로운 길을 정해 가는 것도 통제활동의 일부라고 하겠다.

2. 예산으로 경영활동을 위한 계획 및 통제를 한다

경영자는 기업의 운영과 성장을 위해 많은 의사결정을 계속적으로 한다. 이러한 경영자의 경영활동을 세부적으로 나누면 [그림 10-1]과 같이 계획, 실행, 평가, 사후조

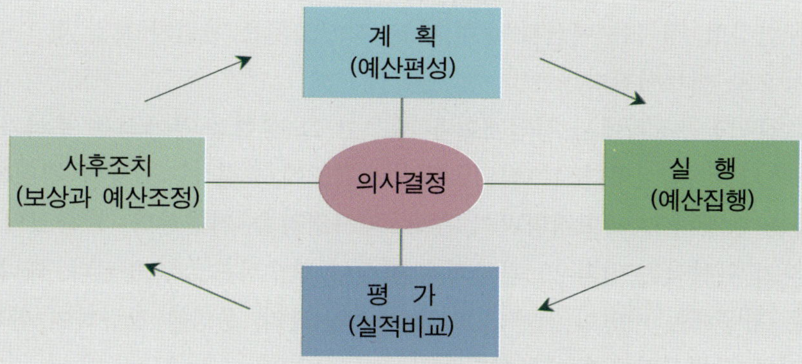

[그림 10-1] 계획과 통제의 순환과정

치의 순환과정으로 이해할 수 있다. 먼저 목표를 수립하고 그 구체적 실천방안을 개발한 후, 즉 계획을 세운 후에 이를 실행한다. 계획을 실행한 후 반드시 그 결과를 평가하고 필요한 조치를 취한다. 첫 단계가 계획이라면, 그 후의 단계를 통제라고 할 수 있다.

[그림 10-2] 포스코모빌리티솔루션의 조직도

이 순환과정에서 예산이 중요한 역할을 한다. 계획활동은 예산편성이 핵심이며 실행은 예산집행, 평가는 예산과 실적 비교, 사후조치는 관련자 보상 및 다음 기 예산조정 등으로 이루어진다.

기업이나 공공조직에서 사업계획을 세우고 그 실행을 통제하는 부서가 기획조정실 또는 경영기획실이다. [그림 10-2]의 조직도에서 볼 수 있듯이 경영기획실은 경영관리를 총괄하고 최고경영자의 주요 의사결정을 지원한다. 기획실의 업무를 잘 수행하기 위해서는 원가 및 관리회계 지식이 필수적으로 요청된다. 왜냐하면 조직의 모든 활동에는 자원이 사용되고 이 자원의 관리, 운영과 관련하여 원가 및 관리회계 정보가 핵심적이기 때문이다.

3. 예산의 역할은 다양하다

세상에 돈 없이 할 수 있는 일은 거의 없다. 어떤 일을 준비하든지 자금 또는 비용에 대한 계획이 필요하다. 현금이 모자라면 흔히 편리한 신용카드로 결제하는데, 당장은 해결되지만 결국은 갚아야 하는 높은 이자의 빚이 쌓이는 것이다. 심각하게 생각하지 않은 신용카드 빚이 점점 커져서 신용불량자가 되는 사람들에 대한 뉴스가 종종 나온다. 자금에 대한 계획, 즉 예산의 중요성을 잘 보여주는 예라고 할 수 있다.

예산(budget)은 미래의 계획을 화폐단위로 표시한 것이다. 즉 미래에 대한 청사진이라 할 수 있다. 「사이버나라」의 예를 들어서 예산이 어떤 역할을 하는지 알아보자.

「사이버나라」는 사업이 매우 번창하여 서울의 본사 외에 부산과 광주에 지사를 두고 또한 미국에도 지사를 설치하게 되었다. 미국의 지사는 이기술 전무가 책임을 맡고 있었다. 김경영 사장은 이렇게 큰 기업으로 탈바꿈한 「사이버나라」를 어떻게 경영하는 것이 좋을지에 관해 공인회계사인 최고심 씨에게 자문을 구하였다. 최고심 씨는 많은 회사의 경영에 자문을 한 경험이 있기 때문에 예산이 매우 훌륭한 지침이 된다는 것을 다음과 같이 설명하였다.

첫째, 각 지사에 1년, 6개월, 또는 3개월의 판매목표액을 설정하도록 한다. 이러한 목표를 설정함으로써 그 지사가 앞으로 어떻게 영업을 해야 할 것인지에 대한 청사진을 제시하게 되며, 그 목표를 달성하기 위하여 지사장 이하 모든 직원들의 노력과 지혜를 모아 영업활동을 하게 되는 효과가 있는 것이다.

둘째, 각 지사의 목표매출액에 따라서 발생할 비용에 대한 예산을 세운다. 비용예산을 설정하면 지사장이 마음대로 비용을 지급할 수 없게 되고, 예산을 초과하는 지출의 경우에는 본사 사장의 승인을 받아야만 지출을 하도록 하며, 예산의 범위 안에서는 지사장 권한으로 경비 지출이 되어서 신속한 업무를 하도록 하는 효과가 있다. 또한 비용예산에 대해서는 결산을 통해서 성과평가를 하기 때문에 경영통제의 방법으로서도 좋은 기법이다.

셋째, 예산을 수립할 때에는 본사의 기획실뿐만 아니라 지사장이 참여하여 사업전망을 논의하고 어디에 사업상 중점을 두어야 하는지를 결정하여 이를 예산에 반영시켜야 한다. 이렇게 함으로써 회사 전체가 나아갈 방향 또는 비전(vision)에 따라 목표가 설정되고 본사가 지원해야 할 업무나 범위, 지사가 해야 할 책임 등이 명확해지며 모두가 같은 마음으로 일을 할 수 있다.

4. 예산은 어떻게 편성하나?

여러 가지로 쓸모가 많은 예산을 어떻게 편성하는가? 예산은 일부 행사나 프로그램에 대해 준비할 수도 있지만, 기업의 종합적인 계획을 위해 전면적이고 주기적으로 편성한다. 기업의 모든 주요 활동에 대하여 종합적으로 예산을 편성하는 것을 종합예산이라 한다.

기업활동은 재무제표로 요약되므로 종합예산 편성과정은 예상재무제표를 작성하는 과정으로 생각할 수 있다. 예상손익계산서를 작성하는 과정은 미래 영업활동에 대한 계획이므로 영업예산(operating budgets)이라 불린다. 한편 투자활동이나 재무활동에 대한 예산은 재무예산(financial budgets)이라 한다. 재무예산 중에서는 현금예

산책로 **반년 새 확 쪼그라든 실적 전망… 조선은 적자전환, 화학은 이익 23%↓**

지난해 창사 이후 최대인 3,000억원대 영업이익을 올린 국내 섬유·화학업체 A사는 올 들어 경영계획 목표를 두 차례 수정했다. 작년 11월 경영계획 수립 당시 올해 영업이익 목표는 1,800억원이었지만, 지난달엔 500억원까지 낮췄다. 원자재 가격 급등으로 영업이익이 줄어들 것으로는 예상했지만, 우크라이나 사태 등 각종 돌발 변수가 잇따라 발생하면서 목표치를 더욱 낮춘 것이다. A사 관계자는 "비용 압박으로 당초 계획한 설비투자도 축소하는 방안을 검토하고 있다"고 밝혔다.

15일 금융정보업체 에프앤가이드에 따르면 올해 영업이익 컨센서스(시장 전망치)가 지난 1월초 대비 하락한 상장사는 국내 182곳(금융사·공기업 제외) 중 109곳(59.9%)에 달했다. 러시아의 우크라이나 침공에 따른 원자재 가격 급등에 더해 성장률 둔화로 인한 생산·소비·투자 축소 등을 반영한 결과다. (후략)

(한국경제, 2022.6.15)

산(cash budgets)이 특히 중요하다. 여기에서는 영업예산과 현금예산에 대해 좀더 상세히 검토해 보자.

(1) 영업예산

영업예산을 작성하기 위해서는 가장 처음에 손익계산서의 첫째 항목인 매출에 대한 예측을 해야 한다. 매출액을 예측하기 위해서는 판매량과 판매가격에 대한 예측이 필요하다. 판매가격보다는 판매량에 대한 예측이 어려운데, 이는 판매량은 판매가격이나 판매비 지출과 관련이 있고 수요의 변화, 경쟁사의 행동에도 좌우되기 때문이다. 판매량은 시장의 총수요와 우리 회사의 점유율로 추정하기도 한다.

예상판매량이 결정되면 제품재고량의 증감을 고려하여 목표생산량을 결정한다. 기말의 제품재고량이 기초에 비해 증가하기 위해서는, 당해 증가분을 예상판매량에 더한 수량만큼 제품을 생산해야 한다. 반대로, 기초에 재고가 너무 많아 기말에 재고수준을 낮추려 한다면, 예상판매량보다 제품을 덜 생산해야 한다.

목표생산량이 결정되면 이에 필요한 직접재료비, 직접노무비, 제조간접비에 대한 예산을 세운다. 특히 제조간접비는 생산량에 따라 비례적으로 변하는 변동비 부분과 변하지 않는 고정비 부분으로 나누어 예측한다.

커피전문점의 예산을 생각해 보자. 〈표 10-1〉은 커피를 1년에 10만 잔과 20만 잔을 판매하는 두 가지 경우의 원가예산을 보여주고 있다. 커피 20만 잔을 만들 때의 예산총액이 10만 잔을 만들 때의 예산총액의 2배가 되지 않는 것은 제조경비 중

〈표 10-1〉 커피의 원가예산

원가분류	원가항목	예산원가(만원)	
		10만 잔 판매	20만 잔 판매
직접재료비	커피원두원가	2,000	4,000
간접재료비	시럽원가	200	400
	크림원가	300	600
직접노무비	커피전문 바리스타 인건비	3,000	6,000
간접노무비	주방보조 인건비	500	1,000
제조경비	전기료, 수도료, 가스료	200	400
	임차료	1,000	1,000
	감가상각비	1,500	1,500
합 계		8,700	14,900

의 임차료와 감가상각비가 커피판매량에 무관하게 고정되어 있기 때문이다. 이러한 원가를 고정제조간접비라고 부른다.

재료비, 노무비, 제조경비의 제조원가가 예측되면 매출원가를 예측할 수 있다. 그 다음에 판매 및 관리 활동을 위한 판매비와 관리비의 예산을 정한다. 판매비와 관리비는 판매량이나 매출액에 따라 변하는 변동비 부분과 그 외의 고정비 부분으로 구분하여 예산을 수립하는 것이 좋다.

(2) 현금예산

영업예산에 못지않게 중요한 것이 재무예산 중의 현금예산이다. 현금예산은 예상되는 현금유입항목과 현금유출항목에 대한 예산을 작성하는 것이다.

현금예산에 의해 기업이 단기적으로 현금지급능력이 있는지, 영업활동에 필요한 현금을 조달할 수 있는지, 부족한 현금이 얼마인지 등을 파악한다. 현금의 흐름은 기업의 사활을 결정하므로 여러 가지 가능성을 모두 고려하여 현금예산을 세워야 한다. 미래의 현금흐름을 예측하기 어려운 경우, 현금예산의 기간을 짧게 잡는 것이 좋다. 기업은 현금예산을 월별, 주별, 일별로도 작성한다.

5. 비영리단체도 예산이 중요하다

영리를 목적으로 하는 기업과 달리 비영리단체는 필요자금을 기부금, 후원금, 정부출연금 등에 의해 조달하기도 한다. 비영리단체에는 교육기관, 종교단체, 종합병원,

산책로 사회복지법인의 예산편성과 사용

사회복지법인의 대표이사는 법인회계와 시설회계의 예산을 이사회의 의결을 거쳐 확정하고 시장·군수·구청장에게 제출해야 한다. 법인회계와 시설회계의 예산에는 예산총칙, 세입·세출명세서, 임직원 보수일람표, 이사회 회의록 사본이 첨부된다. 또한 추정재무상태표와 추정수지계산서도 첨부된다.

예산이 수립된 후 수립된 예산의 변경이 필요한 경우에는 본예산의 절차에 준하여 추가경정예산을 편성할 수 있다. 추가경정예산이 확정된 날로부터 7일 이내에 이를 시장·군수·구청장에게 제출해야 한다.

예산은 관-항-목의 분류로 구성되어 있는데, 동일 항내 목의 금액을 전용할 수 있다. 다만, 예산총칙에서 전용을 제한하거나 예산성립과정에서 이사회에서 삭감한 목으로는 전용하지 못한다. 예산을 전용한 때에는 이사회에 보고해야 한다.

보건복지단체, 자선단체, 정부기관 등이 있다. 비영리단체도 기업과 마찬가지로, 희소한 자원을 사용하여 재화나 서비스를 생산하므로 조달된 자원을 효율적으로 활용하기 위해 노력한다. 이를 위해 회계시스템을 사용하여 계획과 통제를 한다. 비영리단체에는 시장경쟁의 원리가 적용되지 않고 제공되는 재화나 서비스가 교육, 의료, 자선사업 등 질적인 것이 대부분이어서 산출물의 측정이 어려워 조직의 운영 효율성의 판단이 어렵다. 따라서 투입물의 통제가 더욱 강조된다. 이런 이유로 정부기관을 포함한 비영리단체의 운영에는 예산편성을 통한 통제가 의무적이다.

예산통제를 강조하는 비영리단체의 예로 사회복지기관을 생각할 수 있다. 사회복지기관은 아동, 노인, 심신장애자, 여성 등 사회적 취약계층과 소외계층을 대상으로 시설보호, 직업보도, 고충상담 등의 사업을 하면서 그들의 복지를 증진시키는 기관이다. 사회복지기관을 위한 사회복지법인 재무·회계 규칙에서 예산의 편성과 사용에 대해 자세히 정하고 있다. 예산의 편성과 사전승인 절차와 시기, 예산의 전용 제한 등에 대해 엄격히 규정하고 있어 예산이 조직 운영 통제의 주요 수단으로 사용되고 있음을 알 수 있다.

6. 예산집행 후에는 원가차이 분석을 한다

예산제도가 경영에 도움이 되려면 예산이 수립되고 실행된 후에 그 결과에 대한 보고와 평가가 뒤따르고, 분석결과가 다음 기간의 예산수립에 반영되어야 한다. 즉 매 기간의 예산수립, 실행, 사후분석 및 다음 기간의 예산수립이 계속 이어져 간다. 이를 예산순환과정(budgeting cycle)이라 한다. 이는 [그림 10-1]을 예산의 관점에서 본 것이다.

예산의 실행을 모니터하고 사후에 분석하는 방법으로는 차이분석이 많이 사용된다. 차이분석(variance analysis)은 예산액과 실제발생액을 비교하여 차이의 원인을 분석하는 것이다. 차이분석은 수익항목에 대해서도 할 수 있지만, 주로 원가항목에 초점을 맞추어 이루어진다. 원가차이 분석은 원가항목의 예산액과 실제 발생한 금액을 비교하여 이루어진다.

원가차이 = 실제원가발생액 − 원가예산액

원가차이 분석은 재료비, 노무비 등의 원가항목별로 실시된다. 예를 들어, 커피전문점에서 10만 잔의 커피를 만드는 데 〈표 10-2〉와 같은 실제원가와 원가차이가

〈표 10-2〉 커피원가 예산과 원가차이 (단위 : 만원)

원가분류	원가항목	예산액	실제액	원가차이
직접재료비	커피원두원가	2,000	2,310	310(불리)
간접재료비	시럽원가	200	250	50(불리)
	크림원가	300	280	20(유리)
직접노무비	커피전문 바리스타 인건비	3,000	3,300	300(불리)
간접노무비	주방보조 인건비	500	520	20(불리)
제조경비	전기료, 수도료, 가스료	200	190	10(유리)
	임차료	1,000	1,100	100(불리)
	감가상각비	1,500	1,500	0
합 계		8,700	9,450	750(불리)

발생하였다고 하자.

원가차이는 실제원가가 원가예산보다 크면 불리한 차이, 작으면 유리한 차이라고 불린다. 원가차이의 크기를 보면 커피원두의 원가차이가 310만원으로 가장 크다. 따라서 커피원두의 원가가 왜 예상보다 크게 다른지 알아보고 필요한 조치를 취해야 한다. 이처럼 예상과 큰 차이를 보이는 항목을 파악하여 이에 대해 중점적으로 조치를 취하고 관리를 하는 것을 예외에 의한 관리(management by exception)라고 한다.

〈표 10-2〉는 커피원가 예산과 원가차이이다. 예산액과 실제액의 원가차이가 생기는 이유를 보면 재료와 노무 등의 사용량이 예상과 달라 생기는 수량차이와, 재료와 노무 등의 공급 단위당 가격(임금)이 예상과 달라 생기는 가격차이의 두 가지 요인으로 나눌 수 있다.

2,000만원의 원두재료비를 예상하였는데 실제로 2,310만원이 들었다. 그 이유는 무엇일까? 원두원가가 예상보다 310만원 더 많이 발생한 이유를 두 가지로 생각해 볼 수 있다. 첫째는 재료를 예상보다 많이 사용한 것이고, 둘째는 재료를 예상보다 비싸게 사온 것이다. 이처럼 직접재료원가차이는 재료사용량이 예상사용량보다 많은지 적은지를 보여주는 수량차이(quantity variance)와, 구입가격이 예상가격보다 높은지 낮은지를 보여주는 가격차이(price variance)로 양분된다.

수량차이는 재료의 사용이 표준에 비해 능률적인지의 여부를 보여주므로 능률차이라고도 부른다. 예를 들어 커피 10만 잔을 만드는 데 원두가 1,000kg 필요할 것으로 예상하였는데, 실제로 1,050kg이 사용되었다면 더 많이 사용된 50kg이 불리한 수량차이를 초래한다. 또한 원두 1kg에 20,000원을 예상하였는데, 22,000원이 지급되었다면 추가 지급한 2,000원이 불리한 가격차이를 초래한다. 이 경우 원두의 수량차이는 100만원, 가격차이는 210만원으로 다음과 같이 계산된다.

직접재료원가차이	=	재료수량차이	+	재료가격차이
310만원(불리)	=	100만원(불리)	+	210만원(불리)

수량차이와 가격차이는 수식으로는 다음과 같이 계산되며, 이를 그림으로 표시하면 [그림 10-3]과 같다. 그림에서 예산액의 면적에 가격차이와 수량차이의 면적을 더한 것이 실제발생액이다.

수량차이 = (실제수량 − 예상수량) × 예상가격
= (1,050kg − 1,000kg) × 20,000원/kg = 100만원(불리한 차이)

가격차이 = (실제가격 − 예상가격) × 실제수량
= (22,000원/kg − 20,000원/kg) × 1,050kg = 210만원(불리한 차이)

총차이가 작은 금액일지라도 이를 가격차이와 수량차이로 구분하면 각각의 차이가 크게 나타날 수 있고, 세부원가차이를 통해 원가관리를 좀더 철저히 할 수 있다. 수량차이는 생산과정의 비능률에서 발생하는 경우가 많으나, 가격차이는 주로 외부적인 시장요인에 근거하는 경우가 많아 관리목적이 다르다. 또한 가격차이는 구매부서에서 관리해야 할 경우가 많고, 수량차이는 생산부서에서 관리해야 할 경우가 많다.

직접노무원가차이도 실제 발생한 노무시간이 표준시간에 비해 많은지 적은지

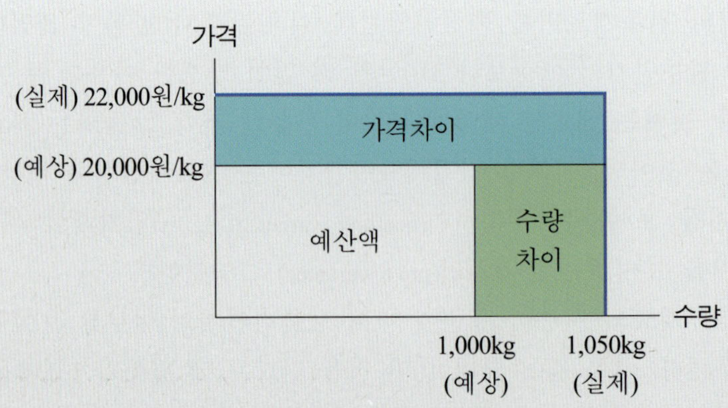

[그림 10-3] 수량차이와 가격차이

를 보여주는 시간차이(능률차이)와 실제 발생한 임금수준이 표준임금률보다 높은지 낮은지 비교하는 임률차이(가격차이)로 나누어진다.

직접노무원가차이 = 노무시간차이 + 노무임률차이

제조간접비는 변동비 부분과 고정비 부분으로 나누어 차이분석을 한다. 이 분석방법은 다소 복잡하기 때문에 여기에서는 생략하기로 한다.

제 2 절 원가-조업도-이익 분석

미래 영업활동의 결과, 특히 이익을 예측하는 데 복잡한 종합예산편성을 하지 않고 간편하게 분석하는 방법이 없을까? 판매가나 재료의 단위당 가격 등의 여러 주요 변수가 변할 때 기업의 이익이 어떻게 변할지를 단순하지만 개략적으로 보는 방법이 원가-조업도-이익(CVP : cost-volume-profit) 분석이다.

1. 원가-조업도-이익 분석을 이해하자

커피전문점의 경우 커피를 몇 잔 팔아야 적자를 면할 것인가? 원하는 수준의 이익을 얻기 위해서는 판매량이 어느 정도가 되어야 하는가? 이에 대한 정보를 얻기 위해 원가-조업도-이익 분석을 사용할 수 있다. 원가-조업도-이익 분석은 그 이름이 의미하듯이 원가와 조업도와 이익의 관계를 분석하여 손익분기점 계산 등 여러 가지 의사결정에 도움을 주기 위한 분석방법이다.

조업도는 일반적으로 제품이나 서비스의 생산량을 말한다. 제조업은 생산된 제품의 개수로 쉽게 생산량이 측정되나 서비스업은 생산량의 측정단위를 정하기가 어렵다. 교육서비스의 경우에는 학생수, 학점수, 강좌수를 사용하고, 의료서비스의 경우에는 환자수, 치료횟수, 입원일수 등을 사용하며, 운송서비스의 경우에는 여객수, 운송물량, 운송거리 등을 사용한다.

원가-조업도-이익 분석을 사용하려면, 우선 원가를 조업도, 즉 생산판매량의

〈표 10-3〉 커피의 변동비와 고정비

원가분류		원가항목	예 산	
			커피 1잔당(원)	총액(만원)
제조원가	변동비	커피원두원가	200	
		시럽원가	20	
		크림원가	30	
		커피전문 바리스타 인건비	300	
		주방보조 인건비	50	
		전기료, 수도료, 가스료	20	
		소 계	620	
	고정비	임차료		1,000
		감가상각비		1,500
		소 계		2,500
판매비와 관리비	변동비	전기료, 소모품비 등	100	
	고정비	인건비, 임차료, 감가상각비 등		800
합 계			720	3,300

크기에 따라 변하는 변동비와 변하지 않는 고정비로 구분한다. 〈표 10-3〉은 커피 1잔을 만드는 변동제조원가가 단위당 620원이고 총고정제조원가는 2,500만원임을 보여준다. 여기에 변동판매관리비와 고정판매관리비가 추가된다.

원가-조업도-이익 분석에서 원가는 변동비와 고정비의 두 부분으로 구성된다고 보는 반면, 수익은 일정한 단위당 판매가격을 가정하여 조업도에 비례하여 증가한다고 본다. 수익이 총원가를 초과하기 시작하는 조업도 수준을 손익분기점(break-even point)이라 한다. 손익분기점이라는 용어는 손실과 이익이 나누어지는 조업도 수준이라는 뜻이다. 즉 손익분기점보다 낮은 조업도 수준에서는 손실이 발생하고, 그 이상의 조업도 수준에서는 이익이 발생한다. 원가-조업도-이익 간의 관계를 일목요연하게 보여주는 원가-조업도-이익 그림은 [그림 10-4]와 같이 나타낼 수 있다.

손익분기점을 수식으로 나타내려면, 먼저 원가-조업도-이익의 관계를 수식으로 나타내어야 한다.

이익 = 수익 − 비용(원가)
= 수익 − [변동비 + 고정비]
= 단위당 판매가 × 조업도 − 단위당 변동비 × 조업도 − 고정비

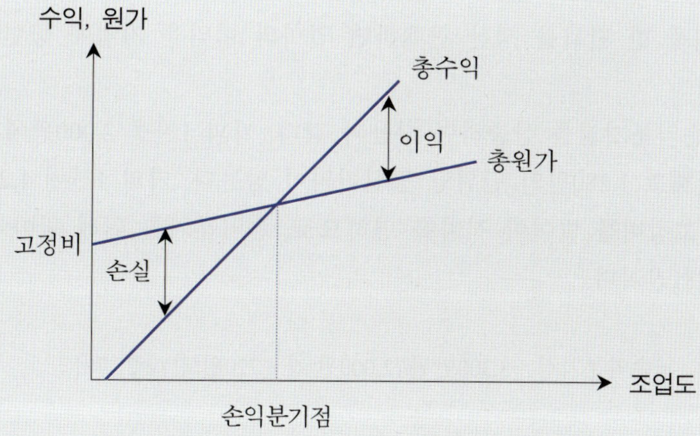

[그림 10-4] 원가-조업도-이익 그림

위의 수식을 원가-조업도-이익 식이라 한다. 손익분기점은 이익이 0인 조업도(판매량)의 수준이므로 위의 식에서 다음과 같이 도출된다.

손익분기점(이익이 0인 판매량) = 고정비/(단위당 판매가 − 단위당 변동비)
= 고정비/단위당 공헌이익

산책로 영화 손익분기점은 관객 200만명? 500만명?

관객 500만명이 봐도 투자자들이 손해를 보는 영화가 있고, 50만명만 봐도 수익을 내는 영화가 있습니다. 영화투자 손익분기점(BEP)은 어떻게 산정될까요? 영화 손익분기점의 핵심에는 총제작비가 있습니다. 총제작비는 영화제작에 쓰이는 순제작비와 완성된 영화를 광고하고 홍보하는 데 쓰이는 P&A(프린트 및 광고) 비용으로 구성됩니다. 영화가 흥행하는 경우, P&A 비용은 더욱 증가하게 되죠. 영화제작비를 최소한으로 줄여야만 BEP를 낮출 수 있습니다. 흥행에 성공했다고 해도 총제작비가 많이 들어가면 수익률은 급격하게 떨어질 수밖에 없습니다. (중략)

영화수익은 대부분 영화관 매출에서 발생합니다. 여기에 해외 및 부가 판권판매 등으로 추가수익을 얻는 구조입니다. 영화티켓은 보통 8,000~9,000원이죠. 유료관객 200만명이 들어온다고 가정할 경우 영화관 매출은 180억원 정도(영화티켓 9,000원 기준)가 발생합니다. 여기에 영화발전기금(3%) 및 부가세(10%)를 빼면 약 156억원이 남습니다. 이 중 영화관이 절반을 가져갑니다. 남은 수익금 78억원은 투자사와 제작사가 각각 6 대 4 비율(7 대 3인 경우도 있음)로 나누게 됩니다. 결과적으로 투자자들에게는 47억원가량이 회수되는 셈입니다. 즉, 47억원의 총제작비가 투입된 영화의 BEP는 관객 200만명으로 볼 수 있습니다. 물론 영화티켓 가격이 다른 지방 관객들이 많거나, 부가판권 매출이 급증하는 경우 등에는 BEP가 다소 변경될 수 있겠죠.

(한국경제, 2014.1.13)

단위당 공헌이익(unit contribution margin)은 단위당 판매가에서 단위당 변동비를 뺀 수치로 제품 한 단위를 생산 판매하면 얼마의 이익을 기업에 공헌하는가를 보여준다.

커피의 손익분기점을 산출하면 다음과 같다. 커피 1잔을 2,000원에 팔면, 720원의 변동비를 빼고 1,280원의 단위당 공헌이익이 남는다. 커피 1잔에 1,280원씩 남겨 3,300만원의 고정비를 벌어야 적자를 면하므로, 손익분기를 위해 팔아야 할 커피의 양은 약 25,781잔이다.

손익분기점＝3,300만원/(2,000원/잔－720원/잔)＝25,781잔

2. 원가-조업도-이익 분석을 활용하자

손익분기점은 이미 살펴본 대로 적자, 즉 손실을 면하기 위한 조업도 수준을 말한다. 손익분기점을 낮추기 위해서는 고정비를 낮추거나 단위당 변동비를 낮추어야 한다. 또한 단위당 판매가가 높아져도 손익분기점이 낮아진다. 달리 말하면, 손익분기점은 총원가와 총수익이 같아지는 수준 또는 평균원가와 평균수익이 같아지는 수준이므로 단위당 원가를 낮추거나 단위당 수익을 높이면 손익분기점이 낮아진다. 이처럼 원가-조업도-이익 분석은 손익분기점을 찾거나 이익을 계산하는 간단한 분석틀이므로 손익분기점이나 이익수치가 주요 요소의 변화에 따라 어떻게 변하는지 보여준다.

먼저 고정비가 늘어나는 경우를 보자. 총원가는 고정비와 변동비의 합이므로 고정비가 늘어나면 총원가가 늘어나 손익분기점이 높아지고, 주어진 조업도 수준에서 이익이 그만큼 줄어든다. 예를 들어 커피전문점의 고정비가 3,300만원에서 5,000만원으로 늘었다고 하자. 이 경우 새로운 손익분기점은 39,063잔이다.

고정비가 3,300만원에서 5,000만원으로 증가한 경우 :
손익분기점＝5,000만원/(2,000원/잔－720원/잔)＝39,063잔

한편, 단위당 변동비가 720원에서 900원으로 늘어나면 손익분기점이 얼마나 높아지는가? 새로운 손익분기점은 다음과 같이 30,000잔으로 계산된다.

단위당 변동비가 720원에서 900원으로 증가한 경우 :
손익분기점＝3,300만원/(2,000원/잔－900원/잔)＝30,000잔

이 외에도 목표이익을 달성하기 위한 조업도가 얼마인지, 고정비를 증가시키고 변동비를 절약하는 생산자동화가 얼마나 이익을 늘려줄지 등을 예측할 때 원가-조업도-이익 분석을 사용한다.

커피전문점의 원가-조업도-이익 식은

$$이익 = 2,000원/잔 \times 판매량 - 720원/잔 \times 판매량 - 3,300만원$$

이다. 판매량이 10만 잔일 때의 이익은

$$이익 = 2,000원/잔 \times 10만\ 잔 - 720원/잔 \times 10만\ 잔 - 3,300만원 = 9,500만원$$

이고 판매량이 20만 잔일 때의 이익은

$$\begin{aligned}이익 &= 2,000원/잔 \times 20만\ 잔 - 720원/잔 \times 20만\ 잔 - 3,300만원 \\ &= 2억\ 2,300만원\end{aligned}$$

이다. 판매량이 100% 증가하였는데 이익은 135%(=2억 2,300억원/9,500만원 − 1) 증가하였다. 이익 증가율이 판매량 증가율보다 큰 것은 고정비가 판매량 변동과 무관하

산책로 **"테슬라보다 잘나가는 전기차"… 현대차 · 기아 강세**

지난 25일(현지시간) 블룸버그 통신은 "미국에서 가장 핫한 전기차는 테슬라 공장에서 나오고 있지 않으며, 모든 시선은 테슬라가 아닌 현대 아이오닉5와 기아 EV6에 쏠려 있다"고 보도한 바 있다. 블룸버그는 '유감이지만 일론 머스크, 현대차가 조용히 잘나가네요(Sorry Elon Musk. Hyundai Is Quietly Dominating the EVRace)'라는 제목의 기사를 통해, 현대차를 '제2의 일론 머스크'로 소개하며 "가장 전기차다운 전기차는 현대차 · 기아에서 나오고 있다"고 설명했다.

블룸버그는 올해 초 미국에서 아이오닉5와 EV6가 출시된 이후 2만 1,467대가 팔렸다고 밝혔다. 포드의 머스탱 마하-E의 1만 5,718대 판매를 넘어 테슬라 이외의 모든 전기차 브랜드를 제친 기록이라고 설명했다.

해외시장 선전에 힘입어 2 · 4분기 실적도 대폭 증가할 것으로 예상된다. 금융정보분석업체 에프앤가이드에 따르면 현대차의 올 2 · 4분기 매출은 전년 동기 대비 7.42% 증가한 32조 5,755억원, 영업이익은 13.46% 증가한 2조 1,399억원으로 추정된다. 기아의 매출은 전년 동기 대비 10.05% 증가한 20조 1,817억원, 영업이익은 14.08% 증가한 1조 7,100억원으로 전망된다.

김귀연 대신증권 연구원은 "현대차는 2 · 4분기 물량 회복과 우호적 가격 환경에 따라 물량 증가 이상의 외형성장 및 수익 시현이 가능할 것"이라고 전망했고, 기아에 대해선 "비용 상승에도 불구하고 평균 판매단가 상승에 따른 영업레버리지 효과가 지속될 것"이라고 내다봤다.

(파이낸셜뉴스, 2022.6.27)

게 일정하기 때문이다. 이처럼 고정비의 존재 때문에 판매량 변동률보다 이익 변동률이 커지는 현상을 레버리지 효과라고 한다. 레버리지 효과는 사업의 위험성을 나타내며 영화제작사업, 원유채굴업 등 고정비가 큰 사업이 위험함을 알려준다.

제3절 원가와 경영의사결정

인생은 선택의 연속이라는 말이 있다. 여러 가지 대안 중에서 하나를 선택하는 것이 의사결정이다. 여러 가지 대안을 비교할 때, 대안간의 차이를 명백히 알면 선택이 쉬워진다. 각 대안의 득실을 비교하려면 대안 사이에 원가가 차이 나는 부분과 차이 나지 않는 부분을 분리하여 생각하는 것이 편리하다. 대안 사이에 원가가 차이 나는 부분을 의사결정 관련원가, 차이 나지 않는 부분을 의사결정 비관련원가라 한다. 대안 사이에 차이 나지 않는 부분은 어떻게 의사결정을 하든 상관이 없으므로 의사결정과 관련이 없다는 뜻이다. 대학을 결정할 때 대학별로 등록금 액수에 차이가 거의 없다면 등록금은 비관련 항목이지만, 어느 대학에서는 장학금을 준다면 장학금 금액이 대학 결정의 관련 항목이 된다.

1. 관련원가와 비관련원가를 구분하자

관련원가(relevant cost) 분석은 대안 사이의 원가차이를 파악하여 차이가 나는 원가를 중심으로 의사결정을 하는 것이다. 예를 들어 서울에서 대전까지 갈 때 승용차를 운전해서 갈지, KTX를 타고 갈지 정하려 한다. 두 가지 방법의 원가만을 비교해 보자. 직접 운전한다면 휘발유비, 고속도로통행료가 든다. KTX를 타면 KTX요금과 서울 집에서 서울역까지의 택시요금, 대전역에서 대전 행선지까지의 택시요금이 필요하다. 이러한 비용들이 관련원가이다. 대전에 가는 도중에 먹는 점심값은 어느 방법으로 대전에 가든지 동일하므로 관련원가가 아니다.

지출된 원가만을 비교하면, 두 대안간의 총원가를 보나 관련원가만을 보나 KTX 이용이 2천원 더 저렴하다. KTX를 타면 가는 동안 휴식을 취할 수 있는 장점도 있는데, 이것은 자가용 운전의 기회원가라고 할 수 있다. 물론 이 비교는 1인 기

〈표 10-4〉 교통편간의 관련원가

교통편	자가용 운전		KTX 이용	
관련원가	주유비	34,000원	KTX요금	24,000원
	고속도로통행료	8,000원	택시요금	16,000원
	합 계	42,000원	합 계	40,000원
비관련원가	점심값	8,000원	점심값	8,000원
총원가		50,000원		48,000원

준의 비교이고 두 사람이 같이 이동한다면 자가용 운전의 경우 관련원가의 변동이 없지만, KTX 이용시에는 이 요금이 두 배가 되어 자가용 운전이 더 저렴하다.

관련원가인데도 의사결정에서 간과하기 쉬운 원가가 기회원가이고, 관련원가가 아닌데도 의사결정에 반영하기 쉬운 원가가 기발생원가이다. 이에 대해서 좀더 생각해 보기로 하자.

산책로 전업주부 연봉은 '3,745만원'

주부의 가사노동은 해도 해도 끝이 없지만, 하루종일 종종거리며 쓸고 닦아도 티도 나지 않는다. 가사노동은 가족 부양을 위해 꼭 필요한 일이지만 노동으로서 제대로 인정받지조차 못한다. 가정을 일터로 삼은 가사노동이 제대로 평가받아 경제영역에 포함된다면, 사고 손해보상, 이혼 재산분할, 부부간 상속·증여와 관련된 과세, 보험료 산정기준 등에서 발생하는 차별을 막을 수 있다. (중략)

이어 한국여성정책연구원은 2008년 '전업주부, 연봉을 찾아라'라는 이름의 전업주부 연봉계산기를 발표했다. 아이들 간식을 만들고, 동화책을 읽어주며, 남편 와이셔츠를 다림질하고, 시부모님 식사를 챙겨드리는 등 전업주부의 하루 일과를 총 37개 항목으로 만들어 노동시간 대비 월급을 계산해 볼 수 있게 했다. 이 계산기로 초등학교 1학년 딸과 3세 아들을 키우는 37세 전업주부의 월급을 따져보면 약 371만원이다. 연봉으로 따지면 약 4,452만원이다. 이 밖에도 한 홈쇼핑 업체는 2006년 주부 설문조사를 실시해 40대 전업주부 연봉을 3,407만원이라고 발표했고, 한 증권사는 법원 판례를 들어 가사노동 가치를 연 2,500만원이라고 추산했다. (중략)

하지만 이런 계산법은 현실에선 전혀 적용되지 않는다. 현재 전업주부 가사노동의 가치는 일용직 건설노동자의 일당과 같다. 법원이 전업주부의 교통사고 피해보상금을 계산할 때 일용직 노동자의 평균임금인 '일용노임'을 기준 삼고 있기 때문이다. 2017년 상반기 현재 일용노임은 10만2,628원이다. 가사노동에 휴일이 없는 점을 감안하면 전업주부 연봉은 3,745만원인 셈이다.

(여성신문, 2017.2.2)

(1) 기회원가

주부가 집에서 밥하고 청소하는 가사노동에 대해서는 아무도 돈을 주지 않는다. 어머니가 가족을 위해 일하는 것을 돈으로 따질 수는 없지만 집안일을 위해 원하는 사회활동을 포기한다면 기회원가가 발생한다. 집안일이나 사회활동에서 느끼는 보람은 별도로 하고 기회원가만을 계산해 보자. 한 주부가 사회활동을 하면 1달에 100만원의 수입을 얻는데, 교통비와 다른 경비로 20만원을 쓴다고 가정하자. 집안일을 위해 파출부를 고용하여 1달에 30만원을 지급한다면 그 주부가 집안일 대신 사회활동을 하여 얻는 순수입은 50만원이 된다. 이 50만원은 주부가 집안일만 하는 경우의 기회원가가 된다. 이처럼 기회원가는 한 대안을 선택함으로써 포기된 다른 대안으로부터 얻을 수 없게 된 혜택을 말한다.

기업을 운영하는 데 흔히 간과하기 쉬운 것이 자금의 기회비용이다. 자금을 외부에서 빌려서 사용한다면 빌린 자금에 대한 이자를 지급하므로 자금의 조달비용(보통 자본비용이라 불림)을 명시적으로 기록한다. 그러나 예금을 찾거나 주식을 발행하여 자체 조달한 자금을 사용하면 사용한 자금에 대한 이자를 외부에 지급하지 않는다. 이 경우에도 사용하는 자금에 대한 기회원가로서 자금비용이 발생하므로, 재무보고용으로는 자금비용을 기록하지 않지만 의사결정을 위한 목적으로서 자금비용을 인식해야 한다. 「사이버나라」가 금리 3%의 정기예금에 들어 있던 여유자금 1억원을 찾아서 주식투자를 하여 1년 동안 배당금과 시세차익을 합하여 250만원의 투자수익을 얻었다. 이 경우 자금을 정기예금에 그대로 두었다면 이자수입이 1억원의 3%인 300만원이었을 것이므로 자금의 기회원가를 고려한다면 주식투자가 50만원의 손실을 초래했다고 보아야 한다.

다른 예로, 기업이 본사와 공장의 공간을 비생산적으로 사용한다면 지출되는 임차료는 없다 하더라도 기회원가가 발생한다. 근무시간에 직원교육을 시킨다면 외부강사료의 지출원가가 발생하고 직원이 업무를 못하게 되므로 기회원가가 발생한다.

〈표 10-5〉 한 주부의 기회원가

항 목	금 액(만원)
외부 부업의 수입	100
(−)교통비, 경비	20
(−)파출부 급료	30
가사노동의 기회원가	50

(2) 기발생원가

기회원가는 실제 발생하는 원가는 아니나 의사결정에 관련되는 원가인 반면, 실제 발생한 원가이지만 의사결정과 무관한 원가로서 기발생원가(또는 매몰원가)가 있다. 기발생원가(sunk cost)는 이미 발생하여 더 이상 돌이킬 수 없는 원가를 말한다. 어떤 사람이 영어학원의 새벽반에 한 달 치(주말 제외, 25일)의 수강료 10만원을 내고 등록을 하였다고 하자. 1주일이 지난 어느 날 아침, 학원에 가려고 일어나는데 몸살 기운이 있어 잠을 더 자고 싶다. 이때 학원에 갈 것인가 잠을 더 잘 것인가 결정을 하는데, 하루치분 학원 수강료 4천원이 아까워서 학원에 가는 사람이 있다. 학원에 가든 말든 한 달 수강료는 이미 지급되었다. 결정을 내릴 때 중요한 것은 학원에 가서 받을 혜택과 몸살이 심해질 경우 겪을 고생이다. 만약 이 학생이 한 달 수강료를 자기 돈으로 내지 않고, 운이 좋아 한 달 동안 무료로 다니게 되었다면 학원에 열심히 다니지 않을 것이다. 학원에 다닐 기회가 주어진 것이 중요하지 지급한 금액이

산책로 **매몰원가에 미련을 버려라**

매년 국정감사 시즌이 되면 국회의원들은 정부 부처의 공무원들을 대상으로 날카로운 질문을 퍼붓는다. 공무원들이 제대로 대답하지 못하고 쩔쩔매는 광경을 보면서 국민들은 국회의원들이 제대로 일을 잘하고 있다고 판단한다. (중략)

그런데 국회의원들의 질문이 모두 날카롭고 정확한 것만은 아니다. 그중에서도 종종 잘못된 논리와 억지주장을 찾아볼 수 있다. 특히 세금과 관련된 일이라면 국회의원들이 자주 언성을 높이는데, 자칫 엉뚱한 쪽으로 논리가 비약한다. 예를 들면 이런 식이다.

"그 사업을 추진하는 데 예산이 얼마 들었습니까?" "지금까지 100억원이 들었습니다." "그렇다면 왜 사업을 중단한 거지요?" "사업성이 좋지 않은 것으로 판명됐기 때문입니다." "이 사람들이 큰일 날 소리 하고 있네. 지금까지 들인 100억원의 예산이 아깝지도 않습니까? 국민들의 혈세를 낭비하다니. 당장 사업을 계속하세요."

얼핏 보기에 그럴듯한 논리요, 추궁이다. 이제까지 100억원이나 들였으니 사업을 더 진행해 마무리를 지어야 한다는 주장인 셈. 하지만 이는 정말로 잘못된 생각이다. 그동안 들인 비용이 얼마였건 그게 핵심이 아니다. 앞으로가 더 중요하다. 돈이 얼마가 들더라도 앞으로 충분히 비용을 충당하고 남을 정도로 사업성이 좋다면 사업을 더 진행해야 할 것이지만 그렇지 않다면 그만두는 것이 옳다. 과거의 비용이 기준이 아니라, 앞으로 나타날 성과가 기준이 돼야 한다. 그래야 앞으로 들어갈 쓸데없는 비용을 아끼고 진정으로 '국민들의 혈세'를 낭비하지 않는다.

(머니투데이, 2009.11.9)

중요한 것이 아닌데도, 사람들은 흔히 이미 자기 손을 떠난 돈에 집착한다.

다른 예를 더 들어보자. 산길을 가는데 갈림길이 나왔다. 어느 쪽으로 갈까 망설이다가 한쪽 길을 택했다. 한참 가다보니 길을 잘못 선택한 것을 알았다. 이때 이제까지 고생하면서 온 것이 아까워서 뒤돌아 가지 못하고 계속 간다면 어리석은 짓이다. 이제까지 고생한 것은 이미 지나버린 과거의 일이고 좀더 중요한 것은 지금부터 최선을 다하는 것이다. 기발생원가 개념의 원리는 이미 지나버려 되돌릴 수 없는 일에 미련을 가지지 말라는 것이다.

기업을 운영할 때에 기발생원가에 집착하여 잘못된 결정을 내리는 경우가 종종 있다. 예를 들어 「사이버나라」가 부실한 납품업체로부터 부품을 싼 값에 공급을 받았다. 납품받은 부품을 사용해 보니 불량품이 너무 많았다. 납품한 기업은 이미 부도가 나서 납품받은 부품을 반품하거나 대금을 돌려받을 수 없다. 이 경우 아깝다고 불량품이 많이 섞인 부품을 사용하여 제품을 만든다면 현명하지 못한 결정이다. 불량한 부품 때문에 완성품 중에 불량품이 많이 생긴다면 아끼려고 하였던 부품원가보다 재작업하거나 수리하는 데 드는 원가가 더 클 수 있기 때문이다.

2. 경영의사결정에 따라 관련원가가 다르다

대부분의 경영의사결정에서는 원가를 고려해야 한다. 원가정보를 필요로 하는 경영의사결정으로는 가격결정, 외주-자가생산 결정, 투자안 평가 등이 있다.

(1) 가격결정

원가자료가 사용되는 주요 의사결정 중 하나가 제품이나 서비스의 가격결정 문제이다. 제품이나 서비스가 독점적으로 생산되거나 다른 기업의 제품이나 서비스와 상당히 다르다면, 제공하는 제품이나 서비스의 가격을 기업이 스스로 설정할 수 있다. 이때 제품과 서비스의 원가가 가격결정에 중요한 변수이다. 쉽게 생각하면, 원가보다 가격을 낮게 결정하면 손실이 발생하여 이때 판매량을 늘릴수록 기업에는 손해이다. 이때 '앞으로 벌고 뒤로 밑진다'는 말을 한다.

제품의 정상적인 가격은 모든 비용을 보상하고 이익을 창출하는 수준으로 정해야 하므로, 매출원가에 판매비와 관리비를 더한 총원가보다 커야 한다. 가격은 총원가에 일정액이나 일정비율의 이익을 더하여 결정하는 경우가 많다. 이때 이익의 크기는 관련 투자액의 자본비용을 적용한다. 관련 자산의 자본비용으로서 이익의 크기를 정하는 방식은 특히 전기, 가스 등의 공공요금의 결정에 사용된다.

일시적인 특별주문의 판매가격을 결정할 때에는 총원가를 고려할 필요가 없다. 원가 중에서 특별주문과 관련 없이 발생하는 금액은 제외하고 특별주문의 납품여부에 따라 발생하는 원가변화분, 즉 증분원가만을 고려한다. 이 경우 고정제조간접비나 공통비의 배부원가는 고려할 필요가 없고, 증분원가인 직접재료비, 직접노무비 등이 의사결정에 관련된 원가가 된다. 특별주문의 가격이 증분원가보다 높으면 기업에 이익을 준다. 기회원가가 존재하면 물론 이것도 증분원가에 포함시켜야 한다. 예를 들어 특별주문품을 공급하기 위해 정상적인 제품판매가 감소한다면 이것이 정상매출로부터의 이익 감소를 초래해 기회원가를 초래한다.

〈표 10-6〉은 커피의 원가계산표이다. 정상판매가인 2천원보다 낮은 가격에 커피 100잔의 대량주문을 납품하려 하면 어느 정도까지 가격을 낮출 수 있겠는가? 정상생산판매량 10만 잔을 기준으로 할 때 총원가가 1,050원이므로 이 이상은 받아야 한다고 생각할 수 있다.

〈표 10-6〉 커피 1잔의 정상적인 총원가

(단위 : 원)

구분	금액
단위당 변동비	720
단위당 고정비	330
단위당 총원가	1,050

산책로

공공요금의 보수율 규제

대개 독점기업이 제공하는 서비스에 대한 공공요금은, 사업운영비용에 투자액의 자본비용인 투자보수분이 더해지는 수준에서 결정되도록 정부기관이 규제를 한다. 이를 보수율 규제라고 부른다. 이 제도는 독점기업이 독점적 지위를 악용하여 지나치게 높은 요금을 부과하는 것을 막고, 동시에 서비스 제공기업에 적정한 이익을 보장하기 위해서 실시한다. 이를 실시할 때의 문제점은 정확한 원가와 자본비용의 계산이 어렵다는 점과 원가를 완전히 보상해 주므로 경영효율성을 높여 원가를 절감하려는 노력을 할 동기유인을 주지 않는다는 점이다.

수출가격이 국내가격보다 싼 이유

똑같은 제품의 수출가격이 국내가격보다 싼 경우가 대부분이다. 이것은 경쟁이 심한 해외판매시장을 개척하기 위해서 수출가격을 낮추는 경우이다. 그러나 이것이 반드시 손실을 감수한 출혈수출을 의미하지는 않는다. 국내가격은 고정비를 포함한 총원가에 근거하여 가격을 정하는 반면, 수출가격은 제품의 수출을 위한 추가적 운송 유통비용을 포함한 변동비 수준보다 높게 정하면 기업의 총이익은 증가한다.

이것은 옳은 생각이 아니다. 만약 변동비 이외의 모든 원가가 커피의 판매량에 관계없이 계속 발생하는 원가라면 커피의 대량주문 할인판매가를 총원가 1,050원보다 낮은 수준에서도 정할 수 있다. 할인판매 물량이 정상판매 물량에 영향을 미치지 않는다면 할인판매가가 커피판매량의 단위당 증분원가인 720원 이상이 되는 한 팔면 팔수록 회사의 이익이 증가한다.

(2) 외주 – 자가생산 결정

원가자료가 필요한 다른 예는 기업이 사용하는 부품을 자체적으로 생산할 것인가 아니면 외부에서 공급받을 것인가 하는 의사결정이다. 외부에서 공급받는 경우 이를 외부주문 또는 하청이라 한다. 서비스를 외부에서 공급받는 경우는 외부용역이라는 표현도 쓴다. 최근에는 아웃소싱(outsourcing)이라는 영어원어가 그대로 사용되기도 한다. 예를 들어 자동차 업체는 엔진은 자체 생산하고 타이어, 시트 등은 외부주문을 한다. 기업체는 식당의 운영을 직원을 고용하여 직접 할 수도 있고 외부업체에 의뢰할 수도 있다.

중소기업은 세무나 법률 전문가를 업무가 필요한 때에만 계약하여 사용하나 대기업은 전문가를 정식직원으로 보유한다. 서울시 시가지 청소업무의 일부는 시

산책로 **군 PX · 취사 등은 민간 아웃소싱, 전투 임무에 집중하자**

한국군의 무기가 우수하지만 병력이 더 줄면 2배 이상인 북한군에 대처하는 데 부담이 커진다는 판단이다. 현재 한국군은 62만5,000명이지만 북한군은 128만명이다. 국방개혁 목표로 최소 병력을 52만2,000명으로 설정했지만 복무기간 단축(24개월 → 21개월)과 인구 감소로 이마저도 유지하기 어렵게 됐다. 한국군 구조가 근본적으로 취약해진다는 것이다.

이에 따라 국방분과에서는 앞으로 축소될 병력구조를 감안해 전투병력을 최대한 보전해야 한다는 데 의견을 모았다. 이를 위해 1차적으로 현역병은 전투 임무에 최대한 투입하고, 후방부대 비전투분야는 과감하게 민간에 아웃소싱하자는 것이다. 그 방안으로 군 부대의 식당은 민간에게 맡겨도 된다는 생각이다. 그럴 경우 취사병과 부사관 등의 소요가 크게 준다. 부식 차량과 식당 유지비 · 관리비 등을 고려하면 아웃소싱을 하더라도 비용에 큰 차이가 없다는 계산이다.

또 영내 청소와 군마트(PX), 부대 경계까지 민간에 용역을 줄 필요가 있다. 미국 국방부가 있는 펜타곤이나 일본의 방위성은 민간 청원경찰이 경계를 맡고 있지만 한국 국방부는 현역이 경계한다. 이라크 자이툰부대 사단장을 지낸 정 분과장은 "이라크에 주둔한 미군들은 부대 호송까지도 민간인에게 용역을 맡기는 것을 보았다"고 말했다. 미군에는 운전병 · 취사병 · 당번병 · 공관병 · 경비병 등이 거의 없다.

(중앙일보, 2017.4.13)

청 청소과 직원이 담당하고, 일부는 민간 청소용역업체가 담당하는 것도 자체처리와 외부용역 사이의 결정이다.

자체공급과 외부조달의 비교는 원가의 비교가 우선되어야 한다. 외부주문의 원가는 외부공급업체가 요구하는 요금이나 가격에 부대비용을 더하면 되므로 계산이 간단하다. 그러나 자체공급의 원가를 계산하는 것은 그리 간단하지 않다.

커피전문점은 커피와 함께 판매하는 조각 케이크를 현재 외부에서 개당 3천원씩에 구입하고 있다. 이것을 자체 생산하려면 원가가 얼마나 들까? 케이크를 자체 생산하려면 재료를 구입하여 오븐으로 구워야 한다. 따라서 〈표 10-7〉에 정리한 것

〈표 10-7〉 케이크의 외주원가와 자가생산원가 비교 (단위 : 원)

외부주문의 경우		자가생산의 경우	
납품가격	2,900	케이크 재료비	1,000
부대비용	100	노무비	1,200
		전기수도료	300
		오븐 감가상각비	300
		지출원가 합계	2,800
		작업공간 기회원가	400
원가합계	3,000	원가합계	3,200

산책로 아웃소싱의 회피가능원가

한 가족이 일요일에 북한산으로 등산을 가는데 점심으로 김밥을 먹기로 했다. 아버지는 어머니가 산에 오르는 것도 힘들 터이니 김밥을 사먹자고 한다. 어머니는 김밥을 사는 가격의 절반가격으로 만들 수 있다고 집에서 만들어 가겠다고 한다. 아들은 사 먹는 김밥이 더 맛있다고 하고, 딸은 사먹는 김밥은 불결할지도 모른다고 한다.

김밥의 맛이나 위생과 같은 질적 선택기준도 중요하나 관련원가만 생각해 보자. 김밥을 산다면 1인분에 2,000원 정도의 구입가가 관련원가이다. 김밥을 집에서 준비한다면 우선 쌀, 김, 노란무 등의 재료비가 있다. 가스·수도료, 주방세제 원가도 있다. 가스레인지, 냄비 등의 주방기구의 사용원가는 고려할 필요 없다. 왜냐하면 이러한 기구는 어차피 집에 있는 것이지 김밥을 만들기 위해서만 필요한 것이 아니기 때문이다. 이러한 원가는 총제조원가를 계산하는 데 포함시키는 것이 옳으나 김밥을 집에서 만들 것인가의 결정에는 관련이 없는 원가이다. 이들 원가는 김밥을 집에서 만들지 않아도 발생하므로 회피불능원가라고 불린다. 이에 비해 재료원가와 소모품비는 김밥을 집에서 만들지 않으면 절약이 되므로 회피가능원가라고 부른다.

어머니가 김밥을 만드는 데 소요되는 수고는 대가를 지급하는 원가는 아니다. 그러나 엄연히 대안 사이에 차이가 나는 항목이다. 이러한 원가를 기회원가라고 한다. 어머니가 김밥을 만드느라고 피곤하여 등산에 재미를 느끼지 못할 수 있다.

과 같이 자가생산원가는 케이크 재료원가, 케이크작업 노무비, 오븐의 감가상각비, 전기/수도 사용료 등이다. 이때 주의할 것은 작업공간에 대한 기회원가도 관련원가로 고려해야 하는 점이다. 케이크를 외부에서 구입한다면 작업공간이 필요 없다.

(3) 투자안 평가

지금 8억원을 들여 설비를 자동화하여 10년간 인건비를 10억원 절약할 수 있다고 하자. 이 설비 자동화 투자가 2억원을 벌게 한다고 할 수 있는가? 그렇지 않다. 대안 사이의 관련원가를 비교할 때 원가가 발생하는 시점을 생각해야 한다. 한 대안에서는 원가 100만원이 지금 발생하고 다른 대안에서는 같은 100만원의 원가가 5

산책로 광명동굴 경제적 가치는 1,530억원

광명동굴의 경제적 가치가 1,530억원에 달하는 것으로 나타났다. 광명시는 광명동굴의 개발로 발생한 경제적 가치를 알아보기 위해 경제성 분석기관인 한국산업관계연구원에 의뢰해 이 같은 연구결과를 얻었다.

이번 연구는 광명동굴의 연간방문객 추이와 인근 유사시설의 방문객 추이를 바탕으로 2015년 4월 유료개장 후부터 2044년까지 30년간 광명동굴 방문객 수를 2016년 대비 매년 3.47%씩 증가하는 것으로 예측해 6,038만명으로 분석했다. 또 연도별 방문객 수에 1인당 광명동굴에서 소비하는 평균값을 계산해 30년간 5,451억원의 수입이 발생하는 것으로 분석했다.

이를 토대로 분석한 결과 매년 137억2,000만원의 수입이 발생하고 인건비와 운영비 등으로 77억 6,000만원이 지출돼 59억6,000만원의 이익(영업현금흐름)이 발생하는 것으로 나타났다. 이를 순현재가치(NPV)로 계산해 연이익을 공공부문 대출이자율 3.89%로 나누어 나온 금액이 1,530억원이다. (중략)

한편, 광명시는 광명동굴을 개발하는 데 2011년부터 2016년 말까지 6년간 총 573억3,000만원을 투입했다. 이 중 토지 매입 78억원, 주차장 조성 139억원, 동굴진입로 확충 93억2,000만원 등 모두 310억2,000만원(전체 예산의 54.1%)이 기반시설을 조성하는 초기투자비로 소요됐다. 시 예산 이외에도 그동안 국비 39억원, 도비 199억원이 지원되는 등 중앙정부와 경기도도 광명동굴 개발에 많은 지원을 해주었다.

(CBS 노컷뉴스, 2017.2.1)

년 후에 발생한다면 두 대안 사이에 원가차이가 없는 것인가? 아니다. 5년 후에 원가가 발생하는 대안이 유리하다. 만약 5년 후에 발생하는 원가가 100만원이 아니고 110만원이면 어느 대안이 유리하겠는가? 이 경우는 5년 후의 110만원을 현재 시점의 가치로 환산하여 얼마에 해당하는지를 계산해 보아야 한다.

1년 이상의 기간에 걸친 현금흐름차이를 가지고 있는 대안 사이에 비교를 하는 경우 현재가치 계산이 반드시 필요하다. 이러한 대안들은 대개 큰 규모의 초기 투자자본을 요구하므로 투자안 평가 또는 자본예산이라고 한다.

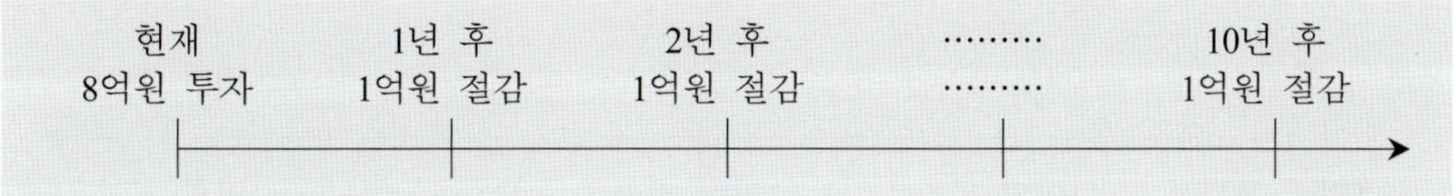

(4) 현재가치와 미래가치

화폐의 시간가치 개념은 다른 시점의 현금흐름이 서로 다른 가치를 가지고 있다고 보며, 특히 미래의 현금흐름은 현재의 현금흐름보다 가치가 낮다고 본다. 현재의 현금으로 미래에 수익을 창출할 수 있는 투자기회가 있거나 미래에 대한 불확실성이 있을 때, 현재의 1원이 미래의 1원보다 더 가치가 있다. 이 가치의 차이는 할인율(discount rate)로 표현된다. 할인율을 사용하여 현재가치와 미래가치의 관계를 다음과 같이 표시할 수 있다.

현재가치 = 미래가치 / (1 + 할인율)
미래가치 = 현재가치 × (1 + 할인율)

할인율은 미래가치를 할인하여 현재가치로 변환하는 비율이라는 의미를 가지나, 사실상 현재가치가 미래가치를 창출하는 수익률로 볼 수 있다. 할인율(수익률)이 10%일 때, 현재의 1원은 미래에 0.1원의 수익을 창출하여 미래의 총금액(가치)은 1.1원이 된다. 현재 1원의 미래가치가 1.1원이므로, 미래 1원의 현재가치는 1/1.1원, 약 0.91원이다.

(5) 순현재가치(NPV)와 내부수익률(IRR)

현재가치 개념을 사용하여 장기 투자안의 타당성을 평가하는 방법으로 순현재가치법과 내부수익률법이 있다. 이 방법들은 미래현금흐름을 할인하여 평가하므로 할인현금흐름 분석(discounted cash flow analysis)이라 불린다. 순현재가치(NPV : net present value)법에서는 미래의 모든 현금흐름을 현재가치로 할인하여 현금유출액과 현금유입액의 순현재가치를 계산한다. 순현재가치가 양수이면 투자타당성이 있다고 본다.

자동화 설비투자의 예에서 투자액 8억원은 현재 발생하므로 현재가치가 8억원이다. 이에 비해 자동화 투자의 혜택인 연간 1억원의 인건비 절감액은 미래에 10년간 발생하므로 현재가치로 할인해야 한다.

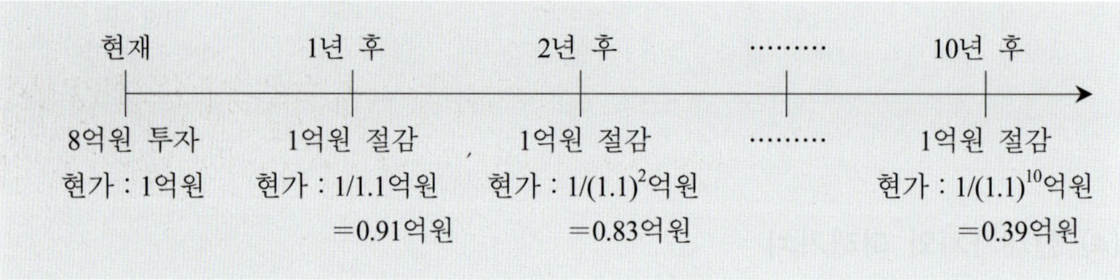

연간 10%의 할인율이 사용되고 편의상 1억원의 인건비 절감이 연말 시점으로 반영된다고 하면, 1년 후 1억원의 현재가치는 0.91억원(=1억원/1.1)이다. 2년 후의 1억원의 현재가치는 연간 할인율 10%가 연 단위로 복리계산된다고 보면 0.83억원(=1억원/$(1.1)^2$)이다.

인건비 절감을 현금유입액으로 보아 양수로 표시하고 현재 투자액을 음수로 표시하면 순현재가치는 모든 현금흐름의 현재가치의 합계이다.

$$\text{순현재가치(억원)} = -8 + 1/1.1 + 1/(1.1)^2 + \cdots\cdots + 1/(1.1)^{10} = -8 + 6.14 = -1.86$$

투자 후 10년간의 인건비 절감액이 할인 전에는 10억원이나 10%로 할인하면 현재가치가 6.14억원에 불과하여 현재의 투자액 8억원보다 적고, 그 차이가 순현재가치 −1.86억원으로 표시된다. 할인율 10%가 적절하다면 이 투자안은 기업에 손해가 되는 계획이다.

이 투자안이 할인율 10%에서는 타당하지 않은데 어느 정도 할인율에서 타당하게 될 것인가? 할인율이 낮아지면 미래 현금유입액의 현재가치가 커져서 순현재가치도 커진다. 이를 〈표 10-8〉과 [그림 10-5]가 보여준다. 할인율이 약 4.3% 이하가 될 때 이 투자안은 양(+)의 순현재가치를 가지며 투자타당성을 가진다. 순현재가치를 0으로 만드는 할인율(수익률)은 이 투자안 자체의 수익률이며 이를 내부수익률

〈표 10-8〉 할인율과 순현재가치

할인율	순현재가치
1%	1.47
2%	0.98
3%	0.53
4%	0.11
4.3%	0.00
5%	−0.28
6%	−0.64
7%	−0.98
8%	−1.29
9%	−1.58
10%	−1.86

할인율 > 내부수익률 ⇔ 순현재가치 < 0 ⇔ 투자타당성 없음
할인율 < 내부수익률 ⇔ 순현재가치 > 0 ⇔ 투자타당성 있음

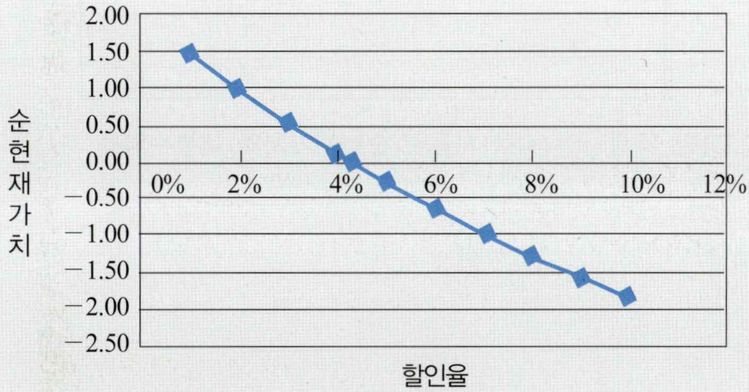

[그림 10-5] 할인율과 순현재가치의 관계

(IRR : internal rate of return)이라 한다.

할인율이 내부수익률보다 크면 순현재가치가 음(−)이 되어 투자타당성이 없고, 할인율이 내부수익률보다 작으면 순현재가치가 양(+)이 되어 투자타당성이 있다.

순현재가치나 내부수익률을 계산하기 위해 공식을 사용하기보다는 엑셀의 재무함수기능을 사용하면 편리하다. 엑셀에서 현재가치, 순현재가치, 내부수익률 계

산기능은 수식 메뉴 중 재무에 PV, NP, IRR로 표시되어 있다. [그림 10-6]은 MS Excel로 앞의 투자안에 대한 순현재가치와 내부수익률을 계산한 예시이다.

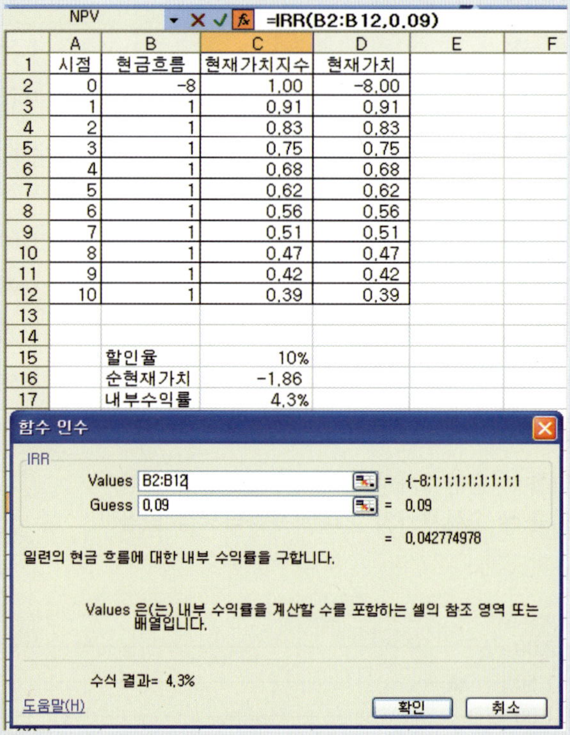

[그림 10-6] Excel을 사용한 순현재가치와 내부수익률 계산

이번 장에서 배운 용어

관련원가 (relevant cost) 대안 사이에 금액이 차이나는 원가항목

기발생원가 (sunk cost) 이미 발생하여 변경시킬 수 없는 원가

기회원가 (opportunity cost) 한 대안을 선택하여 포기된 다른 대안으로부터 얻을 수 없게 된 혜택

단위당 공헌이익 (unit contribution margin) 단위당 판매가에서 단위당 변동비를 뺀 수치로 제품 한 단위를 생산 판매하면 얼마의 이익을 기업에 공헌하는가를 보여줌

손익분기점 (break-even point) 수익이 총원가를 초과하기 시작하는 조업도 수준

순현재가치 (NPV : net present value) 투자금액을 포함하여 각 시점의 현금유입액과 현금유출액의 차이인 순현금흐름을 자본비용으로 할인한 금액의 합계

시간차이 (time variance) 실제 발생한 노무시간이 표준시간에 비해 많은지 적은지를 보여주는 원가차이

영업예산 (operating budgets) 미래 영업활동에 대한 예산계획

예산 (budget) 미래의 계획을 화폐단위로 표시한 것

원가-조업도-이익 (CVP : cost-volume-profit) **분석** 판매가나 재료가격 등의 여러 가지 주요 변수가 변할 때 기업의 이익이 어떻게 변할지를 개략적으로 보는 기법

임률차이 (wage variance) 실제 발생한 임금수준이 표준임금률보다 높은지 낮은지 비교하는 원가차이

재료가격차이 (material price variance) 재료구입가격이 표준가격보다 높은지 낮은지를 보여주는 원가차이

재료수량차이 (material quantity variance) 재료사용량이 표준사용량보다 많은지 적은지를 보여주는 원가차이

재무예산 (financial budgets) 투자활동이나 재무활동에 대한 예산

종합예산 (master budget) 기업의 모든 구체적인 활동에 대하여 예산을 편성하는 것

증분원가 (incremental cost) 의사결정에 따른 원가의 증가 금액

차이분석 (variance analysis) 예산액과 실제발생액을 비교하여 차이의 원인을 분석하는 기법

현금예산 예상되는 현금 유입액과 유출액에 대한 예산

연습문제

1. 다음 설명 중 가장 옳은 것은?

① 관련원가인데도 의사결정에서 간과하기 쉬운 원가가 기발생원가이다.
② 비영리단체의 경우 시장경쟁의 원리가 적용되지 않고 산출물의 측정이 어려워 예산편성을 하지 않는다.
③ 예상손익계산서를 작성하는 과정은 미래 영업활동에 대한 계획이므로 재무예산이라 불린다.
④ 영업활동에 필요한 현금을 조달할 수 있는지 부족한 현금이 얼마인지를 파악하는 데 현금예산이 필요하다.

2. 다음 중 예산과 관련된 설명으로 가장 옳지 않은 것은?

① 예산은 미래의 계획을 화폐단위로 표시한 것이다.
② 재료비, 노무비, 제조경비의 제조원가가 예측되면 제품의 매출원가를 예측할 수 있다.
③ 투자활동이나 재무활동에 대한 예산을 재무예산이라 하는데, 재무예산 중에서는 영업예산이 특히 중요하다.
④ 미래의 현금흐름을 예측하기 어려운 경우, 현금예산의 기간을 짧게 잡는 것이 좋다.

3. 다음 중 옳은 내용을 모아놓은 것은?

ㄱ. 차이분석은 원가항목에 초점을 맞추어 이루어진다.
ㄴ. 직접재료원가차이 = 재료수량차이 + 재료가격차이
ㄷ. 직접노무원가차이 = 노무시간차이 + 노무수량차이
ㄹ. 가격차이는 주로 외부적인 시장요인에 근거하는 경우가 많아 생산부서에서 관리한다.

---

① ㄱ, ㄴ　　② ㄴ, ㄷ
③ ㄱ, ㄴ, ㄹ　　④ ㄴ, ㄷ, ㄹ

4. 제품 100개를 생산하기 위해 실제 투입된 재료비는 ₩20/kg이고 실제투입량은 1,000kg이다. 이에 대한 예상투입 재료비는 ₩15/kg이고 예상투입량은 900kg이다. 직접재료비의 가격차이와 수량차이를 옳게 나타낸 것은?

	가격차이	수량차이
①	₩5,000 유리	₩1,500 유리
②	₩5,000 불리	₩1,500 불리
③	₩5,000 불리	₩1,500 유리
④	₩5,000 유리	₩1,500 불리

5. 다음 중 원가-조업도-이익 분석에 대한 설명으로 옳지 않은 것은?

① 판매가나 재료의 단위당 가격 등의 여러 주요 변수가 변할 때 기업의 이익이 어떻게 변할지를 단순하지만 개략적으로 보는 방법이 원가-조업도-이익 분석이다.

② 수익이 총원가를 초과하기 시작하는 조업도 수준을 손익분기점이라 한다.

③ 손익분기점은 고정비를 단위당 공헌이익으로 나누어 구할 수 있다.

④ 단위당 공헌이익은 단위당 판매가에서 단위당 고정비를 뺀 수치이다.

6. 다음 중 원가-조업도-이익 분석에 대한 설명으로 옳지 않은 것은?

① 단위당 공헌이익은 단위당 판매가에서 단위당 고정비를 뺀 수치이다.

② 원가-조업도-이익 분석에서 원가는 변동비와 고정비의 두 부분으로 구성된다고 보는 반면, 수익은 일정한 단위당 판매가격을 가정하여 조업도에 비례하여 증가한다고 본다.

③ 고정비로 인하여 판매량 변동률보다 이익 변동률이 커지는 현상을 레버리지 효과라고 한다.

④ 원가-조업도-이익 분석은 판매가나 재료의 단위당 가격 등의 주요 변수가 변할 때 기업의 이익이 어떻게 변할지를 보여준다.

7. 커피 1잔을 ₩5,000에 팔고 있다. 관련원가 중의 고정비가 ₩1,200만이고 변동비가 ₩1,000이라면, 손익분기를 위해 팔아야 할 커피의 수는 몇 잔인가?

① 2,000잔　② 2,500잔

③ 3,000잔　④ 3,500잔

8. (주)성균은 한 종류의 스마트폰을 제조·판매한다. 스마트폰의 단위당 판매가격은 ₩80이고, 단위당 변동원가는 ₩60, 고정원가는 ₩240,000이다. 다음 중 옳지 않은 것은?

① 스마트폰의 단위당 공헌이익은 ₩20이다.
② 손익분기점은 12,000단위이다.
③ 제품단위당 변동원가가 ₩15 감소하면 손익분기점 판매량은 4,000단위 감소한다.
④ 고정원가가 ₩192,000으로 감소해도 단위당 공헌이익은 변하지 않는다.

9. 다음 중 경영의사결정에 관한 설명으로 가장 옳지 않은 것은?

① 관련원가 분석은 대안 사이의 원가차이를 파악하여 차이가 나는 원가를 중심으로 의사결정을 하는 것이다.
② 기발생원가는 이미 발생하여 더 이상 돌이킬 수 없는 원가를 말한다.
③ 기회원가는 여러 선택 대안 중 포기된 다른 대안을 선택하였더라면 발생했을 지출원가를 말한다.
④ 순현재가치는 투자금액을 포함하여 각 시점의 현금유입액과 현금유출액의 차이인 순현금흐름을 이자율로 할인한 금액의 합계이다.

10. 다음 중 경영의사결정에 관한 설명으로 가장 옳은 것은?

① 일시적인 특별주문의 판매가격을 결정할 때에는 총원가를 고려해야 한다.
② 기발생원가는 실제 발생하는 원가는 아니나 의사결정에 관련되는 원가이다.
③ 기회원가는 다른 대안을 선택할 기회를 얻기 위해 지출해야 하는 원가를 말한다.
④ 미래 금액의 현재가치는 할인율이 커질수록 작아진다.

해답

1. ④	2. ③	3. ①	4. ②	5. ④
6. ①	7. ③	8. ③	9. ③	10. ④

사례연구

1. 원가차이 분석

오늘부터 2주일간 여러분이 지출할 여러 가지 비용을 항목별로 예상해 보시오. 2주일간의 실제지출을 매일 기록하여 2주일 후 예산금액과 실제금액을 항목별로 비교하시오. 어느 항목이 예상보다 많이 또는 적게 지출되었는지 보고, 그 이유를 분석해 보시오.

HINT 지출항목을 어떻게 분류할지 모른다면 가계부의 지출항목을 분류해 보시오.

2. 기회원가

한 개인기업 사장이 4억원짜리 기계를 공장에 설치하였다. 기계의 수선유지비로 연간 1백만원이 발생한다. 작업인원 5명의 인력이 절약되어 연간 6천만원의 노무비 절감이 예상된다. 기계의 수명이 10년이므로 총 6억원이 절약된다고 기뻐하였다. 10년 후에 기계는 고물상이 무료로 가져갈 예정이다.

〈요구사항〉

(1) 이 사장이 생각하지 못한 것은 무엇인지 말하시오.

(2) 모든 것을 고려하면 기계도입이 옳은 결정인지 말하시오.

HINT 선택하려는 대안은 무엇인지, 기회원가로 무엇이 있는지 생각해 보시오.

3. [사례연구 2.의 계속] 기발생원가

1년이 지난 후 사장이 기계도입이 옳지 못한 결정인 것을 알고, 기계를 처분하려 하였다. 1년밖에 안 쓴 기계이지만 2억원 이상으로는 팔 수가 없고 아직 기계의 감가상각도 4천만원밖에 되지 않아 사장은 아까운 생각에 기계를 계속 사용하기로 결정하였다.

〈요구사항〉

(1) 사장의 결정이 옳은지 말하시오. 당신 대답의 이유를 자세히 쓰시오.

(2) 이 사례의 기발생원가는 무엇인지 말하시오.

(3) 감가상각액은 의사결정과 관련이 있는지 말하시오.

4. 직접재료원가차이

제품 1,000개를 생산하기 위해 실제투입된 직접재료비는 ₩120,000(실제투입량 : 10,000kg, 실제투입단가 : kg당 ₩12)이고, 이에 대한 제품단위당 표준직접재료원가는 ₩117(표준투입량 : 1개당 9kg, 표준투입단가 : kg당 ₩13)이다. 직접재료비의 가격차이와 수량차이는 얼마인가?

5. 원가구조 변화

N회사는 위성라디오를 제조하는 회사이다. 울산에 있는 공장의 연간 생산능력은 50,000단위이다. 최근에 판매가격 ₩21,000에 40,000단위를 판매하고 있다. 이 제품의 원가구조는 다음과 같다.

단위당 변동제조원가	₩9,000
총고정제조원가	160,000,000
단위당 변동판매관리비	2,000
총고정판매관리비	120,000,000

제조부서에서는 새로운 사양을 추가하기 위해서 제조공정을 변화시킬 것을 제안했다. 제조공정의 변화는 고정제조원가를 ₩20,000,000 증가시키고 단위당 변동제조원가를 ₩400 증가시키게 된다. 현재 판매량인 40,000단위를 기준으로 할 때, 제조공정의 변화 후에도 최소한 기존의 영업이익을 유지하기 위해서는 단위당 판매가격을 얼마로 해야 하는가?

6. 자가제조와 외부구입

K회사는 부품 R을 자가제조하고 있다. 10,000개 자가제조시 단위당 원가는 다음과 같다.

직접재료원가	₩480
직접노무원가	700
변동제조간접원가	320
고정제조간접원가	1,000
총원가	₩2,500

P회사는 K회사에 부품 R을 단위당 ₩2,300에 연간 10,000개를 납품하겠다고 제의하였다. K회사가 이 제안을 수락하는 경우 시설임대료로 인하여 연 ₩5,000,000의 수입임대료가 가능하고, R제품에 배부된 고정제조간접비는 ₩600이 외부구입으로 회피가능할 때 외부구입이 자가제조보다 총원가 금액에서 얼마나 유리 또는 불리한가?

7. 가격할인의 장단점

아래 기사와 추가자료를 사용하여 가격할인의 장단점을 단기 및 장기의 관점에서 토론해 보자.

■ 세일, 회사에 득인가 실인가

잘 쓰면 '약' 잘못 쓰면 '독'
매출 30% 내외 오르지만 수익성은 뚝 떨어져

할인의 가장 큰 이점은 매출증대다. 경기상황과 업종에 따라 다르지만 세일기간중 보통 20~30% 정도의 매출신장으로 이어진다는 것이 마케팅전문가들의 설명이다. 재고를 줄이는 데도 매우 효과적이다. 소비재 업체들의 재고는 암적 존재 그 자체로 매일 재고와의 전쟁을 벌일 정도다. 하지만 세일은 이런 재고문제를 크게 덜어준다. 의류업계의 한 관계자는 "의류브랜드의 경우 재고를 제대로 처리하지 않을 경우 30%에 육박한다"며 "하지만 세일 등을 통해 이를 10~20% 수준으로 줄이고 있다"고 말했다.

기업 입장에서 할인판매 실시여부는 여러 가지 상황을 고려해 결정해야 한다. 누가 뭐래도 불황기의 세일은 분명히 메리트 있는 가격전략이다. 재고를 줄이고 현금유동성을 확보하기 위해서는 적절한 할인판매가 필요할 수 있다. 다만 몇 가지 주의할 점이 있다. 가격을 내리지 않아도 되는지 꼼꼼한 검토가 이뤄져야 한다. 불황기에는 이익실현이 더욱 어려워지기 때문이다. 아울러 세일기간 이후 가격을 정상화해도 소비자들의 저항이 없는지 살펴봐야 한다. 지나친 세일은 나중에 가격을 정상화하는 데 걸림돌이 될 수 있기 때문이다. (중략)

하지만 큰 폭의 할인은 곳곳에 많은 후유증을 남기기도 한다. 대표적인 것이 수익률의 저하다. 예컨대 1만원에 팔던 것을 20% 할인해 8,000원에 팔면 수익성 면에서 개당 2,000원씩 떨어진다. 특히 할인율을 높일수록 수익성은 떨어진다. 심지어 원가수준에 파는 상황이 생기고, 이는 회사의 부실로 이어질 수밖에 없다.

할인을 자주 할 경우 브랜드 이미지에도 부정적이다. 소비자들에게 '싼 게 비지떡'이라는 이미지를 심어줄 수 있다. 특히 국내 소비자들의 경우 가격으로 상품의 질까지 판단하는 경향이 강하다. 이런 점에서 외국의 유명 브랜드들이 자사에서 정한 가격을 고수해 명품대열에 오른 것은 시사하는 바가 크다.

소비자 가운데 제품에 대해 완벽한 정보를 가진 사람은 거의 없다. 단서에 의존해 힌트를 얻을 뿐이다. 대부분 잘 모르면 가격을 따져보고 제품을 평가한다. 비싸면 명품 운운하며 신뢰하고, 싸면 그렇고 그런 제품 정도로 여긴다. 국내 제조업체들이 나중에 세일을 하더라도 일단은 가격을 높게 매기는 경향이 강한 것도 소비자들의 이런 마인드와 무관치 않다는 분석이다.

(한경비즈니스, 2003.5.26)

CHAPTER 11

기업이 납부하는 세금

제 1 절 세금의 이해
제 2 절 부가가치세
제 3 절 법인세
〈보 론〉 법인세의 계산사례

제 1 절 세금의 이해

1. 왜 세금을 내야 할까요?

정부가 코로나19 방역조치로 인한 소상공인 등의 손실을 보전해 주고, 반도체 · 인공지능(AI) · 배터리 등 핵심전략산업을 육성한다는데, 이를 위해서는 많은 돈이 든다. 정부는 이 돈을 어떻게 마련할까?

정부는 국민들로부터 세금을 거두어 국방에 필요한 전투기와 구축함을 사거나, 기초연금과 장애인연금을 지급하는 데 사용한다. 그 밖에도 도로와 항만 등 사회간접자본시설을 건설하고 치안유지, 교육 등 다양한 공공정책 실현을 위해 쓴다.

이처럼 세금은 국가 또는 지방자치단체가 그 존속과 활동에 필요한 재정수입

산책로 2023년 예산 639조… 아껴 써야 할 텐데요

우리나라 정부는 1년 동안 얼마나 많은 돈을 쓸까요? 이것을 알려주는 것이 바로 예산입니다. 가정, 기업과 마찬가지로 정부도 1년 살림살이 계획을 짠답니다. 행정부(정부)가 어디에 얼마를 쓰겠다는 예산안을 짜고, 입법부(국회)가 요목조목 따진 뒤 투표로 확정합니다.

2023년 예산이 638조 7,276억원으로 확정됐습니다. 정부가 쓸 수 있는 돈이라고 해서 총지출액이라고도 부릅니다. 정부가 돈을 쓰려면 들어오는 돈이 있어야겠죠? 그것을 총수입이라고 하는데요. 정부는 세금 등을 통해 쓸 돈을 확보합니다. 모자라면 빚을 내거나 돈을 찍어서 쓰기도 합니다. 참고로 우리나라 예산은 2017년 400조 5,000억원, 2018년 428조 5,000억원, 2019년 469조 6,000억원, 2020년 513조 5,000억원, 2021년 555조 8,000억원, 2022년 607조 7,000억원이었습니다. 한눈에 봐도 예산이 급증하는 것을 알 수 있습니다.

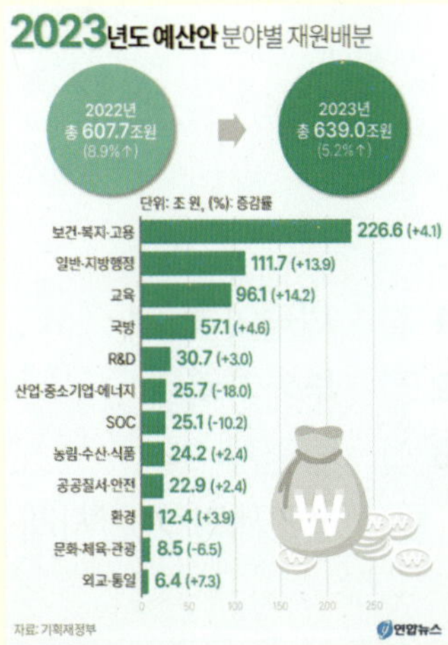

예산 증가는 어떤 의미일까요? 국민이 내야 할 세금이 늘어난다는 것과 같습니다. 경제가 잘 돌아가서 세금이 잘 걷히면 그나마 다행입니다만 반대면 나라 곳간이 위기에 빠집니다. 정부가 빚을 내서 쓰는 현상이 발생합니다. 우리나라의 재정적자가 100조원, 국가부채가 1,100조원에 접근한 이유죠.

정부가 돈을 많이 쓰는 것은 경제학적으로 좋지 않습니다. 정부가 1만원을 쓰면 6,000원의 효과만 내는 반면, 민간이 그 돈을 쓰면 1만 4,000원의 효과를 낸다고 합니다. '승수효과'라는 겁니다. 민간이 쓸 돈을 정부가 가져가서 쓰는 것이므로 정부가 비대할수록 그 나라의 경제는 나빠진다고 보는 게 정설입니다. 그래서 납세자들은 예산이 제대로 쓰이는지 늘 감시할 의무가 있습니다. (한국경제 수정요약)

을 조달할 목적으로 국민으로부터 개별적인 대가를 지급하지 않고 강제로 걷는 돈을 뜻한다. 즉, 국가나 지방자치단체는 국방, 치안, 복지, 교육 등 다양한 공공재화 및 용역을 제공하는 데 필요한 돈을 그 혜택의 수혜자인 국민들로부터 걷는 세금으로 충당한다.

따라서 세금을 납부해야 하는 의무, 즉 납세의무는 국민의 가장 기본적인 의무이며, 영미권의 오래된 속담인 “사람이 절대 피할 수 없는 두 가지는 ‘죽음’과 ‘세금’이다”라는 말처럼, 우리의 일상생활 속에서 세금문제는 피할 수 없다. 일을 해서 돈을 벌었으면 소득세를 내야 하고, 번 돈으로 부동산이나 자동차를 사면 취득세를, 집이나 자동차를 가지고 있으면 재산세나 자동차세를 내야 한다. 뿐만 아니라 부동산을 팔면 양도소득세를 내야 하고, 부모로부터 증여를 받으면 증여세를, 부모가 사망하여 재산을 물려받으면 상속세를 내야 한다.

소득과 재산이 있거나 거래가 이루어지는 곳에는 항상 세금이 따라다니는데, 세금을 내는 국민의 입장에서 보면 가능한 한 세금을 적게 내거나 좀더 줄여서 내고 싶은 것이 모든 사람들의 솔직한 심정일 것이다. 그렇다고 무조건 적게 낼 수는 없다. 세법이 인정하는 범위 내에서 합법적·합리적으로 세금을 줄이는 ‘절세’를 해야 하는데, 절세에 특별한 비결이 있는 것은 아니며, 세법을 충분히 이해하고 법테두리 안에서 세금을 줄일 수 있는 가장 유리한 방법을 찾는 것이 절세의 지름길이다.[1)]

2. 세금의 종류에는 어떤 것이 있나요?

현행 우리나라의 세금체계는 [그림 11-1]에 요약된 것처럼 크게 국세와 지방세로 나눌 수 있다. 국세는 중앙정부가 부과하는 세금이며, 지방세는 지방자치단체가 부과하는 세금이다.

1) 국세청, 세금절약가이드, 2021, p.16

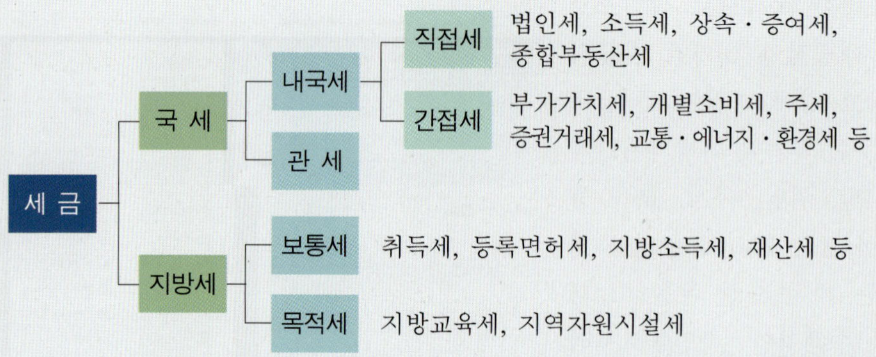

(단위 : 조원)

세 목	2020년	2021년	증감률
소득세	93.1	114.1	22.6%
법인세	55.5	70.4	26.8%
부가가치세	64.9	71.2	9.7%
교통 · 에너지 · 환경세	13.9	16.6	19.1%
상속세 · 증여세	10.4	15.0	44.6%
개별소비세 · 주세	12.2	12.0	−1.5%
증권거래세	8.8	10.3	17.1%
종합부동산세	3.6	6.1	70.3%
농어촌특별세 · 교육세	9.7	12.6	29.6%
기타	5.2	6.2	19.0%
합 계	277.3	334.5	20.6%

(2022 국세통계)

[그림 11-1] 우리나라의 조세체계와 세목별 국세청 세수

법률상 납세의무자와 경제적으로 세금을 실제 부담하는 자(담세자)가 같으면 직접세, 양자가 서로 다르면 간접세라고 한다. 예를 들어, 개인이나 법인이 벌어들인 소득에 대해 내는 소득세나 법인세는 각 개인 또는 법인이 세금을 실질적으로 부담하고 직접 납부도 해야 하는 직접세이다. 그러나 부가가치세나 개별소비세는

더 알아봅시다 **직접세와 간접세**

간접세는 법률상 세금을 납부해야 하는 납세의무자와 경제적으로 세금을 실제로 부담하는 사람(담세자)이 달라 조세저항이 작다는 것이 특징이다. 하지만 다수의 일반대중에게 차이 없이 부과되기 때문에 빈부의 격차를 심화시키고 물가상승을 자극할 우려가 높다.

반면 직접세는 금액이 커질수록 세부담이 늘어나는 것이 일반적이어서 능력에 따라 공평하게 과세된다는 것이 장점이다. 하지만 담세자와 납세의무자가 동일해 조세압박감이 높다. 국가적으로 볼 때 직접세의 비중이 높아야 공정하고 선진적인 구조라고 할 수 있다. (매일경제신문 수정요약)

매입자가 재화나 용역을 구매할 때 판매자에게 지급하는 대가에 포함되어 있어, 경제적으로 실제 세금을 부담하는 담세자는 그 재화나 용역을 구매하여 소비한 최종 소비자이지만, 판매자가 매입자로부터 세금을 걷어서(이를 거래징수라고 함) 세무서에 납부해야 하므로 납세의무자는 판매자이다. 예를 들어 우리가 식당에서 음식을 사먹고 낸 식대에는 부가가치세가 포함되어 있으며 식당주인은 우리가 낸 부가가치세를 세무서에 납부해야 한다. 실제 세금을 부담하는 자는 식사를 하고 식대를 낸 우리이고, 우리한테서 세금을 받아서 세무서에 신고 납부해야 하는 자는 식당주인이다. 따라서 부가가치세와 개별소비세는 간접세이다.

한편, 세금의 사용용도가 미리 정해져 있지 않은 세금을 보통세라 하고, 교육세나 농어촌특별세와 같이 특정한 용도에 사용하기 위하여 거두어들이는 세금을 목적세라 한다.

3. 모든 국민의 납세의무

국가가 그 활동에 돈이 필요하다고 해서 아무한테서 마음대로 세금을 걷으면 국민들의 재산권을 부당하게 침해하게 된다. 민주주의의 역사는 국민의 자유와 권리를 지키기 위한 투쟁의 역사이며, 마그나카르타, 권리청원, 권리장전 등은 절대권력으로부터 국민의 자유와 권리를 보호하기 위한 노력의 결실로서, 그 결과 오늘날 국민의 대표에 의해 만들어진 법률에 의해서만 세금을 부과하도록 하는 조세법률주의가 정착하게 되었다.

우리나라의 최고규범인 헌법에서는 "모든 국민은 법률이 정하는 바에 의하여 납세의 의무를 진다(제38조)"라고 명시하고 있으며, 또한 "조세의 종목과 세율은 법률로 정한다(제59조)"라고 규정하고 있다. 이러한 헌법에 따라 국민의 대표기관인 국회에서 세금에 대하여 만들어진 법률이 세법이며, 그 법률의 위임에 따라 만들어

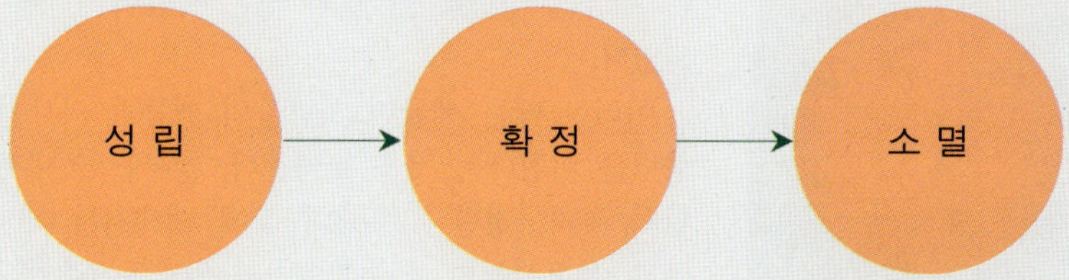

[그림 11-2] 납세의무의 성립, 확정 및 소멸

진 시행령과 시행세칙도 세법을 구성한다.

국가와 국민 간의 조세법률관계는 국가의 조세채권과 국민의 조세채무를 기초로 구성된다. 조세채무는 흔히 납세의무라고 부른다. 납세의무는 일정한 요건을 갖추었을 때 성립하며, 일단 성립된 납세의무는 과세표준과 세액이 확정된 후에 납부를 통하여 소멸하는 과정을 거친다.

(1) 납세의무의 성립

국가가 국민으로부터 세금을 걷기 위해서는 필요한 요건을 법률로 정해야 한다. 즉, 누구로부터 어떤 대상에 대하여 얼마의 세금을 걷을 것인가를 법으로 정해야 하며, 납세의무는 납세의무자, 과세대상, 과세표준 및 세율 등의 과세요건이 갖추어졌을 때 비로소 성립한다.

산책로 **세금의 의미**

세금의 세(稅)라는 글자는 벼 화(禾)에 기쁠 열(悅)을 합한 글자이다. 즉 세금은 사람이 농사를 짓고 곡식을 추수하여 기쁜 마음으로 누구에겐가 그 수확물을 바치는 데서 연유한 것이라 하겠다. 세금은 조세(租稅)라고도 하는데, 조(租)는 왕의 생활비와 제사를 지내는 비용을 뜻하고, 세(稅)는 국가의 공공적인 경비를 공동으로 부담하는 비용을 의미한다고 한다.

• 창문세와 수염세

창문세(窓門稅)는 큰 집에 창문이 많을 것이라는 점에 착안하여 부유한 자에게 더 많은 세금을 부과하기 위해 17세기에 영국에서 실시된 일종의 재산세이다. 창문 수를 기준으로 과세하자 사람들이 창문을 없애버려서 지금도 영국의 오래된 집에는 창문이 거의 없는 것을 볼 수 있다.

제정 러시아의 황제인 표트르 1세는 러시아의 선진화를 위해 당시 낡은 관습인 긴 턱수염을 자르도록 명령했지만 반발이 거세자 강제로 수염을 자르게 하는 대신 세금이라는 수단을 도입했다. 이른바 수염세를 도입해서 수염을 기르는 자는 세금을 내도록 한 결과 많은 사람이 긴 턱수염을 자르게 되었다.

이러한 예는 세금이 사람들의 행동과 의사결정에 많은 영향력을 미친다는 것을 보여준다. 정부는 조세정책을 통해 기업의 투자, 청년 고용증대 등에 대해서는 세제혜택(당근)을 주고, 부동산투기, 특수관계자간 일감몰아주기 등에 대해서는 세금(채찍)을 부과함으로써 국민들의 경제생활에 영향을 미치고자 한다.

① 납세의무자

세금을 납부할 의무가 있는 사람을 납세의무자(taxpayer)라고 한다. 모든 사람은 신분이나, 연령, 직업, 성별 등에 관계없이 살아 있는 동안 권리와 의무의 주체가 되는데, 납세의무자는 권리·의무의 주체가 될 수 있는 자라야 한다. 권리·의무의 주체가 될 수 있는 자격을 인격이라고 하는데, 인격을 갖는 주체에는 태어나면서 인격을 부여받는 자연인과 법에 의해서 인격을 인정받는 법인이 있다.

자연인(natural entity)은 이 세상에 출생하면서 인격을 취득하고 사망함으로써 인격을 상실한다. 법인(legal entity)은 자연인이 아니지만 법에 의해서 인격을 부여받은 단체를 말하는데, 법정요건을 갖추어 설립등기를 함으로써 인격을 취득하며 법인이 청산하면 그 인격이 소멸된다. 현행 우리나라의 세법에 따르면 소득세법은 자연인, 즉 개인을 납세의무자로 하여 소득세를 부과하고, 법인세법은 법인을 납세의무자로 하여 법인세를 부과하고 있다.

② 과세대상

과세대상이란 세금이 부과되는 대상을 말하는데, 과세물건이라고도 한다. 일반적으로 사람들은 돈을 벌어서(소득), 쓰기도(소비) 하고 모으기도(저축) 한다. 즉, "소득=소비+저축"의 관계에 있다. 한편 저축을 활용하여 재산을 취득하기도 하는데, 현행 세법상 소득은 물론 소비와 재산 역시 과세대상에 포함된다.

- 소득 : 납세의무자가 일정기간에 벌어들인 소득에 대해서 세금을 부과하는 것으로서, 현행 세법에서는 개인의 경우에는 소득세, 법인의 경우에는 법인세가 부과된다. 돈을 많이 버는 사람은 많은 세금을 내고 적게 버는 사람은 적게 세금을 낸다는 면에서 납세자의 경제적 능력에 상응하는 과세를 실현하기에 가장 적합한 세금이라고 할 수 있다.
- 소비 : 어떤 물건을 소비하는 행위에 대해서 세금을 부과하는 것으로, 우리가 상품을 사면 그 상품가격 외에 부가가치세를 내야 하고 술을 마시면 주세를 내야 하는 등 소비행위 자체가 과세대상이 된다. 소비세는 세금을 실제로 부담하는 담세자와 소비자로부터 세금을 걷어서 세무서에 납부할 의무가 있는 납세의무자가 다르기 때문에 간접세에 해당되며, 납세자의 경제적 능력과 관계없이 일률적으로 세금을 부과하기 때문에 공평성이 떨어지는 세금이다.
- 재산 : 납세의무자가 재산을 취득하거나 보유하는 것에 대해서 세금을 부과하는 것으로서, 현행 세법에서는 재산의 취득과 관련해서는 취득세, 상속세 및 증여세 등이 부과되고, 재산의 보유와 관련해서는 재산세, 종합부동산세

및 자동차세 등이 부과된다.

③ 과세표준

납세의무자가 세금을 납부하기 위해서는 과세대상의 수량이나 가액을 계산해야 하는데, 이를 과세표준이라고 한다. 예를 들어 소득세의 경우에 총수입금액으로부터 그 수입을 벌기 위해서 지출한 필요경비와 법에서 규정하고 있는 공제항목 등을 제외한 후 과세대상이 되는 소득이 얼마인가를 계산하게 되는데, 이렇게 계산된 금액을 과세표준이라 한다.

④ 세 율

세율이란 납부할 세금을 계산하기 위해서 과세표준에 곱하는 비율을 말한다. 세율의 종류에는 비례세와 누진세 등이 있는데, 비례세(proportional tax)는 과세표준의 크기에 관계없이 일정한 세율을 부과하는 것이고, 누진세(progressive tax)는 과세표준이 크면 세율도 높아지는 세율체계를 말한다.

납세의무의 성립시기는 과세요건이 충족되는 시점을 말하며, 소득세나 법인세는 세법에 정해놓은 과세기간이 끝나는 때에 납세의무가 성립하며, 상속세와 증여세는 상속이 시작되거나 증여가 이루어진 때에 납세의무가 성립한다.

산책로 절세와 탈세

세금을 징수 당하는 국민의 입장에서 보면 가능한 한 세금을 적게 내거나 좀더 줄여서 내고 싶은 것이 모든 사람들의 솔직한 심정일 것이나, 그렇다고 무조건 적게 낼 수는 없다. 왜냐하면 국민으로서 마땅히 지켜야 할 법을 위반하게 될 수도 있기 때문이다. 절세와 탈세는 모두 납세자가 자기의 세금부담을 줄이고자 하는 목적에서 행해지는데, 그 방법이 세법이 허용하는 범위 내에 있을 때 '절세'라고 할 수 있으나 사기, 기타 부정한 방법으로 세금부담을 줄이는 것은 '탈세'로 조세범처벌법에 의하여 처벌을 받게 된다.

'절세'란 세법이 인정하는 범위 내에서 합법적·합리적으로 세금을 줄이는 행위를 말한다. 절세에 특별한 비결이 있는 것은 아니며 세법을 충분히 이해하고 법 테두리 안에서 세금을 줄일 수 있는 가장 유리한 방법을 찾는 것이 절세의 지름길이다.

사업과 관련된 세금을 절세하려면 먼저 평소 증빙자료를 철저히 수집하고 장부정리를 꼼꼼하게 하여 안 내도 될 세금은 최대한 내지 않도록 하고, 세법에서 인정하고 있는 각종 소득공제·세액공제·준비금·충당금 등의 조세지원제도를 충분히 활용하며, 세법이 정하고 있는 각종 의무사항을 성실히 이행함으로써 매입세액 불공제나 가산세 등의 불이익 처분을 받지 않도록 해야 한다.

(전자신문 기업성장지원센터(http://ceospirit.etnews.com) 수정요약)

(2) 납세의무의 확정

납세의무가 성립하였다고 해서 바로 세금을 내는 것은 아니다. 과세요건이 충족되어 납세의무가 객관적으로 생겼다는 것을 말할 뿐이다. 납세의무가 성립한 후에 구체적으로 과세요건을 확인하고 세법에 따라 과세표준과 세액을 계산함으로써 납세의무가 확정된다.

납세의무를 확정하는 절차로는 정부부과제도와 신고납세제도가 있다. 정부부과제도는 납세의무 확정의 권한을 과세권자(세무서)에게만 부여하는 제도이며, 상속세와 증여세는 납세의무자에게 과세표준 신고의무가 있지만, 과세표준과 세액의 결정은 반드시 정부에 의해 이루어진다.

이에 비해 신고납세제도는 납세의무 확정의 권한을 먼저 납세의무자에게 부여하는 제도로서, 소득세, 법인세, 부가가치세 등은 납세의무자의 과세표준신고에 의하여 납세의무가 확정된다.

더 알아봅시다 **세금의 구제제도**

세금에 대해서 억울한 일이 있거나 법에 어긋난 일이 있는 경우에 이를 구제하는 세금의 구제제도가 있다. 억울하거나 위법한 세금에 대해서는 국세청장에게 청구하는 심사청구 또는 조세심판원장에게 청구하는 심판청구를 거친 후 행정소송을 제기할 수 있다. 이때 심사청구 또는 심판청구를 하기 전에 세무서장이나 지방국세청장에게 이의신청을 먼저 한 후에 심사청구/심판청구를 할 수도 있다. 또는 심사청구/심판청구를 하는 대신 감사원에 심사청구를 한 후 행정소송을 하는 방식을 선택할 수도 있다. 이 같은 세금의 구제절차는 다음과 같다.

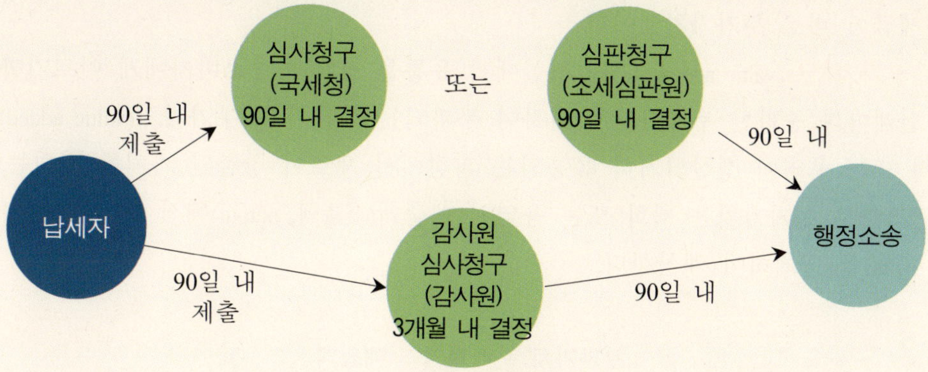

[세금의 구제절차]

(3) 납세의무의 소멸

확정된 납세의무는 일반적으로 납세자가 세액을 납부함으로써 소멸된다. 만일 납세자가 돌려받을 환급금이 있다면 납부할 세금과 상계함으로써 소멸되기도 한다. 잘못 부과된 세금은 부과취소로 소멸될 수 있다.

한편 국세부과의 제척기간(납세의무 성립 후 국가가 부과권을 행사하는 기간)이 만료되거나, 국세징수권의 소멸시효(국가가 국세징수권을 일정기간 행사하지 않는 경우 그 국세징수권을 소멸시키는 제도)가 완성된 경우에도 납세의무가 소멸된다.

제2절 부가가치세

1. 음식값에도 포함된 부가가치세

우리가 음식을 사먹거나 물건을 살 때 내는 돈에는 원래의 음식값이나 물건값 외에도 그 금액의 10%에 상당하는 세금이 포함되어 있다. 식당주인이나 물건의 판매자는 우리에게 받은 세금을 모았다가 정해진 기한 내에 세무서에 납부해야 한다. 이 세금이 바로 부가가치세이다.

부가가치세(value added tax)는 생산에서 유통을 거쳐 최종소비자에게 이르기까지 각 단계마다 증가된 부가가치에 대하여 부과되는 세금이다. 부가가치(value added)란 재화 또는 용역이 생산되거나 유통되는 과정에서 새로이 창출된 가치를 말하는데, 일반적으로 부가가치는 재화 또는 용역의 매출액(산출액, output)에서 그 매입액(투입액, input)을 공제하여 계산한다.

부가가치 = 매출액 − 매입액

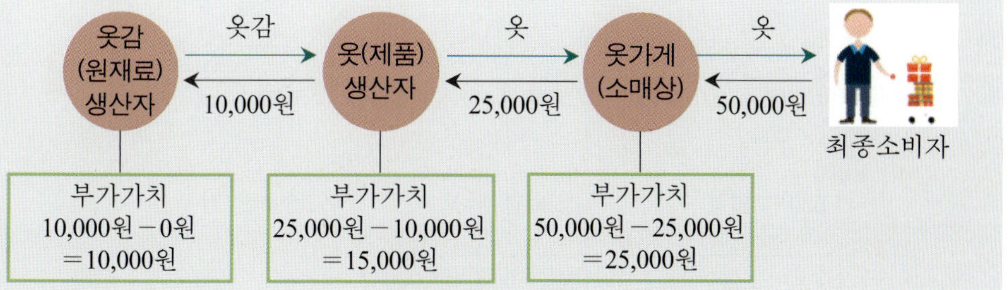

[그림 11-3] 부가가치

예를 들어, 옷감(원재료) 생산자가 옷감을 지어서(매입은 없다고 가정함) 이를 옷(제품) 생산자에게 10,000원에 판매하고, 옷 생산자는 그 옷감을 이용하여 옷을 만들어서 옷가게(소매상)에 25,000원에 판매하며, 옷가게에서는 그 옷을 보관·운송·전시한 후 최종소비자에게 50,000원에 판매하였다고 가정해 보자. 이 경우 옷감(원재료) 생산자의 부가가치는 10,000원(＝10,000원－0원)이고, 옷(제품) 생산자의 부가가치는 15,000원(＝25,000원－10,000원)이며, 옷가게(소매상)의 부가가치는 25,000원(＝50,000원－25,000원)이 된다.

부가가치세를 계산하는 방법으로 일정기간 동안의 매출액에서 매입액을 공제한 잔액(부가가치)에 세율을 적용하여 계산할 수도 있지만, 현행 세법에서는 매출액에 대하여 세율(현행 세율은 원칙적으로 10%이다)을 적용하여 계산한 매출세액에서 매입시 거래징수당한 매입세액을 공제하여 부가가치세를 계산하는 방법을 적용한다.

부가가치세 ＝ 부가가치 × 세율
＝ (매출액 － 매입액) × 세율
＝ 매출액 × 세율 － 매입액 × 세율
＝ 매출세액 － 매입세액

앞의 예에서, 옷감(원재료) 생산자는 옷(제품) 생산자에게 옷감을 판매할 때 매출가격 10,000원과 매출세액 1,000원(＝10,000원×10%)을 받고, 매입이 없으므로 매출세액 1,000원에서 매입세액 0원을 차감한 1,000원을 부가가치세로 국가에 납부하게 된다. 옷 생산자는 옷가게에 옷을 판매할 때 매출가격 25,000원과 매출세액 2,500원(＝25,000원×10%)을 받고, 매출세액 2,500원에서 옷감을 매입할 때 징수당한 매입세액 1,000원을 차감한 1,500원을 부가가치세로 국가에 납부하게 된다. 그리고 옷가게는 최종소비자에게 옷을 판매할 때 매출가격 50,000원과 매출세액 5,000원(＝

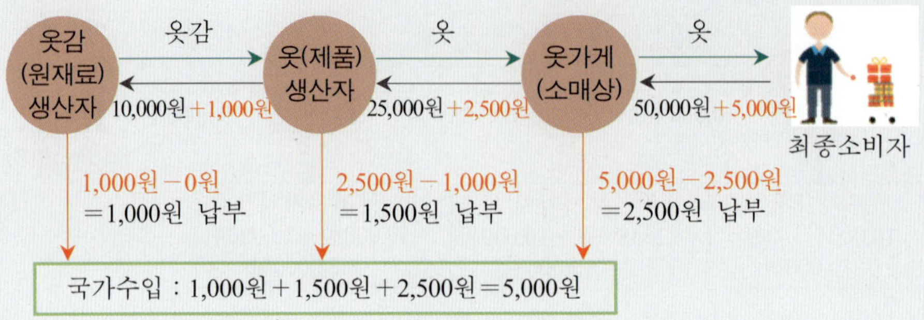

[그림 11-4] 부가가치세의 징수와 납부

50,000원×10%)을 받고, 매출세액 5,000원에서 옷을 매입할 때 징수당한 매입세액 2,500원을 차감한 2,500원을 부가가치세로 국가에 납부하게 된다.

결과적으로, 옷감 생산자, 옷 생산자 및 옷가게 등 판매자는 매입자로부터 세금을 징수하여 세무서에 납부할 의무는 있지만, 자신이 매입할 때 징수당한 부가가치세를 전부 돌려받게 되고, 생산 및 유통의 전체 단계에서 발생한 부가가치 50,000원에 대한 부가가치세 5,000원(=50,000원×10%)은 모두 최종소비자가 부담하게 된다. 즉, 부가가치세는 법률상 납세의무자(판매자)와 실제로 세금을 부담하는 담세자(최종소비자)가 다른 간접세이다.

한편, 부가가치세는 세금을 부담하는 담세자의 소득수준 등 인적사항에 대해서는 고려하지 않고 과세대상이 되는 재화나 용역의 공급가액(매출액)의 일정률(10%)로 정해지므로, 소득에 대비해 보면 저소득자의 부담이 더 큰 역진성의 문제가 발생한다. 이러한 역진성을 해소하기 위하여 기초생활 필수 재화·용역에 대해서는 부가가치세 면세제도를 적용하여 소비자의 부담을 덜어주고, 사치성물품에 대해서는 부가가치세뿐만 아니라 개별소비세를 별도로 과세하고 있다.

2. 부가가치세의 과세대상은?

부가가치세는 ① 사업자가 공급하는 재화나 용역과 ② 재화의 수입에 부과된다. 재화란 상품·제품·원료, 기계·건물, 특허권, 저작권 등과 같이 형체가 있고 없는 것을 따지지 않고 재산 가치가 있는 모든 물건이나 권리를 말한다. 용역이란 재산 가치가 있는 서비스를 제공하거나 시설물, 권리 등 재화를 사용하게 하는 것을 말한다. 예를 들어 건설업, 숙박업, 음식점업, 부동산업, 임대업 등은 부가가치세법에

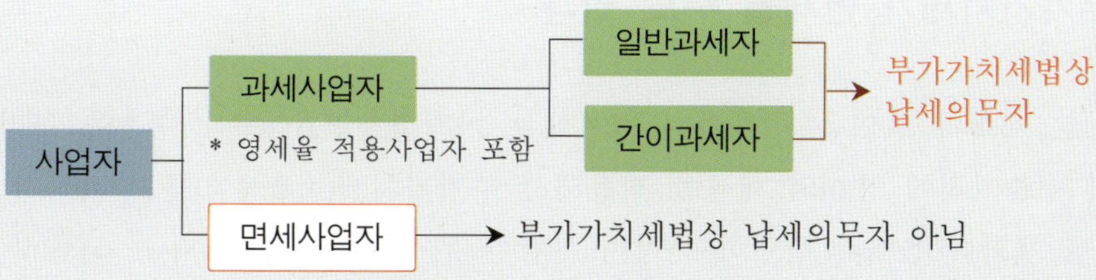

[그림 11-5] 사업자의 분류

서 용역으로 분류되므로 이러한 서비스를 제공할 때에는 부가가치세가 과세된다.

부가가치세법에서 사업자는 영리, 비영리를 불문하고 사업상 독립적으로 재화나 용역을 공급하는 자를 말한다. 이때 사업자 여부는 사업성의 유무로 판단하게 되는데, 계속적이고 반복적으로 재화나 용역을 공급하는 경우에 사업성이 있다고 본다. 사업자는 부가가치세가 과세되는 재화 또는 용역을 공급하는 사업을 영위하는 과세사업자와 부가가치세가 면제되는 재화 또는 용역을 공급하는 사업을 영위하는 면세사업자로 구분할 수 있는데, 면세사업자는 부가가치세 납부의무가 없기 때문에 과세사업자만 부가가치세법상 납세의무자에 해당한다. 한편, 과세사업자는 일반과세자와 간이과세자로 구분되는데, 간이과세자는 부가가치세를 포함한 공급대가가 일정규모 이하(현행 세법상 직전연도 기준 8,000만원 미달)인 영세한 개인사업자로 국한되며, 간이과세자가 아닌 과세사업자를 일반과세자라고 한다.

부가가치세는 재화나 용역을 사업자가 공급할 때에만 부과되기 때문에 사업자가 아닌 개인이 자기가 사용하던 재화를 다른 사람에게 팔 때에는 부가가치세의 과세대상이 아니다.

그러나 외국으로부터 재화를 수입하는 경우에는 수입하는 사람이 사업자이든 사업자가 아니든 관계없이 부가가치세를 납부할 의무가 있다. 재화를 수입하는 경우 국외에 있는 공급자에게 우리나라의 부가가치세를 거래징수하여 납부시킬 수는 없기 때문에 재화를 수입하는 자가 관세법에 따라 관세를 신고·납부할 때 재화의 수입에 대한 부가가치세를 함께 신고·납부해야 한다. 용역의 수입은 세관을 통과하지 않으므로 사용·소비의 파악이 어렵기 때문에 과세대상으로 규정하지 않고 있다.

3. 부가가치세가 면제될 수도 있다

외국으로 재화나 용역을 수출하는 경우에는 가격경쟁력을 높여 수출을 장려하기 위해서 수출가격에 영(0)의 세율을 적용해서 부가가치세(매출세액)를 부과하지 않으며, 해당 재화나 용역과 관련하여 이미 부담한 부가가치세(매입세액)는 되돌려 받는다. 이처럼 수출한 재화나 용역에 대해 영(0)의 세율을 적용한다고 해서 영세율제도라고 한다. 이를 통해 무역거래에 있어서 간접세를 수출국(생산지국)에서는 과세하지 않고, 수입국(소비지국)에서만 과세함으로써 국제적 중복과세 등의 문제를 해결하고 무역거래가 활성화된다. 영세율 적용사업자는 세율만 10% 대신 0%를 적용할 뿐 부가가치세법상 납세의무자이므로 부가가치세법에 따른 모든 의무를 이행해야 한다.

한편, 최종소비자의 부가가치세 부담을 경감시켜 부가가치세의 역진성을 완화하기 위하여 기초생활 필수품 등 특정한 재화나 용역의 공급에 대해서는 부가가치세를 부과하지 않고 있는데, 이를 면세제도라고 한다. 현재 부가가치세가 면제되는 재화나 용역에는 식용에 쓰이는 곡식, 육류, 생선, 수돗물, 연탄, 시내버스 용역, 주택임대, 신문이나 잡지, 토지의 공급, 금융이나 보험 용역 등이 포함되어 있다. 면세의 적용을 받는 사업자는 부가가치세 납세의무자가 아니기 때문에 매출세액을 징수하지 않을 뿐 아니라 매입세액도 공제받지 못한다. 이 경우 공제받지 못한 매입세액은 면세사업자의 원가에 포함되어 다음 단계로 전가되지만, 면세 적용 후의 최종소비자가격은 면세사업자가 창출한 부가가치에 해당하는 세금만큼 낮아지게 되어 결국 최종소비자의 부담은 그만큼 줄게 된다.

4. 세금계산서의 작성과 교부

부가가치세의 납세의무자인 과세사업자는 각 사업장(사업자가 사업을 하기 위해 거래의 전부 또는 일부를 하는 고정된 장소)을 관할하는 세무서에 사업자등록을 신청해야 하고, 원칙적으로 각 사업장별로 부가가치세를 신고하고 납부할 의무가 있다.

납세의무자로 등록한 사업자(공급자)는 재화나 용역을 제공하는 때에 세금계산서를 작성해서 거래상대방(공급받는 자)에게 교부해야 한다. 세금계산서(Tax Invoice)는 사업자(공급자)가 재화 · 용역 공급시 부가가치세를 거래징수하고 그 거래사실과 내용을 증명하기 위해 발급하는 세금영수증으로, 부가가치세는 물론 소득세와 법인세의 과세자료로도 활용되며, 상거래의 내용을 나타내는 가장 중요한 증빙이기도 하다. 또한, 공급받는 자(매입자)가 매입시 거래징수당한 매입세액을 매출세액에서 공제받기 위해서는 꼭 필요한 중요한 세무자료이다.

세금계산서는 납세의무자로 등록한 일반과세자와 직전연도 공급대가(부가가치세 포함 금액) 합계액이 4,800만원 이상 8,000만원 미만인 간이과세자가 발급하며, 미등록사업자, 면세사업자나 직전연도 공급대가 합계액이 4,800만원 미만인 간이과세자는 발급할 수 없다. 면세사업자는 계산서를 발급하고, 신규로 사업을 시작하거나 직전연도 공급대가 합계액이 4,800만원 미만인 간이과세자는 영수증만 발급한다.

재화 또는 용역을 공급하는 사업자는 공급자 보관용 세금계산서 1매와 공급받는 자 보관용 세금계산서 1매, 총 2매를 작성하여 그중 공급받는 자 보관용 1매를 거래상대방에게 발급하고 공급자 보관용은 세금계산서를 작성한 사업자가 보관한다. 한편, 법인사업자와 직전연도의 사업장별 재화·용역의 공급대가 합계액이 2억원(2023년 7월 1일 이후 공급하는 분부터는 1억원) 이상인 개인사업자는 반드시 전자세금계산서(전산시스템 등에 의해 전자적인 방법으로 발급하는 세금계산서)를 발급해야 한다. 전자세금계산서를 발급하는 때에는 발급일의 다음 날까지 전자세금계산서 발급명세를 국세청장에게 전송해야 한다.

재화나 용역을 매입한 사업자는 매입시 수취한 세금계산서에 의해 거래징수당한 매입세액을 공제받을 수 있는데, 세금계산서의 기재사항 중 "공급하는 사업자의 등록번호와 성명" 등 필요적 기재사항의 전부 또는 일부가 기재되지 않았거나

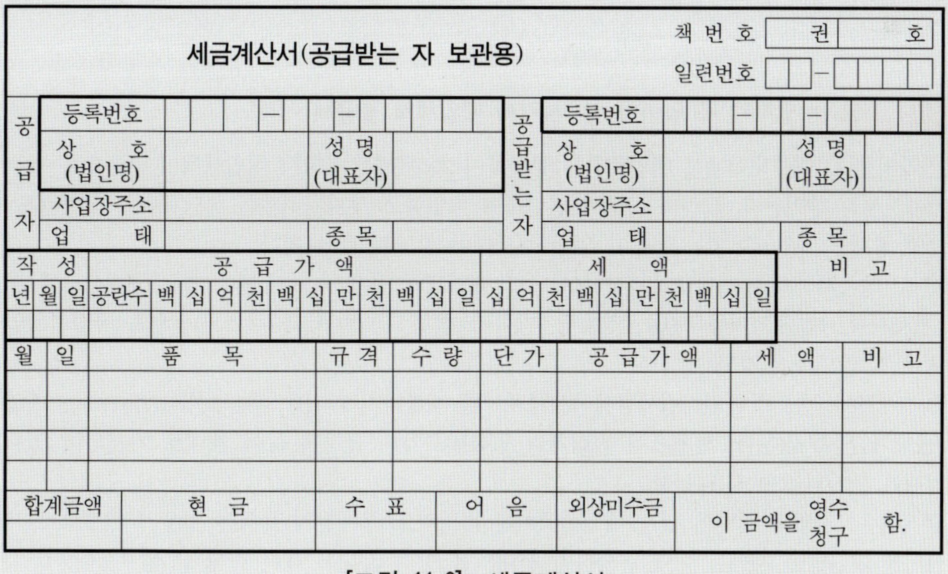

[그림 11-6] 세금계산서

그 내용이 사실과 다른 경우에는 매입세액을 공제받을 수 없기 때문에 주의해야 한다. 참고로 [그림 11-6]은 세금계산서의 양식을 보여주고 있다.

5. 부가가치세는 언제 신고 · 납부하나요?

일반과세자의 부가가치세 납부세액은 매출세액에서 매입세액을 공제하여 계산하며, 과세기간은 〈표 11-1〉에서와 같이 6개월이지만, 조세수입의 평준화를 위하여 과세기간을 3개월 단위로 구분하여 예정신고 · 납부한 후 다시 6개월을 정산하여 확정신고 · 납부하는 방식을 채택하고 있다.

간이과세자는 사업규모가 영세한 개인사업자임을 감안하여 납세의무 이행에 편의를 도모하고 세부담 등을 덜어주기 위하여, 공급대가(부가가치세가 포함된 금액)에 업종별 부가가치율을 적용하여 부가가치를 산정하고, 이 금액에 세율을 적용하여 간편하게 납부세액을 계산하도록 한다. 또한, 1월 1일부터 12월 31일까지를 과

〈표 11-1〉 일반과세자의 과세기간

구 분	과세기간	신고납부기한
1기	1.1 ~ 6.30	7.25
2기	7.1 ~ 12.31	1.25

산책로 **사업자가 꼭 알아야 할 '부가세 매입세액 불공제 사례'**

'부가가치세'는 매출세액에서 매입세액을 공제하여 계산한다. 따라서 매입세액이 많을수록 납부할 부가가치세는 줄어든다. 그런데 사업과 관련하여 매입하고 부가가치세를 부담했다고 하더라도 매입세액 공제를 받을 수 없는 경우가 있어 주의해야 할 것으로 보인다.

우선, 세금계산서는 제대로 된 것이 아니면 매입세액 공제가 되지 않는다. 세금계산서의 필요적 기재사항, 즉 사업자등록번호, 상호명, 대표자 성명, 공급가액과 부가가치세액, 작성연월일을 잘못 쓰지 않도록 신경 써야 한다.

부가가치세 신고시 매입처별세금계산서합계표를 제출하지 않거나 부실기재한 경우에는 매입세액 공제가 되지 않는다. 합계표에 거래처별 등록번호와 공급가액 등이 제대로 기재되어 있는지 확인해야 불이익을 받지 않는다.

국세청은 "사업과 관련이 있는 매입세액이라 하더라도 공제받지 못하는 경우가 있으므로 세금계산서를 발급받을 때에는 이에 유의하여 불이익을 받지 않도록 해야 한다"고 당부했다.

(창업경영신문 수정요약)

세기간으로 하여, 1년에 1회 신고·납부하도록 하고 있다. 다만, 납세부담 완화를 위하여 1월 1일부터 6월 30일까지를 예정부과기간으로 하여 그 기간의 세액을 미리 납부하도록 하고 있다.

제 3 절 법인세

1. 법인세란 무엇이고 어떻게 계산하나요?

법인세(corporate income tax)는 법인이 한 사업연도 동안 벌어들인 소득에 대해 부과되는 세금을 말한다. 법인세의 납세의무자는 법인인데, 본점이 국내에 소재한 내국법인은 국내·외에서 발생한 모든 소득에 대해 과세되며, 외국에 본점을 둔 외국법인은 국내에서 발생한 소득에 대해서만 법인세 납세의무를 갖게 된다. 내국법인 중에서 국가 또는 지방자치단체는 법인세 납세의무가 없다. 영리법인은 발생한 모든 소득에 대해 과세되나, 비영리법인은 고유목적사업 이외에 수익사업에서 발생한 소득에 대해서만 납세의무를 진다.

법인은 계속적인 기업활동을 통하여 각 사업연도(기업회계상 회계기간과 동일)에 얻은 소득("각 사업연도 소득")과 해산으로 인하여 청산할 때 발생하는 소득("청산소득")에 대하여 법인세를 납부할 의무가 있다. 한편, 현행 세법에서는 부동산투기를 방지할 목적으로 주택 및 비사업용토지의 양도소득("토지 등 양도소득")에 대해 각 사업연도 소득에 대한 세금 외에 추가로 법인세가 한 번 더 과세된다. 또한, 상호출자제한기업집단에 속하는 법인의 소득이 투자·임금 등을 통하여 가계소득으로 흘러들어가서 내수를 진작시키고자 하는 목적으로, 해당 사업연도의 소득 중 일정액 이상을 투자·임금 등으로 사용하지 않은 경우 그 소득("미환류소득")에 대해 한시적으로 법인세가 추가로 과세된다.

각 사업연도 소득은 법인이 매 사업연도에 벌어들인 소득으로서 법인세 중 가장 기본이 되는 소득인데, 법인세법은 포괄주의 과세방식을 취하고 있기 때문에 원칙적으로 순자산(자산에서 부채를 차감한 소유주의 몫을 말함)을 증가시키는 모든 소득이 각 사업연도 소득에 포함된다. [그림 11-7]의 각 사업연도 소득에 대한 법인세의 계산구조를 보면, 먼저 각 사업연도 소득금액을 계산해야 하는데, 각 사업연도 소득

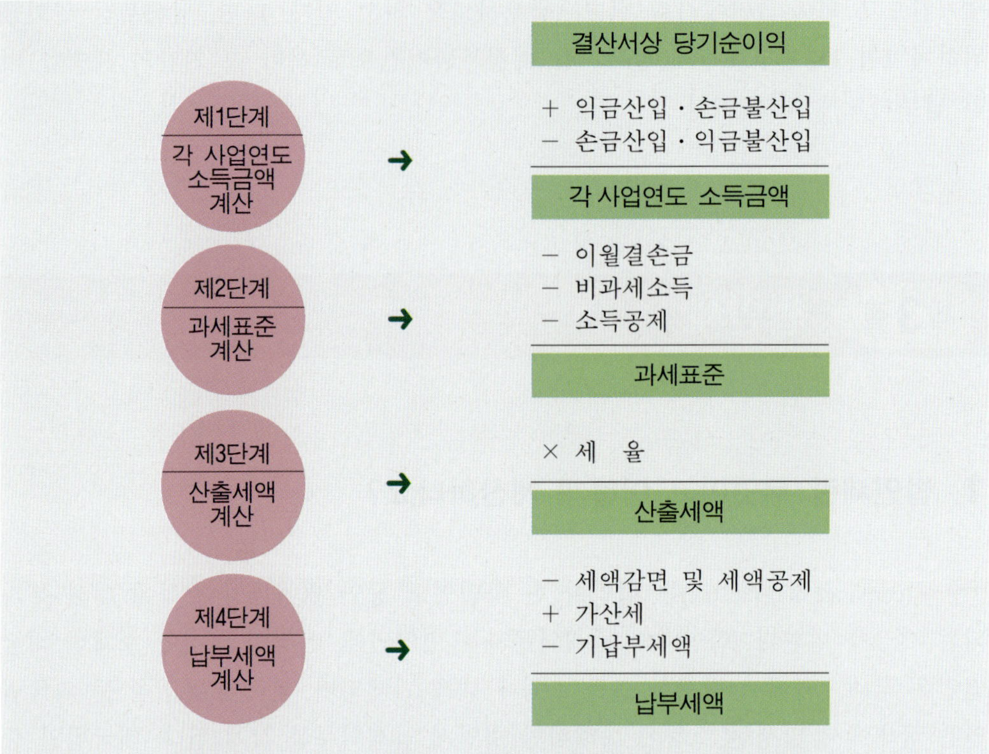

[그림 11-7] 각 사업연도 소득에 대한 법인세의 계산구조

금액은 익금 총액에서 손금 총액을 차감한 것으로 기업회계의 당기순이익과 유사한 개념이라고 할 수 있다. 익금은 법인의 순자산을 증가시키는 거래로 인한 수익금액으로, 기업회계의 수익에 해당하는 개념이다. 손금은 법인의 수익과 관련하여 발생 · 지출된 손실 · 비용 금액으로, 기업회계상 비용과 비슷한 개념이다. 각 사업연도 소득금액의 계산은 법인세법상 익금 총액과 손금 총액을 별도로 도출하여 직접 계산하기보다는 기업회계의 결산서상 당기순이익으로부터 시작하여 장부상의 내용과 법인세법 사이의 차이를 조정(세무조정)하는 방법으로 이루어진다.

각 사업연도 소득금액을 계산한 후에는 이월결손금, 비과세소득 및 소득공제를 차례로 차감하여 과세표준을 계산한다. 각 사업연도의 손금 총액이 익금 총액을 초과하는 경우 그 금액을 결손금이라고 하는데, 그 결손금이 차기로 이월된 경우 이를 이월결손금이라고 하여, 일정한 범위 내에서 과세표준 산출시 공제된다. 비과세소득은 순자산을 증가시키는 익금이기는 하나 조세정책적인 목적 등에 의해 정부가 과세권을 포기한 것이며, 소득공제란 특정한 소득에 대해서 소득의 일부를 공제해 줌으로써 세부담을 경감시켜 주는 제도이다.

과세표준이 결정되면 과세표준에 법인세율을 곱하여 산출세액을 계산한다. 산출세액에서 세액감면과 세액공제를 차감하고 가산세를 더한 후, 이미 납부한 세액을 차감하여 납부세액을 계산한다. 세액감면이란 특정한 소득에 대하여 사후적으로 세금을 완전히 면제해 주거나 또는 일정한 비율만큼 경감해 주는 제도이고, 세액공제는 국제적 이중과세를 조정하거나 또는 투자를 촉진하는 등 조세정책을 구현하기 위하여 산출세액에서 일정금액을 공제하여 세부담을 경감시켜 주는 제도이다. 가산세란 세법에서 규정한 신고·납부 등 협력의무를 위반한 경우에 세법에서정하는 바에 의하여 부과하는 행정상의 제재이다.

2. 법인세 계산을 위한 세무조정

법인세법상 과세소득(각 사업연도 소득금액)을 계산하기 위한 회계의 영역을 세무회계라고 하는데, 세무회계는 별도의 장부기록을 하는 것이 아니라 기업회계상 회계장부에서 세금계산 목적으로 회계자료를 선택하여 세법 규정에 따라 소득계산을 하는 것을 말한다.

기업회계에서는 일반적으로 인정된 회계원칙(기업회계기준)에 따라서 수익과 비용을 인식·측정하여 당기순이익을 계산한다. 세무회계에서는 법인세법의 규정에 따라서 기업회계의 수익과 비용을 가감조정하여 익금과 손금을 확정함으로써 소득금액을 계산한다. 기업회계의 수익·비용과 세무회계의 익금·손금은 그 성격은 서로 비슷하지만 내용은 일치하지 않는 경우가 많다. 이는 기업회계의 수익과 비용이 정보이용자의 의사결정에 유용한 정보로서의 경영성과를 측정하기 위해서 기업회계기준에 따라서 산출한 것인 데 비하여, 세무회계상의 익금과 손금은 조세의 공평성과 효율성이라는 국가의 조세정책에 따라서 세금을 부과하기 위한 세법의 규정을 따라서 계산하기 때문이다.

일반적으로 세법의 규정은 기업회계를 존중하여 기업회계기준과 세법의 규정이 조화가 되도록 함으로써 불필요한 차이가 발생하지 않도록 노력하지만, 조세정책상 차이가 발생하게 되는 것은 어쩔 수가 없다. 예를 들어 기업업무추진비(접대비)를 손금으로 무한정 인정하면 불건전하게 많은 돈이 기업업무추진비로 지출되고 그만큼 기업의 소득이 낮아져서 세금을 적게 납부하게 되므로 불건전한 지출을 규제하기 위하여 기업업무추진비를 일정한도까지만 손금으로 인정하고 있다. 또한, 손익의 귀속시기에 있어서도, 기업회계기준은 회계기간의 경영성과를 합리적으로 측정하기 위해 발생기준에 의해 수익과 비용을 인식하지만, 법인세법은 경영자의 추정과 판단을 배제하여 정확하고 공정한 과세소득을 계산하기 위하여 손익인식기

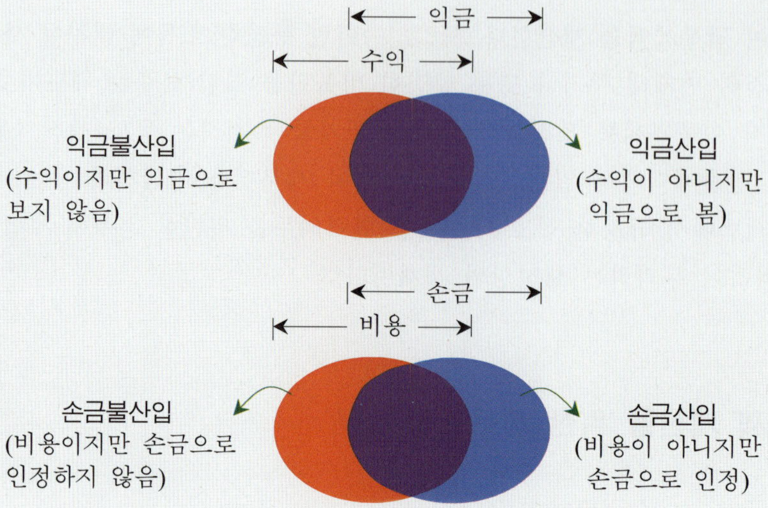

[그림 11-8] 수익 · 익금과 비용 · 손금의 관계

준으로 권리의무확정주의를 택하고 있다. 이에 따라 익금은 권리가 확정된 시점에 귀속되고, 손금은 의무가 확정된 시점에 귀속된다. 기업회계와 세무회계는 그 목적이 다르고 그에 따라 기간손익을 인식하는 측정기준 등에 차이가 있으므로 양자 간에 차이가 발생하는 것은 피할 수 없는 것이다.

기업회계의 수익 및 비용과 세무회계의 익금 및 손금의 관계는 [그림 11-8]과 같다. 수익과 익금은 대부분 겹치지만 겹치지 않는 부분도 있다. 기업회계에서 수익에 포함되었지만 세법에서 익금으로 보지 않는 것을 제외(익금불산입)하고, 반대로 기업회계에서 수익에 포함되지 않았지만 세법에서 익금으로 보는 것을 가산(익금산입)한다. 또한 기업회계에서 비용에 포함되었지만 세법에서 손금으로 인정하지 않는 것을 제외(손금불산입)하고, 반대로 기업회계에서 비용에 포함되지 않았지만 세법에서 손금으로 인정하는 것을 포함(손금산입)한다.

세무회계의 주된 과제는 기업회계의 수익과 비용 중 세법에서 규정하고 있는 익금 및 손금과 다른 항목을 찾아내어 이를 세법의 규정에 맞도록 조정하는 것인데, 이를 세무조정이라고 한다. [그림 11-9]에서 보는 것처럼 세무조정은 기업회계상 당기순이익에서 출발하여, 익금산입과 손금불산입 및 익금불산입과 손금산입 항목을 조정하여 법인세법상 각 사업연도 소득금액을 구하는 것이다. 익금산입과 손금불산입은 결과적으로 각 사업연도 소득금액을 증가시키는 조정이므로 이들을 가산조정이라고 하고, 익금불산입과 손금산입은 결과적으로 각 사업연도 소득금액을 감소시키는 조정이므로 이들을 차감조정이라고 한다.

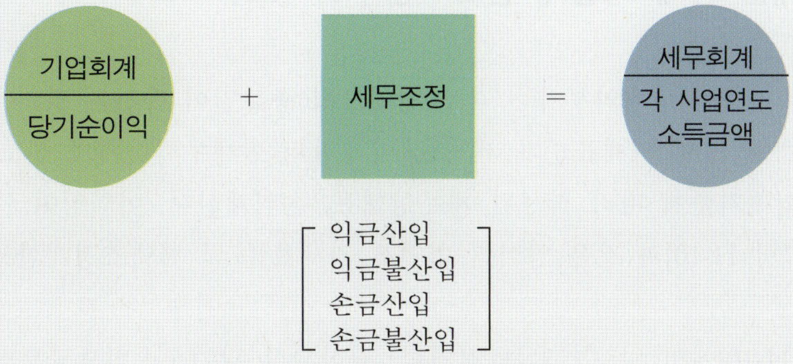

[그림 11-9] 세무조정

예를 들어 어느 기업이 금년에 법인세법에서 정하고 있는 감가상각비 한도액보다 더 많은 금액을 회계장부에 비용으로 기록했다고 하자. 이 경우 법인세법상 인정하는 감가상각비 한도액을 초과한 금액은 금년의 손금으로 인정하지 않는다. 따라서 법인세법상 과세소득을 구할 때 한도초과액을 당기순이익에 가산한다. 이러한 조정을 손금불산입이라 한다. 물론 감가상각대상 총액은 기업회계나 법인세법에서 모두 동일한 금액이므로 금년에 손금으로 인정되지 않은 금액은 장차 미래 어느 연도의 손금으로 인정된다.

법인이 주식을 취득하여 기말에 그 가격이 올라가면 기업회계에서는 금융자산평가이익으로 수익을 계상한다. 그러나 법인세법에서는 원칙적으로 자산에 대한 임의적인 평가차익을 익금으로 인정하지 않기 때문에 금융자산평가이익을 순이익에서 차감하는 세무조정을 한다. 이 같은 조정을 익금불산입이라 한다.

만일 법인이 투자한 회사가 이익잉여금을 재원으로 주주들에게 무상주를 교부하였다면, 무상주를 받은 법인은 기업회계상 이를 수익으로 계상하지 않고 단지 주식의 취득단가를 수정할 뿐이다. 그러나 세무회계상으로는 무상주를 교부받은 시점에 주주에게 경제적 이익이 귀속된 것으로 보아 교부받은 주식의 액면상당액을 익금에 산입해야 한다.

또한, 법인의 매출채권이나 대여금 등의 채권을 회수할 수 없게 된 경우 대손금은 손금으로 인정되는데, 상법에 따른 소멸시효가 완성된 외상매출금 등 법인세법상 강제대손요건을 충족한 경우에는 기업회계상 비용으로 계상하지 않았더라도 세무상 손금으로 계상해야 하며 이 같은 조정을 손금산입이라 한다.

3. 법인세는 언제 어떻게 신고 · 납부하나요?

법인세법에 따르면 납세의무자는 각 사업연도의 종료일이 속하는 달의 말일부터 3개월 이내에 법인세 과세표준과 세액을 납세지 관할세무서장에게 신고해야 한다. 이때 기업회계기준에 따라 작성된 재무상태표, 손익계산서, 이익잉여금처분계산서와 함께 [그림 11-10]과 같은 양식의 법인세 과세표준 및 세액조정계산서를 제출해야 한다.

[그림 11-10]에서 알 수 있는 것처럼, 결산서상 당기순손익으로부터 시작하여 익금산입(손금불산입을 포함한 가산조정)과 손금산입(익금불산입을 포함한 차감조정)의 세무조정을 거쳐 각 사업연도 소득금액을 계산하게 된다. 이때 감가상각비, 대손충당금의 손금산입 등 일부 손금항목은 세무상 손금으로 인정받기 위해서는 반드시 결산시 회계장부에 이를 비용으로 계상해야 하며, 결산시에 비용으로 계상하지 않으면 이를 세무상 손금으로 인정받을 수 없다.

각 사업연도 소득금액을 계산한 후에는, [그림 11-7]에서 본 것처럼 이월결손금, 비과세소득, 소득공제 등을 차감하여 과세표준을 산출하고, 산출된 과세표준에 세율을 적용하여 산출세액을 계산한다. 산출세액에서 세액감면과 세액공제를 차감하고, 가산세를 가산한 후, 중간예납 등 이미 납부한 세액을 차감하여 각 사업연도 소득에 대한 납부세액이 도출된다. 만일 토지 등 양도소득이나 미환류소득이 있다면 이에 대한 법인세액을 추가로 가산하여 최종납부세액이 산출된다. [그림 11-10]의 법인세 과세표준 및 세액조정계산서는 이러한 법인세액 계산을 요약하여 보여준다.

법인세는 사업연도 종료 후 3개월 이내에 신고, 납부하는 것을 원칙으로 하고 있다. 그러나 조세수입의 조기확보, 부담의 분산 및 조세회피의 미연방지 등을 위하여 중간예납, 수시부과 등의 장치를 두고 있다. 각 사업연도의 기간이 6개월을 초과하는 법인은 해당 사업연도 개시 후 6개월간을 중간예납기간으로 하여 중간예납세액을 중간예납기간 종료일로부터 2개월 이내에 납부해야 하는데, 이를 중간예납이라고 한다. 중간예납세액은 ① 직전 사업연도의 납부실적을 기준으로 계산하는 방법과 ② 중간예납기간의 실적을 기준으로 계산하는 방법 중 선택하여 적용할 수 있다. 또한 법인세를 포탈할 우려가 있다고 인정되는 경우에는 수시로 법인세를 부과할 수 있도록 하고 있는데, 이를 수시부과라고 한다.

[별지 제3호 서식] 〈개정 2016.3.7.〉 (앞쪽)

사업연도	. . . ~ . . .	법인세 과세표준 및 세액조정계산서	법인명	
			사업자등록번호	

구분		항목	코드	금액
① 각 사업연도 소득계산		(101) 결산서상 당기순손익	01	
	소득조정금액	(102) 익 금 산 입	02	
		(103) 손 금 산 입	03	
		(104) 차 가 감 소 득 금 액 ((101)+(102)-(103))	04	
		(105) 기부금한도초과액	05	
		(106) 기 부 금 한 도 초 과 이 월 액 손 금 산 입	54	
		(107) 각 사업연도소득금액 ((104)+(105)-(106))	06	
② 과세표준 계산		(108) 각사업연도소득금액 ((108)=(107))	■	
		(109) 이 월 결 손 금	07	
		(110) 비 과 세 소 득	08	
		(111) 소 득 공 제	09	
		(112) 과 세 표 준 ((108)-(109)-(110)-(111))	10	
		(159) 선 박 표 준 이 익	55	
③ 산출세액 계산		(113) 과 세 표 준((112)+(159))	56	
		(114) 세 율	11	
		(115) 산 출 세 액	12	
		(116) 지 점 유 보 소 득 (「법인세법」 제96조)	13	
		(117) 세 율	14	
		(118) 산 출 세 액	15	
		(119) 합 계((115)+(118))	16	
④ 납부할 세액 계산		(120) 산 출 세 액((120) =(119))	■	
		(121) 최저한세 적용대상 공 제 감 면 세 액	17	
		(122) 차 감 세 액	18	
		(123) 최저한세 적용제외 공 제 감 면 세 액	19	
		(124) 가 산 세 액	20	
		(125) 가감계((122)-(123)+(124))	21	
	기납부세액 / 기한내납부세액	(126) 중간예납세액	22	
		(127) 수시부과세액	23	
		(128) 원천납부세액	24	
		(129) 간접투자회사 등의외국납부세액	25	
		(130) 소 계 ((126)+(127)+(128)+(129))	26	
	기납부세액	(131) 신고납부전가산세액	27	
		(132) 합 계((130)+(131))	28	

구분		항목	코드	금액
		(133) 감면분추가납부세액	29	
		(134) 차감납부할 세액 ((125)-(132)+(133))	30	
⑤ 토지등양도소득에 대한 법인세 계산	양도차익	(135) 등 기 자 산	31	
		(136) 미등기자산	32	
		(137) 비 과 세 소 득	33	
		(138) 과 세 표 준 ((135)+(136)-(137))	34	
		(139) 세 율	35	
		(140) 산 출 세 액	36	
		(141) 감 면 세 액	37	
		(142) 차감세액((140)-(141))	38	
		(143) 공 제 세 액	39	
		(144) 동업기업 법인세 배분액(가산세 제외)	58	
		(145) 가산세액(동업기업 배분액 포함)	40	
		(146) 가 감 계 ((142)-(143)+(144)+(145))	41	
	기납부세액	(147) 수시부과세액	42	
		(148) ( ) 세 액	43	
		(149) 계 ((147)+(148))	44	
		(150) 차감납부할 세액 ((146)-(149))	45	
⑥ 미환류소득법인세		(161) 과세대상 미환류소득	59	
		(162) 세 율	60	
		(163) 산 출 세 액	61	
		(164) 가 산 세 액	62	
		(165) 이 자 상 당 액	63	
		(166) 납 부 할 세 액 ((163)+(164)+(165))	64	
⑦ 세액계		(151) 차감납부할세액계 ((134)+(150)+(166))	46	
		(152) 사실과 다른 회계처리 경정 세액 공제	57	
		(153) 분납세액계산범위액 ((151)-(124)-(133)-(145)-(152)+(131))	47	
	분납할 세액	(154) 현금납부	48	
		(155) 물 납	49	
		(156) 계((154)+(155))	50	
	차감납부세액	(157) 현금납부	51	
		(158) 물 납	52	
		(160) 계((157)+(158)) ((160)=(151)-(152)-(156))	53	

[그림 11-10] 법인세 과세표준 및 세액조정계산서

보론 법인세의 계산사례

여기에서는 간단한 사례를 들어서 법인세 납부세액을 계산하는 방법에 대해 설명하기로 한다. 다음은 중소기업에 해당하지 않는 (주)성균의 제5기 사업연도 법인세 신고를 위한 자료이다. 각 사업연도 소득금액과 과세표준, 산출세액 및 법인세 납부세액을 계산해 보자. 토지 등 양도소득과 미환류소득은 없다고 가정한다.

1. 손익계산서상 당기순이익 100,000,000원
2. 결산 관련 추가자료
   (1) 장부에 계상된 기업업무추진비는 16,000,000원이나 세무상 한도액은 10,000,000원이다.
   (2) 장부에 계상된 감가상각비는 2,500,000원이나 세무상 한도액은 3,000,000원이다.
   (3) 상법상 소멸시효가 완성된 매출채권 1,500,000원이 자산으로 계상되어 있다.
   (4) 세법상 익금귀속시기가 도래하지 않은 이자수익 2,000,000원이 미수수익(이자수익)으로 계상되어 있다.
3. 이월결손금 (제4기 발생분) 5,000,000원
4. 중간예납세액 4,000,000원

(주)성균의 각 사업연도 소득금액을 계산해 보자. 세무상 한도액을 초과하는 기업업무추진비는 손금으로 인정되지 않으므로 손금불산입 세무조정이 필요하다. 한편, 감가상각비는 반드시 결산시 회계장부에 비용으로 계상되어야 세무상 한도액 범위 내에서 손금으로 인정되는 손금항목이다. 회사가 장부에 감가상각비로 계상한 금액은 세무상 한도액 범위 이내이므로 전액 손금으로 인정되며, 세법상 한도액보다 적게 비용처리한 한도미달액 500,000원은 세무조정을 통해 손금에 산입할 수 없다. 따라서 이 경우 감가상각비는 세무조정이 필요 없다. 만일 회사가 장부에 계상한 감가상각비가 세무상 한도액보다 컸다면, 그 한도초과액에 대해서는 손금불산입 세무조정이 필요했을 것이다.

기업회계와 세법 간에 귀속시기가 다른 익금과 손금에 대해서도 세무조정이 필요하다. 장부에는 자산으로 계상되었으나 세법상 당기에 손금으로 귀속되는 대손금은 손금산입의 세무조정이 필요하고, 장부에는 미수수익으로 수익계상되었으나 세법상 익금귀속시기가 도래하지 않은 이자수익은 익금불산입의 세무조정이 필요하다.

〈(주)성균의 제5기 사업연도의 각 사업연도 소득금액 계산〉 (단위 : 원)

당기순이익	100,000,000	(손익계산서상 당기순이익)
+ 기업업무추진비 한도초과액	6,000,000	(손금불산입)
− 당기 귀속 대손금	(1,500,000)	(손금산입)
− 차기 귀속 이자수익(미수수익)	(2,000,000)	(익금불산입)
= 각 사업연도 소득금액	102,500,000	

법인세 과세표준은 위에서 구한 각 사업연도 소득금액으로부터 이월결손금 등을 공제하여 계산한다.

법인세법상 각 사업연도의 결손금은 그 사업연도에 속하는 손금의 총액이 그 사업연도에 속하는 익금의 총액을 초과하는 경우에 그 초과하는 금액을 말하며, 그 결손금이 차기로 이월된 경우 이를 이월결손금이라고 한다. 각 사업연도의 소득에 대한 법인세 과세표준 계산시 공제하는 이월결손금은 해당 사업연도의 개시일 전 15년(2019년 이전 발생분은 10년) 이내에 개시한 사업연도에서 발생한 세무상 결손금으로서, 그 후 사업연도의 과세표준계산에 있어 공제되지 않은 금액을 말한다. 중소기업 등을 제외한 일반적인 내국법인의 경우 이월결손금에 대한 공제범위는 각 사업연도 소득금액의 80%로 한다. (주)성균의 이월결손금은 직전기인 제4기에 발생한 것이므로, 각 사업연도 소득금액의 80% 범위 내에서 공제가 가능하다.

〈(주)성균의 제5기 사업연도의 법인세 과세표준 계산〉 (단위 : 원)

각 사업연도 소득금액	102,500,000	
− 이월결손금	5,000,000	(102,500,000원의 80% 이내)
− 비과세소득	0	
− 소득공제	0	
= 법인세 과세표준	97,500,000	

법인세 산출세액은 과세표준 2억원까지 9%, 2억원 초과 200억원 이하까지는 19%, 200억원 초과 3,000억원 이하까지는 21%, 3,000억원 초과분에 대해서는 24%

의 현행 세율을 적용하여 계산한다. (주)성균의 제5기 사업연도의 법인세 과세표준은 2억원 이하이므로 9%의 세율을 적용하여 법인세 산출세액을 계산한다.

법인세 산출세액에서 중간예납세액, 수시부과세액, 원천납부세액 등 이미 납부한 세액(기납부세액)을 차감하여 최종적으로 납부할 세액을 산출한다.

〈(주)성균의 제5기 사업연도의 법인세 산출세액 및 납부세액 계산〉 (단위 : 원)

법인세 과세표준	97,500,000	
법인세 산출세액	8,775,000	(97,500,000×9%)
− 기납부세액	4,000,000	(중간예납세액)
법인세 납부세액	4,775,000	(8,775,000−4,000,000)

이번 장에서 배운 용어

각 사업연도 소득금액 법인이 매 사업연도에 벌어들인 소득으로서 법인세 중 가장 기본이 되는 소득. 원칙적으로 순자산(자산에서 부채를 차감한 소유주의 몫을 말함)을 증가시키는 모든 소득이 포함됨

간이과세자 부가가치세법상 과세사업자 중 부가가치세를 포함한 공급대가가 일정규모 이하(현행 세법상 직전연도 기준 8,000만원 미달)인 영세한 개인사업자로서 간편한 절차로 부가가치세를 신고·납부하는 사업자

간접세 법률상 세금을 납부해야 하는 납세의무자와 실제 세금을 부담하는 담세자가 다른 세금으로, 부가가치세나 개별소비세 등을 말함

거래징수 사업자는 과세대상 재화 또는 용역을 제공할 때 매입자로부터 부가가치세를 징수하여 세무서에 납부해야 함

과세대상 또는 **과세물건** 세금이 부과되는 대상으로서, 소득, 소비, 재산 등이 포함됨

과세표준 세금이 부과되는 과세대상의 수량이나 가액

관세 외국으로부터 수입하는 물건에 대해 부과하는 세금

국세 중앙정부가 부과하는 세금

납세의무자 (taxpayer) 세금을 납부할 의무가 있는 인격의 주체

내국세 국내에서 발생하는 과세대상에 부과하는 세금

매입세액 재화나 용역을 구입하면서 지불한 부가가치세

매출세액 재화나 용역을 판매하면서 징수한 부가가치세

면세제도 경제정책 목적상 혹은 서민들의 부담을 덜어주기 위하여 기초생활 필수품이나 특별한 재화나 용역의 공급에 대해서는 부가가치세를 부과하지 않는 제도

미환류소득 사업연도의 소득 중 일정액 이상을 투자·임금 등으로 사용하지 않은 소득으로, 상호출자제한기업집단에 속하는 법인의 소득이 투자·임금 등을 통하여 가계소득으로 흘러들어가서 내수를 진작시키고자 하는 목적으로 한시적으로 법인세가 추가로 과세됨

법인세 (corporate income tax) 법인의 소득에 대해서 부과되는 세금

부가가치세 (value added tax) 재화나 용역의 생산이나 유통 과정에서 창출되는 부가가치에 대해서 부과하는 세금

세금계산서 일반과세자 등이 재화나 용역의 공급시 부가가치세를 거래징수하고 그 거래사실과 내용을 증명하기 위해 발급하는 세금영수증

세무조정 기업회계의 수익이나 비용이 세법에서 규정하고 있는 익금 또는 손금과 다른 항

목을 찾아내어서 이를 세법의 규정에 맞도록 조정하는 것으로 익금산입, 손금불산입, 익금불산입 및 손금산입 등으로 이루어짐

세율 (tax rate) 세금을 계산하기 위해서 과세표준에 곱하는 비율

손금 법인의 순자산을 감소시키는 거래에서 발생하는 손실·비용 금액

수시부과 법인세를 포탈할 우려가 있다고 인정되는 경우에 수시로 부과되는 법인세

영세율제도 외국으로 재화나 용역을 수출하는 경우에는 가격경쟁력을 높여 수출을 장려하기 위해서 수출가격에 부가가치세(매출세액)를 부과하지 않으며 영(0)의 세율을 적용함

익금 법인의 순자산을 증가시키는 거래에서 발생하는 수익금액

일반과세자 부가가치세법상 과세사업자 중 간이과세자가 아닌 사업자

주세 술의 소비에 대해서 과세하는 세금으로, 제조된 술을 제조장에서 출고할 때 과세함

중간예납 각 사업연도의 기간이 6개월을 초과하는 법인은 해당 사업연도 개시 후 6개월간을 중간예납기간으로 하여 중간예납세액을 중간예납기간 종료일로부터 2개월 이내에 납부해야 함

지방세 지방자치단체가 부과하는 세금

직접세 세금을 납부하는 납세자와 실제 세금을 부담하는 담세자가 같은 세금으로, 소득세나 법인세 등을 일컬음

청산소득 법인이 해산으로 인하여 청산할 때 발생하는 소득

토지 등 양도소득 주택 및 비사업용토지의 양도소득으로, 현행 세법상 부동산투기를 방지할 목적으로 각 사업연도 소득에 대한 세금 외에 추가로 법인세가 한 번 더 과세됨

연습문제

1. 세금의 종류에 관한 다음 설명 중 잘못된 것은?

① 중앙정부가 부과하는 국세는 국세청과 관할세무서에서 담당하고, 지방자치단체가 부과하는 지방세는 각 지방자치단체가 담당한다.

② 법률상 납세의무자와 경제적으로 세금을 실제로 부담하는 자(담세자)가 같으면 직접세, 다르면 간접세라고 한다.

③ 부가가치세와 개별소비세는 납세의무자와 담세자가 일치하는 직접세이다.

④ 직접세는 담세자의 능력에 따라 공평하게 과세된다는 것이 장점이다.

2. 납세의무 등에 관한 다음 설명 중 잘못된 것은?

① 납세의무는 납세의무자, 과세대상, 과세표준 및 세율 등의 과세요건이 충족되는 시점에서 성립하므로, 소득세와 법인세는 세법상 과세기간이 끝나는 때에 납세의무가 성립한다.

② 우리나라의 모든 세금은 신고납세제도에 따라 납세의무자의 과세표준신고에 의해 납세의무가 확정된다.

③ 확정된 납세의무는 일반적으로 납세자가 세액을 납부함으로써 소멸되는데, 국세부과의 제척기간이 만료되거나 국세징수권의 소멸시효가 완성된 경우에도 납세의무가 소멸된다.

④ 억울하거나 위법한 세금에 대해서는 국세청장에게 청구하는 심사청구 또는 조세심판원장에게 청구하는 심판청구를 거친 후 행정소송을 제기할 수 있다.

3. 신고납세제도에 대한 다음 설명 중 옳지 않은 것은?

① 납세의무 확정의 권한을 먼저 납세의무자에게 부여하는 제도이다.

② 정부의 부과처분(결정)에 의해 납세의무가 확정된다.

③ 법인세, 소득세, 부가가치세는 신고납세제도를 채택하고 있다.

④ 납세의무자의 과세표준신고에 의해 납세의무가 확정된다.

4. 다음은 부가가치세의 영세율제도와 면세제도를 비교 설명한 것이다. 타당하지 않은 것은?

① 영세율은 완전면세인 반면에 면세제도는 부분적인 면세효과가 있다.
② 영세율은 매입세액공제가 가능하지만, 면세제도는 매입세액공제가 불가능하다.
③ 사업자등록, 세금계산서 발급 등의 의무가 없다는 점에서 동일하다.
④ 영세율은 주로 수출 등 외화획득거래에 적용되고, 면세는 기초생활 필수품이 주된 대상이다.

5. 부가가치세를 실제로 부담하는 자(담세자)는 누구인가?

① 최종소비자
② 재화의 공급자
③ 용역의 공급자
④ 재화의 수입자

6. 다음은 A재화의 거래단계별 판매가격에 관한 자료이다. 소매업자가 창출한 부가가치는 얼마인가?

생산자	도매업자	소매업자
4,000원	6,000원	9,000원

① 2,000원
② 3,000원
③ 5,000원
④ 9,000원

7. 법인의 납세의무에 대한 다음 설명 중 타당하지 않은 것은?

① 본점이 국내에 소재한 내국법인은 국내 · 외에서 발생한 모든 소득에 대해 과세된다.
② 외국에 본점을 둔 외국법인은 국내에서 발생한 소득에 대해서만 납세의무를 갖게 된다.
③ 국가 또는 지방자치단체는 법인세 납세의무가 없다.
④ 비영리법인은 법인세 납세의무가 없다.

8. 기업회계와 세무회계에 대한 다음 설명 중 가장 타당하지 않은 것은?

① 기업회계와 세무회계는 전반적인 이익측정과정에서 많은 공통점이 있다.
② 세무회계의 익금·손금은 기업회계의 수익·비용에 대응하는 개념이다.
③ 세무회계에서도 각 사업연도의 경영성과를 합리적으로 측정하기 위해 발생기준에 따라 익금과 손금을 인식한다.
④ 일반적으로 세법의 규정은 기업회계를 존중하여 기업회계기준과 세법의 규정이 조화가 되도록 함으로써 불필요한 차이가 발생하지 않도록 노력하지만, 조세정책상 차이가 발생하는 것은 어쩔 수 없다.

9. 세무조정의 방법에 관한 다음 설명 중 타당하지 않은 것은?

① 법인세법상 각 사업연도 소득금액은 법인세법상 익금 총액에서 손금 총액을 직접 차감하는 방법으로 계산해야 한다.
② 기업회계상 수익에 익금산입을 더하고 익금불산입을 차감하면 법인세법상 익금이 된다.
③ 기업회계상 비용에 손금산입을 더하고 손금불산입을 차감하면 법인세법상 손금이 된다.
④ 법인세법상 각 사업연도 소득금액은 기업회계상 당기순이익에 기업회계와 세무회계의 차이를 조정하는 방법으로 구한다.

10. 다음 중 세무조정에 대한 설명으로 타당하지 않은 것은?

① 익금산입은 기업회계상 수익으로 계상되었으며, 법인세법상 익금에 해당하는 항목을 말한다.
② 손금산입은 손금에 포함된다.
③ 익금불산입은 기업회계상 수익으로 계상하였지만, 법인세법상 익금에 해당하지 않는 항목을 말한다.
④ 손금불산입은 기업회계상 비용으로 계상하였지만, 법인세법상 손금에 해당하지 않는 항목을 말한다.

해답

1. ③	2. ②	3. ②	4. ③	5. ①
6. ②	7. ④	8. ③	9. ①	10. ①

사례연구

1. 부가가치세 납부(환급)세액 계산

다음 자료에 기초하여 각 사업자가 납부해야(또는 환급받아야) 할 부가가치세 납부(환급)세액을 계산하시오. 단, 면직물 생산자(을)는 면세사업자이고, 나머지 사업자는 전부 일반과세자라고 가정한다.

- 면 재배자(갑)는 무상으로 얻은 씨앗으로 면을 재배하여 면직물 생산자(을)에게 1,000원에 판매하고, 부가가치세 100원을 거래징수하였다.
- 면직물 생산자(을)는 구입한 면을 이용하여 면직물을 생산하여 의복 생산자(병)에게 1,500원에 판매하였다.
- 의복 생산자(병)는 구입한 면직물을 이용하여 의복을 생산하여 의복 수출자(정)에게 4,000원에 판매하고, 부가가치세 400원을 거래징수하였다.
- 의복 수출자(정)는 구입한 의복을 해외 거래처에 5,000원에 수출 판매하였다. 재화의 수출이므로 영세율이 적용되었다.

2. 매입세액 불공제 처분에 대한 불복청구 사례

재화나 용역을 매입한 사업자는 매입시 거래징수당한 매입세액을 수취한 세금계산서에 의해 공제받을 수 있는데, 세금계산서의 기재사항 중 "공급하는 사업자의 등록번호와 성명" 등 필요적 기재사항의 전부 또는 일부가 기재되지 않았거나 그 내용이 사실과 다른 경우에는 매입세액을 공제받을 수 없기 때문에 주의해야 한다. 다음 사례에서 매입자의 과실이 있는지, 정당한 주의의무를 다하기 위해서는 무엇을 했어야 하는지 검토해 보시오.

과세관청은 세무조사를 통하여 위장매출(실제 매출자와 세금계산서상 공급자가 다른 매출) 사실을 적발하고, 그 거래의 매입자에 대하여 부가가치세 매입세액 불공제의 처분을 내렸으나, 매입자는 자신은 위장매출 사실을 알지 못한 선의의 거래당사자이므로 매입세액 불공제 처분은 부당하다고 불복청구를 제기하였다.

즉, 매입자는 고발된 위장매출자를 실제 매출자로 생각하였고, 그 거래처(위장매출자)와 매입물건(고철)의 중량 및 거래금액을 확정하고, 사업자등록증과 통장사본을 제출받아 확인하고 세금계산서를 교부받았으며, 해당물건을 인수한 후 거래대금을 그 거래처 대표의 계좌로 입금하였다. 이러한 거래절차를 거친 매입은 정상거래이고, 설사 이 세금계산서가 사실과 다른 세금계산서라고 하더라도 자신은 선의의 거래당사자로서 주의의무를 다하였으므로, 이 세금계산서를 거짓 매입세금계산서로 보아 매입세액을 불공제 처분한 것은 부당하다고 청구인은 주장하였다.

대법원 판례에 의하면, 실제 공급자와 세금계산서상의 공급자가 다른 세금계산서는 공급받는 자(매입자)가 세금계산서의 명의위장 사실을 알지 못하였고 알지 못한 데에 과실이 없다는 특별한 사정이 없는 한 그 매입세액을 공제받을 수 없으며, 공급받는 자가 위와 같은 명의위장 사실을 알지 못한 데에 과실이 없다는 점을 매입세액 공제를 주장하는 자가 입증해야 한다. 한편, 본 사례에서 매입자는 위장매출자로 고발된 상대거래처와 거래를 개시할 때 사업장을 방문하여 실사를 하고 대표자를 면담하는 등의 방법을 통해 거래상대방이 실질적인 거래당사자인지를 확인하는 등 거래에 필요한 정당한 주의의무를 다하지 아니하고, 사업자등록증 사본, 통장사본 징구 등의 형식적인 절차만 수행하였으므로 선의의 거래당사자로 인정되기 어렵다고 과세관청은 주장하였다.

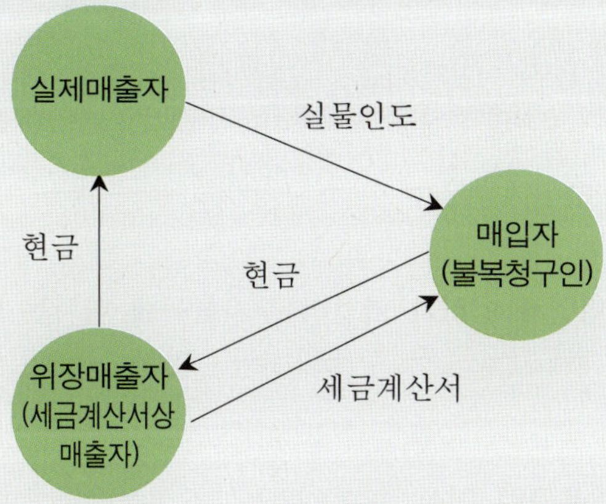

* 실제 매출자는 소득 분산을 통한 조세회피 목적으로 세금계산서 교부 기피

3. 법인세 인하

저성장·고물가 위기에 대응하여 기업의 투자확대와 고용증진을 위해 법인세 인하를 추진한다는 정부정책이 발표된 후 법인세 인하가 경제에 미치는 영향에 대한 논의가 이루어지고 있다. 다음은 법인세 인하의 효과에 대한 신문기사 내용(일부 수정)이다.

정부가 투자 유인 효과를 높이기 위해 법인세를 인하해야 한다는 목소리를 내고 있다. 글로벌 경제위기 속에서 투자 활성화에 따른 경제성장의 돌파구 중 하나로 '법인세 인하'를 택했다. 이를 두고 법인세 인하에 따른 투자 유인 효과가 확실하다는 쪽과 투자 유인 효과가 없다는 쪽으로 갈리고 있다. 어떤 것이 정답인지는 아무도 예측할 수 없다. 경제는 '생물'이기 때문에 상황에 따라 얼마든지 변화할 수 있기 때문이다.

기획재정부장관은 법인세 인하에 대한 필요성을 역설하며 "우리나라는 경제협력개발기구(OECD) 국가에 비해 법인세 구간도 다단계로 복잡하고, 평균세율도 굉장히 높다"고 지적하고, 법인세 인하를 통해 투자 확대와 일자리 창출을 유도하고, 세수 기반을 확대할 것이라고 기대했다. 법인세 인하를 하게 되면 기업이 이에 부응해서 고용과 투자를 늘리고 전체 세수 효과가 나타날 것이라는 것이다.

법인세 인하 찬성론자들은 법인세는 제품가격, 근로자의 임금, 하청업체 등으로 부담이 나눠질 가능성이 매우 높고, 그로 인해 기업 투자 활동 감소로 이어지면서 경제가 위축될 수 있다고 지적한다. 법인세 인상의 반작용이 사회 전체에 떠맡기게 되기 때문에 법인세 인하를 통해 법인세 인하에 따른 투자 유인 효과를 누려야 한다는 것이 이들의 주장이다.

하지만 법인세 인하에 대한 반대론자들도 있다. 기업은 투자 대비 이익 창출 효과가 높다고 판단되면 투자를 하는 것이지 법인세가 인하됐기 때문에 투자를 하는 것은 아니며, 법인세 인하가 아니라 현재 글로벌 경제의 환경과 상태가 투자에 가장 중요한 요인이 된다는 주장이다. 또한 법인세 인하에 반대하는 시민단체들은 법인세 인하가 세수부족 현상으로 이어질 가능성이 매우 높다고 우려한다. 즉, 글로벌 경제위기 속에서 정부가 적극적인 대응을 하기 위해서는 세수 확보가 중요하지만 법인세 인하가 오히려 세수부족으로 이어지게 될 것이고, 그로 인해 재정악화로 이어질 수 있다는 주장이다.

법인세 인하를 두고 정부·여당과 야당·시민단체의 신경전이 거세질 것으로 보인다. 따라서 법인세 인하와 투자 유인 효과의 관련성에 대해서는 심도 깊은 논의와 숙고가 필요하다는 목소리가 나온다. (투데이신문 수정요약)

〈요구사항〉

위의 기사를 읽고 법인세 인하가 기업의 투자활동에 미치는 영향에 관하여 논의해 보시오.

4. 각 사업연도 소득금액 계산

다음 자료에 기초하여 (주)명륜의 20×1 사업연도 소득금액을 계산하시오.

- 결산서상 당기순이익 : 200,000,000원
- 익금산입·손금불산입 세무조정사항 : 법인세비용 7,000,000원, 기업업무추진비 한도초과액 5,000,000원, 감가상각비 한도초과액 1,000,000원, 대손충당금 한도초과액 2,000,000원
- 손금산입·익금불산입 세무조정사항 : 미수이자 600,000원, 금융자산평가이익 1,500,000원

5. 법인세 납부세액 계산

다음 자료에 기초하여 (주)혜화의 20×1 사업연도(제10기) 법인세 납부세액을 계산하시오.

- 각 사업연도 소득금액 100,000,000원
- 이월결손금(제9기 발생) 12,000,000원
- 중간예납세액 5,000,000원

CHAPTER 12

개인이 납부하는 세금

제 **1** 절 개인의 소득과 세금

제 **2** 절 부동산에 관한 세금

제 **3** 절 상속 · 증여와 세금

〈보 론〉 종합소득세의 계산사례

제 1 절 개인의 소득과 세금

1. 소득세란 무엇이고 어떻게 계산하나요?

개인은 사업을 해서 벌거나 회사에 취직하여 월급을 받으면 소득이 생긴다. 또는 가지고 있는 돈으로 은행에 예금하여 이자를 받거나 주식에 투자하여 배당을 받아도 소득이 생긴다. 이러한 개인의 소득에 대해서 부과되는 세금을 소득세(individual income tax)라고 한다.

소득세의 납세의무자는 소득이 있는 개인인데 소득세법에서는 거주자와 비거주자로 구분한다. 국내에 주소를 두거나 183일 이상 거소(상당 기간 거주하는 장소)를 둔 개인을 거주자라고 하고, 그렇지 않은 개인을 비거주자라고 한다. 거주자는 국내든 국외든 불문하고 발생한 모든 소득에 대하여 납세의무를 지는 반면에, 비거주자는 국내에서 발생한 소득에 대해서만 납세의무를 진다. 소득세는 1월 1일부터 12월 31일까지 1년간 소득에 대해서 신고, 납부한다.

개인의 소득은 다양한 형태로 발생한다. 예를 들어 회사에 취직해서 월급을 받으면 그 월급은 근로소득에 해당하며, 그 근로소득에 대해서 소득세가 과세된다. 만일 회사를 그만두고 개인사업(예를 들어서 커피전문점 또는 음식점)을 해서 돈을 벌면 사업소득에 해당하며, 사업소득에 대해서 소득세가 과세된다. 또한 여유자금을 은행에 예금하여 이자를 받으면 이는 이자소득에 해당되어 소득세가 과세된다.

소득세는 개인의 소득에 대해서 과세하기 때문에 소득세를 계산하기 위해서는 먼저 개인이 벌어들인 소득금액을 계산해야 한다. 개인의 소득금액은 총수입금액에서 그 수입금액을 벌어들이기 위하여 지출된 필요경비를 차감하여 계산한다. 소득금액은 총수입금액에서 필요경비를 공제하여 계산하지만 모든 수입금액을 소득세의 과세대상으로 하지는 않는다. 우리나라의 소득세법은 소득세가 부과되는 소득을 소득의 종류별로 자세하게 규정하는 열거주의를 택하고 있다. 따라서 소득이 있더라도 소득세법에서 규정하고 있지 않은 경우에는 소득세를 납부하지 않는다.

예를 들어 개인이 증권시장에서 주식을 사고 팔아서 차액을 남겼다고 하더라도 소득세법에서 상장주식의 매매차익을 소득으로 규정하고 있지 않기 때문에 소득세를 과세하지 않는다.[1] 반면에 법인세법에서는 열거되지

않은 소득이라도 법인의 순자산을 증가시킨 손익은 원칙적으로 모두 과세대상으로 포함된다. 소득세법에서 과세대상으로 하는 소득은 [그림 12-1]과 같다.

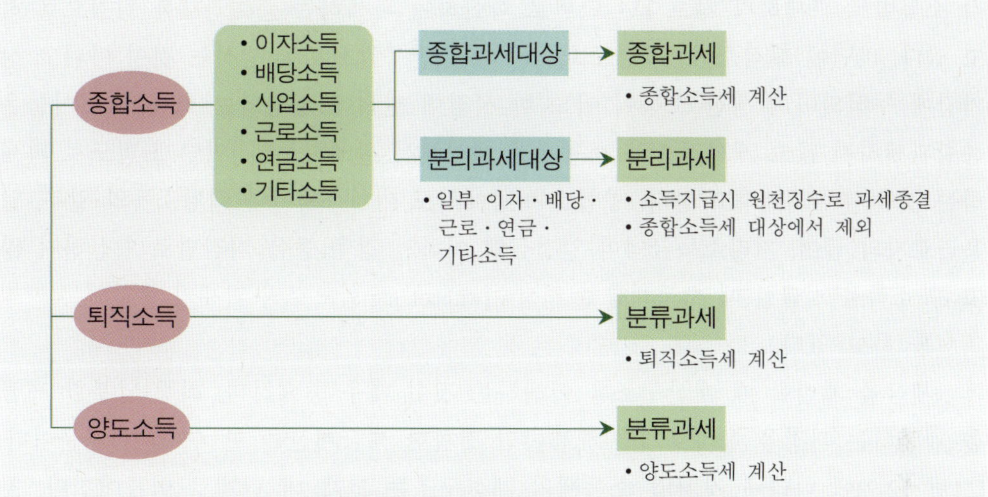

[그림 12-1] 과세대상소득과 과세방법

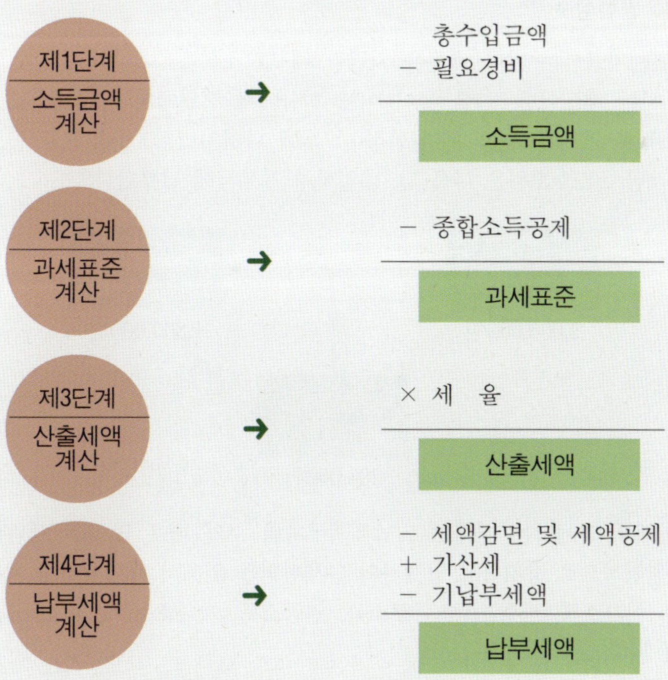

[그림 12-2] 종합소득세의 계산구조

1) 상장주식 중 대주주 양도분 및 장외 양도분과 비상장주식의 양도차익은 양도소득세 과세대상이다.

소득세법에서는 매년 반복적으로 발생하는 소득과 어쩌다 한 번 발생하는 비반복적인 소득을 구분하여 과세하고 있다. 매년 반복적으로 발생하는 소득에는 이자소득, 배당소득, 사업소득, 근로소득, 연금소득, 기타소득 등이 있는데 이러한 소득은 각 소득별로 과세하지 않고 1년 단위로 합산하여 과세하는 종합과세를 원칙으로 하고 있다. 반면에 퇴직소득 및 양도소득은 매년 반복적으로 발생하는 것이 아니고 장기간에 누적되어 발생한 소득이 어느 한 시점에 일시에 발생되는 소득이다. 이들은 종합과세하지 않고 개별적으로 소득세를 계산해서 과세하는데, 이렇게 별도로 과세하는 것을 분류과세라고 한다. 종합소득 중에서도 이자소득이나 배당소득의 일부, 일용근로자의 급여, 기타소득금액이 일정금액 이하인 경우 등은 기간별로 합산하지 않고 그 소득을 지급할 때 소득세를 원천징수(withholding)함으로써 과세가 종결되는 분리과세를 하고 있다.

세금을 계산할 때 계산구조를 이해하는 것이 매우 중요하다. 최종 납부할 세금을 계산하는 과정을 올바르게 이해해야만 정확한 세금계산을 할 수 있기 때문이다. [그림 12-2]에 나타낸 것처럼 소득세의 계산구조는 크게 네 단계로 이루어진다. 첫

더 알아봅시다 원천징수

원천징수란 소득을 지급하는 자가 소득을 지급할 때 그 소득을 지급받는 자의 세금을 징수하여 과세관청에 납부하는 제도이다. 예를 들어 어느 회사에서 직원에게 월급 2,000,000원을 지급할 때 그 직원의 소득세 200,000원을 뗀(원천징수) 후에 나머지 1,800,000원을 근로자에게 지급하고, 원천징수한 세금 200,000원은 다음 달 10일까지 세무서에 납부한다.

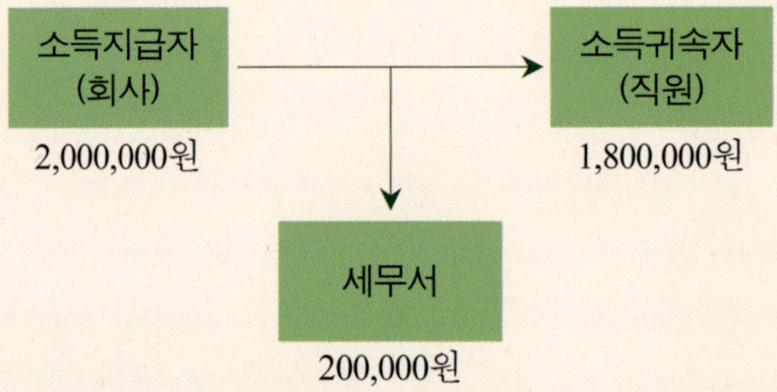

소득세는 개인에게 과세하는 것이므로 납세의무자의 수가 매우 많아서 세원관리에 어려움이 크므로, 탈세를 원천적으로 방지하고 납세자의 납세편의를 위해서 광범위하게 원천징수제도를 적용하고 있다. 즉, 이자소득, 배당소득, 근로소득, 연금소득, 기타소득 및 퇴직소득의 대부분이 원천징수의 대상이 된다.

원천징수제도에는 원천징수로써 과세를 종결하고 따로 정산을 하지 않는 완납적 원천징수와 일단 원천징수는 하되 추후에 납세의무를 확정할 때 이를 정산하는 예납적 원천징수의 두 가지 유형이 있는데, 분리과세대상소득은 완납적 원천징수가 적용되고 그 외에는 예납적 원천징수가 적용된다.

번째 단계는 소득금액을 계산하는 단계로서 총수입금액에서 필요경비를 공제한다. 두 번째 단계는 과세표준을 계산하는 단계로서 소득금액에서 소득공제를 차감한다. 세 번째 단계는 과세표준에 세율을 곱하여 산출세액을 구하는 단계이다. 네 번째 단계는 산출세액에서 세액감면이나 세액공제를 차감하여 납부세액을 계산하는 단계이다.

2. 종합소득에 포함되는 소득의 종류

한 해에 이자소득, 배당소득, 사업소득, 근로소득, 연금소득 또는 기타소득 등의 소득이 있는 개인은 이를 합산하여 다음 해 5월 1일부터 5월 31일까지 종합소득세 신고를 해야 한다. 단, 근로소득만 있고 다른 종합소득이 없는 경우에는 연말정산을 하면 종합소득세 신고를 따로 하지 않아도 된다. 이하에서는 종합소득세 과세대상이 되는 이자소득, 배당소득, 사업소득, 근로소득, 연금소득 및 기타소득에 대해서 알아보기로 한다.

(1) 이자소득

다른 사람에게 돈을 빌려주고 이자를 받는 경우 이자소득이 생긴다. 이자소득에는 은행에 예금하고 받는 이자, 국가나 지방자치단체 또는 내외국법인이 발행한 채권이나 증권의 이자와 할인액 등이 포함된다. 저축성 보험에 가입하고 만기에 받는 보험금이 납입보험료를 초과했을 때 그 초과액도 이자소득에 해당된다. 또한 금전 대여를 사업으로 하지 않는 사람이 여유자금을 빌려주고 받는 사채(私債)이자도 이자소득에 포함된다. 하지만 금전 대여를 사업으로 하는 사람이 받는 이자는 사업소득으로 분류된다.

이자를 받는다고 해서 모두 소득세가 부과되는 것은 아니고 특정한 이자소득은 정책적으로 과세하지 않고 있다. 예를 들어 개인종합자산관리계좌(ISA)에서 발생하는 이자소득 중 일정한도 내의 이자, 비과세종합저축에서 발생하는 이자 등의 소득은 과세하지 않는다.

이자소득에 대해서는 필요경비가 인정되지 않는다. 따라서 이자소득 총수입금액이 바로 이자소득금액이 된다.

(2) 배당소득

배당소득이란 개인이 주식을 보유하고 있는 경우 그 주식을 발행한 법인으로부터 배당 또는 분배금을 받음으로써 발생하는 소득을 말한다. 배당소득에는 내외국법인으로부터 받는 이익이나 잉여금의 배당 또는 분배금, 국내외에서 받은 집합투자기구(펀드상품)로부터의 이익[2], 의제배당[3] 등이 포함된다.

배당소득도 이자소득과 마찬가지로 필요경비가 인정되지 않는다. 그러나 배당소득은 법인단계에서 법인세가 과세된 후의 이익을 주주에게 배당함으로써 발생하는 것이므로 배당소득에 대한 과세는 이중과세의 문제를 안고 있다. 소득세법에서는 주주단계에서 소득세를 과세할 때 해당 배당소득에 대해 과세된 법인세 상당액(귀속법인세)을 배당소득 총수입금액에 가산하여 소득세를 계산한 다음, 그 귀속법인세를 소득세 산출세액에서 공제(배당세액공제)해 주는 방식으로 이러한 이중과세문제를 해결하고 있다.

(3) 사업소득

사업소득이란 개인이 독립적인 사업을 통해서 얻은 소득을 말한다. 사업은 영리를 목적으로 자기의 계산과 책임 하에 계속적·반복적으로 행하는 활동을 의미한다. 각종 사업을 법인이 영위하면 법인세법이 적용되고, 개인이 영위하는 경우에는 소득세법상 사업소득이 적용된다.

소득세법은 사업소득이 발생하는 사업의 범위를 규정하고 있는데, 제조업, 부동산임대업, 도소매업, 운수업, 숙박 및 음식점업 등을 열거하고 있다. 농업 중 식량작물재배업은 과세대상 사업에 포함되지 않으며, 일정규모 이하의 농가부업소득은 비과세 사업소득으로 소득세를 과세하지 않는다.

---

2) 자본시장과 금융투자업에 관한 법률에 따르면 집합투자는 2인 이상의 투자자로부터 모은 금전 등을 투자자로부터 일상적인 운용지시를 받지 아니하면서 재산적 가치가 있는 투자대상자산을 취득·처분, 그 밖의 방법으로 운용하고 그 결과를 투자자에게 배분하여 귀속시키는 것을 말한다.

3) 의제배당은 형식상 배당이 아니더라도 사실상 회사의 이익이 주주 등에게 귀속되는 경우에 배당으로 간주하는 제도를 말한다.

사업소득금액은 총수입금액에서 필요경비를 공제하여 계산한다. 사업소득세의 계산은 앞 장에서 설명한 법인세의 계산과 매우 비슷하다. 다만, 법인세법에서 사용하는 익금·손금 대신에 총수입금액·필요경비라는 용어를 사용한다. 즉, 결산서상 당기순이익에 총수입금액산입, 필요경비불산입을 가산하고 총수입금액불산입, 필요경비산입을 차감하여 사업소득금액을 계산한다.

소득세법상 사업소득과 법인세법상 각 사업연도 소득금액의 계산구조는 유사하지만, 과세소득의 범위와 과세방법 등에서는 일부 차이가 있다. 법인세법은 비경상적·우발적으로 발생하는 소득도 포함한 모든 소득을 합산하여 소득금액을 계산한다. 그러나 소득세법은 일정한 원천에서 경상적·계속적으로 발생하는 소득만을 과세소득으로 열거하고 있으며, 소득을 발생원천별로 여덟 가지로 구분해서 각각 소득금액을 계산한다. 이자수익이나 배당금수익의 경우 법인은 각 사업연도 소득금액에 모두 포함되지만, 개인의 경우에는 사업소득이 아니라 이자소득 또는 배당소득으로 과세된다. 그리고 유가증권처분손익의 경우 법인은 각 사업연도 소득금액에 모두 포함되지만, 개인의 경우에는 소득세법상 양도소득으로 열거된 것만 양도소득으로 과세되고 사업소득 계산에는 포함되지 않는다.

또한, 법인은 출자자와 독립된 별개의 실체이지만, 개인사업자는 자신이 직접 사업소득의 귀속 주체가 된다. 따라서 법인의 대표자에 대한 인건비는 손금으로 인정되지만, 개인사업자의 대표자 자신에 대한 인건비는 필요경비로 인정되지 않는다.

더 알아봅시다 **부동산임대업의 소득금액**

사업소득의 경우 필요경비가 총수입금액을 초과하여 결손금이 발생한 경우에는 종합소득에 포함되는 다른 소득금액에서 공제되지만, 주택임대업 외의 일반적인 부동산임대업의 경우에는 해당 과세기간의 다른 소득금액에서 공제하지 않고 이월시켜 다음 과세기간 이후에 발생하는 부동산임대업의 소득금액에서만 공제한다. 따라서 부동산임대업 사업소득이 있는 사업자는 그 소득별로 구분하여 회계장부를 유지해야 한다.

그리고 부동산을 임대하고 보증금·전세금 등을 받은 경우에는 그 보증금 등에 대한 정기예금이자 상당액을 임대수입(간주임대료)으로 총수입금액에 산입한다. 주택임대업의 경우에는 3주택 이상을 소유하고 보증금·전세금의 합계액이 3억원을 초과하는 경우에 간주임대료를 총수입금액에 산입한다.

그리고 법인의 출자자는 법적 요건을 충족한 경우에만 이익배당 등을 통해 자금인출이 가능하지만, 개인사업은 법정자본금이 없으며 개인사업자가 언제든지 마음대로 출자금을 인출할 수 있다.

(4) 근로소득

근로소득은 개인이 근로계약에 따라 비독립적(종속적) 지위에서 근로를 제공하고 그 대가로 받는 모든 금품을 말하는데, 근로의 대가로 근로자가 받는 것이라면 급료·상여·임금·수당 등 명칭여하 또는 지급방법(현금뿐만 아니라 현물도 포함)에 불구하고 모두 포함된다. 그러나 소득세법상 일정한 근로소득은 조세정책적 목적에 따라 소득세를 과세하지 않는데, 비과세되는 주요 근로소득에는 월 20만원 이내의 자가운전보조금 등 실비변상적인 성격의 급여, 근로자가 제공받는 식사 또는 월 20만원 이하의 식사대, 국민건강보험법 등에 따라 사용자가 부담하는 보험료 등이 있다.

근로소득금액은 총급여액(비과세소득을 제외한 근로소득 합계액)에서 필요경비에 해당되는 근로소득공제를 차감하여 계산된다. 근로소득의 경우에는 소득을 얻기 위하여 실제로 지출된 필요경비를 확인하기가 어렵기 때문에 획일적으로 일정한 금액을 필요경비로 인정하여 공제하는데, 이를

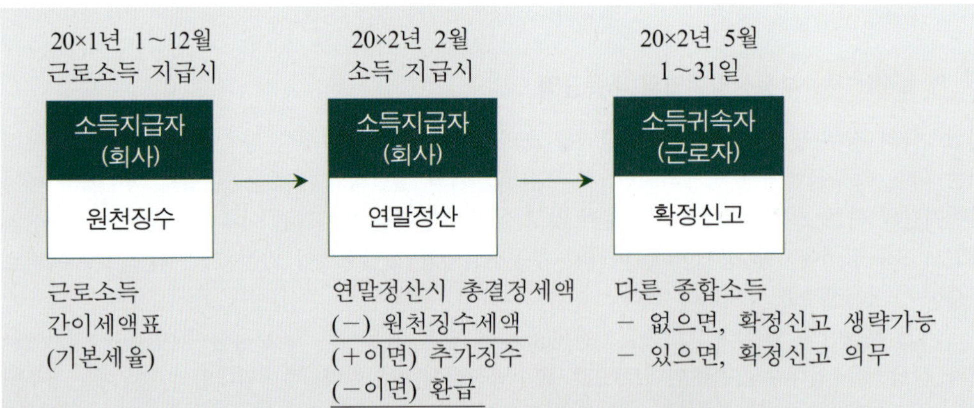

[그림 12-3] 일반근로자의 근로소득 과세방법

근로소득공제라 한다.

[그림 12-3]에 나타낸 것처럼, 국내에서 거주자 등에게 근로소득을 지급한 자는 매월분의 근로소득을 지급하는 때에 근로소득 간이세액표에 따라 소득세를 원천징수(예납적 원천징수)하여 과세관청에 납부해야 하며, 해당 과세연도의 다음 연도 2월분의 근로소득을 지급하는 때에 연말정산을 해야 한다. 연말정산은 근로소득만 있다고 가정할 때의 소득세 결정세액을 계산하여 이미 원천징수한 세액을 정산하는 과정이다. 소득세 결정세액이 이미 원천징수한 세액보다 적으면 초과 징수한 세액을 돌려주고, 반대의 경우에는 추가로 징수하여 납부한다. 근로소득 외에 다른 종합소득이 없는 근로소득자는 연말정산을 통해 모든 납세절차가 종결되므로 별도로 과세표준확정신고를 하지 않아도 된다.

일용근로자(일급 또는 시급으로 근로대가를 받으며, 동일한 고용주에게 3개월 이상 계속 고용되어 있지 않은 자)의 급여는 종합소득에 합산하지 않고 소득지급자가 소득을 지급할 때 원천징수함으로써 모든 납세의무가 종결된다(완납적 원천징수에 의한 분리과세).

(5) 연금소득

연금소득은 국민연금법 등 공적연금 관련법에 따라 받는 공적연금소득과 개인의 연금계좌에서 연금형태로 수령하는 사적연금소득을 말한다.

정부는 노후생활보장을 위한 연금보험료 납입을 장려하기 위하여 2002년부터 "연금보험료 납입시에는 소득공제(공적연금의 경우) 또는 세액공제(사적연금의 경우)의 세제혜택을 부여하고, 노후에 연금을 수령할 때 소득세를 과세"하는 방식으로 과세체계를 개편하였다. 이에 따라 과세기준일인 2002년 1월 1일 이후에 납입한 연금보험료(즉, 납입시 세제혜택을 받은 납입액)를 기초로 하여 지급되는 연금소득에 대하여 소득세를 과세한다.

근로소득금액과 유사하게 연금소득금액은 총연금액(비과세소득 및 분리과세연금소득 제외)에서 연금소득공제(900만원 한도)를 차감하여 계산된다.

연금소득은 종합과세(종합소득과세표준에 합산하여 과세)가 원칙이나, 사적연금소득의 합계액이 연 1,200만원 이하인 경우에는 납세의무자의 선택에 따라 종합소득과세표준에 합산하지 않고 분리과세를 적용받을 수 있는 등 예외적으로 분리과세되는 사적연금소득도 있다.

(6) 기타소득

기타소득은 이자소득, 배당소득, 사업소득, 근로소득, 연금소득, 퇴직소득, 양도소득 외의 소득으로서, 상금, 복권당첨금, 계약의 위약 등으로 인하여 받는 위약금 또는 배상금, 일시적인 문예창작소득(원고료 등), 강연 등 일시적인 인적용역 제공대가 등 소득세법에서 열거하고 있는 소득을 말한다. 기타소득은 사업성이나 고용관계가 없이 일시적・우발적으로 발생하는 소득이다.

기타소득금액은 사업소득금액과 비슷하게 총수입금액에서 필요경비를 차감하여 계산된다. 원칙적으로 필요경비는 적절한 증빙에 기초하여 실제 발생한 금액만을 인정하는 것이지만, 강연 등 일시적인 인적용역 제공대가, 문예창작소득(원고료 등) 등의 경우에는 필요경비의 증빙이 없더라도 예외적으로 총수입금액의 60~90%

산책로 공무원・사학・군인연금도 보험료 더 내는 개혁 추진

정부가 국민연금을 비롯해 기초연금과 공무원・사학・군인 등 직역연금까지 연계한 '노후소득보장체계' 전반 개혁에 속도를 내기로 했다. 국민연금뿐 아니라 직역연금의 보험료율 인상도 검토될 것으로 보인다.

보건복지부는 대통령 신년 업무보고에서 국민연금 개혁 방향을 포함한 주요 업무 추진계획을 발표했다. 정부는 공무원・군인・사학연금 등 '직역연금'까지도 이번 정부 내에 개혁이 필요하다고 본다. 보건복지부장관은 이날 브리핑에서 "공무원연금 등 직역연금을 포함한 노후소득보장제도 전반의 구조개혁도 사회적 합의를 통해서 조속히 이루어질 수 있도록 최선을 다하겠다"고 했다. 직역연금들은 국민연금에 비해 '많이 내지만 더 많이 받는' 구조여서 재정 적자가 더 심하다. 이런 구조를 그대로 두고 국민연금만 '더 내고, 적게 받는' 개혁을 추진한다면 국민적 동의를 얻기 쉽지 않다는 판단이다. 국회 연금개혁특별위원회(연금특위)에서도 직역연금 가입자들이 지금보다 보험료를 '더 많이' 내는 방향으로 개혁안을 내놓을 것으로 전망된다.

복지부 산하 재정추계전문위원회는 국민연금 기금 고갈시점을 2056년으로 잠정 추산중인 것으로 알려졌다. 합계출산율이 0.79명에 불과한 최근 '초저출산' 추세까지 감안하면 고갈시점이 이보다 더 이르게 추계될 가능성도 있다. 국회 연금특위는 이 재정추계 초안을 바탕으로 3개월 동안 국민 의견 수렴 과정을 거쳐 연금개혁 '국회안'을 완성한다는 계획을 갖고 있다.

정부와 국회가 국민연금과 함께 직역연금 개혁을 논의하기로 한 것은 두 연금의 형평성을 맞추지 않고는 개혁에 대한 국민 공감대를 형성할 수 없다고 보기 때문이다. 국회 예산정책처가 지난해 '공적연금개혁 논의 현황과 향후 과제' 보고서에서 추계한 공무원 및 군인연금 수급자 1인당 국가보전금 액수는 연간 726만원이다. 예산정책처는 제도 개선이 이뤄지지 않을 경우 2070년에는 1인당 국가보전금이 연간 1,754만원까지 늘 것으로 내다봤다. 퇴직 공무원 1명에게 연금을 주기 위해 매년 1,700만원이 넘는 세금이 투입된다는 것이다.

국민연금 기금 고갈 시기와 직역연금의 적자 규모를 볼 때 지금 같은 연금제도는 지속될 수 없다. 노후소득보장체계의 전반적인 개혁이 시급한 상황이다. (동아일보 수정요약)

를 필요경비로 인정해 준다.

국내에서 거주자 등에게 기타소득을 지급하는 자는 기타소득금액(필요경비 차감 후)에 원천징수세율(원칙적으로 20%)을 적용한 금액을 원천징수해서 다음 달 10일까지 과세관청에 납부해야 한다.

복권당첨소득 등은 원천징수로 과세의무가 종결되지만, 그 외의 대부분의 기타소득은 원칙적으로 종합소득과세표준에 합산하여 과세된다. 다만, 해당 과세기간의 기타소득금액이 300만원 이하인 경우에는 납세자의 선택에 따라 분리과세를 적용(원천징수로 과세의무가 종결)받을 수 있다.

3. 종합소득세는 어떻게 계산하고, 언제 신고하나요?

[그림 12-1]에서 본 것처럼, 종합과세대상이 되는 이자소득금액, 배당소득금액, 사업소득금액, 근로소득금액, 연금소득금액 및 기타소득금액을 합산하여 종합소득금액을 산출한다. 이자소득과 배당소득의 합계(금융소득)가 일정금액 이하인 경우에는 원천징수로써 과세가 종결(분리과세)되므로 종합소득금액에 합산하지 아니하고, 그 기준을 초과하면 종합과세대상이 되므로 다른 종합소득과 합산하여 소득세를 계산한다. 근로소득, 연금소득 및 기타소득 중에서도 분리과세대상인 소득은 원천징수로써 과세가 종결되므로 종합소득금액에 합산하지 아니한다.

더 알아봅시다 종합소득공제

(1) 기본공제 : 소득자 본인과 그 배우자 등 부양가족에 대한 기초생계비공제로서 1인당 150만원씩을 공제함. 부양가족은 원칙적으로 생계를 같이해야 하며, 나이 요건(60세 이상 또는 20세 이하 등)과 소득 요건(해당 과세기간의 소득금액 합계 100만원 이하 등)을 충족해야 함.

(2) 추가공제 : 기본공제대상자 중에 장애인이나 70세 이상 경로우대자가 있거나, 소득자 본인이 배우자가 있는 여성이거나 배우자 없는 여성으로서 부양가족이 있는 세대주인 경우 또는 배우자가 없이 부양자녀가 있는 경우에 적용됨.

(3) 특별소득공제 : 보험료소득공제(근로소득자의 건강보험료 등), 주택자금소득공제(근로소득자의 청약저축 납입액, 주택임차자금 차입금 원리금상환액 및 장기주택저당차입금의 이자상환액의 일정금액)

(4) 기타 물적공제 : 연금보험료공제(종합소득자의 국민연금 등 공적연금보험료), 주택담보노후연금 이자비용공제(연금소득자의 주택담보노후연금 이자비용 상당액), 신용카드 등 사용금액에 대한 소득공제(근로소득자의 신용카드, 현금영수증, 체크카드 등의 사용금액이 최저사용금액을 초과하는 경우 일정금액 한도)

종합소득금액을 계산한 후에는 [그림 12-2]에서 본 것처럼 종합소득공제를 차감하여 종합소득과세표준을 산출하고, 그 과세표준에 세율을 적용하여 종합소득산출세액을 계산한다. 종합소득산출세액에서 세액감면과 세액공제를 차감하고, 가산세를 가산한 후, 원천징수세액 등 이미 납부한 세액(기납부세액)을 차감하여 종합소득납부세액이 도출된다. [그림 12-4]의 종합소득세 과세표준 확정신고 및 납부계산서는 이러한 종합소득납부세액 계산을 요약하여 보여준다.

종합소득공제는 납세의무자의 조세부담능력에 상응하도록 과세하는 원칙에 따라 각 납세의무자의 개인적 사정을 고려해 일정금액을 과세소득에서 공제하는 제도이다. 종합소득공제는 크게 인적공제와 물적공제로 나눌 수 있다. 인적공제는 납세의무자의 최저생계비에 해당하는 소득을 공제하는 제도로서 기본공제와 장애인·경로우대자 등에 대한 추가공제가 적용된다. 이는 부양가족의 상황을 고려하여 세부담에 차등을 두어 조세부담능력에 상응하는 과세를 실현하고 소득세의 소득재분배기능을 강화하는 중요한 수단이다. 이에 비하여 물적공제는 납세의무자가 지출한 보험료 등의 일정비용을 공제하는 제도로서, 보험료소득공제·주택자금소득공제 등 특별소득공제, 연금보험료공제와 신용카드 등 사용금액에 대한 소득공제 등이 포함된다. 이는 건강보험과 국민연금 등 사회보장제도 등을 세제면에서 지원하는 수단이다.

종합소득과세표준에 세율을 적용하여 종합소득산출세액을 계산한다. 세율은 최저 6%에서 최고 45%의 초과누진세율 구조로 되어 있다.

종합소득산출세액으로부터 세액감면 및 세액공제를 차감하고, 가산세나 기납부세액을 가감하여 종합소득납부세액을 계산한다. 세액감면은 특정한 소득에 대해 세금을 면제하거나 경감해 주는 것이며, 세액공제는 이중과세를 방지하거나 조세정책적 목적을 위하여 산출세액에서 일정금액을 공제하는 것을 말한다. 현행 세법에서는 배당세액공제, 외국납부세액공제, 재해손실세액공제, 근로소득세액공제, 기장세액공제, 자녀세액공제, 연금계좌세액공제, 특별세액공제 등 다양한 세액공제규정을 두고 있다.

가산세는 세법에 규정한 의무의 성실한 이행을 확보하기 위해 그 의무를 위반한 자에게 부과하는 행정벌이다. 법정신고기한까지 과세표준신고를 하지 않거나(무신고), 과세표준·납부세액을 적게 신고(과소신고)하는 등의 경우 가산세가 부과되며, 특히 부정행위로 무신고 또는 과소신고하는 경우에는 엄중한 가산세가 부과되니 유의해야 한다.

한 해에 종합소득금액이 있는 개인은 다음 해 5월 1일부터 5월 31일까지 과세표준을 신고, 납부해야 한다. 다만, 근로소득만 있거나 분리과세대상소득만 있는 개

(33쪽 중 제3쪽)

관리번호	-	(　　년 귀속)종합소득세 · 농어촌특별세 · 지방소득세 과세표준확정신고 및 납부계산서	거주구분	거주자 1 / 비거주자 2
			내 · 외국인	내국인 1 / 외국인 9
			외국인단일세율적용	여 1 / 부 2
			거주지국 / 거주지국코드	

❶ 기본사항

① 성　명		② 주민등록번호	-
③ 주　소			
④ 주소지 전화번호		⑤ 사업장 전화번호	
⑥ 휴 대 전 화		⑦ 전자우편주소	
⑧ 신 고 유 형	11 자기조정 12 외부조정 14 성실신고확인 20 간편장부 31 추계-기준율 32 추계-단순율 40 비사업자		
⑨ 기 장 의 무	1 복식부기의무자	2 간편장부대상자	3 비사업자
⑩ 신 고 구 분	10 정기신고 20 수정신고 30 경정청구 40 기한후신고 50 추가신고(인정상여)		

❷ 환급금 계좌신고 (2천만원 미만인 경우)	⑪ 금융기관/체신관서명		⑫ 계좌번호	

❸ 세무대리인	⑬ 성　명	⑭ 사업자등록번호 - -	⑮ 전화번호
	⑯ 대리구분 1기장 2조정 3신고 4확인	⑰ 관리번호 -	⑱ 조정반번호 -

❹ 세액의 계산

구 분		종합소득세		지방소득세		농어촌특별세	
종합소득금액		⑲					
소득공제		⑳					
과세표준(⑲-⑳)		㉑		㊶		61	
세율		㉒		㊷		62	
산출세액		㉓		㊸		63	
세액감면		㉔		㊹			
세액공제		㉕		㊺			
결정세액(㉓-㉔-㉕)		㉖		㊻		64	
가산세		㉗		㊼		65	
추가납부세액 (농어촌특별세의 경우에는 환급세액)		㉘		㊽		66	
합계(㉖+㉗+㉘)		㉙		㊾		67	
기납부세액		㉚		㊿		68	
납부(환급)할 총세액(㉙-㉚)		㉛		51		69	
납부특례세액	차감	㉜				70	
	가산	㉝					
분납할세액	2개월 내	㉞					
신고기한 이내 납부할 세액(㉛-㉜+㉝-㉞)		㉟		52		71	

신고인은 「소득세법」 제70조, 「농어촌특별세법」 제7조, 「지방세법」 제95조 및 「국세기본법」 제45조의3에 따라 위의 내용을 신고하며, **위 내용을 충분히 검토하였고 신고인이 알고 있는 사실 그대로를 정확하게 적었음을 확인합니다.** 위 내용 중 과세표준 또는 납부세액을 신고하여야 할 금액보다 적게 신고하거나 환급세액을 신고하여야 할 금액보다 많이 신고한 경우에는 **「국세기본법」 제47조의3에 따른 가산세 부과 등의 대상이 됨을 알고 있습니다.**

년　월　일　　　신고인　　　(서명 또는 인)

세무대리인은 조세전문자격자로서 위 신고서를 성실하고 공정하게 작성하였음을 **확인합니다.** 무기장 · 부실기장 및 소득세법에 따른 성실신고에 관하여 불성실하거나 허위로 확인된 경우에는 「세무사법」 **제17조에 따른 징계처분 등의 대상이 됨을 알고 있습니다.** 세무대리인 (서명 또는 인) 세무서장 귀하	접수(영수)일

첨부서류(각 1부)		전산입력필	(인)

[그림 12-4] 종합소득세 과세표준확정신고 및 납부계산서

인은 연말정산 또는 원천징수로 납세의무가 완료되기 때문에 별도로 확정신고를 하지 않아도 된다.

더 알아봅시다

소득세 기본세율(속산표)

종합소득과세표준	종합소득산출세액
1,400만원 이하	과세표준×6%
1,400만원 초과 5,000만원 이하	과세표준×15%－1,260,000원(누진공제액)
5,000만원 초과 8,800만원 이하	과세표준×24%－5,760,000원(누진공제액)
8,800만원 초과 1억 5,000만원 이하	과세표준×35%－15,440,000원(누진공제액)
1억 5,000만원 초과 3억원 이하	과세표준×38%－19,940,000원(누진공제액)
3억원 초과 5억원 이하	과세표준×40%－25,940,000원(누진공제액)
5억원 초과 10억원 이하	과세표준×42%－35,940,000원(누진공제액)
10억원 초과	과세표준×45%－65,940,000원(누진공제액)

특별세액공제

세원이 투명하게 드러나는 근로소득자의 세부담을 완화하기 위해 근로소득자에게 적용된다.

(1) 보험료세액공제 : 본인 또는 기본공제대상자를 피보험자로 하는 보장성보험료(공제율 12% 또는 15%, 연 100만원 한도)

(2) 의료비세액공제 : 본인 또는 기본공제대상자(나이 및 소득 불문)를 위해 지급한 공제대상 의료비 중 기준금액(총급여액의 3%) 초과액(공제율 15%, 20% 또는 30%, 일반의료비는 연 700만원 한도)

(3) 교육비세액공제 : 본인 또는 기본공제대상자(나이 불문)를 위해 지급한 공제대상 교육비(공제율 15%, 가족은 1명당 연 300만원 또는 900만원 한도)

(4) 기부금세액공제 : 본인 또는 기본공제대상자(나이 불문)가 지급한 공익성이 있는 법정기부금과 지정기부금(공제율 15%(1천만원 이하) 또는 30%(1천만원 초과), 소득금액의 일정한도)

제 2 절 부동산에 관한 세금

부동산과 관련된 세금으로는 부동산을 취득할 때 납부하는 취득세가 있고, 보유하는 동안에는 재산세와 종합부동산세 등이 있으며, 양도할 때에는 양도소득세가 과세된다. [그림 12-5]에 이를 요약하였다.

[그림 12-5] 부동산에 대한 세금

1. 부동산을 취득할 때 내는 세금

취득세는 토지, 건축물, 차량 및 각종 회원권 등을 취득할 때 내는 세금을 말한다. 취득세는 해당자산을 취득한 날로부터 60일 이내에 시청이나 군청 또는 구청에 신고, 납부해야 하는 지방세이다.

2. 부동산을 보유하고 있을 때 내는 세금

과세기준일(매년 6월 1일) 현재 부동산을 소유하고 있는 사람은 재산세와 종합부동산세를 납부하게 된다.

(1) 재산세

재산세는 토지, 건축물, 주택 등 재산의 보유에 대하여 부과하는 지방세이다. 매년 7월에는 주택부분의 1/2과 건물분 재산세를, 9월에는 주택부분의 1/2과 토지분 재산세를 납부해야 한다.

(2) 종합부동산세

종합부동산세는 일정기준을 초과하는 주택과 토지 소유자에게 누진세율을 적용해 부과하는 국세이다.

3. 부동산을 양도할 때 내는 세금

양도는 자산에 대한 등기 또는 등록과 관계없이 매도, 교환, 법인에 대한 현물출자 등을 통해 그 자산을 유상으로 사실상 이전하는 것을 말한다. 보유하고 있던 부동산을 양도하는 경우 양도가액에서 필요경비를 공제한 양도차익에 대하여 양도소득세가 과세된다.

(1) 양도소득세의 계산구조

양도소득세의 계산구조를 보면 양도가액에서 필요경비(취득가액 및 기타필요경비)를 차감하여 양도차익을 구하고, 양도차익으로부터 장기보유특별공제, 양도소득기본공제 등을 차감하여 과세표준을 계산하며, 과세표준에 세율을 곱하여 양도소득세액을 계산하게 된다. [그림 12-6]에 이러한 내용이 요약되어 있다.

양도소득세의 과세대상은 부동산(토지와 건물), 조합원입주권 · 분양권 등 부동산에 관한 권리, 특정시설물이용권 등 기타자산, 그리고 주식과 파생상품 등의 양도로 인한 양도차익이다. 같은 부동산이라 할지라도 부동산매매업자가 양도하는 경우에는 사업소득으로 과세하며, 양도소득세의 과세대상이 아니다.

[그림 12-6] 양도소득세의 계산구조

부동산 등의 양도가액과 취득가액은 원칙적으로 양도당시와 취득당시의 실지거래가액으로 한다. 다만, 증빙서류가 미비되어 실지거래가액을 확인할 수 없는 경우에는 매매사례가액, 감정가액, 환산취득가액 또는 기준시가를 순차적으로 적용하여 양도가액과 취득가액을 산정함으로써 양도차익을 계산한다.

장기보유특별공제는 보유기간이 3년 이상인 토지와 건물(단, 미등기양도자산과 다주택자의 조정대상지역 내의 주택은 제외) 등에 대하여 적용한다. 이 제도는 장기간 축적된 보유이익이 양도시점에 일시에 실현됨에 따라 높은 누진세율을 적용받는 부담을 완화하기 위한 것이며, 보유기간이 길수록 공제율도 높아진다.

양도소득과세표준은 양도소득금액에서 양도소득기본공제를 차감하여 계산한다. 양도소득기본공제는 부동산 또는 주식 등 각 그룹별로 연 250만원을 공제(단, 미등기양도자산은 제외)한다. 과세표준이 계산된 후에는 양도소득세율을 곱해서 산출세액을 계산한다. 양도소득세율은 과세대상 자산의 종류, 보유기간, 등기여부 등에 따라 최저 6%에서 최고 75%까지의 차등세율을 적용한다.

(2) 1세대 1주택의 비과세

부동산을 양도했다고 모든 양도차익에 대해서 양도소득세가 부과되는 것이 아니라

1세대가 1주택을 2년 이상 보유한 후 양도하는 경우에는 양도소득세를 과세하지 않는다. 이는 서민의 주거생활의 안정을 도모하기 위한 것이다. 양도소득세가 비과세되는 1세대 1주택의 요건은 다음과 같다.

① 1세대가 양도일 현재 국내에 1주택을 소유할 것
② 해당주택의 보유기간이 2년 이상일 것(단, 취득 당시 조정대상지역인 경우 보유기간 중 2년 이상 거주 요건 추가)
③ 고가주택이나 미등기 양도주택이 아닐 것[4)]

1세대는 거주자 및 그 배우자가 그들과 같은 주소에서 생계를 같이하는 자와 함께 구성하는 가족단위를 말한다. 연령이 30세 이상인 경우 등에는 배우자가 없어도 1세대로 본다.

주택이 아닌 콘도나 별장, 오피스텔 등에 대해서는 비과세가 적용되지 않는다. 또한 실지거래가액이 12억원을 초과하는 고가주택은 1세대 1주택 요건을 충족한 경우에도 12억원을 초과하는 금액에 상당하는 양도차익에 대해서는 양도소득세를 과세한다.

더 알아봅시다 **비과세되는 1세대 2주택**

소득세법상 1세대 1주택의 경우에만 양도소득세를 비과세하지만, 다음의 경우 등에는 2주택을 보유했어도 1세대 1주택으로 보아 비과세규정을 적용한다.

(1) 일시적인 2주택
국내에 1주택을 소유한 1세대가 그 주택을 양도하기 전에 다른 주택을 취득함으로써 일시적으로 1세대 2주택이 된 경우 종전의 주택을 취득한 날부터 1년 이상이 지난 후 다른 주택을 취득하고 그 다른 주택을 취득한 날로부터 3년 이내에 종전의 주택을 양도하는 경우에는 1세대 1주택으로 보아 양도소득세를 비과세한다.

(2) 직계존속봉양 또는 혼인으로 세대를 합한 경우
1주택을 보유하는 자가 60세 이상의 직계존속을 동거봉양하기 위하여 세대를 합치거나 또는 배우자와 혼인함으로써 1세대 2주택이 되는 경우, 세대를 합친 날 또는 혼인한 날부터 각각 10년 또는 5년 이내에 먼저 양도하는 주택은 1세대 1주택으로 보아 비과세한다.

---

4) 고가주택은 주택 및 부수토지의 양도당시 실지거래가액의 합계액이 12억원을 초과하는 것을 말한다.

제 3 절 상속 · 증여와 세금

우리나라 세법에서는 재산이 무상으로 이전될 때에도 세금이 과세된다. 재산을 받은 사람(상속인 또는 수증자)이 영리법인이면 법인세가 과세되고, 재산을 받은 사람이 자연인이면 상속세 또는 증여세가 과세된다. 만약 재산을 주는 사람(피상속인 또는 증여자)이 사망한 이후에 재산이 이전되면 상속세가, 재산을 주는 사람이 살아있는 동안에 재산이 이전되면 증여세가 과세된다.

상속세는 재산을 주는 사람(피상속인)을 중심으로 하여 유산 전체를 하나의 과세단위로 하는 유산과세형으로, 유산총액에 누진세율을 적용한다. 반면에 증여세는 재산을 받은 사람(수증자)을 중심으로 하여 각 수증자가 받은 재산을 과세단위로 하는 취득과세형으로, 각 수증자가 증여에 의하여 취득한 재산에 누진세율을 적용한다.

산책로 **30세 미만 고가 주택 취득자 등 투기 의심자 대상 세무조사 착수**

취준생 A씨(27세)는 별다른 소득 없이도 강남권 아파트와 분양권을 소유한 능력자다. 뚜렷한 벌이가 없는 B씨도 마찬가지다. 그는 올해 상반기 반포에서 매입한 10억원 상당 아파트까지 포함해 본인 명의 주택만 총 4채다.

국세청은 이들처럼 30세 미만이면서 고가 주택을 취득한 사람과 다주택 보유자, 시세보다 분양권 프리미엄을 과소신고한 사람 등 286명을 대상으로 세무조사에 착수한다고 밝혔다.

다주택 보유자, 고가 주택을 보유한 연소자 중에서는 주택을 사들인 자금출처가 불분명한 경우 변칙증여 혐의가 있다고 보고 세무조사 선상에 올렸다. 다운계약서 작성 혐의가 짙은 사람들도 조사선상에 올랐다.

국세청은 거래 당사자, 가족은 물론 관련 사업체까지 세무조사를 벌이고 불법행위가 확인되면 관계기관에 통보 · 고발하겠다는 방침이다. 특히 다운계약서 등 거짓계약서를 작성하면 1세대 1주택 비과세 요건 등을 충족하더라도 양도자, 양수자 모두 이를 적용하지 않는다고 설명했다.

(매일경제신문 수정요약)

상속세는 원칙적으로 상속인이 받은 재산의 비율에 따라 납부할 의무가 있고, 증여세는 원칙적으로 수증자가 납부할 의무를 진다.

1. 상속세는 어떻게 계산하나요?

(1) 상속세의 계산구조

상속세는 상속된 재산가액으로부터 법에서 규정하고 있는 항목들을 공제하여 계산된 상속세 과세표준에 세율을 곱하여 산출되는데, 그 구조를 살펴보면 [그림 12-7]과 같다.

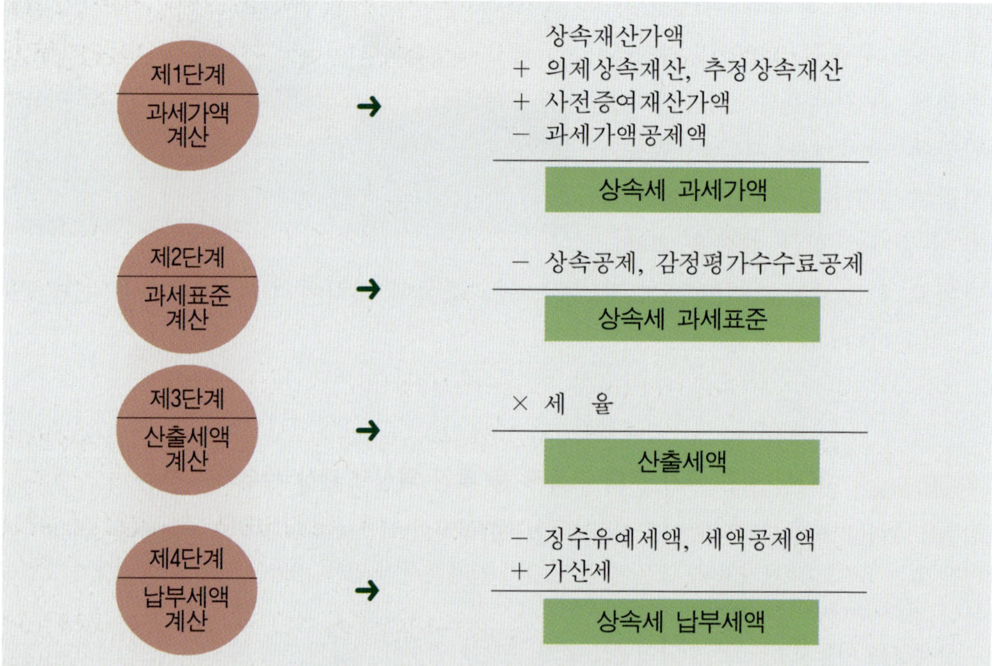

[그림 12-7] 상속세의 계산구조

(2) 상속세 과세가액

상속재산이란 피상속인(즉, 사망자)에게 귀속되는 모든 재산을 말하며 금전으로 환산할 수 있는 경제적 가치가 있는 모든 물건(부동산, 유가증권, 예금 등)이나 재산적 가치가 있는 법률상 또는 사실상의 모든 권리(영업권, 특허권, 저작권 등)가 포함된다. 구체적으로, 상속세 과세가액은 실질적으로 상속되는 재산의 가액을 말하는 것으로 원래의 상속재산가액에 ① 보험금 또는 퇴직금 등 상속재산으로 간주되는 재산(의제상속재산)의 가액, ② 상속개시일(즉, 사망일) 전 1년 또는 2년 이내에 일정금액 이상의 재산을 처분했거나 채무를 부담했는데 그 용도가 불분명한 금액(추정상속재산), ③ 피상속인이 상속개시일 전 10년 이내에 상속인(또는 5년 이내에 상속인 이외의 자)에게 증여한 재산가액(사전증여재산가액)을 더한다. 이렇게 계산된 합계액에서 과세가액공제액(피상속인이 납부해야 할 세금 등 공과금과 장례비용, 피상속인의 채무액)을 차감하면 상속세 과세가액이 된다.

(3) 상속공제 등

상속세 과세가액을 계산한 후에는 상속공제와 감정평가수수료공제(상속세 신고·납부를 위한 상속재산 평가에 소요된 수수료로 500만원 한도)를 차감하여 상속세 과세표준을 계산한다. 상속공제는 피상속인의 사망으로 인한 경제적 충격을 고려하여 상속세의 부담을 완화시켜 주기 위한 것으로 인적공제와 물적공제가 있다. 인적공제로서 기초공제와 그 밖의 인적공제를 각각 적용받거나 일괄공제를 적용받을 수 있으며 추가로 배우자상속공제가 적용된다. 물적공제로서 금융재산상속공제, 동거주택상속공제, 가업·영농상속공제 등이 적용된다.

① 기초공제 : 상속세 과세가액에서 기본적으로 일정금액(현재 2억원)을 공제하는 것을 말한다. 따라서 과세가액이 기초공제액보다 작을 경우에는 상속세가 과세되지 않는다.

② 그 밖의 인적공제 : 배우자 이외에, 피상속인이 사실상 부양해 오던 가족에 대한 공제로서 자녀공제(1인당 5천만원), 미성년자공제(1인당 1천만원×19세까지의 연수), 연로자공제(65세 이상인 자 1인당 5천만원) 및 장애인공제(1인당 1천만원×기대여명 연수)를 말한다. 그 밖의 인적공제는 원칙적으로 중복적용이 불가능하지만, 자녀공제에 해당하는 자가 미성년자공제에 해당하는 경우 또는 장애인공제에 해당하는 자가 다른 인적공제에 해당하는 경우에는 중복적용이 가능하다.

③ 일괄공제 : 기초공제와 그 밖의 인적공제의 합계액이 일정금액(5억원)보다 적은 경우에는 기초공제와 기타 인적공제를 각각 적용받는 대신에 일괄공제를 선택(배우자 단독상속의 경우 제외)하여 공제받을 수 있다.

④ 배우자상속공제 : 거주자의 사망시 배우자가 있는 경우에는 배우자가 실제 상속받은 재산의 가액을 공제하는데, 상속재산가액에 배우자의 법정상속지분을 곱해서 계산한 금액 또는 30억원 중 작은 금액을 한도로 한다. 배우자가 실제 상속받은 금액이 없거나 상속받은 금액이 5억원 미만인 경우에는 최소한 5억원을 공제한다.

⑤ 금융재산상속공제 : 예금, 주식, 채권, 보험금 등의 금융재산은 대부분 그 시가로 정확히 평가할 수 있기 때문에 부동산에 비하여 상대적으로 상속세 부담이 과다해질 가능성이 높다. 이러한 불공평을 해소하기 위해 금융재산

더 알아봅시다

상속세의 세율

상속세율을 구체적으로 살펴보면 다음과 같다(증여세율도 동일한 체계로 되어 있다).

과세표준	세 율
1억원 이하	10%
1억원 초과 5억원 이하	1천만원+ 1억원 초과금액의 20%
5억원 초과 10억원 이하	9천만원+ 5억원 초과금액의 30%
10억원 초과 30억원 이하	2억 4천만원+10억원 초과금액의 40%
30억원 초과	10억 4천만원+30억원 초과금액의 50%

법정상속

상속순위와 상속지분은 어떻게 결정되는가? 피상속인이 유언 또는 유서를 남긴 경우에는 유언·유서에 따라서 상속순위와 상속지분이 결정되지만 유언·유서가 없거나 이를 입증하기 어려운 경우에는 법률에 의하여 결정된다. 현재 민법에 의하면 상속인의 순위는 다음과 같다.

상속순위	상속인
1순위	배우자와 직계비속
2순위	배우자와 직계존속
3순위	형제자매
4순위	4촌 이내의 방계혈족

상속인의 순위에서 만일 선순위가 있으면 후순위는 상속인의 자격이 없다. 예를 들어서 2순위인 직계존속(부모 또는 조부모)이 상속을 받기 위해서는 1순위인 배우자나 직계비속(자녀 또는 손자녀)이 없는 경우라야 한다. 법정상속지분의 비율은 원칙적으로 같은 순위의 상속인에게 똑같이 배분된다. 자녀들이 공동상속인일 경우 남녀의 구별이 없으며 장남이나 차남, 출가한 딸 등의 차별 없이 모두 똑같은 지분비율을 갖는다. 단, 배우자는 다른 공동상속인의 지분에 50%를 추가한다. 예를 들어서 배우자와 자녀 2명이 공동 상속하는 경우에는 배우자는 1.5, 두 자녀는 각각 1의 지분을 갖게 되어 지분비율은 3/7 : 2/7 : 2/7로 계산된다.

의 상속에 대해서는 다음과 같이 일정금액을 상속재산가액에서 공제한다.

- 순금융재산가액(금융재산금액에서 금융채무금액을 차감한 금액)이 2천만원 이하인 경우 순금융재산가액 전액을 공제
- 순금융재산가액이 2천만원 초과 1억원 이하인 경우 2천만원을 공제
- 순금융재산가액이 1억원 초과인 경우 순금융재산가액의 20%를 공제(공제한도 2억원)

⑥ 동거주택상속공제 : 피상속인과 상속인(직계비속 및 그 배우자로 한정)이 함께 살던 동거주택을 상속받는 경우 상속주택가액(피상속인의 채무액 차감)의 100%(한도 6억원)를 공제한다. 동거주택상속공제는 다음의 요건을 모두 갖춰야 한다. 첫째, 피상속인과 상속인이 상속개시일부터 소급하여 10년 이상 계속하여 하나의 주택에서 동거할 것. 둘째, 피상속인과 상속인이 상속개시일부터 소급하여 10년 이상 계속 1세대를 구성하면서 1세대 1주택에 해당할 것. 셋째, 상속개시일 현재 상속인이 무주택자(또는 피상속인과 공동으로 1세대 1주택 보유자)일 것.

⑦ 기타 : 가업 · 영농상속공제, 재해손실공제

(4) 상속세 산출세액 등의 계산과 신고 · 납부

상속세의 산출세액은 과세표준에 세율을 곱하여 계산한다. 상속세의 세율은 최저 10%에서 최고 50%의 초과누진세율로 되어 있다.

상속세 납부세액은 상속세 산출세액에서 증여세액공제, 신고세액공제 등 세액공제를 차감하여 계산한다. 증여세액공제는 상속재산에 가산한 사전증여재산에 대한 증여세액(증여당시의 그 증여재산에 대한 증여세 산출세액)을 상속세 산출세액에서 공제하는 것으로 동일 재산에 대한 증여세와 상속세의 이중과세를 방지하기 위한 목적이다.

상속세는 상속개시일이 속하는 달의 말일부터 6개월 이내에 납세지(피상속인의 주소지) 관할세무서장에게 신고하고, 신고기한 이내에 납세지 관할세무서 등에 납부해야 한다. 상속세는 일시에 금전으로 납부하는 것이 원칙이나, 납부세액이 1천만원을 초과하는 경우에는 2개월 이내에 분납할 수 있으며, 납부세액이 2천만원을 초과하는 경우에는 납세지 관할세무서장의 허가를 받아 연부연납(장기간에 걸쳐 나누어 납부)을 할 수 있다.

납세지 관할세무서장은 상속세 과세표준 신고기한으로부터 9개월 이내에 과세표준과 세액을 결정해야 한다.

2. 증여세는 어떻게 계산하나요?

(1) 증여세의 계산구조

증여세는 증여자별 · 수증자별 증여세 과세가액에서 증여공제 등을 차감한 과세표준에 세율을 곱하여 증여세가 산출되며, 그 계산구조는 [그림 12-8]과 같다.

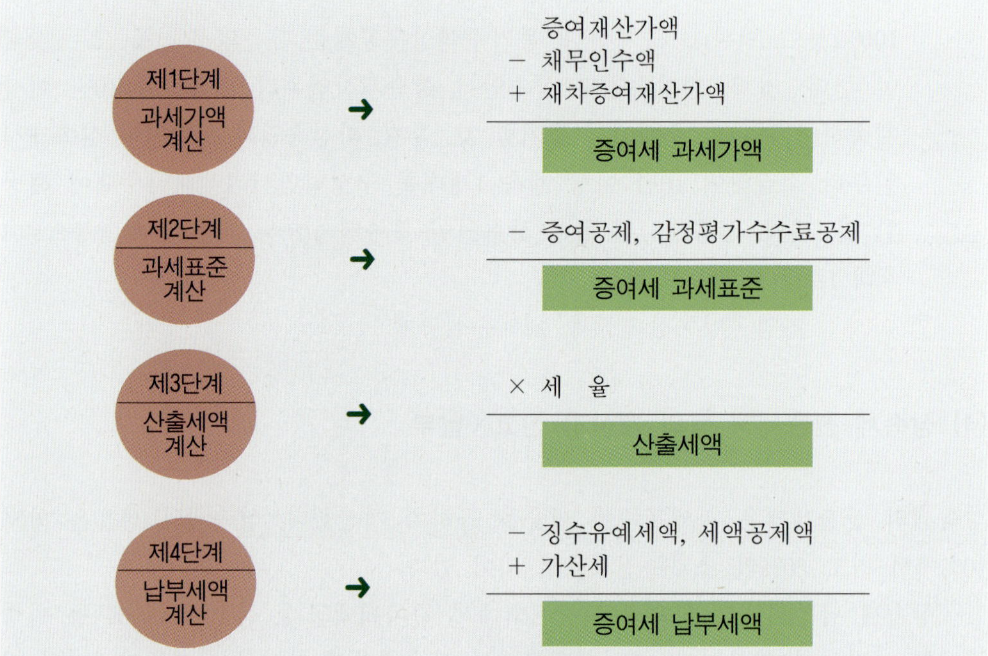

[그림 12-8] 증여세의 계산구조

(2) 증여세 과세가액

증여세의 과세대상인 증여재산은 증여로 인하여 수증자에게 귀속되는 모든 재산 또는 이익을 말하며, 금전으로 환산할 수 있는 경제적 가치가 있는 모든 물건이나 재산적 가치가 있는 법률상 또는 사실상의 모든 권리, 그리고 금전으로 환산할 수 있는 모든 경제적 이익이 포함된다.

국가나 지방자치단체로부터 증여받은 재산의 가액 등은 증여세를 부과하지 않으며, 공익법인 등이 출연받은 재산의 가액 등은 증여세 과세가액에 산입하지 않는다.

증여재산에 담보된 채무를 수증자가 인수하는 것을 부담부증여라고 하는데, 이때 인수채무액은 유상양도에 해당한다. 따라서 이 금액을 증여재산가액에서 차감하고, 대신에 양도자(증여자)에게 양도소득세를 과세한다.

해당 증여일 전 10년 이내에 동일인(증여자가 직계존속인 경우에는 그 직계존속의 배우자 포함)으로부터 받은 증여재산가액을 합친 금액이 1,000만원 이상인 경우에는 그 가액(재차증여재산가액)을 증여세 과세가액에 가산한다. 이는 증여세의 누진구조하에서 수차례에 걸쳐 재산을 분할 증여하는 방법을 통한 세부담의 경감을 규제하기 위한 것이며, 다만 재차증여재산가액에 대해 이미 납부한 증여세액은 이중과세 조정을 위하여 산출세액에서 공제한다.

(3) 증여공제 등

증여세 과세가액을 계산한 후에는 증여공제와 감정평가수수료공제(증여세 신고 · 납

산책로 **자금조달계획서와 자금출처 세무조사**

유상거래로 부동산을 취득한다면 자금출처에 대한 세무조사를 염두에 두어야 한다. 자금출처조사의 기초자료로 활용되는 자금조달계획서와 이를 기반으로 한 국세청의 자금출처조사에 대해 알아본다.

부동산 매매계약 등을 체결한 경우 계약체결일부터 30일 이내에 부동산 소재지 관할시장 등에게 실거래가를 신고해야 한다. 또한 실제 거래가격이 6억원 이상 또는 조정대상지역 등에 소재하는 주택을 매수하거나 실제 거래가액 1억원 이상의 수도권 소재 토지 등을 매수하는 경우에는 자금조달계획서를 작성해야 한다.

자금조달계획서가 접수되면 관할 시 · 군 · 구청은 증빙서류 확인을 통해 불법증여, 대출규정 위반 등이 의심되는 부동산 취득거래를 관리대상으로 선정하고 조사에 들어간다. 증여세 탈세로 의심이 되는 자금거래에 대해서는 관할세무서로 관련 정보를 이관하게 되는데, 이때 관할세무서는 이를 재산취득자금 증여로 추정하고, 증여세 관련 해명자료 제출 요구 등 자금출처조사를 실시한다.

자금출처조사는 재산취득 등에 사용한 자금의 원천이 직업 · 나이 · 소득 및 재산상태 등으로 보아 본인의 자금능력에 의한 것이라고 인정하기 어려운 경우, 그 출처를 밝혀 증여세 등의 탈루 여부를 확인하기 위하여 행하는 세무조사인데, 통상 국세청에서 운용중인 소득 · 지출분석시스템(PCI)과 금융정보분석원에서 제공하는 보고자료를 기반으로 이뤄진다. 특히 PCI시스템은 '재산증가액+소비지출액−신고소득=탈루혐의액'이라는 비교적 간단한 로직을 활용해 탈루세액을 쉽게 찾아낼 수 있는 대표적인 조사방법이다.

자금출처조사에 대한 충분한 소명이 이루어지지 않는다면 증여세가 추징될 수 있으므로, 부동산을 취득할 때 자금출처에 대한 추가적인 증여세 과세문제를 항상 염두에 둬야 한다.

(굿모닝경제 수정요약)

부를 위한 증여재산 평가에 소요된 수수료로 500만원 한도)를 차감하여 증여세 과세표준을 계산한다. 증여공제에는 증여자와 수증자의 친족관계에 따른 증여재산공제와 재해손실공제(화재 등으로 증여재산이 멸실 · 훼손된 경우)가 포함된다.

수증자가 다음 중 어느 하나에 해당하는 자로부터 증여를 받은 때에는 다음의 구분에 따른 금액을 증여세 과세가액에서 공제(증여재산공제)한다.

① 배우자로부터 증여를 받은 경우 : 6억원
② 직계존속으로부터 증여를 받은 경우 : 5천만원(미성년자는 2천만원)
③ 직계비속으로부터 증여를 받은 경우 : 5천만원
④ 직계존속 또는 직계비속 외에 6촌 이내의 혈족, 4촌 이내의 인척으로부터 증여를 받은 경우 : 1천만원

이 경우 수증자를 기준으로 합산기간(10년) 이내에 공제받은 금액과 해당 증여가액에서 공제받을 금액을 합친 금액이 위 공제금액을 초과하는 경우에는 그 초과분은 공제하지 않는다. 즉, 위 공제액은 증여 1건당 공제액이 아니라 합산기간 동안의 공제액이다. 또한 증여재산공제는 증여자별로 각각 위 금액을 공제하는 것이 아니라, 수증자를 기준으로 위 ① · ② · ③ · ④의 그룹별로 위의 금액을 공제하는 것이다.

(4) 증여세 산출세액 등의 계산과 신고 · 납부

증여세의 산출세액은 과세표준에 세율을 곱하여 계산하는데, 증여세의 세율은 상속세의 세율과 동일하다. 증여세 납부세액은 증여세 산출세액에서 납부세액공제(재차증여재산가액에 대해 이미 납부한 증여세액의 공제), 신고세액공제 등 세액공제를 차감하여 계산한다.

증여세는 증여받은 날이 속하는 달의 말일부터 3개월 이내에 납세지(수증자의 주소지) 관할세무서장에게 신고하고, 신고기한 이내에 납세지 관할세무서 등에 납부해야 한다. 증여세도 일시에 금전으로 납부하는 것이 원칙이며, 분납과 연부연납이 허용되나 물납제도는 없다.

납세지 관할세무서장은 증여세 과세표준 신고기한으로부터 6개월 이내에 과세표준과 세액을 결정해야 한다.

보 론 종합소득세의 계산사례

여기에서는 간단한 사례를 들어서 종합소득세 납부세액을 계산하는 방법에 대해 설명하기로 한다. 거주자 홍길동(50세)의 20×1년도 종합소득세 관련 자료는 다음과 같다.

1. 소득 내역
   (1) 1년간 급여 50,000,000원
   (2) 잡지에 글을 기고하고 받은 원고료 3,000,000원
   (3) 국내은행 예금이자 1,000,000원
   (4) 부동산임대업을 영위하고 받은 상가임대료 20,000,000원
   (필요경비는 10,000,000원)
2. 부양가족 현황 : 배우자(48세), 모친(75세, 장애인), 장남(21세), 장녀(17세)가 있으며, 이들은 모두 소득이 없고, 모친을 제외하고는 장애인에 해당하지 않는다.
3. 거주자 홍길동의 보험료 등의 지출내역은 다음과 같다.
   (1) 국민연금법에 의해 본인이 부담한 연금보험료 4,000,000원
   (2) 국민건강보험법에 의해 본인이 부담한 건강보험료 2,500,000원
   (3) 자동차보험료 600,000원
   (4) 실손의료보험료 500,000원
   (5) 모친의 입원치료 의료비 1,900,000원
   (6) 장남 대학교 등록금 10,000,000원
   (7) 장녀 고등학교 수업료 1,000,000원
   (8) 장녀 학원비 6,000,000원
4. 원천징수대상이 되는 소득에 대해서는 세법에 따라 적법하게 원천징수(급여와 원고료에 대한 원천징수세액은 1,000,000원)되었고, 소득공제 및 세액공제를 받기 위하여 필요한 모든 증빙자료를 제출하였다.

먼저 거주자 홍길동의 종합소득금액을 계산해 보자. 종합소득금액은 종합과세 대상이 되는 이자소득, 배당소득, 사업소득, 근로소득, 연금소득 및 기타소득 각각의 소득금액을 합산하여 산출한다.

근로소득금액은 총급여액에서 근로소득공제를 차감하여 계산한다. 근로소득공제액은 표에 의하여 계산되는데, 총급여액이 50,000,000원이므로 근로소득공제액은 12,250,000원[=12,000,000원+(총급여액−45,000,000원)×5%]이다.

원고료는 기타소득으로 총수입금액의 60%를 필요경비로 인정받으므로 기타소

득금액은 1,200,000원[=3,000,000원×(1−60%)]이다. 기타소득금액이 300만원 이하인 경우에는 납세자의 선택에 따라 분리과세를 적용(원천징수로 과세의무가 종결)할 수 있는데, 원천징수세율이 20%이므로, 종합소득과세표준에 적용되는 세율이 20% 이상인 경우에는 분리과세를 선택하고, 그렇지 않으면 종합과세를 선택할 것이다.

예금이자는 이자소득인데 이자소득과 배당소득의 합계(금융소득)가 2,000만원 이하이므로 원천징수로써 과세가 종결(분리과세)되어 종합소득금액에 합산하지 아니한다.

사업소득금액은 총수입금액에서 필요경비를 차감하여 계산한다.

〈종합소득금액 계산〉 (단위 : 원)

(1)	총급여액	50,000,000
−	근로소득공제	12,250,000
=	근로소득금액	37,750,000
(2)	기타소득 총수입금액(원고료)	3,000,000
−	기타소득 필요경비	1,800,000
=	기타소득금액	1,200,000
(3)	이자소득금액	0
(4)	사업소득 총수입금액(상가임대료)	20,000,000
−	사업소득 필요경비	10,000,000
=	사업소득금액	10,000,000
(5)	종합소득금액[(1)+(2)+(3)+(4)]	48,950,000

종합소득과세표준은 위에서 구한 종합소득금액으로부터 종합소득공제액을 차감하여 계산한다. 나이요건을 충족하지 못하는 장남(20세 초과)을 제외하고, 본인과 배우자, 모친 및 장녀가 기본공제대상이 되며, 모친에 대해서는 경로우대자공제(만 70세 이상, 100만원)와 장애인공제(200만원)가 추가로 해당된다. 그리고 국민연금보험료에 대해서는 전액 연금보험료공제를 받을 수 있으며, 근로소득이 있는 거주자이므로 국민건강보험료도 전액 특별소득공제를 받을 수 있다.

〈종합소득과세표준 계산〉 (단위 : 원)

(1) 종합소득금액	48,950,000	
(2) 기본공제	6,000,000	… (1,500,000×4명)
(3) 추가공제	3,000,000	… (경로우대자공제 및 장애인공제)
(4) 인적공제[(2)+(3)]	9,000,000	
(5) 연금보험료공제	4,000,000	
(6) 특별소득공제		
보험료소득공제	2,500,000	
(7) 종합소득공제[(4)+(5)+(6)]	15,500,000	
(8) 종합소득과세표준[(1)−(7)]	33,450,000	

따라서 종합소득산출세액은 종합소득과세표준 14,000,000원까지 6%, 초과분 19,450,000원에 대해서는 15%를 적용하여 계산된다. 적용되는 세율이 기타소득금액에 대한 원천징수세율(20%)보다 낮으므로, 거주자 홍길동은 기타소득금액에 대해 분리과세를 선택하지 아니하고 종합과세를 선택하여, 종합소득과세표준은 33,450,000원으로 확정된다.

종합소득산출세액에서 공제감면세액을 차감하고 가산세를 더하면 종합소득결정세액이 산출되고, 여기서 원천징수세액 등 이미 납부한 세액을 차감하면 최종적으로 종합소득납부세액이 산출된다.

근로소득이 있는 거주자에 대해서는 근로소득세액공제가 적용되며, 기본공제대상자에 해당되는 자녀가 있는 경우 자녀세액공제가 적용된다. 또한 거주자 홍길동은 근로소득자이므로, 보장성보험의 보험료, 공제대상 의료비 및 공제대상 교육비에 대해 특별세액공제를 받을 수 있다. 일반보장성보험료(기본공제대상자를 피보험자로 하는 공제대상 일반보장성보험의 보험료)에 대해서는 연 100만원 한도에서 보험료의 12%를 공제받을 수 있으며, 기본공제대상자(나이 및 소득 제한 없음)를 위해 지급한 공제대상 의료비에 대해서는 총급여액의 3%를 초과하여 지출한 금액(거주자 본인, 65세 이상인 부양가족, 장애인 또는 중증질환자 등에 대한 의료비는 한도를 적용받지 않으나, 그 외에는 연 700만원 한도)에 대하여 15%를 공제받을 수 있다. 또한, 기본공제대상자(나이 제한 없음)를 위해 지급한 공제대상교육비는 한도(대학생 1명당 연 900만원, 기타 1명당 연 300만원) 내에서 지출액의 15%를 공제받을 수 있다.

〈종합소득 산출세액 및 납부세액 계산〉 (단위 : 원)

(1) 종합소득과세표준	33,450,000	
(2) 종합소득산출세액	3,757,500	(14,000,000×6%+19,450,000×15%)
(3) 근로소득세액공제	660,000	(근로소득에 대한 산출세액에 따라 계산됨)
(4) 자녀세액공제	150,000	(공제대상자녀 : 1명)
(5) 보험료세액공제	120,000	(600,000+500,000=1,100,000 중 한도금액 1,000,000×12%)
(6) 의료비세액공제	60,000	[의료비 1,900,000 중 총급여액의 3%(50,000,000×3%=1,500,000) 초과액 400,000×15%]
(7) 교육비세액공제	1,500,000	[장남 대학교등록금 중 한도금액(9,000,000)과 장녀 고등학교 수업료(1,000,000, 학원비는 공제대상에 포함되지 않음) 합계액 10,000,000×15%]
(8) 세액공제계[(3)+(4)+(5)+(6)+(7)]	2,490,000	
(9) 종합소득결정세액[(2)−(8)]	1,267,500	
(10) 기납부세액	1,000,000	원천징수세액
(11) 종합소득납부세액[(9)−(10)]	267,500	

이번 장에서 배운 용어

거주자 국내에 주소를 두거나 183일 이상 거소를 둔 개인

분류과세 다른 소득과 합산하지 않고 개별적으로 소득세를 계산해서 과세하는 제도로서, 퇴직소득, 양도소득 등과 같이 장기간에 누적되어 발생한 소득이 어느 한 시점에 일시에 실현되는 소득에 대하여 적용함

분리과세 종합소득 중 금액이 크지 않은 일정소득에 대해 원천징수로써 납세의무가 완료되도록 과세하는 제도

상속세 재산을 이전하는 사람(피상속인)이 사망함으로써 재산이 상속되는 경우에 상속인에게 부과되는 세금

소득세 개인의 소득에 대해서 부과되는 세금

양도소득세 개인이 부동산이나 주식 같은 특정한 자산을 양도함으로써 발생하는 소득에 대해서 부과되는 세금

원천징수 소득을 지급하는 자가 소득을 지급할 때 그 소득을 지급받는 자의 세금을 징수하여 과세관청에 납부하는 제도

재산세 토지, 건축물, 주택 등 재산의 보유에 대하여 부과하는 지방세

종합과세 소득을 그 종류와 관계없이 1년 단위로 합산하여 과세하는 제도

종합부동산세 일정기준을 초과하는 주택과 토지 소유자에게 누진세율을 적용해 부과하는 국세

증여세 재산을 이전하는 사람(증여자)이 살아 있는 동안에 재산을 이전하는 경우에 수증자(증여재산을 받은 자)에게 부과되는 세금

취득세 토지, 건축물, 차량 및 각종 회원권 등을 취득할 때 내는 세금

연습문제

1. 소득세의 납세의무자에 대한 다음 설명 중 가장 타당하지 않은 것은?

① 국내에 주소를 두었으면 거주자로, 국내에 주소가 없으면 국내 체류기간과 관계없이 비거주자로 구분한다.

② 거주자는 국외에서 발생한 소득에 대해서도 납세의무를 진다.

③ 비거주자는 국내에서 발생한 소득에 대해서만 납세의무를 진다.

④ 거주자 여부는 국적과는 무관하다.

2. 소득세의 과세 및 신고에 대한 다음 설명 중 가장 타당하지 않은 것은?

① 이자소득, 배당소득, 사업소득, 근로소득, 연금소득과 기타소득은 각 소득별로 과세하지 않고 1년 단위로 합산하여 과세하는 종합과세를 원칙으로 한다.

② 한 해에 종합소득금액이 있는 모든 개인은 다음 해 5월 1일부터 5월 31일까지 반드시 종합소득 과세표준과 세액을 신고하고 납부해야 한다.

③ 퇴직소득과 양도소득은 종합소득에 합산하지 않고 개별적으로 소득세를 계산하여 과세한다.

④ 종합소득 중 일정한도 이내의 이자소득, 배당소득, 기타소득 등은 원천징수에 의해 납세의무가 완결되는 분리과세를 하고 있다.

3. 소득세의 과세와 관련한 다음 설명 중 가장 타당하지 않은 것은?

① 소득세는 여러 종류의 소득을 일정기간 단위로 합산하여 과세하는 종합과세를 원칙으로 한다.

② 퇴직소득과 양도소득은 다른 소득과 합산하지 않고 각각 별도로 과세한다.

③ 연금소득은 예외 없이 종합과세된다.

④ 분리과세되는 이자소득은 기간별로 합산하지 않고, 그 소득이 지급될 때 원천징수로 과세가 종결된다.

4. 부동산에 대한 세금과 관련한 다음 설명 중 가장 타당하지 않은 것은?

① 취득세는 토지, 건축물 등을 취득할 때 군청 또는 구청에 신고, 납부해야 하는 지방세이다.

② 재산세와 종합부동산세는 토지, 건축물 등 재산의 보유에 대해 부과하는 지방세이다.

③ 부동산을 양도한 경우 양도가액에서 필요경비(취득가액 및 기타필요경비)를 차감하여 양도차익을 구하고, 양도차익에 세율을 곱하여 양도소득세액을 계산한다. 양도소득세율은 과세대상 자산의 종류, 보유기간, 등기여부 등에 따라 달라진다.

④ 부동산 등의 양도가액과 취득가액은 원칙적으로 양도당시와 취득당시의 실지거래가액으로 한다.

5. 양도소득세에 대한 다음 설명 중 가장 타당하지 않은 것은?

① 양도소득세는 토지와 건물 등 부동산의 양도차익에 대해서만 과세한다.

② 같은 부동산이라 할지라도 부동산매매업자가 양도하는 경우에는 사업소득으로 과세하며, 양도소득세의 과세대상이 아니다.

③ 장기보유특별공제는 보유기간이 3년 이상인 토지와 건물 등에 대해 적용한다.

④ 실지거래가액이 12억원을 초과하는 고가주택은 1세대 1주택 요건을 충족한 경우에도 12억원을 초과하는 금액에 상당하는 양도차익에 대해서는 양도소득세를 과세한다.

6. 소득세법상 1세대 1주택과 관련된 설명으로 옳지 않은 것은?

① 1세대가 양도일 현재 국내에 1개의 주택을 소유해야 하며, 보유기간이나 거주기간과는 상관이 없다.

② 1세대를 구성하려면 배우자가 있어야 하는 것이 원칙이지만 해당 거주자의 연령이 30세 이상이면 배우자가 없어도 1세대 구성이 가능하다.

③ 1주택을 보유하는 자가 배우자와 혼인함으로써 1세대 2주택이 되는 경우 혼인한 날부터 5년 이내에 먼저 양도하는 주택은 이를 1세대 1주택으로 보아 비과세한다.

④ 실지거래가액이 12억원을 초과하는 고가주택은 1세대 1주택 요건을 충족한 경우에도 12억원을 초과하는 금액에 상당하는 양도차익에 대해서는 양도소득세를 과세한다.

7. 상속세와 증여세에 대한 다음 설명 중 가장 타당하지 않은 것은?

① 상속세는 피상속인이 남긴 재산을 중심으로 하는 유산과세형인 반면, 증여세는 수증자가 받은 재산을 중심으로 과세하는 취득과세형을 따르고 있다.
② 상속세는 상속인이 받은 재산의 비율에 따라 납부할 의무가 있고, 증여세는 재산을 받은 수증자가 납부할 의무를 진다.
③ 상속세의 세율과 증여세의 세율은 동일하다.
④ 상속개시일 전 10년 이내에 피상속인이 상속인에게 증여한 재산가액은 상속세 과세가액에 합산되므로 사전증여재산에 대해서는 증여세와 상속세가 사실상 이중과세된다.

8. "상속세 및 증여세법"상 상속공제에 대한 설명으로 옳지 않은 것은?

① 상속세 과세가액에서 기본적으로 일정금액(현재 2억원)을 기초공제로 공제하므로, 과세가액이 기초공제액보다 작을 경우에는 상속세가 과세되지 않는다.
② 배우자가 실제 상속받은 금액이 없는 경우, 배우자상속공제액은 없는 것으로 본다.
③ 기초공제와 그 밖의 인적공제의 합계액이 일정금액(현재 5억원)보다 적은 경우에는 기초공제와 기타 인적공제 대신에 일괄공제를 선택하여 공제받을 수 있다.
④ 금융재산상속공제는 2억원을 한도로 하며, 동거주택상속공제는 6억원을 한도로 한다.

9. 피상속인이 거주자인 경우 상속세 과세가액에 대한 설명으로 가장 옳지 않은 것은?

① 상속개시일 현재 피상속인이 납부할 의무가 있는 것으로서 상속인에게 승계된 조세·공공요금 기타 이와 유사한 공과금은 총상속재산가액에서 차감한다.
② 장례비용은 일정한도 내에서 총상속재산가액에서 차감한다.
③ 상속개시 당시 확정된 피상속인의 채무로서 상속인이 실제로 부담하는 사실이 입증되는 것은 총상속재산가액에서 차감한다.
④ 상속개시일 전 10년 이내에 피상속인이 상속인에게 증여한 재산이 있더라도 그 증여재산가액은 상속세 과세가액에 산입하지 않는다.

10. 증여세 과세표준과 세액의 계산에 대한 설명으로 가장 옳지 않은 것은?

① 증여세의 과세표준은 증여세 과세가액에서 증여공제와 감정평가수수료공제를 차감한 금액으로 한다.

② 증여재산에 담보된 채무를 수증자가 인수하는 것을 부담부증여라고 하는데, 이 금액은 증여재산가액에서 차감한다.

③ 직계존속으로부터 증여를 받는 경우 5천만원(미성년자는 2천만원)의 증여재산공제가 매 증여 건마다 공제된다.

④ 해당 증여일 전 10년 이내에 동일인으로부터 받은 증여재산가액을 합친 금액이 1,000만원 이상인 경우에는 그 가액(재차증여재산가액)을 증여세 과세가액에 가산한다.

해답

1. ①	2. ②	3. ③	4. ②	5. ①
6. ①	7. ④	8. ②	9. ④	10. ③

사례연구

1. 근로소득금액 계산

다음은 (주)종로의 영업사원인 거주자 갑이 (주)종로로부터 수령한 소득 등의 자료이다. 이를 이용하여 갑의 20×1년 귀속 근로소득금액을 계산하시오.

(1) 급여(월 2,000,000원×12개월) 24,000,000원

(2) 상여금(분기별로 월급여액의 100%) 8,000,000원

(3) 연월차수당(연월차 미사용분에 대한 수당) 1,500,000원

(4) 중식대(월 250,000원×12개월, 구내식당 없음) 3,000,000원

(5) 자가운전보조금(월 300,000원×12개월, 갑의 소유차량을 직접 운전하여 업무수행에 이용하고 실제 여비 대신 회사 지급기준에 따라 수령) 3,600,000원

(6) 근로소득공제액 :
총급여액 1,500만원 초과 4,500만원 이하 : 750만원+(총급여액−1,500만원)×15%

2. 종합소득금액 계산

다음은 (주)명륜에 근무하는 거주자 을의 20×1년도 소득 등의 자료이다. 이를 이용하여 을이 20×2년 5월말까지 신고해야 할 종합소득금액을 계산하시오. 단, 거주자 을은 특정소득에 대해 종합과세와 분리과세 중 하나의 방법을 선택할 수 있는 경우에는 분리과세를 선택하며, 원천징수대상이 되는 소득에 대해서는 세법에 따라 적법하게 원천징수되었다고 가정한다.

(1) 급여(월 2,500,000원×12개월) 30,000,000원

(2) 국내은행 예금이자 1,500,000원

(3) 대학에 한 학기 시간강사로 강의한 강사료 4,000,000원

(4) 잡지에 글을 기고하고 받은 원고료 1,000,000원

(5) 부동산임대업을 영위함에 따른 상가임대료 30,000,000원
(필요경비는 17,000,000원)

(6) 근로소득공제액 :
총급여액 1,500만원 초과 4,500만원 이하 : 750만원+(총급여액−1,500만원)×15%

3. 연말정산에 따른 소득세 환급세액 계산

다음은 (주)성균에 근무하는 거주자 병의 20×1년도 근로소득에 대한 연말정산과 관련된 자료이다. 연말정산에 따른 소득세 환급세액을 계산하면 얼마인가? 단, 근로소득에 대해서는 세법에 따라 적법하게 원천징수되었다고 가정한다.

(1) 총급여액 46,000,000원
(2) 근로소득금액 33,950,000원
(3) 종합소득공제액 14,770,000원
(4) 근로소득 원천징수세액 1,500,000원
(5) 근로소득세액공제 660,000원
(6) 근로소득세액공제 외의 세액공제액 300,000원

4. 양도소득 과세표준 계산

20×9년 12월 거주자 A는 토지를 양도하였다. 다음 자료를 이용하여 토지에 대하여 양도소득 과세표준을 계산하시오.

(1) 취득가액과 양도가액은 다음과 같다.

구 분	일 자	실지거래가액	기준시가
취득	20×1. 10. 31	200,000,000원	100,000,000원
양도	20×9. 12. 20	600,000,000원	450,000,000원

(2) 자산취득과 관련된 필요경비(자본적 지출 포함) 또는 양도와 관련하여 지출한 비용은 다음과 같다.
가. 토지 취득세액 : 2,000,000원
나. 양도당시 계약서 작성비용 : 1,000,000원
다. 양도당시 부동산 중개 수수료 : 3,000,000원

(3) 해당토지는 적절하게 등기되었으며, A의 20×9년도 중 유일한 양도소득과세대상 거래이다.

5. 증여세 산출세액 계산

다음 자료를 이용하여 성년 거주자 B의 증여세산출세액을 계산하면 모두 얼마인가? 단, B는 과거 10년 이내에 증여받은 사실이 없다.

(1) 20×1년 1월 10일 : 할아버지가 손자 B에게 현금 1억원 증여

(2) 20×1년 1월 10일 : 아버지가 아들 B에게 현금 1억원 증여

(3) 증여세율

과세표준	기본세율
1억원 이하	과세표준의 100분의 10
1억원 초과 5억원 이하	1천만원+1억원을 초과하는 금액의 100분의 20

6. 상속세 과세표준 계산

거주자 C는 2022년 4월 1일 질병으로 사망하였다. 다음 자료를 이용하여 상속세 부담을 최소화하는 경우에 상속세 과세표준을 계산하면 얼마인가?

(1) C의 상속재산 주택 1,200,000,000원, 생명보험금 100,000,000원

(2) 2013년 2월 14일 C가 아들에게 증여한 건물(증여당시의 시가 50,000,000원, 2022년 4월 1일의 시가 100,000,000원)이 있다.

(3) 2015년 3월 4일 C가 여동생에게 증여한 예금 10,000,000원이 있다.

(4) 장례비용 : 5,000,000원

(5) C의 동거가족으로는 부인(55세), 아들(25세), 딸(16세)이 있다. 상속세 신고시 상속재산의 분할신고는 하지 않는다.

CHAPTER 13

재무제표를 활용한 기업활동의 분석

제 **1** 절 재무제표 분석의 필요성과 유의점
제 **2** 절 재무제표 분석기법
제 **3** 절 재무비율 분석

제1절 재무제표 분석의 필요성과 유의점

1. 재무제표 분석이 필요한 이유

여유자금을 가지고 있는 사람은 그 여유자금을 잘 활용하여 수익을 올리려고 할 것이다. 수익을 올리기 위한 가장 일반적인 수단으로서 여유자금을 은행에 예금할 수도 있고, 주식시장에서 거래되는 상장기업의 사채나 주식에 투자할 수도 있다.

사채를 구입하면 보유기간 동안에 이자를 받고 만기에 액면금액만큼 자금을 회수할 수도 있고, 만기 전에 사채를 팔아 그 당시의 사채가격 시세만큼 자금을 회수할 수 있다. 따라서 사채에 투자할 때 가장 관심 있는 회계정보는 기업의 채무지급가능성이다. 즉 기업의 재무구조가 건실하고 현금흐름이 원활해서 제때에 이자를 받을 수 있는지, 또 만기에 원금을 제대로 받을 수 있는지를 알고 싶어 할 것이다.

주식에 투자하면 보유기간 동안 배당을 받고 주식가격이 오를 때 팔아 시세차익을 얻는다. 투자수익을 높이기 위해서는 주식가격이 미래에 오르고 높은 배당을 할 것으로 기대되는 회사의 주식에 투자해야 한다. 따라서 채권자와 달리 주식투자자는 기업의 미래수익성과 성장가능성에 관심을 갖는다.

기업이 제공하는 재무정보가 채권자나 투자자의 개별적인 요구를 모두 충족할 수는 없다. 따라서 채권자나 투자자는 다양한 기법의 재무제표 분석을 통하여 자신에게 필요한 정보를 얻어야 한다.

산책로 투자의사결정

대부분의 사람들은 재테크라는 말을 한 번쯤 들어보았을 것이다. TV나 신문에는 재테크 관련 프로그램이나 기사가 자주 등장하고 시중에 나와 있는 재테크 관련 서적만 해도 수십 가지이다. 심지어 '대한민국 재테크 박람회'도 열린다. 그만큼 남녀노소, 부자・서민을 막론하고 대한민국의 모든 국민들이 재테크 열풍에 휩싸여 있는 듯하다. 투자의사결정을 위해서는 정보가 필요하다. 재테크 관련 TV, 신문, 서적, 박람회의 목적 역시 주식이나 채권 투자방법, 은행에 예금하는 방법, 부동산에 투자하는 방법, 그리고 스스로 사업을 시작하는 방법에 대해서 여러 가지 아이디어를 제공하여 투자자의 투자의사결정을 돕고자 하는 것이다. 투자결정은 한마디로 말해서 미래 위험의 크기와 수익률의 크기를 고려해서 하는 것이다. 보통 은행예금은 수익은 크지 않지만 안정적이고, 부동산은 환금성이 낮지만 잘하면 큰 수익을 올릴 수도 있어서 투기가 일었던 시기가 있었으며, 주식이나 채권은 일반적으로 위험이 높은 대신 수익률 역시 높다. 따라서 투자자는 위험과 잠재수익성 등을 고려하여 자신의 투자목적에 가장 적합한 것을 선택해 투자해야 하는 것이다.

2. 기업 재무정보는 어디서 구할 수 있는가?

기업에 대한 의사결정을 할 때 필요한 정보는 재무제표상의 재무정보에 국한되지 않는다. 거시경제적 환경이나 그 기업이 속한 산업의 특성뿐만 아니라 기업의 전망이라든가, 새로운 투자, 신제품 개발, 신시장 개척, 유상증자계획 등 여러 가지 정보가 일반투자자의 의사결정에 사용된다. 그러나 가장 포괄적이면서 핵심이 되는 정보는 재무제표에 포함되어 있다고 해도 과언이 아니다. 왜냐하면 재무제표는 기업활동의 경제적 결과들을 요약하여 보여주는 재무보고의 핵심이며, 따라서 기업의 재무상태, 재무성과, 재무상태의 변동에 대한 정보는 투자자, 채권자 등 이해관계자들이 필요로 하는 정보의 핵심을 이루기 때문이다. 재무제표 분석에 필요한 기업의 재무정보는 다양한 원천으로부터 구할 수 있다. 먼저 대부분의 기업은 웹사이트에 투자정보를 공시하고 있는데, 그곳에서 해당기업의 재무정보나 주식정보 등을 볼 수 있다. 또한 금융감독원의 전자공시시스템(dart.fss.or.kr)으로부터 기업의 감사보고서, 사업보고서 등을 포함한 각종 공시정보를 찾아볼 수 있다.

대부분의 증권회사는 투자자를 위해서 '기업경영분석' 또는 '상장회사 투자분석'이라는 상장기업의 재무정보를 제공하고 있다. 여기에는 각 상장회사의 영업개황과 주가관련지표, 요약재무제표 그리고 주요 재무비율을 수록하여 일반투자자들이 투자대상기업을 분석하는 데 도움을 주고 있다. 증권회사 이외에 한국상장회사협의회(www.klca.or.kr), NICE평가정보(www.niceinfo.co.kr), 애프앤가이드(www.fnguide.com) 등에서도 기업의 재무제표 자료와 주가 자료를 데이터베이스로 만들어 판매하고 있다.

3. 재무정보를 해석할 때 유의해야 할 내용들

재무제표를 분석할 때 회계수치를 단순히 비교하면 잘못된 판단을 하기가 쉽다. 예를 들어 A회사의 당기순이익이 200억원이고 B회사의 당기순이익이 100억원이라고 하자. 이때 순이익 수치를 단순 비교하면 A회사가 B회사에 비해 두 배의 경영성과를 올렸다고 생각하기 쉽다.

그러나 속단하지 말아야 한다. 먼저 A회사와 B회사의 기업규모가 다를 수 있다. 따라서 기업규모 대비 당기순이익 또는 주당순이익을 비교하는 것이 더 합리적일 것이다. 또한 A회사가 B회사와 달리 당기순이익을 증가시키는 회계처리방법을 재고자산평가나 감가상각에 사용하였다면, A회사의 당기순이익이 큰 이유는 경영성과가 좋았다기보다는 당기순이익을 증가시키는 회계처리방법을 사용했기 때문일 수 있다. 이 외에 당기에 일시적으로 발생한 손익, 또는 계열사간의 내부거래가 당기순이익에 영향을 미치는 경우도 있다. 각각의 경우를 자세히 살펴보자.

(1) 회계처리방법의 다양성과 추정

회계처리방법의 선택은 두 가지 측면에서 순이익의 크기에 영향을 줄 수 있다. 첫 번째 측면은 동일한 거래에 대하여 회계처리방법이 두 가지 이상 있는 경우이다. 이 중에서 보수적인 회계처리방법을 선택하면 순이익은 작아지고, 다른 회계처리방법을 선택하면 순이익은 커진다. 예를 들어 재고자산을 평가할 때 평균법 또는 선입선출법 중 하나를 선택할 수 있는데, 재고자산의 구입가격이 지속적으로 상승하는 경우, 선입선출법에 따라 계산된 순이익이 평균법에 따라 계산된 순이익보다 크다. 감가상각의 경우는 정액법을 사용하면 정률법을 사용하는 것보다 초기에 감가상각비가 낮아서 순이익이 높다.

산책로 **국내 주식 개인소유자 1,300만명 시대**

한국예탁결제원이 발표한 2021년 12월 결산 상장법인 주식 소유자 현황에 따르면 상장법인 2,426사의 소유자(중복 소유자 제외)는 약 1,384만명(개인, 법인, 외국인 모두 포함)으로서 2020년의 919만명에서 무려 50.6% 증가하였다. 이 중 개인소유자가 1,374만명으로서 1,000만명을 훌쩍 뛰어넘어 1,300만명 시대로 접어들었으며 이는 주민등록인구 5,164만명의 26.6%이다. 법인소유자는 38,902개사, 외국인소유자는 30,695명이었다. 개인소유자의 소유주식수는 544억주로 50.7%를 차지하고 있으며 평균소유종목은 5.9개사, 평균소유주식은 3,958주였다. 법인과 외국인의 소유주식수는 각각 389억주(36.3%), 135억주(12.5%)이다. 소유자별 소유주식수 비중을 보면 유가증권시장의 경우 법인소유자 43.5%, 개인소유자 38.1%, 외국인소유자 18.4%의 순인 반면 코스닥시장에서는 개인소유자가 67.6%를 차지하여 법인소유자 27.3%, 외국인소유자 5.1%를 크게 앞서고 있다.

2021년 12월 결산 상장법인 소유자 형태별 분포 현황

(단위 : 명, %, 주, 종목)

구 분	소유자수	비 율	소유주식수	비 율	평균소유종목	평균소유주식
개인	13,736,703	99.2	54,369,802,805	50.7	5.9	3,958
법인	38,902	0.3	38,923,964,010	36.3	9.6	1,000,565
외국인	30,695	0.2	13,455,284,018	12.5	10.0	438,354
기타*	36,367	0.3	489,743,080	0.5	4.0	13,469
합계	13,842,667	100.0	107,238,793,913	100.0	5.96	7,747

* 실명번호가 불명확한 소유자수는 '기타'로 분류함

(한국예탁결제원, '2021년 12월 결산 상장법인 주식 소유자 현황' 편집, 2022.3.17)

두 번째 측면은 회계처리과정에서 회계추정이 필요한 경우이다. 예를 들어 유형자산의 잔존가치와 내용연수의 추정에 따라 연간 감가상각비가 달라진다. 감가상각은 이미 구입한 자산의 원가를 사용기간인 내용연수 동안 배분하는 것이므로 내용연수를 길게 잡을수록 원가배분액인 감가상각비는 작아진다. 또한 매출채권의 회수가능성에 대한 추정에 따라 대손비용이 달라져서 순이익이 달라진다. 발생주의회계에서는 매출채권을 회수하기 전 미회수될 가능성에 따라 비용(대손상각비)을 계상하게 되는데, 그 미회수가능성을 어떻게 평가하는지에 따라 비용이 달라지며 그에 따라 순이익도 달라진다.

이와 같이 회계처리에는 다양한 방법과 추정이 사용될 수 있기 때문에 순이익에 영향을 미치게 된다. 그러므로 순이익의 크기만을 가지고 해당기업을 단순하게 평가하는 것은 위험하며, 해당 순이익이 어떻게 산출되었는지도 철저히 분석해야 한다.

(2) 일시적 손익

손익계산서는 여러 단계의 이익을 계산하면서 순이익을 산출한다. 즉 먼저 매출총이익이 계산되고 영업이익, 법인세비용차감전순이익, 그리고 당기순이익이 보고된다. 이 중 어느 이익수치를 사용하여 수익성을 분석해야 하는가? 특별한 사정이 없다면 당기순이익을 이용하여 기업의 수익성을 평가하는 것이 일반적이다.

그러나 꾸준한 순이익을 내는 기업과 들쭉날쭉한 순이익을 내는 기업을 비교하면 당연히 꾸준한 순이익을 내는 기업에 더 점수를 주게 된다. 영업이익은 영업활동에 따른 성과를 나타내기 때문에 당기순이익에 비하여 지속적이다. 이 때문에 재무분석가들은 종종 영업이익에 관심을 갖고 기업을 분석한다. 다시 말해서 기업분석을 할 때 당기순이익을 구성하는 요소 중에서 지속적인 요소와 일시적인 요소를 구분하여 분석할 필요가 있다. 예를 들어 두 회사의 당기순이익이 100억원으로 같은데 한 회사는 매출이 200억원, 비용이 100억원인 데 반하여 다른 회사는 매출이 200억원, 비용이 200억원, 그리고 일시적인 토지처분이익이 100억원이었다고 가정하자. 두 회사를 비교할 때 어느 회사의 당기순이익이 더 지속적이라고 평가할 것인가?

(3) 기업간의 내부거래와 연결재무제표

한 기업의 이익이 자회사와의 내부거래로 인하여 부풀려지는 경우도 있다. 예를 들어 회사 A는 유통업, 회사 B는 제조업에 종사하고 있는데 회사 A가 제조업에 속한 회사 B의 주식을 100% 보유하고 있고, 회사 A는 회사 B로부터 제품을 구입하여 판매하고 있다고 하자. 회사 A가 회사 B의 제품구입가격을 얼마로 하는지에 따라 회사 B의 수익성이 달라진다. 이러한 전략은 회사 A가 회사 B를 지배하고 있으므로 가능하다. 두 회사는 법적으로는 별개의 실체이기 때문에 각각 재무제표를 작성하지만 경제적 실질로는 두 회사라기보다는 하나의 회사로 보는 것이 타당할 것이다. 따라서 회계에서는 두 회사를 마치 하나의 회사인 것으로 취급하여 연결재무제표를 작성하도록 요구하고 있다.

연결재무제표(consolidated financial statement)는 한 회사(지배회사)가 다른 회사(종속회사)에 대하여 실질지배력을 갖고 있을 때(일반적으로 종속회사 발행주식의 과반수 보유) 이 두 개별회사들을 하나의 회사처럼 묶어서 작성한 재무제표를 의미한다. 연결재무제표를 작성하면 두 회사간의 거래가 상쇄되어, 내부거래가격을 조작하여 이익을 부당하게 조정하려는 것을 방지할 수 있다. 그러나 종속회사가 아닌 그룹계

산책로 2021년 상장사 매출액이익률 큰 폭 증가

2021년 12월 결산 상장기업의 매출액과 매출액이익률이 전년 대비 모두 큰 폭으로 증가하였다. 먼저 유가증권시장의 경우 금융업 등을 제외한 595개사의 연결 결산실적을 보면 매출액, 영업이익, 순이익이 전년 대비 각각 19.8%, 73.6%, 160.6% 증가하여, 매출액영업이익률은 전년 대비 2.48%p 증가한 8.0%, 매출액순이익률은 3.68%p 증가한 6.81%를 기록하였다. 매출액 비중이 12.2%를 차지하는 삼성전자를 제외하더라도 매출액영업이익률과 매출액순이익률이 각각 6.55%, 5.78%로 양호한 실적을 보여주었다. 코스닥시장의 경우 전년도 결산실적과 비교가능한 1,048사를 대상으로 하였으며 매출액, 영업이익, 순이익이 전년 대비 각각 18.3%, 39.7%, 171.0% 증가하여 코스피 상장사 못지 않은 실적을 보여주었다. 코스닥 상장사의 가중평균 매출액영업이익률은 7.62%, 매출액순이익률은 6.13%이었다. 한편 코스피와 코스닥 상장사의 평균부채비율(=부채/자본)은 각각 115.9%, 110.8%로서 전년 대비 각각 1.49%p, 2.90%p 감소하여 재무건전성 역시 개선되었고 순이익 적자기업(비중)은 코스피 상장사의 경우 2020년 180사(30.3%)에서 117사(19.7%)로, 코스닥 상장사의 경우 2020년 344사(32.8%)에서 334사(31.9%)로 축소되었다.

12월 결산법인 2021년 연결실적 (단위 : 억원, %, %p)

구 분	유가증권 (N=595)				코스닥 (N=1,048)			
	2020년	2021년	증 감	증감률(%)	2020년	2021년	증 감	증감률(%)
매출액	19,188,479	22,991,181	3,802,702	19.8	1,847,472	2,185,274	337,802	18.3
영업이익	1,059,786	1,839,668	779,883	73.6	119,196	166,464	47,268	39.7
순이익	600,902	1,565,693	964,792	160.6	49,446	133,979	84,534	171.0
(지배기업소유주지분)	570,237	1,423,438	853,201	149.6				
매출액영업이익률(%)	5.52	8.00	2.48%p		6.45	7.62	1.17%p	
매출액순이익률(%)	3.13	6.81	3.68%p		2.68	6.13	3.45%p	

(한국거래소와 한국상장회사협의회, '유가증권시장과 코스닥시장 12월 결산법인 2021사업연도 결산실적' 편집, 2022.4.4)

열사나 관계회사와의 내부거래는 연결재무제표를 통해서도 상쇄되지 않으므로 그룹계열사나 관계회사와의 내부거래 여부 및 크기 등을 염두에 두고 재무제표를 분석할 필요가 있다. 내부거래는 재무제표 주석에 특수관계자와의 거래로 공시된다.

제 2 절 재무제표 분석기법

이제 구체적인 재무제표 분석기법을 알아보자. 이를 위한 기본자료로 사용할 (주)대박나라의 재무제표를 〈표 13-1〉에 제시하였다.

재무제표에 나타나는 항목의 수치는 그 자체만으로도 많은 의미를 나타내고 있지만 이를 여러 가지 방식으로 분석하면 더욱 많은 정보를 얻을 수 있다. 이러한 분석은 항목 수치의 변동과 변동액의 크기, 현재의 상태와 과거의 상태 비교, 그리고 다른 기업과의 비교와 같은 방식 등을 통하여 의미 있게 해석할 수 있도록 한다. 재무제표 분석기법 중 특히 널리 사용되는 방법에는 ① 변동액과 변동률 분석, ② 추세 분석, ③ 공통형 분석, ④ 재무비율 분석 등이 있다.

1. 변동액과 변동률의 분석 : 재무제표 항목의 변동을 분석하자

재무제표 분석 중에서 가장 손쉬운 기법은 관심항목이 전기에 비하여 당기에 어느 정도 변화했는지를 금액(변동액) 또는 비율(변동률)로 계산하여 비교하는 것이다. 변동액은 변동의 절대적 규모를 나타내지만 변동률은 변동의 상대적 규모를 나타낸다.

〈표 13-2〉는 (주)대박나라의 기준연도(20×4년)에 대한 비교연도(20×5년)의 매출액과 순이익의 변동액과 변동률을 나타내고 있다.

특정항목의 변동률은 그 항목의 성장성을 나타내기 때문에 성장성비율(growth ratio)이라고도 하는데, 기준연도에 대한 비교연도의 변동액을 기준연도의 금액으로 나누어서 계산한다. 예

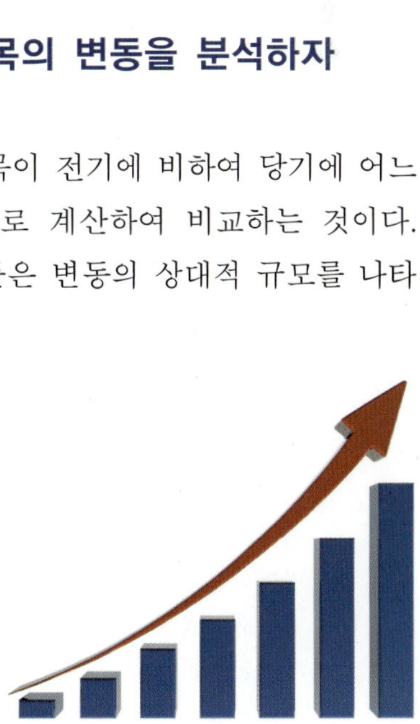

〈표 13-1〉 (주)대박나라의 재무제표

비교재무상태표

(주)대박나라 20×5년 12월 31일 현재 (단위 : 천원)

	20×5년	20×4년
〈자 산〉		
유동자산		
현금및현금성자산	65,000	50,000
단기투자자산	17,000	12,000
매출채권	190,000	140,000
재고자산	58,000	49,000
비유동자산	785,000	711,000
자산총계	1,115,000	962,000
〈부 채〉		
유동부채		
매입채무	341,000	302,000
비유동부채		
사 채	363,000	480,000
부채총계	704,000	782,000
〈자 본〉		
보통주자본금	44,000	30,000
(액면가 : 5,000원, 유통주식수 : 8,800주와 6,000주)		
자본잉여금	280,000	50,000
이익잉여금	87,000	100,000
자본총계	411,000	180,000
부채와 자본총계	1,115,000	962,000

비교손익계산서

20×4년 1월 1일부터 12월 31일까지

(주)대박나라 20×5년 1월 1일부터 12월 31일까지 (단위 : 천원)

	20×5년	20×4년
매출액	370,000	274,000
매출원가	200,000	160,000
매출총이익	170,000	114,000
판매비와 관리비		
판매비	65,000	20,000
관리비	31,000	25,000
영업이익	74,000	69,000
이자비용	10,000	28,000
법인세비용차감전순이익	64,000	41,000
법인세비용	26,000	16,000
당기순이익	38,000	25,000

〈표 13-2〉 변동액과 변동률 분석

	연도별 금액		증가(감소)	
	20×4년	20×5년	변동액	변동률(%)
매출액	274,000,000	370,000,000	96,000,000	35%
순이익	25,000,000	38,000,000	13,000,000	52%

를 들면 (주)대박나라의 20×5년도 순이익의 변동률 또는 성장률은 다음과 같다.

$$\textbf{순이익변동률} = \frac{38,000,000 - 25,000,000}{25,000,000} = 0.52\ (=52\%)$$

〈표 13-2〉를 보면 (주)대박나라는 20×5년 순이익이 20×4년에 비하여 52% 상승한 것을 알 수 있다. 매출액도 20×5년에 35% 상승하였는데 그 이유를 알아보니 신

산책로 **비상장법인 재무제표에 대한 중점 점검 회계이슈**

한국공인회계사회는 비상장법인 재무제표에 대한 중점 점검 회계이슈를 매년 3~4개씩 선정하여 사전예고를 하는데, 이는 회사 및 감사인이 사전에 주의를 기울이게 함으로써 회계오류 방지 및 신중한 회계처리 환경 조성에 도움을 주고자 하는 것이다. 2019년부터 2022년까지 선정된 회계이슈는 다음과 같다.

대상 재무제표	중점 점검분야
2022년	• 연결 및 지분법 회계처리 적정성 • 장기공사계약(수주산업) 수익인식 적정성 • 금융자산(유가증권 제외) 대손충당금 회계처리 적정성 • 현금및현금성자산의 실재성과 현금흐름표 표시
2021년	• 특수관계자거래 회계처리 및 주석공시 적정성 • 재고자산 회계처리 적정성 • 지분법적용투자주식 회계처리 적정성 • 이연법인세 자산·부채 인식 적정성
2020년	• 유동·비유동 분류의 적정성 • 수익인식(유상사급 및 총액·순액 인식 등) 회계처리의 적정성 • 영업활동으로 인한 현금흐름 등 공시의 적정성
2019년	• 특수관계자거래 주석공시의 적정성 • 우발부채 주석공시의 적정성 • 매출채권 대손충당금 회계처리의 적정성 • 무형자산 인식·평가의 적정성

(한국공인회계사회,
'2022년 비상장법인 재무제표에 대한 2023년 중점 점검분야 사전예고' 편집, 2022.6.29)

제품이 시장에서 각광을 받고 있어서 매출액과 순이익이 동시에 상승했음을 알게 되었다. 또한 순이익의 증가율이 매출액의 증가율보다 큰 것은 매출액이 비용보다 더 빠르게 증가했다는 것을 말해준다.

하지만 변동률 분석은 변동률을 구할 때 분모가 음이 되는 경우에는 증감률을 계산할 수 없고, 또 분모가 아주 작으면 증감률이 너무 커진다는 문제점이 있다. 따라서 변동률을 해석할 때 이러한 점에 주의해야 한다.

2. 추세 분석 : 재무제표 항목의 성장 추세를 분석하자

변동액과 변동률 분석은 2개 연도의 비교에 적당하다. 수년간의 변화추세를 보려면 추세 분석이 필요하다. 추세 분석(trend analysis)은 분석대상 재무제표 항목을 기준연도 대비 비교연도의 비율로 표시한다. 예를 들면 매출액을 분석하려는 경우 기준연도 이후의 매출액을 기준연도의 매출액으로 나누어서 추세비율을 계산한다.

〈표 13-3〉은 (주)대박나라의 20×1년부터 20×5년까지의 매출액과 순이익의 추세이다. 20×1년을 기준연도라고 할 때, 20×3년까지는 매출액과 순이익이 계속 증가했

〈표 13-3〉 매출액과 순이익의 추세 분석 (단위 : 천원)

	20×1년	20×2년	20×3년	20×4년	20×5년
매 출 액	287,000	301,000	324,000	274,000	370,000
추세비율	100%	105%	113%	95%	129%
순 이 익	29,000	31,000	35,000	25,000	38,000
추세비율	100%	107%	121%	86%	131%

으나 20×4년에 매출액과 순이익이 대폭 감소하였고 20×5년에는 다시 큰 폭으로 성과가 좋아졌다는 것을 알 수 있다. 이와 같이 손익계산서 및 재무상태표 항목을 기준연도 대비 비율로 나타냄으로써 상대적인 성장 추세를 쉽게 파악할 수 있는데, 손익계산서와 재무상태표의 모든 항목을 기준연도에 대한 백분율로 표시한 것을 각각 추세형 손익계산서(trend income statement), 추세형 재무상태표(trend balance sheet)라고 한다.

변동률 분석이나 추세 분석을 하는 경우에 특히 주의해야 할 점은 기업이 회계방법을 변경했거나 회계기준이 변경되어 전기와 당기의 금액이 비교가능하지 않게 된 경우이다. 이 경우 서로 다른 회계처리방법을 사용한 기간의 당기순이익을 단순히 비교하는 것은 큰 의미가 없다. 이러한 때에는 같은 기준이나 방법을 사용하여 재계산한 회계수치를 비교하는 것이 더 바람직하다.

3. 공통형 분석 : 재무제표 항목의 상대적 크기를 분석하자

공통형 분석(common size analysis)이란 재무제표를 구성하고 있는 각 항목을 공통의 분모로 나누어 표시하는 것을 말하는데, 재무상태표 항목은 총자산으로 나누고, 손익계산서 항목은 매출액으로 나눈다. 공통형 분석은 재무제표 항목의 상대적인 크기를 비교하는 분석인 셈이다.

예를 들면, 재무상태표의 각 항목을 총자산에 대한 비율로써 표현하면 유동자산과 비유동자산의 상대적인 중요성을 알 수 있으며, 장·단기 여신기관 및 주식투자자로부터 조달된 자금의 상대적인 중요성도 쉽게 파악할 수 있다. 또한 몇 개 연도의 비율을 비교함으로써 어떤 항목의 상대적인 중요성이 증가하고 있는지 또는 감소하고 있는지도 알 수 있다. 총자산에 대한 백분율로 표시된 재무상태표를 공통형 재무상태표(common size balance sheet)라고 부르고, 매출액에 대한 백분율로 나타낸 손익계산서를 공통형 손익계산서(common size income statement)라고 부른다.

산책로 **비율의 의미**

비율(ratio)은 고대 그리스의 피타고라스학파가 우주의 본질을 추구하면서 발전시켜온 개념이다. 그들은 우주의 본질이 조화 속에 있음을 믿고 그 조화의 밑바탕이 현상 속에 있는 비율 또는 로고스(이성)라고 한 것이다. 라틴어의 ratio는 이성이나 이유를 의미하고 있다. 여기서 ration(이치에 맞게 할당하거나 분배하는 것을 의미)과 rational(합리적)이라는 단어가 유래하였다. 즉 '합리적'이라 함은 비율(ratio) 또는 로고스(이성)에 맞는 것을 의미하는 것이다.

〈표 13-4〉는 (주)대박나라의 공통형 손익계산서이다. 요소구성비율을 보면 우선 판매비가 7%에서 18%로 크게 증가한 것을 알 수 있다. 그 이유를 알아보았더니 (주)대박나라가 광고선전과 판매촉진에 힘을 기울여서 판매비가 증가했기 때문이다. 또한 이자비용은 10%에서 3%로 감소하였는데 이는 불필요한 자산을 매각하여 부채를 일부 상환했기 때문이다. 이와 같이 공통형 분석은 비율이 크게 변화한 항목을 중심으로 변화의 원인을 찾는 데 유용하게 사용된다.

〈표 13-4〉 공통형 손익계산서

공통형 손익계산서

(주)대박나라 (단위 : %)

	20×5년	20×4년
매 출 액	100	100
매 출 원 가	54	58
매출총이익	46	42
판매비와 관리비		
판 매 비	18	7
관 리 비	8	10
영 업 이 익	20	25
이 자 비 용	3	10
법인세비용차감전순이익	17	15
법인세비용	7	6
당기순이익	10	9

제3절 재무비율 분석

앞에서 언급한 변동률 분석, 추세 분석, 공통형 분석은 재무비율 분석 도구라고 할 수 있다. 여기에서는 재무비율을 기업의 여러 가지 활동과 관련지어 살펴보고자 한다. 앞장에서 기업은 수익창출을 위해 다양한 활동을 하는데 이러한 활동은 영업활동, 투자활동 및 재무활동으로 구분할 수 있다고 하였다. 기업이 장기적으로 수익성과 성장성을 유지하여 기업가치를 극대화하기 위해서는 이들 세 가지 활동을 고루 잘 수행해야 한다. 재무비율 분석은 각종 비율을 이용하여 이러한 활동을 다양한 각도에서 분석할 수 있는 기법이다. 이하에서 설명하는 재무비율은 실무에서 널리 사용되는 것을 소개하지만 절대적인 것은 아니다. 재무비율은 이용자가 분석하고 싶은 내용에 따라 필요한 재무제표 항목을 얼마든지 결합하여 사용할 수 있다.

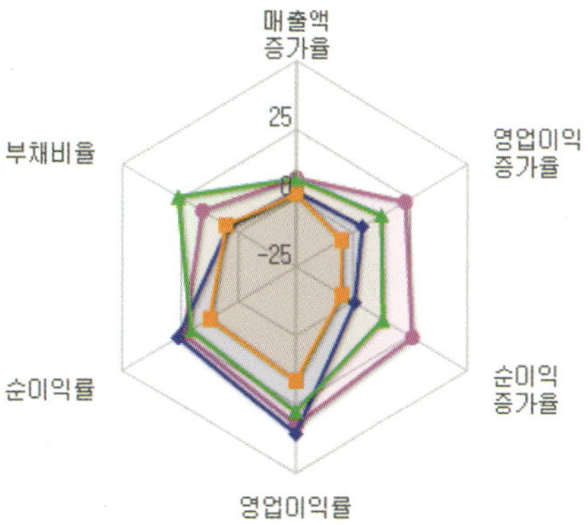

재무비율은 기업의 영업활동, 투자활동 및 재무활동을 평가하기 위한 것이기 때문에 비율의 성격도 세 가지 활동에 근거하여 구분한다. 앞에서 설명한 바와 같이 영업활동은 최소의 비용으로 최대의 수익을 얻으려는 활동이므로 영업효율성 비율 또는 수익성비율(profitability ratio)을 통하여 살펴본다. 다음으로 투자활동은 최소의 투자로 최대의 수익을 벌어들이려는 활동이라고 할 수 있으므로 투자효율성 비율 또는 활동성비율(activity ratio)로 평가한다. 마지막으로 재무활동은 저렴한 자본비용으로 자금을 조달하고 안정적인 재무구조를 유지하면서 수익을 올리려는 활동이기 때문에 유동성 및 장기지급능력을 평가하는 안정성비율(stability ratio)을 이용하여 분석한다.

1. 영업활동과 수익성비율 : 영업효율성을 평가하자

기업이 수행하는 영업활동의 수익성을 분석하기 위해서는 일반적으로 투자금액 또는 매출액에 대한 이익의 비율을 살펴본다. 수익성 분석에서는 이익의 절대적 크기도 중요하지만 투자금액이나 매출액에 대한 이익의 상대적 크기를 보는 것이 효과적이다. 다음의 표와 같이 A회사는 1억원의 이익을 내고 B회사는 2억원의 이익을 내었다고 하자.

	A회사	B회사
이익	1억원	2억원
투자액	5억원	20억원
이익률=이익/투자액	20%	10%

이익의 절대금액을 보면 B회사가 더 큰 이익을 내었지만 만일 A회사의 투자금

액이 5억원이고 B회사의 투자금액이 20억원이라고 하면 투자액 대비 수익성은 A회사가 더 높은 것을 알 수 있다.

이처럼 수익성비율은 기업의 경영성과가 어떠한지를 분석하기 위한 비율을 말하며 주로 매출액순이익률, 주당순이익, 총자산이익률, 자기자본이익률 등이 사용되고 있다. 수익성비율이 높을수록 영업활동으로부터의 수익성이 좋다고 보는 것이다.

(1) 매출액순이익률

매출액순이익률(net profit margin)은 매출액에 대한 당기순이익의 비율이다. 즉, 매출액순이익률이 10%라면 100원어치 물건을 팔았을 때 10원의 순이익이 났다는 뜻이다. 이 비율은 분모에는 매출액을 사용하고 분자에는 순이익을 사용하지만, 사용목적에 따라서는 분자에 순이익 대신 매출총이익, 영업이익 등을 사용할 수 있다. 그 때는 사용한 이익의 형태에 따라서 매출총이익률(gross profit margin), 매출액영업이익률(operating profit margin)로 이름을 붙일 수 있다. (주)대박나라의 20×5년도 매출액순이익률은 다음과 같이 10.3%이다. 즉 100원의 매출에 대해 10.3원의 순이익이 발생하였다.

$$\text{매출액순이익률} = \frac{\text{당기순이익}}{\text{매출액}} = \frac{₩38{,}000{,}000}{₩370{,}000{,}000} = 0.103(=10.3\%)$$

(2) 주당순이익

주당순이익(EPS : earnings per share)은 주식 1주에 해당되는 당기순이익을 나타내며, 실무에서 기업의 경영성과를 평가하는 데 널리 이용하는 지표이다. 이 지표의 분자는 당기순이익이고, 분모는 보통주의 가중평균유통주식수이다. 유통주식수가 20×5년 7월 1일에 6,000주에서 8,800주로 증가하였다면 6,000주는 12개월 동안 유통되었고, 추가로 발행된 2,800주는 6개월간 유통되었으므로 가중평균유통주식수는 7,400주(=6,000+2,800×6/12=6,000×6/12+8,800×6/12)가 된다. 따라서 (주)대박나라의 주당순이익은 다음과 같다.

$$\text{주당순이익} = \frac{\text{당기순이익}}{\text{가중평균유통주식수}} = \frac{₩38{,}000{,}000}{7{,}400} = ₩5{,}135$$

위 계산은 (주)대박나라의 경우 1년간 벌어들인 당기순이익이 1주당 5,135원임을 나타내는 것이다. 주당순이익은 그 자체로서도 중요한 성과측정지표이지만, 주가정보와 결합되어 주가수익비율이라는 유용한 투자지표를 계산할 때 사용된다.

(3) 총자산이익률

총자산이익률(ROA : return on assets)은 기업이 보유하고 있는 총자산에 대한 이익의 크기를 나타내는 재무비율이다. 기업의 총자산은 채권자와 투자자로부터 조달한 총자본과 같으므로 총자본이익률이라고도 한다. (주)대박나라의 20×5년도 총자산이익률은 다음과 같이 계산된다.

$$\text{총자산이익률} = \frac{\text{당기순이익}}{(\text{기초총자산} + \text{기말총자산})/2}$$

$$= \frac{₩38,000,000}{(₩962,000,000 + ₩1,115,000,000)/2} = 0.0366(=3.66\%)$$

(주)대박나라의 총자산에 대한 이익률은 3.66%로서 자산 100원당 3.66원의 이익을 올리고 있음을 알 수 있다. 이 식의 분모에서 기초총자산과 기말총자산의 합계를 2로 나누는 것은 1년 동안의 평균적인 총자산을 계산하는 것이다. 이처럼 평균총자산을 이용하는 것이 기말의 총자산을 사용하는 것보다 1년 동안 순이익을

더 알아봅시다 **주가수익비율(PER)**

주가수익비율(PER : price-earnings ratio)은 보통주 주당주식가격 대 주당순이익의 비율이다. 일반적으로 기업의 이익과 그 기업의 주식가격은 밀접한 관계가 있다. 따라서 이 비율은 투자자들이 투자대상 주식을 선택하는 데 중요한 기준으로 사용되고 있다.

$$\text{주가수익비율} = \frac{(\text{주당})\text{주식시가}}{\text{주당순이익}} = \frac{₩56,000}{₩5,135} = 10.9$$

위의 산식에서 (주)대박나라의 주가가 ₩56,000인 경우에 주가수익비율은 10.9배이다. 즉 (주)대박나라의 주가는 1주당 순이익의 11배 정도에서 가격이 형성되는 것을 나타낸다. 이는 투자자들이 1원의 순이익에 대해 11원을 기꺼이 지불할 의사가 있음을 의미한다. 일반적으로 주가수익비율이 다른 기업보다 높다는 것은 투자자들이 미래 수익성과 미래 성장성에 대해 더 높은 기대를 하고 있다는 것을 나타낸다. 그러나 다른 재무비율과 마찬가지로 주가수익비율 역시 그 자체로는 의미가 없는 경우가 많다. 따라서 주가수익비율은 동종산업의 다른 기업, 시장 전체 또는 과거 기간과 비교하여 해석할 필요가 있다.

창출하는 데 사용된 투자액 규모를 나타내는 데 더 적절하다.

일반적으로 재무비율 계산시 분자와 분모는 측정시점·기간 측면에서 일관되어야 한다. 예를 들어 매출액순이익률은 분자와 분모 모두 1년 동안의 결과를 나타내는 손익계산서 항목이므로 일관적이다. 한편 뒤에 소개되는 유동비율과 같이 분자와 분모가 모두 재무상태표 항목이라면 기말수치를 일관되게 사용하여 계산할 수 있다. 그러나 총자산이익률과 같이 분자는 1년간의 결과물인 손익계산서 항목인데 반해 분모가 재무상태표 항목이라면 분모의 수치로 기말수치보다는 1년간의 평균수치를 사용하는 것이 더 적절하다. 통상 평균수치는 기말과 기초의 평균값을 사용한다.

(4) 자기자본이익률

투자자는 회사 전체의 수익성을 나타내는 총자산이익률보다는 주주로서 자신의 투자액에 대한 수익성에 더 큰 관심이 있다. 자기자본이익률(ROE : return on equity)이 바로 주주들에 의하여 출자된 자본이 얼마나 이익을 내고 있는지를 나타내는 재무비율이다.

자기자본이익률은 자기 돈을 가지고 사업을 한 결과 얼마만큼의 이익을 올렸는지를 나타내는 것으로서 다른 사람 또는 다른 투자와 비교할 수 있는 수치를 제공한다. 예를 들어 자기자본이익률이 8%인데 은행의 정기예금 이자가 10%라면 같은 돈을 가지고 사업한 것보다는 은행에 예금하는 것이 더 옳았음을 알 수 있는 것과 같다.

이 비율의 분자는 당기순이익이고, 분모는 자본총액인데, 위에서 언급한 것처럼 기말자본총액보다 평균자본총액을 사용하는 것이 더 적절하다. (주)대박나라의 20×5년도 자기자본이익률은 다음과 같다.

$$\text{자기자본이익률} = \frac{\text{당기순이익}}{(\text{기초자기자본} + \text{기말자기자본})/2}$$

$$= \frac{₩38{,}000{,}000}{(₩180{,}000{,}000 + ₩411{,}000{,}000)/2} = 0.1286(=12.86\%)$$

은행의 정기예금이자율이 2%대라면 (주)대박나라의 20×5년도 자기자본이익률 12.86%는 무척 좋은 성과임을 알 수 있다.

2. 투자활동과 활동성비율 : 투자효율성을 평가하자

자산은 수익을 창출하는 데 공헌하는 경제적 자원이라고 한다. 즉, 기업이 자산을 구입하여 보유하는 이유는 수익을 얻을 목적으로 사용하기 위해서이다. 투자활동은 자산을 구입하거나 처분하는 활동을 말하는데, 효율적인 투자활동은 반드시 필요한 자산만을 구입해서 사용한다는 것을 뜻한다. 투자효율성은 투자한 자산의 효율적인 활용을 의미하는데, 동일한 규모의 자산을 갖고 있다면 더 많은 수익을 얻는 것이 효율적이며, 동일한 수익을 얻고 있다면 더 적은 자산을 보유하고 있는 편이 효율적이다. 투자효율성 또는 활동성을 평가하기 위해서 일반적으로 자산회전율을 이용하는데, 자산회전율이 높을수록 자산을 효율적으로 이용한다는 것을 의미한다.

총자산회전율(asset turnover ratio)은 매출액을 평균총자산으로 나누어 측정하는데, 기업이 보유하고 있는 총자산이 수익을 창출하는 데 얼마나 효율적으로 이용되고 있는지를 나타낸다. (주)대박나라의 20×5년 총자산회전율은 다음과 같다.

$$\text{총자산회전율} = \frac{\text{매출액}}{\text{평균총자산}} = \frac{₩370,000,000}{(₩962,000,000 + ₩1,115,000,000)/2} = 0.356$$

총자산회전율이 높을수록 보유자산으로 더 많은 매출을 올렸다는 것을 뜻하므로 총자산을 효율적으로 이용하고 있다는 것을 뜻한다. 주주들이 출자한 자본이 얼마나 효율적으로 이용되고 있는지를 평가하고자 한다면 매출액을 평균자기자본으로 나눈 자기자본회전율(equity turnover ratio)을 계산하면 된다. 이 외에도 매출액을 특정한 자산으로 나누어 특정자산에 대한 회전율을 구할 수가 있는데, 중요한 회전율 지표로서 유형자산회전율, 영업운전자본회전율, 매출채권회전율, 재고자산회전율이 있다. 다만 재고자산은 매출원가와 직접적인 관련이 있으므로 재고자산회전율의 경우 분자에 매출원가를 사용하는 것이 일반적이다.

1년, 즉 365일을 회전율로 나누면 특정자산이 한 번 회전하는 데 소요된 기간을 나타내게 되는데, 이러한 지표는 회전율지표의 다른 표현으로서 주로 매출채권과 재고자산에 많이 이용된다. 즉 365일을 매출채권회전율로 나누면 매출채권평균회수기간(average collection period)이고, 365일을 재고자산회전율로 나누면 재고자산평균보유기간(average inventory period)이 된다. (주)대박나라의 20×5년 재고자산회전율과 재고자산평균보유기간은 다음과 같다.

$$\text{재고자산회전율} = \frac{\text{매출원가}}{\text{평균재고자산}} = \frac{₩200,000,000}{(₩49,000,000 + ₩58,000,000)/2} = 3.738$$

$$\text{재고자산평균보유기간} = \frac{365}{\text{재고자산회전율}} = \frac{365}{3.738} = 97.6$$

(주)대박나라의 재고자산평균보유기간이 97.6이라고 하는 것은 하나의 재고자산을 판매하기까지 평균 97.6일이 소요된다는 것을 의미한다. 따라서 매출채권평균회수기간과 재고자산평균보유기간이 짧을수록 기업이 효율적으로 신용판매관리 및 매출활동을 하고 있다는 것을 뜻한다.

3. 재무활동과 안정성비율 : 재무의사결정을 평가하자

기업의 수익성이 높아도 자금의 수급이 원활하지 못하여 제때에 부채를 갚지 못하면 부도가 나고 결국 기업이 도산에 이를 수도 있다. 재무활동은 자금의 수급을 원활히 하고자 하는 활동이다. 따라서 재무활동은 기업재무구조의 안정성으로 평가하는데, 안전성은 크게 유동성과 장기지급능력으로 나누어 평가한다.

유동성(liquidity)이 높다는 것은 기업의 단기적 지급능력이 높다는 것을 의미하며, 유동성을 측정하는 대표적인 비율은 유동비율이다. 장기지급능력(solvency)은 기업의 장기적 재무건전성을 나타내는 것으로 장기적 재무건전성은 부채비율로써 측정하는 것이 보통이다.

(1) 유동비율

유동비율(current ratio)은 기업의 단기적인 채무지급능력을 측정하는 비율이다. 1년 이내에 현금화가 되는 유동자산총액을 1년 이내에 갚아야 하는 유동부채총액으로 나누어서 계산한다. (주)대박나라의 20×5년도 유동비율은 다음과 같다.

$$\text{유동비율} = \frac{\text{유동자산총액}}{\text{유동부채총액}} = \frac{₩330,000,000}{₩341,000,000} = 0.97(=97\%)$$

유동비율이 높다는 것은 단기간에 갚을 부채보다 단기간에 현금화할 수 있는 자산이 상대적으로 많다는 것을 의미하므로 기업의 단기채무지급능력이 높다는 것을 보여준다. 일반적으로 유동비율이 200% 이상이면 양호하다고 판단한다. 이 기준에 의하면 (주)대박나라의 유동비율은 좋지 않은 편이다. 그러나 이 기준은 임의적인 것으로서 여러 가지 예외사항을 가지고 있다. 두 가지 예를 들어보자.

① 채권자는 기업의 유동비율이 높을수록 좋다고 해석한다. 그러나 경영자는 반드시 그러한 것은 아니다. 왜냐하면 유동비율이 너무 높다는 것은 기업이 자산을 효율적으로 운용하지 못하고 있다는 것을 의미할 수 있기 때문이다.
② 연말에 측정된 기업의 유동비율은 기업의 연중 유동성을 나타내는 것이 아니다. 특히 기업의 영업활동에 계절성이 있는 경우에는 더욱 그렇다.

(2) 부채비율

부채비율(debt ratio)은 기업의 장기적 재무건전성을 측정하는 비율인데, 부채총액을 자본총액으로 나누어서 계산한다. 부채비율이 클수록 갚아야 할 부채가 자본에 비해 상대적으로 큰 것이므로 매출활동과 무관하게 고정적으로 지급해야 하는 이자비용의 부담이 크다는 것을 뜻한다. 따라서 영업활동이 순조롭지 못할 경우 채권자에게 이자와 원금을 갚지 못할 위험이 증가한다고 볼 수 있다. (주)대박나라의 20×5년도 부채비율은 다음과 같다.

$$\text{부채비율} = \frac{\text{부채총액}}{\text{자본총액}} = \frac{₩704,000,000}{₩411,000,000} = 1.71(=171\%)$$

(주)대박나라의 부채비율은 1.71인데, 이는 타인자본인 부채총액이 자기자본인 자본총액보다 1.71배가 많다는 것이다. 일반적으로 부채총액이 자본총액보다 낮은 경우, 즉 부채비율이 100%보다 낮을 때 기업이 안전하다고 평가한다. 그러나 부채비율 역시 부채비율 그 자체로서가 아니라 산업평균 또는 동종산업의 기업 등과 비교되었을 때 의미가 클 수 있다. 특정산업의 경우 부채비율 200%가 일반적일 수 있기 때문이다.

재무비율을 사용할 때 항상 유의해야 할 사항 중 하나는 사용자마다 재무비율의 정의가 다를 수 있다는 것이다. 위에 정의된 부채비율은 자기자본 대비 총부채(liability to equity ratio)이지만 경우에 따라 총자산 대비 총부채(liability to total assets ratio)로 정의될 수 있다. 따라서 기업 A의 부채비율이 80%라고 하였을 때 부채비율이 어떻게 정의되었는지 꼭 확인할 필요가 있다. 80%가 총자산 대비 총부채라면 자기자본 대비 총부채로 정의된 부채비율은 400%가 됨을 알 수 있다. 한편 부채의 정의도 사용자에 따라 달라질 수 있다. 재무상태표의 부채(liability)에는 이자부부채뿐만 아니라 무이자부부채까지 포함되어 있다. 따라서 이자 및 원금 지급능력을 측정하기 위해서는 총부채보다 이자부부채(interest bearing liability)만 고려하는 것이 더 적절할 수 있다. 이자부부채는 일반적으로 장단기차입금과 사채의 합이다. 그러므로 사용자에 따라서는 부채비율이 총자산 대비 이자부부채 비율 또는 자기자본 대비 이자부부채 비율로 정의될 수 있음을 명심해야 한다(물론 이 경우에는 부채비율이라는 용어보다 차입금의존도라는 용어가 일반적으로 사용된다).

4. 자기자본이익률의 분해를 통해 기업활동을 분석하자

앞에서 영업활동, 투자활동 및 재무활동을 평가하기 위하여 널리 사용되는 재무비율에 관하여 살펴보았다. 여기에서는 이들 활동의 효율성을 쉽고 간편하게 평가할 수 있는 듀퐁식 분해에 대하여 알아보자.

주주가 투자한 자본에 대한 전반적인 수익성을 측정하는 지표로서 자기자본이익률에 대하여 알아보았다. 자기자본이익률은 당기순이익을 평균자본으로 나눈 비율을 말하는데, 이를 다음과 같이 분해하면 영업활동의 수익성(매출액순이익률), 투자활동의 자산효율성(총자산회전율) 및 재무활동의 재무건전성(1+부채비율)을 개별적으로 평가할 수 있다.

$$\begin{aligned}\text{자기자본이익률} &= \frac{\text{당기순이익}}{\text{평균자본}} = \frac{\text{당기순이익}}{\text{매출액}} \times \frac{\text{매출액}}{\text{평균총자산}} \times \frac{\text{평균총자산}}{\text{평균자본}} \\ &= \text{매출액순이익률} \times \text{총자산회전율} \times (1 + \text{부채비율})^{*} \\ &= 10.3\% \times 0.356\text{회} \times 351\%^{**} \\ &= 12.86\%\end{aligned}$$

$$* \ \frac{\text{평균총자산}}{\text{평균자본}} = \frac{\text{평균자본} + \text{평균부채}}{\text{평균자본}} = 1 + \text{부채비율}$$

$$** \ \frac{(₩962,000,000 + ₩1,115,000,000)/2}{(₩180,000,000 + ₩411,000,000)/2} = \frac{₩1,038,500,000}{₩295,500,000} = 351\%$$

(주)대박나라의 20×5년 자기자본이익률은 12.86%인데 이는 매출액순이익률 10.3%, 총자산회전율 0.356회, 그리고 평균부채비율 351%로 구성되어 있다는 것을 알 수 있다(기말부채비율이 아님에 유의).

자기자본이익률의 분해를 이용한 분석은 동종산업에 속하는 경쟁기업간 비교에 특히 유용하다. 어느 기업은 적게 판매하더라도 수익성을 높이고자 하는 반면에 다른 기업은 싼 가격에 많은 양을 판매하여 회전율을 높이려고 할 수 있다. 일반적으로 원가우위전략을 취하는 기업(예를 들어 대형슈퍼마켓)들은 수익률은 낮고 회전율은 높은 데 반해 차별화전략을 취하는 기업(예를 들어 백화점)들은 수익률은 높고 회전율은 낮다. 위의 분석은 이러한 비교에 매우 유용하게 사용된다.

5. 재무비율 분석에서는 판단의 기준이 필요하다

일반적으로 재무비율 그 자체로는 아무런 의미가 없는 경우가 대부분이다. 어떤 기업의 부채비율이 150%라고 했을 때 그 기업의 장기적 재무건전성에 대해 어떻게 평가할 수 있는가? 재무제표를 분석하는 사람은 재무비율 분석결과가 좋은지 나쁜지를 결정할 수 있는 판단기준이 있어야 한다. 일반적으로 판단의 기준에는 임의적인 이상치, 당해기업의 과거수치, 그리고 동종산업에 속하는 다른 기업들의 평균수치가 사용된다.

(1) 임의적인 이상치

많은 재무분석가, 투자자 그리고 채권자들은 중요한 몇 개의 재무비율에 대하여 이상적이라고 판단되는 기준을 가지고 있다. 예를 들면 기업의 유동비율(=유동자산/유동부채)과 부채비율(=부채/자본)은 2, 즉 200%가 적정하다고 알려져 있다.

그러나 이러한 이상치는 다소 자의적이기 때문에 정확하다고 할 수 없다. 즉 어떤 기업의 유동비율이 200%를 초과한다고 하더라도 그 기업의 신용정책이 잘못되어 매출채권이 과도하게 많을 수가 있기 때문이다. 또한 매출부진으로 오래된 재고자산이 너무 많다거나 또는 과다한 현금을 보유하고 있는 경우도 있을 수가 있기 때문이다. 반면에 유동비율이 200%에 못 미치는 기업이라 할지라도 매출채권관리나 재고자산관리, 그리고 현금관리가 아주 뛰어나기 때문에 유동비율이 200%보다 작을 수도 있다. 따라서 임의적인 이상치를 사용하여 분석하는 경우에는 많은 주의를 기울여야 한다.

(2) 당해기업의 과거수치

임의적인 이상치보다 향상된 방법은 동일한 기업의 재무수치를 일정기간 동안 비교해 보는 것이다. 일정기간 동안 재무수치를 비교해 보면 해당수치가 악화되고 있는지 향상되고 있는지를 쉽게 파악할 수 있기 때문이다. 그러나 미래의 경제환경이나 기업환경이 과거와 달리 갑자기 변화하는 경우에는 당해기업의 과거수치로는 기업의 전망을 예측하기 어렵다.

(3) 동종산업에 속하는 다른 기업들의 평균수치

동종산업에 속하는 다른 기업들의 평균수치를 이용하면 좀더 종합적인 판단이 가능하다. 이 비교기준으로는 동종산업에 속한 비슷한 다른 기업의 수치, 동종산업 내의 몇 개 기업(또는 전체기업)의 평균 또는 전통적으로 인식된 기준치 등이 이용되고 있다.

예를 들어, (주)대박나라의 금년도 매출액이 5% 감소했다고 하자. 이러한 사실은 영업상황이 양호하지 못하다는 것을 나타낸다. 그러나 동종산업에 속하는 다른 기업들의 매출액이 금년도에 평균 20% 감소했다는 사실을 알게 되면 (주)대박나라의 매출액 감소는 상대적으로 양호한 편이라고 판단할 수 있을 것이다.

이같이 특정기업을 경쟁업체나 산업평균과 비교함으로써 얻을 수 있는 결론은 비교대상이 되는 기업들이 상호 유사해야만 의미가 있다. 어떤 기업들은 상당히 다각화되어 있기 때문에 단순히 동종산업으로 분류되고 있다고 해서 모든 면에서 서로 비교될 수 있는 것은 아니기 때문이다. 예를 들면, 삼성전자(주)는 가전사업과 더불어 핸드폰사업, 반도체사업을 같이 하고 있으나 LG전자(주)는 핸드폰사업과 반

산책로 이자보상비율 1 미만 상장사 3곳 중 1곳

국내 상장사 3곳 중 1곳은 돈을 벌어도 이자비용조차 감당하지 못하는 것으로 나타났다. 아시아경제가 금융정보업체 에프앤가이드에 의뢰해 2022년 3분기 누적 기준 국내 상장사들의 이자보상비율을 분석한 결과, 조사 대상 기업 1,672개 중 이자보상비율이 1 미만인 곳이 590개로 집계되어 전체의 35.3%를 차지하였다. 이자보상비율이란 영업이익을 이자비용으로 나눈 것으로 기업이 벌어들인 돈이 그해에 갚아야 할 이자비용에 비해 얼마나 많은지를 나타내는 지표이다. 통상적으로 이자보상비율이 1.5 이상이면 빚을 갚을 능력이 충분하지만, 1 미만이면 잠재적인 부실기업으로 분류하고 3년 연속 1 미만이면 한계기업 또는 좀비기업으로 간주한다. 대기업 중에서도 롯데쇼핑, 한진칼, 금호타이어 등이 3년 연속 이자보상비율 1 미만으로 한계기업으로 꼽혔다.

(아시아경제 수정요약, 2022.12.12)

도체사업을 하지 않기 때문에 두 기업을 비교할 때에는 주의해야 한다.

한편, 두 기업에서 이용하고 있는 회계처리방법간의 차이에 의해서도 재무자료의 비교가능성이 저하된다. 예를 들면, 기업들이 유사한 유형자산에 대하여 상이한 감가상각방법을 적용하고 있다든지, 내용연수를 다르게 추정하고 있을 수가 있다. 이러한 한계점에도 불구하고, 기업간 비교는 신중하고 적절하게만 수행된다면 매우 유용한 재무제표 분석방법이 된다.

6. 재무비율 분석시 유의해야 할 점

재무비율을 이용한 재무제표 분석에는 몇 가지 한계점들이 있다.

(1) 재무제표 분석의 목적은 장래 기업의 수익성과 재무적 안정성을 보고자 하는 것인데, 재무비율에서 이용하는 모든 재무자료는 과거의 수치이다. 물론 과거의 수치를 알면 미래를 예측하고 불확실성을 감소시킬 수는 있지만 미래는 과거와 연속적인 선상에만 있는 것은 아니다. 즉 기업은 경제환경이 변하거나, 업종이 변하거나, 경영진이 바뀌면 큰 변화를 겪게 되므로, 과거의 수치를 기준으로 미래를 예측하는 것이 무리일 경우가 있음을 유념해야 한다.

(2) 재무비율은 그 자체만으로는 의미가 없는 경우가 많아서 비교나 판단의 기준이 되는 표준비율이 필요하다. 그러나 현실적으로 표준비율을 합리적으로 선정하기가 쉽지 않다.

(3) 재무비율이란 재무제표의 자료를 근거로 한 것이므로 재무제표가 안고 있는 한계점을 그대로 갖는다. 예를 들면 기업은 다양한 회계처리방법 중 하나를 선택하여 사용하며, 많은 회계추정도 한다. 또한 취득원가로 기록된 기업의 유형자산은 부동산 가격의 상승 등으로 진실한 가치를 표시하지 않을 수가 있다. 따라서 이 같은 회계수치를 기반으로 한 재무비율은 많은 한계점을 가지고 있을 수밖에 없다.

이러한 이유로 볼 때, 몇몇 재무비율 분석 결과만을 가지고 기업경영을 평가해서는 안 된다. 즉, 기업경영에 대한 올바른 평가를 위해서는 기업을 둘러싼 경제환경, 산업환경뿐만 아니라 기업의 회계정책·방법·추정에 대한 이해가 선행되어야 한다. 재무비율 분석은 단지 앞으로 좀더 깊이 분석해 보아야 할 분야를 부각시켜 주는 도구라고 생각하면 된다.

이번 장에서 배운 용어

공통형 분석(common size analysis) 재무제표를 구성하는 각 항목을 공통의 분모로 나누어 상대적인 크기를 분석하는 방법. 총자산에 대한 백분율로 표시된 재무상태표를 공통형 재무상태표, 매출액에 대한 백분율로 표시된 손익계산서를 공통형 손익계산서라고 함

매출액이익률(profit margin) 매출액에 대한 이익의 비율. 이익의 종류에 따라 매출액순이익률, 매출총이익률, 매출액영업이익률 등이 수익성 지표로 사용됨

매출채권평균회수기간(average collection period) 매출채권을 회수하는 데 소요된 평균기간

부채비율(debt ratio) 자기자본(또는 자산) 대비 부채의 크기를 나타내는 비율로서 장기지급능력 지표 중 하나. 부채는 부채총액, 차입금 등으로 정의될 수 있음. 국내에서는 일반적으로 자기자본 대비 부채총액(liability to equity)을 의미함

성장성비율(growth ratio) 비교연도의 특정항목이 기준연도에 비해 얼마나 증가했는지를 나타내는 비율(변동률이라고도 함)

수익성비율(profitability ratio) 기업의 경영성과 또는 수익성을 나타내는 재무비율(영업효율성 비율이라고도 함)

안정성비율(stability ratio) 기업의 장단기 지급능력과 재무건전성을 나타내는 재무비율

연결재무제표(consolidated financial statement) 지분보유상 특수한 관계에 있는 두 개 이상의 회사들의 재무정보를 하나로 묶어서 작성한 재무제표

유동비율(current ratio) 유동자산을 유동부채로 나눈 비율로서 유동성 지표 중 하나

유동성(liquidity) 자산을 단기간에 현금화하여 단기채무를 지급할 수 있는 능력

자기자본이익률(ROE : return on equity) 주주들이 출자한 자본에 대한 당기순이익의 비율

자산회전율(turnover ratio) 자산이 매출액을 창출하는 데 얼마나 효율적으로 이용되고 있는지를 나타내는 비율. 자산의 종류에 따라 총자산회전율, 자기자본회전율, 유형자산회전율, 영업운전자본회전율, 매출채권회전율, 재고자산회전율 등이 활동성 지표로 사용됨

장기지급능력(solvency) 장기채무를 지급할 수 있는 능력. 즉 기업의 장기 재무건전성

재고자산평균보유기간(average inventory period) 재고자산이 구입되어 판매될 때까지 소요된 평균기간

재무비율 분석(financial ratio analysis) 재무제표의 수치를 서로 관련 있는 항목(예를 들어 유동자산 대 유동부채)간의 비율로 나타내 분석하는 방법

주당순이익(EPS : earnings per share) 주식 1주에 해당하는 당기순이익

총자산이익률(ROA : return on assets) 총자산에 대한 이익의 비율(총자본이익률이라고도 함)

추세 분석 (trend analysis) 분석대상 항목을 기준연도에 대한 비교연도의 비율로 표시하여 그 변화추이를 분석하는 방법. 손익계산서와 재무상태표의 모든 항목을 기준연도에 대한 백분율로 표시한 것을 각각 추세형 손익계산서, 추세형 재무상태표라고 함

활동성비율 (activity ratio) 기업이 보유하고 있는 자산이 수익창출에 얼마나 효율적으로 사용되고 있는가를 알아보는 비율(투자효율성 또는 자산효율성 비율이라고도 함)

연습문제

1. 다음 중 공통형 손익계산서로부터 파악할 수 없는 것은?

① 매출총이익률　　　② 매출액순이익률
③ 총자산이익률　　　④ 매출액영업이익률

2. 다음 중 재무제표 분석기법에 관한 설명으로 틀린 것은?

① 변동액과 변동률 분석, 추세 분석, 공통형 분석, 재무비율 분석 등이 있다.
② 공통형 분석을 할 때 재무상태표 항목은 총자산으로 나누고, 손익계산서는 당기순이익으로 나눈다.
③ 추세 분석에는 추세형 손익계산서와 추세형 재무상태표가 있다.
④ 공통형 분석에는 공통형 재무상태표와 공통형 손익계산서가 있다.

※ 다음 자료를 보고 문제 3~5에 답하시오.
분석(주)의 20×1년 손익계산서 및 재무상태표로부터 다음과 같은 정보를 취득하였다. 20×1년 재무상태표 기초와 기말 수치는 동일하다고 가정한다.

매출액	₩420,000	매출총이익	₩180,000	영업이익	₩60,000
당기순이익	35,000	유동자산	200,000	비유동자산	400,000
유동부채	150,000	비유동부채	100,000	자본	350,000

3. 분석(주)의 20×1년도 자기자본이익률(ROE)은 얼마인가?

① 5.0%　　　② 7.5%
③ 10.0%　　　④ 30.0%

4. 분석(주)의 20×1년도 유동비율은 얼마인가?

① 50%　　　② 57%
③ 70%　　　④ 133%

5. 분석(주)의 20×1년도 총자산회전율은 얼마인가?

① 0.50　　② 0.70
③ 1.05　　④ 1.20

6. 다음 중 재무비율 분석과 관련된 설명으로 틀린 것은?

① 재무비율은 과거의 재무수치로부터 산출된 것이므로 미래 예측에 사용될 때 주의해야 한다.
② 부채비율이 높을수록 매출과 무관하게 고정적으로 지급해야 하는 이자비용 부담이 크다.
③ 유동비율은 단기채무지급능력을 나타내는 비율이므로 경영자 입장에서 유동비율이 높으면 높을수록 좋다.
④ 이해관계자들의 재무제표 분석목적에 따라 분석하는 주요 재무비율이 다를 수 있다.

7. 다음 중 기업의 재무건전성을 측정하는 비율은 무엇인가??

① 매출액총이익률　　② 총자산회전율
③ 총자산이익률　　④ 부채비율

※ 다음 자료를 보고 문제 8~9에 답하시오.
성균(주)의 20×1년초 유통주식수는 1,000주(주당액면가 ₩10,000)이었고 20×1년 7월초 600주를 추가 발행하였다. 20×1년 회계기간 동안의 당기순이익은 ₩2,990,000이었으며 20×1년말 현재 주가는 ₩15,000이었다.

8. 20×1년의 주당순이익(EPS)은 얼마인가?

① ₩1,333/주　　② ₩2,000/주
③ ₩2,300/주　　④ ₩2,526/주

9. 20×1년말 현재의 주가수익비율(PER)은 얼마인가?

① 6.52　　② 7.00
③ 7.50　　④ 11.25

10. 다음 중 기업활동의 분석에 주로 사용되는 재무비율의 연결이 적절하지 않은 것은?

① 영업활동 분석 – 총자본이익률
② 재무활동 분석 – 부채비율
③ 영업활동 분석 – 주당순이익
④ 투자활동 분석 – 유동비율

해답

1. ③	2. ②	3. ③	4. ④	5. ②
6. ③	7. ④	8. ③	9. ①	10. ④

사례연구

1. 재무제표 분석의 필요성과 한계점

대학에서 재무제표 분석 수업을 듣고 있는 최분석 군은 최근 삼촌인 최투자 씨로부터 직접 재무제표 분석을 통해 여유자금을 투자하고 싶다는 이야기를 들었다. 최투자 씨는 조카가 재무제표 분석을 배우고 있다는 이야기를 듣고 도움을 청해왔다. 최투자 씨는 '의사결정의 목적에 따라 필요로 하는 기업의 재무정보가 다르다고 들었는데, 이것이 사실인지, 사실이라면 왜 그런지', '투자의사결정을 위해 재무제표를 분석할 때 한계점으로 인식해야 할 사항이 무엇인지'를 알고 싶어 한다.

〈요구사항〉
최분석 군이 최투자 씨에게 해 줄 수 있는 조언은 무엇이 있는지 논의해 보시오.

2. 재무비율 분석시 유의사항

재무비율과 관련되어 유의해야 할 사항으로 첫째, 재무비율의 분자와 분모는 측정시점 · 기간 측면에서 일관되어야 하고, 둘째, 재무비율의 정의가 사용자마다 다를 수 있으며, 셋째, 재무비율은 그 자체로서 의미가 없는 경우가 대부분이어서 판단기준이 되는 비교대상이 있어야 한다는 것이다.

〈요구사항〉

(1) 재무비율의 분자와 분모가 측정시점 · 기간 측면에서 일관되게 사용되지 않은 실제 사례 세 가지 이상을 찾아보고 일관되게 사용되었을 경우와 비교하시오. 일관되게 사용되지 않은 이유는 무엇이라고 생각되는가?

(2) 같은 이름의 재무비율이 다르게 정의된 실제 사례를 세 가지 이상 찾아보시오.

(3) "부채비율(=부채/자본)은 200% 이하가 되어야 재무건전성이 안정적이라고 할 수 있다"라는 주장에 대해 어떻게 생각하는지 논의하시오.

3. 재무제표 분석

다음은 조하맥주회사와 동오맥주회사의 최근 3년간 재무상태표와 손익계산서이다. 이 두 회사의 재무제표를 보고 다음의 물음에 답하시오.

조하맥주회사의 재무제표

재무상태표(조하)	금액(20×1.12.31)	금액(20×2.12.31)	금액(20×3.12.31)
당 좌 자 산	185,000	220,000	320,000
재 고 자 산	51,000	50,000	60,000
유 동 자 산 (계)	236,000	270,000	380,000
투 자 자 산	47,000	45,000	50,000
유 형 자 산	295,000	389,000	753,000
무 형 자 산	2,000	1,000	1,000
비유동자산 (계)	344,000	435,000	804,000
자산총계	₩580,000	₩705,000	₩1,184,000
유 동 부 채	287,000	400,000	480,000
비유동부채	213,000	220,000	360,000
부채총계	500,000	620,000	840,000
자 본 금	30,000	30,000	50,000
자본잉여금	40,000	35,000	280,000
이익잉여금	10,000	20,000	14,000
자본총계	80,000	85,000	344,000
부채와 자본총계	₩580,000	₩705,000	₩1,184,000

손익계산서(조하)	금액(20×1)	금액(20×2)	금액(20×3)
매 출 액	220,000	270,000	360,000
매 출 원 가	120,000	160,000	200,000
매출총이익	100,000	110,000	160,000
판매비와 관리비	50,000	65,000	90,000
영 업 이 익	50,000	45,000	70,000
영업외수익	12,000	16,500	23,000
영업외비용	46,000	55,500	81,000
법인세차감전순이익	16,000	6,000	12,000
법인세비용	1,000	800	4,000
당기순이익	₩15,000	₩5,200	₩8,000

동오맥주회사의 재무제표

재무상태표(동오)	금액(20×1.12.31)	금액(20×2.12.31)	금액(20×3.12.31)
당 좌 자 산	160,000	200,000	310,000
재 고 자 산	60,000	80,000	80,000
유 동 자 산 (계)	220,000	280,000	390,000
투 자 자 산	140,000	200,000	160,000
유 형 자 산	637,000	656,000	755,000
무 형 자 산	3,000	4,000	5,000
비유동자산 (계)	780,000	860,000	920,000
자산총계	₩1,000,000	₩1,140,000	₩1,310,000
유 동 부 채	450,000	630,000	700,000
비유동부채	250,000	280,000	500,000
부채총계	700,000	910,000	1,200,000
자 본 금	30,000	30,000	30,000
자본잉여금	260,000	260,000	200,000
이익잉여금	10,000	−60,000	−120,000
자본총계	300,000	230,000	110,000
부채와 자본총계	₩1,000,000	₩1,140,000	₩1,310,000

손익계산서(동오)	금액(20×1)	금액(20×2)	금액(20×3)
매 출 액	490,000	500,000	440,000
매 출 원 가	360,000	400,000	340,000
매출총이익	130,000	100,000	100,000
판매비와 관리비	80,000	110,000	144,000
영 업 이 익	50,000	−10,000	−44,000
영업외수익	17,100	26,000	40,200
영업외비용	63,080	75,200	100,600
법인세차감전순이익	4,020	−59,200	−104,400
법인세비용	420	200	300
당기순이익	₩3,600	−₩59,400	−₩104,700

〈요구사항〉

(1) 두 회사의 3년간 순이익과 매출액의 추세를 분석하시오.

(2) 두 회사의 3년간 재무상태표와 손익계산서를 공통형으로 작성하시오.

(3) 두 회사의 3년간 수익성, 활동성, 안정성 비율을 계산해 보시오.

(4) 위의 분석으로 이 두 회사의 성장성, 수익성, 활동성 및 안정성에 어떠한 결론을 내릴 수 있는가?

4. 재무비율 계산(Ⅰ)

한양(주)의 20×1년초 유통주식수는 1,000주(주당액면가 10,000원), 20×1년 회계기간 동안의 당기순이익은 190만원, 그리고 20×1년말 현재 주가는 15,200원이다.

〈요구사항〉

(1) 20×1년의 주당순이익(EPS)은 얼마인가?

(2) 20×1년말 현재 주가수익비율(PER)은 얼마인가?

(3) 한양(주)가 20×1년 10월 1일 주식 400주를 추가발행했다고 가정하자. 20×1년의 주당순이익(EPS)과 20×1년말 현재의 주가수익비율(PER)은 얼마인가?

5. 자기자본이익률 계산

다음의 비율로부터 자기자본이익률(ROE)을 계산하시오.

부채비율(=부채/자본) : 100% 매출액순이익률(ROS) : 3% 총자산회전율 : 200%

6. 자기자본이익률 분해와 평가

아래에 유통업종에 속하는 해태쇼핑과 세계백화점의 자기자본이익률 및 그 분해 요소가 제시되어 있다. 해태쇼핑은 백화점, 마트, 슈퍼마켓 등 종합 유통업을 영위하는 법인이며, 세계백화점은 백화점 위주의 유통법인이다.

	해태쇼핑		세계백화점	
	20×1	20×2	20×1	20×2
자기자본이익률	18.4%	17.4%	31.0%	23.0%
매출액순이익률	4.5	4.0	13.6	9.6
총자산회전율	1.7	1.4	1.2	1.2
1+부채비율	2.4	3.1	1.9	2.0

〈요구사항〉

(1) 해태쇼핑과 세계백화점의 ROE를 영업관리(수익성), 투자관리(활동성), 재무전략(안정성) 측면에서 비교 분석하시오.

(2) 당신이 해태쇼핑의 최고경영자라면 ROE 증가를 위해 어떤 의사결정을 내리겠는가?

(3) 당신이 세계백화점의 최고경영자라면 ROE 증가를 위해 어떤 의사결정을 내리겠는가?

7. 재무비율 계산(Ⅱ)

다음은 명량산업의 최근 2년간 재무제표이다. 최근 명량산업의 주가는 ₩19,500이다.

재무상태표 (단위 : 천원)	금액(20×2.12.31)	금액(20×1.12.31)
유 동 자 산	204,000	168,000
현 금	21,000	18,000
단기투자상품	18,000	15,000
매 출 채 권	85,000	75,000
재 고 자 산	80,000	60,000
비유동자산	423,000	383,000
유 형 자 산	423,000	383,000
자산총계	₩627,000	₩551,000
유 동 부 채	134,000	121,000
매 입 채 무	122,000	110,000
미지급법인세	12,000	11,000
비유동부채	120,000	80,000
사 채	120,000	80,000
부채총계	254,000	201,000
자 본		
자본금(액면가 ₩5,000)	150,000	150,000
이익잉여금	223,000	200,000
자본총계	373,000	350,000
부채와 자본총계	₩627,000	₩551,000

손익계산서 (단위 : 천원)	금액(20×2)	금액(20×1)
매 출 액	500,000	420,000
매 출 원 가	315,000	254,000
매출총이익	185,000	166,000
판매비와 관리비	120,800	114,800
영 업 이 익	64,200	51,200
이 자 비 용	7,500	6,500
법인세차감전순이익	56,700	44,700
법인세비용	20,000	15,000
당기순이익	₩36,700	₩29,700

〈요구사항〉

(1) 아래 재무비율을 20×2년 기준으로 계산하시오.

(a) 유동비율 (b) 매출채권회전율 (c) 재고자산회전율

(d) 매출액순이익률 (e) 총자산회전율 (f) 총자산이익률

(g) 자기자본이익률 (h) 주당순이익 (i) 주가수익비율

(j) 부채비율 (k) 매출채권평균회수기간 (l) 재고자산평균보유기간

(2) 20×2년의 자기자본이익률을 분해하시오.

CHAPTER 14

회계정보의 투명성과 회계윤리

제 1 절 회계감사와 회계정보의 투명성

제 2 절 내부통제제도와 회계부정의 예방

제 3 절 회계부정예방과 회계윤리

제 1 절 회계감사와 회계정보의 투명성

"돈이 있는 곳에는 회계가 따르고, 회계가 있는 곳에는 반드시 감사가 뒤따른다"는 말이 있다. 감사는 왜 필요하며, 어떻게 이루어지는지를 살펴본다.

1. 회계감사는 왜 필요한가?

기업에서 작성된 재무보고서를 외부이용자가 안심하고 사용할 수 있게 하기 위해서는 기업과는 아무런 이해관계가 없는 독립적인 제3자가 재무제표의 공정성을 검증한 후 그 신뢰성에 대해 전문가로서의 의견을 표시하는 절차가 있어야 한다. 이 같은 절차를 회계감사라고 하며 전문가로서의 자격을 갖춘 공인회계사가 담당한다. [그림 14-1]은 회계정보의 전달과 감사의 역할을 나타내고 있다. 회계감사는 재무제표의 신뢰성을 제고하여 이해관계자가 부정확한 재무제표에 근거하여 잘못된 의사결정을 할 가능성, 즉 정보위험(information risk)을 감소시킨다.

감사(auditing)의 종류는 크게 재무제표감사(financial statement audit), 업무감사(operational audit), 준법감사(compliance audit)로 나누어진다. 공인회계사의 고유업무인

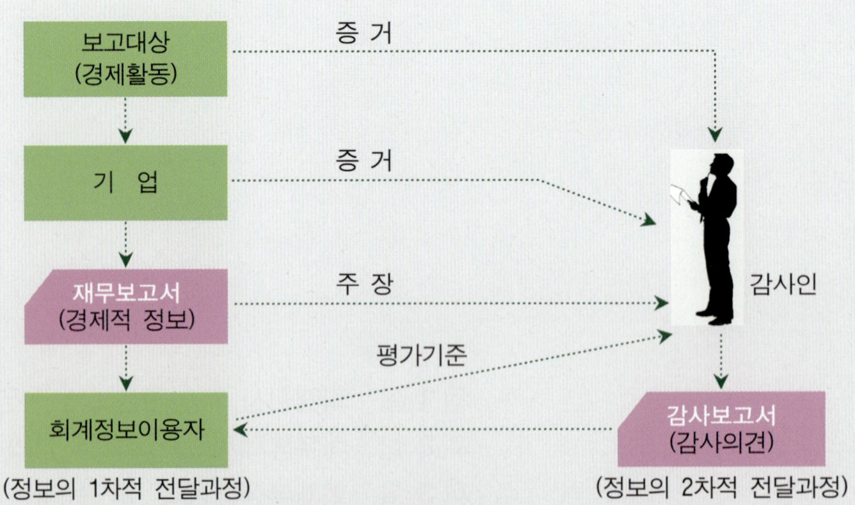

[그림 14-1] 회계정보의 전달과 감사의 역할

회계감사는 재무제표감사를 지칭하는데, 기업이 작성하여 제공하는 재무제표에 담긴 회계정보가 회계기준에서 정한 대로 공정(fair)하게 작성되어 있는지를 기업과 직접적인 이해관계가 없는 외부의 공인회계사가 회계감사기준에 따라 감사절차를 수행하여 검증하는 것이다. 회계감사에서는 재무제표에서 보고하는 자산, 부채, 자본, 수익, 비용 및 포괄손익의 항목이 실제로 존재하고 있는지, 이러한 항목이 빠짐없이 보고되고 있으며 보고된 금액이 정확한지에 대하여 검증을 한다.

금융기관이나 전문투자기관에서는 재무제표에서 보고하는 회계정보의 내용이 사실인지를 직접 확인할 수도 있지만 전문지식이나 비용면에서 보았을 때 독립성과 적격성을 갖춘 공인회계사가 담당하는 것이 더욱 효율적이기 때문에 전문직업인으로서의 공인회계사가 회계감사를 맡아서 하는 것이다.

현대의 회계감사는 회사의 투자자인 주주에게 기업의 경영자가 작성한 재무제표를 믿을 수 있는지에 대해서, 전문지식을 갖춘 공인회계사가 회계감사를 통하여 감사의견을 표시하는 기능을 중심으로 전개된다. 회계감사의 결과를 보고, 경영에 직접 참여하지 않은 주주들은 경영자가 과연 주주의 이익을 위해서 성실히 경영하였는지를 판단할 수 있다.

회계감사는 해당기업과 투자자 또는 금융기관 간에 자유로운 계약에 의해서 이루어질 수도 있지만 현재 우리나라는 '주식회사 등의 외부감사에 관한 법률(외부감사법)'에 의해서 원칙상 모든 주식회사와 유한회사는 법에 의해서 의무적으로 회계감사를 받도록 강제하고 있다. 그러나 기업의 경제 부담을 완화시키기 위하여 자산·부채·매출액·종업원수 등을 고려하여 소규모 회사를 외부감사대상에서 제외시키고 있다. 단, 상장법인과 상장예정법인은 예외가 아니다. 회계감사를 할 때에는

더 알아봅시다 **법정외부감사대상 제외 요건**

개정된 외부감사법 동 시행령에 의하면 주식회사는 다음과 같이 외부감사법 시행령에서 정하고 있는 4가지 기준 중 3가지 이상을 충족하는 경우 외부감사대상에서 제외된다.

1. 직전 사업연도말의 자산총액이 120억원 미만인 회사
2. 직전 사업연도말의 부채총액이 70억원 미만인 회사
3. 직전 사업연도의 매출액이 100억원 미만인 회사
4. 직전 사업연도말의 종업원(파견근로자 제외) 수가 100명 미만인 회사

유한회사는 '사원수 50인 미만' 기준을 추가하여 총 5가지 기준 중 3가지 이상을 충족하는 경우 외부감사대상에서 제외된다. 또한, 자산총액이나 매출액이 500억원 이상인 주식회사 또는 유한회사는 소규모회사로 인정하지 않고 외부감사를 의무화한다. 변경된 기준은 2019년 11월 1일부터 시행되고 있다.

감사인이 지켜야 할 절차 등을 규정한 회계감사기준에 따라서 하게 된다. 회계감사가 원활히 이루어져야만 재무제표에 대한 신뢰성이 증가하고 재무제표를 이용한 경제적 의사결정이 가능하게 되므로 이를 기초로 국가의 효율적인 자원배분과 건전한 신용사회가 구축되는 데 많은 공헌을 하게 된다.

2. 누가 회계감사업무를 수행하는가?

감사인은 무엇보다도 정확한 판단을 내릴 수 있는 자질을 갖추어야 한다. 소크라테스는 '정중하게 들을 줄 알아야 하고, 건전하게 생각할 수 있어야 하며, 공정한 결정을 내릴 수 있어야'만 훌륭한 판정관이 될 수 있다고 하였다. 자질 있는 감사인은 적격성, 독립성 및 신의성실성 등을 갖추어야 한다.

(1) 적격성

감사인은 주어진 감사업무를 실질적으로 수행할 수 있는 전문적인 능력을 갖추어야 한다. 회계 및 관련 학문에 대한 전문적인 지식을 갖추어야 하며, 이러한 지식을 활용할 수 있는 기술적 능력을 실무경험을 통하여 습득한 사람이어야 한다. '외부감사법'에서는 재무제표를 감사하는 감사인은 반드시 공인회계사 시험에 합격하고 2년간의 실무경험을 쌓은 사람으로 한정하고 있다. 이는 외부감사인으로서 갖추어야 최소한의 자격요건이며 직무경험과 보수교육을 통해 지속적으로 전문지식을 함양해야 한다. 아울러 감사인은 전문직업인으로서 사회적 책임을 인식하고 이에 상응하는 인격과 품성을 갖추어야 한다.

산책로 **공인회계사의 역사**

공인회계사(CPA : Certified Public Accountant)라는 말은 미국에서 시작되었다. 전문적인 회계사는 영국에서 시작되었는데 영국에서는 칙허회계사(CA : Chartered Accountant)라고 부른다. 19세기 미국의 은행은 돈을 빌려주기 위하여 대차대조표를 이용해서 신용을 판단하였다. 이를 알게 된 기업들이 대차대조표를 허위로 작성하는 수가 많아서 은행은 이를 확인하기 위한 전문회계사를 필요로 하였다. 처음에는 영국의 칙허회계사들이 미국으로 출장을 나가는 방법으로 회계감사를 맡았으나 그 수요가 커지게 되자 미국은 독자적으로 공인회계사 제도를 갖추게 되었다. 이때 미국은 황실이 없기 때문에 칙허(Chartered)란 말 대신에 공인(Certified)이란 용어를 사용하였으며 그 이후 공인회계사라는 말이 널리 사용되고 있다.

(2) 독립성

감사보고서 이용자들이 감사보고서를 신뢰할 수 있는 가장 주된 이유는 감사인이 어느 이해관계자에게도 치우치지 않은 공정한 견해(unbiased viewpoint)를 피력해 줄 것으로 믿고 있기 때문이다. 회계정보의 신뢰성을 높이는 것이 회계감사의 가장 큰 사회적 기능이라고 한다면, 감사인이 이러한 신뢰성에 의문이 제기될 수 있는 어떤 이해관계를 갖고 있는 것으로 비치게 될 때에는 회계감사의 기능 그 자체가 인정될 수 없을 것이다. 따라서 감사인은 정직해야 하며, 또한 개인적인 이해관계와 의무감으로부터 해방되어야 한다. 독립성 유지를 위해 감사인은 피감사인으로부터 경제적인 이해관계에 예속되거나 신분적인 관련성을 갖지 않아야 한다.

(3) 신의성실성

감사인은 "전문직업인으로서 마땅히 기울여야 할 주의(due professional care)"를 다하여 감사를 실시해야 한다. 즉, 감사인은 관계법규나 회계감사기준 등에서 규정한 책임과 의무를 충실히 이행해야 할 직업윤리에 대한 책임이 있다는 것이다.

감사인은 다른 일반인들과는 달리 공인회계사 혹은 전문직업인이라는 명칭을 사용하고 있기 때문에 이들에게 기대되는 일정수준의 주의의무가 존재하며, 감사인은 이러한 기대수준에

산책로 **회계의 투명성 · 신뢰성 제고를 위한 정부의 노력**

국제적 수준의 회계 인프라 구축을 위해 회계전문 제정기구(한국회계기준원) 설립(1999년), 회계법인 품질관리 감리제도 도입(2007년), 국제회계기준(IFRS) 적용 의무화(2011년) 등 심혈을 기울여왔으며, 최근 '주식회사의 외부감사에 관한 법률' 전부 개정을 통해 제도적인 뒷받침을 하고 있다. 주요 개정내용을 살펴보면 다음과 같다. 첫째, 회계감독의 사각지대에 속하던 유한회사 등에 대한 규율체계를 마련하기 위해 주식회사에 한해 적용되던 법률명을 주식회사의 외부감사에 관한 법률에서 주식회사 등의 외부감사에 관한 법률로 개정하고, 둘째, 일정규모 이상의 유한회사에 대한 외부감사를 의무화하며, 셋째, 대형비상장주식회사에 대해 상장회사에 준하는 회계 규율을 적용하기로 하였다. 그 밖에 비영리법인 회계원칙 마련, 외부감사대상 요건에 매출액 기준 도입, 외부감사인 선임절차 개선, 회사의 재무제표 대리작성 요청 등 금지, 감사인 품질관리제도 확립, 회계분식방지를 위한 감사위원회의 조사의무, 회사 및 감사인에 대한 행정조치 정비 및 회계부정에 대한 과징금 도입 등 회계투명성 제고를 위한 제도 개선에 혼신의 힘을 기울이고 있다. (금융위원회 보도자료 수정요약)

주의를 다하여 성실하게 감사업무를 수행해야 한다. 만약 감사인으로서 마땅히 기울였어야 할 주의의무를 게을리하였을 때에는 전문직업인으로서 의사나 감정사와 마찬가지로 윤리적 책임뿐만 아니라 법률적인 책임을 면하기 어렵다.

3. 감사보고서와 감사의견

회계감사가 완료되면 감사과정에서 수집된 감사증거를 기초로 하여 이에 합당한 감사의견을 감사보고서에서 표명한다. 감사의견은 반드시 충분하고도 적격한 감사증거에 의해 뒷받침되어야 하며, 주관적인 평가나 개인적 판단에 의해 영향을 받지 않아야 한다.

(1) 감사보고서

감사보고서는 감사결과의 최종산물로서 전문가적 의견표명으로 재무제표의 신뢰성을 제고시키고, 기타사항의 기술 등으로 감사인의 독자적 정보전달 기능을 가지며, 감사업무 전반에 대한 책임소재의 최종 근거로 사용된다.

[그림 14-2]는 감사인에 의해 작성된 표준감사보고서를 예시하고 있다. 감사보고서는 회사의 경영자가 아닌 주주 및 이사회를 수신인으로 하여 작성된다. 표준감사보고서의 본문은 감사의견, 감사의견근거, 핵심감사사항, 재무제표에 대한 경영진과 지배기구의 책임, 재무제표감사에 대한 감사인의 책임, 업무수행이사의 이름

산책로 **업무감사, 준법감사**

업무감사나 준법감사는 회계감사와는 그 목적이나 방법이 매우 다르다.

업무감사(operational audit)란 어떤 조직의 영업활동이나 업무활동에 대하여 능률과 효과를 평가할 목적으로 실시하는 감사를 말한다. 사전에 설정된 조직의 목표가 효과적으로 달성되고 있으며 인적 · 물적 자원이 효율적으로 관리되고 있는지를 평가하고자 하는 것이다. 업무감사는 재무제표감사와는 달리 조직의 강점과 약점들을 파악하고 업무절차의 개선을 위한 권고사항들을 확인하는 지도적 기능이 강조되는 감사이다.

준법감사(compliance audit)란 어떤 조직이 정부 혹은 상급기관에서 정하는 특정 법률 · 절차 · 의무규정 등을 제대로 준수하고 있는지를 살펴보는 목적으로 실시되는 감사이다. 이는 기업뿐만 아니라 비영리조직 및 정부기관의 감사에도 적용된다. 기업에 대해서는 세법에서 규정하는 절차에 따라 납세가 이루어지고 있는지를 감사할 수도 있고, 사립학교에 대해서는 사립학교법을 준수하여 학교가 운영되고 있으며 교육과학부의 지시사항이 제대로 이행되는지를 감사한다.

독립된 감사인의 감사보고서

ABC주식회사의 주주 귀중

[재무제표에 대한 보고]

〈감사의견〉

우리는 ABC주식회사(이하 "회사")의 재무제표를 감사하였습니다. 해당 재무제표는 20×1년 12월 31일 현재의 재무상태표, 동일로 종료되는 보고기간의 손익계산서(또는 포괄손익계산서), 자본변동표, 현금흐름표 그리고 유의적인 회계정책의 요약을 포함한 재무제표의 주석으로 구성되어 있습니다.

우리의 의견으로는 별첨된 회사의 재무제표는 회사의 20×1년 12월 31일 현재의 재무상태와 동일로 종료되는 보고기간의 재무성과 및 현금흐름을 한국채택국제회계기준에 따라, 중요성의 관점에서 공정하게 표시하고[또는, "…현금흐름에 대하여 한국채택국제회계기준에 따라 진실하고 공정한 관점을 제시하고"] 있습니다.

〈감사의견근거〉

우리는 감사기준에 따라 감사를 수행하였습니다. 이 기준에 따른 우리의 책임은 이 감사보고서의 재무제표감사에 대한 감사인의 책임 단락에 기술되어 있습니다. 우리는 재무제표감사와 관련된 대한민국의 윤리적 요구사항에 따라 회사로부터 독립적이며 그러한 요구사항에 따른 기타의 윤리적 책임들을 이행하였습니다. 우리가 입수한 감사증거가 감사의견을 위한 근거로서 충분하고 적합하다고 우리는 믿습니다.

〈강조사항〉

재무제표이용자는 재무제표에 대한 주석 X에 주의를 기울여야 할 필요가 있습니다. 재무제표에 대한 주석 X는 회사의 생산설비 화재의 영향을 기술하고 있습니다. 우리의 의견은 이 사항으로부터 영향을 받지 아니합니다.

〈핵심감사사항〉

핵심감사사항은 우리의 전문가적 판단에 따라 당기 재무제표감사에서 가장 유의적인 감사사항들입니다. 해당사항들은 전체재무제표감사의 관점에서 우리의 의견형성시 다루어졌으며, 우리는 이런 사항에 대하여 별도의 의견을 제공하지는 않습니다.

〈기타사항〉

ABC주식회사의 20×0년 12월 31일로 종료된 보고기간의 재무제표는 타감사인이 감사하였으며 이 감사인의 20×1년 3월 31일자 감사보고서에는 해당 재무제표에 대하여 적정의견이 표명되었습니다.

〈재무제표에 대한 경영진과 지배기구의 책임〉

경영진은 한국채택국제회계기준에 따라 이 재무제표를 작성하고 공정하게 표시할 책임이 있으며, 부정이나 오류로 인한 중요한 왜곡표시가 없는 재무제표를 작성하는 데 필요하다고 결정한 내부통제에 대해서도 책임이 있습니다.

경영진은 재무제표를 작성할 때, 회사의 계속기업으로서의 존속능력을 평가하고 해당되는 경우 계속기업 관련 사항을 공시할 책임이 있습니다. 그리고 경영진이 기업을 청산하거나 영업을 중단할 의도가 없는 한 또는 그 외에는 다른 현실적인 대안이 없는 한, 회계의 계속기업전제의 사용에 대해서도 책임이 있습니다.

지배기구는 회사의 재무보고절차의 감시에 대한 책임이 있습니다.

〈재무제표감사에 대한 감사인의 책임〉

우리의 목적은 재무제표에 전체적으로 부정이나 오류로 인한 중요한 왜곡표시가 없는지에 대하여 합리적인 확신을 얻어 우리의 의견이 포함된 감사보고서를 발행하는 데 있습니다. 합리적인 확신은 높은 수준의 확신을 의미하나 감사기준에 따라 수행된 감사가 항상 중요한 왜곡표시를 발견한다는 것을 보장하지는 않습니다. 왜곡표시는 부정이나 오류로부터 발생할 수 있으며 왜곡표시가 재무제표를 근거로 하는 이용자의 경제적 의사결정에 개별적으로 또는 집합적으로 영향을 미칠 것이 합리적으로 예상되면 그 왜곡표시는 중요하다고 간주됩니다.

[기타 법규의 요구사항에 대한 보고]

(감사보고서에서 이 단락의 형태와 내용은 해당지역의 법규 및 감사기준에 규정된 감사인의 기타의 보고책임에 대한 성격에 따라 달라질 것임)

이 독립된 감사인의 감사보고서의 근거가 된 감사를 실시한 업무수행이사는 [이름]입니다.

[회계법인의 명칭이나 감사인 개인이름]

[감사인의 주소]

[감사보고서일]

[그림 14-2] 감사보고서

등으로 구성된다. 해당사항이 있으면 계속기업, 강조사항과 기타사항이 추가된다.

'감사의견' 문단에는 감사를 실시한 결과 재무제표가 회계기준에 따라 공정하게 작성되었는지에 대한 감사인의 의견을 간략히 표명한다. 이어서 '감사의견근거'라는 제목의 문단을 포함해야 하며, 이 '감사의견근거' 문단에는 감사가 감사기준에 따라 수행되었다는 사실 등을 기재해야 한다.

만약 감사인이 재무제표에 대한 의견을 변형하는 경우, 감사의견의 변형을 초래하는 사항에 따라 감사의견 문단의 제목을 적합하게 수정해야 한다. 예를 들어, 한정의견의 경우 제목을 '한정의견'으로 변경한다. 또한 감사인이 감사의견을 변형하지는 않지만 정보이용자의 의사결정에 중요하리라고 판단되는 사항 등이 있을 때에는 그 내용을 '강조사항' 또는 '기타사항' 문단에 추가하여 기재한다. 예를 들어, 특수관계자와의 거래, 계속기업으로서의 존속여부에 의문이 갈 수 있는 불확실한 사항, 재무상태표일 이후에 발생한 중요한 사항들이 포함된다.

'재무제표에 대한 경영진과 지배기구의 책임'과 '감사인의 책임' 문단에는 회사 경영자와 지배기구 및 감사인 각각의 책임내용을 정보이용자에게 알린다. 재무제표를 작성하고 공정하게 표시할 책임은 회사의 경영자에게 있으며, 감사인은 회계기준에 따라 재무제표가 작성되고 공정하게 표시되어 있는지를 감사하고 이에 대한 의견을 표명할 책임이 있음을 명시한다. 한편, 상장기업에 대한 감사보고서와 관련하여 감사인은 당기 재무제표감사에서 가장 유의적 감사사항을 '핵심감사사항'으로 기재해야 하며 업무수행이사의 이름을 공시해야 한다.

(2) 감사의견의 종류

감사보고서에는 [그림 14-3]과 같이 네 가지 종류의 감사의견이 표명될 수 있다.

적정의견(unqualified opinion)은 재무제표가 회계기준이 정하는 바에 따라 적정하게 표시되어 경영자와 회계처리에 관한 의견불일치가 없었음을 나타내는 의견이다. 적정의견이라는 의미는 기업의 경영성과나 재무상태가 양호하다는 의미가 아님에 유의해야 한다. 경영성과는 나쁘더라도 그러한 회계정보가 회계기준에 따라 재무제표에 사실대로 표시되어 있으면 그 재무제표가 적정하게 작성되었다고 표현한다.

한정의견(qualified opinion)이란 감사범위의 제한 또는 경영자와의 의견불일치로 인하여 어떤 특정사실이나 특정부분을 제외하고는 재무제표가 회계기준에 따라 적

산책로 감사의견 비적정 상장법인

2021회계연도 감사보고서에 '비적정'의견이 나온 상장법인이 68개사로 집계됐다. 금융감독원이 상장법인 2,428사의 2021회계연도 감사보고서 감사의견을 분석한 결과에 따르면 상장법인 중 동 회계연도 재무제표에 대해 적정의견이 나온 비율은 97.2%로 나타났다. 전기(97%) 대비 적정의견 비율은 소폭(0.2%p) 상승했다. 금감원은 신외감법 시행 이후로 적정의견이 일정수준을 유지하고 있다고 평가했다. 비적정의견이 나온 상장법인은 68개사로 전기(71개사) 대비 3개사가 줄었다. 한정의견은 10개사로 전기(6개사) 대비 4개사가 증가했다. 의견거절은 58개사로 전기(65개사) 대비 7개사가 감소했다. 의견거절은 2017년부터 2020년까지 증가하는 추세였는데 지난해 회계연도에는 전기 대비 소폭 줄었다. 비적정의견 사유는 감사범위 제한(56개사), 계속기업 불확실성(31개사), 회계기준 위반(1개사) 등이었다. 유가증권시장에서 '부적정의견'과 '의견거절'은 상장폐지 사유, '감사범위 제한 한정의견'은 관리종목 지정 사유에 해당한다. 코스닥 상장사에는 더 엄격한 기준을 적용해 부적정, 의견거절, 범위제한 한정 감사의견을 받으면 모두 상장폐지 대상이 된다.

(머니투데이 수정요약)

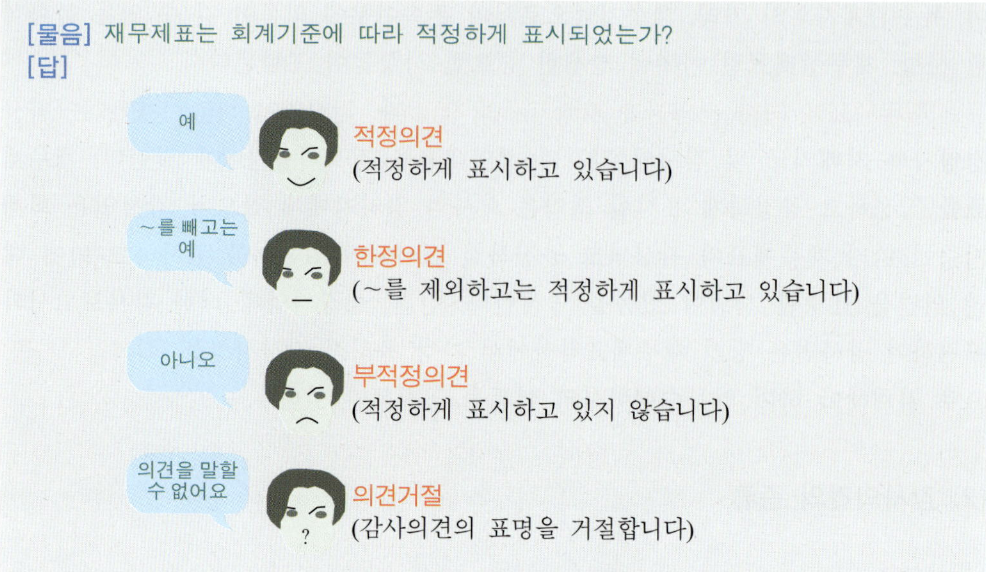

[그림 14-3] 감사의견의 종류

정하게 표시되어 있음을 나타내는 의견이다. 예를 들어, "회계변경의 사실이 주석에 적절하게 표시되어 있지 않은 점을 제외하고는 적정하게 표시하고 있습니다"라는 의견이 표명되면 이는 한정의견임을 뜻한다.

부적정의견(adverse opinion)이란 회계정보가 회계기준에 맞지 않아 경영자와 의견불일치가 있는 사항이 매우 광범위하게 재무제표에 영향을 미치므로 재무제표전체가 회계기준에 따라 적정하게 표시되지 못하고 있음을 나타내는 의견이다. 예를 들어 기업회계기준의 위배사항으로 인하여 당기순이익이 70% 정도나 과대계상되는 결과를 초래하였을 경우는 손익계산서 자체가 전체적으로 의미를 상실하게 되므로 부적정의견이 표명된다.

의견거절(disclaimer of opinion)이란 감사인이 감사범위의 매우 심각한 제한으로 인하여 감사의견을 형성하기에 충분할 정도의 증거를 수집하지 못하였을 때 감사인은 의견의 표명을 거절한다. 따라서 감사인은 "감사의견의 표명을 거절합니다"라는 사실을 감사보고서에 기술한다. 대부분 감사인은 감사의 실시과정에서 감사범위가 광범위하게 제한되었거나 독립성이 결여되어 있을 경우에는 의견거절을 한다. 의견거절도 감사의견의 일종이지 감사인의 의견이 없다는 사실을 나타내는 것이 아님에 유의할 필요가 있다.

4. 회계감사를 받은 재무제표는 완벽한가?

회계감사는 정보위험을 감소시켜 재무제표의 신뢰성을 향상시키는 데 큰 역할을 한다. 그러나 감사인이 중요하게 왜곡표시되어 있는 재무제표에 대하여 부적절한 감사의견을 표명할 위험이 여전히 존재한다. 이를 감사위험(audit risk)이라고 한다. 감사인은 주어진 감사자원을 효율적으로 사용하여 감사위험을 최소화시키려고 노력하지만 다음과 같은 이유로 완벽하게 제거할 수는 없다. 첫째, 회계감사는 모든 거래를 전수조사하지 않고 거래의 일부를 표본으로 추출하여 이를 대상으로 감사하고 감사대상인 회계처리 전체적인 적정성에 대한 의견을 표명하므로, 표본이 모집단을 대표하지 못함으로써 발생되는 통계적 위험, 즉 표본위험이 존재한다. 둘째, 감사인의 전문적 능력이 부족하거나 감사수행시에 감사절차가 제대로 수행되지 않는 등의 문제로 표본에 포함된 오류를 간과하게 됨으로써 발생하게 되는 비표본위험이 존재한다. 이러한 감사위험의 존재로 인하여 감사보고서의 감사의견문단 중 "우리의 의견으로는"과 감사인의 책임문단 중 절대적인 확신이 아닌 "합리적인 확신을 얻을 수 있도록"이라는 문구는 이러한 위험의 존재가능성을 암시적으로 전달하고 있다.

그러나 재무제표이용자들은 감사받은 재무제표에는 사소한 오류나 부정조차 포함되어 있지 않을 것으로 기대한다. 이와 같이 감사인과 재무제표이용자 사이에 존재하는 감사받은 재무제표의 신뢰성에 대한 인식의 차이를 기대차이(expectation gap)라고 부른다. 감사인과 재무제표이용자 사이에 존재하는 기대차이는 기업의 도산이나 회계부정 사건으로 해당기업의 주가가 폭락해 투자자들이 손실을 입을 때마다 그 주된 책임의 화살을 감사인에게 돌리게 만든다. 이와 관련하여, 감사위험과 혼용되어 사용되고 있는 감사실패와 기업실패의 정의 및 차이점을 명확히 알아볼 필요가 있다.

감사실패(audit failure)란 감사인이 감사를 수행하는 과정에서 감사기준이나 관련법규를 제대로 준수하지 못한 결과로서 잘못된 감사의견을 표명하였을 때 발생하며 감사인은 감사실패에 대해 책임을 져야 한다. 그러나 감사위험은 감사인이

합리적 확신수준하에서 감사증거를 구하기 위해 감사기준에서 정하는 감사절차를 적용하였음에도 불구하고 사실은 중대한 오류가 존재하는 재무제표에 대해 잘못된 감사의견을 표명할 위험을 말한다. 또한, 기업실패(business failure)는 경영자가 기업의 내·외적 환경에 적절히 대응하지 못하여 기업의 본래 목적 달성에 실패할 때 발생하며, 그 일차적 책임은 경영자에게 있다.

제2절 내부통제제도와 회계부정의 예방

우리는 가끔 신문기사나 주위 사람들로부터 회삿돈과 관련된 횡령이나 사기 또는 회계부정에 관한 이야기를 듣는다.

- 경찰에 따르면 회사에서 10년가량 일한 A(33, 여)씨는 인터넷뱅킹을 이용, 회삿돈 250만원을 자신의 계좌로 이체시키는 등의 수법으로 총 60차례에 걸쳐 약 4억원의 자금을 빼돌린 혐의를 받고 있다. (연합뉴스 수정)
- 경찰에 따르면 김 씨는 회사 지점으로부터 입금된 물품판매대금 416만원을 회사 일반경상경비로 지출한 것으로 회계장부를 조작해 빼돌리는 등 최근까지 149차례에 걸쳐 9억2천여만원을 횡령한 혐의를 받고 있다. (연합뉴스)
- 지난해 3월 총 26조원에 달하는 대규모 분식회계사건인 'SK글로벌 사태'가 발생했음에도 불구하고, 상장 및 등록 기업들의 분식회계가 끊이지 않는 것으로 드러났다. '기업 분식회계 현황' 자료에 따르면 올해 들어 8월초까지 분식회계를 하다가 적발된 업체는 42개로 지난해 52개의 81% 수준에 달했다. (조선일보)
- 검찰과 금융감독 당국, 관세청 등에 따르면 모뉴엘과 잘만테크는 각각 가공매출을 계상해 매출액 및 수출액을 부풀리는 수법으로 재무제표를 양호하게 포장해 은행들로부터 부정하게 돈을 대출받은 것으로 알려졌다. (매일경제)
- 오스템임플란트에 근무하는 재무팀장이 2020년 11월~2021년 10월 동안 회사 자금이 들어 있는 계좌에서 본인 명의 증권계좌로 2,215억원을 15차례에 걸쳐 이체한 뒤 주식투자 등에 사용한 혐의로 기소되었다. (중앙일보)
- 금감원은 우리은행 본점 기업개선부 직원 A씨가 2016년 6월부터 2020년 6월까지 8년간 여덟 차례에 걸쳐 697억 3,000만원을 횡령한 사실을 확인했다고 발표했다. (한국경제)

이러한 사건들을 예방하기 위해서는 기업의 내부통제제도가 잘 구축되고 운영되어야 한다.

1. 내부통제제도란 무엇인가?

내부통제제도란 회사 경영자의 사업목적 달성을 지원하기 위하여 회사가 채택한 모든 정책과 절차를 말한다. 회사와 경영자는 제반 경영목표를 효과적으로 달성하기 위해 내부통제제도를 설계하여 운용한다. 또한 현대에는 부정 및 법규위반거래의 예방에 대한 사회적 관심이 증대하고 있는데, 이에 대한 원천적 예방이나 시의적절한 발견은 회사의 효과적인 내부통제제도의 설계와 운용에 의해 직접 영향을 받는다.

경영자는 회사의 경영목적을 효과적으로 달성하는 데 필요한 내부통제제도를 설계하여 운용하는데, 기본적으로 다음의 네 가지 목적달성에 일차적인 관심을 갖는다.

① 경영정책의 준수를 포함한 업무의 효율적 수행 : 경영자는 회사의 여러 목적을 달성하기 위해 필요한 경영방침을 설정하고 일상적인 업무지침에 필요한 제반 규정을 제정한다. 이를 통하여 자원의 낭비와 업무의 중복 등을 억제하고 이러한 비능률이 사전에 조정되도록 내부통제제도가 효율적으로 운용되어야 한다. 때로는 업무의 효율적 수행목표가 신뢰성 있는 자료의 제공이나 자산의 보호라는 내부통제와 대립되는 형태로 나타날 수 있는데, 결국 능률적인 자원의 활용으로부터 얻는 이점과 왜곡된 자료나 자산의 오용으로부터 발생가능한 잠재적 손실을 비교하여 내부통제의 수준이 합리적으로 선택·조정되어야 한다.

② 자산의 보호 : 현금, 재고자산 및 유형자산 등과 같은 물리적 형태의 자산은 도난, 횡령 혹은 파손 등으로부터 보호되어야 하며, 매출채권, 대여금 및 기타 회계기록이나 증빙서류도 변조나 도난당하지 않도록 안전하게 보존되어야 한다.

③ 부정과 오류의 사전예방과 적시발견 : 내부통제제도는 회사의 업무와 관련하여 발생할 수 있는 모든 유형의 부정과 오류를 미리 예방하거나, 예방되지 못한 오류가 실제 발생했을 때 이를 적시에 발견할 수 있도록 설계·운용되어야 한다.

④ 회계기록의 적시성 및 신뢰성 유지 : 경영의사결정이나 일상적인 영업활동을 위해서 신뢰성 있는 자료가 적시에 제공되어야 한다. 예컨대, 제품가격결정을 위해서는 정확한 원가자료가 필요하며 배당수준의 결정을 위해서는 경영성과 및 재무상태에 관한 신뢰성 있는 자료가 시의적절하게 제공되어야 한다.

2. 내부통제의 원칙

내부통제가 부정과 오류를 사전에 예방하거나 발생 즉시 탐지하고, 회계기록의 정확성과 신뢰성을 유지하기 위해서는 몇 가지 기본원칙을 지켜야 한다.

(1) 책임의 설정

주어진 일의 책임을 개별 종업원에게 부여해야 한다. 책임의 설정(establishment of responsibility) 없이는 누가 오류나 부정을 저질렀는지 알 수 없다. 예를 들어, 이마트나 롯데마트와 같은 대형마트의 계산대에는 각 종업원마다 금전등록기(cash register)에 딸린 현금출납서랍(cash drawer)을 하나씩 가지고 있다. 이들은 일을 시작할 때 자신의 현금서랍을 가지고 시작하고 근무시간이 끝나면 자신의 현금서랍을 관리자에게 제출한다. 현금서랍에 10,000원만큼 현금이 부족하다면 해당 종업원에게 책임이 있다. 만약 하나의 현금서랍을 두 명이나 세 명의 종업원이 공동으로 관리한다면 부정이나 오류가 발생했을 때 누구에게 책임을 물을지 판단할 수 없을 것이다.

(2) 업무의 분장

업무의 분장(segregation of duties)도 내부통제의 기본원칙이다. 이는 ① 관련된 업무는 서로 다른 사람에게 시켜야 하고, ② 특정자산을 보관하고 관리하는 종업원에게는 해당자산과 관련된 회계기록 업무를 시키지 말아야 한다는 원칙이다. 관련된 업무를 분장시키지 않으면 오류나 부정의 발생가능성을 높이게 된다. 예를 들면, 현금출납을 담당하는 사원이 현금출납장이나 매출채권장부를 기록하는 업무를 겸임하면, 고객으로부터 현금을 받고도 매출에서 누락시키거나 반대로 매출채권을 미회수액으로 남겨놓는 방법으로 현금을 횡령할 수 있을 것이다.

(3) 문서화

어떤 거래나 사건이 발생했을 때 이러한 사실을 문서화(documentation)하면 해당 거래나 사건에 대한 분명한 증거가 된다. 예를 들어, 슈퍼마켓의 현금계산대에서 일하는 종업원들은 고객에게서 돈이나 신용카드를 받을 때마다 영수증을 주는데, 동일한 영수증의 사본(copy)이 금전등록기에 보관된다. 이 영수증 사본이 매출과 현금수입에 대한 증빙서류가 된다.

문서화를 할 때에는 중요한 문서에는 일련번호를 붙여야 한다. 일련번호를 부여하면 동일한 거래를 기록할 때 빠뜨리거나 중복해서 기록할 가능성을 예방할 수 있다. 그리고 거래기록의 대상이 되는 문서는 가능한 한 신속하게 회계부서에 전달되도록 해야 한다.

(4) 접근제한

특정자산에 접근을 제한하기 위해서는 물리적·기계적·전자적 통제장치가 사용된다. 예를 들어, 금고를 아무나 열지 못하게 잠가 놓거나, 창고문을 열쇠로 잠그거나, 경비원을 두거나, 특정 컴퓨터 프로그램이나 웹사이트에 들어가기 위해 ID와 password 또는 공인인증서를 입력하도록 한다. 그리고 의류점이나 신발점 또는 도서관 입구에는 무단으로 상품이나 책을 가지고 나가지 못하도록 전자장비가 설치되어 있는 곳이 많다. 이와 같은 접근제한(restriction of access) 통제는 해당자산에 대한 횡령, 도난 등을 방지하고 자산을 보호할 수 있도록 해준다.

(5) 독립적 내부검증

독립적 검증(independent verification)도 내부통제의 중요한 원칙이다. 말 그대로 독립적 검증이란 다른 사람이 한 일을 독립적인 제3자로 하여금 검토·확인시키는 절차이다.

독립적 검증의 간단한 예로는 슈퍼마켓의 계산대에서 하루 근무가 끝난 종업원이 현금서랍에 가지고 있는 현금수입액과 금전등록기에 기록된 매출금액을 상위관리자가 비교 확인하는 것이다. 또 다른 예로는 회사장부상의 은행잔액과 은행측의 회사잔액을 현금출납이나 기록업무를 담당하지 않는 사람이 비교·확인하여 두 잔액이 일치하는지, 일치하지 않으면 그 원인은 무엇인지 조사하는 것이다.

(6) 기타의 원칙

효율적인 내부통제를 위한 다른 절차로는 다음과 같은 것들이 있다.

① 엄격한 예산통제절차를 갖춘다.
② 모든 거래는 승인된 절차에 따라서 정상적으로 집행되도록 한다.
③ 맡은 업무에 대하여 종업원을 교육시키고 내부통제의 중요성을 인식시킨다.

④ 종업원간에 맡은 업무를 순환하여 담당하게 한다. 또한 강제휴가를 주어 그 기간 동안 다른 종업원으로 하여금 그 업무를 대신 수행하게 한다. 이 방법은 종업원의 부정이나 횡령 또는 오류를 예방할 수 있고, 사후에 다른 사람이 과거의 잘못을 발견할 기회를 제공한다.

3. 내부회계관리제도의 감사(검토)보고서

'외부감사법'에 의해 내부회계관리제도 관련 규정이 2003년에 제정되면서 2004년 4월 1일 이후 개시되는 회계연도부터는 상장법인 및 직전 사업연도말 자산규모 1천억원 이상 외부감사대상 비상장법인으로 하여금 회계정보의 작성과 공시를 위하여 회계검증방법, 회계관련 임직원의 업무분장 등을 정한 내부회계관리제도를 회사 안에 갖추도록 하고 내부회계관리자를 두어 매 사업연도마다 운영실태를 평가하여 이사회와 감사(위원회)에 보고하도록 정하여 왔다. 또한 당해회사에 대한 연차재무제표 감사업무를 수행하는 외부감사인은 경영자의 내부회계관리제도 운영실태 등을 검토하여 종합의견을 표명하도록 강제규정을 두어 왔다. 그러나 최근 악화되고 있는 기업의 회계투명성을 제고하기 위해 2017년 개정된 외부감사법에서 상장법인의 경우에는 내부회계관리제도의 인증수준을 검토(review)에서 감사(audit)로 상향 조정하였다. 2019회계연도부터 직전연도 자산규모 2조원 이상인 상장기업을 시작으로 자산규모에 따라 순차적으로 대상을 확대실시하고 있다. 또한, 내부회계관리제도 운영실태 보고대상을 이사회, 감사(위원회)에서 주주총회로 확대하였으며 보고주체를 내부회계관리자에서 대표이사로 변경하였다.

이에 감사인은 상장법인에 대해 경영자가 제출한 내부회계관리제도 운영실태 보고서와는 별도로 내부회계관리제도의 설계 및 운영실태의 효과성에 대해서 감사를 실시한다. 만약, 내부회계관리제도에 중요한 취약점이 발견되지 아니하였고 감사과정에서 중요한 범위제한도 없었던 경우에 감사인은 [그림 14-4]와 같은 표준감사보고서의 양식과 내용으로 감사결론을 표시한다.

독립된 감사인의 내부회계관리제도 감사보고서

ABC주식회사의 주주 귀중 [또는 다른 적합한 수신인]

〈내부회계관리제도에 대한 감사의견〉

우리는 20×1년 12월 31일 현재 「내부회계관리제도 설계 및 운영 개념체계」에 근거한 ABC주식회사의 내부회계관리제도를 감사하였습니다.

우리의 의견으로는 회사의 내부회계관리제도는 20×1년 12월 31일 현재 「내부회계관리제도 설계 및 운영 개념체계」에 따라 중요성의 관점에서 효과적으로 설계 및 운영되고 있습니다.

우리는 또한 회계감사기준에 따라, ABC주식회사의 20×1년 12월 31일 현재의 재무상태표, 동일로 종료되는 보고기간의 손익계산서(또는 포괄손익계산서), 자본변동표, 현금흐름표를 감사하였으며, 20×2년 ××월 ××일자[내부회계관리제도 감사보고서 일자와 동일한 보고서일자] 감사보고서에서 [의견의 성격 포함]을 표명하였습니다.

〈내부회계관리제도 감사의견근거〉

우리는 감사기준에 따라 감사를 수행하였습니다. 이 기준에 따른 우리의 책임은 이 감사보고서의 내부회계관리제도 감사에 대한 감사인의 책임 단락에 기술되어 있습니다. 우리는 내부회계관리제도 감사와 관련된 국제윤리기준과 함께 대한민국의 윤리적 요구사항에 따라 회사로부터 독립적이며 그러한 요구사항과 국제윤리기준에 따른 기타의 윤리적 책임들을 이행하였습니다. 우리가 입수한 감사증거가 감사의견을 위한 근거로서 충분하고 적합하다고 우리는 믿습니다.

〈내부회계관리제도에 대한 경영진과 지배기구의 책임〉

경영진은 효과적인 내부회계관리제도의 설계, 실행 및 유지할 책임이 있으며, 내부회계관리제도 운영실태보고서에 포함된, 내부회계관리제도 효과성에 관한 보고내용에 대해 평가할 책임이 있습니다.

지배기구는 회사의 내부회계관리제도의 감시에 대한 책임이 있습니다.

〈내부회계관리제도 감사에 대한 감사인의 책임〉

우리의 책임은 우리의 감사에 근거하여 회사의 내부회계관리제도에 대한 의견을 표명하는 데 있습니다. 우리는 회계감사기준에 따라 감사를 수행하였습니다. 이 기준은 우리가 중요성의 관점에서 내부회계관리제도가 효과적으로 유지되는지에 대한 합리적 확신을 얻도록 감사를 계획하고 수행할 것을 요구하고 있습니다.

내부회계관리제도 감사는 중요한 취약점이 존재하는지에 대한 감사증거를 입수하기 위한 절차의 수행을 포함합니다. 절차의 선택은 중요한 취약점이 존재하는지에 대한 위험평가를 포함하여 감사인의 판단에 따라 달라집니다. 감사는 내부회계관리제도에 대한 이해의 획득과 평가된 위험에 근거한 내부회계관리제도의 설계 및 운영에 대한 테스트 및 평가를 포함합니다.

〈내부회계관리제도의 정의와 고유한계〉

회사의 내부회계관리제도는 지배기구와 경영진, 그 밖의 다른 직원에 의해 시행되며, [일반적으로 인정된 회계처리기준과 같은 적용가능한 회계기준]에 따라 신뢰성 있는 재무제표의 작성에 합리적인 확신을 제공하기 위하여 고안된 프로세스입니다. 회사의 내부회계관리제도는 (1) 회사 자산의 거래와 처분을 합리적인 수준으로 정확하고 공정하게 반영하는 기록을 유지하고 (2) [일반적으로 인정되는 회계처리기준과 같은 회계기준]에 따라 재무제표가 작성되도록 거래가 기록되고, 회사의 경영진과 이사회의 승인에 의해서만 회사의 수입과 지출이 이루어진다는 합리적인 확신을 제공하며 (3) 재무제표에 중요한 영향을 미칠 수 있는 회사 자산의 부적절한 취득, 사용 및 처분을 적시에 예방하고 발견하는 데 합리적인 확신을 제공하는 정책과 절차를 포함합니다.

내부회계관리제도는 내부회계관리제도의 본질적인 한계로 인하여 재무제표에 대한 중요한 왜곡표시를 발견하거나 예방하지 못할 수 있습니다. 또한, 효과성 평가에 대한 미래기간의 내용을 추정시에는 상황의 변화 혹은 절차나 정책이 준수되지 않음으로써 내부회계관리제도가 부적절하게 되어 미래기간에 대한 평가 및 추정내용이 달라질 위험에 처할 수 있습니다.

이 독립된 감사인의 내부회계관리제도 감사보고서의 근거가 된 감사를 실시한 업무수행이사는 [이름]입니다.

[해당국가에 따라 회계법인의 명칭이나 감사인 개인 이름, 또는 두 가지]

[감사인의 주소]

[감사보고서일]

[그림 14-4] 내부회계관리제도 표준감사보고서

제3절 회계부정예방과 회계윤리

윤리(ethics)란 넓게는 도덕적인 원칙 혹은 가치를 뜻한다. 윤리적 행동은 사회가 질서 있게 움직이고 구성원을 하나의 공동체로 조화롭게 묶어주는 연결고리의 역할을 한다. 만약 정직이라는 덕목이 없이 모든 이웃이 다 같이 서로 거짓말을 한다면 효과적인 의사소통은 사실상 불가능할 것이다. 많은 경우 공통적으로 중요한 규약은 법률이나 규정으로 다루어지나 사랑, 존경, 신뢰나 책임감 등은 법률을 통해 다룰 수는

없다. 물론 법률에 규정되지 않았다고 해서 이러한 도덕적 가치가 결코 중요하지 않은 것은 아니다.

어떤 사람이 비윤리적인 행동을 하는 것은 사회통념의 일반원칙과 그 사람의 가치기준이 다르거나 부적절한 줄 알면서도 본인의 이익을 위해 이기적으로 행동하기 때문이다. 소득신고의 누락, 자기소개서의 허위기재, 직무수행의 불성실, 시험의 부정행위, 상대방의 비하나 위협 등은 개인의 희생이 수반되는 윤리적 덕목을 포기한 결과로 나타난다.

1. 회계전문가는 회계윤리가 필요하다

회계는 기업에서 발생한 거래와 사건을 기록하고, 이를 분류하고 요약하여 재무정보를 보고한다. 기업의 재무제표에 큰 관심을 갖는 사람은 경영자뿐만 아니라, 종업원, 주주, 정부, 일반대중 등 많은 이해관계자 집단이 있다. 이러한 이해관계자들은 기업의 활동과 성장에 큰 영향을 미치는 집단이다. 따라서 기업의 회계처리와 재무제표가 부정 혹은 비윤리적인 관행에 의해 영향을 받는다면 이해관계자의 불신을 초래하고, 결국은 기업의 영업활동이 지장을 받는다. 이들 이해관계자들은 기업의 재무제표가 합법적일 뿐만 아니라 윤리적으로도 결함 없이 작성되기를 기대한다. 기업의 회계처리가 이러한 기대에 어긋나면 그 기업의 공신력은 저해되고, 이것은 바로 당해기업의 대외활동에 직접적인 영향을 미친다.

기업이 신용도를 유지하고 향상시키려면 회계활동과 관련 기록의 합법성만으로는 부족하고, 법 이전의 수준에서 윤리적으로도 수용될 수 있어야 한다. 따라서 사회적 신용이 가장 중대한 자산이라 여기는 오늘날의 기업에서 그 사회적 신용도 평가의 기준이 되는 회계활동이 윤리적이라야 기업의 장기적 성장에도 도움이 될 것이다.

2. 기업경영인의 회계윤리는 무엇인가?

기업은 회계전문 지식이 있는 직원을 채용하여 일반적으로 인정되고 있는 회계원칙에 따라 회계장부를 유지해야 한다. 기업의 회계관련 종업원은 비윤리적인 행동을 해서도 안 되고 또한 이를 방관해서도 안 된다. 가짜 증빙서류를 만든다든지, 내용이 틀린 서류를 정확하다고 용인해서도 안 되며 고의로 회계장부를 조작해서도 안 된다. 따라서 오류와 부정을 사전에 예방하기 위한 효과적인 내부통제시스템을 설계하여 운용할 책임이 있는 것이다.

(1) 회계부정의 동기

흔히 분식회계라고 일컬어지는 회계부정(fraudulent financial reporting)이란 기업이 의도적으로 중대하게 왜곡표시된 회계정보를 이해관계자들에게 제공하는 위법행위를 말한다. 즉 기업이 감추고 싶은 정보를 드러내지 않으려는 의도로 재무제표를 작성하여 재무제표이용자들을 속이려는 것이다. 여기에는 경영자나 회계담당자의 사적인 이익이나 의견 또는 판단이 개입된다.

기업이 분식회계를 저지르는 것은 분식회계를 행하는 개인의 비양심적인 의도가 존재할 때 발생하는데, 그 동기는 다음과 같이 다양할 수 있다.

① 자금조달의 동기 : 금융기관이 실적이 좋지 않은 기업에 대해 대출을 거부하거나 대출조건을 불리하게 운영할 때 이를 회피하기 위해서 분식회계를 한다. 또한 증권시장에서도 주식을 상장하거나 추가로 주식을 발행하고자 할 때 발행가격을 높여 기존주주들이 이익을 보고자 하는 경우에 회계를 분식하기도 한다.

② 경영자의 지위보장 및 보상 : 경영자는 기업의 실적이 좋지 않으면 현재의 지위를 유지하기 어렵다. 또한 그들이 받는 보상도 기업의 실적과 연계되어 있는 경우도 있다. 이때 경영자에게는 기업의 실적이 좋게 보이도록 회계를 분식하려는 동기가 존재한다.

③ 사회제도를 유리하게 이용 : 증권시장으로의 진입조건이나 퇴출조건이 회계수치와 연계된 경우 회계를 분식하려는 동기가 존재한다. 정부의 공사발주나 기타 지원조건이 회계수치와 관계되는 경우도 역시 회계를 분식하여 기업의 경영성과와 재무상태를 좋게 보일 동기가 존재한다.

회계부정의 동기는 기업의 실적이나 재무상태를 좋게 보이려는 경우가 많지만, 그 반대로 오히려 실적을 나쁘게 보이려는 동기도 존재한다. 예를 들면, 세금을 적게 내기 위한 경우라든지, 요금정책 등에 대한 정부규제를 받는 기업에서 최대한 정부의 지원을 끌어내기 위한 경우, 노동조합의 높은 임금인상 요구를 회피하기 위한 경우, 그리고 거래처로부터 납품단가의 인하요구를 완화하기 위한 경우 등이다.

(2) 회계부정의 방법

회계부정의 목적을 달성하기 위해 기업은 다양한 방법을 동원할 수 있다. 대표적인 회계부정의 유형으로는 다음과 같은 것이 있다.

① 자산 및 수익의 과대계상

자산 및 수익의 과대계상방법으로 널리 사용되는 것이 매출채권과 재고자산의 과대계상이다. 즉 정당하지 않거나 존재하지 않는 매출채권과 재고자산을 장부에 계상하는 것이다. 이는 바로 그 금액만큼 이익의 증가로 이어진다. 재고자산의 과대계상을 위해서 선입선출법을 이용한다든지, 실제로 없는 재고자산을 있는 것처럼 계상하는 경우도 있다. 마찬가지로 실제로 매출하지 않았음에도 불구하고 매출한 것처럼 계상하는 경우라든지, 다음 회계연도에 판매된 금액을 당기에 판매된 것으로 기록하는 경우도 있다. 나아가서는 실제로 매출은 했으되 강요된 매출, 예를 들면 밀어내기 판매는 억지로 당기의 수익을 증가시킬 수 있으되 그만큼 다음 기의 매출은 감소되는 현상이 발생한다.

② 비용의 누락 혹은 과소계상

회계추정이나 대체적 회계처리방법을 이용하여 감가상각비나 대손상각비 등의 비용을 과소계상하여 이익을 증대시키는 경우가 있다. 또한 더 나쁜 경우는 실제로 기업의 미래 이익창출활동에 영향을 미치지만 이익을 증가시키기 위해 필요한 지출을 억제시키는 방법으로 실물활동(real activity)을 조절하는 행위이다. 예를 들면, 특정시점의 광고비를 대폭 삭감한다든지 연구개발비를 축소하는 경우이다.

③ 부채의 누락 혹은 과소계상

부채의 과소계상은 많은 경우 비용의 과소계상을 동반한다. 예를 들면, 충당부채를 기록하지 않는 방법으로 부채를 과소계상하고 이를 통해 이익을 증대시킨다.

이익에는 영향을 미치지 않되 재무상태를 좋게 보이기 위해 부채를 누락시키는 경우도 있다. 부채를 장부상 누락하면 부외부채가 생긴다. 대표적으로는 리스 분류조건을 이용하여 금융리스를 마치 운용리스인 양 기록하여 관련 부채와 자산을 장부에 기록하지 않는 것이다.

④ 기타의 이익조정

당기에 회계처리방법이나 회계추정을 변경하여 이익을 증감시키는 경우가 있다. 감가상각내용연수의 조정, 재고자산이나 유형자산 평가방법의 변경, 금융자산 분류 및 평가방법의 변경 등으로 이익이 크게 영향을 받게 된다.

특수관계자와의 거래를 통해서도 재무상태와 경영성과를 조정할 수 있다. 이는 이전가격의 조정, 가공판매 등을 통해 이루어진다. 특히 관계회사를 위한 담보제공 등은 기업의 재무상태에 상당한 영향을 줄 수 있지만 재무제표 본문에 나타나지 않고 주석에만 표시될 수도 있다.

합병 및 분할이 이익조정의 수단으로 악용될 수 있다. 이때 발생하는 대가의 지급규모 및 발생하는 영업권의 규모가 상당해서 이의 회계처리는 기업의 재무제표에 상당한 영향을 주게 된다.

파생상품거래도 기업의 실제 경영성과와 재무상태를 정확히 표현하지 못하게 하는 요인이 되고 있다. 2000년대초에 일어난 미국의 엔론회계부정이라든지 최근에 발생한 금융위기가 파생상품에 기인함에 유의할 필요가 있다. 파생상품의 구조는 너무 복잡하여 때때로 그들이 기업의 재무상태와 경영성과에 미치는 영향을 정확히 측정하기 어렵다는 한계가 있다.

3. 회계감사인의 직업윤리는 무엇인가?

우리 사회는 전문가(professional)라는 용어에 특별한 의미를 부여하고 있다. 전문가이기 때문에 일반인보다는 높은 수준의 윤리의식을 요구하고 있으며, 법에서 정하는 것보다는 더 높은 책임과 의무를 기대한다.

회계감사인(auditor)은 감사를 실시하고 그 결과를 이해관계자에게 보고하는 감사업무의 수행자이며 감사의 주체가 된다. 여기에서 감사인은 정보제공자와 정보이용자 사이에서 객관적이고 공정한 입장을 견지하는 독립적인 제3자로서 정직한 감시자의 역할을 수행해야 한다. 이때 감사인은 스스로의 자질과 관련하여 관련법규에서 정하는 자격기준을 갖추고 전문직업인으로서 윤리기준에서 정하는 윤리강령과 요구사항을 준수할 필요가 있다.

(1) 독립성의 유지

독립성이란 감사인이 증거수집이나 의견표명의 과정에 있어서 감사대상회사나 외부 이해관계자에 의해 영향을 받지 않는 불편공정한 상태를 말한다. 공인회계사의 독립성에 영향을 주는 요소로는 신분상의 위치, 경제적인 이해관계 및 개인적인 가치관 등이 있다.

독립성은 '정신적 독립성'과 '외관상 독립성'의 두 가지로 나누어서 생각할 수 있다. 정신적 독립성(independence in mental attitude)이란 공인회계사의 업무수행과정에서 실질적으로 독립성을 유지하는 마음의 정직성을 말한다. 어떠한 외부의 간섭이나 자신 혹은 주변의 이해관계자에 대하여 편견을 배제하고 모든 감사업무를 실제로 공정하게 처리하였을 경우 정신적인 독립성이 유지되었다고 한다.

외관상 독립성(independence in appearance)이란 정보이용자들이 해석하거나 느끼게 되는 감사인의 독립성으로서 객관적으로 보아서 독립성 유지에 영향을 미칠 가능성이 있을 경우에는 외관상의 독립성이 유지되지 못하였다고 본다. 우리나라의 감사기준에서는 예를 들어 ① 공인회계사가 감사대상회사의 주주일 경우, ② 채권-채무관계가 있을 경우, ③ 현재 또는 최근 1년 이내에 그 회사의 임원 또는 직원인 경우에는 독립적인 업무수행이 어려울 것으로 판단하여 당해회사의 감사업무에는 참여하지 못하도록 규정하고 있다.

공인회계사는 자신과 현저한 이해관계가 있다고 판단되는 기업의 감사업무에는 관여하지 않아야 하고(외관상 독립성), 또 업무수행에 있어서 외부로부터 어떠한 압력을 받더라도 실제로 공정하게 업무를 처리해야 한다(정신적 독립성)는 데에는 이론이 없을 것이다. 그러나 공인회계사도 인간적 속성을 벗어날 수 없으므로, 여러 가지 사회적 · 제도적 장치에 의해 독립성이 유지될 수 있도록 보완되어야 할 필요가 있다. 하나의 방법으로 감사업무의 강제배정제도를 들 수 있다. 현재 우리나라는 회사가 감사인을 자유로이 선정하는 자유수임제도를 취하고 있다. 다만, 다음과 같은 몇 가지 보완제도가 마련되어 있다.

산책로 회계부정 조사 가이드라인

최근 개정된 외부감사법은 회사의 회계처리 위반 발생시 내부감사기구가 수행해야 할 역할을 구체화하여 규율하고 있으며, 금융위는 회계부정 조사가 신중하고 투명하게 진행되도록 글로벌 모범사례 등을 참고해 회계부정 조사 관련 세부 가이드라인을 마련했습니다. 감사인은 회계부정이 재무제표에 미치는 영향이 중요하다고 판단하면 내부감사기구에 통보해야 하며, 내부감사기구는 조사범위 등에 대해 경영진과 사전협의하고, 필요하다고 판단되면 외부전문가를 선임하여 조사하고 그 결과를 증권선물위원회와 감사인에게 보고하는 의무가 추가되었습니다. 단, 내부감사기구는 외부전문가를 선임하기 전에 경영진의 내부조사 및 자진시정을 우선적으로 고려해야 합니다. 감사인은 내부감사기구가 제출한 회계부정 조사결과와 회사의 시정조치가 충분하고 적절한지 평가하고 문서화해야 합니다. 또한, 내부감사기구 등의 조치가 충분하고 적절하다고 판단되지 않는 경우 감사인은 내부감사기구에 재조사 등을 요구하고, 이후에도 충분하고 적절한 조치가 이루어지지 않는 경우 감사의견의 변형을 고려할 수 있습니다. (금융위원회 보도자료 수정요약)

개정된 외부감사법에서는 감사인 선정주체를 경영진에서 감사(위원회)로 변경하였으며, 감사인 선임시기와 관련해서 자산 2조원 이상인 대형상장법인과 「금융회사의 지배구조에 관한 법률」에 따라 감사위원회를 설치해야 하는 금융회사의 경우에는 매 사업연도 개시일, 그 외의 외감대상법인은 사업연도 개시 이후 45일 이내에 감사인을 선임하여 정기총회에 보고하거나 기타의 방법으로 주주에게 통지 또는 공고해야 한다.

한편 상장법인, 금융회사, 대형비상장법인에 대해서는 최소감사계약기간을 3년으로 규정하여 동일 감사인으로부터 계속감사를 받도록 함으로써 잦은 감사인 교체를 제한하고 있다. 이는 감사인 교체의 위협으로부터 감사인을 보호함으로써 독립성을 높이기 위한 조치이다.

또한 회사가 감사인을 교체하는 사유가 부당하다고 판단되거나 감사인 선임절차를 위배한 경우에는 증권선물위원회가 감사인을 강제로 지정할 수 있는 제도가 마련되어 있다. 아울러 '공인회계사윤리기준'에서는 감사인이 교체되었을 때 신임감사인은 전임감사인과의 교신을 통하여 감사인의 교체사유와 분쟁사항 존재여부 및 경영자의 성실성 등을 반드시 확인하게 하는 의무규정을 두고 있다.

(2) 전문직업인으로서의 품위 유지

공인회계사는 일반대중으로부터 신뢰받는 전문직이며 자유경제체제를 감시하고 발전시키는 데 중추적인 역할을 한다. 이러한 전문직업인으로서 공인회계사의 자긍심은 존중되고 유지되어야 한다. 감사전문인으로서의 이미지는 공인회계사 집단차원에서 이루어지는데, 집단에 대한 이미지는 소수의 '불량품'에 의해서 커다란 타격을 받을 수 있다. 한번 실추된 이미지를 회복하는 데는 많은 노력과 시간이 소요된다. 공인회계사 개개인의 윤리는 집단의 신용도와 직결되고, 이것은 다시 그 집단의 일원인 공인회계사 개인에 대한 사회적 신망에 영향을 미친다. 따라서 공인회계사 자신의 장기적 명성과 신뢰도 향상을 위해서라도 개인 스스로의 정직과 품위를 유지할 필요가 있다. 이를 위하여 공인회계사회에서 자율적으로 정하는 직업윤리규정을 성실히 준수하며, 양심에 비추어 의문을 초래할 수 있는 어떠한 비윤리적 행위에도 관여하지 않아야 한다.

(3) 공인회계사 행동원칙의 준수

한국공인회계사회는 국제회계사연맹(IFAC : International Federation of Accountants)이 제

정한 국제윤리기준을 전면 수용하는 방법으로 2006년에는 「공인회계사윤리기준」을 새로이 제정하고, 공익보호와 위상제고의 차원에서 그 위치를 일반기준의 지위로 격상시켰다. 공인회계사윤리기준은 윤리강령의 준수, 위협 요소의 파악, 제도적 안전장치의 강구, 조치시행의 4개 요소로 구성되어 있으며, 모든 공인회계사는 그 이름을 사용하는 어떤 업무를 수행하든 이를 반드시 준수하도록 하고 있다.

공인회계사의 가장 근본적인 윤리강령과 행동원칙은 공정(objectivity)과 공익보호의 원칙이다. 즉 회계감사는 재무제표의 사회적 공신력을 유지하려는 것을 그 기본 목적으로 삼고 있다. 이를 위해서는 재무제표가 주는 정보를 이용하는 일반투자자의 이해관계를 가장 먼저 고려해야 한다. 해당회사나 공인회계사가 단기적인 이해관계에 의해서 윤리적 행동에 영향을 받는다면 장기적으로는 감사인뿐만 아니라 해당기업이나 사회 전체에도 손해가 된다는 사실을 깨달아야 한다.

이번 장에서 배운 용어

감사보고서(audit report) 회계감사인이 감사증거를 기초로 하여 이에 합당한 감사의견을 표명하는 보고서

감사실패(audit failure) 감사인이 중요하게 왜곡표시되어 있는 재무제표에 대하여 감사기준이나 관련법규를 준수하지 못한 결과로서 잘못된 감사의견을 표명할 위험

감사위험(audit risk) 감사인이 중요하게 왜곡표시되어 있는 재무제표에 대하여 부적절한 감사의견을 표명할 위험

기업실패(business failure) 경영자가 기업의 내·외적 환경에 적절히 대응하지 못하여 기업의 본래 목적 달성에 실패하는 경우

내부통제제도(internal control system) 경영자가 사업목적을 달성하기 위하여 회사 내부에서 채택하고 있는 모든 정책과 절차

부적정의견(adverse opinion) 재무제표가 회계원칙이 정하는 바에 따라 적정하게 표시되지 아니하여 경영자와 의견불일치가 있었고 그 사항이 특히 중요할 경우 감사인이 표명하는 감사의견

업무분장(segregation of duties) 이해상충되는 업무를 한 사람이 동시에 담당하지 않도록 분리시키는 통제절차

외관상 독립성 정보이용자들이 감사인의 경제적·신분적 외관으로부터 해석하거나 느끼게 되는 감사인의 독립성

의견거절(disclaimer of opinion) 감사범위에 매우 중대한 제한이 있어 감사증거 수집이 불가능할 때 감사인이 표명하는 감사의견

적정의견(unqualified opinion) 재무제표가 회계원칙이 정하는 바에 따라 적정하게 표시되어 경영자와 의견불일치가 없었고 감사범위에도 제한이 없었을 때 감사인이 표명하는 감사의견

정신적 독립성 업무수행과정에서 실질적으로 독립성을 유지하는 마음의 정직성

한정의견(qualified opinion) 감사범위의 제한 또는 경영자와의 의견불일치로 인한 특정부분을 제외하고는 재무제표가 회계원칙에 따라 적정하게 표시되어 있을 때 감사인이 표명하는 감사의견

핵심감사사항(key audit matter) 감사인이 감사위원회 등 지배기구와의 커뮤니케이션을 거쳐 감사보고서상 별도의 단락에 기재될 정도로 감사에서 가장 유의적이라고 판단한 사항

회계감사(auditing) 기업의 재무제표가 회계원칙에 의거하여 적정하게 작성되었는지에 대해 독립적인 제3자가 전문가로서의 의견을 표시하는 행위

회계부정(fraudulent financial reporting) 기업이 제공하는 회계정보가 실제와는 달리 고의적으로 왜곡표시된 상태

회계윤리 경영자나 회계전문인이 회계처리와 관련하여 지켜야 할 도덕적인 원칙 또는 가치

연습문제

1. 외부감사법에서 규정하고 있는 회계감사와 관련하여 재무제표의 작성책임은 누구에게 있는가?

① 경영진　② 경영진과 지배기구
③ 감사인　④ 경영진과 감사인

2. 다음 중 어떤 조직의 영업활동이나 업무활동에 대하여 능률과 효과를 측정할 목적으로 실시하는 감사는?

① 업무감사　② 준법감사
③ 재무제표감사　④ 경영감사

3. 다음 중 회계정보가 회계기준에 맞지 않아 경영자와 의견불일치가 있는 사항이 매우 광범위하게 재무제표에 영향을 미치므로 재무제표 전체가 회계기준에 따라 적정하게 표시되지 못하고 있음을 나타내는 의견은?

① 적정의견　② 한정의견
③ 부적정의견　④ 의견거절

4. 표준감사보고서는 여러 개의 문단으로 구성되어 있다. 구성 문단에 대한 설명으로 적절하지 않은 것은?

① 감사의견의 근거
② 재무제표에 대한 주주의 책임
③ 재무제표에 대한 경영진과 지배기구의 책임
④ 재무제표에 대한 감사인의 책임

5. 감사인은 무엇보다도 정확한 판단을 내릴 수 있는 자질을 갖추어야 한다. 다음 중 회계감사기준에서 규정하고 있는 자질 있는 감사인이 갖추어야 할 특성이 아닌 것은?

① 적격성　② 자율성
③ 독립성　④ 신의성실성

6. 다음 중 내부통제제도의 기본원칙과 거리가 먼 것은?

① 책임의 설정 ② 독립적인 내부검증
③ 업무의 통합 ④ 문서화 유지

7. 내부통제제도를 설계하고 운용하는 기본적인 목적에 부합하지 않는 것은?

① 회사의 경영목적을 효과적으로 달성하여 경영자 보상을 최대화
② 경영정책의 준수를 포함한 업무의 효율적 수행
③ 부정과 오류의 사전예방과 적시발견
④ 회계기록의 적시성 및 신뢰성 유지

8. 내부회계관리제도 표준감사보고서는 여러 개의 문단으로 구성되어 있다. 구성문단에 대한 설명으로 적절하지 않은 것은?

① 감사의견의 근거
② 내부회계관리제도에 대한 경영진과 지배기구의 책임
③ 핵심감사사항
④ 내부회계관리제도의 정의와 고유한계

9. 다음 중 기업이 분식회계를 하는 동기가 아닌 것은?

① 자금조달을 낮은 비용으로 원활하게 하기 위해서
② 증권시장에 주식을 상장할 때 발행가격을 높여 기존 주주들이 이익을 보기 위해서
③ 경영자가 현재의 지위를 보장받기 위해서
④ 당해기업에 투자하려고 하는 투자자에게 간접적인 혜택을 주기 위해서

10. 감사인이 회계감사 수행시 감사기준이나 관련 법규를 준수하였음에도 불구하고 중요하게 왜곡표시되어 있는 재무제표에 대하여 부적절한 감사의견을 표명할 위험을 지칭하는 것은?

① 감사위험 ② 통제위험
③ 정보위험 ④ 재무위험

해답

1. ①	2. ①	3. ③	4. ②	5. ②
6. ③	7. ①	8. ③	9. ④	10. ①

사례연구

1. 감사보고서의 검토

귀하는 증권투자자문회사의 자문요원으로서 미래에 일하기를 원하는 야심에 찬 대학생이다. 미래의 직업선택과 관련하여 대학에서는 회계학 관련과목을 빠짐없이 수강하려고 마음먹고 있다.

〈요구사항〉
귀하가 관심을 갖고 있는 회사에 대한 최근의 감사보고서를 1부 구하시오. 감사보고서의 사본과 함께 다음의 내용을 파악하여 보고서로 제출하시오.

(1) 피감사회사의 이름과 감사대상기간, 감사인의 이름은 무엇인지 말하시오.
(2) 감사보고서 수신인은 누구이며, 감사보고서의 서명자는 누구인지 말하시오.
(3) 감사의 유형은 무엇이며, 감사의견 혹은 결론은 무엇인지 말하시오.
(4) 특정 감사의견 혹은 결론이 내려진 이유는 무엇인지 말하시오.
(5) 감사인이 그러한 의견 혹은 결론을 제시하기 위하여 어떤 검증방법을 사용했을 것인지 말하시오.
(6) 감사보고서의 본문 이외에 어떠한 다른 내용 혹은 서류들이 첨부되어 있는지 말하시오.
(7) 감사보고서 전반에 대한 귀하의 느낌을 기술하고, 의문사항이 있다면 그 내용들을 기술하시오.

HINT (1) 가능한 한 귀하가 잘 알고 있는 회사의 감사보고서를 구하는 것이 좋다. 부모 혹은 친지가 다니는 회사, 귀하가 좋아하는 상품을 만드는 회사, 평소에 여론 등을 통해 잘 알고 있는 회사 등이 좋은 예이다.
(2) 감사보고서는 회사의 홍보부서나 회계부서에 요청할 수도 있고, 금융감독원의 자료실, 한국거래소 등에 요청할 수도 있다.

2. 화장품대리점의 업무감사와 재무제표감사

귀하는 감사반의 일원으로서 방수용화장품을 판매하는 그린대리점의 재고자산 기록을 감사하고 있다. 방수용화장품은 연중 어버이날을 즈음해서 선물용으로 가장 많이 팔린다. 여름휴가 기간중에 많은 양이 집중적으로 판매되나, 그 이후에는 수요가 급격히 하락한다.

작년 한 해 동안의 재고자산 구매 및 판매 자료는 다음과 같다. 관련 증빙자료 및 실사의 결과 재고수량의 기록에는 오류가 없는 것으로 판명되었다.

20×2년 재고수량명세서

월	구입량	판매량	기말재고량
기초재고(1/1)			8,000개
1월	5,000	400	12,600
2월	5,000	900	16,700
3월	5,000	1,600	20,100
4월	5,000	2,500	22,600
5월	5,000	15,000	12,600
6월	5,000	7,800	9,800
7월	5,000	10,000	4,800
8월	5,000	9,500	300
9월	5,000	3,000	2,300
10월	5,000	1,000	6,300
11월	5,000	500	10,800
12월	5,000	1,800	14,000
합계	60,000	54,000	

그린대리점은 개업 후 3년이 지났는데, 매출과 이익이 매년 성장하고 있다. 올해에도 판매수량이 약 5% 증가할 것으로 예상된다. 자금사정도 좋은 편이어서, 작년말 현재 5천만원을 연 10%의 이자율에 정기예금해 놓고 있다. 본사에서는 최근에 처음으로 그린대리점에 신용판매를 허용하겠다는 연락을 해 왔다. 신용조건은 30일 이내에 지불하면 현금가격으로 결제하되, 30일 이후에는 월 1.5%씩 연 18%의 이자를 별도로 지불해야 한다.

수량할인을 받기 위한 최소주문단위는 5,000개이며, 10,000개 미만까지의 구입단가는 일괄적으로 10,000원씩이다. 10,000개를 초과하면 구입단가는 8,500원으로 하락한다. 작년말 현재 재무상태표의 재고자산은 총 14,000,000원으로 수량은 14,000개이며 평균구입단가는 10,000원이었다. 현재의 평균판매단가는 20,000원이다.

〈요구사항〉

귀하가 업무감사반의 일원으로 감사할 때와 재무제표감사반의 일원으로 감사할 때를 구분하여 다음 세 가지 물음에 답하시오.

(1) 귀하가 내린 감사의 결론은 무엇인지 말하시오.

(2) 감사보고서의 수신인은 누구인지 말하시오.

(3) 감사보고서에 기술하는 내용은 어떤 것인지 말하시오.

HINT 우선 감사의 종류에 따른 감사목적을 분명히 해야 한다. 다음으로 그러한 목적을 달성하기 위해 본문에 제시된 정보들이 어떻게 활용되는지를 생각해 보아야 한다. 감사보고서에는 결론 혹은 권고사항이 분명하게 제시되어야 한다.

3. 윤리적 딜레마 : 내 것을 챙길 때까지 기다려라

서현정 씨는 운동화 판매체인을 소유하고 있는 큰 회사의 사장이다. 그녀가 3년 전에 고용되었을 때 이 회사는 심각한 재무적 곤경에 처해 있었다. 서현정 씨가 의욕적으로 일할 수 있도록 이사회는 그녀 임금의 일부로 보너스 계획을 포함시켰다. 그녀의 고용계약에 따라 매년 1월 15일에 서현정 씨는 전년도 12월 31일 손익계산서상 순이익의 5%에 해당하는 현금 보너스를 지급받는다. 서현정 씨는 충분히 의욕이 고취되었고, 그녀의 의욕에 찬 경영을 통해 회사는 번창하였다. 그녀의 노력은 업계에서도 널리 알려졌고, 새로운 회사를 맡아 달라는 수많은 제안을 받았다. 그중 한 제안이 너무나 좋아서 그녀는 현재의 직장을 그만두기로 결정하였다. 그녀의 의사결정은 20×5년 12월말에 이루어졌다. 그러나 그녀는 1월에 보너스를 받기 위해서 20×6년 2월 1일자로 사임하기로 결정하였다.

20×5년 12월 31일에 수석 회계담당자인 강나라 씨가 서현정 씨에게 회사가 상당한 불량재고를 가지고 있다고 보고하였다. 창고의 불로 인한 연기와 이 불을 끄기 위한 물 때문에 대략 6억원의 재고손실이 발생하였다는 것이다. 창고는 보험에 가입되어 있지 않았고 회계담당자는 이러한 손실을 즉각 인식해야 한다고 권고하였다. 재고를 검사한 후 서현정 씨는 손상을 입은 제품은 할인가격으로 판매될 수 있다고 주장하고, 따라서 회계담당자가 권고한 제각(除角)을 허락하지 않았다. 서현정 씨는 그녀가 사장으로 있는 한 당해 재고자산을 원가로 기재할 것이라고 말했다. 그녀는 강나라 씨에게 2월이 되어 새 사장이 오면 그와 이 문제를 상의하라고 말했다.

〈요구사항〉

(1) 손실된 재고의 즉각적인 제각이 20×5년 12월 31일의 손익계산서, 재무상태표 그리고 현금흐름표에 어떠한 영향을 미치는지 말하시오.

(2) 이 제각이 서현정 씨의 보너스에 어떠한 영향을 미치는지 말하시오.

(3) 새 사장이 서현정 씨와 같은 보너스를 받기로 한다면 그의 보너스는 재고손실을 인식하지 않기로 한 서현정 씨의 의사결정에 의해 어떠한 영향을 받는지 말하시오.

(4) 손상된 재고가 실제로 아무런 가치가 없다고 가정하고, 20×5년 회계기간 동안 재고손실을 인식하지 않기로 한 서현정 씨 의사결정의 윤리적인 의미에 대해 언급하시오.

(5) 손상된 재고가 실제 아무런 가치가 없고 당신이 강나라 씨라고 가정한다면 재고손실의 인식을 거절한 서현정 씨의 결정에 대해 어떻게 대응할 것인지 말하시오.

4. 회계부정의 존재 (I)

우리나라 자본시장은 2000년대 초반 대우그룹의 분식회계사건을 시작으로 최근에 불거진 모뉴엘 회계부정사건 등으로 홍역을 앓고 있다. 이로 인해 재무제표이용자들은 왜 이러한 회계부정이 일어나는지 또한 왜 회계부정이 끊이지 않고 되풀이되는지 그 이유에 대해서 의아해하고 있다. 이와 관련하여 회계감사기준은 기업의 경영자 혹은 종업원에 의해 저질러진 회계부정을 분석해 보면 그 발생 원인, 회계부정이 가능했던 이유, 그리고 회계부정을 저지른 경영자(종업원)의 변명 등 세 가지 상황이 존재한다고 한다.

〈요구사항〉
회계감사기준을 토대로 관련 규정을 찾아 위에서 언급한 세 가지 상황에 대해서 요약하고 각 상황에 대한 예를 제시하시오.

5. 회계부정의 존재 (II)

회계감사인은 감사과정에서 다음과 같은 정보를 입수하였다.

(1) 경영자는 세무상 이익을 축소하기 위해 부적절한 회계수단을 동원할 유인을 가지고 있다.
(2) 자산과 수익은 경영자의 주관적 판단에 근거한 회계추정에 의하여 측정되기도 한다.
(3) 회사는 상장유지와 부채계약유지조건을 가까스로 유지하고 있다.
(4) 회사 영업활동에 유의한 영향을 미칠 수 있는 영업본부들이 영업환경이나 문화적 환경이 다른 곳에 거점을 두고 있다.
(5) 경영자가 반복적으로 중요성을 근거로 적법하지 못한 회계처리를 정당화하려고 한다.
(6) 회사의 경영성과가 치열한 시장경쟁과 포화된 시장수요에 의해 위협받고 있다.

〈요구사항〉
위의 독립된 상황들이 사례연구 4.에서 언급한 세 가지 상황 중 어느 것에 해당되는지 설명하시오.

6. 내부통제의 원칙과 적용

다음은 급여와 인사와 관련하여 회사가 취한 내부통제들이다.

(1) 급여지급준비 전에 근로작업시간표에 급여과장의 승인이 필요하다.
(2) 급여처리소프트웨어는 근로자 마스터파일에 없는 근로자에 대한 자료입력을 원천적으로 허용하지 않는다.
(3) 급여지급을 준비하는 담당자는 근로시간기록 등 다른 급여업무를 담당하지 않거나 급여자료마스터파일이나 현금에 대해 접근제한을 받는다.

(4) 인사담당자는 새로 입사한 종업원들의 신상명세, 과거 직장경력 등을 포함한 입사지원서를 철저히 검토해야 한다.
(5) 종업원해고는 적법한 사유를 적시하고 담당자의 승인을 득한 문서를 통해 해당 종업원에게 전달되어야 한다.
(6) 급여마스터파일에 종업원을 추가하거나 급여액을 수정하는 작업은 해당권한을 위임받은 급여담당자로 제한되며, 마스터파일로의 접근은 비밀번호를 통해 이루어진다.

〈요구사항〉

내부통제원칙에는 책임의 설정, 업무의 분장, 문서화, 접근제한, 독립적 내부검증이 있다. 위에서 설정한 내부통제가 어느 내부통제원칙을 구현하기 위한 절차인지 설명하시오.

7. 감사인과 피감사인의 관계

현재 회계업계에서는 감사인과 피감사인의 관계가 각각 갑과 을의 관계로 정의되면서 재무제표감사시 감사인의 독립성이 심각하게 훼손되고 있다고 한다. 이는 기업의 재무보고 품질뿐만 아니라 더 나아가 우리나라의 자본시장에 부정적 영향을 미칠 수 있다. 다행히도 최근에 규제당국은 문제의 심각성을 깨닫고 회계산업의 선진화 및 회계투명성을 제고하기 위해 유한회사를 외부감사대상에 포함시키려는 등 다양한 정책을 구상중에 있다. 아래 물음에 답하시오.

〈요구사항〉

(1) 감사인과 피감사인 간의 불평등한 관계를 일으키는 요인들에 대해서 논하시오.
(2) 요구사항 (1)에서 언급한 불평등한 관계를 완화시킬 수 있는 방안에 대해서 설명하시오.

찾아보기

[ㄱ]

가격결정 314
가격차이 303
가계 21
가산세 376
가속상각법 253
가업·영농상속공제 387
각 사업연도 소득금액 347
간이과세자 343
간접법 207, 211
간접비 274
간접세 334
감가상각 156, 163, 240
감가상각대상금액 251
감사보고서 442
감사실패 447
감사원 27
감사위원회 460
감사위험 447
감사의견 445
감사인 440
감자 56
감자차익 190
개발비 157
개별법 244
개별소비세 334
개인기업 180
개인사업자 371
거래징수 335
거래처 24
거주자 366
결손금 348
경영성과 46
경영자 204, 255
경제적 의무 49
경제적 의사결정 20
경제적 자원 49
계량적 정보 21
계정 80
계정식 재무상태표 192
계획 296
고정제조간접비 301
공인회계사 26, 257, 438
공인회계사윤리기준 460, 461
공정가치 136, 160
공채 151
공통비 274
공통형 분석 413
공통형 손익계산서 413
공통형 재무상태표 413

과세대상 337
과세사업자 343
과세소득 26
과세표준 338, 348
관계기업 154
관계기업투자주식 154
관리회계 25, 271
관세법 343
국가회계기준 27
국세 333
국제회계기준 31, 63
국제회계기준위원회 30, 254
국제회계사연맹 30, 460
국채 151
근로소득 372
근로소득공제 372
근로소득금액 372
글로벌라이제이션 37
금융감독원 25
금융기관 25
금융비용 53, 132
금융수익 52, 131
금융자산 148, 150, 193
금융자산처분손실 132
금융자산처분이익 132
금융재산상속공제 386
기간비용 270
기말재고자산 127, 239
기발생원가 313
기본재무제표 47
기업 22, 76
기업가치 191
기업실패 448
기초공제 385
기타비용 132
기타소득 374
기타소득금액 374
기타포괄손익 47, 132
기타포괄손익-공정가치측정금융자산 152
기타포괄손익누계액 133
기회원가 312

[ㄴ]

남해회사 35
납세의무 333, 336
납세의무자 337
내부거래 407
내부수익률법 320
내부통제제도 449
내부회계관리제도 256
내용연수 163
노동조합 29
노무비 275
누진세 338
능률차이 303

[ㄷ]

단기금융상품 121
단기차입금 184
단식부기 79
단위당 공헌이익 308
당기손익-공정가치측정금융자산 152, 153
당기순이익 53, 128, 131, 132, 190, 405
당기제품제조원가 281
당기총제조원가 280
당기총포괄손익 132
당기포괄이익 129
대변 90
대손상각비 123
대차대조표 23

도소매기업 272
독립성 458
독립적 검증 451
동거주택상속공제 387
동인도회사 35

[ㄹ]
레버리지 효과 310
리스 179

[ㅁ]
만기일 186
매몰원가 313
매입채무 118, 123
매출액 52, 243
매출액순이익률 416
매출액영업이익률 416
매출원가 53, 125, 129, 239, 243, 270, 272
매출채권 117, 121, 122, 214
매출채권평균회수기간 419
매출채권회전율 122
매출총이익 129, 243
매출총이익률 129, 416
면세사업자 343
면세제도 344
목적세 335
무형자산 119, 157, 193
무형자산상각 157
문서화 450
미래가치 319
미지급금 123
미지급비용 124
미환류소득 347

[ㅂ]
받을어음 118
발생기준 134
배당금 190
배당금수익 132
배당소득 370
배우자상속공제 386
법인 26, 337
법인기업 180
법인세 182, 334, 347
법인세법 347, 371
법인세비용 53, 242
법정상속 386
변동률 409
변동액 409
보고식 재무상태표 193
보수주의 235
보통세 335
보통주 188
보통주자본금 189
복식부기 23, 34, 80
부가가치 340
부가가치세 334, 340
부기 23
부담부증여 389
부동산 379
부동산임대업 371
부적정의견 446
부정 257
부채 49, 119, 178, 182, 194, 215
부채비율 185, 421
분개 85, 89
분개장 85, 88
분류과세 368
분리과세대상 375

분식결산 238, 243
분식회계 65, 233, 456
분할 458
비거주자 366
비계량적 정보 21
비례세 338
비영리공익법인회계 28
비영리단체 301
비영리회계 29
비용 128, 270
비유동부채 50
비유동자산 50, 193
비현금성 비용 213

[ㅅ]

사업모형 152
사업소득 370
사업소득금액 371
사업연도 소득 347
사업자 343
사채 151, 153, 179, 186, 404
사채증서 186
사회책임보고서 32
상각 157
상각후원가측정금융자산 152, 153
상법 64
상속공제 385, 389
상속세 384
상속세 과세가액 385
상속세 납부세액 387
상속세율 386
상속순위 386
상속재산 384
상속지분 386
상품 125
선수금 124
선입선출법 246
성장성비율 409
세금 26, 332
세금계산서 344
세무사 26
세무조정 348, 350
세무회계 26
세법 251, 335
세액감면 349, 376
세액공제 376
세율 338
소득 54, 337
소득공제 348
소득세 334, 366
소득세법 370
소멸시효 340
소비 337
소유주지분 194
손금불산입 351
손금산입 350
손익계산서 52, 61, 133
손익분기점 306
송도사개치부법 91, 95
수량차이 303
수시공시 66
수시부과 352
수익 128
수익·비용의 대응원칙 123, 136
수익성비율 415
수익적 지출 156
수정분개 99
수정후시산표 102
수탁책임 17
순실현가능가치 122, 250

순운전자본 121
순이익 407
순현재가치 319
시산표 88, 95
신고납세제도 339
신용의사결정 20
실지거래가액 381
실질계정 98

[ㅇ]

아웃소싱 316
안정성 221
안정성비율 420
액면금액 186
액면발행 189
약속어음 124
양도가액 381
양도소득 347
양도소득과세표준 381
양도소득세 380
업무감사 438, 442
연결재무제표 407
연금소득 373
연말정산 373
영세율제도 344
영업권 157
영업예산 299
영업외손익 55
영업이익 55, 129, 130
영업이익률 130
영업주기 120
영업현금흐름 212
영업활동 22, 57, 116, 207, 415
영업효율성 비율 415
예산 298
예산순환과정 302
예산통제 302
예외에 의한 관리 303
외관상 독립성 459
외부감사법 460
외부조달 317
외부주문 316
외상매입금 118
외상매출금 118
용역 342
우선주 188
우선주자본금 189
원가 270
원가모형 162
원가의 흐름 280
원가정보 268
원가-조업도-이익 분석 305
원가차이 302
원가회계 269
원장 85, 88
원재료 125
원천징수 368
유동부채 50, 118, 184
유동비율 184, 220, 420
유동성 50, 220, 420
유동성장기부채 185
유동자산 50, 118, 121, 193
유보이익 190
유산과세형 383
유통경로 채우기 239
유통업 272
유한책임회사 76
유한회사 76
유형자산 119, 155, 193
유형자산처분손실 132

유형자산처분이익 132
의견거절 446
의결권 188
의제배당 370
이월결손금 348
이익 54, 128
이익의 질 61
이익잉여금 50, 55, 57, 187, 190
이익조작 232
이익조정 232, 457
이자소득 369
이자율 186
이자지급일 186
이해관계자 24
익금 348
익금불산입 350
익금산입 350
인식 23, 134
인적공제 385
일괄공제 385
일반과세자 343
일반목적의 재무보고 46
일반적으로 인정된 회계원칙 63
일반회계기준 63
임대료수익 132
임률차이 305

[ㅈ]

자기자본 119, 178
자기자본이익률 418, 422
자기자본회전율 166, 419
자본 49, 119, 178, 187, 194
자본금 50, 55, 187, 189
자본변동 46
자본변동표 55, 61
자본시장통합법 65
자본예산 319
자본잉여금 187, 190
자본적 지출 156
자산 49, 77, 193, 213
자산구성 165
자산효율성비율 166
자연인 337
자연인기업 180
자유수임제도 459
자체공급 317
잔액 86
잔존가치 163
장기보유특별공제 381
장기차입금 184
재고자산 117, 121, 124
재고자산평균보유기간 419
재고자산회전율 126
재공품 124, 125, 280
재료 280
재료비 275
재무보고 46
재무보고부정 233
재무비율 421
재무비율 분석 414, 423
재무상태 23, 46, 48
재무상태표 23, 48, 61, 86, 96, 192
재무상태표 등식 49
재무예산 299, 300
재무제표 46, 87
재무제표감사 438
재무제표 분석 425
재무제표이용자 204
재무활동 57, 117, 178, 187, 207, 217, 420
재무회계 25, 46, 271

재산 77, 337
재산세 380
재평가모형 162
재해손실공제 387
저가법 250
적정의견 445
전기 85, 88
전자공시시스템 405
전자어음 124
절세 333, 338
접근제한 451
정기공시 65
정률법 164, 251
정보위험 438
정부기관 24
정부부과제도 339
정부회계 27
정신적 독립성 459
정액법 163, 251
제조간접비 276, 300
제조경비 275
제조원가명세서 282
제조직접비 276
제척기간 340
제품 125, 275, 280
제품보증 242
조세법률주의 335
조세채무 336
조업도 306
종합과세 368
종합과세대상 375
종합부동산세 380
종합소득공제 376
종합소득금액 375
종합소득납부세액 376
종합예산 299
주가수익비율(PER) 417
주당순이익 131, 416
주석 47
주식 151, 181, 404
주식발행초과금 189
주식투자자 204
주식회사 76, 180, 187
주식회사 등의 외부감사에 관한 법률 64
주식회사제도 35
주의의무 441
주주 178
주주지분 194
준법감사 442
중간예납 352
중소기업회계기준 63
증권거래법 37
증권거래위원회(SEC) 254
증권법 37
증권선물위원회 460
증권형 금융자산 151
증권회사 405
증여세 388
증여세 과세가액 388
증여세 납부세액 390
증여재산공제 390
증자 56
지급어음 118
지방세 333
지분법 155
지분형 금융자산 151
지속가능보고서 32
직접노무비 276
직접노무원가차이 304
직접법 207, 210

직접비 274
직접세 334
직접재료원가차이 303
진행기준 135
집합투자 370

[ㅊ]
차변 90
차이분석 302
차입금 179
창문세(窓門稅) 336
채권자 24, 25, 61, 204
채무형 금융자산 151
청산소득 347
체감잔액법 253
총원가 274, 306
총자산이익률 417
총자산회전율 166, 419
최소감사계약기간 460
추세 분석 412
추세형 손익계산서 413
추세형 재무상태표 413
취득가액 381
취득과세형 383
취득세 379
취득원가 160, 241, 270, 272
측정 23
칙허회계사 440

[ㅌ]
타인자본 119, 178
탈세 338
토지 240
통제 296
투자안 평가 319
투자의사결정 20, 404
투자자 24, 61, 204
투자자산 193
투자활동 57, 117, 148, 207, 217, 419
투자효율성 419
특별주문 315
특수관계자 458
특허권 159

[ㅍ]
파생상품 151
파생상품거래 458
파치올리(Pacioli) 34
판매가능액 127
판매비와 관리비 53, 131, 272
평균법 247
포괄손익계산서 47, 132, 134
표준감사보고서 452
피투자회사 154
필요경비 375

[ㅎ]
하청 316
한국공인회계사회 30, 460
한국채택국제회계기준 63
한정의견 445
할인발행 189
할인율 319
할인 현금흐름 분석 320
할증발행 189
합명회사 76
합병 149, 458
합병차익 190
합자회사 76
핵심감사사항 445

현금 150, 204
현금기준 135
현금및현금성자산 121
현금-부채 보상비율 221
현금성자산 150
현금예산 301
현금-유동부채 보상비율 220
현금유입금액 206
현금유출금액 206
현금흐름 47, 204
현금흐름표 58, 61, 207
현재가치 319
활동성비율 419
회계 18
회계감사 29, 438
회계감사기준 440
회계감사인 458
회계거래 76, 89
회계기록 76
회계기준 63
회계등식 49, 82
회계보고책임 18
회계부정 456
회계순환과정 87
회계시스템 22
회계윤리 455
회계장부 57, 85
회계정보 21, 25
회계정보시스템 29
회계정보이용자 271
회계처리방법 406
회계추정 407
회사 76, 116
후입선출법 245
흑자도산 206

[기타]

T-계정 81

저자약력

이종은 Temple 대학교(경영학박사), 공인회계사(KICPA), 현 성균관대학교 경영대학 교수
[저서/논문] "The effect of accrual reliability on audit pricing"

백태영 UC-Berkeley 대학교(경영학박사), 한국관리회계학회장 역임, 현 성균관대학교 경영대학 교수
[저서/논문] 「원가관리회계」, 「원가회계」, 「관리회계」

안민관 The Ohio State 대학교(경영학박사), 현 성균관대학교 경영대학 조교수
[저서/논문] "Have SFAS166 and SFAS167 improved the financial reporting for securitizations?"

유준욱 Alberta 대학교(경영학박사), 캐나다공인회계사(CPA), 현 성균관대학교 경영대학 조교수
[저서/논문] "Preferential corporate income tax treatment: Valuation in the market portfolio"

정문기 성균관대학교(경영학박사), 공인회계사(KICPA & AICPA), 현 성균관대학교 경영대학 부교수
[저서/논문] "파트너 강제교체가 감사품질에 미치는 영향"

조현권 Houston 대학교(경영학박사), 현 성균관대학교 경영대학 조교수
[저서/논문] "KoBERT를 이용한 기업관련 신문기사 감성 분류 연구"

최　관 Syracuse 대학교(경영학박사), 한국회계학회 회장 역임, 현 성균관대학교 경영대학 교수
[저서/논문] 「IFRS 회계원리」, 「K-IFRS 중급재무회계」, 「회계정보의 유용성」

최아름 서울대학교(경영학박사), 현 성균관대학교 경영대학 조교수
[저서/논문] "The Joint Effect of Audit Quality and Legal Regimes on the Use of Real Earnings Management"

최영수 Lancaster 대학교(회계/재무학박사), 현 성균관대학교 경영대학 교수
[저서/논문] 「IFRS 회계원리」, 「Residual income-based equity valuation」

제10판 회계와 사회

1999년 2월 10일 제1판 1쇄 발행
2023년 2월 10일 제10판 1쇄 인쇄
2023년 2월 20일 제10판 1쇄 발행

저　　자　이종은 · 백태영 · 안민관 · 유준욱 · 정문기
　　　　　조현권 · 최　관 · 최아름 · 최영수
발 행 인　권　　영　　섭
발 행 처　(주) 신　영　사

경기도 파주시 심학산로 12(출판문화단지)
등　　록 : 1988. 5. 2 / 제406-1988-000020호
전　　화 : 031-946-2894(代)
F　A　X : 031-946-0799
e-mail : sys28945@naver.com
홈페이지 : http://www.shinyoungsa.co.kr

정가 30,000원　　ISBN 978-89-5501-832-5